U0619431

CSSCI 来源集刊

为适应我国信息化建设，扩大本刊及作者知识信息交流渠道，本刊已被《中国学术期刊网络出版总库》及CNKI系列数据库收录，其作者文章著作权使用费与本刊稿酬一次性给付。免费提供作者文章引用统计分析资料。如作者不同意文章被收录，请在来稿时向本刊声明，本刊将做适当处理。

Legal Method

主编 陈金钊 谢晖
执行主编 吕玉赞

法律方法

（第21卷）

山东人民出版社
国家一级出版社 全国百佳图书出版单位

《法律方法》编委会

目 录

域外理论

约瑟夫·埃塞尔
——游走于教义学与方法学界限之间的舞者
…………………………………………［德］约翰内斯·克内根 著 翟 巍 译(1)
合议制对司法决策的影响 ………………［美］哈里·爱德华兹 著 张 顺 译(23)
解释的普通法及其法典化规范(下)……［美］雅各布·斯科特 著 吕玉赞 译(66)

法治话语

群体“法治思维”变迁的过程论解释 ……………………………………… 党东升(83)
作为一种法治话语的司法规律 ………………………………………………… 王奇才(98)
“法治社会”的修辞学诠释 ………………………………… 黄健傑 宋保振(113)
论司法裁判中的竞争性法治观………………………………………………… 张 超(124)
科技名词法律规制的立法原则与方法 ……………………………………… 杨知文(136)
独立董事真的能“独立”吗?
——基于法治思维的分析……………………………… 李 彧 刘 安(151)

法律解释

法律解释结论的共同指向及其意义
——以高校教师聘用合同约定违约金为分析对象 ……………… 章 瑛(166)

法律解释的价值导向思维 …… 杨铜铜(177)
“法律解释”的制度设计与功能优化 …… 王金龙(195)

法律论证

论司法实践中的融贯性论证
——以指导性案例63号“徐加富强制医疗案”为例 …… 郭 飞(207)
法律论证视域中的同案同判原则 …… 杜文静(219)
辩证推理的反思及其司法应用研究 …… 徐 晓(233)
论题学方法及其运用 …… 韩振文(244)
论外部法律证成 …… 张静焕(255)
法官思维之理性特征 …… 李 捷(267)

类型理论

著作财产权的类型化及其运用 …… 王文敏(277)
基于类型化方法的“效率”解释
——以《反垄断法》第17条为素材 …… 杨文明(291)
缓解定罪量刑冲突的类推方法
——许霆案罪与罚的再思考 …… 黄 何(306)

私法方法

民事裁判中目的解释规则运用之实证研究
——以济南中院民事裁判个案为例 …… 吕 芳(320)
公司担保案件中的利益冲突及其平衡方法
——以《公司法》第16条为中心的分析 …… 向志勇(334)
网络实时转播法律属性的判断及其解释 …… 袁 锋(345)
检视民事案件中的“宪法问题”
——以成都信用卡滞纳金案的宪法解释误区为例 …… 邹 奕(358)

民事诉讼移送管辖的程序运作解释论 …………………………… 陈宝军(372)

公法方法

中国刑法方法论研究的10年回顾 ………………………… 张 勇 龚慧平(387)
认罪认罚从宽司法运行的价值平衡与判断方法 ……………………… 王瑞君(398)
作为原旨主义新修辞的宪法阐释 ………………………………… 刘玉姿(410)
就业歧视的司法审查方法………………………………………… 饶志静(431)
治疗性克隆立法的合宪性分析
——以加拿大立法为素材………………………………………… 孟凡壮(447)

约瑟夫·埃塞尔

——游走于教义学与方法学界限之间的舞者

[德]约翰内斯·克内根 著*

翟 巍 译**

一、个人传记

(一)成长生涯与教育背景

约瑟夫·埃塞尔1910年3月12日出生于美茵河畔的施万海姆(现属于法兰克福郊区),他的父亲在当地担任市长。1928年从法兰克福的高中毕业之后,他在当地大学开始学习法学。在他学术生涯的这一早期阶段,由于一些杰出学者人物的影响,埃塞尔对于法学理论基础的兴趣已经被激发。在他屈指可数的个人见证之一(在海德堡科学研究院发表的入职演讲)中,他直言不讳地承认,他对于研讨会产生的深刻印象"更少来自于法律人参与的研讨会,而更多来自于人类学家、社会学家、哲学家参与的研讨会"①。并且他认为:"除了瑞茨勒(Riezler)与蒂利希(Tillich)以外,曼海姆(Karl Mannheim)与尤利乌斯·克拉夫特(Julius Kraft)将我从法律专业兴趣的狭隘范畴中解

* [德]约翰内斯·克内根(Johannes Köndgen)系德国波恩大学教授,曾系美国佛罗里达大学(盖恩斯维尔)与英国牛津大学客座教授,研究方向为比较法与国际私法。本文原始版本是约翰内斯·克内根教授在图宾根纪念约瑟夫·埃塞尔的学术追思活动中所作报告,发表于德国《法学家杂志》2001年(15/16卷)807-813(JZ 15/16, 2001);本文(系约翰内斯·克内根教授在2006年6月30日于柏林洪堡大学所作报告)最初发表于德国德古意特出版社(Walter De Gruyter GmbH)出版书籍《受教学生视野下的20世纪德语民法学者》第1卷第103-127页(Grundmann/Riesenhuber eds., Deutschsprachige Zivilrechtslehrer des 20. Jahrhunderts in Berichten ihrer Schüler, Band 1, De Gruyter Verlag)。最新版本第三部分基本为原始版本内容。本译文系根据原作最新版本翻译而成,本翻译获得原作者约翰内斯·克内根教授与德国德古意特出版社书面授权,感谢原作者为翻译提供的辅助参考资料。

** 翟巍,男,山东莱州人,华东政法大学经济法学院讲师,硕士生导师,德国美因茨大学法学博士,研究方向为比较法。

① Esser,海德堡科学研究院,1973年11月17日大会,哲学与历史学层级正式成员入职演讲,见:Josef Esser,《法律获取之路》(Wege der Rechtsgewinnung),载论文选集,编辑者:Häberle, P. 与 Leser, H. G., 1990年,第449-450页。

脱出来,使我能意识到涉及以下主题的问题:关于法律自知之明的方法与错误方法、法律实践与专业直觉"①。同样,埃塞尔对于比较法的兴趣可以追溯到他的学生时代。他不仅在法兰克福学习,而且在洛桑与巴黎各学习了一个学期,这种学习经历在当时很不寻常,因为那时还不存在具有组织性的国际学生交流活动,更别提存在欧洲的伊拉斯谟项目了(译者注:该项目是当今欧盟著名的国际学生交流项目)。两种倾向——一种倾向于理论,另一种倾向于比较法——应当塑造和界定了埃塞尔整个学术生涯的特征。以下我们先从埃塞尔的成长生涯展开论述。

在通过两次国家考试之后,他在1936—1940年期间于门兴格拉德巴赫担任市镇法律顾问;在此期间,他在学术导师弗里茨·冯·希佩尔(Fritz von Hippel)的启发下,写下了关于法律理论主题的第一部小册子②。根据他自己的陈述,他之所以担任此法律顾问,是因为对他来说"留在一所墨守成规的大学工作看起来毫无意义"③;根据另一种推测(并非不可信),他这么做是为了给新组建的家庭提供物质收入保障,并因此搁置了他起初设想的学术道路规划。在这一时期,他在侵权法领域开始了最早的学术性探索④——而这一领域构成了他之后学术研究工作的核心主题领域。这一专业化工作的第一个亮点是——只有约140页篇幅的——《危险责任的基础与发展》⑤。1940年3月,他在法兰克福被授予民法、民事诉讼法与法律学教职(这一教职是为他获取教授资格做前期准备),紧接着他在弗莱堡担任代理教授;在1941年夏季学期,埃塞尔在格赖夫斯瓦尔德大学获得他的第一个教授职位。在1943年夏季学期,他又转任到了因斯布鲁赫大学。这一转任不但使他能够免服兵役,而且使他避免了与组织化的纳粹纠缠在一起⑥。埃塞尔在获得若干关于奥地利侵权法与民事诉讼法的新颖知识后,于

① Esser,海德堡科学研究院,1973年11月17日大会,哲学与历史学层级正式成员入职演讲。

② Esser,《法律拟制的价值与意义:对于立法技术与以往私法教义学的批判》(Wert und Bedeutung der Rechtsfiktionen. Kritisches zur Technik der Gesetzgebung und zur bisherigen Dogmatik des Privatrechts),1940年版(第2版,1969年版)。在这部作品的第二版前言中,Esser自己指出他的"处女作"的诞生时间为1933—1935年之间。引人注意的是,Esser在约翰·沃尔夫冈·歌德·美茵河畔法兰克福大学法学院所撰写的博士论文与教授资格论文的标题与其处女作的标题只有细微不同,其博士论文与教授资格论文的标题分别为《基于法典拟制特殊参照的法律拟制的意义与价值——关于私法体系化与立法技术的论文》(Bedeutung und Wert der Rechtsfiktionen unter besonderer Berücksichtigung der Gesetzesfiktionen. Ein Beitrag zur Systematik des Privatrechts und zur Technik der Gesetzgebung)与《法律拟制的价值与意义》(Wert und Bedeutung der Rechtsfiktionen)。

③ Esser,海德堡科学研究院,1973年11月17日大会,哲学与历史学层级正式成员入职演讲,载论文选集,编辑者:Häberle,P.与Leser,H.G.,1990年,第449页。

④ 埃塞尔的学术著作总集目录见:Häberle与Leser编辑,前引书,第451-465页。

⑤ Esser,《危险责任的基础与发展》(Grundlagen und Entwicklung der Gefährdungshaftung),1941年。

⑥ 相关信息由Esser先生的遗孀Elisabeth Esser女士提供。须注意的是,一篇署名Josef Esser的被纳粹理念所浸淫的科隆博士论文并非本文所述的Esser先生所写,而是由一位凑巧同名的作者所写。该博士论文的题目为:《在参照由纳粹革命所引发的1934年5月28日版〈帝国道路交通法〉理念转变情形下关于道路交通的注意义务》(Sorgfaltspflichten im Straßenverkehr unter Berücksichtigung des durch die nationalsozialistische Revolution geschaffenen Auffassungswandels in der Reichsstraßenverkehrsordnung vom 28. Mai1934),1936年。

1949 年转任到美因茨大学。在美因茨时代，埃塞尔也曾短暂地在茨魏布吕肯国家上诉法院附属小公室担任法官，正如他自己后来坦率承认的，这一经历的绝大部分宛如没有效果的郊游。埃塞尔是一位极度欣赏艺术的人，对他来说更为重要的时光是他作为艺术之都维也纳的国际原子能机构法律部门负责人与德国原子能委员会核事故责任委员会主席的日子。尽管埃塞尔在美因茨期间曾获得来自基尔、哥廷根、弗莱堡的聘任机会，但他在美因茨停留了 12 年之久，直到他在 1961 年获得了一项来自图宾根大学法学院——在当时可能是最好的德国法学院——的光荣聘任。虽然他之后又获得来自维也纳、波恩、弗莱堡与康斯坦茨的聘任机会，但是直至 1977 年退休他始终如一地待在图宾根大学。在退休之后，他——在此期间他从多所著名大学获授多个荣誉博士学位——相当迅速地从教学领域与研究探讨领域退出，这使他可以做一直以来最喜欢从事的——并且是以坚定不移的求知欲与令人惊叹的速度从事的——消遣活动：读好书。1999 年 7 月 21 日，约瑟夫·埃塞尔在 89 岁高龄逝世。

（二）学术简介：教义学者，理论学者，比较法学者

埃塞尔在民法领域——尤其是在债法教义学领域、以方法论为重点的法律理论领域以及民事诉讼法领域——发表作品。虽然他学术作品总集的最后一部分篇幅较小，但却体现了很高的原创性，并且彰显其所有作品的典型特征：这些作品体现了他对于基本问题与理论问题一贯的、显著的兴趣，并且彰显了他的求知探索欲望，而这种求知欲使他在大多数时候在知识视野层面领先主流学术界一步之遥。举例而言，埃塞尔在民事诉讼法领域对于以下内容不感兴趣：涉及争议客体概念的教义学学派冲突、既判力的第三方效力、冲突协作的辅助干预，而是对于以下内容颇有兴致：政党权力与法官权力的关系①、在司法事实调查中法官的自由与限制②以及关于上诉法律的理论性的基本问题③。

从篇幅与权重而言，在埃塞尔学术作品中引人关注的是关于债法教义学的著作以及关于法哲学与方法论的著作。与许多其他学者不同，埃塞尔作品总集中这两部分相互之间并不欠缺关联性。从一开始，埃塞尔就在理论领域与教义学领域发表了等量齐观的作品；主要是在美因茨时代，这两个研究方向开始交织汇集在一起。“在我的美因茨 12 年任期中”，埃塞尔写到，“我寻求将方法论批判与教义学的精辟分析融合起

① Esser，《在意大利未来民事诉讼程序中的法官权力与监测运作》（Richtermacht und Ermittelungsbetrieb in Italiens künftigem Zivilprozess），载《德国法学》（Deutsche Rechtswissenschaft），1942 年，1－25。

② Esser，《在事实调查中民事法官的自由与羁绊》（Freiheit und Bindung des Zivilrichters in der Sachaufkl?rung），1966 年。

③ Esser，《上诉法律的困境与危险——关于公民事务中的“基本上诉”问题》（Not und Gefahren des Revisionsrechts. Zur Problematik der ,,Grundsatzrevision" in Zivilsachen），载《法学家杂志》（JZ），1962 年，513－517。

来”[①]。这段融合时期产生了惊人的成果,其表现在两部主要著作中:在1956年出版的方法论专著《原则与规则》[②]与在1960年发表的具有传奇性的第二版《债法》[③]。埃塞尔后期的作品几乎完全侧重于理论领域。在这一时期,他不只出版了关于司法方法的第二部专著《法律发现中的前理解与方法选择》[④],也在若干基本性的论文与讲演中阐明他对于民法中的判例法、教义学、论证与论证模式的定位。

对于埃塞尔而言,前述两项分支在内容层面紧密交织在一起。依据我的看法,他撰写的两篇精细探究《德国民法典》第242条的作品[⑤]依旧属于最好的与最具原创性的以这个让人心生惧意的一般条款为主题的既有作品之列。试想一下,谁能够比埃塞尔更加智慧地抱怨《德国民法典》第242条的具体化问题?他可是花费一生的时间对法官处理开放性构成要件与一般条款的方式进行思考。相反,他的深刻认知丰富了其方法论作品的内容,这种深刻认知不只体现在法律教义学的知识储备上,而且更主要体现在决疑论领域——此处不仅涉及民事司法实践,而且涉及联邦宪法法院司法实践。对于埃塞尔来说,司法实践是其方法理论的经验来源。

由于稍后我将更详细地探讨埃塞尔所做工作的两个主要支柱,因此在这里我只简短评述埃塞尔作为比较法学者的影响。他从来不是一个正统意义上的比较法学者。他没有发表涉及教义学微观比较的单一的相关性作品,而他数量众多的外语论文无一例外涵盖的是法哲学或法律理论主题。然而,他着重来自于普通法与法国法的被全面汲取的比较法经验,以非常充足与有效的方式影响了他的方法论工作。正是这种跨国视角使他的方法论工作在很大程度上迄今为止显得独一无二。在20世纪著名的方法论学者中——从菲利普·赫克(Philipp Heck)、卡尔·因格里斯(Karl Engisch)、卡尔·拉伦茨(Karl Larenz)到弗朗茨·比德林斯基(Franz Bydlinski)与克劳斯-威尔海姆·卡纳瑞斯(Claus-Wilhelm Canaris)——没有人曾如此超越德国法律圈的界限[⑥],甚至

---

① Esser,入职演讲,载论文选集,编辑者:Häberle,P. 与 Leser,H. G.,1990年,第449页,第450页。

② Esser,《关于私法的司法培训的原则与规则》(Grundsatz und Norm in der richterlichen Fortbildung des Privatrechts),载:《关于法律来源与解释的学说的比较法学论文集》(Rechtsvergleichende Beiträge zur Rechtsquellen- und Interpretationslehre),1956年(第4版,1990年)。该书已经有日文翻译版。

③ Esser,《债法:总则与分则:教材》(Schuldrecht. Allgemeiner und Besonderer Teil. Ein Lehrbuch),第2版,1960年。

④ Esser,《法律发现中的前理解与方法选择:司法决策的理性基础》(Vorverständnis und Methodenwahl in der Rechtsfindung. Rationalitätsgrundlagen richterlicher Entscheidungspraxis),1970年;意大利语翻译版本的标题为:Precomprensione e scelta del metodo nel processo di individuazione del diritto(1983年版)。

⑤ Esser,《〈德国民法典〉第242条与私法自治》(§242 BGB und die Privatautonomie),载《法学家杂志》(JZ),1956年,555-557;Esser,《基于评论镜鉴的〈德国民法典〉第242条法官法的构造与联结》(Aufbau und Verzahnung des Richterrechts zu §242 BGB im Spiegel der Kommentierung),载《民法实务档案》(AcP),第161卷(1962年),270-283。

⑥ 所谓的百科全书式的方法,即具有认知深刻的比较法素养,但缺少富有成效的整合。见:Fikentscher,《基于比较阐释视角的法律方法》(Methoden des Rechts in vergleichender Darstellung),1975-1977年。

大西洋彼岸少数重要的当代方法论学者[①]也几乎以狭隘的方式将其研究视角局限于国内框架。

（三）作为学术教师的约瑟夫·埃塞尔

在教室大厅，约瑟夫·埃塞尔不是一位能够利用修辞手腕与讲演天赋而吸引大量学生观众的表演者。他的目标群体是一小群专心的具有高于平均水平资质的学生，这些学生愿意在两方面追随他，一方面更少介入系统化推理进程，另一方面寻求更具联想性的，并且有时也具有不稳定性的推理进程。他的研讨课——其跨学科广度也通过邻近学院同事参与该课程的事实得到证明——的活力根源于他在现场激发新想法并向听众传达该感受的能力；而这些听众由此成为即时性的学术新发现的见证者。

埃塞尔不是通过家长式教导与有意图的学派构建，而是通过魅力来影响他的学生[②]。在学生面前——尤其是刚授完课之后——埃塞尔喜欢忘我式的独白。在这些自然发生的时刻，埃塞尔经常会产生新的想法，而他的学生可以在获得这些想法当天的剩余时间里对此予以思考。在更小的圈子中，埃塞尔具有讽刺批判的嗜好，而这种批判甚至也非常杰出。在这种自由与超脱实际的学术氛围中，一群具有迥异学术背景的年轻学者得到茁壮成长。我只罗列出他们中的几位：特奥多尔·菲韦格（Theodor Viehweg）是凭借一部专著而获得名声的学者之一，他的成名专著是《论题学与法学》。罗兰德·杜比萨（Roland Dubischar）是对法学理论进行了若干华丽与复杂研究的学者[③]，但是也通过一部关于交通法的教科书[④]而声名鹊起。从埃塞尔广受赞誉的《债法》教科书的第五版——稍后会对其进行更多说明——开始，埃克·斯密特（Eike Schmidt）与汉斯－雷奥·威尔斯（Hans－Leo Weyers）进行了进一步的修订：前者作为一名精明的但并非不具政治属性的德国学派教义学者，曾对侵权法、损害赔偿法、不当得利法与标准合同条款法律作出了持久贡献；后者受过比较法方面的训练，喜欢使用以解决问题为导向的方法，是侵权法与保险法领域的专家[⑤]，在 20 世纪 70 年代初始阶段，他的关于“意外损害”的教授资格论文[⑥]无论在内容层面还是在方法论层面都是具有先锋性质的论文。迪特里希·劳斯福（Dietrich Rothoeft）在他的教授资格论文中从另一个视角小试牛刀，将埃塞尔的比较法方法理论应用到涉及过错法的教义学领域，但他同时

① 举例而言，M. Eisenberg，《普通法的本质》（The Nature of the Common Law），1988 年；P. S. Atiyah 与 R. Summers，《盎格鲁－美国法的形式与实质》（Form and Substance in Anglo－American Law），1996 年。

② 关于 Josef Esser 作为学术教师的个人层面，参见其学生 Eike Schmidt 执笔的讣告，载《法学家杂志》（JZ），1999 年，986。

③ 除一系列杂志文章以外，还请参见：Dubischar，《法学的预备学习》（Vorstudium zur Rechtswissenschaft），1974 年；Dubischar，《法学理论导读》（Einführung in die Rechtstheorie），1983 年。

④ Dubischar，《总体货物运输法概览》（Grundriss des gesamten Gütertransportrechts），1987 年。

⑤ Weyers，《保险合同法》（Versicherungsvertragsrecht），第 3 版，2003 年。

⑥ Weyers，《事故损害》（Unfallschäden），1971 年。

基于显著的系统化思维对其作了修正①。最后,继承埃塞尔法律理论传统的是格哈德·斯恰克(Gerhard Struck),他因在一个过短的学术产出期间内撰写出若干高度原创的与非正统的法学理论概要性论文而获得赞誉。

二、关于民法教义学的作品

约瑟夫·埃塞尔关于民法教义学的作品明显聚焦于债法——无论当时还是现在,它都属于民法的帝王法则领域。进一步而言,他在债法领域聚焦于侵权法显而易见。这一聚焦趋势可以溯源到他在1941年出版的早期专著《危险责任的基础与发展》。在此有必要回顾危险责任在当时所处的位置。众所周知,危险责任体系是与《德国民法典》——或者说得更准确一点:以过错责任原则为基础的经典民法——并行不悖发展起来的体系②。由于危险责任是侵权法的"非婚生子女",因而这个不被宠爱的家伙应当在特别法典中予以"放逐性"规定。而这些特别法典也没有被构建在任何总体性的教义学概念之上。相反,一旦出现任何令侵权责任法教义学者惊悚的技术性风险,这类特别法典就会通过立法方式陆续得以颁布。当人们最终开始思考一项统一的教义学理念之时,危险责任主要被用于定义一种针对违法过失行为的极端化的严苛责任。就这一点而言,埃塞尔通过他的小专著引领了范式的转变。危险责任——他的如下阐述——作为行为责任类型,已经在研究方法层面被误解。事实上,它是一种独特的责任承担类型:在相关主体控制和使用一种风险性技术时,如果即使他(它)们履行谨慎注意义务,仍然无法完全控制风险的发生,那么他(它)们应当承担特定的责任。基于此,他驳斥了理论上幼稚的但在当时被广为接受的因果责任理念以及受黑格尔启发的拉伦茨的"客观归责"见解。埃塞尔在具有良好认知的前提下,通过一番简洁与形象的言语表述作出了如下扼要说明:危险责任不是为所做的不法行为承担的责任,而是为发生的灾难承担的责任③。由此危险责任体现了所谓的向社会法倾斜的趋势。但人们不能因此作出错误假设:这种"社会损害分担"④的强调表述不仅激发了分配正义的观念⑤,而且也是时代精神之子——众所周知,时代精神必须服从于群体意志。直到20世纪80年代,埃塞尔的新范式才因为法律经济分析方法的出现而在理论上被征服,并

---

① Rothoeft,《作为比较法的方法问题的错误学说体系》(System der Irrtumslehre als Methodenfrage der Rechtsvergleichung),1968年。

② 由Ogorek阐述,见:《19世纪危险责任发展研究》(Untersuchungen zur Entwicklung der Gefährdungshaftung im 19. Jahrhundert),1975年。总结性内容见:Zöllner,《危险责任去往何方?》(Gefährdungshaftung wohin?),载Bernat/Böhler/Weilinger编辑:《克雷伊奇纪念文集》(Festschrift für Krejci),第2卷,2001年,第1355-1369页。

③ Esser,《危险责任的基础与发展》,第30页以下。

④ Esser,《危险责任的基础与发展》,第83页。

⑤ 具体内容见:Esser,《危险责任的基础与发展》,第69页以下。

出现所谓的倒退回潮迹象。这种新的经济分析方法主张恢复行为责任范式,并再次强调危险责任的预防目标。从这个视角观察,危险责任相较于过错责任的独特意义在于:它不仅管控注意义务的水准,而且降低了特别危险活动的责任承担水准①。

现在我想转而评论他的第二本著作,该著作几乎使约瑟夫·埃塞尔成为债法教义学的指标性人物,这就是《债法》教科书。基于专家的观点,在埃塞尔自己编撰的该书四个版本中,第二版被一致认为是最好的版本。迄今为止,人们依旧可以从使用该版本中获益良多。我想仅仅指出其中几个亮点。首先,由该版本推导出来的关于合同之债理论与债之关系结构的原理应当作为每位处于大学第二学期的大学生的必读内容,原因在于,这种具有牢固理论根基的篇章内容已经在当今以迎合读者粗浅阅读口味为目标的简明教科书中消失无踪。其次,该版本的其他亮点是——基于当今视角,其中部分内容已经不可避免地过时——关于不当得利法与侵权法的阐述分析。在当时,这一分析的目的是将不当得利法从纯粹的公正法则的粗糙体系中萃取出来,并赋予不当得利法以教义学框架。然而,埃塞尔不应为不当得利教义学其后发展成为自我参照的自恋型臃肿体系承担责任。

教科书的版本演进通常都遵循特定轨迹,这就是,新的版本在大多数情形下要优于旧的版本,但大致从第五版本开始,教科书可能陷入僵化状态,然后要么进入缓慢被遗忘的情境,要么通过原作者的一位天才学生获得重生。但埃塞尔的教科书是一个异数。在他的教科书传奇性的第二版与紧接其后的第三版之间存在着明显的非连续性,而这一现象无法单独通过关于学习影响与成熟过程的说法得到解释。作为埃塞尔学生的我想要隐藏的——而我作为记录者却不应为尊者讳——事实是:从第三版本开始,埃塞尔对于教义学工作的热情减退了。从此开始的教科书版本修订不仅——过度——考虑读者的阅读舒适度,而且大部分章节也被交给研究助手团队处理。例如,在该书第二版本中曾被高度精致分析的关于目的丧失与目的不达的教义学内容再次被悄无声息地纳入到以不可能性为主题的教义学理论范畴中。从该教科书的第五版开始,这本书的修订权被正式交到了埃塞尔的学生埃克·斯密特(Eike Schmidt)与汉斯-雷奥·威尔斯(Hans-Leo Weyers)手中,这使该书再次恢复其鲜明的轮廓②。

三、理论与方法

今日的人们不应对以下事实感到惋惜:在埃塞尔的时代,他将创造力从教义学工

① 参见相关专著:M. Adams,《危险责任与过错责任的经济分析》(Ökonomische Analyse der Gefährdungs- und Verschuldenshaftung),1985 年。

② 最新版本见:Esser,《债法》(Schuldrecht),第 1 册,总论,第 1 分册,第 8 版,1995 年;第 2 分册,第 8 版,2000 年;Esser/Weyers,《债法》(Schuldrecht),第 2 册,分论,第 1 分册,第 8 版,1998 年;第 2 分册,第 8 版,2000 年。

作领域转移出来，进而在理论与方法领域创造出丰富的作品。他的创造力的转向不仅导致他的第三部伟大著作的诞生[①]，而且还在若干突破性的论文中对具体问题作出了具有决定意义的精确阐明[②]。以下让我们按照时间顺序对此进行回顾。

(一)《法律与国家基本概念导读》(1949)

在回归侵权责任法若干年之后，在1949年，也就是在因斯布鲁赫时代诞生了《法律与国家基本概念导读》[③]——这是一本为初学者撰写的书籍，它为自身设定了宏伟目标，即该书不仅要为预期的法学专家传授"服务于考试"的知识材料与案例解析技巧，而且要教导他们"从初始阶段就思考其概念的社会与伦理意义"[④]。还应注意的是书中的以下抱怨："到目前为止，人们将法律理论视为一种哲学奢侈品，将其从大学第一年的基础课程中删除，由此已经错过了及时激发学生原初科学兴趣的机会。"[⑤]在此情形下，该书基本认知并未被局限在极权主义崩溃之后迅即来临的对于法律的道德根基的反思框架下。在该书预期——直到很久以后才被重视——法社会学问题时，法理学亦被赋予"观察我们的共同体生活(社会现实)与理解其关联性、合法性与典章制度"的任务；该书认为，作为"理解性"法社会学，这一冒险行为不应满足于"纯粹的现象描述"，而亦应具有正视"思想观点"的"驱动力与控制力"。这部直到今日仍旧具有吸引力的[⑥]书籍之所以没能成为经典著作，可能只是因为它系由一位在奥地利授课的高校教师主要为奥地利大学生撰写而成。

(二)伟大专著

1.《法律拟制的价值与意义》(1940)

即使最早的写作尝试步骤还是涉及侵权法，但是埃塞尔在1940年已经凭借一部关于"法律拟制的价值与意义"的理论方法专著而进入公众视野[⑦]。

这本书的副标题——《对于立法技术与以往私法教义学的批判》——是纲领性的，它预示了这位青年学者的自我意识。确凿无疑的是，这一命题不是一个非常大的命题，它具有时代关联性。该书放弃了具有时代特性的新康德主义的夸张方式，该夸张

---

① 参见本节以下第2小节c)部分。

② 参见本节以下第3小节部分。

③ Esser,《法律与国家基本概念导读》(Einführung in die Grundbegriffe des Rechtes und Staates),1949年版。

④ 同上注，前言S. VI。

⑤ 同上注。

⑥ 这也适用于对于理论请求与教学支持手段的成功整合；其现代性令人惊讶，例如一项关于"在研究与案例处置中绘图的应用可能性"的附录，见上注，第299页以下；重复学习有意义与无意义投票之区分，同上注，第289页。

⑦ Esser,《法律拟制的价值与意义：对于立法技术与以往私法教义学的批判》(Wert und Bedeutung der Rechtsfiktionen. Kritisches zur Technik der Gesetzgebung und zur bisherigen Dogmatik des Privatrechts),1940年版(第2版,1969年版)。

方式曾基于认识论角度将在规范文本中拟制的使用错误理解为——所谓的有意识的错误——现实替代物。埃塞尔指出,约束性语句不能代表存在,因此法律拟制也不能替代现实,它只是在事实之中的一项简单的参照技术与以"摘要性简短引用"为形式的立法经济学的工具①。

但是拟制进一步激发了——就这一点而言,这部著作已经是一部方法论作品——埃塞尔在教义批判层面的兴致。它们也使他在看似外围之处甚至在异域领域发现了一个原则性问题。为什么——埃塞尔提出疑问②——《德国民法典》宣称胎儿"视为……已经出生"而不是采用更简单的表述:"胎儿是基于依托死因行为获得财产的目的而具有部分权利能力"?在此情境下,为了确保制度体系外部一致性的利益,这一拟制实现了对于法律原理的突破——在我们这一例子的通常情况下,权利能力始自出生行为完结之后——予以掩饰的目标。类似情况出现在实践中,即通过隐藏的例外情形而"破坏"过于高度概括化的与相对于生活世界规则问题多元化而无法适应性涵盖的教义学大前提③。只有通过这一类拟制,教义式结构(例如公平留置权、委派收款或者试驾过程中隐形的责任排除)才可以避免受到规避法律的指责。就此而言,埃塞尔判定拟制技术具有一项几乎不可或缺的创新功能:作为"思维的拐杖"④,拟制可以有助于思考那些仍旧不可想象之物,这使其成为教育层面的教义化的先驱,但该教义化最终不再依赖于拟制的技巧。在这一意义上,我们可以在今日自由地宣称,安全信托大概不是一项虚伪表示,而是一项非占有的质权,并且在止赎与破产中的任何情形下也必须依据此认定处置。当前,我们同样可以基于汽车交易商的商业利益与试车驾驶员对于汽车熟悉性的欠缺而确认试车驾驶员责任优遇的正当性,并通过此种方式,在进行"客观的"利益考量与保护考量的情形下,确立试车驾驶员的责任优遇,而无须借助于对于私法自治来说看似有所亏欠的意愿拟制方式。

我在此做一停顿,以使自己可以专注于约瑟夫·埃塞尔的那部从长远来看可能产生最大程度的广泛影响力的著作⑤,即使其与后来的理论化的连接脉络并不总是清晰地呈现出来。

2.《原则与规则》(1956)

当我在大学学习的第5学期来到图宾根时,这本书在我们青年人之中获得光环般

---

① Esser,《法律拟制的价值与意义:对于立法技术与以往私法教义学的批判》,第37页以下,第200页。

② Esser,《法律拟制的价值与意义:对于立法技术与以往私法教义学的批判》,第82页。

③ Esser自我表述;Esser,《法律拟制的价值与意义:对于立法技术与以往私法教义学的批判》,第81页。

④ Esser,《法律拟制的价值与意义:对于立法技术与以往私法教义学的批判》,第200页。

⑤ 值得注意的是,到1990年为止这本书总共已经出版4个版本。

的效应,这种效应可以与贝多芬后期的弦乐四重奏获得的效应媲美①。人们认为,这可能是一部非常重要的著作,然而它也是一部最终内容晦涩模糊并且有时令人无法理解的著作②。那些假装已经理解这部著作的人可能说出的并非完全的事实真相。虽然存在这些理解困难,但在这部著作出版之后50年(译者注:原文"45年"有误)的今日,该书可能已经失去些许神秘色彩。尽管如此,但是对于后期贝多芬弦乐四重奏的类比适用仍旧很有道理。《原则与规则》也与传统的(为了不作以下表述:经典的)法律思维模式相决裂。正如埃塞尔自己在海德堡科学研究院所作的以下阐述:这部著作是对于"欧洲大陆的教义学野心的批判"③。并且还有一项相似评判:这些主题不是基于齐整的衍生链条发展起来,而是通过实践的方式逐渐明朗化与嬗变④,在其中占主导地位的是对于概要式异议的兴致。最后需要说明的是:如同贝多芬一样,1956年的埃塞尔远远超前于他的时代。虽然这部著作存在一些不完善之处⑤,但它在实质上具有三项理论发现,这确保了它在我们的法律史上获得光荣的一席之地。

埃塞尔的法律原则理论被欧洲大陆以规则为基础的法律获取方法的相关疑难争议所激发。一方面,受规则约束的法官一再——而不仅是在面对法律空白或授权性一般条款时——面临必须求助于更一般法律原则的实际必要性。另一方面,只要这类原则完成实现的不是纯粹的形式外部性的秩序服务(例如纯粹的构造原则或教学原则),法律工作者就面临合法性问题,这就像一个法律的明希豪森问题:"建立与界定他自己创设行为的法律权威"⑥。显而易见的是,为了化解这一困境,需要求助于法律制度的经验积累,而对法律制度来说,不受规则条文约束的法律创制就像是日常面包一样普通,举例而言,这类创制包括——在一个原则上没有构建完成的法律体系中不可避免的——借助与涉及法律原则的工作。而这使关注点被指向于普通法的方法论。但埃塞尔向德国法律工作者宣扬盎格鲁-撒克逊的方法远非事实,他相对自由地回避了接

① 在这一情境下,可以追忆起Josef Esser本人为了实现讲授清晰这一目标,也总是乐于寻求利用音乐与音乐诠释现象进行类比;参见Esser,《法律与国家基本概念导读》,第37页:"如同每个人不必经过学习,就可在不知不觉的情况下接受理解民歌的旋律,一个简单构造的社会的法律也可以在不知不觉中被每个单一个体接受理解为忠诚度、同伴友谊、正直等要素(……)。高度发达文化的巧妙的法律创制……与此相反,就如同精心创制一首交响乐或赋格曲。在此情形下,对于天真的听众来说,几乎所有的客体都被设计与组合";再到前书第191页:这位"法律术语的思想家"如同"一位聋人音乐家,他无法借助听力,而只能通过看乐谱的方式来演奏它们"。

② 就这点而言,可参考Roland Dubischar已作出的颇具同感的对于此作品的赞赏评价,见:《作为文献的法律理论》(Rechtstheorie als Literatur),载《民法实务档案》(AcP),第171卷(1971年),440,441与442。

③ Esser,海德堡科学研究院,1973年11月17日大会,哲学与历史学层级正式成员入职演讲,载论文选集,编辑者:Häberle,P.与Leser,H.G.,1990年,第449页,第450页。

④ 参见——附带完全批判性的潜台词——由F. Wieacker所撰写的这本书的评论,载《法学家杂志》(JZ)1957年,701-706。

⑤ Roland Dubischar作出谨慎描述,《民法实务档案》(AcP),第171卷(1971年),440,各处。

⑥ Esser,《原则与规则》,第2页。

受的上述理论。这一方面强化了他的(当时具有异端性的)想法:法官的法律创制不仅是正常的,而且是立法程序的一个必要组成部分①。另一方面,他疏远了法律现实主义中有些粗糙的经验主义。他也拒绝了实证方法,基于这类实证方法可以臆想认为,一项原则能够毫无障碍地从规程中"获取"②,例如,在自然法或价值哲学层面的经由舍勒进行的训练有素的以下尝试:通过推测性的可体验的道德事实来构建法律原则。埃塞尔没有否认这类"最终的"道德原则的可能性。但是,他基于盎格鲁-撒克逊的想法而认识到,绝大多数法律原则也参与了法律的实证性进程,只是恰恰没有通过成文法演绎的方式,而是通过重新审视事物本质与研讨争议每个待决问题的方式。在持续的实践中,原则由此成为现实的司法构造,而这一构造使法律对于社会变化的永久适应性成为可能。同时,曾被予以表述的诸原则通过从修辞学原则转变为教义学原则的方式(例如从信赖原则发展为抽象性原则),发展出了确定的自我存在。

这些命题在其所处时代具有何种程度的开创性意义,人们可以从以下事实中作出判断:这些命题在20年后出版的德沃金的作品《认真对待权利》③中作为核心部分再次出现。当然,它们在再次出现时采取了一种由哈特启发的迥异立场④。但是,人们喜欢指责在上述举例中出现的关于我们法律的乡土偏狭性,这种特性允许轮子被两次发明创造[译者注:"轮子被两次发明创造"属于俚语,寓意是:要设计或实施一项等效于既有工具(制度)的工具(制度),这样做无疑是愚蠢的,浪费了时间与其他成本]。

实际上,虽然在此只是附带提及的约瑟夫·埃塞尔的两项见解仅为法律原则理论的副产品,但并不影响它们引领潮流的性质。在再次借鉴盎格鲁-撒克逊理论家观点的情形下,埃塞尔接受了标准性的思想看法,并将其与原则性思想看法进行区分。在此区分之中他注意到两项特征:与诸原则(例如信赖原则)相反的是,诸标准不具有不证自明的绝对性,而是包含了可以伸缩拓展的准则尺度,例如,这类准则尺度包括在社会生活中必要的注意或者良好的竞争道德风尚。由此,诸标准正好适用于个案情形下法律的创制,而这与诸原则迥异;不过,从另一方面而言,诸标准也并非法律教义学推导的客体。并且,它们虽然属于规范,但是可以这么说,它们复制了事实。之后,诸标准在社会规则存续层面的参考指引功能亦被论及。

在《原则与规则》中,比较法的功能方法基础终于得到发展。人们可以自信地将这一发现描述为比较法学的一项质的飞跃。它放弃了到那时为止几乎是作为唯一方法出现的比较法的"表现型"方法,并使用另一种方法取代其位置,这另一种方法替代了

---

① Esser,《原则与规则》,第23页。

② Esser,《原则与规则》,第10-11页。

③ 最后德语版本:Dworkin,《认真对待权利》(Bürgerrechte ernstgenommen),1990年。

④ Esser不但没有阐述Dworkin的关于只在"疑难案件"中发挥"法律一般原则"规范性效力的论述起始观点,而且没有确认德沃金的关于在一个案件情形下永远只能作出一个正确决定的观点。

教义学构造,进而对于机构与社会问题解决功能进行比较。这一发现的指向远远超出了比较法范畴[①],其原因在于,它不仅改变了对于本国法教义性的渗透突破,而且也已在法律理论中构建通往功能方法的桥梁。并非巧合的是,功能方法相应也对卢曼的法律决定理论产生了影响力[②]。这并没有导致以下事实的改变:埃塞尔后来拒绝跟随卢曼施行的功能方法的激进化进程;其原因在于,他不想采用后者的关于法律决定最终正确性目标或“事实性”目标的功能化方法,并且不想促使法律人被免除所有实质性信念要求(对于作出决定的主体而言,存在相应的内在化机遇)[③]。

3.《法律发现中的前理解与方法选择:司法决策的理性基础》(1970)

《原则与规则》从诞生之初就被视为是一部具有伟大成就的书籍(即使对于那些宣称没有理解它的人来说也是如此),而第二部对于上述陈旧的问题进行进一步思考的专著《法律发现中的前理解与方法选择:司法决策的理性基础》并没有获得统一的认可;尽管它从边缘角度为占主导地位的德国风格模式提供了始终深奥难解的比较法视角,并比它的前任著作更加强化致力于技术—概念层面的严谨性。然而,请让我首先理清这部著作的思路。

由经验性观察可知,法官依据萨维尼式的法则而相对任意地使用解释要素,也就是说,他们对方法的选择不具有事实上的合理和正当性,由此埃塞尔提出质疑:法官实际上是如何作出决定的?

几乎没有被阐明的是:伴随着上述质疑,特定的想法被考虑研究,而至少在20年以前,这类想法已经使年轻的埃塞尔在其因斯布鲁赫时代的著作《法律与国家基本概念导读》[④]中作出思索。在当时,他涉及方法的关键兴趣不只局限于规则解释的学术性—教义学流程,也涵盖法律发现的前理性(我有意识地不使用——非理性)要素。他那时还对参与控制决定行为的法律情感有兴趣,并完全承袭其学术导师瑞茨勒(Riezler)的思想:“法律情感是(……)法律行为与判断的脉冲,但它没有提供客观标准。”[⑤]年轻的埃塞尔对法律情感的决定因素的寻求(这种寻求本可以适应那时刚被唤起的对心理学与精神分析的信仰)没有设定在人性的本能驱动结构中,而是——基于曼海姆

① 关于一直应用功能方法的比较法研究的内容,可参见Esser学生Rothoeft的专著《作为比较法的方法问题的错误学说体系》(System der Irrtumslehre als Methodenfrage der Rechtsvergleichung),1968年。

② N. Luhmann,《公法档案》(AöR),第94卷(1969年),1,24。

③ Esser,《法律发现中的前理解与方法选择:司法决策的理性基础》(Vorverständnis und Methodenwahl in der Rechtsfindung. Rationalitätsgrundlagen richterlicher Entscheidungspraxis),第202页以下。Luhmann在他所涉及的方面也绝对懂得珍视Esser式的异议;参见N. Luhmann,《法律体系与法律教义学》(Rechtssystem und Rechtsdogmatik),1973年,前言第8页。

④ Esser,《法律与国家基本概念导读》,第31页以下。

⑤ Esser,《法律与国家基本概念导读》,第36页。

的知识社会学的传授[①]——设定“在精神‘层面’”[②],而这一层面深受社会存在的影响[③]——这意味着,法律情感也可以通过社会化与文化适应得到塑造[④]。然而,由于法律情感具有的“情感负荷”,他并不信任“单纯的”法律情感[⑤],也就是说,他将其回溯指引到了感情与非理性层面。

在《法律发现中的前理解与方法选择》中,这种理论上的不明确性得到修订,并通过对于“由伽达默尔作为解释学基本概念而构造的术语‘前理解’”的创造性的理解接受而得到替代。因此,埃塞尔在同一时期离弃了在《原则与规则》中还作为核心组成的、但是对于法律发现的“认知的”与“意志的”决定因素进行过于简单化鉴别的两分法。在法律情感事实上还是法律发现的一项非理性控制因素的情形下,由法官的前理解施行的决定控制虽然同样不属于学术性判决依据的组成部分,但它也不再是非理性的或不再只作为一项“意志的行为”[⑥],而是属于间接的与受过专业训练的理解条件的组成部分。但是,相比伽达默尔,埃塞尔具有更宽泛的语言使用习惯——由此容易导致“前理解”这一概念的歧义误解性;显而易见,埃塞尔所述的前理解并不等同于先入之见;但个体性的先入之见——它们并非永远只能是“扭曲的”——不可避免地影响了前理解。前理解也不仅是知识社会学的理解条件;从另一视角看,他的确承认了职业性的社会化对法官“独立进行问题化行为与公开论述法律政策抉择”[⑦]能力的影响。使用简单的二分法拆解由法律适用者个人先入之见组成的复杂网络与他在文化、历史与社会层面的被塑造成型的意义期待,与他的理智的正直性相悖离。在理论性隐逝的黑暗之中,进一步存在着前理解与传统的方法论手段之间的互动影响。批评者喜欢引用以下表述夸张的格言:实践“并非以法律发现的教条‘方法’为前提,前者只是利用后者,以达到依据其法律理解与专业属性并按照本领域规则去证明最适当决定的正当合理性的目的”[⑧]。而在几年前,人们可以阅读到完全不同的表述:这几乎是不言自明的,

---

① 在这一点上,他没有引证曼海姆,但根据他自己的陈述,曼海姆在他法兰克福大学读书时代对他产生了深刻影响,参见 Esser,海德堡科学研究院,1973 年 11 月 17 日大会,哲学与历史学层级正式成员入职演讲,载论文选集,编辑者:Häberle, P. 与 Leser,H. G. ,1990 年。

② Esser,《法律与国家基本概念导读》,第 33 页。

③ 见 Karl Mannheim,《知识社会学》(Wissenssoziologie),作品选集(编辑:Kurt H. Wolff),1964 年,第 308 页以下,第 317 页以下。

④ Esser,《法律与国家基本概念导读》,第 35 – 36 页。

⑤ Esser,《法律与国家基本概念导读》,第 37 页。

⑥ Esser,《〈德国民法典〉第 242 条与私法自治》,第 254 页(引用语),第 256 页以下。就 Esser 而言并不罕见的是,“法律发现的意志因素”的概念也没有得到完全清楚的阐明。在部分程度上,可能应当不再说明“法官的方法不再拘囿于正确规则理解范畴之内”,但是其也应当置于决定强制力之下。与此相反,法官的“预感直觉”(同上书,第 256 页)的等同因素则更可能支持以下内容:“意志的行为”是前理解的理论先导。

⑦ Esser,《法律发现中的前理解与方法选择:司法决策的理性基础》,在(1972 年重修的第 2 版)导读之中,第 13 页。

⑧ Esser,《法律发现中的前理解与方法选择:司法决策的理性基础》,第 7 页。

即“一项判决并非首先基于‘意志性’或‘感性’被作出,然后才据此从技术性层面论证正当合理性”以及“公正的决定不是独立于关于真相的可能性与可证立性的成熟考虑而被厘定认清”[①]。

毫无疑问的是,这部著作的批评者绝对没有领略到理论构造[②]的精妙。有些人将这项作为方法理论的雄心勃勃的草案的创作错误理解为一种学术性的指导司法行为的方法论,并由此衍生出对在法律思考中确定性的丧失进行抱怨的权利[③]。就此而言,他们原本应该最迟借助鲁迪格·劳特曼(Rüdiger Lautmann)的经验主义的法官研究[④]而获得指引说明,意识到《法律发现中的前理解与方法选择》不但不是上述确定性丧失的先行者,而且已经最终为具有最长期的(或者可能一直如此)实践的司法决策权带来了一项理论上的概念界定,并且与前述相反,它试图重新锁定未经公开宣示的关于作出决定的影响因素。这部著作还受到进一步的指责,它被认为已经开启了政治法学的严谨方法论的闸门[⑤]。以下观点是正确的,即为社会意识的转换开放法律思维的想法也可能构成政治侵入的据点[⑥]。但是,对于误解歧义问题,不应当主要由一位作者承担责任[⑦],而应当主要由那些没有足够认真与细致入微了解他的人承担责任。

在《法律发现中的前理解与方法选择》中还出现了一个新的概念,即法官决定中的“意见一致性能力”。显而易见,埃塞尔始终在非常实际的层次上理解这一标准,并且,在这一概念逻辑中存在的通往理性话语的理论之路绝未走向终结。他没有要求能不留余地解构法律发现中的前理性基础——相反,他直至论述终结都在论证前理性基础作为法律发现的绝对有效组成部分的合理正当性:

“通过寻求披露乃至承认具有价值的非理性,我的立场并非单纯构成一项启示。在宇宙中人类始终具有新颖的具有魅力的控制与整合意愿,对于该意愿的文化创造性力量的洞察力已经阻遏了乌托邦式理性想法,正如新实证主义科学理论的浮现崛起。在社会领域尤其是在法律领域的创造力植根于冲动,正如艺术来源于冲动,这种冲动

① Esser,《在民事判决中的评估,构造与论证》(Wertung, Konstruktion und Argument im Zivilurteil),1965年,第4页。

② M. Frommel,《拉伦茨与埃塞尔关于诠释学的继受》(Die Rezeption der Hermeneutik bei Karl Larenz und Josef Esser),1981年,第90页以下,该作品对此有专业分析。

③ 譬如E. Picker,《法官法或者法律教义学——法律获取的选择?》(Richterrecht oder Rechtsdogmatik - Alternativen der Rechtsgewinnung?),载《法学家杂志》(JZ),1988年,1,5以下。

④ R. Lautmann,《司法——沉默的暴力》(Justiz - die stille Gewalt),1972年。

⑤ 首先并且最重要的是(有时也偶尔使用好战修辞)参见Picker,《法学家杂志》(JZ),1988年,1,尤其是5-8。

⑥ 还可进一步参见Häberle,《宪法解释者的开放社会》(Die offene Gesellschaft der Verfassungsinterpreten),1975年,载《法学家杂志》(JZ),第297-305页。

⑦ Zöllner,《20世纪末的民法学与民法》(Zivilrechtswissenschaft und Zivilrecht im ausgehenden 20. Jahrhundert),载《民法实务档案》(AcP),第188卷(1988年),85,89,脚注17。

只是在部分领域易受演进性的可理解的目标理性的影响。”[①]

由此,他通过借助非常现代的哲学流派(例如基于德里达的解构主义[②]与尼采的文艺复兴的流派)可以感知到其观点被验证证实,这些流派再次开始与哈贝马斯商谈理论的理性乐观主义保持距离,并能觉察到前理性的,就是说非理性的行为因素与认知因素的独立性。

(三)思维中的焦点

在埃塞尔三部伟大著作之外,还存在数量众多的具有基本性质的论文与演讲手稿[③]。不过,如果人们想在他的全部作品之中寻求封闭式的理论构造,那将徒劳无功。与此相反,正是因为埃塞尔一直准备接触与进一步处理新的事项,所以他的作品中不是完全不存在决裂情形。伟大理论是法理学家与法哲学家的特权。而埃塞尔对这两个学科都非常熟悉;但他自我认知为方法论学者和沟通理论与实践——尤其是司法实践——的桥梁的建造者。尽管存在这种与实践的紧密结合性,但寻求一项以清单方式被执行的关于法律发现的行动指南的努力徒劳无功,而它们自身可以在萨维尼的具有理论上乘性的设计方案(关于解读元素的法则)或菲利普·赫克(Philipp Heck)的利益法学中被发现。遗憾的是,将当今的教科书在脑海里梳理一遍可知——埃塞尔从未写过关于方法论的教科书,而且据我所知,也从未设定编撰过这类书籍。但如果他撰写这么一部教科书的话,那也不与他思维的风格相匹配。埃塞尔不仅在他的民法教义学论文中,而且也在他的方法论论文中更加依赖于开放性的问题思考方式。在放弃体系化的情形下,我们可论及他的思维焦点,在过去几十年里他部分地围绕这些焦点研究,同时他又一直重新寻求这些焦点的参考因素。这些焦点的重心不是法律工作者的“这一”方法,而是法官与法典之间的关系[④]。并且,埃塞尔在这一主题中将主要关注点再次指向以下问题:如何能在法官的法律发现中获取“声名狼藉”的衡平性因素[⑤]?

由于时间原因,我仅限于用提示词的方式阐明上述诸焦点中最重要的部分。

---

① Esser,海德堡科学研究院,1973 年 11 月 17 日大会,哲学与历史学层级正式成员入职演讲,载论文选集,编辑者:Häberle,P. 与 Leser,H. G. ,1990 年,第 449 页,第 450 页。

② 德里达的解构主义并非通过少量引文得以证明。无论如何,以下作品文本应得到强调:德里达,《法律效力:“权威的神秘原因”》(Gesetzeskraft. Der, ,mystische Grund der Autorität"),1991 年,第 53 -55 页。

③ 完整书目见 Esser,海德堡科学研究院,1973 年 11 月 17 日大会,哲学与历史学层级正式成员入职演讲,载论文选集,编辑者:Häberle,P. 与 Leser,H. G. ,1990 年,第 451 -465 页。

④ 埃塞尔的自我理解见 Esser,海德堡科学研究院,1973 年 11 月 17 日大会,哲学与历史学层级正式成员入职演讲,载论文选集,编辑者:Häberle,P. 与 Leser,H. G. ,1990 年,第 449 页,第 450 页。

⑤ J. Esser,《在现代私法中衡平性与衡平性司法实践的变迁》(Wandlungen von Billigkeit und Billigkeitsrechtsprechung im modernen Privatrecht),载图宾根大学法学与经济学学院法学部(Rechtswissenschaftliche Abteilung der Rechts - und Wirtschaftswissenschaftlichen Fakultät der Universität Tübingen)编辑:《极端的正义即极端的不正义》(Summum ius - summa iniuria),1963 年,第 22 -40 页。本文引语转引自 Häberle/Leser 所编辑论文选集(1990 年)第 141 页,第 142 页以下段落:“在我们今日的私法领域,衡平性是一项声名狼藉的法律塑造因素”。

1. 基于一般条款与法官法的应对

如果比较基于《德国民法典》第242条的重大法律评论的当前版本与20世纪50年代和60年代的版本,会有恍若隔世的感受。先前的评论者们一直试图通过(大多数是同义反复的与过于高度抽象的)意译原则的方式来解释诚实信用在私法领域的效用,但这对他们堆砌诡辩的行为来说于事无补,也无法避免最终由霍德曼(Hedemann)先生(译者注:此人系柏林大学法律教授,生卒年份为1878—1963,他曾出版过一本被广泛引用的小册子《沉溺于一般条款》)出于礼貌而对法院提出不要“沉溺于一般条款”的告诫。自那时以来,如果没有埃塞尔关于衡平判决与司法机构发展的作品,那么明显的理论进展几乎不可想象[①]。在涉及“源自《德国民法典》第242条”的内容性标准方面,我们已经意识到,快速求助于诚实信用不应为抹煞社会道德、公平、事实公正或目标公正界限的行为提供托词。在最近的教科书中,由卖家实施的妥善包装物品行为仍然应被假定为“基于诚实信用”的附属义务,这表明(即使作为纯粹的言说方式)前述的研学进程还远未结束[②]。我们应当进一步感谢埃塞尔在涉及《德国民法典》第242条的法律适用程序方面取得的进展。虽然之前的人们已经意识到,不应针对事实构成要件采用涵摄的推理方法,但他取得的进展使关于“一般条款具体化”的不具效力的说法被以下洞见取代:一般条款的功能无异于对不关联事实构成要件的预先判断的授权,而法官在这种情形下被要求自主构建三段论推理的大前提[③]。

在所谓的一般条款具体化进程中——但不仅限于此——从埃塞尔开始我们惯常称为法官法的法律渊源获得繁荣发展。今天的我们经常将法官法这一术语简单地挂在嘴边,却倾向于忘记它代表着怎样非凡的理论成就。埃塞尔在发展他的理念时,对《原则与规则》一书的一些批评者作了回应。这些批评者在阅读该书时,只将这部著作内容视为对在当时基本上不再具有争议的结果进行充满技巧的陈述,而埃塞尔回应认为,法院判决在一定程度上也可以发挥创设原始法律的功用[④]。埃塞尔关于法官法的理念同时消除了(或者至少修正了)若干个历史悠久的关于法律渊源与方法的理论类型。一方面,现代的法官法接纳了习惯法的功能,而技术进步与社会变革的速度以及同时期日益增长的法律复杂性导致一种法律上的确信已经不能逐步发展成为具有法

① 在此不应忘记 Wieacker,《关于〈德国民法典〉第242条的法律理论阐明》(Zur rechtstheoretischen Präzisierung des § 242 BGB),1956年。

② Esser自己通过这种方式发现,源自《德国民法典》第242条的给付标准的固定化只是“在债法的醒目位置对于《德国民法典》第157条规则”的重复;Esser,《〈德国民法典〉第242条与私法自治》(§ 242 BGB und die Privatautonomie),载《法学家杂志》(JZ),1956年,555,557。

③ Esser,《法律发现中的前理解与方法选择:司法决策的理性基础》,1970年,第56、57页。

④ 最重要的是以下出处的书评:v. Mehren,《拉贝尔外国与国际私法杂志》(Rabels Zeitschrift für ausländisches und internationalesPrivatrecht),第22卷(1957年),548-549。摘要性内容见:Dubischar,《民法实务档案》(AcP),第171卷(1971年),440,446-447。

律伙伴关系的公民之间的广泛共识。另一方面,立法者发现自身罕有能力去规范(至少是)公民社会内社会关系的基础[①]。而根基于法律界内部共识的法官法是对这种规范真空的回应。它很少表现在(非常特殊的)具有轰动效应的法的续造中(该类续造是独立的,也就是说,它们自身就是具有立法替代功能的法律渊源),而是更多表现在微观而持续地从案例到案例的调整适应进程中。这些调整适应超越了之前在"持续的司法实践"窘迫标题下被搁置的内容。但它们(与盎格鲁—撒克逊法相比)还不是独立的法律渊源,而是"对成文法内容本身的洞察来源"[②]。不幸的是,以上这些细微差别似乎正在逐渐陷入被遗忘境地[③]。

2. 教义学与体系思维

在埃塞尔的生命历程中,他对法律教义学的理解不但是复杂的,而且简直是矛盾的。这开始于他自己的教义学实践。他曾是杰出的债法教义学家——但在学术创作生涯的最后15年,他几乎完全放弃了教义学事务。他在《原则与规则》一书中确定的目标是对于"欧洲大陆教义学野心的批判"[④],而在《法律发现中的前理解与方法选择》中则断言,为反对"前体系化的"正确性标准而对于教义学正确性标准实施"隔离"是不可能的[⑤]。与此同时,他也对"低估"教义学行为提出警告,并强调教义学在"研究方法、教学方法与实践思维"方面的不同功能[⑥]。在1972年维也纳民法学者会议上,他纲领性地发表了主题为"现代民法中教义学思维的可能性与界限"的演讲报告[⑦]。这一报告是对《法律发现中的前理解与方法选择》必要的——在一定程度上带有明确歉意——补充,因此人们在阅读这两部作品时,不应只读其中一部而对另一部置若罔闻[⑧]。总而言之,在最好的保守性传统中,具有遴选与重造效能的教义学——特别是对

---

① 即使2001年雄心勃勃的债法改革也将立即遭受法官法的覆盖影响,在必要情形下,前者将被后者修正。

② Esser,《法官法,法院习惯与习惯法》(Richterrecht, Gerichtsgebrauch und Gewohnheitsrecht),载 J. Esser 与 H. Thieme 编辑:《弗里茨·冯·希佩尔祝贺文集》(Festschrift für Fritz von Hippel)(1967年),第95页,第129页。

③ 只有当人们将法官法视为独立于成文法之外的法律渊源时,Picker(《法学家杂志》(JZ),1988年,1以下)对于现代法官法的攻击才在某些方面具有可取之处。

④ Esser, 海德堡科学研究院,1973年11月17日大会,哲学与历史学层级正式成员入职演讲,载论文选集,编辑者:Häberle, P. 与 Leser, H. G.,1990年,第449页,第450页。

⑤ Esser,《法律发现中的前理解与方法选择:司法决策的理性基础》,1970年,第88-89页。

⑥ Esser,《民法方法论:通用研究》(Zur Methodenlehre des Zivilrechts, Studium Generale),第12卷(1959年),第97-107页;此处系依据以下再印版本予以引用:Häberle, P. 与 Leser, H. G. 编辑:论文选集,1990年,第307页,第323页。

⑦ Esser,《现代民法中教义学思维的可能性与界限》(Möglichkeiten und Grenzen des dogmatischen Denkens im modernen Zivilrecht),载《民法实务档案》(AcP),第172卷(1972年),97-130;同样参见:Häberle, P. 与 Leser, H. G. 编辑:论文选集,1990年,363-396。

⑧ 因此,Picker(《法学家杂志》(JZ),1988年,1,5,8)的观点是荒唐的,他将 Esser 的立场描述成为"反教义学的",并将其视为自由法学派的一种后续行动。见 M. Frommel,《卡尔·拉伦茨与约瑟夫·埃塞尔关于诠释学的继受》(Die Rezeption der Hermeneutik bei Karl Larenz und Josef Esser),1981年。

“政治的”价值评判而言①——意味着在法律决策经济方面的无法估价的进展。此外,它通过将“正确性考量转化为可思考性问题与思考任务”的方式,承担了关于“将各个方面的正义性问题予以司法操作”的富有创造性的任务。这也对教义学的概念构造产生回溯性影响:这些概念不应一直被进一步区分,而是必须被反向发展,“以使它们对个人价值判断更加具有渗透性”。

教义学思维的一个不可或缺的要素——同时也是法律阐述的秩序因素与确保创造性的法律发现具有一致性的秩序因素——是体系思维。《原则与规则》一书的批评者们曾经推测,埃塞尔完全着迷于盎格鲁-撒克逊的方法传统,因而在此书中②将问题导向的思维推理置于体系导向的思维推理之上。这引发了在紧随其后的研讨中“‘体系导向思维推理与问题导向思维推理’的学术两极化”③,进而反过来促使埃塞尔作出澄清反应。教义学的秩序力不仅在大陆法传统中,而且在案例法中均不可或缺;同样不可或缺的是主题性的论证,而它的目标是为了“对于所谓的法律逻辑与其结论进行检验”,以使法律逻辑能具有获得关于社会问题的新观点的潜在能力④。通过绝对保守的方式,埃塞尔也先后针对威尔布克(Walter Wilburg)与卡纳瑞斯(Claus - Wilhelm Canaris)表明了自己的坚定观点:作为实践方法规范观念的“动态体系”实际上并非一种富有成效的悖论,而且它在总体上对于作为法律思维(也包括问题导向的法律思维)的控制因素的体系观念提出了质疑⑤。相反,如果一项概念代表了一种关于教义学体系演进性与适应灵活性的理论,那么它实际上恰好符合埃塞尔已经在《原则与规则》中表述的想法,该想法设想了一种通过“仅仅”对于修辞原则进行教义化的方式而具有永久适应性与自我补充性的体系。

(四)恒久的成就

在20世纪与21世纪开端时期的方法论话语氛围中,约瑟夫·埃塞尔的方法论理论工作显得相对孤单。当然,如同其他伟大的学者一样,他也有自己的领路先驱者,他凭借清醒判断力去欣赏先驱者的成果,并富有成效地发展了这些成果:在早期阶段是受到菲利普·赫克(Philipp Heck)利益法学影响,并且受到了其学生西奥多·菲韦格

---

① Picker的论辩(《法学家杂志》(JZ),1988年,1,6)是错误的,因为他将“无遮蔽的价值自由”的评价强加于Esser的教义学概念。

② Esser,《原则与规则》,第44页以下,第218页以下。

③ Dubischar,《民法实务档案》(AcP),第171卷(1971年),第440页,第459页。Esser自己已经明确与这种导致“混乱”的对立面保持距离;参见Esser的书评:《卡纳瑞斯,在法理学中的体系思维与体系概念》(Canaris, Systemdenken und Systembegriff in der Jurisprudenz),载《拉贝尔外国与国际私法杂志》(Rabels Zeitschrift fürausländisches und internationales Privatrecht),第33卷(1969年),757-761。

④ Esser,《法律发现中的前理解与方法选择:司法决策的理性基础》,1970年,第153页。

⑤ Esser,《法律发现中的前理解与方法选择:司法决策的理性基础》,1970年,第153页;同样参见《拉贝尔外国与国际私法杂志》(Rabels Zeitschrift fürausländisches und internationales Privatrecht),第33卷(1969年),757,759。

的影响(如受到了菲韦格所著关于论题学作品的影响);在《原则与规则》中,他受到了美国理论家庞德、卡多佐与卢埃林的影响;在《法律发现中的前理解与方法选择》中,则受到伽达默尔的解释学传统的影响。但埃塞尔没有任何真正意义上的他完全跟随的先驱者。并且在今天可以预见,他也没有实质意义上的能继续推进其研究方法的追随者。如何解释这种情形?或者可以更好地提问:如果独特性是伟大学术思想观点的商标,那么究竟是什么使埃塞尔的作品如此独特?

(1)如果我理解正确的话,那么,埃塞尔式思维的独特特征蕴含于由他所体现与经历的"学科的变移性"[①]。这也可能是他作品中存在的若干缺陷的原因所在——例如,经常使用非技术性的甚至令人费解的概念,而这使读者感受到困难,并使批评者更容易倾向于使用过于简单化的二分法。他的作品也充满内部矛盾[②],而这不能一概而论地被视为学习过程的结果。以上两项都是读者为了获得他的作品中不可估量的想法与观念财富必须支付的代价。

埃塞尔的多面性不仅表现在他的理论中,也体现在他的学术执教中。虽然现今方法论正在被纳入形成不同的子学科或学派[③],例如分析法律理论、论证理论、道义逻辑或语义学,但埃塞尔不仅阅读方法论,也阅读法哲学、法社会学以及不应被忘记的民事诉讼法。他对程序与程序法的理解非常深入,因而不会不切实际地将哈贝马斯式的话语模型应用于司法中的法律发现进程[④]。他是一个太过于优秀的民法教义学者,以至于忽视了法律教义学为实践话语提供特定维度这一事实,而这一维度并不存在于其他使用话语方法的学科中。他具有太多的社会学家色彩[⑤],以至于他忽视了这一事实:法律人在发现法律过程中所使用的方法在很大程度上取决于其职业角色。埃塞尔可能是第一位不再一般性地论及规则解释或法律获取的法律方法的方法论理论学者。通过他,我们才知道法官使用的方法不同于学者使用的方法,而民事法官也使用不同于宪法法官的方法。

相反,社会科学与解释学的经验使埃塞尔能够超越专业法学话语的具有自我反思性质的闭合性——这超越的对象包含源自萨维尼或赫克传统的方法论话语。最后,作为一位对比较法持开放态度的理论家,埃塞尔在早期就为方法的趋同性铺平了道路,而这正是在共同成长欧洲中实现具有生命力(而不只是通过指令予以规定)的法律和

① 我在这里采用德国社会学家 Rainer Lepsius 的一个短语。

② 相关例子参见 Esser,《法律发现中的前理解与方法选择:司法决策的理性基础》,1970 年;Esser,《在民事判决中的评估,构造与论证》,1965 年。

③ 综述参见 Zaccaria,《现代法学方法论的德国与意大利趋势》(Deutsche und italienische Tendenzen in der neueren Rechtsmethodologie),载《法律与社会哲学档案》(ARSP),第 72 卷(1986 年),291 - 314。

④ 关于法律中话语理论的界限问题,参见下文。

⑤ 然而,在解释学理论学说与法律渊源理论学说领域,即使一种毋庸置疑的社会学视角已经蕴含相关暗示,但他并没有接受该社会学视角;参见 Dubischar,《民法实务档案》(AcP),第 171 卷(1971 年),440,463 与 464。

谐统一的先决条件[①]。不仅如此,他还在法官法类别中弱化了在盎格鲁-撒克逊先例法与以成文法为导向的大陆法之间存在的严苛冲突。

(2)对法律方法特殊性与多元性的洞察可能会影响法律推理的论辩理论,而在埃塞尔已经发表他最重要的著作之后,该论辩理论的伟大时代已经开启。对埃塞尔而言——与后来的恩斯特·图恩德特(Ernst Tugendhat)相一致——司法中的法律发现基本上是独白式的:它只需要满足审查的要求,而这种审查本身是由规则控制的[②]。尽管法官具有与当事人进行司法交流的义务,而且当事人具有获得法律听证的与被认真对待的宪法请求权,但真实情况是:法官充其量只有一个小时参与口头协商,然后必须在几天内作出判决。因而法官必须相对较快地中断论辩讨论[③]。因此,作出的判决既不可能是论辩话语性的,又不可能在分层上诉审制度中得到审查控制。埃塞尔可能会反对以哈贝马斯或阿列克西为代表的论辩理论学家观点,他可能会指明:能产生没有准入或时间限制的所谓理想论辩话语的场所不是法院大厅,而充其量是在法学中具有文献性质的论辩话语区间,但这种论辩话语也是通过教义学媒介引导的。事实上,理想的论辩话语出现在关于我们民主国家共同生活的根基的讨论中,正如彼得·海拜勒(Peter Häberle)在《宪法解释者的开放社会》中利用一个成功的隐喻囊括的那样[④]。

(3)居于埃塞尔思想中心地位的是——如我曾说过的——法官与法典的关系。尽管如此,他的作品充满了(至少是隐含的)关于一般法律理论若干基本问题的见解与评注。这些基本问题之一是法律与社会及政治的关系。由于埃塞尔是一位思想过于复杂的思想者,因此不能将这种法律与社会及政治的关系简单理解为一种复杂的互动关系。法律既不是——如卢曼所述——一个原则上封闭的自我参照体系,又并非发端于政治。20世纪50与60年代法律改革者的程式性口号是"法学作为社会科学"或"法官作为社会工程师",而埃塞尔对这些口号深感怀疑。通过认真阅读——不是每个人都能做到——可以认识到在埃塞尔的理论中存在着关于法律对社会的被管控的开放性与适应性的建议。埃塞尔理论化的关键概念——法律原则、标准、法官的前理解——与法律和社会之间交接界面的关联概念别无二致。埃塞尔无疑知晓政治对法律的侵蚀,正如伯恩德·吕瑟斯(Bernd Rüthers)在他的"无限解释"的概念中向我们强

---

① 更详细的说明见:E. A. Kramer,《法律方法的融合与国际化》(Konvergenz und Internationalisierung der juristischen Methode),载 Meier-Schatz 编辑:《法律未来》(Die Zukunft des Rechts),1999年,《瑞士法律杂志图书馆增补本》(Bibliothek zur Zeitschrift für Schweizerisches Recht Beiheft),第28卷,第71-88页。

② Tugendhat,《现代法律中道德正当性结构的发展》(Zur Entwicklung von moralischen Begründungsstrukturen im modernen Recht),载《法律与社会哲学档案》(ARSP),增补本第14卷(1980年),1,6。

③ 关于这一洞察性观点的已被引用的重述内容参见:德里达,《法律效力:"权威的神秘原因"》,1991年。

④ Häberle,《宪法解释者的开放社会》(Die offene Gesellschaft der Verfassungsinterpreten),1975年,载《法学家杂志》(JZ),297-305。

烈阐述的那样[①]。但他乐观地认为,法律人学习的教义学技艺与在专业社会化中得以加强的价值取向本可以在正常的时代——今天我们可以阐明:在稳定的民主中——应对这些潜在风险。因此,"纯粹被教义学约束的司法决策的自主性"相对来说是在一个特定世界中的过时的法律发现理念,在这个世界中法官还被置于绝对主义的苛求之下,稍后还被暴露于极权主义的狂妄自大统治之下。然而,认为当今的法官能够在现代民主制度政治利益对立与团体对立的情形下保持政治中立,这种看法也是一种错觉。

与他的对立者鲁道夫·维特勒特及后者关于"政治法学"的要求相当不同的是,埃塞尔认为现代法律的任务是变得具有开放接纳性,而不是或者不首要是转向政治。由此,他将自己置于不同观点派别之间(我们可以推测:他是有意而为),进而他必须承受一种矛盾的体验,即一方观点指责认为,他过早地牺牲了法律在教义学层面的自我确保功能[②];另一方观点反过来批评他具有非政治性的私法理解观念[③]。埃塞尔关于合法性与正当性的公式一直反复地被用于法官的职业行为过程中,它们在涉及以下内容或领域时被法官使用:关于常识或常例、事物性质的参考指引,或者在商事法或良好的商业惯例领域。显而易见,所有这些内容都不隶属于政治类别内容,而是公民社会的基本准则;这些准则由于价值多元主义的导引而需要一再得到重新确定。最后,如果无论如何需要使用政治标签的话,那么我愿作出以下描述:约瑟夫·埃塞尔是公民社会的自由主义的法律理论家。

(4)每位严肃的法律人都会用自己的方式寻求正义。在《图宾根法学院创建500周年祝贺文集》中,埃塞尔通过所撰作品深度思考了"正义理论的传统与假定因素"[④]。由于这是他的倒数第二部作品,因而人们试图相信,该作品出现在一个具有漫长时间跨度的研究型与文献钻研型职业生涯的结束位置绝非偶然。通过这部作品,埃塞尔在这场有时显得不同寻常的论战中反对现代新自由主义的尝试,这种尝试或者将正义还原为经济效率,或者基于罗尔斯的观点,将正义还原为根据所有人最大可能自由原则予以界定的"相互兼容的个人利益的总和"[⑤]。不只是在这部作品中,并且在埃塞尔的

① Rüthers,《无限的解释》(Die unbegrenzte Auslegung),1968年。

② 例如,Ernst Forsthoff指责Esser"鼓励"进行"没有结果的意识形态对话"(参见:Esser,《教义学思考》(Dogmatisches Denken),载Häberle与Leser编辑:论文选集,1990年,第363页,第368页)。

③ Rüthers,《无限的解释》,第9-10页。

④ Esser,《正义理论的传统与假定因素》(Traditionale und postulative Elemente der Gerechtigkeitstheorie),载Gernhuber编辑:《法律的传统与演进》(Tradition und Fortschritt im Recht),《图宾根法学院创建500周年祝贺文集》(Festschrift gewidmet der Tübinger Juristenfakultät zu ihrem 500jährigen Bestehen),1977年,第113-130页。以下内容引用自下列作品版本:Häberle与Leser编辑:论文选集,1990年,第428-445页。

⑤ Esser,《正义理论的传统与假定因素》(Traditionale und postulative Elemente der Gerechtigkeitstheorie),载Häberle与Leser编辑:论文选集,1990年,第428页,第432页。

整个思考中,他都珍视一种"秘密的"与几乎是传统的正义悲情;如果一位学生与他具有个人亲近关系,那么也会如此认为。这种悲情使他的观念不同于卢曼纯粹机械化"体系"正义的观念,尽管他曾另外赞赏了卢曼理论的多功能性[①]。关于他的秘密正义悲情的其他证据也体现在他穷其一生对司法决定正确性保障的寻求中。在裁定正义层面,埃塞尔也最有可能发现一种普适性的相对合理的正确性标准。如果我们可以说一种解决方案至少"比另一种解决方案更彰显正义或者显露更少不正义"[②],那么作为法律人的我们——最后一次引证埃塞尔本人(所说的话)[③]——就已经为"人道的保护与发展"作出了贡献。

四、结论

约瑟夫·埃塞尔是在法律教义学与基础研究领域都取得卓越研究成果的少数几位20世纪民法学者之一。他的姓名应当被归入菲利普·赫克、恩斯特·拉贝尔(Ernst Rabel)、古斯塔夫·波莫尔(Gustav Böhmer)与路德维希·雷泽尔(Ludwig Raiser)之列[④]。与这些学者中的大多数相比,埃塞尔凭借丰富的比较法经验而具有以下优势:他能够有意识地"使用可发掘的资源,以促进与进一步发展他自己的法律思想";他的这一优势在法律教义学领域的表现并不亚于在理论领域的表现。埃塞尔具有无限的求知欲,而且有意愿全然吸收新的想法,并对这些想法进行有成效的加工处理,这也使他显得卓尔不群。在他一生所处的时代,埃塞尔是具有正面意义的前卫人物。作为学者,埃塞尔保持了孤独隐士的特征,但他已经通过其创造力开创发展了比某些所谓学派更多的业绩,将来的世代也将从他的学术成果中获益良多。

① 基于全面的视角应该注意的是,Esser只是探讨了卢曼早期与中期的作品,即:《程序合法性》(Legitimation durch Verfahren),1969年;《法律社会学》(Rechtssoziologie),1972年。

② Esser,《正义理论的传统与假定因素》(Traditionale und postulative Elemente der Gerechtigkeitstheorie),载Häberle与Leser编辑:论文选集,1990年,第428页,第444页。

③ Esser,《正义理论的传统与假定因素》(Traditionale und postulative Elemente der Gerechtigkeitstheorie),载Häberle与Leser编辑:论文选集,1990年,第428页。

④ 任何这样的选择显然具有灵活性。在附加限制条件的情形下,Franz Wieacker也可以被归入此列。然而,Wieacker主要在1935—1942年撰写的关于"土地法"的法律教义学论文没有产生持久效力,因此很难将他的这些作品与此处所列的其他学者的教义学作品等量齐观。

合议制对司法决策的影响*

[美]哈里·爱德华兹 著

张 顺 译**

在《司法过程的性质》一书中,卡多佐大法官试图解释上诉法官如何在司法决策过程中克服个人偏好①。他的理论是,一个上诉法庭成员间的不同看法能够实现"相互间的平衡"②。卡多佐提出的理由是:"正是在不同意见的摩擦过程中,才锻造了某种具有稳定性和一致性的东西,并且其平均价值大于组成要素。"③按照字面解释,摩擦(attrition)是指因持续的攻击或施压而挫败,或因冲突而挫败。④ 卡多佐大法官选用摩擦一词来解释在司法决策过程中不同意见如何聚拢而产生"真相和秩序"⑤是一个有趣的现象。在我看来,他的解释无疑是错误的。不是摩擦而是由于合议制,才使得法官能够实现卡多佐所描述的"更大价值"。

---

* 基金项目:本文为2016年江苏省高校哲学社会科学研究项目"法律发现的直觉主义模式研究"(2016SJB820027)和中国法学会2016年度部级法学研究课题"适于制定法传统的法律发现技术研究"的阶段性成果。

** 张顺,江苏常州人,常州大学史良法学院讲师、常州市地方立法研究与评估中心研究员,研究方向为法律方法论。

哈里·T.爱德华兹,美国哥伦比亚特区联邦巡回上诉法院法官,1962年在康奈尔大学获得理学士,1965年在密西根大学获得法学博士(J.D.)学位。爱德华兹法官曾于1994年10月至2001年7月间担任哥伦比亚特区联邦巡回上诉法院首席法官。

① Benjamin N. Cardozo,《司法过程的性质》(The Nature of the Judicial Process) 176-77 (1921)。

② Id. at 177。

③ Id.(楷体强调部分为笔者所加)。

④ 参见《韦氏第三版新国际英语词典》(Webster's Third New International Dictionary) 142 (1981)(将摩擦定义为"因冲突而挫败或磨损的情形",和"因反复的攻击而失灵或挫败")。

⑤ Cardozo,第176-77页。

一、导论

近年来,就有关合议制的思考以及合议制对司法的影响,我已撰写了不少文章,并就此发表了一系列演讲①。我坚决主张,有些分析司法决策的研究者,尤其是以有限的经验数据为基础的研究者,并没有给予合议制足够重视②。尤其是,我不同意新现实主义者的论点,他们主张在法院司法决策过程中,哥伦比亚特区联邦巡回上诉法院法官个人的意识形态和政治倾向才是极其重要的决定因素③。这些学者总是忽视合议制在削弱法官意识形态偏好的影响、促使我们寻找共同的基础以便作出更好的判决等方面的作用。

当我在23年前加入哥伦比亚特区联邦巡回上诉法院时,合议制在有关司法决策的研究中还未引起关注。近些年,当经验主义者试图对司法决策进行量化分析时,合议制的观念才获得一定关注。学者和法官意识到这些量化研究天然不可信,因为它们

① See, e. g., Harry T. Edwards,《哥伦比亚特区联邦巡回上诉法院的合议制与司法决策》(Collegiality and Decision Making on the D. C. Circuit), 84 Va. L. Rev. 1335, 1358 - 62 (1998). 。(主张上诉法院法官之间的合议制有助于司法决策); Harry T. Edwards,《司法功能与原则性决策中难以实现的目标》(The Judicial Function and the Elusive Goal of Principled Decision making), 1991 Wis. L. Edward (表明合议制帮助法官在疑难案件中作出坚持原则的决策); Harry T. Edwards,《种族和司法制度》(Race and the Judiciary), 20 Yale L. & Pol'y Rev. 325, 329 (2002) (论证了一个习惯了合议庭评议的司法环境必然能够产生更好的、更细致入微的司法意见); Harry T. Edwards,《反思》(Reflection), (on Law Review, Legal Education, Law Practice, and My Alma Mater), 100 Mich. L. Rev. 1999, 2006 (2002) (主张司法合议制推动智识上的商谈,使得法院在司法决策问题上更有作为)。

② See e. g., Edwards,《哥伦比亚特区联邦巡回上诉法院的合议制与司法决策》,第1357 - 1358页(批评在先的研究在它们的分析中忽视了合议制的可能影响)。

③ See e. g., Frank B. Cross & Emerson H. Tiller,《司法中的党派竞争和对法教义学的遵循:揭秘联邦上诉法院》(Judicial Partisanship and Obedience to Legal Doctrine: Whistleblowing on Federal Courts of Appeals), 107 Yale L. J. 2155, 2169 (1988) (主张经验研究可以证明在哥伦比亚特区联邦巡回上诉法院的"司法决策中存在值得注意的政治性决定因素); Richard L. Revisz,《议会会对司法行为产生怎样的影响? 对哥伦比亚特区联邦巡回上诉法院行政诉讼判决的经验研究》(Congressional Influence on Judicial Behavior? An Empirical Examination of Challenges to Agency Action in the D. C. Circuit), 76 N. Y. U. L. Rev. 1100, 1104 (2001) [得出结论认为,在哥伦比亚特区联邦巡回上诉法院所审判的行政案件中"有说服力的、统计学上的重要证据证明存在意识形态化的投票"]; Richard L. Revesz,《环境规制、意识形态和哥伦比亚特区联邦巡回上诉法院》(Environmental Regulation, Ideology, and the D. C. Circuit), 83 Va. L. Rev. 1717, 1719 (1997) (认为法官的"意识形态显著地影响哥伦比亚特区联邦巡回上诉法院的司法决策"); Richard L. Reversz,《意识形态、合议制和哥伦比亚特区联邦巡回上诉法院:对爱德华兹首席法官的回应》(Ideology, Collegiality, and the D. C. Circuit: A Reply to Chief Judge Harry T. Edwards), 85 Va. L. Rev. 805, 844 (1999) [重申里夫斯早先的结论,即哥伦比亚特区联邦巡回上诉法院的法官之间存在合议制,但是"在某些情况下,意识形态显著地影响法官投票"]。

并没有交待合议制对司法决策的影响。[①] 然而,迄今为止,有关合议制的讨论多出自法官,往往是简明扼要的、提示性的,而且有时只是附带性地加以介绍[②]。没有人尝试为

① See Edwards,《哥伦比亚特区联邦巡回上诉法院的合议制与司法决策》,第 1357 - 1362 页(主张在那些尝试对联邦法官的意识形态或战略性的司法决策行为进行量化评估的研究中,"司法评议的调节效应"没有得到妥当的评价); Deannell Reece Tacha,《合议制一词中"C"所表征的含义》(The "C" Word: On Collegiality), 56 Ohio St. L. J. 585, 586 (我极力主张,在定性司法活动时,我们超出了(学者为研究)司法决策所设计的计算模型);cf. Evan H. Caminker,《多元法院中真诚和战略性投票规则》(Sincere and Strategic Voting Norms on Multimember Courts), 97 Mich. L. Rev. 2297, 2298 (1999) (主张法律学者"没有足够关注法官间的司法互动活动,即在一个成员众多的法院,单个法官的投票可能受到同事观点的影响"); Lewis A. Kornhauser & Lawrence G. Sager,《一与多:合议庭的裁判》(The One and the Many: Adjudication in Collegial Courts), 81 Cal. L. Rev. 1, 1 (1993) (指出裁判所蕴含集体属性是"上诉法院最显著的特征之一,但也是最容易被忽视的一个特征");Lewis A. Kornhauser & Lawrence G. Sager,《剖析法院》(Unpacking the Court), 96 Yale L. J. 82, 82 (1986) (得出结论认为"传统的裁判理论不寻常的不完备",因为他们忽视这样一个事实,即法官"在合议庭是与其他同事坐在一起"); Patricia M. Wald,《对蒂勒和克罗斯的回应》(A Response to Tiller and Cross), 99 Colum L. Rev. 235, 255(1999) (指出政党为法官设定的形式标签与(法官们实行的)合议决策不相符)。

② See e. g. , Frank M. Coffin,《对上诉法院的研究:法院、律师和裁判审判》(On Appeal: Courts, Lawyering, and Judging) 213 - 29 (1994) (为合议制下定义,并讨论合议制对司法决策过程的影响); Frank M. Coffin,《法官的裁判之道:联邦上诉法院法官沉思录》(The Ways of a Judge: Reflections from the Federal Appellate Bench) 58, 171 - 92(1980) (描述了司法合议与合作的不同表现,并探讨了由这些表现所催生的典型案件); Jonathan Matthew Cohen,《窥探上诉法院:在美国上诉法院体系中法院组织对司法决策的影响》(Inside Appellate Courts: The Impact of Court Organization on Judicial Decision Making in the United States Courts of Appeals) 12 - 13(2002) (主张上诉法院法官之间的合议有助于"推进司法效率,并获得一个良好的司法工作的产品); Shirley S. Abrahamson,《在寂静的风暴中的审判》(Judging in the Quiet of the Storm), 24 St. Mary's L. J. 965, 992 (1993) (提到合议制对司法决策的约束作用); Rudolph J. Gerber,《上诉法院的合议制》(Collegiality on the Court of Appeals), Ariz. Att'y, Dec. 1995, at 19 (描述了在亚利桑那州上诉法院进行合议审判的个人经验); Ruth Bader Ginsburg,《对法官各自撰写司法意见的评论》(Remarks on Writing Separately), 65 Wash. L. Rev. 133, 141, 148 (1990) (探讨了合议制对一个联邦上诉法院成员产生异议意见和附随意见的数量的影响); Douglas H. Ginsburg & Donald Falk,《1981 年至 1990 年期间法院的全席审判》(The Court En Banc: 1981—1990), 59 Geo. Wash. L. Rev. 1008, 1016 - 1018 (1991) (指出与其他的联邦上诉巡回法院相比,哥伦比亚特区联邦巡回上诉法院可能更为推崇合议制,仅仅是因为法院的所有成员生活于同一个法院大楼); Douglas H. Ginsburg & Brian M. Boynton,《1991 年至 2002 年期间法院的全席审判》(the Court En Banc: 1991—2002), 70 Geo. Wash. L. Rev. 259, 260 (2002) (将合议制作为 20 世纪 90 年代法院全体法官复审案件增多的其中一个原因); Anthony M . Kennedy,《司法伦理和法治》(Judicial Ethics and the Rule of Law), 40 St. Louis. U. L. J. 1067, 1072 (1996) ("司法礼仪是杰出的法院珍视合议制的前提"); Michael R. Murphy,《合议制和技术的关系》(Collegiality and Technology), 2 J. App. Prac. & Process 455, 457 - 461 (2002) (探讨了电话会议和电子邮件等技术的运用如何导致合议制的崩溃); Francis P. O'Connor,《合议制的艺术:创造共识和应对不同意见》(The Art of Collegiality: Creating Consensus and Coping with Dissent), 83 Mass. L. Rev. 93, 93 (1998) (主张一个上诉法院法官的"异议意见在整体上也与合议制相协调"); Diarmuid F. O'scannlain,《联邦第九巡回法院意见分歧研究委员会:现在状况如何?》(A Ninth Circuit Split Study Commission: Now What?), 57 Mont. L. Rev. 313, 315 (1996) (指出"随着上诉法院的规模越来越大,法官之间的合议也会消失,而合议是实现高效司法裁判的重要组成部分"); Randall T. Shepard,《上诉审判所面临的特殊职业挑战》(The Special Professional Challenges of Appellate Judging), 35 Ind. L. Rev. 381, 386 (2002) (主张司法合议系赢得公众对司法的尊重所必需); Walter K. Stapleton,《21 世纪的联邦司法系统》(The Federal Judicial System in the Twenty - First Century), Del. Law. , Fall 1995, at 34, 37 - 38(解释了为何相对较小的上诉法院同样需要合议制);Tacha, supra note 9, at 592(断言"合议制在提高法院工作活力和质量方面是极为重要的);Deannell Reece Tacha,《法院共同

合议制作一个综合性的、持续性的研究,即合议制是什么、它如何影响上诉法院的集体决定、它如何实现并得以维持以及实行合议制的法院与其他法院有何不同[①]。这正是本文的目的所在。

直到如今,我本人有关合议制及其影响的思考既是暂时的,因为在我加入哥伦比亚特区联邦巡回上诉法院亲身体验合议制之前它就已经形成[②];又是有限的,它受到意识形态化的决策理论的束缚[③]。在此,我关注司法合议制这一概念本身,并依托本人从业23年的切身体验来明确司法合议制的特征与影响。由于法律学者普遍地轻视司法合议制,因而我这样做,并不是想贬低法学界的同仁。在我看来,这是由学者无法直接接触同一法院法官间的合作所导致的,因为大多数司法评议都是秘密的。因此,很容易理解学者为何没有给予合议制应有的关注。虽然如此,合议制值得认真地加以讨论,从而我们可以对司法决策有更全面的了解。

(接上注)体:所有上诉法院的法官》(The Community of Courts: The Complete Appellate Judge), J. Kan. B. Ass'n, May 1996, at 4,5(因为州和联邦系统的上诉法院法官总是由三人或全体法官组成合议庭,所以法官之间的合作能对司法决策过程产生重要的影响);Deannell Reece Tacha,《21世纪的联邦法院》(The Federal Courts in the 21st Century), 2 Chap. L. Rev. 7, 19(1999)(对视频会议对合议制的潜在损害表示关注); Patricia M. Wald,《日程、合议制,以及其他上诉法院的无形资产》(Calendars, Collegiality, and Other Intangibles on the Courts of Appeals),载《21世纪的联邦上诉法院》(The Federal Appellate Judiciary in the 21st Century) 171, 178 - 182 (Cynthia Harrison & Russell R. Wheeler Eds. ,1989)(阐明合议制对上诉程序"至关重要");Patricia M. Wald,《法院存在的问题:黑袍式的官僚主义,抑或是遭受挑战的合议制?》(The Problem with Courts: Black - Robed Bureaucracy, or Collegiality Under Challenge?), 42 Md. L. Rev. 766, 784 - 786(1993)(讨论了为维护合议制而设定司法规则和最后期限的必要性); Patricia M. Wald,《基于哈佛法律评论和其他重要典籍所刊载的司法裁判所引发的一些思考》(Some Thoughts on Judging as Gleaned from One Hundred Years of the Harvard Law Review and Other Great Books), 100 Harv. L. Rev. 887, 905 (1987)(主张"对上诉法院法官自由裁量权的主要限制可能来自于司法合议制");J. Harvie Wilkinson Ⅲ,《联邦司法系统问题频发》(The Drawbacks of Growth in the Federal Judiciary), 43 Emory L. J. 1147, 1173 - 1178(1994)(得出结论认为合议制随着联邦上诉法院规模的扩大而衰弱)。

① Cf. ,e. g. ,Edwards,《哥伦比亚特区联邦巡回上诉法院的合议制与司法决策》,第1338页("参与司法审判时的质性印象必然是重要的考虑因素");Tacha,《法院共同体:所有上诉法院的法官》,第5页("定义合议制是一件困难的任务,试图识别合议制的特征及其对司法工作的影响更是困难。")。

② See Harry T. Edwards,《现代社会法官的作用:基于联邦上诉法院司法实践的一些反思》(The Role of a Judge in Modern Society: Some Reflections on Current Practice in Federal Appellate Adjudication), 32 Clev. St. L. Rev. 385, 420 - 422 (1983 - 1984)(主张不在司法体制内的人会认为巡回法院是由一群缺乏合议精神的法官组成的)。

③ See Edwards,《哥伦比亚特区联邦巡回上诉法院的合议制与司法决策》(对照 Revesz,《环境规制、意识形态和哥伦比亚特区联邦巡回上诉法院》)。

显然,法官自身能够意识到不为学者所察觉的影响司法裁判的变量[①]。我并不是主张合议制是衡量司法裁判的重要标准,但是其作为一个重要的变量,理应获得所有研究上诉法院学者更多的重视。因此,在这篇论文中,我将通过以下内容来研究合议制:描述合议制的工作方式;观察它如何影响上诉法院的司法决策;坦率地陈述巡回法院在推行和不推行合议制时期我的切身体验;探究推动或损害合议制的各项因素。

在探讨合议制对司法决策的影响时,我仅仅将巡回法院实行的合议制作为分析对象。我并不涉及联邦地方法院和最高法院。由于初审法官一般独任审理,因而他们无法体验作为上诉审判核心程序的那种司法评议。然而,最高法院同样是一个合议机构[②],而且它具有的集体决策的工作方式已为时事评论员所知[③]。对最高法院大法官之间集体决策行为的社会科学研究产生的洞见[④],有助于我们更好地理解存在于巡回法院法官之间的司法评议机制。但是,我将注意力局限于巡回法院推行的合议制,因为它是我最为了解的,更因为我倾向于相信最高法院和巡回法院之间存在着实质差异,以至于无法将两者等同视之。

更重要的是,与低位阶的上诉法院相比,最高法院的备审案件目录表包含着许多更为疑难的案件[⑤]。巡回法院审理的大多数案件会有一个正确或最佳的答案,而且一般无须行使自由裁量权[⑥]。相比最高法院,低位阶的上诉法院会受到更多约束。因此,在公众、媒体、法官和法律专家的心目中,相对于低位阶的上诉法院,最高法院更像是一个"政治"机构。最高法院处理的每一个案件都需要全体法官出庭审理。这也就意味着合议制在两种法院的操作方式存在明显的差异,因为低位阶的上诉法院极少需要全体法官出庭审理。因此,我所讨论的合议制并不针对最高法院。

---

① See Edwards,《哥伦比亚特区联邦巡回上诉法院的合议制与司法决策》,第 1364 页("法官有关他们应该如何裁判案件的观点应该与法官事实上如何裁判案件相关。")。

② 这里的"合议机构",我仅旨在表明法院在裁判一个案件时需要形成多数决,而不是指最高法院必然推行合议制。

③ 例如,在纽约时报的一篇文章中,就指出最高法院无法豁免于小团体之间相互牵制的基本原理。在这个地方,多数决占主导地位,法官受制于错综复杂的关系网中。为了使判决更为有效,完全按照个人意愿进行裁判的冲动会被按照合议规则裁判的需要权衡掉。

Linda Greenhouse,《法院:周而复始》(The Court: Same Time Next Year. And Next Year)., N. Y. Times, Oct. 6, 2002, § 4, at 3.

④ See e. g., Lee Epstein & Jack Knight,《法官作出的选择》(The Choices Justices Make) 112 – 127 (1998)(讨论了司法决策行为的战略性特征); Walter F. Murphy,《影响司法策略的要素》(Elements of Judicial Strategy) 12 – 36 (1964)(探讨了最高法院大法官裁判案件时的政治语境)。

⑤ See Edwards,《哥伦比亚特区联邦巡回上诉法院的合议制与司法决策》,,第 389 – 392 页(定义什么是"极为疑难"案件)。

⑥ See id. at 390("依据大概的数据,我可以断言在我处理的案件中,只有百分之五至百分之十五的纠纷中存在旗鼓相当的论证。")

二、合议制原则概述

当我探讨合议庭时,我并不意指所有法官都能够成为朋友,我也不是说法院的成员永远不会在实质问题方面产生分歧。这不是合议制,(法官群体间)同质化或相互顺从,毫无疑问,会使法院日渐式微。相反,所谓的合议制指向这样一种情形:作为司法机构的成员,法官们在寻找正确答案方面具有共同的利益①;因此,我们乐于在礼貌而相互尊重的氛围下倾听、说服(他人),以及(被他人)说服。合议制作为一个过程,能够为原则性合意的达成创造条件,因为在这一过程中,所有观点都有机会被陈述和考虑。尤其值得关注的是,由于在合议制下持不同视角和哲学立场的法官们可以相互沟通和交流,而且能够通过积极的、符合法律要求的方式影响其他法官,因而党派政治和个人意识形态的作用被削弱了②。

未曾停止的有关合议制与意识形态之争的关键问题不是法官是否具有意义明确的政治信念,或者对特别的法律话题持有其他深刻的观念,即便他们确实拥有这些信念或观点,这本身也不是一件坏事。相反,问题的关键是在多大程度上由上诉法院负责审理的案件的裁判结果是由这些观念决定的。合议制能保证裁判结果不是提前注定的。一个法院越是尊奉合议制,由这个法院基于法律理由进行裁判的可能性也就越大。

三、合议制对党派偏见、分歧和异议意见的削弱效应

在不推行合议制的环境下,法庭成员间的不同意见最终只会演化成异议意见。这是为何?因为法官倾向于遵从"党派界限"(party line),而且对待裁决的争议持有不变的立场。在疑难案件和极为疑难案件的场合,这样的观点格外正确,因为这些案件牵涉极具争议性的问题。最初秉持不同观念的法官倾向于不认真对待他们不认可的法官的论证,因此也就不去试图寻求共同的基础。法官之间的分化会逐渐尖锐和顽固,而且尖锐的分化会使法官在疑难和极其疑难案件的处理上形成"意识形态阵营",这样的阵营转而会使法官在相对简单案件的处理上产生分化。这的确不是一个好局面。

① 科恩豪泽教授有关司法裁判的"团队模型"假定,"所有的法官试图最大限度地追求正确的答案,而且就什么是'正确答案',法官间拥有共识"。Lewis A. Kornhauser,《受拘束的裁判:司法体制中的等级制和先例制度》(Adjudication by a Resource - Constrained Team: Hierarchy and Precedent in a Judicial Systems), 68 S. Cal. L. Rev. 1605, 1613 (1995)。

② 在这篇文章中,"意识形态"和"政治"可以互换使用。此外,还有其他相关术语用来指称法官的个人偏好,而且它们同样与法律的要求不匹配。在我看来,这些个人偏好在司法决策过程中没有任何作用空间。

当我提到合议的司法决策时,似乎可以确信我并不支持法庭成员表达不同的意见,但真实情况恰恰相反。在一个合议的环境下,在司法评议的过程中不同意见有充分机会得到公开表达,因为在达成合意之前,法官们会就有争议和难解的问题反复争论。这与一位法官放弃自己的意见而向主流意见妥协不是一回事。相反,它是指直到作出最后的判决,法官始终作为平等主体参与评议过程:每一种司法意见都具有同样的分量,因为每一位法官都乐于倾听并回应不同的立场。法官们共同的目标是适用法律,并发现正确的答案。

有些评论者担心当法庭成员之间产生坚实的合议关系时,法官会不愿意去挑战自己的同事,他们宁愿选择加入他人的意见以维护私人关系。因此,他们主张:“较少的合议制反而会提高法官的独立地位,而独立的功效恰好是能促使法官作出高水准的裁判。”①在我看来,正是由于合议制,法官能够自由地反对其他法官的意见,并借用这样的分歧去改进和精炼法庭的意见。坚实的合议关系的内涵包含了对每一位法官独立意志的尊重,并承认上诉法院的裁判在本质上就是法官之间相互依赖的事业②。

社会科学对于(法官)团队构成和司法决策③的研究为下述观点提供了一定的支撑,即合议制使法官在提出异议时更自在,也会催生出更多的分歧,而不是减少分歧。这些研究表明,如果团队成员之间彼此亲密,那么他们就感觉没有必要屈从于他人,也没有必要一定要提出替代性的看法和裁判方案④。相反,如果团队成员间互不熟悉,他们就更关

① Erwin Chemerinsky & Larry Kramer,《重新定义联邦法院的角色》(Defining the Role of the Federal Courts), 1990 BYU L. Rev. 67, 72; see also William M. Richman & William L. Reynolds,《精英主义、权宜之计和新令:汉兰德传统的安魂曲》(Elitism, Expediency, and the New Certiorari: Requiem for the Leaned Hand Tradition), 81Cornell L. Rev. 273,324(1996)[“如果法官之间相互了解、喜欢和依赖,那么他们都不太可能在重要的事情上冒着风险对其中一个或其他人的意见提出异议。随着时间的流逝,同事之间会积累在重要的问题上相互妥协的‘债务’,进而微妙的、无法言传的投票交易(vote trading)就会发生。”]。

② 就有人提出质疑认为,无论美国联邦宪法第3条是否能够成为司法独立原则的基础,该原则都会表明每一个法官都无须顾及同事的意见。See, e. g., Tacha,前引书,页586(“经由美国联邦宪法第三条所确立的司法独立原则,是要求法官在裁判时无须考虑同僚的意见,还是要求尽可能整合具有不同背景法官的意见,从而通过法官间的合作在质量上改善司法决策过程?”)。但是法官同事之间的相互依赖并不会为作为制度的司法独立原则的推行设置障碍。

③ See, e. g., Deborah H. Gruenfeld et al.,《集体组成和决策:成员亲密性和信息分布如何影响过程和表现》(Group Composition and Decision Making: How Member Familiarity and Information Distribution Affect Process and Performance), 67 Org'l Behav. Hum. Decision Processes 1,2-3(1996)(剖析“成员间相互了解和他们所拥有的共同或专业知识在多大程度上会影响具体对信息的处理,以及裁判的作出”)。

④ Id. at 2(citing Solomon E. Asch,《社会心理学》(Social Psychology)(1952); Charlan Jeanne Nemeth,《多数的贡献和少数的影响》(Differential Contributions of Majority and Minority Influence), 93 Psychol. Rev. 23 (1986); Stanley Schacter & Jerome E. Singer,《影响情绪状态的认知、社会和生理因素》(Cognitive, Social, and Physiological Determinants of Emotional State), 69 Paychol. Rev. 379(1962))。

注如何获得社会认可[①]。如此这般,团队成员的意见就会取向一致:相互之间的生疏本来会促使法官提出"替代性的看法和裁判方案"[②],但是由于对其他成员的评价有所畏惧,因而"会像其他团队成员那样行为,而不顾他们个人的信念"[③]。团队成员之间的不熟悉会使法官更不愿意表达与其他人不相一致的观点[④]。与此相对,如果团队成员之间相互熟悉,那么他们也就不会对社会认可表现出过多的犹豫与忧虑[⑤]。这会使法官们的想法更为顺畅和灵活[⑥],进而缓解因发表独特看法所可能引发的社会排斥压力[⑦]。

相互间亲密是合议制的重要构成要素之一,而且在某种程度上,这些关于合议制具有催生团队成员共鸣作用的洞见,也是我在哥伦比亚特区联邦巡回上诉法院执业的切身体验。正是通过亲身参与团队工作,每一个人都有机会了解同事思辨和推理的方式、秉性和个性。所有这些因素都会关系到群体成员之间如何顺利且自在地分享、理解和接受彼此的观点和看法。

之所以我相信合议制有助于促进观点之间的分享,原因之一就在于我了解在一个实行合议制的法院任职与在一个不实行合议制的法院任职之间的差异。在我为哥伦比亚特区联邦巡回上诉法院工作的20多年间,我亲眼见证了法院所经历的不同发展阶段,为此我还发表过一系列的不同评论。哥伦比亚特区联邦巡回上诉法院逐渐从一个分化的、分裂的法院,转变为一个赞同合议制的法院。据报道,在1962年,费利克斯·法兰克福特大法官这样评价哥伦比亚特区联邦巡回上诉法院,即"一群好战的猫"[⑧]。直到我在1980年加入这个法院,我才真正了解这句话的含义。在我上班的第

① See id.("[相互之间不熟悉的集体成员]更可能将社会认可作为他们的工作目标"(construing Stanley Schachter,《从属心理学:合群因素的经验研究》(The Psychology of Affiliation:Experimental Studies of the Sources of Gregariousness)(1959);Morton Deutsch,《合作和竞争理论》(A Theory of Co-operation and Competition),2 Hum. Rel. 129 (1949))。

② Id. at 3(citing Charles S. Carver & Michael F. Scheier,《引起自我关注的反馈环和社会促进效应》(The Self-Attention-Induced Feedback Loop and Social Facilitation), 17 J. Experimental Soc. Psycho. 545 (1981); Lawrence J. Sanna & R. Lance Shotland,《预期评价效应和社会促进效应》(Valence of Anticipated Evaluation and Social Facilitation), 26 J. Experimental Soc. Psycho. 82 (1990))。

③ Id.(citing James H. Davis,《集体决策和社会互动:社会决策方案理论》(Group Decision and Social Interaction: A Theory of Social Decision Schemes),80 Psychol. Rev. 97 (1973); Sarah Tanford & Steven Penrod,:《社会影响模型:多数和少数影响进程的形式一体化研究》(Social Influence Model: A Formal Integration of Research on Majority and Minority Influence Processes),95 Psychol. Bull. 189 (1984))。

④ See id.(得出结论认为在他人没有事先提到的情况下这样的成员不愿意与他人分享观点(citing Robert S. Baron et al.,《集体过程、集体决策和集体行为》(Group Process, Group Decision, Group Action)(1992))。

⑤ Id.(citing Paul S. Goodman & Dennis Patrick Leyden,《亲密性和集体生产力》(Familiarity and Group Productivity,76 J. Applied Psychol. 578,1991)。

⑥ Id.(citing Nemeth,前引书,第25页)。

⑦ Id.

⑧ JeffreyBrandon Morris,《冷静地协调正义的尺度:哥伦比亚特区联邦巡回上诉法院的历史》(Calmly to Poise the Scales of Justice: A History of the Courts of the District of Columbia Circuit)197(2001)(援引法兰克福特大法官写给芝加哥大学法学院教授库兰的信(1962))。

一天,一个自由派法官向我打招呼。这位法官在向我说"你好"之后的第一句话便是:"我能指望你的投票吗?"因为那时候我对哥伦比亚特区联邦巡回上诉法院的内部运作还一无所知,所以我被这个问题震惊了,我只能这样回应我的同事,即只有当我们就案件应该如何裁判达成共识,他才能指望我的投票。然而,我立刻意识到,当时的哥伦比亚特区联邦巡回上诉法院在很多关键的问题上意识形态分化很明显。在那些糟糕的日子里,如果两个或三个所谓的"自由派"或"保守派"法官被随机地分配到一个合议庭中,那么他们极有可能利用这次机会偏袒根据他们的党派偏好而作出的判决意见。

在哥伦比亚特区联邦巡回上诉法院任职的早期,仅仅是出于党派忠诚而不是裁判案件的法律理由,具有相似政治信仰的法官常常就会相互支持(比如,请求全体法官出庭审理)。事实上,即便是在处理一些不涉及意识形态和政治成分的案件时,法官也可能为了维系他们相互间的忠诚而一起投票。如果一位同事要求你保持忠诚,也就等同于期望你不会"打乱队形"。我相信,在那时,由于缺乏合议制,拥有相同政治或意识形态观点的法官很有可能被紧紧地捆绑在一起①。法官不得不去迎合这样一种(派系间的)界限,因为法院本身就被分成一个个的意识形态"阵营"。我相信,由于缺乏一种真正地融入制度化事业的观念,因而除了延续可预测的党派界限外,法官将感受到他们没有反对的自由。当一个法院彻底抛弃合议制,法官将变得不再信任其他人的裁判动机,他们会顽固地坚持他们对这一问题的最初印象,进而轻易地不考虑任何有助于产生更好意见或更正确结果的建议。那个时期的法官不欢迎其他法官对意见稿(draft opinion)的评论。最终,这样的极端派别所损害的恰恰是法治本身,他们使得法律越来越脆弱,也难以对问题进行细致入微的分析。

根据我的经验,如果一个法院推行合议制,那么法官就不会寻求在组建的合议庭中占据有利地位。当一个法院充分贯彻合议制,合议庭的成员将关注每一位法官可以为(合议庭的)会议在智识力量、准备工作和背景方面提供怎样的帮助。例如,在处理一起劳动法案件时,我的同事将会根据我自成为该法院的法官以来在实践、学习、教学和学术研究等方面的表现来预测我的观点;合议庭的其他法官则可能分别从能源法、经济、反垄断法、审判诉讼、教育法、庭审程序、小企业实践、大企业实践、总检察长办公室、刑事起诉、刑事辩护、司法部、国家安全和外交事务等方面分享他们的专业知识。在某些情况下,当合议庭的法官在为一个疑难案件争辩时,他或她可能还会向合议庭以外的法官咨询专业知识问题。换句话说,在合议制的环境下,法官会将实质性的知识(substantive knowledge)与不具有表决权的同事所分享的专业知识一一核对。在这样一个探求和传递专家建议的过程中,党派偏见将置身事外。

---

① But cf. Greenhouse,前引书(学者们猜想,伦奎斯特法院采取因循守旧裁判策略的重要原因,即在共事一段时间后法官之间会形成稳定的联盟,而且愿意为了使集体用一种声音说话而作比较大的妥协)。

在这样一个合议庭,法官的首要任务是弄明白特殊案件如何与巡回法院的法律(即先例——译者注)相匹配。法官的目标是为争讼案件寻找最佳答案,而不是最大的"党派性的"答案。法官会注意是否为一个问题撰写过多的意见,也会谨慎地在合议庭面前裁决案件。我们的共同目标是防止非合议制的弊端。因为替代性裁判方案的后果也会被公开讨论,所以所有合议庭成员都能平等参与。我们在为个案裁判寻找一个合理的基础,而不是一个实现某个人所偏好的结果的策略。

参与合议庭评议的法官的心理状态与不实行合议制法院的法官完全不同。在今天的哥伦比亚特区联邦巡回上诉法院,法官不仅接受同事对意见稿所作的反馈意见,而且他们欢迎这样的意见,甚至可能因为没人提供意见而感到失望。当一位法官不认可意见稿提出的裁判理由时,负责评论的法官与撰写意见稿的法官之间的相互交流是稀松平常的,而且这样的交流往往是猛烈的、深思熟虑的、富于启发的、寻根究底的和深刻的。基于合议制,法官能够承认和意识到本人和其他法官的错误和智识上的弱点。无论一位法官是多么的聪明与自信,他/她都不可能无瑕疵地弄清楚所有事情。如果法官能够意识到自己不是完美的,并期望同事们能够构筑一个安全网以检查错误,那么这将是一个极好的工作环境。最终的结果则是一个更好的工作成果(即裁判文书——译者注)。如果法官在推理或撰写司法意见的过程中承认模糊性的存在,比如没有预想到或者法律后果没有预见到,那么这些模糊性可以通过合议庭评议阶段的意见交换而得以消除。如果这些瑕疵都能够在法院起草裁判文书的过程中被处理掉,那么异议意见和附随意见就不需要了。

对于我所谈论的内容,一个极佳的例证就是哥伦比亚特区联邦巡回上诉法院最近作出判决的"美国诉微软公司垄断案"①。虽然我无法细致地讨论该案的裁判理由或者说任何实质性的细节,但是我可以确定,法院的工作充分体现了合议制司法决策程序的要求。此案出现了我在法院执业23年来所遇到的最疑难的争论焦点,而且至少在公众看来,该案是哥伦比亚特区联邦巡回上诉法院所审理过的最重要的案件。

在经历了数月的评议后,负责审理该案的法院全体法官发布了一个没有任何异议意见、未签名的长达125页的判决意见。这无疑牵涉到对于裁判判决的一个莫大讽刺,因为在我们听取法庭辩论的数月前,《华盛顿邮报》曾就向哥伦比亚特区联邦巡回上诉法院提起上诉的结果发表过一篇文章。文章的标题是《一场司法轮盘游戏:微软公司的命运将取决于哪些法官将审理上诉案》,文章同时预测法院的判决将类似于"偶然的运气"、"司法乐透"(judicial lotto)和"蓝桶宾果游戏"(blue - bucket bingo),即明

① 253 F. 3d 34 (D. C. Cir. 2001)(全体法官出席审判)(由法院所定)。

确地暗示在法庭裁决过程中法官政治偏好的作用将远胜过其他考量因素①。在2001年7月,也就是在该案判决意见公布之后,《华盛顿邮报》却发表了另一番见解。该报刊文详述道:

具有极端不同政治立场的七位法官负责审理这件引起政治分裂的案件,该案牵涉复杂的事实而且对国家经济会有重要影响。这七位法官公然反抗几乎所有的判决预测,他们将意识形态置于一旁,进而使他们撰写的判决能够获得法院每一个法官的全面认同。就在上周,哥伦比亚特区联邦巡回上诉法院不再像是一个党派之争的战场。相反,该院的法官看起来更像是这样的法官:他们中立地将复杂的先例适用于更为复杂的案件事实,并成功获取正确的答案。②

像"美国诉微软公司垄断案"这样的案件,与其说判决来自于法官的共识,不如说源于法官间有益的分歧。透过仔细而共同地探讨和考量每一位法官的不同意见,反映法官们共识的判决才得以出现。在合议制的作用下,法官被赋予了对其同事的司法意见提出异议的自由;而这样的自由能促使法官毫不迟疑且更为准确、诚实地去识别判决的共同基础是什么和不是什么,而且自始至终愿意修正自己的观点。法官应该探究的不是"你投票赞成什么?",而是"什么对你有意义?"(what makes sense to you?)。

在一个合议庭,如果法官对案件的处理存在分歧,那么他们将互相帮助,从而使得异议意见更为有用。异议意见越是变得清晰、关注点集中,对于发展法律的帮助也就越大。在合议制的环境下,持异议意见的法官将更为有效地甄别和表达多数法官的立场如何使他或她感到困扰,因为合议庭的其他法官也会参与其中。然而,这一简单的事实无法证明低位阶的上诉法院在多数案件的判决中同样需要给出异议意见。最高法院相对地在其处理的大部分案件中发布多种法律意见的实践,对于上诉法院来说并不是一个恰当的准则。我们审理了不计其数的案件,其中的绝大多数都存在一个最佳的答案。无论是政党还是社会大众,需要的都是这个最佳答案,而不是法官之间的公开的对话(public colloquy)。如果在一个简易案件的司法判决书中都存在多种司法意见,那么势必使人们困惑到底何谓法律③。现如今,哥伦比亚特区联邦巡回上诉法院的倾向是提出越来越少的异议意见,因为法院的成员意识到在法庭判决过程中合议制使

① David Segal,《一场司法赌局:微软的命运取决于法官如何裁决上诉》(A Game of Judicial Roulette: Microsoft's Fate Could Hinge on Which Judges Hear Appeal),Wash. Post,Nov. 20,1998,at D1。

② Benjamin Wittes,《法官如何裁判》(What Judges Do),Wash. Post,July 6,2001,at A25。

③ See,e. g.,Ginsburg,前引书,第148页(指出由于"在最高法院的裁判意见中,与异议意见的高概率发生相比,更令人不安的是独立意见的剧增导致没有一种意见能够赢得绝对多数票",因而也就表明合议制在最高法院并不受重视)。

所有法官的看法都能够有机会被陈述和考虑。一般说来,在撰写异议意见的场合,更多地出于表明真正存在重要的相互竞争的法律论证,而且这些论证应该呈递给法律共同体、立法者和公众。

四、"态度性"和"战略性"司法决策模型的谬误

研究司法行为的社会科学家提出了用于解释法官如何裁判案件的两种主要的模型,分别是态度模型(attitudinal model)和战略模型(strategic model)[①]。态度模型几十年来在研究司法行为的社会科学家中是一种主流理论,该模型在本质上假定法官是根据他们个人的政策偏好和政治意识形态,也就是他们的"态度"来裁决案件[②]。根据态度模型,对司法行为的解释遵循这样的假定:法官行为旨在最大限度地实现他们的政策偏好和意识形态。由于法官一般不会公开地讨论他们各自意识形态的内容,因而在态度模型的框架下,学者的研究工作通常依据的是任命法官的总统所属的政党,即将此作为考察法官"态度"的一个替代品[③]。

与此相对,近年来才赢得声望的战略模型将审判视为对同事裁判意见的反应。战略模型并不否认法官可能根据他们的个人意识形态进行裁判,但是它更为关注合议庭的组成,并且推定法官之间存在合作,由此力图确定在司法决策过程中法官如何相互影响[④]。根据这一模型,法官的投票表决并不总是反映他或她"真实的"意识形态偏好,因为合议庭法官之间的内部互动促使法官为了最大限度地实现"战略性"目标而放弃自身的意识形态偏好;这些战略性目标包括成为多数派、影响多数派意见的内容、避免撰写异议意见和为未来的案件树立标杆。无论

① See Tracey E. George,《在美国的上诉法院系统发展一种积极的决策理论》(Developing a Positive Theory of Decisionmaking on U.S. Courts of Appeals), 58 Ohio St. L. J. 1635, 1635 (1998)(分析了有关司法决策的态度模型和战略模型,以及这两个模型回应现实问题的能力:"上诉法院的法官事实上如何裁判案件?");see also Lawrence Baum,《司法行为之谜》(The Puzzle of Judicial Behavior)90 – 94(1997)(探讨了战略性投票模式,而且表明战略同时在态度性和战略性司法决策模型中发挥作用)。

② 对于态度性司法决策模式的一般讨论,see David W. Rohde & Harold J. Spaeth,《最高法院如何决策》(Supreme Court Decision Making)134 – 157(1976); Jeffrey A Segal & Harold J. Spaeth,《最高法院和态度决策模型》(The Supreme Court and the Attitudinal Model)(1993);Frank B. Cross,《政治科学和新法律现实主义》(Political Science and the New Legal Realism), 92 Nw. U. L. Rev. 251, 265 – 279 (1997); George, supra note 40, at 1642 – 1655; Harold J. Spaeth,《态度模型》(The Attitudinal Model),载《审视法院》(Contemplating Courts)296(Lee Epstein ed. ,1995)。

③ See,e. g. ,George,前引书,第1652页("平均而言,法官更多地反映任命他们的总统的意识形态立场。")。

④ 有关战略性司法决策模式的一般讨论,see Epstein & Knight, 前引书,第1 – 18 页;Lee Epstein & Jack Knight,《新制度主义》(The New Institutionalism), Part Ⅱ, Law & Cts. ,Spring 1997 ,at 4; Melinda Gann Hall & Paul Brace,《法院内的秩序:寻求司法共识的新制度主义方法》(Order in the Courts: A Neo – Institutional Approach to Judicial Consensus) ,42 W. Pol. Q. 391(1989)。

是有关司法裁判的态度模型还是战略模型,都依赖于对司法决策行为的量化分析。至于法律的要求、双方当事人的论证、司法评议的真实内容和司法意见之间的细微差别等定性指标,则不在考察之列。

定量实证研究尚未成功说服我,由此让我相信法官个人的政治信仰会实质性地影响司法决策,而且那些假定法官的裁判行为旨在最大限度地实现他们的意识形态偏好的理论同样没有说服我①。为了充分地陈述我的观点,我将简要地解释我为何会与法律学者进行争辩,而这些学者试图利用定量工具来给上诉法官的工作定性。

我所遭遇的最强劲对手是纽约大学法学院院长理查德·L.里夫斯,他既是我的朋友也是我的同事。1997年,在《弗吉尼亚法律评论》发表的一篇名为《环境规制、意识形态和哥伦比亚特区联邦巡回上诉法院》的文章中②,里夫斯院长主张,在一系列针对环境保护局(EPA)所采取的措施的诉讼中,政治意识形态"显著地影响"了哥伦比亚特区联邦巡回上诉法院的司法决策③。里夫斯院长的研究主要围绕针对环境保护局决定的所谓"程序性挑战"展开,在这些案件中,法院根据为人所熟悉的《美国联邦行政程序法》规定的"武断而多变"这一标准审查(环境保护局所出的)行政行为。借助于多元回归分析这一工具来对法官的投票模式进行量化分析,里夫斯院长得出结论认为,在解决这些"程序性"上诉案件时,由共和党总统任命的法官的投票结果不同于由民主党总统任命的法官④。

然而,在重点关注针对环境保护局行为的"程序性"挑战的过程中,里夫斯院长极度轻视他的研究结论,即在所谓的雪佛龙案中法官的政治偏好并不具有统计学意义上的显著性影响⑤。雪佛龙公司主张,当议会明示或者默示地授予一个机构执行制定法的权力,那么法院就需要听从这个机构针对制定法所作的合理解释⑥。里夫斯院长的研究发现,在裁判雪佛龙案时,法官并没有根据他们被推定拥有的政治和意识形态偏

---

① 我也不太相信这样一种理论,即法官是利己主义的威望、声望、职业抱负和影响力的追求者。See, e. g., Robert D. Cooter,《作为普通人的法官和作为公职的法官的不同追求》(The Objective of Private and Public Judges), 41 Pub. Choice 107, 129 (1983)(假设"利己主义的法官会追求威望"); Frederick Schauer,《动机、声誉和影响司法行为的决定因素》(Incentives, Reputation, and the Inglorious Determinants of Judicial Behavior), 68 U. Cin. L. Rev. 615, 625 - 634(2000)(探讨了最高法院大法官的司法动机,而且假定他们会受到声望、抱负和影响力等因素的驱使). But see Lynn A. Stout,《利他主义的法官》(Judges as Altruistic Hierarchs), 43 Wm. & Mary L. Rev. 1605, 1609(2002)(驳斥了这些利己主义的假定,并且主张"现代司法期望法官会无私心的行动"(emphasis omitted))。

② Revesz,《环境规制、意识形态和哥伦比亚特区联邦巡回上诉法院》。

③ Id. at 1719.

④ Revesz,《环境规制、意识形态和哥伦比亚特区联邦巡回上诉法院》,第1759 - 1760页(公布了多元回归分析的结果)。

⑤ Id. at 1748.

⑥ Chevron U. S. A. Inc. v. National Res. Def. Council, Inc. ,467 U. S. 837, 865 - 866(1984).

好来裁判上诉案件[①]。

当一个法院发现行政行为武断而多变且案件涉及所谓的"程序性"挑战时,它一般会将案件发送给行政机关,这样行政机关就有更好的机会解释行政行为的合法性[②]。与此相对,雪佛兰案之所以会被翻案,主要是因为行政机关缺乏作出受审查的行政行为的法定权限[③]。

行政机关没有第二次机会去解释有争议的法律。如果法官真正想把他们的政治意识形态用于处理行政程序类案件,那么雪佛龙案又会是怎样的一种景象呢,毕竟该案的裁判能够产生持久且重要的法律和监管后果。这等同于说,里夫斯院长事实上发现哥伦比亚特区联邦巡回上诉法院法官在裁决雪佛龙案时并没有考虑他们被推定拥有的政治偏好。

我对于里夫斯院长研究成果有效性的部分怀疑,受到威廉·乔丹教授的一篇发表在《行政法评论》上的文章的启发[④]。乔丹教授仔细研究了与里夫斯院长的研究相类似的数据,却得出了非常不同的结论。与里夫斯有所不同的是,乔丹教授分析的是法官针对个人提起上诉的单个争点的表决模式。他仔细考察了哥伦比亚特区联邦巡回上诉法院法官在1985年至1995年针对18个案件中133个争点的个人投票,在这些案件中,法院撤销了环境保护局制定政策的决定。乔丹教授实际上发现了与里夫斯报告相反的情况:总的说来,与受民主党控制的合议庭相比,受共和党控制的合议庭更加倾向于支持环境保护论者的立场[⑤]。事实上,与雪佛龙案的审查相对,这样的分化在牵涉"武断而多变"审查标准的所谓"程序性"上诉案件中更加明显[⑥]。因此,乔丹总结认为:。

(对这种现象)的政治性解释实在不符合真实的情况。更为可能的一种解释是,法官们就案件的争点进行争辩,进而得出合理的结论,而且并没有特别地考虑他们的个人偏好[⑦]。换句话说,意识形态式的投票难以获得证据的有效支撑。

---

① Revesz,《环境规制、意识形态和哥伦比亚特区联邦巡回上诉法院》,第1748页;see also Richard L. Revesz,《为实证法学辩护》(A Defense of Empirical Legal Scholarship),69 U. Chi. L. Rev. 169, 177(2002)(在1986至1994年间,由民主党和共和党任命的法官在制定法解释问题上不存在显著的统计学意义上的差异).

② See, e.g., Fox Television Stations, Inc. v. FCC, 280 F.3d 1027,1048-1049(D.C. Cir. 2002)(需要将案件发送给联邦电信委员会并听取其意见,以作进一步考虑).

③ See, e.g., Hill v. Norton, 275 F. 3d 98, 99 (D.C. Cir. 2001)(撤销内政部长的决定,该决定将哑天鹅排除于《候鸟条约法》所列举的候鸟名单)。

④ William S. Jordan, Ⅲ,《行政国家中的法官、意识形态和政策:基于近10年来建立环境保护规则的研究》(Judges, Ideology, and Policy in the Administrative State: Lessons from a Decade of Hard Look Remands of EPA Rules), 53 Admin. L. Rev. 45 (2001)。

⑤ William S. Jordan,Ⅲ,《行政国家中的法官、意识形态和政策:基于近10年来建立环境保护规则的研究》,第74页。

⑥ Id.

⑦ Id.

前兰德民事司法研究所主任、现斯坦福大学法学院一位广受尊敬的学者黛博拉·亨斯勒教授主张，鉴于这些量化分析的固有局限性，那些旨在于通过研究司法决策行为而获得可信结论的经验主义者，在使用定量数据之外，还需要运用定性分析工具。亨斯勒教授意识到，多元回归及变量是一个极其有效的分析工具，但是她提醒道："许多需要加以研究的民事司法现象并不适合运用流行的量化分析工具。"[①]按照亨斯勒的观点，在研究司法过程时，"研究者根本没有极为好用的量化工具来研究大型的社会组织（如法院）或相互作用的过程（如法院之间）"[②]。此外，她还进一步主张：

> 以下这些因素使得美国的民事司法体系如此有趣，以至于值得研究：有大量的情形能够引发法律诉讼，律师和法官都有发挥作用的舞台……缺乏有关法律行为过程和结果的公开信息为获得关于司法行为的有效推论设置了极大的障碍。大多数经验分析只有有限的数据加以支撑，这必然使人怀疑从这些数据演绎出的研究结论的可靠性[③]。

因此，有必要谨慎地对待这些量化分析司法决策行为的研究成果。例如，态度性司法决策理论无力解释法官怎样裁判案件，因为他们没有同等看待有关司法决策行为的关键定性因素。在上诉法院司法决策的过程中，合议制就是一个定性变量[④]，因为它牵涉大量法官之间的私人合作，而这些合作难以进行经验研究。由于回归分析无法觉察到人类在个性和相互关系上的细微差别，因而以此为工具的针对司法决策行为的经验研究就天然地存在缺陷。

合议制这一基本原则使我们认识到，上诉法院合议庭的裁判是一个集体决策的过程。研究者十分容易忽视这样一个事实，那就是由三位上诉法院法官组成合议庭，然后通过司法评议的方式集体裁决案件。如果一个研究司法决策行为的模型将每一位上诉法院的法官视为独立的个体，并且纯粹进行按照个体的意志进行投票，那么这样的模型无法给予法官如何裁判案件这一问题以很好的解释。上诉法院是一个推行集体决策的法院，而由上诉法院的法官组成的合议庭在处理案件的过程中也会共同进行决策。

因此，任何试图解释法官行为的可靠理论，都应该考虑到裁判事业所具有的集体

---

① Deborah R. Hensler，《民事司法研究：问题和缺陷》（Researching Civil Justice: Problems and Pitfalls），Law & Contemp. Probs.，Summer 1988，at 55，63。

② Id.

③ Deborah R. Hensler，《超越偏见：对于法律实证研究的一些看法》（Beyond Proseletyzing: Some Thoughts on Empirical Research on the Law）4（Mar. 15，2002）（未公开出版手稿，由作者提供文本）。

④ See，e. g.，Commission on Structural Alternatives for the Federal Courts of Appeals，Final Report 40（1998）（指出合议制的影响"无法被量化或测量"），available at http://www. library. unt. edu. /gpo/csafca/final/appstruc. pdf; Tacha，前引书，第 591 页（"研究者无法在数量上表明合议制的价值，或者在语境中理解它的重要概念"）。

属性。试想,如果法官在他们各自的房间中独自思考,那么他们就会依循勒恩德·汉德的传统做法沉醉于关于出色、理智的法官的文化想象之中。但是,正如巩特尔教授为勒恩德·汉德撰写的传记所揭示的那样,在一个充分实行合议制的法庭中,汉德本人同样是合议庭的参与者①。上诉法院的判决完全不是这样一回事,即三个独立的司法意见按照各自的进路进行论辩,由此决定如何进行投票。如果一位法官在大多数时间都是独自工作,那么至关重要的是如何与同事合作积极参与上诉法院的审判活动②。

无可否认,同那些思考社会问题的有识之士一样,对于这些影响我们的社会问题,法官也会有其个人的看法。即便完成从普通人身份向法官身份的转变,他们也不会停止对这些问题的思考。当然,他们也不应该停止思考。然而,这些有关法官个人党派和意识形态偏好的所谓知识,并不能帮助我们预测当这些法官参与上诉法院的集体决策程序,他们会作出怎样的判决。态度模型过于轻易地推断,个人偏好能够从司法裁判中直接反映出来,然而事实上这样的裁判在本质上属于集体决策。集体式的司法决策使得个人偏好无法被强制执行,或者不受限制地表现出来③,至少在上诉法院的司法决策过程中无施展的余地;因为在那里,法官平等地讨论案件。

与态度模型相对,有关司法决策的战略模型的确注意到司法决策事业的集体属性,而且将司法决策过程诠释为一个集体决策的过程。战略模型假定,法官是一群富有经验的行动者,他们不仅仅根据他们在意识形态方面的看法而作出判决。实际上,战略模型视法官为富有战略眼光的行动者,他们的决定会顾及其他行动者的偏好,他们期望其他的行动者按照他们的选择作出决定,同时尊重行为时的制度语境④。法官受到其他法官行为的限制,并对这些行为作出反应。正如这一模型所主张的,为了影响多数意见的内容,法官很可能背离他们的意识形态偏好进行投票。或者,法官可能

① Gerald Gunther,《勒恩德·汉德:人与法官》(Learned Hand: The Man and the Judge)(1994);see,e. g. ,id. at288(描述了汉德法官与其同事之间高质量的合议交流,部分是因为他们利用了一个会前备忘录系统,而这个系统有助于推动集体评议而不是个体决策)。

② 科恩豪泽和萨格尔教授有效地区分了四种不同类型的集体事业:(1)"分配事业"(distributed enterprises):个体在其中分别行动,但是对他们任务的在先分配能够保证必要的协同操作,如装配线;(2)"团队事业"(team enterprises):成员都需要协调他们相互之间的行动,在完成任务的过程中相互合作,如管弦乐队和篮球队;(3)"冗余事业"(redundant enterprises):由一个外部的结构协调多个独立的行动,如奥运会体操比赛的裁判;(4)"合议事业"(collegial enterprises):以"独特的集体方式",合作、评议、互动、交换都是这一事业重要的结果。Kornhauser & Sager,《一与多:合议庭的裁判》,第3-5页,合议事业"实现了衡量机构的表现的标准从个体向集体的转变"。Id. at 5。

③ See J. Woodford Howard, Jr. ,《联邦司法系统中的上诉法院:对第二、第五和哥伦比亚特区联邦巡回上诉法院的研究》(Courts of Appeals in the Federal Judicial System: A Study of the Second, Fifth, and District of Columbia Circuits)189(1981)("合议制的组织原则和随机轮流机制深刻地重塑了上诉法院的司法决策模式。尽管存在激励效应,但是没有一个巡回法官是完全自由的行动者。作为集体事业的裁判活动受到已确立的规则和程序的拘束,而且期待每一位成员服从这些拘束。")。

④ Epstein& Knight,前引书,第5页。

"厌恶损失"(loss averse),即希望成为赢的一方,而不是留下一张反对票。该模型同时假定,法官很可能在一些他们没有强烈偏好的案件中背离他们的偏好进行投票,因为他们内在地意识到在处理未来的一些他们具有强烈偏好的案件时,其他的法官也会投桃报李;因此,法官们会参与到这样一场微妙的投票交易中来。根据这样一种理论,法官的选择被最优的解释为一种战略行为,而不只是意识形态偏好的一种反映。

按理说,相较于态度模型,有关司法行为的战略模型有所进步,因为它至少意识到集体决策是司法裁判的必要条件。与此同时,它注意到在司法判决的形成过程中法官之间评议过程的重要性。这些洞见有助于我们推翻这样一种观念,即法官个人在意识形态方面的看法是司法裁判的决定性因素。

虽然如此,战略模型只是为我们提供了一个评估司法决策的"雾透镜"。之所以会这样说,不妨来看看学者如何解释这样一种现象,即哥伦比亚特区联邦巡回上诉法院的法官很少提出异议意见。在2001年,在所有案件中,提出异议意见的比例不到1%;在公开出版的案例汇编中,比例也只有4.8%①。法院也极少安排全体法官出庭复审案件②。即便里夫斯院长主张哥伦比亚特区联邦巡回上诉法院法官的意识形态是如此分化,他还是提出一种战略性的解释来说明为何该上诉法院的法官很少提出异议意见③。里夫斯院长认为,合议庭的组成直接决定了法官将如何判决:当一位声称支持环境管制规制的"民主党"法官与另外两位支持工业企业的"共和党"法官组成合议庭时,他就会投票推翻环境保护局的决定,即便该案是由工业集团提起上诉的;但是当合议庭是由两位"民主党"法官和一位"共和党"法官组成时,他就不会这样做了④。在里夫斯院长看来,"一位法官的投票与她的同事是否认同密切相关,比如合议庭中主流多数的意识形态、其余成员被抑制的意识形态等"⑤。

由于忽视了合议制可能发挥的重要作用,即经由合议庭内部讨论产生一个共同认

---

① See The Clerk's office,《美国上诉法院体系中的哥伦比亚特区联邦巡回上诉法院1986年至2001年的统计数据》(U.S. Court of Appeals for the D.C. Circuit, Statistics for 1986 - 2001)(n.d.)(未公开出版文件,由作者提供文本)(提供了每年部分异议意见和完全异议意见在公开出版和所有的司法意见中所占比例的统计数据)。在2000年,异议意见总的比例是1.6%,而在公开出版的案例汇编中则是7.8%;在1999年,总的是1.8%,而在公开出版的案件汇编中的是8.9%,在1998年,总的是2.1%,而在公开出版的案例汇编中的是9.1%,Id.; see also Edwards, Collegiality,前引书,第1359页(报告了在哥伦比亚特区联邦巡回上诉法院在1995至1997年审理的所有案件中,异议意见所占的比例是2% -3%,而在公开出版的案件汇编中异议意见所占的比例是11% -13%)。

② See Ginsburg & Boynton,前引书,第259 -260页(指出哥伦比亚特区联邦巡回上诉法院全体法官出庭审理的案件从20世纪80年代的63件下降到90年代的33件)。

③ See Revesz,《环境规制、意识形态和哥伦比亚特区联邦巡回上诉法院》,前引书,,第1733 -1734页&注释48(指出上诉法院没有多少异议意见的原因所在。例如,当一位法官与其他两位来自不同党派的法官组成合议庭时,"为了不撰写异议意见",她会调整她的观点)。

④ Id. at 1732.

⑤ Revesz,《意识形态、合议制和哥伦比亚特区联邦巡回上诉法院:对爱德华兹首席法官的回应》,第839页。

可的结论,因而学者可以推定,法官在作出战略性司法决定的同时,隐藏了他们的异议意见。按照这一理论,法官之所以放弃成为异议者而附和合议庭的多数意见,一来可能是为了不撰写异议意见,二来是为了形成这样一种机制,即未来当他们所偏好的意识形态立场成为案件的多数意见时,无须担心其他法官会提出异议意见[①]。同时需要注意到,这一理论排斥任何其他解释司法投票行为的学说。如果当一位所谓的"共和党"法官在审查一个行政机关的决定,且其认可"产业运动"(industry cause)时,当他投票维持这一决定,他的投票就是意识形态化的;当他投票推翻这一决定,他的投票就是战略性的。根据这个解释,无论法官怎样投票,无论法官是明确表达还是隐瞒意识形态因素,法官的"意识形态"都是坚定不移的,而且它实质性地影响司法决策。这样就没有将法官间对话的作用考虑在内。意识形态因素不存在彼此影响、相互调适和不断改变的可能性。通过有条不紊的贬低合议制的可能作用,这一分析模式高估了党派偏见在决定法律后果时所发挥的作用。有趣的是,在随后发表的一篇文章中,里夫斯院长承认他所运用的实证数据无法排除另外一种"评议"式的假定,即法官通常真诚地进行投票,而且他们真正的观点也会在周围法官的影响下被一再地塑造[②]。

"在司法审判领域使用'战略的'一词无疑是贬义的"[③],因为它表明裁判只是凑巧与法官有关法律规定的观点相关联。然而,这样一个贬义的推论立基于错误的假定之上,即我们必须承认法官的行为只能是二元对立的,要么根据他们的意识形态或者其他纯粹的个人偏好"真诚地"进行投票,要么在削弱他们的偏好的情况下"战略性地"进行投票。这是一种无价值的讨论司法行为的方式[④]。这样的二分法并不符合真实的审判经验。正如我稍后将表明的那样,与其他的行动者显著不同的是,法官受到文化和制度压力的拘束,比如政治家或企业主管。

---

① See e. g., Richard A. Posner,《法官如何做才能使正义最大化》(What Do Judges and Justices Maximize?)(The Same Thing Everybody Else Does),3 Sup. Ct. Econ. Rev. 1,20(1993)(将"附和投票"作为"寻求从容地影响司法行为的典型个案")。

② See Revesz,《议会会对司法行为产生怎样的影响? 对哥伦比亚特区联邦巡回上诉法院行政诉讼判决的经验研究》前引书,页1112(指出里夫斯之前的分析与"司法评议的假定"相一致,即在司法评议阶段,"法官真诚地进行投票,但是评议会影响他们真实的观点")。

③ Kornhauser & Sager,《一与多:合议庭的裁判》,前引书,第52页(1993)。

④ See id.("战略行为与真诚行为之间的简单区分似乎并不适合于规模较大的法院");see also Caminker,前引书,第2310页,注释41("'战略'战术用于'说服'同事修正自己的观点,在我看来,这不能被视为一种'战略行为'。如果大法官利用这样的战术,且确信能使第二个大法官真诚地相信应该适用规则X,而不是使大法官参与到'战略性投票'中来,才是真正的战略行为,因为两位大法官都在追寻他们真正的立场。")。科恩豪泽和萨格尔也有效地区分了偏好的表达与裁判的作出两者的关系。See Kornhauser & Sager,《剖析法院》,前引书,第84-85页(与偏好的主观属性相比,裁判呈现出更多的客观属性,而且还主张"偏好的表达与裁判的作出两者之间最为核心的差别在于有些法律问题存在'正确的'或'恰当的'答案");see also Caminker,前引书,第2303页(信奉"传统的观点,即有关裁判的规范解释认为法官是在作出裁判,而不是在表达个人的偏好")。

更为真实的情况是，在互相迁就的司法评议过程中，法官审判案件的方法必须能经受得起他或她的同事仔细的审查和批评[①]。互动的结果时常是改变法官对于案件的最初观点。这样的改变可能是修正和重塑，也可能是妥协，有时甚至是根本性地推翻一个人的观点。是否只有这样法官才被认为是"真诚的"，即当聪明的同事有说服力地指出如何改进某一意见的推理方法时，这位法官仍然固守最初的观点？是否这样的法官被认为是"战略性的"，因为当面对同事们的观点时，他们意识到一个清晰表达的论证的某些部分要比其他部分更有法律依据，或者为了追求明确性或共识，在不牺牲任何原则的情况下，部分改变最初的论证或语言。

在司法评议过程中，法官必须具体讨论合议庭将赞成怎样的判决。得出判决理由的过程并不是一个要么"真诚"要么"战略"这样一个非此即彼的现象。无论是合议庭会议还是司法意见的起草过程，都牵涉一个复杂的对话过程；无论法官是以个别的方式还是集体的方式参与其中，他们会常常注意到最初被忽略的事物，而且也会信服当初并不认可的观点。当法官与同事共同审理一起案件，从口头辩论到起草和修改司法意见的会议，在相互磨合的过程中，他们（共同）的观点最终形成。他们没有为了一个"战略性的"目的而虚假陈述或抑制他们"真实的"观点。事实上，当所有法官以团队形式工作并尽全力撰写正确、准确和清晰的判决意见时，辨析哪一位法官的观点是"真实的"是一项没有意义的工作。如果最终的裁判结果与法官最初的想法不同，那么这一事实相当于表明：集体程序的本质在于使每一位法官只为集体的作品工作，这项作品也最终归属于合议庭。将司法审判作为集体的事业，可能导致有些法官较为特别的推理和措辞被忽略，只是因为其他法官认为这些推理和措施不够清晰或准确。这既不是不信任，也不是悲剧，因为法官的工作不是借由法律来进行"自我表现"。法官的工作是通过与其他法官的合作，来准确地和清晰地判决案件。

去描述这样一种现象本身就有点反常，即法官如何在与同事的互动过程中，克制他们"真实的"偏好而"战略性"地裁判案件。在我看来，那些接受如此解说司法决策行为的理论家，不过是沉迷于极端简化的模型。由于这些模型只能评估两个变量——法官所属的政党和裁判结果，因而他们陷入这样一个思维的圈套之中，即运用这两个变量就足以描述一个非常复杂的过程。当信奉战略模型的理论家认为法官可能为了应对同事的压力而放弃他或她的原则或信念，我则认为法官完全是公开地去回应同事的论证、批评和洞见，最终的审判结果也是在司法评议过程中细心而有效率地发展而来。

---

① See Coffin,《法官的裁判之道：联邦上诉法院法官沉思录》，前引书，第 171 – 175 页（法官借助于司法合议制，可以对其他法官的"看法、假设、逻辑和价值观念"给予"不受限制的批评"）。

战略模型暗示,有时为了实现更大的个人或意识形态方面的目标,法官会抑制个人偏好。而且按照战略模型的解释,无论法官是"真诚地"还是"战略性地"进行投票,这些投票只是恰好与法律的要求相匹配。这个观点表达了对司法事业的极度不信任,而且它还会对公众的认知产生不良的影响,即在严重歪曲公众对于法官将如何进行裁判的认知。

法官间的评议被更为精确地定性为一个对话、说服和修正的过程。可以肯定的是,法官的确会逐渐熟悉同事们的倾向、思维习惯和推理模式。经过一段时间之后,他们就能够预测同事将如何裁判案件,而且也会逐渐全方位了解同事的思维方式。无疑,这些知识将影响法官如何向其他法官表达和阐释他们主张的论证。有时,法官会对多数意见持保留态度,而且要看该意见如何被"撰写"才会决定是否加入。撰写司法意见的法官很可能为了获得尚处于犹豫阶段的法官的支持,而按照他们认可的方式起草司法意见。这样的做法并不是战略性地以牺牲原则为代价,或者以交换投票的方式改变司法意见的内容,更不是为了未来的投票所做的投票交易。相反的,这只是用来表达达成共识的过程;借助于这一过程,在特定案件上不同司法意见之间存在的共识和分歧的界限得以明晰。毕竟,所谓的裁判是合议庭中多数法官有关明确的裁判理由的共识,而且如果判决书中存在多种司法意见,那么无论是支持哪一方胜诉,这都不是一个直截了当的投票方式。相反的,这是一个复杂的相互论辩的过程,即法官们的意见存在着重叠、相近、相关或对立的地方,但是从尽力做好我们的工作出发,法官们最终会提炼出一个清晰的判决理由,由此告知双方当事人和未来的诉讼当事人什么是法律。

五、合议制的制度性限制

除此之外,还有另外一个社会科学模型,被用来诠释司法决策,这就是"新制度主义"①。这一模型的拥护者"将法庭视为制度,而不是法官个人倾向相互作用的舞台"②。如此,这些"法律和法院"的学者认识到,战略行为模型无法全面描绘司法动机。我们当然可以使用战略性术语来给制度下定义,也可以将制度性行为视为战略性

---

① 一个典型的例子是 Howard Gillman,《新制度主义》(The New Institutionalism),第一部分 越来越少的战略性决策:在分析司法政治时制度主义化的理解所蕴含的一些优势,Law & Cts. ,Winter 1996 - 1997,at 6。

② Id. at 6. 相对于理性选择/博弈论制度主义来说,吉尔曼的方法"解释性的—历史性的制度主义"提出了替代性的方案,该理论力图说明制度视角"无法与战略模型画等号"。Howard Gillman,《语境中的司法动机:对爱泼斯坦和奈特的回应》(Placing Judicial Motives in Context: A Response to Lee Epstein and Jack Knight),Law & Cts. ,Spring 1997,at 10,10 - 11。

行为的自我提升。但是,这样一种理性选择的模型并不适合用来表达我们对于法院的传统礼节,或者获取作为制度实践者的法官所可能拥有的动机①。吉尔曼教授,作为一个新制度主义模型的支持者,他建议"当缺少证据证明制度实践者将所有的非战略性任务转变为战略性机遇时",我们需要接受这样的制度概念,以迎合一系列的规范性目标:

(a)责任经验和职业责任;(b)理解共同目的;(c)关注无形的权威或合法性的维系;以及(d)常规参与。其中的每一项都蕴含某种动机,而不是理性、利己主义、战略性和深谋远虑②。

另一位制度模型的支持者史密斯指出,制度"影响实践者角色的自我概念,而且这一角色能够给予这些人'特殊的'制度性视角"③。

毫无疑问,制度性视角将司法功能诠释为法官将司法的制度性任务内在化。制度性规则和规范促使法官按照能推进制度性任务的方式行动。这样,有助于塑造法官的动机,并将影响他们如何各尽其职④。因此,相比态度模型和战略模型,新制度主义模型提供了一个更有效的框架用于评估司法决策。

在我看来,"制度"一词大体涵盖法治的所有面向,而不只是指向法官如何在法庭就座,或者地区巡回法院的先例。法官绝对忠诚于他们所在的法院。但是,我们会普遍地忠诚于联邦法院和美国司法部。甚至对于国外的法官,我们也会有同样的感觉。但是,最为根本的是,我们感到我们有义务遵守法律。

就法官被纳入这一共同的任务而言,合议制发挥了极其重要的作用。一个制度任

---

① 法律学者近来利用理性选择理论来研究最高法院同其他政府机构的关系。See, e. g. , Daniel A. Farber & Philip P. Frickey,《法律和公共选择》(Law and Public Choice) 3 - 5(1991)(分析了公共选择理论对于美国法律体系的启示);William N. Eskridge, Jr. ,《推翻最高法院运用制定法解释作出的裁决》(Overriding Supreme Court Statutory Interpretation Decisions),101 Yale L. J. 331,354 - 359(1991)(用公共选择理论模型分析了在对制定法进行解释的过程中法院、议会和总统所扮演的角色);John Ferejohn & Barry Weingast,《制定法解释肯定说》(A Positive Theory of Statutory Interpretation),12 Int'l Rev. L. & Econ. 263 - 264(1992)(审查司法机关所作的制定法解释是否如实"反映其所处的战略环境",尤其是当议会通过制定一部特殊的法律同时参与到法院对制定法的解释中去时)。

② Gillman,前引书,第8页。

③ Rogers M. Smith,《政治法理学、"新制度主义"和公法的未来》(Political Jurisprudence, the 'New Institutionalism," and the Future of Public Law),82 Am. Pol. Sci. Rev. 89,95(1988)。

④ 尽管我并不赞同波斯纳法官将司法审判的乐趣类比为某人根据游戏规则做游戏获得的效用,即便不会使用欺诈手段而受到惩罚,see Posner,前引书,第28 - 30页(比较了裁判和玩游戏之间的差异,并指出无论是在哪一种场合,只有行为与规则的要求相契合,才能使人意识到其成功扮演了角色,而且热衷于扮演这样的角色),但是我的制度主义主张在某些方面与波斯纳的理论存在相似之处。这就是,当法官从"根据制度规则进行裁判"获得满足感时,他们就会寄希望于根据规则来履行裁判职责。

务可以表现为“结构、程序、规则和习惯的集合,而这些都与一个特殊的无形结构的经验有关”[①]。这些规则一般由法院成员发布,因此对这些规则的实施,这些法官拥有切身利益。这样的结果是在合议制和内部规则的共同作用下产生的。合议制有助于制度性规则的传播,而这些规则也能推进合议制。

在哥伦比亚特区联邦巡回上诉法院(其他的联邦上诉法院也如此),内部的操作规程和程序将推进法官之间的合作,而且使法官在共同目标之下进行日常互动。例如,在哥伦比亚特区联邦巡回上诉法院,负责审理案件的法官是随机分配的;如此这般,这一规定的作用就被削弱了,即在一个审判周期内,每一位法官至少需要四次与能动的法官组成合议庭。这一规定能保证每一位法官都有机会与其他法官合作。它有助于防止任何法官团体可以频繁地组成合议庭,促使每一法院的所有法官之间形成亲密和良好的工作关系。与此同时,从公众的角度看,它能保证案件的处理获得一个公正的外观。随机安排是“公正的”,即便它不总是显得那么公平。这一规定的存在表明,推进法官之间的合议与实现制度化目标两者会紧密交织在一起,相互影响。当所有法官在工作中彼此熟悉,法院的制度性使命就会被强化。这一规定同样能推进合议制。

另外一个值得提及的与合议制有关的重要规定是法官之间的共识,除非有重大的紧急情况,哥伦比亚特区联邦巡回上诉法院都不会启用访问法官(visiting judges)来处理备审案件[②]。出台这样的规定,与其说我们不尊重其他法院的法官同事,不如说这样能使我们避免外界干扰。在哥伦比亚特区联邦巡回上诉法院的备审案件目录表上,存在着大量提起上诉的行政法案件,这些案件往往牵涉到数量极大的案卷和众多当事人,以及数不清的诉讼摘要。对不熟悉这些的法官来说,这样的工作量并不轻松。为了迅速而有效地裁判案件、平衡法官之间的工作负担和巡回法院适用法律的一致性,我们决定只有我们的法官才能为法院服务[③]。这一规定能使我们严格地限定巡回法院适用的法律。我们能够彼此监督,并且及时地予以反应。我已经意识到,这一规定既能影响群体的凝聚力,又能维系巡回法院适用法律的一致性。在我看来,对于哥伦比亚特区联邦巡回上诉法院来说,20世纪90年代初采用这样一项规定是重大的转折点,因为在当时合议制处于低谷。

对合议制来说,司法评议是最重要的组成部分。建构司法评议的规则能保证我们

---

① Gillman,前引书,第8页。

② “至少在1994年年中以后,哥伦比亚特区联邦巡回上诉法院都不会让访问法官审理案件了。”Ginsburg & Boynton, supra note 10, at 259。

③ 阿布拉莫维奇提议,全体法官出庭审判案件所作的判决应囊括访问法官,这些法官从其他巡回法院随机挑选,从而抑制巡回法院的本位主义。See Michael Abramowicz,《再谈法官全席审判》(En Banc Revisited),100 Colum. L. Rev. 1600,1619(2000)(“如果访问法官能作为全体法官的一员参与案件审理,那么合议庭的判决就需要接受外在审查,而不仅是关系密切的法官同事的审查。”)在我看来,这样的提议意味着合议制会遭受巨大损害,而且这种损害也会波及巡回法院适用先例的一致性。

会按照集体模式有效地处理实质性问题。例如,由最资深的、主动的法官主持合议庭会议,然后法官根据资历从低到高的顺序发言;并且由多数意见中的资深法官负责指派起草司法意见的法官。尽管规则很简单,但这些规则却能使我们的合议庭会议变得更专业、更有礼貌、更有秩序。合议制并不允许法官进行拉家常式的毫无目的可言的交流,它主要指向有秩序的司法评议,在此过程中,所有司法意见都能被陈述和考虑,直到每一位法官满意为止。

一旦起草司法意见的任务被指派,那么同样有规则来指引司法意见在法官之间传阅,即只有在文本来指引法官工作时,合议庭评议才最有效。例如,在哥伦比亚特区联邦巡回上诉法院,被分配负责起草司法意见的法官需要在为期 90 天的任务期内竭力传阅起草的司法意见。合议庭的成员需要在 5 日之内给出回应。在正式判决以前(公布判决书),多数意见需要在 7 日内在整个巡回法院内传阅。如果法官想撰写独立的附随意见或异议意见,那么她或他就需要在第三位法官明确同意多数意见之日起 30 天内撰写完毕。如果一位法官手上有至少三件案件的司法意见要起草,且至 8 月 15 日为止,这些案件的意见还未在同事之间传阅,那么这位法官就不得再听审新的案件,除非他已审结积案。

法庭的成员都会认真对待这些规则。他们会建构起一定的模式,依托于这些模式,法官能够在司法意见的撰写方面实现合作,并且分享如何使法院的决断更为准确和清晰的观点。(起草司法意见的)最后期限这一规则能使裁判工作迅速完成,也有助于防范特立独行的行为,这些行为与法院的使命背道而驰。但我想,这些规则起到的最重要的功能是在法院建立起一套共同的例行程序,由此才能了解我们如何共事。当所有法官都同意这些共同的规范,这些规范涵盖法官如何共事、法官如何提出批评和建议等事项时,我们就能期待法官会共同努力①。与此同时,这些集体规则赋予法官提出反对意见的自由,而且也有机会单独撰写意见,因为这些规则告诉我们应该怎么做。借助这些规则,当新的法官成为法院的一员时,他们就能尽快融入对制度性操作的共同理解之中②。再者,法官对于“制度化”和合议制、合作的体验会紧密地交织在一起,相互影响。

六、法官的多样性推进合议制

“合议制”一词可能使人联想到帮会、拉山头和同质性等现象,而这些现象在社会

① Cf. Paul Brace & Melinda Gann Hall,《司法异议意见的整合模型》(Integrated Models of Judicial Dissent), 55 J. Pol. 914, 920(1993)(“这种新制度主义方法对司法决策的研究强调标准的操作规则、外在的裁判规则和组织架构在确定司法制度的价值、规范和利益方面发挥的独立作用”)。

② See Howard, supra note 63, at 222 - 225(探讨了在联邦司法系统“新手的社会化”问题)。

上的特权阶层和精英机构中较为常见。法官之间合议的理念可能使人联想到法官在木制办公室内谋划如何去打高尔夫球的场景①。因此,我细致描述的合议制与这样的场景存在本质的不同。我讨论的合议制体现为一种多样性的理想,而且设想在共事过程中利用这种差异来寻找正确的法律。

"多样性"以两种形式存在。集体决策的研究者通常关注在专业知识或者信息等方面存在的多样性。组织人口学的研究者则关注(法官在)年龄、种族和性别等方面具有的特征。研究者可以从这些研究中得出一些有趣而有用的感知结果,即便这些发现从表面上看有不一致的地方。然而,最终我将说明这些发现与我的研究结论并不冲突,即无论是哪种形式的多样性都有助于在司法决策过程中推动合议制的运用。

组织学方向的多样性研究得出了一个有关多样性的悖论。根据几种主要的理论,大量证据表明多样性很有可能会妨碍团队功能在组织中的发挥②。然而,信息和决策理论假定,合议庭组成上的多样性反而能使合议庭作出更好的判决,因为与多样性相伴的是技能、能力、信息和知识的增长③。因此,当多样性能带来丰富的信息和不同的视角时,它是有价值的④。但是,异质性一方面能提供不同的视角和"认知冲突",这些将有助于作出更好的判决;另一方面也会增加(法官之间的)情感冲突,这反而会妨碍团队功能的发挥⑤。

有关信息多样性和团队成员关系亲密之间关系的研究指出了另一个悖论:

> 团队的成员越是彼此亲密,他们就越不可能拥有特有的知识或者不同的观点。因此,关系亲密的团队能够在心理上有更好准备去有效地处理冲突,与关系生疏的团队相比,他们更可能避免由于知识的不对称引发的认识冲突。另一方面,关系生疏的团队可能察觉到不同的事实,并且拥有不同的视角,但他们可能因缺乏社会纽带和人际

---

① Cf. William L. Reynolds & William M. Richman,《正义和法官群体的膨胀》(Justice and More Judges),15 J. L. & Pol. 559,563(1999)(指出"由名誉扫地和精英组成的合议庭坐在一起喝着雪利酒的情形"不同于"彼此充分了解、想法相同的法官组成合议庭,由此合议庭打算实现法律的一致和稳定适用的情形")。

② See Katherine Y. Williams & Charles A. O'Reilly, Ⅲ,《组织人口学和多样性:回顾40年来研究成果》(Demography and Diversity in Organizations: A Review of 40 Years of Research),载《有关组织行为的二十项研究成果:年度分析文章和批评性评论》(20 Research in Organizational Behavior: An Annual Series of Analytical Essays and Critical Reviews) 77, 121(Barry M. Staw & L. L. Cummings eds., 1998)(回顾40年的经验研究成果,由此提出团队成员间的异质性可能导致更好的判决,但也可能增加法官之间的情感冲突)。

③ Id. at 86 - 87.

④ See id. at 87 ("研究者在很大程度上同意功能或背景方面的多样性能够拓宽知识、技能和交往的范围,而将有助于问题的解决");See also Susan Sturm & Lani Guinier,《反歧视行动的未来:挽救创新理想》(The Future of Affirmative Action: Reclaiming the Innovative Ideal), 84 Cal. L. Rev. 953,1024 (1996)(援引的研究发现,无论是在工作场所还是在陪审团,多样性都能够带来更好的决策)。

⑤ Williams & O'Reilly, supra note 87, at 90 - 121.

关系方面的知识而无法充分利用多样性带来的好处[1]。这也就意味着当某个团队是由多元的但彼此亲密的成员组成时,我们就能期待团队会有完美的表现。换句话说,如果成员之间彼此生疏,那么对这个团队来说,它就无法利用这些特有的知识和视角,即便每一位成员需要分享之。

我已经体验到多样性给合议庭判决带来的好处,具体表现在专业技能、知识和信息等方面。我很清楚当法院实行合议制,那么多样性将提高司法决策的质量。法官在职业和个人背景、专业领域和意识形态视角等方面存在的差异,能使司法评议的过程更生动、丰富和周密。在一个合议关系被充分培育的司法背景下,法官的多样性有助于合议庭针对案件作富有见地的讨论。正如我在其他地方指出的,多样性在合议环境下:

能够持续不断地从法官那里获得(案件审判)需要的信息,这些法官在从事司法职业以前就见识到了不同种类的问题,而且有时能够从不同的视角看待同一个问题。在合议制和形形色色视角的助力下,法官通过司法评议过程必然会形成更好、更细致入微的司法意见。这些意见在忠实于法治的前提下,也能推动法律随着时间的推移而获得更充分、更丰富的发展[2]。

既然能意识到多样性的重要性,也就能动摇某些司法裁判的研究者所作的一些过于简化的假定。例如,法官属于特定的政治派别,如"自由主义者"或"保守主义者"、民主党或共和党;法官被假定拥有相似的见解,对大多数实质性的法律争议也具有类似的政治偏好,由此法官被贴上政治标签[3]。这样的论断在非合议的环境下可能是准确的,因为在此环境下,法官更可能平衡他们之间的差异,而且能有效地集结成最显著的派别。在推行合议制的法院,情况正好相反。我们的法院越是尊重合议制,我看到的是无论从哪个维度看同事关系都变得更为亲密。结果是,由哪个党派的总统来任命法官变得不再重要,用于辨识法官的众多其他特征则变得引人注目。当这些多维度的多样性能够被看得见,法官就不再需要抱着敌对的状态面对彼此差异,而这种敌对状态在我在哥伦比亚特区联邦巡回上诉法院任职的早期确实存在。当法官意识到彼此都属于立体的人,而在他们观点的背后也都有各种各样的理由时,他们更可能提出和

---

① Gruenfeld et al. ,前引书,第 12 - 13 页。

② Edwards,《种族和司法制度》,supra note 6,at 329。

③ See Wald,前引书,第 252 页("法官的多样性问题被推到台面,就像不是所有美国人都是相互对立的(bipolar)。")。

考虑更多种类的法律理由,而不考虑这些理由是否与某个“自由主义的”或“保守主义的”视角有关联。

一个法院是否推行合议制会极大地影响法院的法官能否利用(法官之间的)多样性。与一个不擅长利用法官多样性的法院相比,擅长利用的法院能够产生更好的判决。我已然发现,我所在的法院越是尊重合议制,法官们也越是欣赏他们之间的差异。

因此,我是在具有差别的专业技能、经验和职业背景这个意义上谈论“多样性”的,也即多样性表明团体成员拥有独一无二的知识、信息或视角。在法院人口学意义上的多样性,例如种族、性别、年龄、社会经济和地理背景,会引发不同的问题。在司法决策过程中,法官的种族或性别如何影响合议制更难以解释①。在这些不同声音的参与下,实现和维护合议的环境变得更加容易,还是更难?

人口学意义上的多样性研究表明,在组织中,种族、种族地位和性别等多样性因素的增加会对团体功能的发挥产生消极影响,因为多样性的增加会导致刻板印象的增强、沟通更困难,更有可能引发冲突②。但是,正如之前指出的,有关多样性的研究也指出,团队的多样性使团队有机会获得多样化的信息,而这些信息可能有助于改进团队的流程③。

就我的经验而言,人口学意义上的多样性能推动合议制的进行。相关研究之所以会得出其他结论,原因在于它们没有关注司法环境,即每一位法官的身份、付出、权威和地位都平等。由于大部分联邦法官都非常聪明和学识渊博,因而在他们的任期内都不会祈求获得大家认可。实际上,我们欣赏和钦佩我们的同事在学识上的独特贡献,因为学识上的贡献才对我们的工作有利,才能为法院赢得尊重和声誉。在此背景下,我找不到任何的理由足以证明种族、性别或者民族的多样性一定具有破坏性,我也没有亲自见证过这些因素在我所在的法院成为破坏性的力量。如果存在任何影响的话,也是人口学意义上的多样性会使法庭成员之间的评议更为全面④。以我的经验,人口学意义上多样性的增加常常会使法官接受的信息更加多样化,而信息的多样性也会改善上诉法院司法决策的质量。

一方面,我相信,与仅由多样性因素组成的法院相比,推行合议制的法院将变得更

① Cf. Heather Elliott,《女性法官的不同之处:遵循先例、合议制规则和“女性主义法学”:一个研究计划》(The Difference Women Judges Makes: Stare Decisis, Norms of Collegiality, and “Feminine Jurisprudence”: A Research Proposal), 16 Wis. Women's L. J. 41,47(2001)(假定“女性法官可能更愿意接受教义的束缚”,而且更容易取得共识、更顺应合议制的要求)。

② See Williams & O'Reilly,前引书,第104-114页(研究结果表明人口学意义上的多样性会对团队功能的发挥产生消极影响)。

③ Id, at 86-87.

④ See Edwards,《种族和司法制度》,第329页(“在司法评议过程中,法官之间的种族差异能通过倾听不同种类的声音、拓宽视角的方式提升司法决策的质量。”)。

强大;另一方面,我也相信人口学意义上的多样性能推动而不是阻碍合议制的进行。为什么?法官作为一个完整的人,同样拥有多重的身份和经验。不管他们看待问题的视角有何不同,但就必须执行法律这一点而言,法官都是平等的。“一个更多样化的法院其实在提醒法官,所有视角都不可避免地存在偏袒的情况。在此条件下,法官越不可能成为各种诱惑的附庸,而这些诱惑也困扰着学者和公众,因为他们相信司法决策通常是个人意识形态的产物。”①

七、领导者的必要性

斯托特教授查阅了相应的社会科学文献,以尽她的努力去解释为何法官通常会根据法律裁判案件,即使他们没有任何外在的经济动机让他们这样做②。她指出,社会科学家已然确定在实验中若干因素导致人们趋向于合作,而不是彼此背叛或“变节”。这些因素可能帮助我们从理论上阐释法官为何会按照合议制的要求行事。第一,斯托特教授指出,人们趋向于追随他们的领导者的建议③。这一发现与我从 1994 年至 2001 年担任哥伦比亚特区联邦巡回上诉法院首席法官的经历高度吻合。

当接手哥伦比亚特区联邦巡回上诉法院首席法官一职时,我决心按照我的构想全面推进合议制,而且直截了当地说明了我的意图。当然,我的意图与我的同事愿意认同我的观点是两件不同的事情,前者无法保证后者。因此,我决定按照一个非常简单的准则来履行我的首席法官职责。首先,作为法院的行政和管理上的首脑,我清楚地表明“意识形态”不会对我的工作产生任何影响。更确切地说,我的使命就是为法庭上的每一个人提供平等的服务。我不是“自由的首席法官”,而仅仅是“首席法官”。在涉及司法行政和管理的各个方面,我都十分卖力地工作,以尽力实现哥伦比亚特区联邦巡回上诉法院的良好管理。作为法院的管理者,我开始落实我们的目标,我们亲眼见证了法院实现了一个正能量的发展。与此同时,我们获得了法官和员工的信任。我们做得越正确,就越能使其他人产生法院的工作就是“共同的事业”的想法。继而,在管理过程中,法院的声誉就变成关乎个人自尊心的事情。

这一影响正好印证了斯托特教授指出的(使人们趋向于合作的)第二个因素。斯托特教授研究发现,当“参与者拥有共同的社会认同感(即团队中的成员意识)”时,实验对象会在社会困境中选择合作④。作为首席法官,通过增强法官对法院制度的自尊

① See Edwards,《种族和司法制度》,第 329 – 30 页。

② See Stout, 前引书(验证了利他主义具有的普遍的、可预测的特征,而且社会科学研究认为利他主义是潜藏在法官行为背后的驱动力)。

③ Id. at 1615.

④ Id.

心的方式,我试图逐渐向法庭的成员灌输这样一种意识,即法官是在完成一项共同的事业。

对于司法实务,我很清楚地向每一位法官表明,我仅仅是"职权最大的"(first among equals);即我会主持合议庭会议,但在司法决策过程中我的意见不见得比其他法官的意见更重要。虽然从技术角度讲这显而易见,但我想还是有必要强调一下,毕竟我不是畏首畏尾的人。我不会战略性地调整我的意见,我只是想让我的同事知道:我不认为首席法官职位本身会赋予我的意见任何特殊的权重。

对于有争议的管理性事务,我鼓励同事们发出不同声音。例如,允许法官就有关法院的性别、种族和民族偏见的工作组报告发表独立意见[①]。这样做,反而得以消弭这份报告中的某些问题冗积之矛盾。当国会就哥伦比亚特区联邦巡回上诉法院是否需要增加法官的数量而征求我们的意见时,在国会举办的听证会上,在参议院格拉斯利面前,我和希伯曼法官共同提供咨询意见。希伯曼法官主张法院不需要增补另外的法官[②],而我则认为法院需要增补[③]。在我俩前往国会之前,希伯曼法官就和我提前沟通过,并交流了各自的意见。实际上,他利用我提供的事实性信息印证他的观点。在我看来,这就是法院理想的管理方式。在法院需要多少法官这一问题上,并不存在所谓"正确的"或"错误的"立场。因此,如果希伯曼法官和其他法官强烈主张不再需要额外增补法官,那么对我们来说,较好的处理方式是提前了解彼此的观点,这样我们就可以公开而恭敬地分享各自的看法。有意思的是,直到布什当选总统后,希伯曼法官有关增补法官的立场仍然没有改变,而我也是如此。

这些经历有助于培养法官间至关重要的信任感。这种信任也会影响我们对待决案件的讨论。我们相信每一个人都会提出正当的法律论据,而不会提出一个意识形态方面的议题。这种法官之间的信任因素已然为社会科学家所证明。研究显示,当实验对象相信同伴很有可能与之合作时,他们更趋向于合作[④]。类似地,当我向法院的同事证明,他们可以相信我不会将行政权力用于党派性的或有争议的目的,他们会作出同样的回应。

在法官角色之外,我也尽全力将同事组织起来。我会记得他们的生日,还会向他们赠送小礼物。(我第一次这样做的时候,我的同事显然很震惊,他甚至问我为何要在

① D. C. Circuit Task Force on Gender, Race & Ethnic Bias, The Gender, Race, and Ethnic Bias Task Force Project in the D. C. Circuit (1995)(由作者提供文本)。

② Conserving Judicial Resources: The Caseload of the U. S. Court of Appeals for the District of Columbia Circuit and the Appropriate Allocation of Judgeships: Hearings Before the Subcomm. on Admin. Oversight & the Courts of the S. Comm. on the Judiciary, 104th Cong. 25 - 27(1995)(美国哥伦比亚特区联邦巡回上诉法院法官希伯曼的陈述)。

③ Id. at 7 - 10(美国哥伦比亚特区联邦巡回上诉法院首席法官哈里·T. 爱德华兹的陈述)。

④ Stout, 前引书,第1616页。

他生日那天送他礼物。）我会为同事安排非公开的午餐会，我们会从其他领域邀请一些引人注目的公众人物，像上将鲍威尔（在他成为国务卿以前）、华盛顿红人队的所有人丹尼尔·斯奈德、华盛顿奇才队的所有人亚伯·波林、伽利略餐厅的大厨罗伯托·唐纳、新闻评论人戴维·布尔克莱、国家艺术总监厄尔·鲍威尔，诸如此类。而且，在每一个开庭期，所有法官及其配偶都会参加一个节日性的私人晚宴；在晚宴过程中，我们会大声谈话，还会拿这一年中发生的一些窘迫的事情开玩笑。

同样，这种相互合作的效果已为社会科学家所证明。不出乎意料的是，研究显示，在社交游戏的情境下，允许实验对象相互之间的沟通会促使他们选择合作①。这一说法是成立的，"即便实验对象不允许就游戏本身进行讨论"②。类似的，如果法官在法庭和会议室之外有机会相互交流，那么他们在司法审判过程中就会更尊重合议制。

毫无疑问，在我看来，一个法院必须有这样一位领导者，他尊重合议制，还会为了增强法院的合议环境而采取措施扶持合议制③。然而，难以确定的是，哪些个人特质有助于催生一个强大而实在的领导者。幸运的是，对我来说，不带有任何"讨好"法院同事的私人目的去讨论这一主题并无任何压力，因为在我任职的法院之外，在联邦司法系统中有许多杰出的领导者。其中显著的代表，就是第三巡回上诉法院首席法官爱德华兹·贝克尔。当首席法官贝克尔被推荐参评戴维特联邦法院奖***时，在他同事撰写的推荐信中就有关于贝克尔在其任职的法院推行合议制的论述②。他的同事赞誉贝克尔"颁布了一系列的改革措施，这些措施使得第三巡回上诉法院的所有法官严格按照合议制的规则行事"③。在授予首席法官贝尔克以戴维特联邦法院奖时，评选委员会称赞贝尔克的所作所为能"强化合议制在司法系统中的纽带作用"④。首席法官贝克尔的领导能力是显而易见的：他积极主动、有远见、孜孜不倦、忠诚、果断，富有创造性。

---

① Stout，前引书，第 1615 – 1616 页。

② Id.

③ Cf. Lawrence S. Wrightsman，《司法决策：与心理学是否相关？》（Judicial Decision Making：Is Psychology Relevant?）85 – 87（1999）（讨论了首席法官作为一个领导者所需具备的"理想品格"：有意愿也有能力独立工作、智识上的能力、合理分配司法意见的撰写任务、有效的管理能力、体谅他人、发展和维持一个尊重合议制的环境、协调的精神）。关于首席法官如何在巡回法院内部分配工作的深刻分析，see Howard，前引书，第 222 – 258 页。

*** 戴维特联邦法院奖（Devitt Distinguished Service to Justice Award），是美国联邦法院系统的"诺贝尔奖"。该奖由德怀特·奥普曼于 1982 年创设，用于表彰对美国司法作出杰出贡献的联邦法官。之所以命名为戴维特联邦法院奖，是为了纪念美国明尼苏达州联邦地区法院前首席法官爱德华兹·戴维特。——译者注。

② See Letter from The Honorable Leonard I. Garth，Individually and on Behalf of the Unanimous Members of the Third Circuit Court of Appeals，to the Devitt Selection Panel，Devitt Distinguished Service to Justice Award（Nov. 9，2001）（由作者提供文本）（细致描述了首席法官贝克尔在法院工作上所取得的许多贡献，这些贡献使得其有资格获得该奖项）。

③ Id. at 4.

④ Press Release，American Judicature Society，Edward R. Becker Chosen as Recipient of 20th Annual Devitt Award（May 2002）（由作者提供文本）。

他积极地试图了解同事们的需求,顾及他们的忧虑,还给予他们必要的支持。他直面和设法直接解决遇到的问题,真诚地处理人际关系。他很认真,甚至认真得过火,但认真本身从来没有错。他对所需管理的事项了如指掌,包括所有法官和行政人员。他既充满活力,又富有责任心和智慧。最重要的是,他从来不利用权力为己谋利,而是全身心投入到司法事业中。当他获得一个如何使法院的管理更有效的建议后,他很乐意采纳这个设想,还会充满激情地直接与同事进行讨论,倾听看法,由此共同推动建议的实现。

之所以首席法官贝克尔被评论员称为"完美法官",是因为他的所作所为展现了"何为有效而人性化的制度结构和安排"①。他俨然成为理想中优秀而实在的领导者的典范,他使我们相信"现代司法寄望于法官将利他主义作为裁判宗旨"②。

八、简述其他影响合议制的因素

值得注意的是,除了以上我讨论的问题外,还有一些其他的因素会影响司法合议制的运行。第一个这样的因素是法院的规模③。面对待处理案件数量的增长④,随着法官人数的增加,合议制的作用是否也会随之而被削弱?⑤ 许多法官确信,合议制能够促使法院作出更好的判决,与此同时,法院的规模越小,合议制的作用也越明显。我同

① Stephen Burbank, Remarks at the 20th Annual Edward J. Devitt Distinguished Service to Justice Award Ceremony (Sept. 30,2002)(由作者提供副本)。

② Stout,前引书,第1609页(强调的部分被省略)。

③ 有关合议制与联邦司法系统规模的扩张的讨论,see Frank M. Coffin,《压力之下的仁慈:呼吁司法仁慈》(Grace Under Pressure: A Call for Judicial Self-Help),50 Ohio St. L. J. 399, 401; Ginsburg & Falk,前引书,第1017-18页; Reynolds & Richman,前引书,第563页; William L. Reynolds & William M. Richman,《泰坦尼克号上的躺椅研究》(Studying Deck Chairs on the Titanic),81 Cornell L. Rev. 1290, 1296 (1996); William M. Richman,《为何要更多地记录联邦法官》(An Argument on the Record for More Federal Judgeships), 1 J. App. Prac. & Process 37, 45-46 (1999); Richman & Reynolds,前引书,第323-325页; Symposium,《联邦法院的未来》(The Future of the Federal Courts), 46 Am. U. L. Rev. 263, 270, 284 (1996); Carl Tobias,《新法令和对上诉法院的全国性研究》(The New Certiorari and a National Study of the Appeals Courts), 81 Cornell L. Rev. 1264, 1275 (1996); Wilkinson, 前引书,第1173页。有关合议制和联邦第九巡回上诉法院规模的扩张所引发的问题的讨论,see Procter Hug, Jr. & Carl Tobias,《对联邦第九巡回上诉法院最好的方法》(A Preferable Approach for the Ninth Circuit), 88 Cal. L. Rev. 1657, 1670 (2000); Robert C. Mueller,《寻找法院工作制度》(Finding a System of Courts that Work), 45 Fed. Law. 2,3 (1998); O'scannlain,前引书, 第315-316页;Jenifer E. Spreng,《冰箱来了:前书记员对联邦第九巡回上诉法院分裂说的看法》(The Icebox Cometh: A Former Clerk's View of the Proposed Ninth Circuit Split),73 Wash. L. Rev. 875, 912-913 (1998);Symposium,前引书,第285页,第320-321页。

④ See Richard A. Posner,《联邦法院:挑战与改革》(The Federal Courts: Challenge and Reform) 60-64 (1996)(详述了在联邦法院系统立案数量和待决案件数量的增长)。

⑤ See, e. g. , Carl Tobias,《为何议会不该分裂联邦第九巡回上诉法院》(Why Congress Should Not Split the Ninth Circuit), 50 SMU L. Rev. 583, 597 (1997)(指出"在某种程度上法院的规模越小,合议制的实现程度越高")。但是参见 Richman,《为何要更多地记录联邦法官》,前引书,第,45页(指出合议制与法院的规模无关)。

意这样的看法。任命更多的法官来解决越来越多的待决案件,的确意味着需要耗费实质性成本①。第四巡回上诉法院首席法官威尔金森就指出:

相比与那些淹没于众人之中的法官交流而言,他与同事之间的互动更使其受益,毕竟他们朝夕与共,日日相对。总的来说,规模较小的法院促使法官更多实质性地投资于人际关系的处理和对不同观点的相互尊重,而这些恰恰构成了上诉法院的核心关切②。

按照常情,法院的规模越大,法官坐在一起相互沟通的机会就越少③。我总是相信,相比20位或30位法官组成的法院,由12位法官组成的法院更容易贯彻合议制。法院的规模越小,法官越容易相互了解和相互熟悉。团队的规模越小,潜在的相互之间的交流也就越有效,也就更可能实现紧密而持续的合作④。

就像哥伦比亚特区联邦巡回上诉法院和联邦巡回法院(即第十三巡回上诉法院)那样,将所有巡回上诉法院的办公室置于同一座大楼内(对培养法官间的感情)会有极大帮助⑤。除了听证会、讨论会等场合,悠闲地面对面沟通交流会产生不同影响,尤其是当首席法官会尽力倾听、理解和处理他或她的同事的需求时。

一个规模较大或跨区域的法院的潜在负面影响,在先进的电子通讯系统的帮助下可能得到某种程度的缓解。哥伦比亚特区联邦巡回上诉法院在技术领域的革新,也使合议制的普及程度得以提升。自动化技术领域的进步,使所有法官、法官助理、秘书、管理人员、工作人员可以捆绑在一起。我们通常通过电子邮件交换信息。我们会使用因特网和局域网,由此每一规则、程序、重要事情、委员会、计划中的安排、意见等都可以被传递。当在一个开庭期我们受理超过1000项诉讼请求时,我们有一个应用程序

---

① See Harry T. Edwards,《不断上升的工作负荷和联邦法院的“官僚制”:一种为了寻求补救措施的基于因果关系的研究方法》(The Rising Work Load and Perceived “Bureaucracy” of the Federal Courts: A Causation - Based Approach to the Research for Appropriate Remedies), 68 Iowa L. Rev. 871, 918 - 919 (1983)(主张随着联邦法官数量的增加,法院越难吸引到优秀的法官,而且还会对“巡回上诉法院的管理和合议制的推行”产生消极影响)。

② Wilkinson, 前引书,第1173 - 1174页。

③ See Ginsburg & Falk, 前引书,第1018页(“随着法院规模的扩张,个体的法官实现联合的可能性在降低,法官之间的相互信任程度也会有所降低。”)。

④ 在联邦法院系统有很多我尊敬的法官同事,尤其是在联邦第九巡回上诉法院,尽管他们可能并不同意我的论断,因为他们不认为法院的规模会损害合议制的推进。

⑤ See A. Leo Levin,《规模较小法院的教训,对规模较大法院的警示》(Lessons for Smaller Circuits, Caution for Larger Ones),载《重建正义:联邦第九巡回上诉法院的创新和联邦法院的未来》(Restructuring Justice: The Innovations of the Ninth Circuit and the Future of the Federal Courts)331,335 - 336 (Arthur D. Hellman ed. ,1990)(讨论了合议制的推行所要耗费的成本);Tacha,《21世纪的联邦法院》,前引书,第19页(担心区域上的分割会影响上诉法院法官之间合议关系的形成)。

被称为"团队聊天系统"(之后变成"网络投票"),借此法官可以进行电子投票。在法院大楼内,我们还会使用一个即时通讯系统。这个程序允许法官在口头辩论期间,与其他法官和法官助理之间实现电子化交流。在口头辩论期间,我们能通过因特网查找需要的案例。通过使用手持通讯装置和远程访问法院的计算机网络,即便法官离开法院大楼,他们仍然可以继续工作。

所有这种发展都有助于法官之间合议关系和合作关系的培养①。除了使法院运行更有效外(这本身就足以构成推行电子化的理由),对法院进行技术化改造能加强法官之间的人际互动和司法评议的功效。总的说来,通过电子邮件,法官之间有更多机会进行全面交流。我们很容易了解同事对案件的最新看法,并有更多机会去讨论案件。由于现在可以通过简短的电子邮件沟通我们各自的关注点,并且可以及时得到回应,而不再需要通过面对面的会议,因而经过再三思量我们可以注意到一些值得关注的要点和细节。借助于技术,司法评议的质量得以提高,因为它为我们提供了更频繁而有效的"交流"机会。正是因为法官之间的有效沟通减少了被误解的可能性,而这种误解恰恰会引发其他问题,所以在案件审理过程中只有很少问题没有被关注到。

无论通过积极的还是消极的方式,法官助理也能推进法官之间的合议。由于了解法官之间争论的内情,尤其是在阅读和评估其他法官意见的背景下,法官助理可以帮助法官更好地理解同事的意见,促使法官发现达成共识的方法,使法官之间的交流更有效。但如果一个法院深陷意识形态领域的分化,那么当对法律持有高度意识形态立场的法官助理参与其中时,反而会使法官之间的交流陷入两极分化的困境②。与此同时,法官会变得沉醉于他们的一亩三分地,法官助理和工作人员有时会暗中无意识地助推司法狭隘(judicial insularity)③。然而,说到底,法官助理紧随法官的领导。如果法院变得过度政治化或者法官过于狭隘,那是因为法官之间缺乏合议制,而不能归咎于

① See Circuit Chief: How the Court Really Works, Legaltimes. com(Oct. 27,1999), available at http://www.cadc. uscourts. gov/common/suite/chambers/hte/legaltm. pdf(讨论了法官如何受益于技术的进步);cf. Henry H. Perritt, Jr. & Ronald H. Staudt,《1%的解决办法:美国法官必须迈入互联网时代》(The 1% Solution: American Judges Must Enter the Internet Age), 2 J. App. Prac. & Process 463,469 (2000)(讨论了法官的合作与因特网的使用之间的关系). But cf. Murphy,前引书,第455页(探讨了"技术与合议制之间的紧张关系")。

② See Edwards,《司法功能与原则性决策中难以实现的目标》,第855页(指出,"目前,并不难察觉一些法官助理,他们就像保守派法官和自由派法官一样,过分热衷于支持其所偏好的意识形态立场");J. Daniel Mahoney,《法官助理:为了更好还是更糟?》(Law Clerks: For Better or for Worse?), 54 Brook. L. Rev. 321, 338 n.70(1988)("年轻的、任性的法官助理不可能像法官那样意愿作出妥协……")。

③ See Cohen, 前引书,第13页(主张"随着司法人员数量的增长,法官之间的关系会变得陌生");cf. Edwards, 前引书,第407页["习惯和乐于倾听的观众(而且往往是囚徒)说话,使法官可能对自己观点的准确性产生过度自信。"]。

法官助理。

接下来是作为未知数的独特个性。我时常想知道,从过去与现代两相对照的维度看,我任职的法院在合议制问题上有多少变化是由法官的个性导致。众所周知,在哥伦比亚特区联邦巡回上诉法院不执行合议制的那段时间,一些法官的确表现出非常强烈的个性和强硬的观点①。但是,即便到现在,该法院法官的个性还远称不上温顺,因此我尚无法判断法官的个性究竟会产生怎样的影响。可能过去的种种,不过是多种不利因素共同作用的产物。仅靠一个法官可能无法破坏合议制在法院的推行,因为法官团队可以通过多种方式将这位法官顺利地纳入制度规范的框架内。但在一些不肯妥协的法官个性的共同作用下,可能使法院偏离它承载的使命。

最后,公众监督的作用不容忽视。当法官候选人的政治观点在众目睽睽之下接受审查时,受意识形态驱动的法院形象就会重新浮出水面。在哥伦比亚特区联邦巡回上诉法院任职的早期,我亲眼见证了意识形态如何控制和有效地破坏合议制的推行,因为(法官候选人)的确认程序会"催生"意识形态方面的义务。换句话说,如果法院忠于某政党,而即将上任的法官又正是该政党任命,那么该法官就会本能地与该法院中具有同样明显倾向性的法官(或保守或自由)戮力同心。更糟糕的是,当法官经历了一场意识形态分化严重的确认程序的考验时,获得任命的法官可能会仇恨那个仅因意识形态立场不同而试图阻碍任命通过的政党。最近有一个评论员指出:"当确认下级法院的法官候选人也需要按照确认最高法院法官候选人那样接受严格的确认听证时,参议院"可能会助推产生这样一种法官:

> 被确认程序中的种种考验所损害和激怒,以至于法庭变得激进,即斥责反对者、赞赏支持者。简言之,如果扩大下级法院法官确认程序的利害关系,那么双方的利益集团可能被鼓励去任命那些愿意实现利益最大化的法官②。

聚焦于法官候选人的意识形态立场会损害合议制,倘若这一聚焦本身会产生一种自我实现的预言(a self - fulfilling prophecy):

> 如果越是根据"政治性"(后果导向)司法决策对法官进行评估,那么聚焦本身就

① See Jeffrey Rosen,《法官的阻力》(Obstruction of Judges),N. Y. Times Magazine, Aug. 11, 2002, at 38, 41("无论是自由派法官,还是保守派法官,都视对方为死敌。无论哪一派,都有一些法官拥有强烈的意识形态目的和攻击性人格,两者的碰面势必导致他们常常对敏感的问题发生争论。")。

② Id. at 40。

越有可能演变为一种自我实现的预言。即便法官有可能抵制住听从错误见解的诱惑，按照政治术语对法官的表现进行持续的评估会产生一种"新的事实"，即大多数人会逐渐相信司法职能仅仅是政治交易而已。在此情况下，无论法官的出发点多么好，如果他们秉持崇高却时常相互冲突的目标，法官群体也将无力担负起作为社会中立裁判者的使命，而且人们对法官的评价也会变得极低①。

对一个崇尚合议制的法院来说，幸运的事莫过于新法官能在入职后迅速地找到他们的裁判方法。对一个真正推行合议制的法院来说，清楚无误地了解法律是其使命所在。一个奉行合议制的法院的新成员很快会意识到，他们不曾被激励去追求符合他们个人旨趣的意识形态方面的目标。而且，一个新入职的法官没有真正的地位或权威去废除合议制规范。没过多久，在一个真正推行合议制的法院任职的法官就能理解，作为司法机构的重要组成部分，所有法官对于清楚无误地了解法律具有共同的利益关切。正因为如此，在一个礼貌而又相互尊重的氛围下，我们愿意倾听、说服和被说服。

九、法官对于合议制的看法

前述讨论清晰地显示，合议制会以某些重要的方式影响司法决策，而且法官也会受到合议制的束缚。然而，法官如何看待合议制则不甚明了。同时，我们很难判断法官在履行其司法职责的过程中，是否以及如何视合议制为一项原则。有趣的是，除了法官对这一主题的论述之外，还有很多实例可以证明法官依赖于"合议制"来支持他们的司法意见。这些司法意见提供了一些法官如何看待合议制的线索。

我很惊讶地发现，在1987年，我在 *Bartlett v. Bowen* 的附随意见中援引了合议制原则②。援引合议制原则的目的在于反对一个全体法官复审(rehear en banc)的诉求，同时回应那些支持全体法官复审的异议意见的观点。我在附随意见中写道，异

---

① Edwards，《司法功能与原则性决策中难以实现的目标》，前引书，第838－839页，哥伦比亚特区联邦巡回上诉法院前法官肯·斯塔指出，良好裁判的标志之一就是法官在投票时不忠于任命其担任法官的政党：

在我担任上诉法院法官的早期，由卡特总统任命的更资深的法官哈里·爱德华兹就提醒我："肯，你知道，只有依据你的良心而不是支持担任法官的人们的意见时，你才是一名真正的法官。"这毋庸置疑。当法官公正地投票反对曾支持其当上法官的朋友时，法官才真正是公正和不偏私的人，这也是真正可敬的法官应当具备的品性。

Kenneth W. Starr，《平等者中的首席：美国人生活中的最高法院》(First Among Equals: The Supreme Court in American Life)52－53(2002)。

② 824F. 2d 1240，1243－1244(D. C. Cir. 1987)(Edwards, J., Concurring)。在 Bartlett 案中，哥伦比亚特区联邦巡回上诉法院决定准予全体法官复审此案，然后重新审议这个决定，最后拒绝复审。Id. at 1240.

议意见极力主张的用来判断何时应当由全体法官复审案件的“明显错误”(clearly wrong)或“高度怀疑”(highly dubious)标准,是“一个自我服务的、后果导向的标准”[①],这样做:

> 实质上违背了对于司法决策来说不可或缺的合议制要求。如果每一位持异议意见的法官仅仅是为了维护自身立场,感觉有必要游说他或她的同事来进行全体法官复审该案,那么合议制就名存实亡了。政治性游说将取代法官之间深思熟虑的对话,而这样的对话恰恰以每一位法官对法官群体的尊重为前提。而且,这种游说活动将会损害合议庭法官之间的一体性,因为每一位法官都有能力去理解法律,而且都会谨记维护法律的誓言[②]。

事实上,在 *Bartlett v. Bowen* 案中发表的附随意见是我唯一一次在司法意见中讨论合议制;具有讽刺意味的是,尽管我那样做了,但那时的哥伦比亚特区联邦巡回上诉法院并不像现在这样推行合议制,好在在这份直截了当的司法意见中合议制的价值得以明示。这份司法意见恰恰能够成为我希望在法院推行合议制的证明,尽管那时哥伦比亚特区联邦巡回上诉法院还深陷意识形态分化的漩涡之中。在最糟糕的时候,也即合议制不被遵循的环境下,全体法官复审的案件以灾难性的司法决策(意识形态分化和结果导向)为结局。全体法官复审案件的比例之高,恰恰表明合议制没有发挥作用。而且,正如我的同行首席法官金斯伯格指出的那样,这样(全体法官复审案件比例高)会对合议制的施行构成威胁[③]。这表明而且会加深法院对于合议庭工作的不信任[④]。然而,如果全然不使用全体法官复审机制,也会对合议制造成伤害,因为这样的话,合议庭相对于法院其他成员来说就过于独立了[⑤]。在一个推行合议制的法院,法院对合议庭做好其分内工作有信心,而且全体法官复审案件机制会迫使合议庭向整个法院负责。

我不是唯一的在司法意见中援引合议制的法官。在联邦巡回法院负责审理的形

---

① Id. at 1242.

② Id. at 1243 - 1244(强调原创)。

③ See Ginsburg & Falk, 前引书,第 1021 页(主张全体法官复审案件的比例越高,合议庭就越不需要对法庭的其他成员负责,因为频繁的全体法官复审会削弱合议庭判决所蕴含的终局性假定)。

④ See id。(指出频繁的全体法官复审案件会促使合议庭选择冒险性的立场,因为它们知道复审法院会推翻这个决定)。首席法官金斯伯格将在过去 10 年里哥伦比亚特区联邦巡回上诉法院全体法官复审案件数量的减少部分归因于法官变得越来“尊重合议制,也就是说,尽管拥有不同观点,但法官们都对彼此的真诚和能力有信心,而且会遵从合议庭的审判,因为他们没有参与审理”。Ginsburg & Boynton,前引书,第 260 页。

⑤ Ginsburg & Falk,前引书,第 1021 页。

形色色的案件中,合议制在许多司法意见的法律推理部分得到明确体现。例如,法官援引合议制来支持其遵循巡回法院先例和遵循先例原则的做法①。法官会将合议制与一个法院的惯例和实践联系起来②。法官利用合议制去解释为何法院为了维护集体的权威,会拒绝在司法决策过程中引入在裁判结果的意义上并非必要的异议意见③。在缺乏合议庭评议的情况下,法官明确表达不愿去裁判任何事情④。法官会利用合议制

---

① See, e. g. , United States v. McFarland, 264 F. 3d 557, 559(5th Cir. 2001)(德莫斯法官的附随意见)("法治秩序和法院内推行合议制的考量要求我们遵循巡回法院的先例……");Harter v. Vernon, 101 F. 3d 334, 343 (4th Cir. 1996)(勒特赫法官的异议意见)(指出如果一个合议庭能够"不受基于遵循先例原则、法院内部纪律和合议制观念产生的责任意识的拘束"而推翻在先合议庭的判决,那么这个合议庭就能"践踏先例,撤销那些对于法治和法院的管理秩序来说很重要的规则");Fine v. Bellefonte Underwrites Ins. Co. , 758 F. 2D 50, 51 (2D Cir. 1985)(卡达蒙法官)(指出为了挽救一个所谓的错误而推翻之前合议庭的判决,很可能"会损害法官之间的合议,而合议本身对制度的完整性来说很重要"); cf. Nat'l Patent Dev. Corp. v. T. J. Smith & Nephew, Ltd. ,865 F. 2d 353, 359(D. C. Cir. 1989)(金斯伯格法官的附随意见)("我确信所有的巡回法院,在充分反思和不削弱合议制的拘束效力的前提下,都要推翻由内蒂哈特所设计的处理方法。")。

② 例如,就有一位法官宣称:

这是一个尊崇合议制和公正的法院。我们一起工作,而且也毫无例外地喜欢这样的制度。即便案件已经审结,我们仍然会保持这一传统。然而,正如科津斯基法官指出的那样,不允许(合议庭审理之后)提出全体法官复审此案的申请有悖我们的惯例和实践,也是异常和特别的。

Thompson v. Calderon,120 F. 3d 1045,1060(9th Cir. 1997)(莱因哈特法官的附随意见)。

③ 在处理一个涉及1964年《民权法案》第七条的争议时,克莱因菲尔德法官解释道:

对于我们来说,最好不要追问第7条在本案中是否适用……如此这般会损害合议制。所谓"合议制",按照词典的解释,就是指"在同事之间分享权力",因此就需要把我们个人的声音融入到法院的声音之中。一位上诉法院的法官应当尽可能集体发声。

Ass'n of Mexican - Am. Educators v. California, 231 F. 3d 572, 601(9th Cir. 2000)(克莱因菲尔德法官的部分赞同、部分异议的司法意见)(引用被省略)。在不同的情形下,第十一巡回上诉法院的法官罗尼指出:

基于法院的效率和合议制的双重考虑,当法官的不同意见与实质性权利相关联时,如果合议庭选择撤销所有在先的司法意见,即便这些意见与原告所主张的宪法性权利相关,那么(合议庭)所产生的司法意见也无法成为先例。

Spivey v. Elliott, 41 F. 3d 1497, 1499(11th Cir. 1995).

④ See United States v. Baldwin,60 F. 3d 363, 368 (7th Cir. 1995)(里普尔法官反对全体法官复审此案的异议意见)("的确,让人遗憾的是,这个法院的很多法官相信,鉴于此案的重要性,无论是在口头辩论阶段律师之间的争论,还是法官在会议室所作的合议讨论,都不能成为审理此案的恰当程序。");Wells ex rel. Kehne v. Arave, 18 F. 3d 658, 661 (9th Cir. 1994)(莱因哈特的异议意见)["在没有听取口头辩论,甚至在没有通过合议的方式讨论此案的情况下,联邦第九巡回上诉法院的全体法官在四个小时不到的时间内就作出了不予延期的决定。毫无疑问,这样做就难以施展宪法和联邦法所赋予法官的唯一重要职责。"(强调部分被省略)];United States v. Salinas - Garza, 811 F. 2d 272, 273 (5th Cir. 1987)(引用法官判词)("正式商谈机制为合议庭的成员提供了一个在合议氛围下充分讨论案件的机会……");Glass v. Blackburn, 767 F. 2d 123, 124 (5th Cir. 1985)(引用法官判词)(指出"在判决作出之前,此案涉及的其他争议还要额外加以评估与合议评议");Cleburne Living Ctr. , Inc. v. City of Cleburne, 735 F. 2d 832, 834 (5th Cir. 1984)(希金博特姆法官就异议意见所发表的附随意见)("在没有口头辩论和合议努力的情况下,没有必要作出最终判决,而且我也不会这么做。");United States v. Glover, 731 F. 2d 41, 48(D. C. Cir. 1984)(米克瓦法官的异议意见)("在一个通常由不同背景法官组成的上诉法院中,在司法决策程序中并没有融合传统合议制这个因素。")。

去证明遵循同级法院的先例去裁判的正当性[1]。而且,法官还会援引合议制,以个人攻击的方式,斥责他们的同事允许就法律的适用提出异议意见[2]。

当法官在司法意见中援引合议制的方式多种多样时,一个新的、具有说服力的趋势被呈现出来。第一,合议制往往与其他的法治原则相关联,例如遵循前例、遵循先例和法院惯例。第二,即使没有借助于集体评议和合意,合议制本身能够对独任法官的司法裁判产生拘束效应。第三,有时合议制还可以被用来批评同事没有遵照合议制的要求行事,即行为是否与惯例、先例、合意义务或者职业精神相违背。显然,法官将合议制视为制度性的、符合法治理念的规范。有这样一种可能性,即被其他法官认为违背合议制的要求而行事的风险可以约束法官,促使他们更多地按照制度性、符合法治理念的规范行事。制度性思维不仅是一个人的思维状态,即只体现法官个人的裁判动机;制度主义能以期望的方式被强制执行,即每一位法官会以身作则、尊重法治和尊重职业规范。因此,合议制能够作为一个"雨伞概念"和警示语,通过它能显现出那些值得引起注意的裁判规范。

十、合议制有助于增进司法权威、司法克制、原则性决策和更好地决策

当学者和其他评论员评价上诉法院的司法决策时,他们经常忽视这样一个事实,即共享权威是司法职权的重要组成部分。因此,即便是在最糟糕时,上诉法院还是需要按照合议规则履行职责,因为法官必须在他们的工作中服从"共享权威"[3]。

虽然合议庭由三位法官组成,但只能产生一个案件的处理方案。无论观点有怎样的差异,他们都需要将这些观点整合成一个共同的意见。这是绝无选择的。这体现了法定权力的形式要求。一位巡回法院的法官没有任何个人权力可言。他或她的权力仅仅表现在加入合议庭,并形成一个合议意见。如果一位上诉法院的法官并不试图说服另一位法官,或者至少同意另一位法官的意见,那么他或她的观点根本不会成为法

① See Caldwell v. Amend,30 F.3d 1199,1201(9th Cir.1994)(乔伊法官)(联邦第九巡回上诉法院为了扩展第三巡回法院对向法院申请人身保护令所设置的例外情形,乔伊法官在司法意见中援引了"合议背景"这一术语)。

② See, e.g., Memphis Planned Parenthood,Inc. v. Sundquist,1984, F. 3d 600, 608 (6th Cir.1999)(巴徊尔德反对全体法官复审此案的附随意见)("当法官被公开指责损害法院的一体性时,反而会强化持异议意见的法官的私人目的;但是合议制、合作和法院的裁判程序不会产生这样的作用。")。

③ 这是一个非常简单的概念,所谓"合议制",是指"法官同事之间共享权力"。《美国文化遗产词典》(The American Heritage Dictionary) 291(2d college ed. 1982)。合议制还被定义为"由每一位法官同事所分享的集体责任"。《兰登社大学词典》(The Random House College Dictionary) 264(rev. ed. 1980)。

律。合议庭成员观点之间的重合区域,才有可能成为法院的判决理由。因此,巡回法院的法律权力以司法合意为运行基础。

由于寻找共同基础是运行法律权力的前提条件,因而法官必须致力于建立同事之间的信任与相互尊重。合议庭的法官不能因为知识路径不同就轻易地选择分道扬镳,因为他们共同受法官职业特性的拘束①。他们确实被合意义务所拘束②。他们必须寻找到个案裁判的共同基础,并努力维护它,直到他们在合议庭会议上达成初步的共识,并将共识转化为书面文字。

在这一问题上,卡多佐法官的观点可能是错的,因为他认为在司法决策过程中,"摩擦"是持"不同意见"的法官能共同寻找到"真相和秩序"的原因③。然而,他的判断可能又是正确的,因为他表达的隐含意思是,法官之间共事的时间越长久,他们就越是能够将司法判决需要产生集体合意的需求内化为自己的行为准则,进而变得越成熟和冷静理智。在性格上,他们更能适应新情况,愿意被说服,而且更不容易变得顽固不化。他们也会注意到不同观点具有的偏好④。换句话说,除了加入合议庭进行审判之外,就像其他专业人士一样,法官也会不断革新他们的思维能力⑤,而且我们还会深受资历较深的法官的智慧和洞见的启发。在见证了哥伦比亚特区联邦巡回上诉法院多年的发展之后,我真正领会到了合议制具有的调节功能;这个功能并不仅局限于合议庭的决策过程,还作用于法官自身,以致法官变得越来越有经验,他或她也产生了自觉受合议制拘束的心理习惯⑥。

我最直白的观点就是,当合议制渗透到司法决策过程之中时,法官决策的质量得到提升。我认为,存在一些定性指标表明合议制的确能促使法院作出更好的判决。第

① Compare Charles Fried,《学者与法官:理智与权力》(Scholars and Judges: Reason and Power), 23 Harv. J. L. & Pub. Poly 807, 826 - 829 (2000)(说明了在司法裁判过程中,合议制有助于形成多数意见,同时赋予司法意见以权威;在学理上,合议制就是源自于持有相似技术的裁判者的共同努力),with Ginsburg & Falk, supra note 10, at 1017(指出与行使法律权力依赖于说服同事的法官相比,法律学者之间缺乏合作或者同行审查,同时也不愿意去评价同行的意见)。

② See Howard,前引书,第189页("集体决策机制成为约束巡回法院法官个人享有的自由裁量权的主要潜在途径");Fried,前引书,第828 - 829页(主张合议制具有的"同行业的、连续性"特征有助于约束司法决策);Patricia M. Wald,《结果的修辞和修辞的结果:司法意见撰写》(The Rhetoric of Results and the Results of Rhetoric: Judicial Writings),62 U. Chi. L. Rev. 1371,1377(1995)(指出"合意对司法意见撰写者的言说内容和方式构成强大的约束")。

③ Cardozo, 前引书,第176 - 177页。

④ See Edwards,《种族和司法制度》,第329 - 330页(发现"所有的视角不可避免地存在偏好")。

⑤ 我的观点的发展轨迹,See Brian C. Murchison,《法律、信仰和教养:爱德华兹法官所接受的教育》(Law, Belief, and Bildung: The Education of Harry Edwards),29 Hofstra L. Rev. 127(2000)。

⑥ See Edwards,《哥伦比亚特区联邦巡回上诉法院的合议制与司法决策》,第1358页(主张合议制能够对法官的投票行为产生调节作用)。

一,如果正如我主张的,合议制具有革除政治观点和意识形态决定论的功能,那么按照法治的标准,合议决策的结果必然更出色。这些决策不太可能受到法官个人意识形态方面偏好的影响。法官更可能只关注那些能够正当地影响司法决策的因素,比如实在法、先例、案件的记录和当事人之间的论辩内容。第二,由于合议制鼓励聪明人将其知晓的一切贡献给司法评议过程,合议制环境下的司法决策将始终如一地受益于在庭审过程中涌现的诸多专业知识、经验、智能和不同视角。正是因为合议制,司法评议的过程将变得更深刻和全面,那么最后的判决也将是缜密的、富有挑战性的、充分的讨论产生的结果。第三,当合议制有助于推动更全面的司法评议时,合议庭的法官也就越能在每一个案件中寻找到正确答案。只要法官(按照合议制的要求)谨慎行事,那么无论是"简易案件",还是"疑难案件",上诉法院负责审理的大部分案件都能获得一个更好的解决方案①。只有那些占极小比例的"极疑难案件",上诉法院才无法发现"正确"答案②。合议制有助于防止法官在遭遇疑难案件时不知所措,同时也能产生寻找正确答案的程序。

简言之,在合议环境下,无论是法官还是他们作出的司法判决,都会变得更"客观"。我不是在最字面的意义上使用客观一词,相反的,是在自然科学的意义上使用这个术语。正如特拉维克在其对物理学家所作的人类学研究中指出的,尽管在科学领域"纯粹的客观性被默认为不可能,但所犯的错误能够被预判和最小化。借助的方法就是同行评议或集体监测,最终的秩序实现程度取决于人类制度"③。法官同样也是如此。

---

① See Edwards, 前引书,第 389 - 403 页(将案件的类型归纳为"简单"、"疑难"或"极疑难",而且描述法官如何裁判案件)。

② 法官不要忘记,当待决案件的司法裁判牵涉有争议的制定法条款的解释时,存在这样一个保障机制:当议会不同意法院的解释时,议会可以撤销或者修改有问题的条款。参见例如,Spencer v. NLRB, 712 F.2d 539(D.C. Cir. 1983)(Edwards, J.),即发生了制定法取代判例的情形。议会采取的行动并不必然是判断法院的裁判"正确"或"错误"的标准。但有一点是确定的,那就是涉案的立法者目的是有争议的(这是上诉法院时常遭遇的情形),议会可以通过修正制定法的方式收回之前的决定。在一些"疑难"案件中,在大部分"极疑难"案件中,合议制无法确保产生一个"正确"答案,因为唯一正确的答案可能并不存在。但在合议制的帮助下,法院可以形成一个深思熟虑的意见,而且这个意见还会提醒议会进一步反思其立法目的。的确,哥伦比亚特区巡回上诉法院提供了这样一个程序机制,借此议会可以知晓涉及有问题的制定法条款的裁判,由此该条款能够得到有效修正。See generally Robert A. Katzmann & Stephanie M. Herseth,《法院和议会间沟通的经验:进展报告》(An Experience in Statutory Communication Between Courts and Congress:A Progress Report),85 Geo. L.J. 2189(1997)(描述了哥伦比亚特区巡回上诉法院与议会之间的告知制度的发展和运作情况)。

③ Sharon Traweek, Beamtimes and Lifetimes:《高能物理学家的世界》(The World of High Energy Physicists) 125(1988);see also Benjamin Freedman,《平衡和临床研究的伦理问题》(Equipoise and the Ethics of Clinical Research),317 New Eng. J. Med. 141,144(1987)(假定医学上的进步依赖于合意,而且指出即便立足于证据,个人的临床判断也不具有特权地位)。

科学上对于合议的研究提供了研究合议裁判的参照物①。社会学家②、人类学家③、哲学家④和历史学家⑤研究了科学家之间共识的产生机制,他们的研究富有启发性。尽管他们调查的结果千差万别,但是一个社会学的主流学派假定,科学的"真相"产生于科学家在具体的制度和工作环境下进行的合作和协商,例如实验室⑥。

可能最有趣的研究成果是由布鲁诺·拉图尔发现的,他是一位著名的科学社会学家。拉图尔之所以为大家熟知,是因为他强调社会合作和社会结构在生成科学"真相"方面起到的作用⑦;而他近些年来关注的对象是法国行政法。在拉图尔进行研究的那几年,法国最高行政法院国家行政法院授予其前所未有的通行权,使他有机会直面国家行政法院针对一系列复杂的行政法纠纷作出的评议过程⑧。这是一件引人注目的事

① See John Ziman,《科学研究简介:科学和技术的哲学和社会维度》(An introduction to Science Studies: The Philosophical and Social Aspects of Science and Technology)138 - 139(1984)("团队研究牵涉到科学家之间的直接合作,且这些科学家相对来说具有平等地位。虽然极端的个人主义符合科学精神,同时也有规范予以支撑,但已经不再符合现如今的科学实践,因为现代团队合作才是规则。");John Ziman, Prometheus Bound,《动态稳定状态下的科学研究》(Science in a Dynamic Steady State)60 - 61(1994)(解释说"知识的进步依赖于具有专业技能的科学家的积极合作,而专业技能又有不同的研究领域或传统之分",而且"利用这种联系的最自然的方式就是将研究交由具有亲密合作关系的团队手中,每一个团队成员都会从不同的角度看待问题,进而将各自不同的专业知识分享给团队的其他成员")。

② 对于团队结构和合作性科学共同体的发展动态,例如实验室,以及这些对工作成果的影响,see Stephen Cole,《科学的产生:在自然和社会之间》(Making Science: Between Nature and Society)(1992);Robert N. Giere,《解释科学:一个认知的方法》(Explaining Science: A Cognitive Approach) (1988);Karin D. Knorr - Cetina,《生产知识:科学的建构主义和语境化特征》(The Manufacture of Knowledge: An Essay on the Constructivist and Contextual Nature of Science) (1981); Bruno Latour & Steve Woolgar,《实验室生活:科学事实的创立》(Laboratory Life: The Construction of Scientific Facts) (Princeton Univ. Press 1986) (1979); Bruno Latour,《行动中的科学:如何通过社会紧随科学家和工程师》(Science in Action: How to Follow Scientists and Engineers Through Society) (1987)。

③ See,e. g. ,Traweek,前引书,第 120 - 125 页(讨论了物理学家运用的合作方式)。

④ See,e. g. ,Philip Kitcher,《科学的进步:没有传说的科学,没有幻想的客观性》(The Advancement of Science: Science Without Legend, Objectivity Without Illusions)382 - 387(1993)(评价了在科学界"那些会对合意形成机制的成本和效益产生影响的因素");Larry Laudan,《科学和相对主义:科学哲学中的几个关键争议》(Science and Relativism: Some Key Controversies in the Philosophy of Science)(1990)(解析了具有不同哲学思想的学派之间发生的有关科学和科学研究的哲学争论);Keith Lehrer & Carl Wagner,《科学和社会中的理性共识:基于哲学和数学的研究》(Rational Consensus in Science and Society: A Philosophical and Mathematical Study)(1981)(明确说明了在科学和社会领域存在的理性合意理论)。

⑤ E. g. ,Peter Galison,《实验如何终结》(How Experiments End)(1987);Peter Galison,《形象和逻辑:由粒子物理学带来的物质文明》(Image and Logic:A Material Culture of Microphysics)(1997)。

⑥ See,e. g. ,Knorr - Cetina,前引书,第 4 页(详尽地解释这样一种观念,即科学家在实验室里从事"知识的工具性生产"); Latour & Woolgar,前引书, 第 48 - 49 页(将实验室描述成一个科学家进行交流和创造性活动的地方); Latour, 前引书,第 64 - 80 页(在真相的最终追求这个意义上,实验室能够成为理论和反理论的孵化器)。

⑦ See generally Latour & Woolgar, 前引书,第,29 页 (通过观察科学实践,分析科学活动所具有的工艺特征); Latour, 前引书,第 173 - 176 页 (解释了拉图尔有关通过社会合作产生科学真相的理论)。

⑧ Bruno Latour,《工厂法》(La fabrique du droit: Une ethnographic du Conseil d'État) 7 - 8 (2002)。

情,因为国家行政法院有悠久的保密传统,就如同我们在司法评议领域的保密传统那样根深蒂固[①]。然而,拉图尔的研究成果更令人印象深刻。在最近出版的一本书中,他主张,法国行政法和司法审查最显著的特征就是程序,借此程序事实上复杂的、政治上敏感的争端被转化为抽象的行政法问题,由此争端就撇清了与政治领域的瓜葛[②]。拉图尔表示,这样做导致的结果就是确立了一种客观解释法律的方法,因为法官不再纠缠于事实问题,而是聚焦于如何在正确适用法律这一准客观(quasi - objective)的过程中,用法律术语描述权利问题。

当然,法国的行政司法体系与我们的体系存在诸多不同,但两者之间还是有一些重要的相似处。与我们的法官相比,国家行政法院的法官会接受更统一的职业培训,即他们都会在法国国立行政学院接受教育[③]。虽然如此,从在行政法领域扮演的积极角色来看,国家行政法院法官与私营部门、律师界保持着良好关系,对行政判决也富有经验[④]。在拉图尔看来,国家行政法院是一个极其尊崇合议制的主体;在这里,对制度的忠诚、对讨论中的其他法官意见的尊重属于常态[⑤]。就对存在问题的法律关注而言,美国巡回上诉法院的管理体制与法国国家行政法院的合议制之间存在潜在相似。有讽刺意味的是,拉图尔这样一个对科学上的"客观性"、社会合意在产生科学真相方面的作用持怀疑态度的研究者,居然能够观察到在法国国家行政法院法官的评议过程中存在引人注目的"客观性"。

我承认我很惊讶法国国家行政法院会愿意对拉图尔的研究大开方便之门。在我们的司法体系下,让外人接触法官司法评议的过程可能牵涉到严重的伦理和保密方面的争议。在书稿正式出版之前,拉图尔修改了书稿涉及的名字和事实,以便顺利通过法国国家行政法院的审查[⑥]。然而,即便如此,每一位具有侦探能力的读者都有可能将拉图尔的论述与真实的案件对接起来,而且很有可能联想到具体的法官。我这样说,不意味着我提倡同样对巡回上诉法院进行这样的研究,而且事实上我反对这样的研

① Id.
② Id. at 154 - 155.
③ Bruno Latour,《工厂法》,at 124。
④ Id. at 124 - 126.
⑤ Id. at 139 - 206.
⑥ Latour, 前引书,第,7 - 8 页。

究,因为这潜在地与法律和伦理准则相违背①。即便是法官助理,他们也不能参与合议庭的会议。我相信,即便仅仅允许"中立的"甚至默不作声的、只进行观察的人类学家或社会学家参与我们的评议过程,都有可能改变司法评议的特点和进展②。

这相当于承认,学者对合议庭的裁判进行定性分析可能存在一些值得注意的局限性。如果学者无法直接接触现实的司法评议过程,进而获得所需的定性资料,如何保证他们研究的可靠性?学者可以对法官进行采访,询问他们有关合议庭评议的经验,查阅法官在工作过程中产生的书面意见③。但很显然,这不是一个万无一失的研究方法。因此,遗憾的是,学者只能获得有限的定性资料,也不存在直接、快捷的方法全面研究合议制对司法判决的影响。可能在意识到获取资料方面的结构性和伦理性的障碍之后,反而会促使学者承认对司法裁判进行实证研究的局限性,进而在法官如何裁判这一问题上,采取一个恰当而适度的立场。

十一、结论

在我担任哥伦比亚特区巡回上诉法院法官的这些年,法院产生了引人注意的变化。在这段时期,它从一个意识形态分化的法院转变为一个推行合议制的法院;在这里,法官个人的政治观点不再对司法决策产生重要影响。这些年来的反思使我意识到有很多因素会影响上诉法院的决策,只有一些是正当的。具体说来这些因素包括:实在法的要求;先例;案件当事人之间的争辩;任职批准程序的影响;法官意识形态方面的观点;法院的领导者;合议庭人员组成的多样性;法院是否由聪明的、老练的法官组成;法官是否在一起工作过一段时间;法院的内部纪律。我的观点是,如果这些因素能

① 法院对于 United States v. Microsoft Corp., 253 F. 3d 34 (D. C. Cir. 2001)(全体法官审理)(引用法官判词)的判决具有启发性。在 Microsoft 案中,哥伦比亚特区联邦巡回上诉法院面临如下情境,即联邦地区法院的法官在审理此案时,对《纽约人》和其他出版物出具的报告作出了片面评价。Id. at 108。上诉法院发现,地区法院法官每一次就案件的是非曲直与记者谈话时,都违背了法官基本的伦理准则,即便相关评论被保密处理,直到判决作出才公之于众。Id. at 112。上诉法院的判决指出,当法官与记者进行沟通交流时,我们很难判断在进行采访时,记者个人的观点是否会以某些方式影响法官对案件的判断。Id. at 113。即便交谈的内容能够被保密,记者也同意保密,法官也没有办法监督授权获取内部信息的人选。Id. at 113 - 114。这样做的潜在风险是出现泄密事件,并且会损害公众对联邦法院一体性的信任态度。Id. at 114。如果对社会学家或人类学家开放合议庭的评议过程,同样会面临伦理风险,即便这些研究者只是默默观察,而不参与到讨论中。

② Cf. Laura Nader,《超越人类学家视角》(Up the Anthropologist—Perspectives Gained from Studying up),载《彻底改造人类学》(Reinventing Anthropology)284,301 - 08(Dell Hymes ed. ,1969)(讨论了人类学家有权获得公权力机构的内部信息存在的问题,与我们通常遵循的朴素、无权力参与的传统违背)。

③ See, e. g. ,Cohen, 前引书,第12页,注释63(对法官进行采访,询问他们对于合议制的看法)。

一一接受合议制的“检验”，那么司法决策的质量就能得到实质性提升。合议制与若干因素（比如法院的内部纪律、领导者和多样性）之间存在交叉影响关系，以至于当这些因素通过合议制的检验后，它们不仅能够推动合议制的实施，而且还能改进司法决策。最后，合议制还能够消弭法官个人意识形态方面偏好的影响，促使我们寻找裁判的共同基础，以便作出更好的判决。换句话说，一个法院越是尊崇合议制，就越有可能做到依法裁判。

当然，我不想给合议制一个最终的、决定性的定义。相反，我希望我对合议制的观察，以及我努力在裁判和集体决策的背景下思考合议制，能起到抛砖引玉的作用，推动有关合议制的跨学科研究①。同时，我也希望能向司法职能部门传递有关合议制的重要的信息。因为在我看来，合议制能激活司法裁判的最高理想和愿望。

---

① “不考虑社会目的，仅就法律素材进行讨论没有意义，这就需要我们掌握法律之外的知识，并进行调查。但法律学者和教师在援用其他学科知识时，有义务采取实用主义的态度。”Edwards，《评论》，前引书，第 2003 页。

解释的普通法及其法典化规范(下) *

[美]雅各布·斯科特 著**

吕玉赞***译

(三)立法解释与三种主流理论

大家对于立法机关通常希望如何解释它们的制定法存在着惊人的共识。出人意料的是,立法者之间对此几乎没有任何分歧。事实上,对普通法规范表达过立场的立法者对绝大多数解释规范都持相同的看法。存在的这些分歧表明,解释方法论不能脱离其所在的行政辖区的语境。

在某种特定规范还未实现法典化的行政辖区中,解释者应停下来认真地思考这些法典化模式。在其他行政辖区被一致地确认或反对的资源和方法,要么支持要么拒绝对这些普通法规范的如下基本证成:解释者会以立法者所期望的方式解释制定法。毕竟,每一部制定法都是根据头脑中特定的解释预期制定的。各州的法典化模式可能在一般意义上表明,立法者如何期望解释他们的制定法。解释者在解释制定法的过程中,应该抵制立法者普遍反对的解释方式(例如严格解释主义)。如果要运用一些立法机关普遍反对的解释工具(诸如明示其一、排除其他),他们就必须提供更多的论证。当法官使用有分歧的解释规范(诸如通过"and"、"or"的区别或一致提取意义)解释制定法时,应该特别谨慎。此外,当解释者在使用通过其他地方的立法编纂所确认的解释资源和解释方法(诸如制定法之间的一致性假设,或借助立法历史解释模糊的制定法)时,应该更加自信。最终,由于制定法解释的三种主要理论都由某些特定的规则组

---

* 基金项目:本文系华东政法大学2015年科研研究项目《统一法律解释法制定研究》(项目编号A-0333-16-20232)的阶段性成果。

** 雅各布·斯科特(Jacob Scott),耶鲁大学法学博士(J. D.),威廉姆斯学院文学学士(B. A.),曾作为法官助理和检察官助理先后供职于马萨诸塞州最高法院与米德尔塞克斯地区检察官办公室,现为美国大士顿地区律师。
原文发表于2010年的《乔治城法律评论》(The Georgetown Law Journal),第98期,第341-431页。由于译文较长,《法律方法》分(上)、(中)、(下)三期连载发表。《法律方法》第19和20卷已发表了(上)和(中)篇,本卷发表的为(下)篇。

*** 吕玉赞,山东曹县人,法学博士,华东政法大学科学研究院助理研究员,研究方向为法律方法论。

成(在一些案件中这些规则还可以构成某种层次结构),因此,这些具体的法典化模式都可以回答这一问题,也就是,这三种主要理论各自能在多大程度上证明它们所宣称的是以民主方式制定的制定法的最适当的解释方法。

1.意图主义

尽管对什么构成了决定性的立法者意图存在着批评性的担忧,但立法者的偏好仍可以证实意图主义。立法者将意图的地位提升到了几乎所有的其他解释方法之上。许多州规定,解释的正确性可以根据它是否产生了"与州议会的明显意图不一致的解释"①来评估。尽管立法者一般都赞成"意图"作为法律的适当标准,但他们也赞成新文本主义对意图主义的批判。一种著名的新文本主义版本高调地宣布:"我们要寻找一种可以与法典的其余部分并驾齐驱的'客观'意图——理性人将从法律的文本中推测到的意图"②。新本文主义并不拒绝寻求一般性的意图,他们只是反对追求意图主义所承诺的这种不确定的和主观的意图③。这种方法与这种法典化规范是一致的,它提及的意图一般指的都是"明显的意图"。在制定法中无法发现想象式的重构。尽管立法者声称,解释者的角色是为制定法赋予一种最契合他们意图的意思,但立法者也知道确定演讲者(尤其是集体性的演讲者)讲话时试图传达的意思不可能一帆风顺。立法者随即调整了他们的观点,并指出了他们的(通常指"明显的")意图的一些客观关联物(objective correlative):文本、结构、目的或历史(意图并不需要在制定法本身中被标记为"明显的")。因此,只要有明显的意图证据,意图主义就变得非常活跃,但立法者已经抛弃了波斯纳意义上的"真正的解释"(即"发现立法者所试图建构的规则")④。

---

① 1 PA. CONS. STAT. § 1901 (2006);例如参见 ALASKA STAT. § 01.10.020 (2008)("在州各法律的解释中应遵守法典化的解释规则,除非这种解释与立法者的明显意图不一致");ARIZ. REV. STAT. ANN. § 1-211

(2002)("在州各法律的解释中应遵守本章提出的规则和定义,除非这种解释与立法者的明显意图不一致。");DEL. CODE ANN. tit. 1, § 301 (2001)("在本法典的解释中应遵守本章所提出的解释规则和定义,除非这种解释将与州议会的明显意图不一致…");KAN. STAT. ANN. § 77-201 (Supp. 2008)(在本州制定法的解释中应遵守如下规则,除非这种解释与立法者的明显意图不一致…");MASS. GEN. LAWS ANN. ch. 4, § 6 (West 2006)("在制定法的解释中,应遵守如下规则,除非它们的遵守将导致这种解释与立法机构的明显意图不一致…");MICH. COMP. LAWS ANN. § 8.3 (West 2004)("应遵守法典化的规则,除非这种解释将与立法机关明显的意图不一致");MINN. STAT. § 645.08 (2008)("法典化的解释规范将居于支配地位,除非它们的遵守将导致这种解释与立法者的明显意图产生不一致");NEB. REV. STAT. § 49-802 (2004)(应遵守法典化的规则,"除非这种解释将与立法者的明显意图不一致");N. H. REV. STAT. ANN. § 21:1(LexisNexis 2008)("应遵守法典化的规范,除非这种解释将与立法者的明显意图不一致");N. C. GEN. STAT. § 12-3 (2007)("应遵守法典化的规范,除非这种解释将与州议会的明显意图不一致")。

② SCALIA, supra note 49, at 17.

③ 斯卡利亚法官反对"将立法者的意图作为法律的适当标准",id. At31, 根据他对"'客观'意图"的关注,并不像看上去那么绝对,id. at 17。他对"意图"的反对应该更准确地理解为仅反对更特别的主观的和不明显的意图。

④ Roscoe Pound,《虚假的解释》(Spurious Interpretation), 7 COLUM. L. REV. 379, 381 (1907)。

如果制定法的作者实际上传达了一种不同于该制定法所试图传达的意图的意图,那么解释者应该尊重实际上显示的意图,除非它将导致一种荒谬的结果,或者落入了法律常义的一种公认的例外。例如,如果哈姆雷特王子打算采取行动,但实际上表现出一种犹豫不决,那么解释者应该信赖他的这种犹豫不决(但如果哈姆雷特的日记显示出了一种行动的意向,那么解释者可能需要重新考虑他或她的结论)。

2. 新文本主义

面对其他竞争性的解释方法论,新文本主义巧妙地捍卫着他们的理论。为了给新文本主义的潜在承诺提供一个窗口,作为一位著名的新文本主义者,斯卡利亚法官批评了"一种在最近几年的自由派法院当中同样可以导致灾难性后果的规则,即,为了'救济性制定法'的'目的',救济性制定法应该被自由地解释",认为它是一种"装有骰子的规则"(dice - loading rule)①。这种规则是文本主义的麻烦,因为它并不清楚:在制定法的自由解释中实际上存在多少灵活性?虽然斯卡利亚法官在这种"装有骰子的规则"中确实发现了几点温和的可取之处,但是他可以想象出"比不可预测性和偶然的随意性更加糟糕的事情"②。

不过,斯卡利亚法官回避了任意性和不可预测性是否是自由解释值得付出的代价这一问题。他宣称:

> 无论这些装有骰子的规则是好还是坏,关于法院从哪里获取权威推行它们都是一个问题。我们实际上能够正确地宣判,我们对国会通过的法律的解释意味着比它们公正地所表达的更多或者更少的东西吗?对此我表示怀疑③。

因此,在回答是什么东西在决定着文本主义对规范性解释规则和文本外资源的排除是否为一种有效的解释策略时,存在两个问题:(1)价值性规则以及在制定法的外部寻求意义付出代价是否值得?(2)法官是否具有以肯定方式回答这种问题并实施这些规则的权力?如果一个解释者回答(1)"我不知道"或者"可能没有",并且(2)"无论如何,法官都不能实施这些规则",那么该解释者就必须接受新文本主义。

这种方案让我们更加接近解决这些问题,如果不是回答它们的话。我们首先来处理第二个问题。新文本主义并不需要怀疑或担心法院是否具有实施这些规范的权威。立法者已经对外在于文本的规则进行了法典化,许多立法者已经法典化的流行规则,

① SCALIA, supra note 49, at 27 - 28.

② Id. at 28.

③ Id. at 28 - 29.

不仅包括为了实现救济性制定法的目的,这种制定法应该自由地解释,而且包括"为了促进它们的目标,所有制定法都应自由解释"①。这种动态性将问题从法院是否具有实施这些解释规则的权威转移到了立法者是否具有实施这些规则的权威的上面。

这种权力斗争是一个尚在争论的问题②。它的答案存在于权力分立的某个地方——要么立法者能够对这些规则进行法典化,要么因为他们侵犯了司法权而不能这么做。但无论发生什么情况,一些机构总能创造出解释规则。制作解释规则的权力就像是一种水压:如果宪法不能完全控制它,它就要么存放在立法机关或者司法机关之中,要么同时存放在两者之中。如果新文本主义怀疑法院是否具有实施这些规则的权力,那么他们就必定会认同立法机关拥有这种权威。法院具有创造法律解释的普通法规则的权力(他们有),而且立法机关具有认可、反对或者替换它们的权力(他们确实也有)。

第一个问题的答案现在要由立法机关来回答。在法典化的价值性规则和诉诸文本外意义证据的过程中,立法机关对这些解释规则是否值得付出不可预测性和偶然任意性的代价作出了肯定的回答。新文本主义反对文本外资源的核心论证是,它们在民主上是非法的。但我们很难说,当民主已经授予了这种许可时,解释者还能不理睬立法历史和价值。

在立法者看来,新文本主义对常义、语境、完整性和融贯性的承诺都具有客观上的正确性。但当与立法者的偏好进行比较时,新文本主义的方法同样具有客观上的不完整性。立法机关并不禁止访问外在于法律的资源和价值。当然,他们明确允许这么做,而且通常首先规定,制定法必须是模糊的,要根据制定法对作为背景的外部资源的接受程度正式地书写该制定法。即使立法机关规定了常义规则,他们也会经常强调荒谬结果这种例外(这些法典化模式所强加的另一种新文本主义)。新文本主义可能是最能约束司法裁量权的方法,但最大化地约束司法裁量权并不是立法者在安排如何解释他们的制定法时特别看重的价值。

立法者维护了新文本主义的优点,而非它的缺点;他们更乐意将关注点放在书面的词语而不是对法律是什么的有限考察上。在最好的情况下,根据立法者对于当制定法模糊时赞成考虑文本外资源的偏好,新文本主义对文本外资源的排除是牵强的和不

---

① 例如参加,KY. REV. STAT. ANN. § 446.080 (West 2006) (emphasis added)。

② 参见 Abbe R. Gluck,《超越最高法院的制定法解释:州法院、解释的清晰性和新兴的"改良的文本主义"》(Statutory Interpretation Beyond the Supreme Court: State Courts, InterpretiveClarity, and the Emerging "Modified Textualism,") 119 YALE L. J. (forthcoming Apr. 2010) (描述了解释方法论在五个州的发展,以及州法院对立法化的解释指令的回应)。

明智的[①]。在最坏的情况下,新文本主义对文本外资源的禁止将违反许多州的法律[②]。新文本主义对立法历史和文本外价值作为解释意义的资源之价值的担心是敏锐的和有说服力的。但作为一种实在法问题,法官在解释制定法时可以考虑立法历史、目的、可行性和正义。

3. 实用主义

这些法典化的模式为实践性解释推理的实用主义模式提供了某些经验性支持:相较于抽象的方法和以等级化的方式安排法律渊源(制定法的文本、具体的和一般的立法历史、立法目的、制定法的演变,以及最后的现行政策)[③],Eskridge 教授和 Frickey 教授的"抽象的漏斗"更倾向于具体的方法。从这些法典化中推测出一个完美的组合列表——在这种列表中某些解释规范优于其他解释规范,将会造成一种过度引申。但一些一般性的解释偏好已经显露出来了。

如下是一种(粗糙的)解释的国家法的集合。制定法的文本是制定法意义的一种主要和基本资源[④]。然后是法律的目的和语境(它们都可以击败法律规范)[⑤]。之后,立法者不可以将对一个规范的偏好置于另一个规范之上。正如漏斗理论一样,这里并不存在解释规则之间的严格的等级机构,而且某些解释方法具有循环性:我们应该优先选择常义,但价值、正义和荒谬都可以战胜常义规则[⑥]。所出现的这种一般的层次结构是非常初级的,它主要是借助立法目的和价值这些例外来追随漏斗理论。如果说有什么不同的话,鉴于价值(例如,正义、可行性和公共利益)被法典化的程度,那么漏斗理论就低估了它们在解释过程中的重要性。规范不应是解释工具箱中的主要工具,但立法者却可以让它们运行得很好。这些法典化表明,立法者将法官视为进行实质性

---

① 或在德克萨斯州,不管制定法本身是否模糊。

② 严格地说,直接的禁令肯定是非法的,但反对文本外资源的宽容假定却是合法的。没有立法者会说"必须考虑"——他们一般会说"可以考虑"。即使新文本主义的捍卫者也不是纯粹的新文本主义者。诸如,斯卡利亚法官不完全反对立法史。他提出的异议只是如何运用立法史,以及因此如何禁止历史性或立法性的资源以免偏离这种意义,即(1)与语境和通常用法最契合的意义,以及(2)与该条款必须被整合进去的法律的周边环境最兼容的意义。参见 SCALIA, supra note 49, at 28。如果你将"(3)与立法目的一致的意义,和(4)产生公正的和可执行的结果"添加到这一谱系,这或多或少仍与美国立法机关流行的法典化相一致。

③ Eskridge & Frickey, supra note 3, at 321, 345 - 54.

④ 例如参见,N. D. CENT. CODE § 1-02-05 (2008) ("当某制定法的措辞清楚,没有模糊性时,它的文字不应在追求其精神的借口下被忽视。")。

⑤ 目的和语境是制定法解释中享有特权的工具(如果制定法是模糊的):"本章可以适用于每个州,除非它的一般目标,或被解释的语言的语境,或法律的其他条款表明,它追求一种与本章要求的不同意义或适用。"N. Y. GEN. CONSTR. LAW § 110 (McKinney 2003). "语境通常优先于目的——一些解释章节取决于制定法的语境,但不会提及它的目的(这些类型的制定法不会在拒斥语境的情况下提及目的);在所有制定法的解释中,如下规则都应被遵守,除非这种解释将与州议会的明显意图不一致,或将与相同制定法的语境相矛盾。"N. C. GEN. STAT. § 12-3(2007);同样参见 supra text accompanyingnotes 142, 304 - 09。但新墨西哥州却将目的放在其他的解释协助组成的列表的底端,它具有最详细的和严格的解释等级。

⑥ 例如参见,HAW. REV. STAT. § 1-15(3) (1993)(应该反对导致荒谬结果的每种解释。")。

的、负载价值判断的合作伙伴。立法机关已经批准了这种功能。

需要注意的是,这只是一种一般性描述,不同的州可能(并且确实)表达了不同的局部偏好[①]。解释方法在每个州都具有特定的气质;它依赖于各州特定的立法机关希望如何解释它的制定法。但在立法指令缺位的情况下,解释方法论应该接受流行的立法者偏好的指引。

各种各样的法典化规范以及表达它们之间适用顺序的严格的和精致的结构化等级的缺位,说明了折中主义(实用主义理论的简称)在本质上实现了法典化。由于法典化的解释工具并不能胜过所有其他的解释工具,因此,解释者必须权衡所有的论证,并选择一种最适合所有不同要素的裁判结论。例如,立法史可以被考虑,但它不是决定性的。当指导解释者"考虑"立法史时,立法者将对契合和阐明立法史的解释,而不是立法史优于纯文本的解释表示好感。

因此,这些法典化支持实用主义的"编织电缆"方法[②]。最好的法律论证就是各种"电缆"(能将不同的单个论证编织在一起),而不是直线的"链条"(像任何链环一样脆弱)。解释的好坏取决于法律论证之间的最强组合。因此,这些法典编纂确认了实用主义理论关于法律解释是多维的、循环的和非直线的观念。解释者应该考虑法律权威的多种资源,根据其他资源对它们进行重新评估,并彼此权衡所有的论证[③]。立法机关已经对指引制定法解释的解释规则进行了根本的法典化这句话肯定具有诠释学性质(同样是实用主义的信条)——必须从立法者的角度解释制定法,法官必须注意影响立法者在所有混乱的立法中的观点的各种资源。

立法机关似乎并不担心(至少在它们的法典中并不这样),实用主义或折中主义允许法官使用大量的解释工具。立法机关已经以一些引人注目的例外对解释方法进行了法典化,这种结果也在很大程度上反映了普通法的状况。这些法典化的模式和解释性普通法对法官可以产生表面上看起来更多的限制。解释方法论通过如下两种方式被限制,即排除不被接受的资源和方法,确立普遍接受的资源和方法相对于不被普遍接受的资源和方法的优先地位。立法机关通过规定"安全"的解释方法来约束法官。由于制定法比解释性普通法更重要,因此,解释者应该愉快地使用被民主的立法过程

---

① 参见附录 B 作为图表显示的美国的每一立法机关的法典化情况。

② 参见 ESKRIDGE, FRICKEY & GARRETT, supra note 26, at 249("问题的解释应该'依靠论证的多维性和多样性,而不是任何一种论证的结论性。它的推理不应形成一种其强度取决于最薄弱环节的链条,但可以形成其纤维可能如此纤细的缆绳,只要它们足够多,并且紧密连接在一起。'"(quoting CharlesPierce, Collected Papers Ⅱ 264 (Charles Hartshorne & PaulWeiss eds., 1960)

③ 例如参见,OR. REV. STAT. ANN. § 174.020 (West 2007)("法院应该为法院认为适当的立法史赋予一定的权重。")

证明为正确的解释工具①。法官受到解释方法的束缚就像马受到眼罩的束缚一样:这种法典化仅是限制或扩张了这种解释的全景。立法者(包括实用主义理论)承认,有时这里并不会出现一种即时的结果,因为模糊的制定法并没有指明它最好的理解。立法者并不想让解释者在黑暗中摸索前行——他们也不想法律这样被耗尽②——因此,立法者将“诉诸历史以及其他文本外的资源”这种解释规则编写进了法律。

结 论

解释规范无非是具有方法论性质的普通法。因此,在被制定为成文法规则之前,它们都会遇到普通法同样的进化过程。由于这些解释规范是普通法的一部分,因此反对或确认特定解释规范的制定法应该被认为是重要的和支配性的。

解释者需要注意的是,即使在还未对解释规则进行法典化的行政辖区内,立法者也对解释规范的使用提出了质疑。解释方法在各个州都具有独特的气质:它取决于各州的立法者希望如何解释它们的制定法。在不存在法典化规范和相关宪法条款的州,解释性的普通法规范——在其基本规则能够被识别的程度上——是盛行的。但是,如果缺乏立法性的和宪法性的指令,解释性普通法至少应该了解流行的立法者偏好。在普通法的一般发展过程中,法院为了谋求新的发展非常乐意关注其他州的解释规范。因此,当法官接近解释性普通法时,相似州的解释规则应该具有某种程度的重要性。即使“这些立法表达可能无法直接适用或具有约束力”,但在它们的普通法实践中,各州“法院应该回应”其他地方的作为立法者的解释偏好所表达的法典化规范,它们“能够塑造和增加普通法的内容”③。当一些法典化模式动摇了普通法规范的潜在假设时尤其如此:它们反映了立法者的解释偏好。当法官每次利用普通法规范时,被选中的解释方法都应该被仔细地检查,以决定它是否合理。普通法的法官要么认为其他地方的法典化规范是愚蠢的和不明智的——毕竟,立法者也有可能犯错——而不予考虑,

---

① 例如参见,NEB. REV. STAT. § 49 - 802(II) (2004)(“本节列举的这些解释规则不想追求什么排他性,而只想提出在立法议案的准备中出现的常见情况,只要该立法机关的一般陈述可能有助于确定该立法机关的意图。”)。

② Cf. Frederick Liu,《评论,最高法院的任命流程和自由派与保守派之间的实际分歧》(Comment, The Supreme Court Appointments Process and the Real DivideBetween Liberals and Conservatives),117 YALE L. J. 1947,1950 - 51(2008)(表明,“法律的穷尽”之处可能并不是“法律的讨论中”的普遍语言)。

③ E. g., 15A C. J. S. Common Law § 11 (2002);同样参见 15A AM. JUR. 2D Common Law § 13(2000)(“法院有责任按照智慧和正义的当代标准实施法律,并使之能回应变化情景的需求。”)。

要么认为，这种法典化的规范是制定法解释的一种明智的援助①。但在这种领域中立法者的偏好不应该被简单地忽视或超越其相应的界限。

因此，其普通法规范还未被解释性的制定法或宪法指令替代的各州的解释者应该注意这些法典化模式。他们应该抵制以立法者普遍反对的方式(诸如严格解释)解释制定法。当某种规范遭遇一致反对时，即使仅有少数几个立法机构反对相关的规范(诸如最后先行词规则或明示其一、排除其他规则)，或对该问题(诸如"and"与"or"的区别)表达过立场的各州存在争论，解释者也必须做更多的工作来证成这种规范的适用。

相反在解释规范还没有被法典化的州，解释者应该更自由地运用已被立法者的偏好(例如，参照语境、自由地解释制定法、解释模糊的制定法以最好地贯彻它们的目的、解释运用立法史)确认的普通法规范。但这种运用并不意味着盲目和决定性的接受。反映在这些法典化中的折中主义要求，解释者在确定最合理的解释之前，要综合评价制定法意义的多种资源。立法机关应该获得它想要的解释类型，并接受宪法的限制。如果立法机关对它们所倾向的方法论进行了法典编纂，那么个别法官特殊的解释哲学可能就不太重要了。

收场白：文本主义与实在法的分裂

文本主义与实在法已经不在同一战线上了。文本主义曾经可以安全地拒绝承认外在于制定法词语的解释资源，但现在的实在法允许解释者访问文本之外的意义资源。文本主义对立法史及其解释规范的厌恶，原先扎根于民主非法性的论证，现在却和这些意义资源获取民主性的合法性认可发生了抵触。

我将以一个方法论的难题结尾：

当受过训练的文本主义者在面临允许解释者考虑文本外的意义资源的制定法时，将会做些什么?

直到这种问题被令人满意地回答，文本主义对立法史和价值的排除在理论上都是虚伪的。

我们能够看到回答这种问题——赞成排除这些资源——的主要方式。第一种方式关注许可性而非强制性的法典化指令。由于这些指令具有许可性，因此法官无须使用文本外的资源，也不可能将它们完全排除。但这并非一种无原则的撤退：一个人不能既承认立法者在解决成本收益分析中的至上地位，而又同时声称在制定法之外寻找意义获得的收益得不偿失。在制定解释规则的过程中，立法者已经承认，在一些场合

① 15A AM. JUR. 2D Common Law § 13 (2000) ("法院不应该被早期的普通法规则束缚，除非它被理性和逻辑支持。普通法的性质要求，法律规则每次适用时，都要仔细检查以确保时代的条件和需求没有发生如此大的改变，以致于使它的继续适用变成了不公正的工具……每当旧的规则被发现不适合现状或不再合理时，它就应该被搁置，并需要一种被宣布为满足正义的要求，并与这些条件相协调的新规则。")。

中在制定法的外部进行的这些冒险对解释过程是有价值的。一条直接的禁令与立法者对这种价值的认可并不一致。

回答这种问题的第二种方式认为,立法者对司法解释方法论的控制是违宪的。这里的观点是,制定法的解释规则干预司法权不被许可,①或者诸如美国宪法中的两院制和送呈总统等宪法条款不应该被概念化为这种解释规则,即不仅可以击败法典化的规范,而且实际上排除了关于它们的任何考量②。立法者寻求同时控制解释方法和意义资源的这种高度的积极性暴露了这些潜在的宪法问题。

然而,这些潜在的问题并没有获得权威性的裁决。除非和直到法院不这么认为,这些法典化的规范表明,实在法比其以前表现出来的要多得多。许多州的实在法都吸收了文本之外的资源和价值。尽管这些资源可能并不具有与文本同等的约束力,但如果不忽视标记它们的承认规则,我们就不能质疑它们的合法性。作为一件积极的事情,法律并不会在文本结束的地方耗尽。许多立法机关已经通过扩张实在法,使之诉诸正义、立法史和可行性。具有讽刺意味的是,文本主义——它关注的焦点是在整个法典范围内解释制定法,包括任何法典化的规范(事实上,还包括这一研究的方法)——应该比任何其他制定法解释方法更支持尊重法典化的规范。当立法机关通过制定法确认意义的各种资源时,在缺乏可行的宪法反对的情况下,这些资源将变成无可争辩的、合法的解释工具。

附录:

一、解释规则的制定法资源

1. 语言推论规则

明示其一、排除其他(Expressio unius):明确表达一种事情意味着排除其他事情。

① Elhauge讨论了容忍规则的选择,并暗示这违反了法院对解释权威的归属权。参见 Elhauge, supra note 5, at 2203;同样参见 Einer Elhauge,《制定法默认的偏好评价规则》(Preference - Estimating Statutory Default Rules), 102 COLUM. L. REV. 2027, 2108 - 12 (2002)(讨论了立法机关采用这种解释规则——即选择不参与默认规则和旨在于最大化正义之满意度的解释规则——受到的宪法限制)。而且,Alexander Hamilton 还暗示,权力的分立将阻止立法机关干预解释方法。参见 THE FEDERALIST No. 78, at 492 (Alexander Hamilton) (Benjamin E. Wright ed., 1961)("法律解释是法院适当的和独特的职权。")。Cf. Marbury v. Madison, 5 U.S. (1 Cranch) 137, 177 (1803)("司法部门的职权和责任的重点是告诉法律是什么。")。因此,法院在法官裁决的问题上可能拥有对相关立法法令的解释权威。另一方面,Rosenkranz 认为,对国会而言,将制定法的解释规则进行法典化在宪法上是许可的。

参见 Rosenkranz, supra note 32, at 2156。

② 在这种意义上,这种论证是这样的:法官通过使用违宪的意义资源侵犯立法机关,而非立法机关通过违宪地干预司法机关发展制定法解释方法的权利侵犯法官。参见 Zedner v. United States, 547 U.S. 489, 509 - 10 (2006) (Scalia, J., concurring) ("基于我在某处表达的理由,我相信,在第 I 款第 7 条两院制和向总统呈送条款的意义范围内,只有构成'某一法律'的语言,以及只有因此采用勉强值得我们注意的语言,才是被颁布的制定法语言。"(引用省略))。

上下文解释规则(Noscitur a sociis):一般术语的解释应与同一序列中更具体的术语相似。

同类解释(Ejusdem generis):一般术语的解释应该反映伴随它的更具体的术语所描述的客体分类。

普通用法规则:应该遵循术语的普通用法,除非立法者为它们规定了特殊的或技术性的意义。

词典释义规则:遵从术语的词典定义,除非立法者规定了特定定义。

常义规则/荒谬结果的例外:应遵循制定法文本的常义,除非该文本显示了一种荒谬的结果或代笔人的错误。

严格解释规则:制定法应被严格地解释。

2. 语法和句法规则

And/Or:"Or"意味着选择性,"and"没有这种意思。

May/Shall:"May"意味着许可,而"shall"意味着强制。

标点符号规则:立法者被认为遵守了公认的标点符号标准,因此,逗号和其他符号的位置是有意义的,但不具有约束力。

最后先行词规则(Last Antecedent Rule):如果切实可行的话,适用"最后先行词规则"。

错误规则:语法的错误不能使制定法无效。

3. 文本完整性规范

整体法规则(语境):每一个制定法条款都应该参照整个法律来理解。制定法的解释是一种"整体性的"努力。

一致用法假设/有意义改变(语境):应以相同的方式解释某一制定法或多部制定法中的相同或相似的术语。

不一致的政策:应避免以与另一条款的政策不一致的方式解释某一条款。

不一致的结构(语境):应避免以与该制定法的结构不一致的方式解释其条款。

禁止冗余规则:应避免以将导致该法律的其他条款成为多余或不必要的方式解释制定法。

一般/特殊规则:应适用针对特殊问题的具体条款而不是更一般地涵盖该问题的条款。

有限例外规则:限制性条款和制定法的例外应被谦抑地解释。

不得创设例外规则:除了立法者指定的例外除外,不得创设例外。

节标题规则:在制定法解释的过程中可以考虑节的标题。

4. 技术变化

性别中立规则:除非隐含地或明确地指涉了一种性别,否则性别是中立的。

单数/复数:单数包括复数。

时态规则:除了一些重要的例外,时态在一般意义上可以交换,。

文字性数字:词语应支配数字的表达。

5. 行政解释

一般尊重(Skidmore)行政解释:如果某一制定法模糊,法院可以考虑某一行政机构对它的解释。

行政机关自己的规章:根据该假设,行政机关对它自己规章的解释是正确的。

极度尊重规则(Rule of Extreme Deference):当立法机关明确授权行政机构以立法职责时,法院应高度尊重行政机关的解释。

6. 法律中的连续性

制定法间的一致性/相似性(语境):根据该假设,立法者在不同的制定法中使用一致的相同术语。

重新制定规则:当立法者重新制定某一制定法时,应同时吸收该制定法的固有解释。

默认规则:根据该假定,当立法者意识到行政机关或司法机关的解释且没有修改该制定法时,立法者就应赞成该行政机关或司法机关的解释。

废除的理由,废除的规则(desuetude):当某一规则的理由终止时,该规则自身也应被终止。

相同的理由,相同的规则:理由相同时,规则也应相同。

制定法的借用规则:当立法机关借用其他地方的制定法时,意味着它隐含地选择了置于该法律之上的解释,除非存在相反的明确声明。

7. 外部的立法资源

考虑立法史:可以考虑各种环境下的立法史。

同时代的环境:可以考虑某一制定法被制定时所处的环境。

同时代的理解:可以考虑某一制定法的同时代的理解。

法律通过前的评论:可以考虑某一制定法或规则制定或采用前公布的和可以获得的官方评论。

8. 权力分立规范

避免/违宪性:应避免将使制定法违宪的解释。

核心行政权力:禁止立法机关侵犯核心的行政权力规则。

行政机关对自由裁量权的滥用:反对因“滥用自由裁量权”对核心的行政行为进行司法审查。

司法机关的衡平权或“固有”权力:反对立法机关削减司法机关的“固有权力”或其“衡平”权力规则。

事实上的损害规则:反对立法者将事实上的损害扩张到包括无形的和程序上的损害。

禁止授权规则:根据该假定,若没有充分的指引,则立法者不得授权。

行为的隐含理由:该假定反对将行为的“隐含”理由置入制定法。

可分割性:该假定赞成违宪条款的可分割性。

9. 正当程序规范

意图:若缺乏特定意图的显示则不得施加刑罚规则。

陪审团审判:制定法不得被解释成否定陪审团审判的权利。

司法审查:该假定赞成司法审查,尤其是宪法问题,但决定不起诉的行政决定除外。

实行前的挑战:反对对执行进行实行前的挑战。

穷尽规则:该假定反对将救济请求的穷尽作为执行宪法权利之诉讼的前提要件。

当事人规则:根据该假定,裁判不得约束并非裁判当事人的人员。

权利的私人执行:根据该假定,不得拒斥重要权利的私人执行。

证据的优势规则:根据该假定,证据标准的优势可适用于民事案件。

溯及既往:制定法不得被解释为具有溯及力。

10. 基于制定法的规范

反对隐含废除规则:不得以隐含的方式废除法律,除非法律间相互矛盾。

废除的效果:被废除的制定法的废除可以恢复最初的法律规定。

书写性的修订:旨在于书写性修订的立法不得对该法律进行实质性更改。

不得影响州以外的协议:制定法不应被解释成限制或扩大州之间的或涉及美国的任何条约、合同或协议中的任何条款。

救济:根据该假定,行为的私权利(明确的或隐含的)可以伴随所有的传统救济。

可能的执行规则:追求可能的执行结果。

目的/目标规则:模糊制定法要解释成可以最好地实现它们的法定目的。

11. 基于普通法的规范

普通法的用法:根据该假定,当立法者使用的词语或概念具有充分固定的普通法传统时,应该赞成尊重该普通法的用法。

主权豁免:强烈反对放弃主权豁免。

普通法的减损:减损普通法的制定法应被严格地解释。

救济性制定法的自由解释:救济性制定法应被自由地解释。

自由解释:所有的法律都应被自由地解释。

公共利益:公共利益优先于私人利益。

正义:要将制定法解释成促进正义。

合理结果规则:应遵循立法者追求的合理结果。

衡平法优于普通法:衡平规则优于普通法规则。

自然权利:当某一制定法可以平等地接受两种解释,即支持自然权利的解释和反对自然权利的解释时,应选择前者适用。

二、立法者的法典化规范①

● 被法典化
○ 通过法典反对

文本性规范												
	语法与句法					语言性推论						
	错误：语法的错误不能使制定法无效。	最后先行词规则：在可能的情况下适用"先行词"规则。	标点符号规则：立法者被认为遵守公认的标点符号标准，因此，即其他标点的位置是有意义的，但不具有约束力。	May/Shall："May"具有许可性，而"shall"具有强制性。	And/Or："Or"具有选择性，而"and"没有这种意思。	严格解释：制定法应该严格地解释。	常义规则/荒谬结果的例外：遵守制定法文本的常义，但当该文本显示了一种书写错误的荒谬结果除外。	词典定义：遵守术语的词典定义，除非立法者规定了一种特殊定义。	普通用法：遵守术语的普通用法，除非立法者它们提供了一种特殊或技术性的含义。	同类解释规则：一般术语的解释应该反映伴随它的以更具体术语描述的客体分类。	上下文解释规则：一般术语的解释应该与同一系列中更具体的术语相似。	明示其一，排除其他：一种事物的表达意味着排除其他事物。
美国												
亚拉巴马州												
阿拉斯加州								●	●			○
亚利桑那州						○		●	●			
阿肯色州						○						
加利福尼亚州						○		●	●			
科罗拉多州		○				○	●	●	●			
康涅狄格州							●	●	●			
特拉华州								●	●			
佛罗里达州									●			
乔治亚州	●							●	●			
夏威夷州	●				○		●	●	●			
爱达荷州						○		●	●			
利诺伊州						○						
印第安纳州							●	●	●			
爱荷华州				●		○	●	●	●			
堪萨斯州						○		●	●			
肯塔基州				●		○		●	●			
路易斯安那州				●	●		●	●	●			
缅因州				●	○		●	●	●			
马里兰州												○
马萨诸塞州								●	●			
密歇根州								●	●			
明尼苏达州	●			●			●	●	●	●	●	
密西西比州								●	●			
密苏里州						○		●	●			
蒙大拿州						○	●	●	●			
内布拉斯加州				●				●	●			
内华达州				●								
新罕布什尔州								●	●			
新泽西州								●	●			
新墨西哥州				●		○	●	●	●	●	●	
纽约州												
北卡罗莱纳州												
北达科他州						○	●	●	●			
俄亥俄州							●	●	●			
俄克拉荷马州						○	●	●	●			
俄勒冈州							●					
宾夕法尼亚州	●		●				●	●	●			
罗德岛州												
南卡罗莱纳州												
南达科塔州			●	●		○		●	●			
田纳西州												
德克萨斯州	●		○	●				●	●			
犹他州						○		●	●			
佛蒙特州												
弗吉尼亚州												○
华盛顿州						○						
西弗吉尼亚												
威斯康辛州								●	●			
怀俄明州								●	●			
哥伦比亚特区												

① ［译者按］以下内容展示了各州对哪些特定的解释规范进行了法典编纂，从为这些法典化规范提供了一个概览，从而有助于联邦法院解释州条款以及州法院解释各州的法典。作者具体标明了哪些解释规范实现了法典化，哪些因为被反对而没有实现法典化。考虑到这部分法典内容繁多，并且作者仅注明了相关条款的位置，而没有列出条款原文，因此，此部分从略，有兴趣研究的同仁可以查对原文。

文本性规范														
技术改变规则				文本完整性规则										
文字性数字：文字支配数字的表达。	**时态**：时态在一般上是可交换的，除了一些重要的例外。	**单/复数**：单数包括复数。	**性别中立**：性别是中立的，除非明确或隐含地指涉一种性别。	**节标题**：在制定法的解释中可以考虑节的标题。	**不得创设例外**：除了立法者指定的例外，法官不得创设例外。	**有限的例外**：限制性条款及制定法的例外应该严格地解释。	**特殊/一般**：优先适用针对特殊问题的具体条款而不是更一般地涵盖这一问题的条款。	**禁止冗余规则**：要避免以将导致该法令的其他条款变成多余或不必要的方式解释其条款。	**不一致的结构(语境)**：要避免以与该制定法的结构不一致的方式解释其条款。	**不一致的假定**：要避免以与另一款的必要假定不一致的方式解释某一条款。	**不一致的政策**：要避免以与另一条款的政策不一致的方式解释某一条款。	**一致用法假定/有意义的改变(语境)**：要以相似的方式解释某一制定法或多部制定法中的相同或相似的术语。	**整体法（语境）**：每一制定法条款都应该通过参照该整部法律来解释。制定法的解释是一种“整体性”的努力。	
	●	●	●											美国
	●	●	●	○										亚拉巴马州
	●	●	●											阿拉斯加州
	●	●	●	○										亚利桑那州
		●	●	○					●			●	●	阿肯色州
	●	●	●						●			●	●	加利福尼亚州
●	●	●	●				●	●	●			●	●	科罗拉多州
		●	●						●			●	●	康涅狄格州
		●	●	○					●			●	●	特拉华州
		●	●											佛罗里达州
	●	●	●	○										乔治亚州
		●	●						●			●	●	夏威夷州
	●	●	●						●			●	●	爱达荷州
	●	●	●						●			●	●	利诺伊州
		●	●						●			●	●	印第安纳州
	●	●	●				●	●	●			●	●	爱荷华州
		●	●						●			●	●	堪萨斯州
		●	●	○										肯塔基州
●		●	●	○					●			●	●	路易斯安那州
		●	●	○					●			●	●	缅因州
		●	●	○										马里兰州
		●	●						●			●	●	马萨诸塞州
		●	●	○										密歇根州
	●	●	●	○	●	●	●	●	●			●	●	明尼苏达州
		●	●						●			●	●	密西西比州
		●	●											密苏里州
	●	●	●				●	●	●			●	●	蒙大拿州
	●	●	●	○										内布拉斯加州
	●	●	●											内华达州
		●	●						●			●	●	新罕布什尔州
		●	●	○					●			●	●	新泽西州
	●	●	●	○				●	●			●	●	新墨西哥州
	●	●	●						●			●	●	纽约州
		●	●						●			●	●	北卡罗莱纳州
●	●	●	●	○			●	●	●			●	●	北达科他州
●	●	●	●				●	●	●			●	●	俄亥俄州
	●	●	●											俄克拉荷马州
		●	●				●	●						俄勒冈州
	●	●	●	●	●	●	●	●	●			●	●	宾夕法尼亚州
		●	●				●		●			●	●	罗德岛州
	●	●	●											南卡罗莱纳州
	●	●	●	○					●					南达科塔州
	●	●	●	○			●							田纳西州
	●	●	●	●			●		●			●	●	德克萨斯州
	●	●	●	○					●			●	●	犹他州
		●	●						●			●	●	佛蒙特州
		●	●	○										弗吉尼亚州
		●	●											华盛顿州
		●	●	○					●			●	●	西弗吉尼亚
	●	●	●	○										威斯康辛州
	●	●	●	○										怀俄明州
		●	●											哥伦比亚特区

外在资源规范	行政解释			法律中的一致性						外部的立法资源			
	行政解释的一般(SKidmore)尊重：如果某一制定法是模糊的，法官可以考虑行政机关对它的解释。	**行政机关自己的规章**：根据该假定，行政机关可以正确地解释自己的规章。	**极度尊重规则**：当立法机关已向某一行政机构授予明确的立法职权时，法官应该高度地尊重该行政机构的解释。	**制定法之间的一致性/相似性(语境)**：根据该假定，立法者在不同的制定法中应一致地适用相同的术语。	**重新制定规则**：当立法机关重新制定某一法律时，它会吸收该法律各种固定的解释。	**默认规则**：根据该假定，当立法机关意识到行政机并司法机关的解释，且未修改该制定法时，该立法机关应赞成它们的解释。	**废除的理由，废除的规则(废止)**：当规则的理由终止时，规则也应该终止。	**相同的理由，相同的规则**：理由相同之外，规则也应该相同。	**制定法的借用**：当立法者借用某一制定法时，它会隐含地采用附着于该制定法上的各种解释，除非存在与之相反的明确声明。	**考虑立法历史**：在各种环境下都可以考虑立法历史。	**同时代的环境**：可以考虑某一制定法制定时的环境。	**同时代的理解**：可以考虑关于某一制定法体制的同时代的理解。	**先于法律通过的评论**：可以考虑在颁布或采用某一制定法或规则之前所公开的并可以获得的官方评论。
美国													
亚拉巴马州													
阿拉斯加州													
亚利桑那州													
阿肯色州				●									
加利福尼亚州				●									
科罗拉多州	●			●						●	●	●	●
康涅狄格州				●									
特拉华州				●									
佛罗里达州				●									
乔治亚州											●		
夏威夷州				●					●	●	●	●	
爱达荷州				●									
利诺伊州				●									
印第安纳州				●									
爱荷华州	●			●						●	●	●	●
堪萨斯州				●									
肯塔基州													
路易斯安那州				●									
缅因州				●									
马里兰州													
马萨诸塞州													
密歇根州													
明尼苏达州	●			●	●		○		●	●	●	●	●
密西西比州				●									
密苏里州													
蒙大拿州				●			●	●				●	
内布拉斯加州													
内华达州													
新罕布什尔州													
新泽西州				●									
新墨西哥州	●			●	●				●	●	●	●	●
纽约州				●									
北卡罗莱纳州													
北达科他州	●			●					●	●	●	●	●
俄亥俄州	●			●						●	●	●	
俄克拉荷马州													
俄勒冈州										●			
宾夕法尼亚州	●			●	●		○		●	●	●	●	●
罗德岛州													
南卡罗莱纳州													
南达科塔州									●				
田纳西州													
德克萨斯州	●			●					●	●	●	●	●
犹他州				●									
佛蒙特州													
弗吉尼亚州													
华盛顿州													
西弗吉尼亚				●									
威斯康辛州													
怀俄明州									●				
哥伦比亚特区													

	实质政策规范																
	文本完整性规则								正当程序规范								
	避免、违宪性：避免将导致制定法违宪的解释。	**核心的行政权力**：该规则反对立法者干预核心的行政行为。	**行政机关滥用自由裁量权**：该规范反对基于“自由裁量权的滥用”对行政行为进行司法审查	**司法机关的衡平权或“固有的”权力**：该规则反对立法者侵犯司法机关的“固有权力”或“衡平”权力。	**事实上的损害**：该规则反对立法者将事实上的损害扩张到包括无形的程序性的损害。	**禁止授权**：根据该假定，若缺乏充分的指引，立法者不得授权。	**行为的隐含理由**：该假定反对将行为的“隐含”理由置入制定法。	**可分割性**：赞成违宪条款的可分割性假定。	**意图**：反对在未展示特定意图的情况下施加刑罚。	**陪审团审判**：反对将制定法解释成反对陪审团审判。	**司法审查**：该假定赞成司法审查，尤其是针对宪法问题，决定不起诉的行政决定除外。	**实施前的挑战**：该假定反对对执行进行实施前的挑战。	**穷尽**：该假定反对将救济要求的穷尽作为执行宪法权利之诉讼的前提条件。	**当事人**：根据该假定，裁判不应对非属于裁判之当事人的人员产生约束力。	**权利的私人执行**：该假定反对取消重要权利的私人执行。	**证据的优势**：根据该假定，证据的优势标准适用于民事案件。	**溯及力**：该假定反对将制定法解释成具有溯及力。
美国																	
亚拉巴马州								●									
阿拉斯加州								●									●
亚利桑那州																	●
阿肯色州								●									
加利福尼亚州																	●
科罗拉多州								●									●
康涅狄格州								●									
特拉华州								●									
佛罗里达州																	
乔治亚州								●									●
夏威夷州								●									●
爱达荷州																	●
利诺伊州								●									
印第安纳州																	
爱荷华州								●									●
堪萨斯州																	
肯塔基州								●									●
路易斯安那州																	●
缅因州								●									
马里兰州								●									
马萨诸塞州								●									
密歇根州								●									
明尼苏达州	●							●									●
密西西比州								●									
密苏里州								●									
蒙大拿州																	●
内布拉斯加州																	
内华达州								●									
新罕布什尔州																	
新泽西州								●									
新墨西哥州	●							●									●
纽约州																	
北卡罗莱纳州																	
北达科他州	●							●									●
俄亥俄州								●									●
俄克拉荷马州								●									
俄勒冈州								●									
宾夕法尼亚州	●							●									●
罗德岛州								●									
南卡罗莱纳州																	●
南达科塔州																	●
田纳西州								●									
德克萨斯州	●							●									●
犹他州																	●
佛蒙特州								●									●
弗吉尼亚州								●									●
华盛顿州																	
西弗吉尼亚								●									●
威斯康辛州								●									
怀俄明州								●									●
哥伦比亚特区								●									

	实质政策规范																
	基于制定法的规范							基于普通法的规范									
	禁止隐含废除规则：不得以隐含的方式废除制定法，除非法律间存在矛盾。	废除的效果：正在废除制定法的废除可以复活最初的法律。	书面性修订：仅旨在于书面性修订的立法不得对法律进行实质性改变。	不得影响州之外的协议：制定法的解释不应该限制或扩大州之间的或涉及美国的任何条约、合同或协议中的任何条款。	救济：根据该假定，行为的私权利(明确的或隐含的)可以带来所有的传统救济。	可能的执行规则：应追求可以执行的结果。	目的/目标规则：要将模糊制定法解释成可以最好地实现它的目的。	普通法的用法：根据该假定，当立法机关使用的词语或概念具有充分固定的普通法传统时，那么应赞成遵守普通法的用法。	主权豁免：该假定强烈反对放弃主权豁免。	普通法的减损：减损普通法的制定法应该严格地解释。	救济性法律的自由解释：救济性法律应该自由地解释。	自由解释：所有的制定法都应该自由地解释。	公共利益：公共利益优于私人利益。	正义：制定法的解释应该促进正义。	合理的结果：尊重立法者追求合理的结果这一假定。	衡平法优于普通法：衡平规则优先于普通法的规则。	自然权利：当某一制定法可以平等地容纳两种解释，即支持自然权的解释和反对自然权利的解释时，那么应优先选择前者。
美国		○															
亚拉巴马州		○															
阿拉斯加州																	
亚利桑那州	●	○					●			○	●	●		●			
阿肯色州	●	○								○	●	●					
加利福尼亚州		○					●	●		○	●	●		●			
科罗拉多州	●	○				●	●	●		○	●	●	●	●	●		
康涅狄格州		○				●									●		
特拉华州																	
佛罗里达州		○						●									
乔治亚州							●		●				●				
夏威夷州	●	○					●	●					●		●		
爱达荷州		○					●	●		○	●	●		●			
利诺伊州	●	○								○	●	●					
印第安纳州		○															
爱荷华州	●	○				●	●	●		○	●	●	●	●	●		
堪萨斯州		○					●			○	●	●					
肯塔基州	●	○					●			○	●	●					
路易斯安那州		○															
缅因州		○															
马里兰州	●																
马萨诸塞州		○															
密歇根州		○															
明尼苏达州	●	○				●	●		●				●		●		
密西西比州		○					●										
密苏里州		○								○	●	●					
蒙大拿州		○			●	●	●			○	●	●	●	●	●		●
内布拉斯加州		○					●										
内华达州																	
新罕布什尔州		○															
新泽西州		○		●													
新墨西哥州	●	○				●	●	●		○	●	●			●		
纽约州		○					●										
北卡罗莱纳州																	
北达科他州	●	○				●	●	●		○	●	●	●	●	●		
俄亥俄州	●	○	●			●	●	●		○	●			●	●		
俄克拉荷马州	●	○					●			○	●	●		●			
俄勒冈州		○															●
宾夕法尼亚州	●	○				●	●			○	●		●	●	●		
罗德岛州		○															
南卡罗莱纳州		○															
南达科塔州		○					●			○	●	●		●			
田纳西州																	
德克萨斯州	●	○				●	●	●	●	○			●	●	●		
犹他州		○					●			○	●	●		●		●	
佛蒙特州		○															
弗吉尼亚州		○															
华盛顿州										○	●	●					
西弗吉尼亚		○															
威斯康辛州		○															
怀俄明州		○															
哥伦比亚特区		○						●									

群体“法治思维”变迁的过程论解释*

党东升**

摘　要:特定群体法治思维的变迁往往是宏观政治社会过程演进的结果。正是在维权与维稳的互动过程中,我国社会的法治思维发生了明显的实质化或去形式化转向。反形式化的维权行动与结果导向型的维稳政治动员共同造成我国群体法治思维的实质化。在司法自主性尚未得到制度化保障的条件下,维权与维稳的冲突愈剧烈,司法的实质法治思维倾向将愈稳固。形式法治思维能否更多地被司法体系所接纳,在一定意义上取决于随意动员司法的责任制能否真正建立起来。

关键词:法治思维;变迁;过程论解释;司法动员

一、引言

党的十八大报告提出“法治是治国理政的基本方式”,要求提高领导干部“运用法治思维和法治方式深化改革、推动发展、化解矛盾、维护稳定能力”。把“法治思维”和“法治方式”写入中央文件,向全体领导干部提出在各项工作中树立和运用法治思维的政治要求,表明执政党对法治建设的认识更加深入,同时也表明执政党全面推进法治中国战略的坚定决心和鲜明立场。

法治思维具有丰富的学理内涵。江必新认为,法治思维是遵从宪法法律至上、倡导良法为治的思维;是尊重人权和自由、维护秩序和安全的思维;是依循职权法定、主张正当行权的思维;是要求公平对待、允许合理等差的思维;是坚持程序正当、注重实

---

* 基金项目:本文系教育部人文社会科学研究青年基金项目“基于后果评价的司法裁判及其方法研究”(项目编号:13YJC820093)的成果之一。

** 党东升,河南周口人,法学博士,华东政法大学助理研究员,研究方向为司法政治、法律方法。

体正义的思维;是严格公正执法、自觉接受监督的思维①。不过,如果对法治思维内涵进行更加细致的分析,可以进一步区分出形式法治思维和实质法治思维两大法治思维类型。概括而言,形式法治思维是与形式主义法治相匹配的法治思维类型,实质法治思维则是与实质主义法治相匹配的法治思维类型。正如形式法治与实质法治之间存在着巨大张力一样,两种法治思维类型之间同样存在着巨大张力。有论者认为,实质法治思维蕴含着反法治的消极因素,现阶段过于提倡实质法治思维存在逆法治化的风险②。在学理上对法治思维进行类型化处理具有重要意义,一方面,它可以使我们认识到"法治思维"这一概念所蕴含的丰富内涵,避免对法治思维作出单一、片面化的理论解读;另一方面,也使得我们可以在动态意义上重视对法治思维变迁现象的经验和理论考察,并借助于对法治思维变迁的考察来把握法治发展的基本趋向。

中央提出法治思维是针对全体领导干部而言的,但是,试图整体性地考察所有党政系统和领导干部的法治思维变迁是不明智的。过于宽广的考察视野势必会掩盖不同职能部门对法治思维的不同要求以及实际发展水平的差异。(由于司法系统在法治实施体系中居于核心地位,相对于其他党政机构和干部而言,司法系统和司法干部能否形成法治思维以及形成何种法治思维尤为关键。)基于上述原因,本文主要关注我国司法体系的法治思维变迁,尝试以经验研究为基础来揭示推动司法体系法治思维变迁的外部动力因素和发生机理。从宏观视野来说,司法体系的法治思维的变迁不仅仅是一种法律现象,同时也是一种政治社会现象,因而,对司法体系法治思维变迁的考察不能局限于法治体系或法律人内部视角,还需要更加宏观的政治社会学视角。本文尝试引入政治过程论的分析框架,从"维权—维稳"的政治互动过程视角来解释我国司法体系的法治思维变迁。

二、"法治思维"的稳定政治视角

党的十八大提出"法治思维"具有非常明确的问题意识和政治指向,其中包括对我国前一阶段稳定政治消极后果的深刻反思。"人治思维"在我国稳定政治中居于主导地位所造成的"越维越不稳"局面,是中央提出"法治思维"和"法治方式"的重要背景。但是,这里的"法治思维"究竟是形式法治思维、实质法治思维还是两种思维类型的某种混合,中央文件并没有明确说明。这一方面为法治思维的理论阐释留下广阔空间,同时也不可避免地造成一些思想认识上的对立和混乱。由于两种法治思维类型之间

① 参见江必新:《法治思维:社会转型时期治国理政的应然向度》,载《法学评论》2013年第5期。

② 参见陈金钊:《魅力法治所衍生的苦恋——对形式法治和实质法治思维方向的反思》,载《河南大学学报(社会科学版)》2012年第5期。

的巨大张力,可以预计,理论界围绕“法治思维”内涵的争议将会长期存在。仅就司法体系而言,过去所提倡的“大局思维”究竟是新提出的“法治思维”的重要组成部分,还是法治思维所要“框正”的对象①,值得进一步的观察和研讨。

本文不是要在规范意义上讨论中央提出的“法治思维”究竟是形式法治思维还是实质法治思维,或者以形式法治思维为主还是以实质法治思维为主,而是试图在经验层面揭示我国特定群体法治思维变迁的动力因素和内在机理。在揭示法治思维演变动力和机理的时候,本文选择了一个外部视角,即稳定政治视角。作为维稳工作的核心机构,司法机关受到我国稳定政治的深刻影响,因此从稳定政治视角来观察法治思维变迁是适当的。

在对法治思维进行类型化的基础上,研究特定群体的法治思维变迁是很有必要也是有价值的,它不但是对前期研究的一个深化,同时也有助于研判我国法治发展的可能限度和总体趋向。在本文中,把司法体系作为经验研究对象的原因在于:第一,在现代社会,司法体系在整个法治体系乃至国家治理体系中扮演着关键角色,司法体系的法治思维发展状况对整个社会的法治发展意义重大;第二,在过去的十多年时间里,我国司法体系的法治思维转向是最为显著的,非其他领域所可比拟。“在我国,实质法治的理想不是建立在对立法的完善上,而是主张在司法过程中贯彻实质思维,以法律外的所谓更‘合理因素’决定裁判理由”②。

对于我国司法体系法治思维的实质化转向,以往的研究已经从不同理论视角和层面进行了解释。本文基于中央提出“法治思维”时的具体语境(化解矛盾、维护稳定),主要从稳定政治视角来解释我国司法体系法治思维变迁,两个关键解释变量的选择也都基于以往的稳定政治研究。从稳定政治视角来看,我国司法体系法治思维的实质化转向将被认为不是一种自生自发的现象,而主要是外力作用的结果。这里所谓的外力,既包括来自于社会系统的行动力量,也包括来自于国家的政治行动。简单来说,司法体系法治思维的变迁将被认为归因于维权与维稳的角力。

“稳定政治”是有关我国社会冲突与冲突治理、维权与维稳等方方面面内容的一个统称,涵盖宏观、中观和微观多个层面③。稳定政治的宏观理论基础主要是国家与社会的“冲突论”。这种冲突既包括激烈的冲突形式,例如战争、革命、政变、社会运动、暴恐事件、暴力犯罪、群体性事件等,也包括相对温和的冲突形式,例如消极怠工、抵制、破坏、私力解决、请愿、诉讼、上访等。在宏观意义上,稳定政治所要描述的是我国国家与

① 参见孟高飞:《以法治思维框正司法工作的大局思维》,载陈金钊、谢晖主编:《法律方法》(第18卷),山东人民出版社2015年版,第174－176页。

② 参见陈金钊:《实质法治思维路径的风险及其矫正》,载《清华法学》2012年第4期。

③ 参见容志、陈奇星:《“稳定政治”:中国维稳困境的政治学思考》,载《政治学研究》2011年第5期。

社会之间持续性的斗争性互动的宏大历史过程。在此历史进程中,司法体系一度是微不足道的边缘角色,但是随着司法权的不断成长,司法体系逐渐成为一支相对独立的不可忽视的力量,并最终形成了社会、司法和国家三方斗争性互动的政治结构,司法体系的法治思维转向正是在这种斗争性互动过程之中孕育出来的。

司法体系之所以能够成为稳定政治中的一支相对独立力量,源于我国法治改革所带来的司法权和司法自主性的不断成长,在此过程中,司法体系既部分地独立于社会,也部分地从国家的政治控制中解放出来。在司法体系完全缺乏自主权的体制下,从理论上构造社会、司法和国家三方斗争性互动的分析框架是毫无意义的,甚至可以说是错误的或有误导性的;如果司法权只是短暂性地而不是长久地成为稳定政治中的一支相对独立力量,构造出社会、司法和国家三方斗争框架都是缺乏理论价值的。但是,在现代社会条件下,由于司法权的扩大和司法自主化是一种普遍性的发展趋势,就使得这样的分析框架具有一定理论价值。

关于司法自主化发展的一般趋势和动力机制,韦伯的法律社会学已经作出精当的阐释①。亨廷顿的政治发展理论也认为,司法机构从政治系统中分离出来是政治现代化的组成部分,也是政治制度化的重要表征②。对于缺乏自主司法传统的发展中国家而言,作为政治附庸的司法机构朝向司法自主化方向的变革,意味着权力结构和权威结构的深刻变化,在一定意义上带有政治革命的属性,这种权力结构变迁深刻地改变了社会、司法和国家之间的关系及互动方式。

三、政治过程论分析框架

在抗争政治研究中,政治过程论是一个重要的理论成果,它既是一个方法论,同时也包含许多本体论内容。抗争政治大师查尔斯·蒂利曾详细阐述了他的政治过程论方法,这种方法被他用来分析抗争和民主发展(民主化与去民主化)的关系③。不过,由于查尔斯·蒂利的民主理论包含了大量的法治因素(尤其是基于正当法律程序对公民的“保护”这一因素)④,因此,政治过程论也能够用来分析抗争和法治发展的关系。在人类历史长河中,社会抗争时兴时衰,此起彼伏,构成了人类社会政治生活永不泯灭的重要组成部分;相应地,对社会抗争进行政治回应,也成为政治活动的重要组成部

① 参见[德]马克斯·韦伯:《经济与社会》(下),林荣远译,商务印书馆1997年版,第206页。

② 参见[美]塞缪尔·亨廷顿:《变化社会中的政治秩序》,王冠华等译,上海世纪出版集团2008年版,第8-27页。

③ 参见[美]查尔斯·蒂利:《欧洲的抗争与民主(1650-2000)》,陈周旺等译,格致出版社、上海人民出版社2008年版,第6-38页。

④ 参见[美]查尔斯·蒂利:《民主》,魏洪钟译,上海世纪出版社2009年版,第12-14页。

分,甚至可以说是一种"底线政治"。抗争政治理论认为,国家与社会之间的斗争性互动是永无休止的,但有高潮和低谷之分野;斗争既可能在制度框架内进行,也可能以非制度化的形式呈现;斗争性互动既有可能孕育出政治进步,也有可能造成政治倒退甚至灾难性结果。在方法论或研究视角层面上,政治过程论试图超越"社会中心论"和"国家中心论"视角,主张更加全面、动态地考察社会与国家之间的斗争过程,因此它既重视从国家视角来观察和思考问题,也重视从社会视角来观察和思考问题。

就本文议题而言,在政治过程论的视野里,从国家角度来说,赋予司法机构一定职权并放松政治控制的原本意图是要提高司法机器的冲突吸纳能力或者说维稳能力,以应对现代化过程中所蕴含的不稳定风险,增强政治系统的政治韧性和适应力。但是,正如任何制度建设都可能出现"制度翻转"(institutional conversion)①一样,司法权与司法自主性的成长未必完全符合国家的预期,也有可能造成预期之外的消极结果。一方面,国家所开放的司法通道对社会诉求者而言有可能不具有吸引力。由于种种原因,诉求者可能并不愿意"诉诸司法"来解决问题,相反更愿意在司法渠道以外,通过制度化或非制度化的政治参与方式来解决矛盾冲突。这种现象在世界各国都是常见现象,我国也不例外。"诉诸司法"并不是诉求者的唯一选择,很多时候也不是优先选择,这一点对理解我国司法体系法治思维的转向是非常关键的。另一方面,也是更重要的是,自主化的司法机器还有可能被社会不满者改造为对抗政治代理人、政策甚至体制的抗议资源或"武器",从而把司法体系与国家对立起来。

作为国家机器的一部分,司法体系深深嵌入国家权力结构之中,何以能够与社会行动者联合一起,把国家或国家代理人作为斗争对象?对此关键的解释变量仍然是司法自主性。除了司法自主性这个制度性的原因之外,司法体系敢于挑战国家的原因还包括法治改革下司法人员法律信仰的形成,以及政治忠诚感的相应下降等主观条件。

而社会行动者为什么愿意动员司法来对抗国家?或者说,与同样拥有一定自主性的其他政府机构相比,包括与群众动员相比,司法体系究竟有何特殊之处而得到特别垂青的呢?首先,在法治框架下,司法体系的基本定位就是一个"中立"机构,这种"中立"不仅包括在私人讼争中保持中立,还包括在社会与国家对抗时保持中立。司法机构的"中立"从社会行动者视角来说其实是一个非常重要的"政治机会结构"(political opportunity structure),司法体系常常被视为抗议行动的"关键盟友"。其次,随着司法职权范围的持续扩大,尤其是司法审查制度的发展,对于绝大多数的诉求事项,至少在法律上,司法机构能够作出具有执行力的"最终决定"。再次,与其他政府分支相比,司

① See Kathleen Thelen, How Institutions Evolve: Insights from Comparative Historical Analysis. in James Mahoney and Dietrich Rueschemeyer (eds.), Comparative Historical Analysis in the Social Sciences. New York: Cambridge University Press, 2003, pp. 208 -240.

法体系中的行动主义(activism)色彩原本就比较突出,司法体系扩张自身权力和自主性的愿望也比较强烈,尤其是律师作为“在野法曹”带有浓厚的行动主义职业风格。最后,与动员群众相比,动员司法还具有成本更低、被强制风险更小、诉求成功率更高等潜在优点。

因此,现实中通过“司法动员”(legal mobilization)方法来向政府表达诉求是一种常见的抗争现象。这种现象不仅可以在革命、社会运动中寻找到蛛丝马迹,在小规模、地方性的抗争活动中也很常见。例如,我国台湾地区的环境抗争,早期草根层面乱哄哄、时常带有暴力因素的集体行动一直难以取得理想结果,后来行动者改变策略,更多地运用司法动员方法来表达诉求,最终通过几个关键案件的胜利而推动台湾环保事业朝着良性方向发展①。在我国内地,农民、工人、农民工等的“依法抗争”或“以法抗争”也经常运用“司法动员”的策略②。只不过,如果从社会抗争的全局来看,司法动员只是抗议的策略之一而非全部;在动员司法机器的时候,行动者既会运用合法而节制的手段,有时候也会采取逾越界限的动员方法,例如通过民粹式乃至集体暴力方法给法院和法官施加压力。

针对包括“司法动员”在内的诉求行动尤其是集体性的诉求表达行动,国家当然不会消极以待。相反,拥有权力与资源优势的政府机构及其代理人可以通过多种多样的方式来回应行动者的挑战,其中就包括针对司法体系的回应举措:容忍、妥协、强制、逆向政治动员,等等。在司法自主性尚未成为一种稳固的政治制度的背景下,面对来自于社会和国家的双重压力,法院和法官们会作出何种回应?一个可能的行动策略就是,综合权衡利弊,对自身思维偏好和行为模式作出适当调适,以应对现实环境,这是基于政治过程论所作出的一个基本推定或假设。

四、反形式的诉求表达行动

1978年以前的新生政权下,虽然贫穷和不平等广泛地存在,经济社会领域的政策失误也频频发生,但是,面对高度集权体制和一波又一波的政治运动,很少有人敢于向政府表达不满和异议,更不用说付诸集体性的对抗行动。那是一个“无讼”的时代,还一度是一个没有司法机器的时代。1978年以后的改革与发展逐渐释放出政治宽容的氛围,单位制和计划经济的解体使得越来越多的人拥有了行动自由,司法机构也被重新组建起来。法治化启程后,人们虽然尚未形成对法治、权利、程序的真正信仰,但是

---

① 参见王金寿:《台湾环境运动的法律动员》,载《台湾政治学刊》2014年第1期。

② 参见谢岳:《从“司法动员”到“街头抗议”——农民工集体行动失败的政治因素及其后果》,载《开放时代》2010年第9期。

也逐渐养成一定程度的法律意识，敢于运用“法律武器”来维护权利。不过，在长期缺乏法治传统的社会里，人们维护权利和表达诉求的方法常常带有反形式特点。

（一）诉讼

1978 年全国法院一审受案总数仅为 447,755 件，4 年后法院受案总数突破百万件大关，达到 1,024,160 件；1988 年突破 200 万件，达到 2,290,624 件；1992 年突破 300 万件，达到 3,051,157 件；1995 年突破 400 万件，达到 4,545,676 件；紧接着 1996 年突破 500 万件，达到 5,312,580 件。1996—2007 年，法院受案数一直徘徊于 500 万 - 600 万件之间，经历了长达 12 年的停滞期。2008 年以后，受案数重新步入快速增长，当年案件突破 600 万，达到 6,288,831 件；两年后的 2010 年，收案数逼近 700 万关口，为 6,999,350 件；2012 年，全国法院一审收案数达 8,442,657 件①。近几年，由于立案登记制的推行，法院一审受理案数逐渐攀升至千万件大关。这些数字虽然越来越高，甚至被夸张地形容为“诉讼爆炸”，但是与我国 10 亿级的人口数量相比，诉诸司法的矛盾纠纷数量其实还是比较少的。“厌讼”仍然是一种流行观念，绝大多数的矛盾纠纷其实是在法院之外解决的。

（二）涉诉上访

在多种诉求表达和纠纷解决方法中，上访是一种非常重要的方法。在传统中国，上访是底层民众表达冤屈的一个最为重要的手段。新中国成立后，上访非但没有绝迹，在改革开放的环境下却越来越流行起来。从上世纪 90 年代中期开始的 10 多年间，也就是法学界常说的法治改革的“黄金期”，我国却经历了一场“信访洪峰”，每年的上访数量都超过了千万人次的惊人数字。目前，“信访不信法”仍然是制约中国法治实践的棘手问题。

上访者绕开司法而诉诸于上级官僚的做法，从形式法治的标准来看是完全难以接受的。更重要的是，大量上访事项在现行法律上根本站不住脚。更为严峻的是，在大规模的上访行动中，许多还是直接针对司法系统的。据最高人民法院的统计数字，在信访高峰时期，全国法院系统接受的来信来访量个别年度达到了 900 万人次的规模。在司法系统以外，针对司法活动的上访，尤其是“来省赴京”的涉诉涉法上访也非常多。一项对涉诉上访的实证研究发现，针对法院的上访案件主要包括五种类型：第一，刑事案件尤其是死刑案件，这类案件经常导致被告人和被害人去上访；第二，判决执行不到位的案件；第三，当事人因举证不力而败诉的案件；第四，敏感案件，比如土地纠纷、拆迁安置、企业改革、破产案件；第五，缺乏法律依据的案件，比如要求社会保障、解决历

① 这些数字均来自于历年《中国法律年鉴》。

史遗留问题等①。

在“稳定压倒一切”的年代,涉诉上访给法院和法官所造成的压力是非常巨大的。在高其才教授的访谈中,华县南村法庭庭长如是说:“整个华县人民法院的法官都是‘谈访色变’。……去年,我审理了一个离婚案,案件结果是判决离婚,处理得还算相当公正,但被告女方不依不饶,死缠烂打,先是上诉,中院维持原判,后又上访,搞得我们心惊肉跳的。……后来上面过问了,市县两级政法委、人大、法院都要我写汇报材料说明问题,每到一处我就得写检查作汇报,好在最后问题搞清楚,但这个过程确实难受”②。

(三)涉诉群体性事件

群体性事件的激增是我国改革发展中非常令人棘手的现象,这种现象同样是在上世纪80年代末期尤其是90年代中期以后逐渐增长。对国家而言,个体行动不可能给政治秩序造成严重冲击,相反,集体行动却有可能威胁政治秩序的稳定。2004年中央处理信访问题及群体性事件联席会议公布的《公布的关于积极预防和妥善处置群体性事件的工作意见》把群体性事件定义为:“由人民内部矛盾引发、群众认为自身权益受到侵害,通过非法聚集、围堵等方式,向有关机关或单位表达意愿、提出要求等事件及其酝酿、形成过程中的串联、聚集等活动”。

在法学研究中,可能引发群体性事件的纠纷被定义为“非常规纠纷”③。所谓非常规,就是说常规法律与司法无法令人满意地解决这些纠纷,纠纷者也不愿意接受法律和司法的拘束。这些矛盾纠纷类型主要包括:由土地征用引发的纠纷;改革和改制引发的纠纷;特定利益群体因利益受损所引发的纠纷;由环境污染、非法集资等危害不特定多数人利益引发的纠纷;因移民问题发生的纠纷;因宗教、民族问题发生的纠纷;因官员腐败、渎职等行为引发的群体冲突;因权益得不到合法保障,公民自行采取非正常方式维权而导致的纠纷;因执法、司法部门不作为或乱作为引发的社会纠纷等等。于建嵘把由这些纠纷引起的群体性事件定义为“维权事件”,据他估算,此类事件约占全国群体性事件总数的80%以上④。换言之,绝大多数群体性事件都是涉法涉诉型的群体性事件。

江西上饶中院的一份调研报告分析了2005—2012年间34件涉诉群体性事件典型案例的特点。报告发现,在立案、审理和执行阶段,都可能引发群体性事件。冲突的

① See Benjamin L. Liebman, *A Populist Threat to China's Courts*?. in Margaret Y. K. Woo and Mary E. Gallagher, (eds.), Chinese Justice. New York: Cambridge University Press, 2011, pp. 280 - 283.

② 参见高其才、周伟平:《法官调解的“术”与“观”——以南村法庭为对象》,载《法制与社会发展》2006年第1期。

③ 参见顾培东:《试论我国社会中非常规性纠纷的解决机制》,载《中国法学》2007年第3期。

④ 参见于建嵘:《中国的社会泄愤事件与管治困境》,载《当代世界与社会主义》2008年第1期。

焦点问题集中在如下方面:群体性民事纠纷;农村土地征收、城市房屋拆迁、山林权属、企业改制等行政争议;死刑案件、群体性事件引发的刑事案件、黑恶势力团伙犯罪案件和农村集资诈骗案件;以村集体等基层组织、企业为被执行人的案件;婚姻家庭、邻里纠纷执行案件;以及赴偏远落后农村对被执行人采取限制人身自由的强制措施类执行事件。当事人采取以下对抗形式:聚众围堵冲击法院、非正常闹访、暴力抗拒执行、因诉群体性斗殴、制造网络舆论事件①。

在法院裁判的执行环节,群体性的暴力抗法现象也时有发生。2001 年和 2009 年,最高人民法院分别发出《关于谨防发生暴力抗拒执行事件的紧急通知》和《关于执行工作中谨防发生暴力抗拒执行事件的紧急通知》,从侧面印证了涉诉群体性事件的严重性。

涉诉上访和涉诉群体性事件只是反形式化诉求表达行动的两种典型,除此之外,还包括各种各样的结果导向型诉求表达行动。在这样的诉求表达行动当中,司法虽然有时候也被当作"武器"运用起来,但是,行动者仅仅是策略性地使用这个武器,而不会放弃其他维权渠道和方法②;行动者所提出的实质化诉求,形式主义司法也常常难以有效应对。

五、去形式化的政治回应

共产主义政权虽然高度重视意识形态的塑造和政治权威的不容挑战性,但是也具有回应性政党和政府的一面。人民性是共产主义政权的固有属性。在我国,针对人民群众多种多样的诉求(实质的和程序的),以富有灵活性的方式回应之,是一种非常重要的政治经验和传统。这种政治传统被政治学家概括为"游击队风格",强调政治过程的高度灵活性、弹性或不确定性③。这种崇尚不确定性的思维模式,其实也就是一种去形式理性化的思维模式。然而,这并不意味着共产主义政权完全排斥形式思维,只不过是对之保持一种实用主义或机会主义的态度。具体到维稳工作上,实用主义的治理逻辑就是:对于那些形式化的诉求表达行动,以形式化方式回应之;对于反形式化的诉求表达行动,则以反形式化的方式加以应对。基于这种思维逻辑,当发现形式化司法

---

① 参见占翔、方龙华:《妥善处理纠纷有效预防群体性事件——江西省上饶市中级人民法院关于处理涉诉群体性事件的调研报告》,载《人民法院报》2012 年 8 月 9 日第 8 版。

② 参见应星:《草根动员与农民群体利益的表达机制——四个个案的比较研究》,载《社会学研究》2007 年第 2 期。

③ See Sebastian Heilmann and Elizabeth J. Perry, Embracing Uncertainty: Guerrilla Policy Style and Adaptive Governance in China. in S. Heilmann and E. Perry(eds.), Mao's Invisible Hand: The Political Foundations of Adaptive Governance in China, Cambridge, Mass.: Harvard University Press, 2011, pp. 1 - 29.

在反形式诉求面前缺乏回应力的时候,政治系统对司法体系采取了如下政治动员举措。

(一)对形式思维的政治改造

在上世纪八九十年代的法治和司法改革过程中,形式法治得到官方的肯定,成为法治和司法改革的主要内容和改革方向。在形式主义改革的推动下,法官也逐渐形成形式化的法治思维和司法作风。但是,改革所造成的司法机器的形式主义化,在应对反形式诉求时显得非常无力,甚至经常造成冲突升级,加剧不稳定风险。涉诉上访与涉诉群体性事件的激增,充分说明司法在维稳上的不力乃至消极作用,引起党和政府的不满。国家和社会对司法的不满主要集中在三个方面:司法程序僵化拖延、法官的精英主义倾向、不考虑裁判后果①。这些问题的产生与司法形式化改革关系密切。

针对形式主义司法和形式思维的种种弊病,回应措施首先从思想路线入手。2005年中央提出"社会主义法治理念",把它概括为"依法治国、执法为民、公平正义、服务大局、党的领导"五个方面。此后,中央政法委在全国范围内广泛开展了社会主义法治理念教育活动,重心之一就是要强化司法体系的"大局思维"。此后,"大局思维"被具体化为司法工作要做到政治效果、社会效果和法律效果的"三统一"。所谓的大局包括"改革"、"发展"和"稳定"三个方面,其中"发展"和"稳定"是最为重要的大局,即"发展是硬道理,稳定是硬任务"。有段时期里,"稳定"这个大局被提高到无以复加的地位,"稳定压倒一切"成为流行口号。通过创造性的司法工作服务于"发展"和"稳定"大局,尤其是"稳定"这个大局,成为一项重要的政治任务。既然形式思维不利于维稳,自然就成为需要加以克服的错误思维倾向。

(二)鼓励运用去形式化的司法方法

与审判相比,调解被认为是一种去形式化的司法方法。大力提倡"调解优先",成为司法去形式化的一个重要途径。不但中央层面出台大量的调解政策和法律,地方也对调解工作进行了大量的探索创新。一些地方为了调动法官调解的积极性,采用了运动式动员方法。地方法院特别是基层法院制定了导向性明确的内部考核机制,鼓励法官多调解、少判决,通过有效的调解手段,尽量遏制上访和群体性事件的发生。调解考核不仅仅与个人的政治升迁直接关联,而且与法官的日常经济收入建立起联系,考核结果将体现为奖励与惩罚等形式。

无论是物质奖励还是授予荣誉,在绩效考核中,调解撤诉率是一项特别重要的指标。在河南省商丘中院评选出的2012年全市"十大调解能手"(共9名)中,所有人的

① See Fu Hualing and Richard Cullen, From Mediatory to Adjudicatory Justice: The Limits of Civil Justice Reform in China. in Margaret Y. K. Woo and Mary E. Gallagher (eds.), Chinese Justice: Civil Dispute Resolution in Contemporary China, Cambridge University Press, 2011, pp. 25 - 57.

调撤率都超过了80%[①]。2011年,许昌中院针对辖区内法院案件调解率不高,调解工作开展的还不够到位等问题,制定了有针对性的整改方案,包括“将案件的调撤率作为庭室和干警考核的一项重要目标和重要内容”,“规定庭室和个人最低的调解数指标”,“实行调解工作一票否决制”,“将调解工作与干警的切身利益挂钩,将每名业务庭干警的调解案件数和调撤率记入个人的执法档案”等[②]。

(三)树立实质法治思维的“典型”

政治动员的常用方法是,塑造符合政治标准的典型人物,通过表彰和宣传这些人物,为广大动员对象确立行动的榜样和指南。不同于20世纪90年代,新时期模范法官的标准不再只以强调法官客观公正、坚守正义的一面,也不再以仅强调专业和程序的重要性,而是更加看重法官在服务大局和调解方面的表现,模范法官陈燕萍是一个经典案例。从陈燕萍的模范事迹中,我们可以清晰地发现党对法官工作的新要求和新标准。“陈燕萍扎根基层14年,情系百姓,无私奉献,模范履行人民法官的职责,共审理3000多起案件,无一错案,无一投诉,无一引发上访,为维护社会稳定,促进社会和谐,作出了积极贡献”,得到中央政法委高度评价并号召全国法官向她学习[③]。陈燕萍的司法经验被概括为“陈燕萍工作法”,《人民法院报》对此这样总结:“她善于根据案件具体情况、当事人身份和性格的差异,采取不同的调解对策,在法、理、情之间寻求最佳结合点。为了解开当事人双方的心结,她总是不惜心血一次又一次进行沟通、劝导,用一片真情去说服、感化,不到万不得已,不轻易判决”[④]。

六、双重压力下的法治思维转向

如果说面对反形式的诉求表达行动法院还可以有所坚持的话,在政治系统强有力政治动员面前,法院不可能不对前期形式主义取向的改革和已经形成的形式化思维作出必要调整,以适应新的政治社会环境。这些变化体现在以下方面。

(一)受案标准的实质化

针对反形式化的或者非常规的诉求表达行动,法院在进行回应的时候并不是平等对待的,相反是有选择的。通常情况下,那些受到国家关注的敏感问题,法院会全力以

① 参见《商丘市中级人民法院关于2012年“六评”结果的公示》,载http://hnsqzy.hncourt.org/public/detail.php? id=7598,最后访问日期2016年9月15日。

② 参见《许昌市中级人民法院关于〈“强两基、重民生、转方式、促发展”主题活动整改方案〉公告》,载http://xczy.chinacourt.org/public/detail.php? id=4592,最后访问日期2016年9月15日。

③ 参见王明新、朱旻:《深入开展向陈燕萍同志学习活动进一步夯实执法为民思想根基》,载《江苏法制报》2009年11月19日第1版。

④ 参见陈永辉:《情法辉映、曲直可鉴——解读陈燕萍工作法》,载《人民法院报》2010年1月19日第1版。

赴。越是国家重视的矛盾,法院越是给予重点解决。2010年,最高人民法院将国家关注的问题具体化为以下九类民事纠纷,要求优先以调解方式解决:事关民生和群体利益、需要政府和相关部门配合的案件;可能影响社会和谐稳定的群体性案件、集团诉讼案件、破产案件;民间债务、婚姻家庭继承等民事纠纷案件;案情复杂、难以形成证据优势的案件;当事人之间情绪严重对立的案件;相关法律法规没有规定或者规定不明确、适用法律有一定困难的案件;判决后难以执行的案件;社会普遍关注的敏感性案件;当事人情绪激烈、矛盾激化的再审案件、信访案件①。

在地方,法院对案件选择的态度与中央的要求基本保持一致。例如,2012年宜宾市筠连县法院在开展"攻坚破难"专项调解活动中,把六类案件列为重点内容:一是涉及20人以上的集体诉讼案件;二是征地拆迁、环境污染、劳动争议、医患纠纷等可能造成社会不稳定的案件;三是案情复杂、办理难度大涉及社会稳定的案件;四是跨地区、省、市社会影响较大的案件;五是媒体跟踪报道的案件;六是涉诉上访交办的案件。②

对于那些复杂敏感的案件,法院还试图通过不立案的方式来应对。例如,山东高院2006年出台的一个文件规定:"受理新类型、敏感、疑难案件必须树立大局意识,提高立案审判工作的敏感性、前瞻性,避免因立案不当,陷入司法困境";"案件虽属人民法院管辖,但涉及国家安全、社会稳定、经济发展,以及受理后即使作出裁判也难以执行,造成法院工作被动的,受理应当谨慎"③。再如,浙江高院要求,"那些影响区域经济发展的突出问题以及有可能影响社会稳定的重大案件,必须在党委的统一领导下,综合运用经济、行政、政策、法律等手段及时有效处理,通过发挥政治组织优势予以解决,尤其是对于因经济利益关系调整和民生问题引发的群体性矛盾,不要轻易纳入司法渠道"④。实证研究也发现,在基层法院,群体性案件,农村土地征收、房屋补偿和集体收益分配中的部分案件,限制人身自由案件经常被定义为敏感案件,一般是不予立案的⑤。

(二)解纷基准的实质化

在能动司法运动中,稳定、发展、情理是最为常见的司法裁判和调解的标准,这种

---

① 参见《最高人民法院关于进一步贯彻"调解优先、调判结合"工作原则的若干意见》,载 http://www.court.gov.cn/xwzx/fyxw/zgrmfyxw/201006/t20100628_6402.htm,最后访问日期2016年9月15日。

② 参见《筠连县法院五项措施迅速开展"攻坚破难"专项调解活动》,载 http://www.ybpaw.com/news.asp?id=7424&page=0,最后访问日期2016年9月15日。

③ 参见《山东省高级人民法院新类型、敏感、疑难案件受理意见(试行)》,载 http://www.66law.cn/domainblog/9892.aspx,最后访问日期2016年9月15日。

④ 参见《关于充分发挥司法职能保障经济平稳较快发展的指导意见》,载 http://www.zjcourt.cn/content/20130604000047/20130604000266.html,最后访问日期2016年9月15日。

⑤ 参见应星、徐胤:《"立案政治学"与行政诉讼率的徘徊——华北两市基层法院的对比研究》,载《政法论坛》2009年第6期。

标准很多时候是凌驾于法律之上的。

把“稳定”作为纠纷化解的基准，最突出地体现在群体性纠纷的解决上。例如，苏阳与贺昕的经验研究发现，当华南地区的一些农民工走上街头集体讨要工资福利时，法官经常被指派到第一线去平息冲突。为了避免事态扩大，法官不得不尽快满足农民工的全部或部分要求。在未经任何法律程序的条件下，以党委政府的支持为后盾，法院可以直接要求涉事企业、企业主或基层政府拿出资金来安抚集体行动者①。

拆迁案件往往既涉及发展，处理不慎也会影响稳定，因此这类案件最受地方政府重视，处理难度最大。模范法官陈燕萍在化解这类纠纷时，做到了政治效果、经济效果和社会效果的三统一：“2007 年上半年，辖区发生一起因新建学校涉及 30 多户村民拆迁案件，因部分村民对拆迁补偿方案不满意，出现集体阻工和群众上访的征兆，如不妥善处理，可能引发群体性事件。陈燕萍接手案件后，带领合议庭同志挨家挨户做工作，耐心讲解法律法规，协调解决群众困难，争取拆迁村民的合法权益，在党和政府与人民之间架起了一座连心桥。为了解决一户村民的建房困难，她多次跑有关部门帮助办手续、筹资金。一个星期下来，陈燕萍累得又黑又瘦，嘴上还起了血泡，村民见了十分心疼，纷纷表示：‘陈法官是真心为我们办事，她的话我们听。’最终案件全部协调解决，为学校按期建设创造了条件。”②另一个模范法官金桂兰，在调解普通民事纠纷的方法上，与陈燕萍有着相似的特征，她们都强调情理法的并用，而且优先考虑情理。在着力宣传的一件离婚案例中，情理压倒了法律，丈夫的诉讼权利没有得到充分的尊重和保障，但是一桩婚姻却得以保全了③。

（三）司法方法的实质化

“调解优先”的政治动员在法院系统所产生的影响是巨大的，这种影响不仅体现在调解数量的增加上，而且体现在调解的方式方法上。在强有力的政治动员下，新时期的法院调解带有非常突出的反形式化特点。正如季卫东教授所说：“具有浓厚裁断兼教谕色彩的调解机关，要动员人民向着现代化的目标奋进，使之支持和参与新秩序的建立，不论其动机多么善良，都会倾向于马基雅维里式的权术主义，只是程度不同而已”④。

在参与式观察的基础上，高其才把基层法官常用的“调解术”概括为十种：预判术、

---

① See Yang Su and Xin He, Street as Courtroom: State Accommodation of Labor Protest in South China. Law&Society Review, 44(1):157 - 184,2010.

② 参见孙智林、靖纪：《法中有大爱——记全国模范法官、江苏省靖江市人民法院园区人民法庭副庭长陈燕萍》，载《中国监察》2010 年第 16 期。

③ 参见张龙泉：《一心为民、无私忘我的好法官》，载《中国监察》2005 年第 24 期。

④ 参见季卫东：《调解制度的法律发展机制》，载强世功主编：《调解、法制与现代性：中国调解制度研究》，中国法制出版社 2001 年版，第 79 页。

隔离摸底术、拖延术、借力术、施压术、疏导术、给脸术、弥补术、主导术[①]。这些权术化的调解,在各地基层法院普遍存在。施展调解术的关键在于要"不同问题,不同解决"。基于这种思维逻辑,上海中院的一位法官把从事调解的语言能力概括为"四个异":因人而异、因事而异、因时而异、因地而异[②]。

在各种调解术中,"背靠背"调解的复兴尤其令人瞩目。吴英姿的研究总结了新时期"背靠背"调解的通常做法:"法官在帮助双方沟通信息时,并非将所有的信息都传递给双方,而是传递甚至夸张有利于促进和解的信息,隐瞒不利于和解的信息。比如告知原告的是'你的证据不足'、'诉讼请求获得法院支持比较困难'的信息,对于被告则告知'法院很可能判决你承担责任'的信息,隐瞒证据不足的信息"[③]。

在我国上世纪80年代民事审判方式改革之前,"背靠背"调解曾经是一个经常被使用的方法。那时候,"背靠背"调解的特点被总结为:"既能避免双方当事人面对面地吵架,影响'关系'或'情绪',提高调解的成功率,又能使双方当事人均摸不清对方的意图,使法官手中留有余地,便于'斡旋'"[④]。然而在审判方式改革过程中,人们对"背靠背"调解进行了深刻反思。例如,认为"背靠背"调解法的最大弊端在于它无法避免审判人员在单方面做工作的时候,欺骗、愚弄当事人[⑤];而且容易引起双方当事人的疑虑:"为什么法官老帮着对方说话?"[⑥]随着"自愿、合法调解"原则的确立,尤其是证据制度的改革,"背靠背"调解法逐渐被法官们摒弃。在新的历史时期,这种完全反形式化的做法再次流行值得深思。

在行政诉讼中,由于法律明确禁止调解,许多法院以"协调"之名来行调解之实。吴英姿的研究表明,"协调"与调解在思维方法上基本相同:"案件事了"的"摆平"逻辑、"两头强劝"、"主动协调"、"双扩大"调解法[⑦]。一般来说,"协调"优先被运用于重大敏感案件。例如,2009年商丘市人民政府办公室公布的《商丘市疑难行政诉讼案件协调委员会议事规则》把下列案件列为重点协调对象:人民政府作出的土地征用、土地征收、土地登记、土地行政处理等案件;行政机关作出的城市房屋拆迁、城市建设规划等案件;行政机关作出的房产登记、政府信息公开、劳动保障处罚、环境保护处罚等案

---

① 参见高其才、周伟平:《法官调解的"术"与"观"——以南村法庭为对象》,载《法制与社会发展》2006年第1期。

② 参见袁月全:《谈做好调解工作的五种能力》,载俞灵雨主编:《调解技能与艺术》,人民法院出版社2011年版,第15-16页。

③ 参见吴英姿:《法院调解的"复兴"与未来》,载《法制与社会发展》2007年第3期。

④ 参见景汉朝、卢子娟:《经济审判方式改革若干问题研究》,载《法学研究》1997年第5期。

⑤ 参见胡光甲:《也谈经济纠纷案件调解中的"原告让步"》,载《人民司法》1991年第5期。

⑥ 参见陆建平、胡健康:《寻求更能体现公正的审判方式——云南省昆明市中级人民法院经济审判方式改革的几点做法》,载《人民司法》1995年第8期。

⑦ 参见吴英姿:《司法过程中的"协调"——一种功能分析的视角》,载《北大法律评论》(第9卷第2辑),北京大学出版社2008年版,第482-484页。

件;其他涉及群体性利益或公共利益的重大、复杂行政诉讼案件;协调委员会认为需要协调的其他案件①。

另一种常见做法被俗称为"花钱买稳定",这其实是一种动员增量资源来化解纠纷的方法。"对刑事被害人或其亲属的司法救助,对生活确有困难的申请执行人的司法救助,对涉诉信访中于法无据、但情理之中的信访老户的司法救助,没有司法与行政的联动和公共财政的支持必然是寸步难行"②。龙宗智发现,许多群体性、非常规性纠纷的解决,例如拆迁补偿,复退人员救济等,大都通过说服动员的方式,使有能力的一方提供一些增量资源,从而帮助纠纷化解③。

七、结语

法治思维的养成,离不开合适的政治社会环境。或者说,什么样的政治社会环境,就会养育出什么样的法治思维类型。无论理论家和政治家们多么雄心万丈,试图通过观念的普及或政治号召来树立法治思维,都无法脱离现实政治社会环境这个客观约束。对于"法治思维"的形成和演变,不应有过多不切实际和过于理想化的判断。在我国独特的稳定政治环境中,只要行动者仍然惯用反形式化手段提出诉求,只要各个层级的政治代理人仍然能够不受约束地对司法进行政治动员来应对不稳定挑战,很难想象形式法治思维会真正得到司法体系的认同和接纳。

可能的突破口在于强化责任制的建设。没有严格的责任制,传统僵化的思维逻辑不会轻易发生转变。法治思维的养成关键不在于提倡、动员和鼓励,关键在于问责。"动员千遍,不如问责一次"。对于明显背离法治的行动,无论是来自于社会系统还是政治系统,一律依法进行问责,才有可能逐渐在领导干部和人民群众中养成法治思维。仅就司法体系而言,如果认为司法体系的形式法治思维对于"法治中国"而言是至关重要的,对于涉诉上访和涉诉群体性事件中的实质化诉求就不应一味地迁就,对其中的违法者也应依法进行责任追究;同理,对那些在"维稳"名义下随意动员司法的领导干部也应坚决予以问责,非如此难以扭转司法体系法治思维的实质化趋向。这种司法体系外部的问责体系的发展完善,在一定意义上可以说对司法体系法治思维的演变是具有决定性作用的。

---

① 参见《商丘市人民政府办公室关于印发商丘市疑难行政诉讼案件协调委员会议事规则的通知》,载 http://www.shangqiu.gov.cn//viewCmsCac.do? cacId = ff80808121d298530121d3613bc1。0007,最后访问日期 2016 年 9 月 15 日。

② 参见张文显:《联动司法:诉讼社会境况下的司法模式》,载《法律适用》2011 年第 1 期。

③ 参见龙宗智:《关于"大调解"和"能动司法"的思考》,载《政法论坛》2010 年第 4 期。

作为一种法治话语的司法规律*

王奇才**

摘　要：在关注当前中国法学界有关司法规律实质内容之研究时，司法规律作为一种法治话语的功能和意义，在当下中国司法改革背景下尤其值得注意。司法规律在内容构成和逻辑演进上具备作为一种法治话语的特征，这既体现了司法规律作为社会规律的性质，也体现了司法规律的中国特色。通过挖掘司法规律的话语内涵可以进一步发现，司法规律话语有助于推动关于司法改革的知识与行动的相互转化，有助于形成司法改革社会共识，有助于司法改革理论体系的整合。司法规律话语如何转化为有效的司法改革实践，可以通过司法规律与司法理性、司法原则和司法规则的相互关系得以阐明。

关键词：司法规律；法治；话语；规律

随着中国司法改革的推进，"司法规律"作为中国本轮司法改革的关键词之一，愈来愈受到实务界和学界的重视。2015 年 3 月 24 日，中共中央政治局就深化司法体制改革、保证司法公正进行第二十一次集体学习，中共中央总书记习近平在主持学习时指出，深化司法体制改革，建设公正高效权威的社会主义司法制度，要"坚持符合国情和遵循司法规律相结合……完善司法制度、深化司法体制改革，要遵循司法活动的客观规律，体现权责统一、权力制约、公开公正、尊重程序的要求"。

在当下关于司法规律的讨论中，人们常常关注"当我们言说司法规律的时候，我们是在言说什么"这个问题，尝试去回答司法规律的本体论问题，包括司法规律的内涵和外延，尤其是司法规律的理论界定、司法规律的具体内容、中国特色社会主义司法规律

* 基金项目：吉林大学基本科研业务费哲学社会科学研究种子基金项目"全球治理结构的法治化"（基金编号：2011ZZ012）。

** 王奇才，男，湖南靖州人，吉林大学法学院副教授，法学博士，研究方向为法理学、行政法学。

等。学界和实务界对上述问题,已从不同方面、以不同方式作了讨论[①]。在阅读这些文献,同时也是在观察中国官方话语对司法规律之表述方式时笔者认为,当人们在言说"司法规律"一词的时候,"司法规律"是作为一种法治话语来加以使用的。或者说,对司法规律的重视、倡导和实践化,是法治中国建设的一个重要进展,"司法规律"这一话语的流行正是这种进展的表现,而"司法规律"这个概念的话语功能和实践意义因而值得我们重视和研究。那么,一个值得思考的现象是:当我们言说司法规律的时候,我们不仅仅是把司法规律作为学术研究的对象、作为制定司法改革政策的某种依据,我们还是在从事一种话语实践。而"司法规律"这种话语实践的内容和意义是什么?其局限性又是什么?这尚需要进一步的讨论。也许这类问题只是文章开头所提出问题的一种转换,但从学术研究的角度说,应该是有意义的。

为了讨论司法规律是一种法治话语、言说司法规律是一种法治话语实践的问题,在本文中,笔者将从以下几个方面来展开论述:一是从人们所讨论的司法规律的内容来看,为什么司法规律是一种话语并且是一种法治话语?二是从人们讨论司法规律所欲达到的目的来看,司法规律作为社会规律,如何既体现了其作为社会规律的普遍性又体现了其中国性?三是司法规律的话语功能是什么?四是从司法规律实践化的方式来看,司法规律应当以一种法治所要求的方式加以实践化,那么目前的讨论以及司法规律实践化的可能途径如何体现了这一点?

一、司法规律与法治话语

(一)关于司法规律的研究现状

从中国知网所收录的文献来看,自 2010 年之后,各种文献对"司法规律"这个概念的使用频率有了明显增长。通过对中国知网库中文献按照"全文"检索可见,2014 年和 2015 年使用"司法规律"一次的文献分别达 1459 篇和 2052 篇,相比 2013 年 5 的 981 篇有了明显增长。在这其中,随着"司法规律"被官方文件正式采用,中国官方媒体广泛采用"司法规律"这一概念是文献增长的重要原因之一。2013 年之前,学术期刊中发表的文献使用"司法规律"一词的总次数明显多于报刊文献,2013 年之后(不含 2013 年)报刊文献中使用"司法规律"一词的总次数已多于学术期刊文献。由于"司法

① 除去后文引述的文献,仅较近的两年,相关的研究有,樊崇义:《"把握司法规律推进司法改革"系列之何为司法规律》,载《人民法治》2016 年第 6 期;杨宇冠:《论刑事司法规律》,载《中国检察官》2016 年第 9 期;龙宗智:《中国特色的检察制度建设应遵循司法规律》,载《人民检察》2016 年第 2 期;江国华:《司法规律层次论》,载《中国法学》2016 年第 1 期;等等。综述性的文献有,罗梅、寻锴:《司法规律的理论和现实问题——十八大以来的司法规律研究文献综述》,载《法制与社会发展》2015 年第 3 期;彭巍:《司法规律学术研讨会纪要》,载《法制与社会发展》2015 年第 3 期。

规律”是中国本轮司法改革的重要语汇,其在2012年之后(不含2012年)的学术期刊文献中同样有较为明显的增长,且占据着重要比例。

表1 “中国知网”主要子库检索情况

类别	2016	2015	2014	2013	2012	2011	2010
报纸	673	929	597	311	226	223	180
期刊	653	769	572	461	342	317	298
所有库	1538	2052	1459	981	769	791	611

(其中2016年的数据,为截至2016年12月25日的可检索结果)

表2 “中国知网”收录部分报纸媒体所载文章检索情况

报纸名称	2016	2015	2014	2013	2012	2011	2010
人民日报	27	25	26	5	3	0	3
光明日报	8	17	15	3	3	0	5
法制日报	86	119	65	30	21	10	8
人民法院报	199	251	161	128	101	105	95
检察日报	75	87	62	43	39	42	20

(其中2016年的数据,为截至2016年12月25日的可检索结果)

上述数据从一个侧面表明,“司法规律”在当下的中国官方文件、媒体报道和学术研究中均占有醒目位置。“司法规律”一词在报刊文章中的大量出现,使其不再只是学术话语,而是进入到社会舆论和政治话语当中。当然,我们也注意到,《法制日报》《人民法院报》《检察日报》等政法媒体所载的使用“司法规律”一词来研讨司法改革的文章,有很大一部分是由法学研究者撰写的。在“司法规律”这一概念成为当下一种公共话语的过程中,司法改革的政治推动力和法学研究对司法改革的阐释宣传,都扮演着重要角色。

就中国学界关于司法规律之性质和内容的讨论而言,在笔者看来,主要涉及三个方面:一是关于司法权性质及其行使的基本规律;二是关于司法制度发展的主要规律;三是司法活动的具体规律。

例如,陈光中教授和龙宗智教授认为“司法规律,是由司法的特性所决定的体现对司法活动和司法建设客观要求的法则”①,而基本司法规律主要有:第一,严格适用法律,维护法制权威;第二,公正司法,维护社会公平正义;第三,严格遵守法定正当程序;

① 参见陈光中、龙宗智:《关于深化司法改革若干问题的思考》,载《中国法学》2013年第4期。

第四，司法的亲历性与判断性；第五，维护司法的公信力和权威性。张文显教授认为，“走中国特色社会主义司法道路，建设公正高效权威的社会主义司法制度，是人民司法事业健康发展和法院工作顺利推进的根本规律，司法改革必须沿着这条规律推进。司法的具体规律有很多，诸如化解社会矛盾的规律，程序公正的规律，审判管理的规律，法官职业化的规律，等等”①。蒋惠岭法官则尝试从诉讼程序中的规律（包括司法权归属、立案程序和审判方式、裁判文书签发制与案件请示等方面）、审判管理中的规律、司法行政管理中的规律、人事管理中的规律四个方面总结了法院内部运行机制中的司法规律②。张志铭教授和杨知文博士认为“司法原理或司法规律是司法活动所内含的最基本的原则要求，是司法自身合理运行所固有的趋势和特征，体现着司法活动过程中各种要素之间的内在联系。总体说来，符合现代法治要求的司法活动一般要遵循司法独立、司法克制、司法程序正当、司法职业化和司法终局等方面的规律要求，以便保障司法公正的顺利实现”③。

笔者认为，把司法权行使的基本规律与司法活动的具体规律区分开，有利于层次清晰地论述司法权的根本特性及其运行规律，而司法活动的具体规律具有更大的开放性，后者需要与司法权的特性相结合，才能表述和论证司法领域的一些特定要求，例如司法的亲历性、司法人力资源配置的主辅规律等。对司法规律的性质和具体内容进行理论化的、类型化的讨论，是建立在相应的理论前提之上的。综上所述，笔者认为，无论是关于司法权行使的规律和要求，还是关于司法制度发展的规律以及司法活动的具体规律，人们主要是在现代法治和司法制度的前提意义上讨论司法规律④，现代法治与现代司法规律的基本内容实际上就是司法规律的主要内容。

（二）司法规律与法治话语

在当下中国法治中国建设和中国特色社会主义法学理论体系研究中，中国特色社会主义法治话语体系的建构和研究是一个重要内容。与本文论题相关的是，如果说“司法规律”作为一种“话语”，已经通过文献回溯和统计得以确认，那么司法规律在什么意义上能够成为一种“法治话语”？对此问题的确认，需要以法治话语的基本属性和话语背景为讨论依据。

在中国讨论“法治话语”，首先应当注重人们所主张的“法治话语”应当具备法治所要求的一般属性，符合法治的一般要求，而不是违反“法治”或者是一种“假”法治。

---

① 张文显：《人民法院司法改革的基本理论与实践进程》，载《法制与社会发展》2009 年第 3 期。

② 蒋惠岭：《法院内部运行机制中的司法规律》，载《法制资讯》2014 年第 9 期。

③ 张志铭、杨知文：《追求司法公正遵行司法规律》，载《人民法院报》2013 年 5 月 8 日第 5 版。

④ 例如，杨宇冠教授认为：“法治状态下的司法应当遵循一系列原则，这些原则是人类从司法活动中总结出来的维护司法公正的最基本要求。偏离司法规律，法治状态下的司法就会遭到扭曲和破坏，从而不能发挥其正常功能。”杨宇冠：《依法治国与司法规律》，载《法制与社会发展》2015 年第 5 期。

尽管“法治”在理论上是一种“本质上有争议的概念”(an essentially contested concept)①,但“法治”这个概念的典范以及“真”法治的基本理论共识却是存在的。而从话语分析的角度,正是法治的这种争议性和开放性,为人们围绕法治在不同的语境和文本中进行讨论、互相沟通,从而产生种种“法治话语”提供了前提。其次,由于话语的沟通性和争论性,“法治话语”应当是就当下时代法治建设的某些根本性和争议性问题的言说,并因其所针对问题的重要性而具有社会性的特点,这样就使得“法治话语”区分于学术研究范式、理论话语,不只是学术研究意义上的概念、学说、理论。

基于上文的分析,司法规律显然在内容构成和逻辑演进上具备法治话语的属性。司法规律首先体现为司法的各种专属特性,诸如职权的专属性、程序的法定性、从业人员的专业性、裁决的权威性等,进而体现了对司法实践经验的深刻认识和理论升华。更进一步,当学者和实务界在言说司法规律的时候,在更为广泛的意义上,是在言说根据法治原则而推导出来、根据成功的法治实践而提炼的司法规律,所言说的内容以及“按司法规律办事”这种言说方式本身,都是一种典型的法治话语。

尤其是,尽管司法规律的内容是丰富和开放的,学界和实务界已经就司法规律发表了很多富有启发性的看法,但就当下而言,司法规律还需要深入细致的梳理和重构。郝铁川教授认为:“旁观改革开放以来三十多年的司法改革,最深切的感受是,我们对一般司法规律,尤其是中国特色的司法规律认识、归纳、梳理不够,司法改革缺乏明晰的理论指导。”②当我们把司法规律视为一种法治话语的时候,也就意味着司法规律的内容和构成并不是随意的,而是应当按照根据法治的原则、理念,特别是根据法治话语的要求来加以研究和形塑。

(三)司法规律与相关概念的关系

当我们把司法规律作为一种法治话语来看待的时候,我们还需要考察司法规律与政治话语和社会舆论的联系及区分、以及司法规律与司法理论的联系及区分。

1. 司法规律与政治话语、社会舆论

作为一种法治话语的司法规律,重在树立和传播法治精神、推进法治实践、推动法治共识的形成。在把司法规律视为一种法治话语的时候,更有利于也更应该把法治话语、政治话语、社会舆论(大众话语)沟通联系起来。那种把法治话语与政治话语、社会舆论截然对立的做法③,或许主要是针对诸如传统的、人治优先于法治的政治话语和民

① “本质上有争议性的概念区分”区分与“根本上存在混淆的概念”(radically confused)的两个条件:一是基于不同目的的概念使用者,都必须承认这一概念来源自“一个其权威获得承认的原始范例”;二是概念使用者之间对这一概念的争论,证明了或者发展了原始范例的用法。参见 Kenneth Mark Ehrenberg, Law is not (Best considered) an Essentially contested Concept, at http://ssrn.com/abstract=816146(Last visit: 2016-05-30)。

② 郝铁川:《尊重司法规律先要梳理司法规律》,载《法制日报》2014年12月24日第7版。

③ 参见冯文生:《法治话语的境遇及改善》,载《人民法院报》2012年12月21日第5版。

粹化的大众话语，而忽视了法治概念和法治话语的针对性分析讨论。“法治话语”这一概念的提出本身就不专属于法律人，司法规律这一法治话语也不应当专属于司法职业人员。司法规律与政治话语、社会舆论的区别是知识性的，即司法规律来源于对司法实践的深刻认识，但是司法规律作为一种法治话语，其功能和话语实践却应当辐射到政治和社会领域。关于司法规律的话语功能和意义，下文还将作进一步的论述。

2. 司法规律与司法理论

关于司法规律的研究，已经出现并将会继续出现关于司法规律的各种理论[①]。各种司法规律的理论学说，会对司法规律的内涵和外延、司法规律的内容构成、司法规律的特点和功能、司法规律的实践方式等问题作出差异化的回答。有关司法规律的理论，自然也将是司法理论体系的一个组成部分。但是，司法规律作为一种法治话语，其着重点并不在于上述理论性方面，而是在于司法规律这种法治话语的来源、目的、言说和传播方式、对人们实践活动的影响等方面。也就是说，作为一种法治话语的司法规律，更注重其话语实践功能。司法规律的理论主要是在理论的层面思考和回答问题，法治话语则将表达与实践相关联，言说“司法规律”本身就可能构成一种话语意义上的法治实践。

3. 司法规律与司法理念

基于规律概念的哲学意义，司法规律是对司法权和司法活动的本质性认识。按照司法活动的客观规律，设计司法改革方案、推进司法改革实践、履行司法机关职责，是当下司法改革和司法活动的重要理念，在这种意义上，司法规律是一种重要的司法理念。司法理念是一种主体性的观念，其主体主要是司法机关工作人员，其内容具有政策性、价值性、理念性的特点，例如尊重和保障人权、司法公正、司法诚信等。与之相比较，作为一种法治话语的司法规律，其主体不应仅限于司法机关工作人员，而是为广泛的社会主体所共享，也正是在此意义上，司法规律才构成一种“法治话语”。而在内容上，作为一种法治话语的司法规律，更加重视和强调对司法活动现象的本质性和抽象性的表述以及在此基础上对主体行动的影响。

二、司法规律与社会规律

（一）司法规律作为一种社会规律

司法规律并不是自然世界的物质客观规律，而是人类社会领域的规律。人类的实践活动使得人类社会区别于自然世界，人类社会的规律具有与自然社会规律不同的特点。法律起源发展的规律、司法规律都是人类实践活动的结果，但也应注意到，“直接

---

① 例如江国华：《司法规律层次论》，载《中国法学》2016年第1期。

决定人的活动的不是历史规律,而是人的动机和目的”①。

与影响司法制度和诉讼发展的社会因素相比较,司法规律作为社会规律的特性将更加突出。美国法学家谢尔登·戈德曼和奥斯汀·萨拉特曾分析了影响诉讼的三个常见因素,分别是社会发展、当事人对成本/收益的主观计算、立法机关与法院确立了更多的可诉讼的法定权利和救济。就社会发展而言,诉讼的发生频率与法院所依存的社会的复杂性、分化程度等相关,在复杂度高的社会中诉诸法院解决纠纷的频率相对更高。就当事人对成本/收益的主观计算,一般而言当事人会精心计算诉诸法律进行诉讼的风险和得失,但也存在一部分当事人诉至法庭并不是为了具体的物质收益而是为了某种宣泄效果。就立法机关与法院确立了更多的可诉讼的法定权利和救济而言,戈德曼和萨拉特认为,“在某种程度上,诉讼爆炸是最高法院的判决拓宽权利和救济的结果。膨胀的法律通过扩大法院的权限来增加潜在的或者显在的诉讼。新确立的权利很可能促进诉讼以维护或者保护这些权利”②。上述分析框架虽然也指出了法院扩大权利救济范围对诉讼爆炸的影响,但在法院扩大权利救济范围与诉讼增加之间复杂的因果关系之外,如果我们将司法规律作为方法论工具,就能从社会规律这一更深入的层次来考察司法需求(诉讼需求)和司法公共产品供给之间的辩证关系,去把握经济社会发展、社会物质结构对法律制度和司法改革政策制定的影响。

当人们言说司法规律的时候,这种活动本身会受到人们的动机和目的的影响。只有我们把司法规律的现实关切与社会发展规律相统一,也就是在当下中国,在人们把司法规律、依法治国和深化改革统一起来的时候,才能使司法规律真正地符合社会历史规律的发展趋势,真正地担当得起“规律”这个词语的意义。这也就是司法规律作为社会规律的普遍性意义。

在人们言说“按照司法规律办事”的时候,已经预设了他们关于司法的一种或者某几种特定的目的。今天,当我们言说“按照司法规律办事”的时候,我们主要是在国家治理现代化、建设法治中国的意义上使用司法规律这个语词的;当人们强调司法规律的积极作用的时候,其基本立场和目的是为了保证司法公正、实现社会公平正义、建设法治中国、推进司法文明。

如果忽视上述特定的目的,特别是如果不把司法规律作为一种法治话语,而是把司法规律作为包装其他特定的政治理想和制度目标的话语,那么司法规律也很有可能是反法治的,司法规律在使用的过程中甚至可能是反常识和反理性的。在人们讨论司法规律的时候,尽管在大多数情况下是按照法治的要求、改革发展的规律,来分析研究

① 杨耕:《历史规律研究中的三个重大问题》,载《江苏社会科学》2014年第5期。

② 转引自[美]史蒂文·瓦戈:《法律与社会》(第9版),梁坤、邢朝国译,中国人民大学出版社2011年版,第213-214页。

司法规律和提出相应的实践对策,但也会存在滥用、误用司法规律一词的情况,从而造成了一定的话语混乱和误导作用,这并不是我们主张和提倡“司法规律”一词想看到的情况。

(二)司法规律的中国特色

司法规律有着鲜明的中国特色,是中国特色社会主义法治话语体系的一个组成部分,甚至可以说是一种典型的中国特色社会主义法治话语。一个时代必将有属于这个时代特定的理论样态和话语体系,当代中国有属于当代中国的理论体系和话语体系。在当代中国,中国特色社会主义法治理论同样面临着推动马克思主义法治理论创新、创建中国特色社会主义法治话语体系的任务。司法规律话语作为中国特色社会主义法治话语体系的一种典型话语,剖析其中国特色有助于我们了解其性质和意义,也有助于对中国特色社会主义法治话语体系做一个案研究。

从规律的角度来认识司法和司法权的本质,发现和掌握司法制度发展规律和司法行为模式,应当是中国特色社会主义司法理论的独特现象。检索外文文献我们不难发现,在代表着世界法学学术话语霸权的英语法学界,研究司法权的本质、分析司法制度发展趋势、总结司法行为模式的文献数不胜数,但并不是以司法规律来总结概括这类问题。

以司法的亲历性原则为例,在20世纪80年代初,美国也出现了对司法机构日益官僚化的反思,其所指向的内容与当下中国讨论司法的亲历性具有一定的可比性。在1982年发表的《司法的官僚化》[①]一文中,欧文·费斯认为司法公正和司法权威来源于司法过程的完整性,即司法的对话性(法官亲自参与面对面的诉辩过程)与法官独立审判,上述特点使得司法机关区别于高度科层体制化的行政分支。然而,现代社会是一个高度组织化的社会,其基本的治理形式是越来越多的科层体制。在行政分支之外的立法机关、社会组织,同时也包括司法机关,科层体制化的趋势明显增强。同时,由于诉讼需求不断增长,司法组织的规模也在迅速扩大和复杂化,科层体制作为一种现代组织原则从而成为司法机关的组织方式。如果说科层体制化是司法机关面临现代社会发展趋势和诉讼需求不断增长的必然选择,那么如何理解科层体制,进而控制和尽量消除科层体制化的弊端应当成为研究的重点。费斯认为,司法组织科层体制化存在两种“病态”,一种是司法上的隔绝,即法官不能真正亲自参与到诉讼过程的对话之中;另一种是责任追究的难题,即官僚制集体决策所导致的“集体责任”和“集体无责任”,损害了司法独立的个人责任原则,使得对于诉讼结果没有办法真正追究责任。针对上述问题,费斯教授提出的改革设想,其目标是对美国法院系统做结构性改革,使得科层

① [美]欧文·费斯:《司法的官僚化》,载[美]欧文·费斯:《如法所能》,师帅译,中国政法大学出版社2008年版。Owen Fiss, The Bureaucratization of the Judiciary, in 92 Yale Law Journal 1442(1983)。

体制化的上述“病态”能够得到控制、改变甚至消除,从而维护司法过程的完整性,保证司法权威。

对比费斯对美国司法机构科层体制化之弊端的讨论,当下中国司法改革所关注的司法去行政化也有着类似的问题意识。但相对于费斯通过引述马克思·韦伯、汉娜·阿伦特等西方学者对官僚制的不同分析框架,进而展开其论述,中国对司法去行政化的讨论虽然也涉及了司法科层化之利弊、司法体制改革应回应诉讼需求、“审理者裁判、裁判者负责”所要求的法官亲历性等方面,但这些讨论却是以司法规律这一话语来表达和阐释的是有明显的差异化的表达形式。

出现这种差异,也许是语言和文化之间的“对译”的困难,也许被人看来是中国独有但不具备普遍意义的概念运用。但是从话语分析的角度来看,基于新中国建立以来自身的独特历史传统和文化氛围,恰恰是“司法规律”这一概念具备更好的可传播性、可阐释性和说服力,这正是司法规律作为法治话语的特殊优势。如果说仅仅局限于法律人或者司法职业来言说“司法规律”,可能我们会从知识和话语上能够找到一些更加特定的、具体的法治话语来代替“司法规律”,但是从政治话语系统、大众话语系统来看,对于当前占据政治决策系统和大众话语系统主流的人们来说,“按规律办事”更能够被他们接受、理解和执行。

三、司法规律的话语意义

自“司法规律”一词被中国共产党官方文件和领导人讲话正式认可并日常化使用以来,中国法学界基本上都是在肯定的意义上讨论“司法规律”这个概念。究其原因,除了研究者的学习经历和研究经验一直受到唯物辩证法和历史唯物主义的影响之外,一如上文指出的,司法规律一词也明确地指向了一系列基本的司法原则、司法准则以及法治原则,而这些司法原则、司法准则和法治原则正是新时期改革开放以来中国法学界和实务界,特别是诉讼法学界和实务界长期坚持和深入研究的对象和内容。“司法规律”的提出和使用在中国具有特定的方法论基础和学术渊源。1991年,龙宗智教授在其《论刑事司法的利益机制及价值模式》中就使用了“诉讼规律”一词,认为诉讼制度设计应当符合诉讼规律,指出:“违背诉讼规律,制度设计不科学、不合理,或执法人员违法蛮干,则可能造成一损俱损——非但法网疏漏,罪犯逍遥法外,社会受害,被害人遗恨难消,而且势必滥伤无辜,损害当事人合法权益。”[①]1998年,内蒙古高级人民法院研究室张民在《人民司法》发表了题为《按照司法规律改革案件审批制度》的文章,认为“审判组织的裁判意见再由庭长、院长审核、批准,是以行政方式管理司法活

① 龙宗智:《论刑事司法的利益机制及价值模式》,载《社会科学研究》1991年第1期。

动，无疑是将庭长、院长的行政管理权演变为审判权，因而是违背司法规律的”[①]。

更为重要的是，官方文件对司法规律的正式认可和政治表达，意味着司法规律不再仅仅是一种学术话语，而成为一种政治话语，并且已经被政治决策系统解释和运用，这样一种从学术话语到政治话语的发展转变过程，使得政治决策系统和法学研究者能够共享一种话语体系。尽管关于司法规律的具体内容和适用边界的认识还有差异和分歧，但这种主张遵从司法规律的话语作为一种法治话语体系，有助于改变人们将法律与政治、学术与政治决策截然刻板分开的做法，回归到法律与政治复杂的共生互动关系[②]之中，进而深入思考知识与行动、司法规律理论认识与司法改革社会共识两对关系。这也是笔者所欲研讨的司法规律的话语功能的主要内容。

（一）司法规律体现了知识与行动的结构二重性

当我们把司法规律视为一种法治话语的时候，司法规律是和行动联系在一起的。也就是说，当人们在说，司法改革缺乏足够的理论指导和智力支撑的时候，实际上所表达的是作为一种政治行动和社会实践的司法改革决策，需要具备必要的甚至是足够的知识支撑，方能够展开政治行动。而当人们在说，司法改革实践丰富和发展了人们对司法规律的认识的时候，实际上是司法改革将人们对司法和法治乃至国家治理的认识推进到了一个新的阶段。这在某种意义上，既是唯物辩证法关于人的认识与行动关系的体现，也是司法改革与司法规律辩证关系的必然要求。人们关于司法规律的认识为司法改革制度设计提供了知识基础，司法改革的实践进程更新和提升了人们关于司法规律的知识、推广了司法规律话语。以司法的亲历性原则为例，“让审理者裁判、裁判者负责”成为中国共产党十八届三中全会通过的《中共中央关于全面深化改革若干重大问题的决定》中的官方表述，这是基于对司法规律的认识而确立的司法改革原则，在本轮司法改革中细化为以司法责任制为核心的若干具体改革措施。在司法改革实践的进程中，人们不仅丰富了对于司法亲历性规律的认识，例如对法官与法院、主审法官与审判组织、法官与辅助人员等的关系，以及如何制度化保障司法亲历性和司法公正有了更加深刻的认识[③]，而且司法亲历性原则也不再仅限于司法实务界和诉讼法学界，成为法律人、政治家和舆论媒体经常使用的概念和话语。

（二）司法规律话语有利于在当代中国凝聚关于司法改革的共识[④]，推进法治中国

---

① 张民：《按照司法规律改革案件审批制度》，载《人民司法》1999 年第 10 期。

② 关于法律与政治的关系，参见姚建宗：《论法律与政治的共生：法律政治学导论》，载《学习与探索》2010 年第 4 期。

③ 例如，朱孝清：《与司法亲历性有关的两个问题》，载《人民检察》2015 年第 19 期；陈卫东：《以审判为中心：解读、实现与展望》，载《当代法学》2016 年第 4 期。

④ 张文显教授认为：“要用司法规律的研究来凝聚改革共识，凝聚改革的力量。”见张文显：《为什么要研究司法规律》，载《检察日报》2015 年 5 月 14 日第 3 版。

建设。

从学术脉络和接受基础来看,不仅法学研究者长期以来接受并娴熟运用了规律是人们认识世界、改造世界的方法路径的理论,而且,在政治决策系统、法律实务界以及在更为广阔的社会各群体中,基于新中国建立以来马克思主义哲学话语的大众化,规律话语相对于其他话语,更能够为社会各个群体认可接受、形成共识,这也就是上文说的,"按规律办事"因其带有的理性、客观、中立的意义,是社会各个群体的话语系统中更为人们广泛接受的话语,并且这种接受常常是以一种"默会"的方式存在的。这种基于司法规律话语的社会共识,在中国社会日益分化、思潮交锋愈加激烈的背景下,恰恰有利于当前中国司法改革乃至全面深化体制改革凝聚共识、实现社会整合、排除认识上的障碍、快速推进包括司法改革在内的国家治理体制改革①。

司法规律的整合作用,在横向和纵向两个维度上都有所体现。所谓横向维度的整合,是指在涉及司法改革的各类社会主体(包括但不限于上文已经提出的政治决策系统、法律实务界、学界、媒体、社会公众等)之间,尽管对与司法规律的具体内容并不必然存在清晰一致的定义,但对司法规律的认知和接受能够存在较大程度的共识,认为按照司法规律、开展司法活动应当是一种"好的"、"值得追求"的司法改革的行动原则,对司法改革具体举措的肯定性评价和否定性评价,常常也是以司法规律作为评价标准和论证方法的。所谓纵向维度的整合,主要是指中央和地方关系的问题上,在司法改革进程之中,中央与地方都通过司法规律话语作为论述自身主张和诉求的根据,中央通过司法规律的客观性论证了司法改革思想统一性的必要性、司法改革举措的必然性和合理性,地方则通过司法规律主张自身的合理诉求。例如在司法改革试点过程中,部分地方基于实际情况,在实施省以下地方法院检察院人财物统一管理方面存在实际困难,而中央也基于国家经济社会发展不平衡、不同地方司法保障水平差别大的实际情况,提出"条件具备的,由省级统一管理或以地市为单位实行统一管理;条件不具备的,可暂缓实行"②。上述司法改革政策变动,除了是中央和地方之间沟通交流的结果,同时也是基于司法规律作为社会规律、司法改革必须考虑因地制宜从实际出发的考虑,在中央和地方之间达成了一种共识,实现了纵向维度的整合。

(三)司法规律话语有助于实现司法改革理论以及司法规律理论的内在一致性

中国特色社会主义司法制度需要中国特色社会主义司法理论体系。而这种理论体系,需要去面对和解决理论体系的概念、逻辑、方法等方面的一致性问题。司法改革理论是中国特色社会主义司法理论的重要和必然组成部分,其中当然包括司法规律的理论研究,它们均面临着各种复杂的、彼此紧张的问题。而这些问题有可能在司法规

① 例如,宋朝武:《以司法公正为切入点提升中国法治话语权》,载《人民法治》2015年第1期。

② 孟建柱:《坚定不移推动司法责任制改革全面开展》,载《长安》2016年第10期。

律话语的框架下得以整合。

这种理论上的整合面临着的问题至少有:中国司法改革地方性知识和人类司法文明发展普遍经验之间的关系;司法改革的政治定位与理论期待之间的距离;司法改革诉求的各类受众,特别是在精英和大众之间,在认知上存在差异,利益上存在分化;司法改革的近期、中期和长期目标之间的协调处理,等等。而这种理论上的整合又是必要的,整合不仅是推进司法改革、凝聚改革共识的需要,还是司法改革整体制度设计和理论表达的需要,以及司法规律作为一种理论学说其自身需要系统化、体系化的需要。司法规律既是以一种社会规律的客观的、不以人的意志为转移的面貌出现,又是以现代法治的基本原则和精神为逻辑演进来加以论述的。这种理论上的整合是通过司法规律的话语功能来实现和推进的,而在此基础上,司法规律和司法改革在理论上也会得到进一步推进和发展。

四、司法规律的实践转化

司法规律作为一种法治话语,其实践转化形式和建构性又表现在什么地方呢?司法规律只有从观念上改变甚至在某些方面重新建构人们关于司法的认识,进而通过人之行动和制度化方式加以实践,司法规律作为一种法治话语的意义才能够得到充分彰显,司法规律的实质内容和表现形式也就是司法规律的知识形态才会得到进一步发展。同时,从法治话语的角度考察司法规律的发展形态,能够架起东西方法律思想之间的桥梁,使司法规律能够既体现中国特色又符合人类社会发展的基本规律。

在笔者看来,司法规律的话语建构和实践转化至少体现在以下方面:

(一)司法规律与司法理性

从司法规律与理性的司法精神(司法理性)的关系来看,司法理性应当是对司法规律的理性认识,而司法规律作为一种法治话语,应当通过话语传播的方式逐渐塑造理性的司法文化。

司法理性被视为司法的"职业理性"或者"技艺理性",在中国关于司法改革的讨论中,司法理性或者理性的司法精神往往和司法的职业化、专业化联系起来,但也可能潜存着"远离民众,远离真实的社会情理"的危险①。但在司法理性的概念和逻辑中,司法理性亦与司法制度、司法行为的合理性有关;司法理性指向司法制度和司法行为应当符合司法理性的原则和评价标准,例如程序正当、证据充分、论证合理、结果公正等②。2005 年 9 月 5 日,时任中国最高人民法院院长、首席大法官肖扬在第二十二届世

① 江国华:《常识与理性(八):司法理性之逻辑与悖论》,载《政法论丛》2012 年第 3 期。

② 刘岩、杜晨妍:《论司法理性》,载《法律适用》2008 年第 1 期。

界法律大会上的致辞中曾指出:“作为调节社会矛盾和冲突的有力手段,作为维护人类秩序的公器,法律需要高度的理性。法律的理性是法律具有长久和永恒生命力的坚固基石。可以说,理性之光使法律更加辉煌灿烂,而理性的缺乏则将使法律黯然失色。作为法治社会的重要支柱,法学探索和研究人类的理性,立法给社会提供理性的规则,而司法则把理性和正义的精神播撒人间。”

司法理性的主要内容和实质要求,与当下中国关于司法规律主要内容和实质要求的讨论,存在着诸多交叉之处。究其原因,既有规律与理性这两个概念在西方哲学源流意义上的相关性,也有不同话语体系和思想脉络影响了人们对概念和话语的选择使用。

一如上文所述,司法规律在知识性上区别于政治话语、大众话语,但这一点并不意味着司法规律上的话语垄断,“按照司法规律办事”也是适合于政治家、公务员和社会公众的;从司法改革政治决策的角度来说,司法规律对于政治家可能具有更特殊的意义,具备能够与国家经济社会改革发展规律相衔接的特点。因此,如果把司法理性限定于司法过程和学术研究之中,那么司法规律话语则不会停留于司法过程,而应当把司法理性所体现的理性司法精神和法治原则,拓展和传播到社会文化的形塑和改造之中,这一点对于保证司法公正、推进司法文明进步具有重要意义。司法规律和司法理性两种话语的使用范围和习惯,反映了话语的选择和适用,除了两种概念的实质内容之间的差别之外,还有关于社会的话语氛围和使用习惯的差别。

(二)司法规律与司法原则

从司法规律与司法原则的关系来看,司法规律与司法原则应当是一致的,司法原则是根据司法规律的客观性和目的性所设计和制定的一系列具有抽象性的原则要求。

从我国三大诉讼法所规定的基本原则来看,主要涉及回答司法权行使中的权力配置问题(如《刑事诉讼法》第3条至第8条,涉及人民法院、人民检察院和公安机关各自的职权划分)、司法制度设计和权利保障问题(如《刑事诉讼法》第10条至第13条)、司法活动的原则性要求等。

一方面,目前学界所总结和阐发的司法规律,有很多主要就是来自于对上述司法原则的总结、提炼,当然也包括反思和批判,因为这些法定的司法原则并不当然等于司法规律的要求。例如所谓严格适用法律、维护司法公正、保障当事人诉讼权利等原则,从实质内容表述来说司法原则和司法规律差别不大,但如司法的亲历性原则实际上则是对司法原则和下文将要分析的司法规则的进一步抽象。从司法原则和司法规律各自的性质和功能来说,法定化的司法原则具有形式上的法律约束力,司法机关及其工作人员必须遵照执行,司法规律则主观性更强,在宏观政策制定和具体司法活动中通过影响人们的思想观念决策,指导和规范人们的行动。

另一方面,从法治话语的角度看,法定化的司法原则是司法规律作为一种法治话语的传播方式,司法规律话语需要准确反映特定的司法原则,以促进司法规律所代表的理性认识的传播。随着司法规律话语的广泛使用,也可能存在司法规律被泛化甚至滥用的危险。司法规律也有其限度,其限度植根于其认识对象和社会条件。在当下关于司法规律的讨论,需要和当下中国社会发展阶段和司法制度发展现状相结合。例如,关于司法亲历性规律与司法去行政化的讨论,尽管与前文欧文·费斯所讨论的美国司法机构的官僚化(科层化)有着比较法意义上的可比性,但也要注意到,在中国,司法亲历性规律所关涉的中国司法体制改革的问题,不仅限于司法体制内部的改革,还涉及司法机关与地方政府、党法关系等方面,对"审理者裁判、裁判者负责"这一改革理念及其背后的司法规律需要有更加充分、更切实际的考虑和研究。

(三)司法规律与司法规则

从司法规律与司法规则的关系来看,司法规律需要具体化为相对应的司法规则,以便于人们直接遵照执行。司法理性和司法原则是在抽象性、指导性和形塑人们观念的意义上更接近司法规律,而司法规则是与人们按照司法规律行动直接相关的。当我们说"按司法规律办事"的时候,在直接的意义上人类是按照司法规则来办事的。司法规律一词本身是抽象和概括性的,即便我们前面所例举的司法规律的一些主要的、具体的方面,也并不直接地包含着行动者该如何具体行动的规则。人们需要把司法规律实践转化成为具体的、正确的司法规则之后,才能够帮助自己按照规则行动从而"间接地"按照司法规律办事①,同时也可能细化和深化了对司法规律的认识。

以司法的中立性为例,法官不能与当事人单方面接触以维护自身的中立性和公正性,这既是司法的一项基本原则,也应当是司法中立性规律的基本内容之一。不过,仅从司法规律乃至司法原则的概括意义上,并不足以帮助当事人按照司法规律行动并避免相关风险,必须通过具体的、明确的司法规则来界定法官与社会公众接触的边界。而对司法中立性规律的完整的辩证的认识,也有利于司法中立性在实践中能够落到实处、真正发挥作用。

关于司法中立性,在司法规则制定的层面至少存在两种思路。一种是通过颁布禁令的方式来明确法官与当事人、社会公众接触的禁止性规定,如最高人民法院颁布的《关于纠正节日不正之风的"十个不准"规定》②。另一种是通过明确且说理的规则,来界定法官业外活动的边界,"助推"法官规范自身活动、坚持司法的中立性、维护司法权威。中国香港特别行政区司法机构《法官行为指引》认为:"在处理私人事务时,无须隐

① 关于规律与规则的间接、直接问题,参见李伯聪:《规律、规则和规则遵循》,载《哲学研究》2001 年第 12 期。

② 《最高法院发布节日期间"十个不准"规定》(2013 年 12 月 18 日),载 http://www.chinacourt.org/article/detail/2013/12/id/1155046.shtml,最后访问日期 2016 年 11 月 20 日。

瞒自己拥有司法职位,不过要小心处理,避免令别人以为法官可用其身份得到某些优待。”该指引还规定:“一般而言,司法机构的信笺信封是供法官以其官职身份发出信件之用;使用司法机构的信笺信封,以个人身份发信,便需格外小心。例如,在社交场合完结后以这些信笺信封发出感谢信,不会引起非议。另一方面,如果法官使用司法机构的信笺信封,令人有理由相信这是为了引起收信人注意其官职,从而影响收信人。这是不恰当的,譬如是一般的投诉信,或关于有争议的保险申索等。”[①]上述两种不同思路,反映了对司法中立性规律的不同认识及其在司法规则设计制定层面上的差异。司法规律转化为司法规则是必要的,但转化为司法规则的过程需要政策设计者和社会公众对司法规律更为辩证和全面的认识。

对于中国法学界来说,“司法规律”并非一个新词汇,但这一词汇一旦超出学术研究的领域,成为一种社会公共话语,便具有了新的意义和生命力。本文对“司法规律”作为一种话语的研究解读,是为了在研究司法规律的实质性内容这一路径之外,尝试从另一条路径去审视司法规律话语的意涵及其对法治建设的积极意义。随着对司法规律研究的不断深化,司法规律的实质内容和话语功能,相信也将得到进一步揭示和阐发。

① 《法官行为指引》(2004年10月),载 http://www. judiciary. gov. hk/tc/publications/gjc_c. pdf,最后访问日期2016年11月20日。

“法治社会”的修辞学诠释

黄健傑　宋保振*

摘　要:党的十八届四中全会以来,“法治社会”一直是法治中国建设的薄弱环节,其中重要原因之一是时至今日我们仍未对其内涵作出较为清晰的界定。对此概念理解难题,广义修辞学提供了思考的新角度。通过“把法律作为修辞”,以“法治”衡量“社会”,将法治的基本要求融入社会关系处理中,不断加强社会主体的规范意识和法治观念。基于此修辞理解,作为法治中国建设基础的法治社会主要解决的就是限制国家和政府权力,厘清政党、市场和社会三者间的关系,还权于社会组织并充分调动公民和社会团体的积极性问题。而核心内容就是强化社会主义法治意识形态,努力建设一种多元的社会治理和矛盾协调机制。

关键词:法治社会;法治思维;法律修辞;法治意识形态

自党的十八届四中全会提出“坚持法治国家、法治政府、法治社会一体建设”目标以来,这三个方面就被作为中国特色社会主义法治完善的着力点,有关其含义和方法的研究也从法学、社会学、政治学、经济学等各个领域全方位展开。时至今日,法治国家建设正从上往下如火如荼地进行,无论是国家对官员法治思维和法治方式的强调,还是有关司法改革和监察委设立的构想,都从一种宏观层面上逐步开展;法治政府建设也在迅速推进,各级人民政府有关其建设成果、重点、难点的研究报告和白皮书也纷至沓来;与二者不同的是,法治社会建设一直进步缓慢,并且明显成为中国当代法治建设和法治中国目标实现的短板。究其原因,除了相对单层面的国家和政府建设,社会建设因关涉传统礼制秩序的反思重构和当代公共理性的培育提升而具有复杂性之外,其中一个重要方面就是我们未能立足当下语境,较为清晰地界定法治社会的内涵。在没有经历法治启蒙的中国,法治社会的实现不能单纯依赖法治的自我演进和市民社会

---

* 黄健傑,男,上海人,华东政法大学图书馆法律总咨询师,研究方向为法经济学;宋保振,男,山东聊城人,华东政法大学博士研究生,研究方向为法学方法论。

的自我完善,它离不开一种"主动推进"的路径。具体到任务上,就包括法治体制机制完善和法治意识形态强化两个方面。针对这一内容,当代中国法律方法中的广义修辞学理论就提供了理解法治社会内涵的新思路。该理论不同于微观法律方法领域将法律修辞作为一种论辩方式,而是从宏观上把握修辞的影响意义。其核心是"把法律作为修辞"[①],通过对话语权的强调来凸显法律相对于政治、道德等因素的重要意义。具体到法治社会的理解上,"把法律作为修辞"就是以"法治"修饰和衡量"社会",同时把将法治的基本要求融入社会关系处理中,不仅提升了社会主体交往的法治话语权,而且强调法律的可接受性和多元主体间的法治共识。基于此修辞理解,法治社会主要解决的就是限制国家和政府对社会生活的过多干预,厘清政党、市场和社会三者间的关系,并充分调动公民和社会组织积极性的问题。此时其内容就主要包括权利归还于社会组织、强化社会主体的法治意识形态、努力建设一种多元的社会治理和矛盾协调机制三个方面。

一、"法治社会"使用混乱主要因为内涵界定不清

反观中国当下的法治社会建设,远不止一场单纯发生在社会内部且主要局限于法律层面的制度变革,而是法律变革与经济发展、体制转轨、社会结构转型及大国崛起等诸方面因素相结合的总体社会发展进程[②]。这也决定着相对于单路向的法治国家和法治政府建设,法治社会建设注定困难重重。这些困境即存在于理论层面,如怎样在法学与社会学的交叉研究中定位法治社会,并进而作为法治中国实现的"标杆"?而且还存在于实践层面,如怎样既使得中国的社会转型符合法治的基本特征,又使得我们在部分西方顽恶势力凭借其先进科学技术所形成的强大话语权优势下,避免滑向"普适价值"或"自由主义"的漩涡?这些难题都根源于当下我们对法治社会的内涵界定不清。对此我们可以概括为概念理解不同、基本主体不明和侧重点不突出三个主要方面。

第一,语词理解歧义。法治社会内涵界定不清所带来的首要问题就是语词理解上出现的歧义。在我国学者的研究中,法治社会尽管并非是一个全新的词语,国内至少

---

① 该理论为广义修辞学内容,在我国最早为陈金钊教授所提出和使用。不同于语言学和新修辞学上的理解,"把法律作为修辞"倾向于在宏观层面上理解法律修辞方法,主要强调法律思维方式的运用。代表性成果有陈金钊:《把法律作为修辞——我要给你讲法治》,载《深圳大学学报》(人文社会科学版)2013年第6期;陈金钊:《法律修辞方法对构建法治意识形态的意义》,载《杭州师范大学学报》(社会科学版)2014年第6期;陈金钊:《重视法律修辞讲好法治话语——对待法治需要真诚》,载陈金钊、谢晖主编:《法律方法》(第18卷),山东人民出版社2015年版。

② 参见蒋立山主编:《中国法治论丛》(2008年卷),知识产权出版社2009年版,第78页。

在1959年就开始使用"法治社会"一词,而且也因使用语境的不同被赋予了不同的含义,但是我们却一直并未意识到该词汇的独立内涵和价值①。这就导致为什么在当前的法治社会研究中,虽然理论学者都在积极探索,却由于分析语境和对法治的理解不同,很难基于同一知识背景展开深入探讨。其中两种主流的理解是,到底应该将法治社会界定为主谓短语,进而基本等同于法治国家或法治?② 还是应该界定为偏正短语,将法治社会与法治国家相对应?在前一种理解中,法治社会与法治国家基本等同,二者都是社会主义法治的具体展现,而且在实现方式上也存在着重合之处。尽管也有学者认为,法治国家是法治中国的宪法化表达,它其实包含法治社会的内容③。在后一种理解中,法治国家和法治社会则以"国家—社会"的二元分立为基础,分属于不同的层面。法治国家主要强调一种宏观体制建设,而法治社会建设必须在具体的社会机制和社会结构中来完善,其内容涉及国家、政府、市场、公民及社会组织等多主体的关系协调,也即依靠国家公权力和社会公权力共同推进法治建设。这种理解不清或者说歧义的直接后果就是国家虽然具有法治社会建设的宏图大愿,却在具体的操作层面上陷入困境。

第二,基本主体不明。当从一种宏观角度来理解,以上两种概念定位并无相悖,其根本区别在于对实现法治社会路径的影响,前者是一种综合模式而后者是一种分立模式。在前者看来,法治社会建设的主体仍应该是国家,特别是在当下我国的法治进程中尤为如此。由于长期的集权式管理,我国很多社会组织不但没有独立,而且天然地和国家具有难以割舍的依附关系。在此独特关系中,这些社会组织不仅难以有效监督政府行为,习惯于作为政府的"枪手"。如若想让它们作为社会主体自行管理并发挥应有的监督作用,既需要政府"忍痛割爱",又需要它们"自动断奶"。由于这种"附庸"关系,社会组织和国家、政府之间的问题和矛盾多诉诸政治影响、政策约束等手段来解决。此时,所谓的依法治国和法治社会建设就沦为一个漂亮的修辞。在后者看来,法治社会被看作是法治国家的必然延伸和法治发展的最高阶段,是一个在社会演进中自然形成的过程。正如伴随科技和经济的发展,市民社会逐步产生,社会群体出现多元格局,非政府组织蓬勃发展,之后国家权力就只能也必然逐渐向社会出让"地盘",诸多国家事务交由社会组织和社会公权力来完成,此时,法治社会的主体就由国家转向社会组织,并且认为相对于国家治理层次更高。此种理解较为客观,也更加符合现代法治发展的模式。然而在我国当下的社会主义法治建设初期,由于长期以来受到道德教化和政策干预的影响,诸多社会主体的法治觉悟并不够高,而这种自下而上的法治社

① 参见宋保振:《核心价值观何以引领法治社会建设?》,载陈金钊、谢晖主编:《法律方法》(第19卷),山东人民出版社2016年版,第10-16页。

② 参见孙文恺:《"法治社会"辨析——以"社会"为中心的考察》,载《浙江社会科学》2015年第2期。

③ 参见范进学:《"法治中国"析》,载《国家检察官学院学报》2014年第7期;韩大元:《中国宪法文本中"法治国家"规范分析》,载《吉林大学社会科学学报》2014年第5期。

会建设又必须依靠主体的规范意识和法治素养。此时,就亟须"把法律作为修辞",用一种多元主体间的、可接受的法治思维来代替政治思维或道德思维,这也是本文选择从广义修辞学角度来理解法治社会内涵的重要原因。

第三,侧重点不突出。除概念理解歧义和基本主体不明外,法治社会内涵界定不清的另一方面体现就是侧重点不突出。如果说法治国家的重心是"体制完善",法治政府的重心是"治官治权",那么法治社会的重心却一直不甚明确。当前学者的研究成果基本证实了这一点,即大多数研究者的共识还是处于社会管理创新、经济全面协调可持续发展、改善民生等笼统性的目标层面;而且从国家政策来看,时至今日也仍未有权威说明法治社会建设重心的规范性材料,只是在法治社会与核心价值观的关系中进行了方向性指引,把自由作为法治社会建设的价值尺度、以平等重塑法治社会建设的良性秩序、以公正衡量法治社会建设的制度绩效、用法治保障法治社会建设的有序进行等。这种目标选择的优势是比较全面地列定了法治社会的各个层面,但不足之处就是重心不突出所带来的直接后果就是"胡子眉毛一把抓",混淆了在我国当下法治进程中,哪些才应是法治社会所应着重完善的内容,以及如何针对特定社会转型语境,实现政治话语与法治话语的相互融通、顺利转译和内在统一。此时,立足当下的改革实践,公正客观地把握法治社会的内涵,就成为一件亟待解决的事情。

二、广义修辞意义上的"法治社会"理解

结合我国的具体国情可知,当下法治社会建设的任务不仅是建立类似西方模式的体制和秩序,更重要的是将中国特色的法治话语通过具体制度的形式予以表达,进而在社会主体活动中彰显和传递。也即作为法治中国的核心内容,法治社会的内涵应当置于人类法治共性和中国社会特定语境相融合的角度来理解,强化社会主体的法治思维和法治意识。此时"把法律作为修辞"就为理解法治社会内涵提供了新的角度,通过广义修辞学上的话语权强调,以法治的标准来审视社会活动中的各方面内容,进而作为理解法治社会内涵的核心要素。结合如上界定法治社会内涵时所存在的语词理解歧义、基本主体不明和侧重点不突出三个主要方面,这些基本的要素主要如下:

(一)"法治社会"首先是指限制国家公权力在社会领域的过度行使

在讨论"法治国家、法治政府和法治社会三位一体同时推进"的路径时,陈金钊教授曾指出:"当今中国社会的基本矛盾主要集中在官与民、官与官、民与民之间的冲突,还原成法学术语就是权力与权利、权力与权力、权利与权利之间的矛盾。与之相对应的是建设法治国家、法治政府和法治社会的解决方法。"[①]此时法治社会中的"社会",

① 陈金钊:《"法治中国"所能解决的基本矛盾分析》,载《学术月刊》2016年第4期。

就不再是一般意义上的社会,而主要是指社会组织。"还权于社会"的要求就是指国家和政府不是万能的,它们应该退出一部分公权力——那些不应该由政府管理或者政府管理不好的领域,应该交还给社会组织来处理,实行法律监督下的社会自治。虽然权力集中是我国社会治理的特点也是优势,但是必须寻找到公权力恰当行使对象。国家和政府权限扩充的背后就是社会自治空间的限缩,这不仅纵容了大量的权力寻租和权力腐败现象发生,而且使得本来就不具有坚实根基的社会组织缺乏活力,自治章程和规章制度沦为摆设。此时一种违背社会发展的结果就在酝酿,即民众的逆来顺受或暴力反抗。

然而,限制国家公权力在社会领域的行使也并非是指政府和政党的全身而退,"法治是治国理政的基本方式",这一话语表达本身就意味着法治已经成为当代中国政治的基本特征,政治在当代中国也获得了法治这个基本理念维度。这种"政治性"也就决定着法治社会并非放弃国家公权的社会任意自治。尽管在法治国家、法治政府、法治社会一体建设中,无论是理论上还是实践上,我们都在努力探索一种与国家公权力相对应的"社会公权力",并试图赋予其以积极的合法性。在很大程度上,法治社会在目前中国还是法治国家和法治政府的衍生物,而法治社会的范围有多大,在很大程度上取决于权力退出的领域有多大①。国家、政府、政党、社会团体、非政府组织、公民等所有的建设主体,虽然有很大的自治成分,但自治仅仅是相对公权力来说的。即"强社会"并不必然是"弱国家"、"大政府"也不必然是"小社会"。赋予社会主体权利、扩充社会自治空间,进而从"压制型"社会形态过渡到"适度型"社会形态,本身就是国家公权和社会治权之间的互动共治和相互赋权。只是在法治社会的建设中,我们才更加强调社会自治权的明晰和主动。

所以,如何合理界定国家公权和社会治权之间的"权限临界点",就成为理解法治社会内涵的一个重要方面。并且因为所存在的领域不同,此"权限临界点"又会呈现出不同的形态。对此我们可以选择管理权和管辖权两个主要的介入因素作为理解的突破口。第一,在管理权上,主要问题是解决国家权力机关与社会组织以及社会组织之间的管理范围和权限,当务之急是需要我们对法治社会的主体进行明晰定位②。不同的法治社会主体,会因其属性的不同而具有不同的管理倾向和自治权限,也因此需要

① 陈金钊、宋保振:《法治国家、法治政府与法治社会的意义阐释——以法治为修辞改变思维方式》,载《社会科学研究》2015 年第 6 期。

② 当前我们一般认为,法治社会的主体,不仅应当包含普通公民,还应当包含企业、社会组织、非政府组织、政党、社会团体等;既包括"政府的"组织,如工会、妇联、共青团、科协、文联等,以及公立的教育、医疗、新闻出版、文化团体、科研机构等,也应当包括各类"市场的组织",主要是各类私营企业、个体企业"社会的"组织,还应当包含如各类社会团体、基金会、民办非企业单位,以及基层自治组织,如村民委员会和居民委员会等。本书编写组:《社会管理与创新党员干部读本》,中国长安出版社 2011 年版,第 134 页。

选择不同的说服策略,比如,对非政府组织在政府管理性事务方面的拓展,对政党、基层自治组织在社会治安处罚方面的区别限制等[①]。这也回应着,法治社会所强调的社会组织、公民团体等参与主体的"多元治理"不应理解为完全"自主治理",在通过对话、协商、谈判、合作方式而形成资源共享、彼此依赖、互惠合作的机制与组织结构时,所需遵循的最低标准是国家的制度和法律的规定。第二,在管辖权上,主要问题是法治社会主体是否都应完全纳入国家司法管辖权的范围内?从当前改革背景下的社会组织发展来看,该问题的核心还是管辖的限度问题[②]。如是否应把社会组织的自治程度、管理的强制程度以及对被管理者的权益影响程度纳入司法审查的范围,同时对自治程度较高的事项,如国际民间贸易组织对不正当竞争和破坏市场经济政策的处罚规定等,怎样在裁判中予以适当的尊重和参考,……这些有关政府、公民及社会组织的权限划分问题,都构成理解法治社会内涵的重要内容。

(二)民间团体、社会组织等应成为法治社会的基本主体

作为社会的动物,人天然地趋向于结群,而结群就意味着利益的集中和组织、团体的出现。例如,作为行使社会公权力的"非政府组织"、"准政府组织"、"非盈利组织"、"中介组织"、"志愿组织"等,都可视为人民结群而成的团体。在社会治理过程中,充分发挥市场团体、自治组织和行业协会的作用并调动其积极性,不仅构成了对国家公权力的监督和制约,实现人民的政治民主价值,而且也能让人民切切实实地受到"实惠"。在复杂的人民群体和众多利益诉求面前,政府因性质、资源、能力、信息的有限性,将会在众多的社会领域留下不能做或不便做的公益"空缺"。社会组织则可以自动地运用其所掌握的社会资源,无微不至地关怀着那些被国家公权力所遗忘的角落[③]。如社会中介组织、基层群众自治组织、社区服务组织等就在协助政府承担部分社会公共事务和照顾公民生老病死、下岗再就业、婚姻家庭纠纷等日常生活问题上,起到了不可替代的作用[④]。而且,相关的精神和内容也在十八大报告及三中全会、四中全会决定中明确体现。

之所以强调民间团体和社会组织应该成为法治社会的基本主体的另一个重要原因是法治社会的缘起。作为一种社会发展样态,法治社会是我国法治建设中所独有的

---

① 前者如我国《行政许可法》第28条规定行政机关与非政府组织之间的分工:"对直接关系公共安全、人身健康、生命财产安全的设备、设施、产品、物品的检验、检疫,除法律、行政法规规定由行政机关实施的外,应当逐步由符合法定条件的专业技术组织实施。专业技术组织及其有关人员对所实施的检验、检测、检疫结论承担法律责任";后者如中国共产党作为国家的执政党,在处理党员的违法乱纪行为以及一般的治安管理事件,都必须严格依照法律的规定,而作为基层自治组织的村委会和居委会,根据授权而具有一定的社会治安管理权和处罚权。

② 徐家良、廖鸿主编:《中国社会组织评估发展报告(2014)》,社会科学文献出版社2014年版,第11页。

③ 徐靖:《论法律视域下社会公权力的内涵、构成及价值》,载《中国法学》2014年第1期。

④ 徐家良、廖鸿主编:《中国社会组织评估发展报告(2014)》,社会科学文献出版社2014年版,第86-89页。

概念，并伴随法治国家和法治政府而生。所以对法治社会的理解，就必须回复到现实中，将法治社会建设还原为一个对社会进行全面改造的系统工程，以及国家立法所确立的制度、理念和行为方式能够得到有效贯彻实施的有序社会状态。但是，在此过程中我们必须认识到，法治社会的出现，一方面是经济全球化的必然结果，另一方面也意味着公权力的绝对化开始动摇。公民、法人、自治组织等众多社会群体的权利意识和权利实现已经成为制约公权力的绝对力量；并且，从另一角度看，之所以当前出现法治国家和法治政府比较强势而法治社会相对弱小的现状，也是因为长期以来法治国家和法治政府所依据的是以宪法和法律为核心的公法体系，而法治社会相对应的是私法和社会法两大领域。没有政府的放权，法治社会不可能建立，而一旦法治社会建立起来，就会成为一种制约政府和政党行为的有效力量。在一些法治较为成熟的国家，此功能多由民间团体和社会组织来具体实现，这也必将成为我国发展的趋势。

（三）法治社会的治理依据，既包括法律规范又包括商业秩序和道德习惯等

在社会治理中，主要依靠法还是依靠社会规范一直是法学和社会学研究者关注的问题。体现在中国实践中，此问题还受到如何对法进行界定的影响。在改革开放之前的“政法一体”模式下，只是从国家政策的层面来理解法律，并将“法”局限地界定为“阶级统治的工具”；改革开放之后，随着工作上“以经济建设为中心”和观念上对西方的意识形态不再“一概否定”，法治也被理解为是一种文明的治理方式。但因法治启蒙和法治环境的欠缺，也只能从规则、原则和概念等形式法治角度对“法”进行界定；在全面深化改革和法学研究重心由“立法行为”转向“司法活动”当前，国家鼓励人类价值的多元化和意识形态的创新性，建构中国特色的法治体系也已经成为法治中国建设的总目标。长期以来，我们接受的只是法治的工具性，而刻意忽略了法治作为价值观的意义。实际上，作为价值观的法治与法治本身所追求的价值具有一致性，二者都是强调程序规则和遵纪守法，并以之作为对权力的限制和对权利、自由、平等的保障。并且，从治国理政的角度看，价值观是权力系统的组成部分，带有明显的工具属性。只不过这种工具带有思想统治的特性，是打着价值的旗帜吸引人们的眼球，通过引导人们对价值的认同、凝聚共识，从而达到引导、支配、约束人行为的目的。这也构成当前执政党根据中国特色社会主义法治理论体系，对传统政治意识形态进行法治化塑造进而树立法治话语权的重要原因。

也正是通过价值观引导意义，广义上的法律修辞理论就提供了理解法治社会内涵的新角度。不同于法律方法中的解释和推理，法律修辞的另一重功能是对人们的思维活动产生影响，通过对法治要素的强化来改变人们被政治、道德因素所支配的法律思维模式，这也正是“把法律作为修辞”理论的关键所在。因此，在此法治话语权修辞要求下，法治社会首先必须符合法治的基本属性。比如在法治社会的建设中，尽管我们强调多方主体的合力和多元规则的互动，但并不是说任何自由的社会主体和任何有效

的治理方式都可以成为法治社会治理的内容。尽管在广义上,法治社会包含着国家、政府、政党、社会团体、非政府组织、公民等所有主体的建设性活动,但是在当前的社会发展阶段来看,我们暂还不具备把法治社会置于如此广袤的范围中理解和界定的条件。况且,“当把法治社会建设的参与主体外延到极其宽泛以致难以辨识的地步时,‘法治’也就会越不明确,甚至在搞政治、讲说教的时候我们就可以理直气壮地说是在遵行法律”①。这么做的结果就是日渐偏离了法治的规范性根基和制度性本质。在此理解上,法治社会首先就是一种制度和规则之治,并且所有的自治规则、行业规范、乡规民约和团体章程等都必须以既有法律规范为界标。

然而,具体到社会治理中,经过几十年的法治发展,我们已经突破仅将“法”定义为“强制性制定法”的理论和实践桎梏,而是立足司法语境,从社会治理规则、司法裁判规范等多角度来理解法的渊源②。正如社科法学者所认为的:“社会中的习惯、道德、惯例、风俗等社会规范从来都是一个社会的秩序和制度的一个部分,因此也是其法治的构成性部分,并且是不可缺少的部分……没有这些非正式制度的支撑和配合,国家正式的制度也就缺乏坚实的基础。”③体现在法治社会建设中,就是主张立体、多元的治理规则,强调国家制定法律规范、行业组织行为规范、公民团体自治规范和社会道德约束规范等在“国家—社会—公民”三层面的综合而治。也就是说,对“把法律作为修辞”理论,我们也应该全面认识,既看到它在强化法治话语权上的优势,但同时也不能陷入理解上的僵化,而是将法的强制性和社会主体的灵活性充分结合。例如在现实中,公权力机关由于长期以来传统权力统治的支配模式,阻碍着社会组织和市场主体积极作用的发挥。在社会组织及民间团体本身自治意识和参与能力还普遍不足的情况下,要求其以积极的心态参与社会治理并进而形成有序的自治规则和行业规范实为困难。这两个方面的结合,就能通过一种作为意识形态内核的“制度精神”来激励国家权力、社会权利和公民权利之间建立和谐、共治的关系。例如在自由的经济价值目标下,探索市场经济主体的行业规则和商业习惯;在民主的政治价值目标下,发挥基层自治组织的能动性与责任感;在多元的文化价值目标下,明确传统道德在社会治理和秩序维护上的良善规则。此时,就避免了“把法律作为修辞”对公共理性的偏离,使得成文法律法规、科学自治规范和行业自治规范共同成为法治社会的治理依据。

三、“法治社会”修辞意义的展开

凭借法律修辞所创设的法治话语权以及如上三方面因素的分析,我们可知法治社

① 陈金钊:《对法治作为社会主义核心价值观的诠释》,载《法律科学》2015年第2期。

② 彭中礼:《法律渊源论》,方正出版社2015年版,第12页。

③ 苏力:《道路通向城市:转型中国的法治》,法律出版社2004年版,第26页。

会作为法治中国建设的基础和难点，主要解决的是执政党、政府与社会组织之间的关系问题，是在国家公权力和社会自治权的划分中，将一部分执政党和政府不好管、不能管的领域交给社会组织来管理。同时，在不违背宪法及相关法律法规的前提下，通过多方社会主体的参与，把社会从国家的束缚中解放出来，在国家权力之外探寻新的社会治理模式。但是，如上目标暂时只是存在于理论层面，如若想成为现实就必须从其建设上展开实践讨论，这些建设中的重要内容也同时构成法治社会内涵的部分。具体而言，主要包括强化法治意识形态以形成"法治共识"和建立多元的社会治理和矛盾协调机制两个主要方面。

(一)法治社会的前提是确立社会主义法治意识形态①

作为法治中国建设的重要方面，法治社会具有法治的共同性和社会的自治性两大特质，并进而形成法治维度、社会维度和转型维度的三重意蕴②。从作为一种社会存在形式角度来讲，法治社会则是指全部社会生活的民主化、自治化和法治化。其中既包括国家主流意识形态的指引，又包括基层社会组织的自理、行业协会的自律、社会意识社会习惯的共治等民主法治精神，从而形成国家公权力和社会公权力制约互补的法治文明。这也正是法治社会建设可以和"把法律作为修辞"命题相互融通之处，即通过一种宏观的法治话语和思维方式引导，将法治所蕴含的自由、平等、公平、正义等诸多理性价值融入社会建设之中。在此过程中，最有效的就是确立社会主义法治意识形态。

长期以来，我们一直对意识形态问题存在偏见和僵化，要么认为意识形态是用专政的方式保障权力，要么认为是西方顽恶势力对社会主义价值观进行攻击的"隐形武器"。其实，意识形态作为引领社会进步与发展的思想也是需要与时俱进的。社会主义法治意识形态既不同于传统的以"权力"为核心政治意识形态，也不同于西方建立在公民个人基础上的价值意识形态，而是借助传统政治意识形态的架构并对其进行法治化塑造，进而营造良好的法治话语权氛围。况且，从抵制西方价值同化、维护改革开放成果的角度来说，也需要我们主动进行强化和创新。"当前，我们有必要、有条件也有信心创新意识形态，追问中国道路的目标指向及其成就背后的动机与意义，建构一种

① 社会主义法治意识形态是与传统以"人治"为主的政治意识形态的对立，其核心是对法治话语权的强调。对此，通常用"意识形态法治化"来表达。而体现在当前理论研究上，刘作翔教授最早提出"法律意识形态"一词，用于对转型期"多元社会秩序"的论证。参见刘作翔：《转型时期的中国社会秩序结构及其模式选择》，《法学评论》1998 年第 5 期。之后，陈金钊教授又提出"社会主义法治意识形态"一词，并在一系列研究成果中进行了详细论证。具体可参见陈金钊：《意识形态法治化及意义》，载《北京联合大学学报》(人文社会科学版)2015 年第 1 期；陈金钊：《对法治作为社会主义核心价值观的诠释》，载《法律科学》2015 年第 2 期；陈金钊：《法律修辞方法对建构法治意识形态的意义》，载《杭州师范大学学报》(社会科学版)2014 年第 6 期；陈金钊：《"法治改革观"及其意义——十八大以来法治思维的重大转变》，载《法学评论》2014 年第 6 期。

② 江必新、王红霞：《法治社会建设论纲》，载《中国社会科学》2014 年第 1 期。

向世界‘讲得通’、世界能‘听得进’和‘听得懂’的话语系统。”[①]落实到实施机制中,作为法治社会实现前提的良法体系,就应该是“回应性”[②]的国家法和与之融贯的自治规则等构成的多元规则体系,而规则的确立的背后正是社会主义法治意识形态的指引。

在此意识形态指引之下,一种基本的“法治共识”就成为法治社会内涵的重要方面。这种共识可大体概述如下:首先,在社会与国家的关系上,走出“国家绝对引领”的认识误区,提升社会组织和民间团体的自治意识和参与能力,努力培养法治建设的国家和民间双向动力;其次,在社会与政府的关系上,努力做到“政企分开”、“政市分开”和“政事分开”,充分利用当下的改革环境,积极投身到市场规则制定之中;再次,在社会内部关系的处理上,社会组织必须以宪法和法律为基础制定更多的组织章程、秩序条例等自治规范,而公民也要认真对待权力并规范自我行动。

(二)法治社会运行离不开多元的社会治理和矛盾协调机制

在传统以权力为核心的管理体制中,家国一体的“一元管理”模式并未赋予法治社会以独立性,人们也往往把法治国家等同于法治社会。实际上法治社会与法治国家是有区别的。虽然法治社会也是法治国家的组成部分,但主要是指社会组织依据法律和章程等制度和规则的自治。在中国近百年来实施政党政治以后,国家的权力一直处于不断扩张的过程中,而社会组织的权力却一直在收缩。尽管中国历史上也有过国家与社会分离的事实,但从法学的角度看,所谓国家与社会“二元治理”模式仍是西方的舶来品。在西方国家,政教合一的管理体制结束以后,国家管理权与社会自治权的分立,以及在法律基础上的相互约束已经是常态。国家与社会的“二元治理”模式已成为现代社会秩序建构的基本方式。所以,在我国当前的法治社会建设中,部分国家权力应该也可以转与社会,由社会自治来形成和谐的法治秩序。从国家统治和政府管理都是服务于社会建设的终极目的来分析,传统的“一元管理”应该转向国家与社会两元或多元治理,这种国家治理的扁平化是政治文明的发展趋势。

其实,这种二元或者多元治理模式及建构于其上的矛盾协调机制,既是法治社会运行的条件,也属于其内涵,即要求社会建设在不违背宪法及相关法律法规的前提下,通过多方主体的参与,将社会从国家的束缚中解放出来,并在国家公权力之外探索新的治理模式。而且,从西方近代的法治发展路径来看,也首先是法治社会的自我探索和发展,之后法治建设的重心才偏向公权力的完善。其中,绵延不绝的法治主义传统、

---

① 轩传树:《从制度手段到价值目标——中国道路研究的视角与范式》,载《学术月刊》2014年第9期。

② 回应性国家法的理论依据是伯克利学派对法的类型划分中所提出的“回应型”法。参见诺内特、塞尔兹尼克:《转变中的法律与社会:迈向回应型法》,季卫东、张志铭译,中国政法大学出版社2004年版。但是笔者认为,该书中提到的三种法的类型划分并不完全适合我国的具体情况。在中国,其实是从“压制型”法直接过渡到“回应型”法,而并没有经历“自治型”法的阶段。反而,当前法治社会建设中的诸多方面,倒是和“自治型”法具有一定程度的相似性。

历久弥新的市场经济实践、成熟发达的市民社会结构、科学合理的社会优位协商,都是法治国家实现的重要条件。并且,在不同于公权约束的非政府组织民间治理过程中,"民间组织章程、内部管理制定、行业自治规则等的运作和实施,也确实孕育了一种民间自治秩序。它作为国家制定法缺位和局限的一种重要替代和补充,构成了国家法秩序的重要基础"①。例如,2013 年 3 月 19 日,民政部对于四大类社会组织(行业协会商会类、科技类、公益慈善类、城乡社区服务类组织)实行民政部门直接登记,不再由业务主管单位审查同意,在赋予众多社会主体以自治权的同时结束了长久以来的公益缺位和矛盾纷争。而同时,这种多元治理和矛盾协调机制也构成着国家、政府、社会、公民等主体间"法治共识"形成的重要实践。

四、结语

综上而言,不同于我们对法治国家和法治政府可以进行指标化的衡量,法治社会内涵的界定要复杂得多,但其根本仍是限制国家和政府权力在社会领域的过度行使,充分发挥社会主体特别是社会组织在社会治理中的作用,同时利用章程和条例有效处理好公民、社会组织、团体机构等之间的权利冲突关系。这是在修辞学理论要求下,法治所赋予法治社会的意涵。近些年来,在公民和社会组织权利意识觉醒和权利形态逐渐多样化的现实面前,传统的社会管理和建设模式在很多社会矛盾面前已捉襟见肘,进一步强化的结果只能是引发更多的官民对立,此时需要的就是对社会建设进行方法上的改进和创新。"把法律作为修辞"就使得我们逐步明确,我国的法治社会建设包括法治体制完善和法治意识形态塑造两个方面。诉诸对社会关系处理中法治话语和社会主体法治意识形态的强调,逐渐理顺国家、法律与社会之间的关系,建立横纵双向的权力分解制衡机制,并将预设的法治社会理论转换为现实中的法治秩序,这既是国家治理现代化的必然要求,也是改革时代法治社会的内涵。

---

① 见新华网:《民政部长:政府向社会组织转移权力步伐将加快》,载 http://news. xinhuanet. com/politics/2013 -03/13/c_115010199. htm,最后访问日期 2016 年 11 月 25 日。

论司法裁判中的竞争性法治观*

张　超**

摘　要:作为一项重要的价值理念,法治的概念有其争议性,并具有不同的实践指向;特别是在司法实践的语境中,相互竞争的法治观表达带来了司法克制和司法能动的实践差异。以法律的权威性质、自由价值以及制度理性为宗旨的法治观,强调在立法和司法的职司划分的框架下,通过权威规则指引功能来落实自由行动的价值,由此塑造了司法克制的裁判风格;以法律的正确性主张、平等价值以及论辩理性为要义的法治观,则从法官实践的内在观点出发,通过确证道德正确的融贯原则来贯彻平等的价值,由此提倡司法能动的裁判风格。对司法实践中竞争性法治观的观察和分析可以激活法治概念的实践意蕴,从而更好地理解法治概念。

关键词:法治观;司法克制;司法能动

一、引言

无可否认,法治是一项重要的价值理念①,也是一项值得珍视的政治传统。不过,在"法治是什么"这一问题上人们一直歧见重重,乃至有学者称,"有多少人在捍卫法治,就有多少法治观"②。可以说,法治的理念虽然已经获得较为一致的接受,但它却不是一个有着一致理解的概念。正是源于法治概念的重要性和分歧性的特点,在政治和法律话语表述中,它面临着因过度使用而变得毫无意义之危险。面对这种情形,理论和哲学的正确态度不是放任法治沦为空洞无物的流行语,而是尽其可能地阐明法治的

* 基金项目:本文是2015年教育部人文社会科学青年基金项目"权威规则与个案正义的法治整合模式研究"(项目编号:15YJC820074)阶段性成果。

** 张超,男,山东烟台人,山东工商学院法学院副教授,法学博士,研究方向为法哲学与法律方法。

① 法治甚至被称为当今世界最重要的政治理念,参见 Jeremy Waldron, The concept and the rule of law, Georgia Law Review 43:1, 2008, p. 3。

② [美]塔玛纳哈:《论法治——历史、政治和理论》,李桂林译,武汉 学出版社2010年版,第5页。

内涵,揭示那些有意义的法治概念争议,从而使其获得一种清晰表达的特性。这尤其需要我们有意识地反思,作为一种话语表达,法治如果有其真正的实践意义,那它究竟意味着什么。

本文的设想是把法治置于"司法裁判"这个独特的实践语境下,说明法治作为一种司法论辩修辞是如何被使用的,揭示和厘定具有相反实践指向的竞争性法治观,并予以初步的比较和分析。这样的思考进路并不企图一劳永逸地给出某种单一的法治定义,而是期待能够激活法治概念的司法实践蕴意,使有关法治的概念争议具有可理解性和实践相关性,同时,这也符合通过关注日常语言使用来分析概念的哲学方法。正如哈特所称,"我们不仅看到了语词……还看到我们使用语词所要讨论的现实。我们运用对语词的敏锐意识,以廓清我们对现象的洞察"①。从语用的角度来说,语言分析方法试图通过对语词使用的细致体察来描述经验现象,以及说明语词的使用是如何改变生活世界的。总而言之,具体到法治的主题,笔者的工作乃是以关注法治话语的司法实践运用为出发点,通过审视其运用方式和实施效果,即其如何"以言行事",来尝试辨析和阐释"属于我们的法治概念"②。

按照上述问题思路,本文将从考察司法裁判中法官法治话语的运用出发,以司法克制和司法能动的实践差异为基本标准,在相关范畴层面上提炼出以下几组彼此对应的竞争性法治观。首先,依据对法律概念的不同分析,即权威命题和正确性命题的法律性质判定,存在以"形式"和"实质"为属性的法治观分立;其次,依据对法治之价值吸引力的不同认知,存在以"自由"和"平等"为核心要旨的法治观分立;第三,依据对法治所蕴含的理性内容的不同定位,存在以"论辩理性"和"制度理性"为不同主张的法治观分立。在本文中,这三组竞争性的法治观将依次予以讨论,但这里的目的会是有限的,即并不奢求彻底解决法治的概念争议并给出一个共享的法治概念,而是希望可以在一定程度上能更好地去理解法治这个也许是当今社会我们最重要的政治话语表达。

二、司法裁判中的法治观预设及其实践差异

在司法裁判实践中,众所周知,虽然法官裁判谨守"依法裁判"的基本原则,但是不

① [英]哈特:《法律的概念》,许家馨、李冠宜译,法律出版社 2006 年版,第 2 页。

② 对概念的分析并不创造理论,并不追求纯粹的理论智识价值,而只是理解我们自己的概念。法治的概念同样是一个扎根于我们社会的自我理解(self – understanding)的概念,是我们的文化以及传统的一部分。这正如拉兹所言,"法律理论的主要任务是通过帮助我们理解人类是如何理解他们自己的,进而提升我们对社会的理解。"参见[英]拉兹:《权威、法律和道德》,刘叶深译,载郑永流主编:《法哲学与法社会学论丛》(总第 12 期),北京大学出版社 2008 年版,第 72 页。

同的裁判理由以及裁判结论仍然可能经常出现。除去证据认定等事实不确定的因素之外,其中的一个关键原因可归结为不同法律解释方法的运用。这种分歧集中表现为:法律解释是应囿于规则的字面意思还是进行扩张,是应遵循立法者的原意还是探求法律的客观意旨,是应尽量避免道德论证的成分还是进行深入的道德解读。凡此种种,不一而足。概而言之,这反映出在司法裁判领域中一直存在的司法克制主义和司法能动主义或者法律解释的主观说和客观说之间的分立和对抗①。

然而,有趣的是,从司法现象学的观察来看,无论采纳何种法律解释方法或推理技术,任何一个法官都会强烈宣称自己的理由和判决构成法治的典范而非反题,法治成为其所必然依赖的裁判论证修辞和理由②。在现实中,法官未必会明确地运用法治话语,但在规范的意义上,这却是其不可去除的必然预设,因为如果对有关法律的解释完全悖于法治的要求,那结论就难以站得住脚,裁判的可接受性就无从建立。另一方面,重要的是,这种"法治预设"或"法治宣称"不仅意味法治理念在实践中的不可或缺性,而且也透露出在不同解释方法背后实际存在着法治观的激烈竞争。

因此,可以说,司法裁判中的法治预设构成法官裁判的无声序幕,法治观争议则造成了解释方法上的实践差异。具体而言,当法治作为一种论辩修辞被法官加以运用时,争议的一方坚持,法治的理念要求采纳司法限制主义或法律解释主观说;相反,在另一方看来,只有司法能动主义或法律解释客观说才真正符合法治的要求。概而言之,司法限制主义和司法能动主义固然都会诉诸法治来对自己的立场予以辩护,但对法治的概念却有着迥然不同的理解,这导致了司法裁判中法治话语的不同实施效果。

以上的观察和判断如果成立,随之而来的关键问题便是司法裁判中争议双方的法治概念具体究竟有什么不同,我们又该如何去界定其彼此的诉求重点。在司法实践中,法官虽然拥有或明示或暗示的法治观预设,但其具体内容却未必为法官自身所充分理解;而法哲学的思考,恰恰是将实践中潜藏的深层观点挖掘出来,并予以澄清和反思,从而最终促进我们对法治概念的认知,促进我们的自我理解。

在展开下面的论述之前,这里有必要先回应几点质疑。首先,在法治观和裁判方法之间确立的这种对应和证立关系可能并不被认为是决定性的,司法克制和司法能动

---

① 司法克制和司法能动这对概念主要来源于美国最高法院的宪法审判实践,简单来说,其体现出的有关宪法解释或严格或具创造性的不同方法进路。另一方面,法律解释的主观说和客观说则是德国法律方法论学说的主要概念用语,在法律解释的宗旨问题上,前者指向立法者的真实意图,后者则指向法律本身的客观理性。值得注意的是,在我国目前法学界理论讨论中,司法克制和司法能动已经被作为主要的司法方法概念来予以使用,并且已不限于宪法解释的主题;所以,本文的讨论采纳了中国语境中的这种既定用法。

② 例如,在最近引人瞩目的有关同性恋的美国联邦法院判决中,首席大法官罗伯茨作为反对方在异议书中作出了如下辩护:"最高院作出了惊人之举:强制每个州允许并且承认同性婚姻。许多人会为此感到欢欣鼓舞。但是对于那些相信法治而不是人治的人来说,多数法官的决定是令人沮丧的。"

的方法争议更多地被追溯到法官个人的品性问题上来[①];相比之下,法治观的立场选择却显得无关紧要。然而,这个看法会使得我们陷入一场索然无味的口舌之争。一个持有司法克制主义的法官既可以赞之为谦逊,又可以贬之为怯懦,同样,司法能动主义者也可以获得拥有创新精神和傲慢自大正反两方面的评价。对法官个人品性方面的褒贬看起来更像是在贴标签,其无助于阐明司法裁判争论的实质。归根结底,真正需要思考的是不同解释方法本身是否有理由支撑,这就需要回到诸如法治观这样的根本问题层面上来。

其次,司法实践中的法治观争议还可能被认为是不真诚的。这个看法的理由在于,置身于系争个案的法官所宣称的法治观预设乃是一种主观价值欲求,在论辩最激烈的时候,法治话语的运用可以引发心理和情感的影响,最终促使认同其所喜好的裁判方法和判决。因此,法治无非被作为托词而使用,用来粉饰法官个人对案件的判断,对法治观念的语用分析并无太大价值。然而,这个看法不仅与事实情况不符,而且在规范意义上是不可接受的,其实质是一种对法治的怀疑论。毕竟,司法判决是一种涉及他人重大利益的"公共判断",法治的论证理由性质如果是不真诚的、任意的,那么法官的裁判结论就无法经受合理的检验。因此,在法官持有的法治观与其相应的裁判方法和判决之间是一种证立而非掩饰的关系。

最后,还有一种观点认为,司法克制和司法能动取决于案件本身的情况,需"就事论事",而不能在理论抽象的层面上一概而论,因此用抽象法治观为法官的司法裁判来背书具有误导性。的确,系争个案及其所处情景都有其特殊性,但要强调的是,除非我们坚持一种纯粹以"结果奏效"为判案准则的实用主义[②],否则作为裁判证立理由的法治观理解就不能置之度外,厘定和分析法治观的"理想类型"仍然是一项有意义的工作。即便存在那种处于司法克制和司法能动之间的立场,其也需要对其背后的法治观作出融贯一致的理论说明。

三、法律的性质判定:"权威"抑或"正确性"

在对法治概念的讨论中,首先不可忽视的是,对法治的看法必定和有关法律的概念问题关联在一起。法律的概念分析工作主要是去探究法律的基本性质,去发现其所必然拥有的属性。在司法裁判中,法官所诉诸的法治观在一定程度上要受制于其所拥

---

① Cass R. Sunstein, A Constitution of Many Minds: Why the Founding Document Doesn't Mean What it Meant Before, Princeton University Press, 2011, p. 39.

② 法律实用主义的这个主张是令人费解的,这是因为如果要判定一个判决的后果是奏效的,就必须确立一个独立自足的标准,抽象的理论工作因此是无法绕开的。

有的特定的法律性质理论,围绕法律性质判定展开的激烈争议自然会塑造出竞争性的法治观以及相应的实践后果。

不过,首先要注意的是,在法治和法律这两个概念之间,是否后者在逻辑上先于前者是有疑问的。如果根据一般性的“语法规则”,在人们的观念中,似乎是先形成法律的概念,然后才会导出相应的法治概念。但是,实际上,对法治的理解有时反而会影响我们对法律性质的判断。特别是,对有关法治的某些重要“前见”的反思会促使摒弃某种特定的法律概念理论。例如,在法律命令论那里,法律被视为仅仅碰巧得到社会大多数公众服从的个人或组织所发出的任何命令。在这一看法之下,法律无非是人类权力的表达,它以威胁为后盾,由社会中最有权势者制定和实施,并体现其意志;然而,这样一来,法治变成一个道德上的空壳,法治和人治的区分难以维持,所谓“法治,而非人治”的理想无疑遭到了瓦解。再有,在另一个极端,即在法律被要求具备实质性道德属性的情形下,法治固然获得了充分的道德意义,但这一理想的独特性却没有获得有效说明,法治的可欲性不过是来自于“良善之法”这一事实——“说法治是好的不过是因为良法之治是好的”。

可见,虽然我们对法治概念的理解可能奠基于某种法律性质的理论之上,但这不等于说只有先解决法律的概念问题,才能给出法治的概念。真实的情况毋宁是,对这两个概念需要一同去理解,而非各自孤立开来[①]。根据这种整合性的思考方式,目前可以排除上面提及的两种法律性质理论;显然,把法律看作是简单的以威胁为后盾的命令,抑或一种完全符合正义的客观道德真理,皆与我们既有的有关法治的常识信念不相符合,因此,我们现在需要把注意力立刻转到另外两种与法治观念可能更为融贯一致的法律性质理论上去。

“法律必然主张权威”和“法律必然主张正确性”是当今有关法律性质判定上的两个主要论题,它们彼此针锋相对,也都具有比较强的说服力。先来看权威论题,这个论题否认了那种简单的法律命令论,而认为法律是一种声称提供正确理由的权威性指令,这意味着法律是作为一种“阻断性理由”来发挥作用的,人们需按照法律提供的权威性理由而非个人自己的道德判断来行动。

法律权威的证立性理由主要在于,法律的权威性实践能够解决广泛的社会合作问题;无论是处于纯粹协作问题还是囚徒困境的情形之下,法律的权威指令能够使得人们避免按其个人的理由权衡来行动,从而促成有效的社会合作。此外,还存在下面若干较为重要的理由。其一,维系社会共识。法律的权威性规则提供了中间层次的理由,这就避免涉入更深层次的价值和道德考量,能够使人们在意见相左下形成共识。其二,保障民主。在现代民主社会,制定法无疑反映出公共的民主判断,具有集体决定

① Jeremy Waldron, The Concept and the Rule of Law, Georgia Law Review, 2008, Volume 43, Issue 1, p. 10.

程序的权威性。其三，节约时间和劳力等成本。相较于按法律的权威指令去行动，事无巨细地逐案权衡无疑是一项重大的负担，消耗的时间和精力会大于边际收益。其四，利用专家知识。面对广泛复杂的社会问题，立法往往反映出具备极高的专业知识水准，因此应作为权威来予以尊重。总之，按权威指令行动能够使我们更符合理性地去行动，这就是法治给我们带来的好处。

能够与权威论题相得益彰的法治理解无疑是形式法治观①，从中又可进一步推出司法克制的裁判风格。法律之所以能够给人们提供权威性指引，在于它具有公共可知的社会来源。在司法裁判中，法官自应聚焦并尽其可能地去尊重“法律文本”和“立法原意”，而非以自己的实质性道德判断来取代这些事实性来源。当然，虽然都是以事实性来源作为解释的标准，文本说和原意说之间也有竞争，前者主张只有通过文本才能知晓立法者真实的原意，因此不存在离开文本的原意；而后者则坚持文本未必能真实反映立法者原意，比如立法者也有可能“词不达意”，因此就需要通过诉诸立法草案、会议记录等资料来寻找原意。但是，暂撇开这一争议不论，无论如何，从法律统治中所获得的好处正是源自这些形式性来源标准，这帮助我们成功地解决了集体行动的问题。如果司法实践被赋予了更多的能动色彩，那么这个期望就会彻底落空。

然而，正确性论题把我们带到了一个截然对立的方向。正确性论题虽然不否定法律的权威性质，因此不同于之前提及的良法论，但却特别强调，法律的概念还含有“道德正确”这一基本要素。阿列克西就此指出：“法律必须包含正确性诉求，并且这种诉求包含了一种对道德正确性的诉求”②。当然，正确性诉求未必为每一个法律代表者——尤其是法官——的私人信念所分享，但作为法律的代表者，在客观上必然正式地提出该项诉求，要不然就会犯有以言施为的矛盾。

显而易见的是，正确性论题的满足条件并不止于形式上的法律来源标准，正确性主张在权威框架机制内并不能获得完全实现，因而它要求实质性的规范性标准必须向法律决定保持开放。这样，与该法律性质判定相称的法治观念自然是实质性的，司法裁判也倾向于能动主义和法律解释客观说。在司法实践中，事实性的法律来源依然会被尊重，但是应用方式却更多地依赖于对客观规范意旨的实质性道德解读。换言之，法官被要求积极地按照客观的道德标准来解释那些权威性的法律来源，甚至在必要的时候逾越既有法律规定的约束。在有的情形中，“权威资料本身无法实现正确性，例如对法律文本进行主观解释导致了在今天看来极端不公正的结果。此时就需要采纳破

---

① 值得指出的是，“形式法治观”的概念用语主要源自其特别强调法律来源的事实性特点，从这个观念背后的权威证立角度来看，其依然存在着实质性的主张和诉求。

② ［德］罗伯特．阿列克西：《法律的双重性质》，刘叶深译，载徐显明、郑永流主编：《全球和谐与法治》，中国法制出版社2010年版，第244页。

除这一中间环节(它原本是为了更有效地实现正确性而产生的),而更直接地诉诸正确性的手段,如客观目的论解释"①。

从以上讨论可知,应因法律性质判定问题上的权威和正确性之争而产生的形式法治观和实质法治观的分歧构成了司法裁判中法治观争议的一个重要层面,并且这个分歧指向了司法克制和司法能动的实践差异,因此,抽象的法治观念立场成为法官作出具体裁判的重要砝码。

四、法治的价值吸引力:"自由"抑或"平等"

既然法治是一项重要的价值理念,而且这已经成为我们常识观念的一部分,那么对其可能的一个反思焦点在于,法治的价值究竟是什么以及它为什么重要。在司法实践中,法官对这个问题的不同回答自然会塑造出竞争性的法治观。

一般而言,作为一种普遍性的规则,法律指引行为的"功能价值"②往往是最容易被想到的。几乎无人可以否定这样一个命题,即法治如欲可能那就必须具备"规则能够指引人之行为"这一前提条件。从这个功能性的价值视角出发,法律需在一定程度上具备公开、普遍、清晰、无矛盾、不溯及既往以及稳定等属性,诸如此类的规则属性通常被称为合法性原则或合法性标准③。合法性原则显然具有很强的逻辑说服力,这是因为其通过对规则的功能价值而非诉诸那些有争议的道德价值来界定法治;只要承认法治是一个规范性理想,或是一个应予实现的理念目标,那么根据"应该蕴含能够"的推论原则,在逻辑上就必须确认法律能够为人类提供有效指引的基本条件,这正如罗尔斯所言:"这些条件内在于公共规则规制行为的观念之中"④。

然而,功能性价值固然可以初步回答法治的价值所在,但却无法有效地说明法治的价值为何"重要"并且值得人们去"珍视",因此,它与我们的常识信念尚存在一定的距离。为了弥补功能性价值的解释力限度,不少论者都揭示出,在法律指引行为的功能性价值背后,还隐藏有"自由"这项内在的道德价值⑤。需要指出的是,这里的自由

---

① 雷磊:《再论法律解释的目标》,载《环球法律评论》2010年第6期。

② Andrei Marmor, The Rule of law and its limit, Law and Philosophy, vol. 23, No. 1, 2004, p. 7.

③ 有关合法性原则大致相似的表述可参见,[美]富勒:《法律的道德性》,郑戈译,商务印书馆2005年版,第55-111页;Joseph Raz, The Authority of Law: Essays on Law and Morality, Oxford University Press, 1979, pp. 214-219; John Finnis, Natural Law and Natural Rights, Oxford University Press, 1979, p. 270。

④ John Rawls, A theory of justice, Cambridge, MA: Harvard University Press, 1991, p. 238

⑤ See Joseph Raz, The Authority of Law: Essays on Law and Morality, Oxford University Press, 1979, p. 221; Jeremy Waldron, The Law, Routledge, 1990, p. 51; Neil MacCormik, "Natural Law and the Separation of Law and Morals', in Robert P. George(ed.), Natural Law Theory: Contemporary Essays, Oxford: Clarendon Press, 1992, p. 122; Nigel E Simmonds, Central Issues in Jurisprudence, Sweet&Maxwell, 2013, p. 265.

并不等于诸如言论自由或财产自由等实质性的自由权利,而是指向了自由的另一种价值维度,即通过合法性原则予以保障的功能性价值的实现。这意味着人们可以根据确定的规则来合理地安排个人事务,作出可预期的规划,从而达致人的自主、自治和尊严。对于人类而言,此种自由的价值虽然看似单薄,但却是极其宝贵而不可或缺的。

作为普遍的规则,法律能够指引我们的行为,并且通过合法性原则的建构来实践所谓"自由"的法治价值。不过,另一方面,规则的"普遍性"还表达了一项朴素的正义观念,这就是"同等情况,同等对待"的平等原则。在我们有关法治的日常观念里,平等原则无疑是极其普遍的,其通常以"法律面前人人平等"的格言来予以表达,因而称得上是法治实践追求的另一项价值目标。可以注意到,在"法治,而非人治"这一历史信条里,"法治"常被认为优于"人治"的优点恰在于其能够避免"专断"和"特权";如果说自由"体现了反"专断"的法治价值,那么"平等"毋宁体现了反"特权"的法治价值①。

所以,法治表达了这样一种人类尊严的理想,即人们既能够根据公开确定的规则来进行开诚布公地合作,以此来避免权力的专断,又能够根据规则的普遍性得到平等对待,以此来避免特权。"自由"和"平等"一同完整地阐释了法治的价值吸引力。

在司法裁判的语境里,法治的这两个价值面向看起来似乎相安无事、和谐共存。对"自由"价值的落实要求法官最大限度地去尊重事先确认的有效规则,对其进行"循规蹈矩"式的理解和应用,保障人们对法律形成的合理信赖和稳定期待。同时,这个相对严格的规则适用过程也表明规则被平等适用于每一个人。然而,需要注意的是,在有的学者看来,法治的平等价值还负有更深的实质性承诺;沃尔德伦就此指出,"万民一法"(one law for all)的理想不仅仅是说每个人都适用同样的一套法律,而且也是说在一种更深的意义上,这套法律是一种将每个人都纳入考虑的法律,是为了每个人的法律②。这意味着,对于每一个系争个案,法官都要结合规则的要旨和个案的具体特殊性来作实质性的规则适用考虑。实际上,从完整的意义上来说,"平等"原则既包括了"同等情况,同等对待",又包括了"不同情况,不同对待",将"不同情况作同等对待"和将"同等情况作不同对待"同样都是一种糟糕的行为。由于在每一个系争个案和规则之间,都存在诸种"同等情况"和"不同情况",所以规则的适用问题要取决于法官对"同等情况"和"不同情况"何者更重要的判断;这一判断进一步取决于个案与规则之间的比较点选择,而比较点的选择归根结底是由相关的道德理由提供的。法官因此就不能止步于规则的字面含义,他还需要去考量规则背后的客观目的。

这样来看,如果说以"自由"价值为圭臬的法官具有司法克制的倾向,那么奉行"平

① 在戴雪的经典法治界定里,前两条正是强调法治之反专断和反特权的重要特点。See Albert. V. Decey, Introduction to the Study of the Law of the Constitution, London: Macmillan, 1960, p. 202。

② Jeremy Waldron, The Law, Routledge, 1990, p.46.

等"价值的法官就更易于导向一种司法能动主义。这里可以顺带提及德沃金的"整全性"(integrity)法治观。众所周知,这个法治观体现的正是被德沃金誉为"至上美德"的"平等",而德沃金本人一贯是司法能动主义最积极的代言者。在德沃金那里,整全性要求"政府对所有公民,必须以一个声音说话、以一个具原则性且融贯的方式来行动、把自己对某些人所使用的正义或公平之实质性标准,扩张到每个人"①。德沃金所勾勒的"赫拉克勒斯"法官无疑是一位能够熟稔运用道德哲学而不仅仅是法律知识解决案件的人物,它被要求"透过下述方式裁判疑难案件,即试着在关于人们权利与义务的某种融贯原则中,找到对社群之政治结构与法律信条的最佳建构性诠释"②。这里的重点是,赫拉克勒斯式法官的特殊禀赋在于能够为整体法律实践提供"道德上最佳证立"的原则并以此为依据来作出司法裁判,只有如此,带有"更深承诺"的平等理想才能真正予以实现。

总而言之,法治这个价值理想带有双重价值承诺,它既是一种"自由"的价值实践,又是一种"平等"的价值实践。其实,这两个看法皆内在于我们对法治最根深蒂固的常识信念之中,皆具有强烈的吸引力,而且也皆属于法治的内在价值而非外在价值,因此也就深深地嵌入到了日常司法裁判的论辩结构中去。在司法实践中,正是部分地因为这两种有所差别的法治价值强调重心,促成了司法克制和司法能动的不同裁判方法和风格。

五、法治的理性之治:"制度理性"抑或"论辩理性"

一般认为,相较于人治或专制,法治拥有的显著特点亦在于它是一种理性的统治。不过,在法治理性的内容理解上,却一直存在着"制度理性"和"论辩理性"之争,即法治应被视为一种共同体里道德和政治问题的制度化解决模式,还是应被设想为一种锻造问题论辩的理性平台。同样,这一争论构成了司法实践中法官裁判的部分背景观念。

对这两种法治观的分析,可以从了解其各自对应的历史原型开始。按照施克莱的看法,孟德斯鸠和亚里士多德的法治论述可视为其各具代表性的版本③。这里,不妨先来看由亚里士多德提出的人类思想史上最早的法治观版本。作为旗帜鲜明的法治论者,亚里士多德曾明确提出:"谁说应该由法律遂行其统治,这就有如说,唯独神祇和理智可以行使统治"④。亚氏在这里所说的"神和理智"的统治具有广阔的伦理和智识范

---

① [美]德沃金:《法律帝国》,李冠宜译,时英出版社2002年版,第174页。

② [美]德沃金:《法律帝国》,李冠宜译,时英出版社2002年版,第261页。

③ Judith N. Shklar, Political Theory and The Rule of Law, Hutchinson & Monahan, The Rule of Law: Ideal or Ideology, Carswell, 1987.

④ [古希腊]亚里士多德:《政治学》,吴寿彭译,商务印书馆1996年版,第169页。

围，它指向了一种完整的生活方式。在这个理解之下，法治的目的在于维持最佳的符合政治伦理结构的法律秩序，而实现法治的最重要条件莫过于，作出法律判断之人所必须拥有的性格。该性格要求掌握熟练的法律实践技艺，拥有完美的逻辑推理理性，以及无偏私的性情和心理倾向，所以，裁判者必须能在法庭的修辞和论辩过程中保持情感的沉默，得出自己逻辑上必然的结论。只有如此，裁判者才能担负起保障政体在其日常实践应用中的基本准则以及维持政治领域中合理商谈的责任。

孟德斯鸠系统阐发"三权分立"思想可以看作是"制度理性"法治观念的一个典型范本。相较于亚里士多德的看法，这一法治观的政治目的相对中庸。孟德斯鸠归诸法治的目的主要在于保护每一个社会成员免于统治者的压迫，确保免于恐惧的自由。根据这个法治目标，实现法治的条件，就不再系于任何裁判者所具有卓越的品行，而在于一套行之有效的公权力制衡机制。在这个制度性秩序之中，司法独立的要求显得格外迫切，因为只有不受行政干涉的裁判者才能保障公民免受权力迫害的可能。此其一。其二，法官专制要予以避免，裁判权力当受到严格的限制，法官要恪守自己的职责和司法权的界限，准确地解释和执行法律，而不能有任何创造性。

可以说，由孟德斯鸠和亚里士多德为代表的这两种法治观念集中代表了对法治理性的不同诉求重点。体现到司法实践层面中，它们赋予法官以迥然不同的裁判角色。"制度理性"的法治模式把制度上的权力架构和约束机制视为法治概念的核心要义，法官裁判的性质也依托此背景来加以定位，一种有限的裁判权力被得以合理期待。另一方面，法治的"论辩理性"模式给予法官个人的理性以更为显著的位置，强调裁判过程中的理性论辩和对话，这就易于导向司法的能动性和一种更为开放的裁判风格。

以上这两种的法治观分立可能会被归结到法律实证主义和自然法之争的范畴。"制度理性"模式由于一般强调立法者的权威和法官的角色限制，显得更为符合"法自君出"的实证主义立场，而"论辩理性"模式由于关注法官对伦理和正义的理性判断，则更趋近于自然法的观念。然而，这种解读方式是成问题的。从实质上说，这里并不涉及法律实证主义和自然法之争。其理由在于，"制度理性"模式并非以一种简单的法律命令理论为基础，它不拒绝关注权利、正义、共同善以及权力正当性的课题，它的关注是与一种更为根本的考量联系在一起的，即究竟哪一个公权力分支应该有权力来权威性地决定自然法的内容①。这也就是在"洞穴奇案"中，基恩法官所提出的重要问题："法官有权力来决定自然法的内容吗？"②

---

① 例如，作为古典自然法的重要代表，洛克坚持认为，权力的正当性取决于对个人自然权利的保护；与此同时，却又主张议会的最高性，并且认为议会把其权力转交出去本身是不正当的。换句话说，在洛克的表述里，"统治"意味着作出某种有关自然法之要求内容的公共判断，并以此作为社会合作基础，而这当由一个洛克式的立法机构来负责。参见［英］洛克：《政府论》（下篇），叶启芳、瞿菊农译，商务印书馆2004年版，第129页。

② ［美］萨伯：《洞·奇案》，陈福勇、张世泰译，生活·读书·新知·三联书店2009年版，第30页。

值得注意的是,在自然法的源远流长的传统里,这个理论的支持者们也并没有主张,法院而非立法机构应该具有最终的权威来决定自然法的内容。作为当代自然法的捍卫者,乔治曾明确指出:"自然法理论把法官的角色视作一个完全有待决定(determinatio)的事项,其无法从自然法理论那里直接推导而出。"所以,一旦立法机构被赋予更重要的地位和作用,那么法官就要尊重分配于它的有所限制的制度性角色,制度理性法治观的说服力正在于此。

当然,"制度理性"的法治观并不必然导向司法克制的观点。在一定的历史和文化脉络里,法官的制度性角色有可能被定位于积极的法律创造者。例如,在普通法的传统里,法官担负有与时俱进地建构法秩序并且实现个案实质正义的责任,法治更多的是靠法官的积极实践来创造和维护的。不过,这里暂可把"制度理性"视为一种对裁判权加以限制的法治观,这不仅因为其比较重视权力分立及其约束的问题,而且还源自其对现代社会性质的一个基本判断。现代社会具有复杂多变和多元性的显著特点,这要求立法机关而非法院成为法律制度运转的核心,立法较之于司法可以更有效率地对应社会的复杂性和多变性,立法机构的民主性也能够最大可能地保障多元价值观念的公平交涉①。

然而,在"论辩理性"法治观那里,司法过程中由法官所主导的论辩和审议成为法治理念的核心内容。用麦考密特的话来说,"承认法治这个政治理念无异于承认法律的领域乃是一种论证的场所和修辞的温床"②。此种论辩的性格反对对法律推理的规范前提作公理化理解,而主张一种所谓可辩驳的确定性以及主体间的确定性,法官因此需要具有精湛的实践技艺和高质量的法律论证能力。

在这一法治观背后,主要存在事实和规范两方面的理由。一方面,当今社会司法权限的扩张,尤其是宪法裁判中法官权限的扩张是一个较为普遍的事实,法院和法官的地位和角色在实践中的确显得更为重要和积极;另一方面,更重要的是,在规范层面上,法官的裁判实践被视为一种带有参与者内在视角的活动,这种司法实践的内在视角是一种实践理性的视角,即法官必须要直接问自己,在该个案情形下"应该"作出怎样的决定。法官的这个实践视角显然并没有被形式上的法律渊源所穷尽,一个好的法官因此不应保持司法克制,相反,他应通过理性的论辩过程来积极实践正义。"塑造一个法律体制的参与者的是对此问题的那些质疑和论证:什么是其所参与的这个法律体制中的一个法律问题的正确答案。"③

① See Joseph Raz, Ethics in the Public Domain, Clarendon Press, 2001, p. 373.

② See Neil MacCormik, Rhetoric and the Rule of Law, Oxford University Press, 2005, p. 13.

③ [德]罗伯特·阿列克西:《法律的双重性质》,刘叶深译,载徐显明、郑永流主编:《全球和谐与法治》,中国法制出版社2010年版,第252页。

概括以上论述,在“制度理性”和“论辩理性”的法治观之间,它们彼此的侧重点在于,前者强调围绕法律运作所涉及的公权力分立架构以及约束模式,凭借制度性的权力制衡机制来对抗人治的恣意;后者则看重法律适用中法官理性的运用,法治的核心理念因此被定位为司法场景下的合理审议,法官持有和主导的论证理性是对抗人治缺陷的主要武器。反映到司法裁判的层面上,这两种基于不同理性定位的法治观构成了其各自裁判方法的证立背景,产生“司法克制”和“司法能动”的实践差异倾向。

六、结语

法治是一个具有多种面向的政治理念,并且具有复杂的规范性意蕴,法治观的争议因此实乃法律实践中的一种常态。笔者虽然从三个不同的面向层面来讨论司法实践中的竞争性法治观,但不代表已经穷尽了对法治的理解,而且究其根本,这些不同面向之间实际存在着高度的关联性。法律的权威性主张、规则指引下的自由行动价值以及制度理性彼此之间相互支持,其强调在立法和司法的职司划分的基本框架下,通过权威规则指引功能来落实自由行动的价值,由此共同塑造了一种导向司法克制裁判风格的法治观;法律的正确性主张、平等价值以及论辩理性同样是一套融贯一致的论述,其强调在法官实践的内在观点之下,通过确证道德正确的融贯原则来贯彻平等的价值,由此共同指向了一种提倡司法能动裁判风格的法治观。法官的裁判活动正是在这一法治观争议的基本背景下展开,法治观的争议不仅仅是理论的,它更是实践的。

面对司法实践中的竞争性法治观,本文并没有给出一种关于何种法治观更具优势的答案,但这不意味着围绕着法治概念运用的争议是一个纯主观决定的事项。相反,只有存在客观的答案,争议才可能是有意义的,争议也才能够显著地提升彼此双方的论证质量。在承认此一前提的条件下,这里所做的主要工作不过是,揭示和分析司法实践中所可能提出的竞争性法治主张,努力消除法治概念给我们带来的疑惑性,最终更好地理解我们自己的法治概念,而且极其重要的是,我们应当意识到,对法治概念的理论解答一直就扎根于我们的法律制度和法律实践中,这种理论解答既是不可或缺的,也是无法避免的。在这个意义上,“一个由法律而非人统治的社会必定是一个存在着有关法治之意涵的持续性论辩的社会”①。因此,持续不断的法治观争议并不是我们法律体系和法律制度的病态赘生物,而是引领、推动和塑造我们法律实践的原动力。

---

① Jeremy Waldron, *Is the Rule of Law an Essentially Contested Concept (In Florida)?*, Law and Philosophy, Vol. 21, No. 2, 2002, p. 164.

科技名词法律规制的立法原则与方法*

杨知文**

摘　要:目前我国的科技名词规范化工作的法制化水平还很低,在依法治国的要求下,如何对科技名词进行法律规制成为重要的课题。语言学关于语言文字的规范化是科技名词规范化及其法律规制的必要依据,而以术语为主要对象的术语学则是当下开展科技名词法律规制活动最重要的理论根据。就立法而言,我国科技名词的法律规制需要把国家主义原则、公民权利原则、统一管理原则、国家奖励原则和国际标准原则作为最低限度的基本原则;同时,应当以我国现有的科技名词管理实践为参照,运用符合科技名词审定、推广与使用规律的立法方法,推动科技名词的规范化工作实现法制化。

关键词:科技名词;规范化;法律规制;立法原则;立法方法

在现代社会,科学技术已经与人们的生产和生活密不可分。在科学技术传播和应用的过程中,科技名词作为基本元素承担着不可忽视的重要作用。随着现代科技知识体系的日益庞大,世界发达国家大多比较重视科学技术名词的规制和统一工作。就我国现实的状况看,仍存在着科技名词的误用、错用和混用等不规范现象①,这无疑对科技活动的人际交流乃至科学技术本身的创新与进步制造了阻碍。虽然我国历来重视科技名词的规范化工作,但是目前科技名词规范化工作的法制化水平很低,这与我国

* 基金项目:本文为中国法学会2016年度部级法学研究课题“科技名词的法律规制及其立法问题研究”[项目编号:CLS(2016)D07]的阶段性成果。

** 杨知文,男,山东枣庄人,华东政法大学法律方法研究院讲师,研究方向为法理学和法律方法。

① 例如,“激光”一词在我国最初是使用英文“Laser”的音译“镭射”。其实,镭所指的是一种有放射性、对人体有危害的元素,但是,我国的新闻媒体和出版物以及全国城镇的大街小巷曾充斥着一种“镭射现象”,不仅新闻出版物里频频使用该词,而且“镭射影视厅”、“镭射音乐厅”等随处可见,甚至还有“镭射影碟机”的说法。实际上,按照科学的界定,激光指的是“利用能量激发发光材料的原子使之按同一方向发光,然后放大形成的一种光源”。上世纪60年代,科技界人士请钱学森教授给“Laser”取一个统一的名称,他建议将其命名为“激光”。学术界对此一致认为,“激光”一词是在周密考虑科学概念和汉语构词特点的基础上确立的。自那以后,我国学术界才开始统一使用“激光”这个名词。参见宁吉祥:《且莫等闲看科技名词规范化》,载《中国出版》1997年第8期。

由计划经济加速向市场经济转变、由人治社会加速向法治社会转型的时代特征的不适应性愈发明显①。针对这些问题,在依法治国的时代背景下,理论界和相关部门提出了加快我国科技名词立法的重要命题②。可以说,实现科技名词的法律规制已经成为我们必然要面对的课题。科技名词法律规制之目的就是对科技名词进行规范化。科技名词的规范化是指由政府对科学技术名词实施统一审定、公布、推广应用和管理,法律规制就是以立法的方式对科技名词的规范化活动进行建规立制,通过法律的调整机制促进科技名词规范化工作。基于以上认识,本文从讨论科技名词法律规制的理论根据出发,从法理上探索科技名词法律规制的立法原则问题,并以科技名词的审定制度建构为例,就实现科技名词法律规制的立法方法作出论述。

一、科技名词的法律规制:从语言立法到术语立法

通过法律规制对科技名词进行规范化的理论根据最先来自于学界关于语言学方面问题的探讨。在此方面,科技名词的规范化通常被看作实现我国语言文字(汉语)规范化的重要组成部分,据此,源于语言文字规范化的理论支持无疑也成为实现科技名词规范化的基本依据。就立法的必要性而言,从《国家通用语言文字法》颁行十多年来的实施情况看,通过遵行该法所实现的对国家通用语言文字的推广和管理可以说取得了值得肯定的良好效果,使用具有规范化的汉字和把普通话作为标准语言正在社会形成更为浓厚的氛围,国家对通用语言文字的治理也更为深入人心,由普通话和规范中汉字所支撑的中华民族共同语已获得普遍认同和使用。

具体地说,语言文字是一个民族的重要标识,而统一和规范使用语言文字对一个国家和民族的发展至关重要。为了普及和推广使用规范汉语词汇,我国政府先后制定了多项关于规范汉语使用的规定甚或立法文件③,在科学技术活动领域使用规范和统一的名词术语是贯彻使用规范化汉语言和文字的基本要求。特别是在科学技术飞速发展和国内外科技交流快步增多的情况下,科技名词的统一和规范化工作变得日益重

① 冯军:《加快科技名词立法十分必要》,载《光明日报》2012 年 2 月 29 日,第 7 版。

② 参见孙寿山:《科技名词规范工作应当纳入依法行政的轨道》,载《中国科技术语》2012 年第 2 期。

③ 除了 2000 年 10 月 31 日公布并于 2001 年 1 月 1 日起施行的《国家通用语言文字法》,自 1985 年以来,我国制定和公布的有关语言文字使用规范和标准的文件还有《关于出版物上数字用法的试行规定》(1987 年 1 月 1 日)、《关于地名用字的若干规定》(1987 年 3 月 27 日)、《关于广播、电影、电视正确使用语言文字的若干规定》(1987 年 4 月 1 日)、《关于企业、商店的牌匾、商品包装、广告等正确使用汉字和汉语拼音的若干规定》(1987 年 4 月 10 日)、《关于商标用字规范化若干问题的规定》(1987 年 9 月 4 日)、《出版物汉字使用管理规定》(1992 年 7 月 7 日)、《关于在体育活动中正确使用汉字和汉语拼音的规定》(1992 年 7 月 9 日)以及《普通话异读词审者音表》(1987 年 12 月 27 日)、《现代汉语通用字表》(1988 年 3 月 25 日)、《汉语拼音正词法基本规则》(1988 年 7 月 1 日)和《现代汉语通用字笔顺规范》(1997 年 4 月)等。

要,其在维护民族语言健康、传承国家和民族文化和促进社会进步等方面发挥着积极作用。所以,显而易见,既然一个国家的语言文字需要规范化,那么同样重要的是,在科学技术领域,科学技术概念和术语的定名和使用等也应该规范化,而科技名词规范化是国家语言文字规范化在科技领域的具体体现和必然要求[①]。不仅如此,从立法上看,《国家通用语言文字法》的实践和所取得的成效,基本消除了人们过去在一定范围内存在的对该种立法必要性的思想分歧,使人们关于通用语言文字法的法律地位和作用的认知不断得到统一和深化[②],应该说国家通过立法推行通用语言文字的做法实现了既有的目标。这显然对论证科技名词的规范化及其法律规制具有重要的启发意义,在国家通用语言文字法现行确定的路线和目标不断实现的促进下,以立法的形式对科学技术名词的统一和管理等问题进行规则建构和制度设置,应该成为一种具有现实性和可实施性的考量。

从语言学角度探究科技名词规范化及其法律规制的理论根据,社会语言学的原理也是具有较大影响力的认识。按照社会语言学的一般观点,社会需求是语言研究的出发点,也是语言研究的归宿,而国际和国内频繁的科技交流与合作对科技术语提出了严肃而实际的标准化要求,科学技术领域的术语规划工作成为社会语言学必须面临的一个重要课题[③]。社会语言学原理告诉我们,社会性是语言的一个根本特性,由于语言的这种社会性特征,语言的发展和变化可以说就是突破旧规范,总是在不规范中产生了创新,甚至“习非成是”是语言演变的最大社会力量。尽管如此,这并不意味着科学技术领域的名词规范化不可以实现,而是应该顺应社会语言的发展规律,特别是新形式的发展变化,以制定良好的语言政策,在加强科技名词规范化和标准化的同时,更应该对术语定名的一些社会现象进行分析,切实把规范的目标放在外部干预和语言内部规律支配的协调上面[④]。

实际上,把语言学作为科技名词规范化及其法律规制的理论根据,往往总是在证成某种道理的同时也揭开了科技名词规范化正当性和可能性被质疑的伤疤。语言学告诉我们,语言文字需要规范化,规范性的语言是促进人们交流和社会进步的必然需要和正当要求。从这一点看,语言文字的统一和规范化在科技名词方面依然宣示着其很强的道理,并为科技名词的统一和规范化实践提供了难以割舍的理论依据。然而,正如人们所看到的一样,语言文字本身就是一个模糊且充满歧义的领域,任何语言文字都天生地存在模糊不清、含混歧义等缺陷,即使统一民族的语言,在不同地区之间仍

---

① 参见冯军:《加快科技名词立法十分必要》,载《光明日报》2012年2月29日,第7版。

② 参见冯军:《在新的起点上进一步加强国家通用语言文字法制建设》,载《语言文字应用》2010年第3期。

③ 参见马菊红:《关于科技名词术语规范化的问题与思考》,载《术语标准化与信息技术》2007年第2期。

④ 参见马菊红:《关于科技名词术语规范化的问题与思考》,载《术语标准化与信息技术》2007年第2期。

然存在较大的差异，所以，语言文字的统一和规范化原本就是一个遥不可及的目标。据此，语言文字的这些缺陷并没有因为其表现在科学技术领域就有根本性的改善。就汉语而言同样如此，正如有研究者所指出的，汉语言文字使用汉字作为字符，由于汉字的某些缺陷，汉语有时候不能使人们达到有效交流、有效认知和有效思维，使用汉语的人群此时也就很难就公共问题达成社会共识，进而难以进行有效的社会合作①。汉语自身的一系列特点特别是汉语言的模糊性，是不能充分实现科技名词的规范化表达、理解和使用的一个重要原因②。

针对上述问题，笔者认为，语言学关于语言文字的规范化论述仍然是科技名词规范化及其法律规制的必要理论依据，但是由于语言学更多的是描述性的理论，其作为论证科技名词规范化及其法律规制的理论根据往往面临着根基不足的困境，而能够解决这一问题的理论却可以通过与语言学相关的术语学来提供。

术语学是在语言学的基础上产生的，以专门研究术语的特征并以揭示术语的一般发展规律为使命，其如今已然成为一门独立的学科。术语学的宗旨十分明确，即研究术语的形成和发展的特点及规律，并以此指导术语实践工作③。虽然语言学是产生术语学的最初土壤，但是，与语言学不同，术语学具有自己鲜明的特点，其中最突出的特点就是术语学注重词汇的规范性。可以说，术语学就是致力于名词术语的规范化工作的，其以统一和优化术语为主要工作任务：统一是指整理术语的内容，其目的是确保概念系统和术语系统之间具有一一对应的关系，而优化是指选择术语的最佳形式④。

从人类语言的发展历史来看，人类语言的符号最初是语音类型的，而且在相当长的时间内，人类的语言仅仅以语音的形式存在，在这个意义上讲，语言学其实是主要考虑语言问题的。但是，文字产生以后，人类的语言开始受到文字的影响，这说明，语言和文字并非完全是一回事，只是文字产生后，书面语言成为语言的一种表现形态，而且随着书面语言的产生，语言的形式开始受文字影响或者说被文字打上了烙印，所以，书面语言描述了一种在“手写文字文化”时代开始的、以图书印刷符号加以表示的语言形式。书面语言的出现其实代表着人类语言开始进行了有意识的“语言完形化”，即语言开始以规范的符号形式出现并得以保存，并且这种“完形化”可以连续地形成一种以文本为基础的文化传统，这样，人类语言的存在物就开始表现为经过规范的拼写法、具有标准化形式和精心定义过的使用规则，以及一张张通过定义“精心制作的”单词表，到

① 参见马克义：《汉语的缺陷》，载 http://go.paowang.net/news/3/2006-10-13/20061013173153.html，最后访问日期2016年12月24日。

② 本文的写作曾得到中国社会科学院法学研究所法理学、宪法与行政法学博士后导师组的多位老师指导，其中周汉华教授就指出，汉语的模糊性问题是科技名词不能实现规范化的重要原因之一。

③ 参见吴丽坤：《术语学的研究对象、宗旨和任务》，载《中国科技术语》2007年第1期。

④ 参见［俄］格里尼奥夫：《术语学》，郑述谱、吴丽坤等译，商务印书馆2011年版，第15页。

此,可以说,语言规范化的结果就是形成了一种被全面改进的、对于语言完善过程中各个不同的方面都适合的、统一的、标准的共同语言[①]。

然而,借助书面文字表述的规范性语言并没有停止其有意识的语言完形化进程,它将持续不断地得到发展。作为语言完形化进一步发展的结果,一种新类型的语言表达形式产生了,那就是术语。在这个意义上,术语其实是有意识的语言完形化的又一个结果,相对于作为语言主要的完形化的第一次完形化相比,有学者称之为次要的完形化,这种完形化的愿望是将标准语的共同语言改造成一种"精密的工具",其最根本的对象是词汇,而这些词汇主要是为科学和技术服务的,它们被称为"术语"[②]。因此,术语是词汇,但是术语又不能简单地被说成是词汇,按照现代术语学的创始人之一欧根·维斯特的理解,"术语是一个专业领域的概念指称系统,它包括了所有的专业表达,这些表达是一般的、常见的",这种专业表达的显著特点就是,它们具有"固定的、被概括到一个定义中去的效果"[③]。

因此,术语学天然地与专业领域名词的规范化密切相关,特别是应用术语学,其在理论术语学研究术语和术语系统及其创立和使用规律的基础上,运用术语、术语系统的工作方法和成果解决一系列应用性问题[④]。不仅如此,术语学与科技信息联系密切,因为科技文本中的大部分信息是用专业词汇来传达的,而且大多数信息过程也是专业词汇的操作过程[⑤]。根据以上论述,也可以认为,术语学与语言学存在很大的区别,而这种区别正是可以说明术语学作为实现科技名词规范化及其法律规制最有力的理论根据:一方面,语言学较多地对语言现象及其规律进行描写,一般不对语言进行评价,而术语学则是规范性的,术语学即便只聚焦于研究词汇,其仍然需要从概念本身出发去考虑某个概念的名称,即"概念先于名称",而且在确定名称的时候,可以要求名称具有规范性;另一方面,术语学要对术语中的各种成分进行评价,以筛选现有的术语并创制新的术语;此外,语言学重视对民族语言的描述,不强调语言的国际化,而术语学则强调要用国际统一的原则和方法来指导各国的术语工作[⑥]。可以说,即便是普通术语学,从其诞生之时起就注重国际化的理念,强调在国际水平上开展工作[⑦]。所以,如果

① 参见冯志伟:《术语学与语言学的关系》,载《中国科技术语》2007年第3期。

② 参见冯志伟:《术语学与语言学的关系》,载《中国科技术语》2007年第3期。

③ 转引自冯志伟:《术语学与语言学的关系》,载《中国科技术语》2007年第3期。

④ 参见吴丽坤:《术语学:现代科学促生的应用学科》,载《中国社会科学报》2011年9月13日第15版。

⑤ 参见[俄]格里尼奥夫:《术语学》,郑述谱、吴丽坤等译,商务印书馆2011年版,第10页。

⑥ 参见冯志伟:《现代术语学引论》(增订本),商务印书馆2011年版,第9、30-31页;相关论述可同时参见杨炳均:《术语界定规范度的一种评估模式》,载《中国科技术语》2013年第1期。

⑦ 具体可参见普通术语学的创始人欧根·维斯特的理论,参见Ozeki S., *Was ist der Begriff?*, *in Terminology and Knowledge Engineering*, Frankfurt: INDEKS, 1987。中文介绍参见邱碧华:《浅论术语学是知识技术的前提》,载《中国科技术语》2013年第2期。

说术语是人类科学技术知识在自然语言中的结晶,“术语使科学区别于常识”①,那么,以术语为主要关注和研究对象的术语学作为语言规范化的重要领域,就是我们当下开展科学技术名词法律规制活动最重要的理论根据。

二、科技名词法律规制的立法原则

任何立法都要重视立法原则,因为“立法活动作为国家政权活动中尤为重要的活动,不能没有准绳以为遵循,不能没有内在精神品格以为支撑”②。立法原则就是“立法主体据以进行立法活动的重要准绳,是立法的内在精神品格之所在”③。同时,任何一种法律都有其法定的基本原则,法律原则作为法律的重要组成部分,其实是被实在法接受为法律规范内容的有关法律的原理,是被确立为法律规范内容的法律上之事理④。从学理上看,法律的基本原则一方面是贯彻其所属的法律部门在调整社会关系及其方法上的精神和指导思想的具体体现,另一方面也是遵循对其调整对象进行立法所必须采取的应有理念的具体要求。

举例来说,作为自人类进入文明社会发展起来的理性法律的代表,现代刑法在立法原则上就体现了一个国家的刑事法律在犯罪与刑罚问题上的基本价值定位和精神品格。同时,伴随着近现代人类各种价值和理想追求的浸润,文明国家一般都或多或少地要把法治国原则、平等原则、尊重人性尊严的原则、社会国原则以及自主决定与个人负责原则等作为制定刑事法律的立法原则⑤。我国刑法作为调整犯罪和刑罚领域的基本法律也具体规定了罪刑法定、罪责刑相适应和刑法面前人人平等的基本原则,这些基本原则可以看作是对体现人类文明和理性的刑事法律立法原则的基本贯彻,它们为实现刑法目的和任务给定了总体上的指导思想,也是具体适用刑法各个条文的根本原则,这都体现了法律原则作为法律要素的重要性和意义,尤其也具有重要的方法论意义。最近的讨论也有如下例子,面对转基因作物种植可能带来的风险以及转基因食品的安全问题,在通过立法来进行规制的情况下应当如何确定该项立法的原则问题,有研究也给出了看法,认为在技术风险不确定的情形下,转基因作物及食品的立法在原则上应当坚持公共利益原则、确保知情权原则、统一监管原则、国家利益与商业利益

---

① 参见冯志伟:《语言规划的重要领域——术语学》,载《北华大学学报(社会科学版)》2009 年第 3 期。

② 参见周旺生:《论中国立法原则的法律化、制度化》,载《法学论坛》2003 年第 3 期。

③ 周旺生:《论中国立法原则的法律化、制度化》,载《法学论坛》2003 年第 3 期。

④ 参见舒国滢:《法律原则适用的困境》,载《苏州大学学报(哲学社会科学版)》2005 年第 1 期。

⑤ 参见李鑫:《法律原则的适用方式:类型化之研究》,载陈金钊、谢晖主编:《法律方法》(第 11 卷),山东人民出版社 2011 年版,第 328 页。

保护相结合原则,以及全程风险监测的程序性原则等①。以公共利益原则为例,由于在一定时期内人们对转基因作物和食品的安全性还不能确定,既然其可能涉及社会重大利益,以立法来规制转基因作物和食品问题就应采取"公共利益原则"②,亦即,转基因作物及食品的立法应以优先保护社会公共利益为原则。

从总体上看,落实科技名词法律规制的立法属于针对具体领域的专项立法,在立法的基本原则方面既要遵循我国立法整体的指导思想和立法目的,又要符合具体领域的立法需要和原则要求,也要寻求并确立作为一部法律自身所应有的立法原则。科技名词法律规制之目的表明了其在任务和作用等方面所要致力于实现的基本目标,而基本目标的实施及其具体操作过程又有赖于一定的基本原则的支持和贯彻。从法理学上看,任何能够成为良法的法律都是形式理性与实质理性的结合和统一,形式理性体现在法律规定自身的健全、明确、严谨和无矛盾等一系列的特点上,而实质理性就体现为法律目的和法律实质内容上的合理性,尤以法律基本原则的精神追求和价值指向为集中表现。规制科技名词的法律如何确立起应有的基本原则诚然也要对此作出慎重考量。因此,规制科技名词的立法应当坚持什么样的理念并确立怎样的立法原则,并把其内化为科技名词规制法律的有关基本原则,是关涉科技名词法律规制目的实现和具体任务落实的重要问题。

根据以上论述,笔者认为,在时代背景下,就立法的原则而言,我国科技名词法律规制及其立法对具体法律规范的设定需要把国家主义原则、公民权利原则、统一管理原则、国家奖励原则和国际标准原则等作为最低限度的基本原则。

第一,国家主义原则。

科技名词的法律规制首先需要坚持国家主义原则,国家主义原则是推进科技名词定名等工作,实现科技名词统一和规范化目标的重要保障。如何理解国家主义原则,最简单地讲,就是由国家作为主体落实统一和规范科学技术名词,并对科技名词的推广和推行建立统一的管理体制和机制。法律的制定和实施在我国原本就是一种具有鲜明的国家主义色彩的活动,传统上对法律的界定和理解自身就体现在从国家主义出发的立场,以法律来实现对某一社会生活领域的调整意味着国家的态度和角色的重要性。可以说,以立法的方式推进科学技术名词的规范化,国家主义原则是其应由之义。国家主义原初是政治哲学上的概念,一般认为,作为一种政治理念和实践的国家主义,其基本的认识就是国家作为一种自足自洽的存在,它所衍生出来的国家利益、国家目的和国家意志相对于个人和其他非国家的组织才是最高层次的"善",具有不容置疑的

① 参见胡田野:《论转基因作物及食品监管的立法原则》,载《科技与法律》2014年第1期。

② 参见胡田野:《论转基因作物及食品监管的立法原则》,载《科技与法律》2014年第1期。

优越性[①]。

相对于从国家和社会秩序建构的宏大叙事角度去理解国家主义，本文此处借用这一概念主要是阐述以下一种原则，即相对于个人和非国家组织的作用和角色，科技名词规范化目标的提出及其实现是国家层面必须承担的工作，科技名词规范化具体工作的展开和推进也必须借由国家层面的号召和保障，国家和政府应当被赋予统一科技名词并推广规范化科技名词的义务，国家具有推进和实现科技名词规范化的主体职责。当然，由国家承担科技名词规范化的主体职责也是由科技名词规范化工作自身的性质所决定的。科技名词作为国家语言文字在科技领域的具体体现，只有从国家层面上实施科技名词术语的统一和规范化，才能为人们的科技交流、应用和国家的科技发展建立有秩序的条件。就此而言，如同我国通用语言文字法所规定的"国家推广普通话，推行规范汉字"原则一样，科技名词规范化法律必须以"国家统一科技名词的定名和使用，推行规范化的科技名词术语"为基本原则。

第二，公民权利原则。

科技名词的统一和规范化是一项长期而复杂的系统工程，从目前我国科技名词管理工作的具体实际来看，这项工作的推动包括科技名词的审定、公布以及宣传推广等，主要是由国务院授权的机构和各职能部门以及各学科领域的专家学者来参与和进行的。与此相应的是，在社会生活中，广大民众对科技名词规范化的意识和践行似乎有被忽视的倾向，特别是在市场经济条件下，企业是市场经济的主体，企业对产品的生产及其销售等对规范科技名词的使用更具有重要的意义和责任，所以，要求全民参与科技名词的规范化工作是科技名词法律规制的应有之义和内容。为了充分调动广大民众对实现科技名词统一和规范化目标的积极性，需要确立公民权利原则作为科技名词立法及其法律的基本原则。除了上述理由，把公民权利原则确立为科技名词法律规制的立法原则之一，也是出于对公民主体地位的尊重与考量。随着公民意识和公民参与国家和社会生活的日益充分，推动科技名词的统一和规范化逐渐成为公民自身的权利认知，其被动主体的定位毫无疑问已经转变为主动和积极的主体角色。

不仅如此，从科学技术在我国新时代的发展上看，科学技术及其成果对社会民众日常生活的影响已经极其普遍乃至深刻，越来越多的科学技术概念及其术语成为人们的日常语言，对人们的学习、生活和生产带来广泛而重要的影响，在这种背景下，人们对科技名词的规范化自然已经萌发了权利意识和权利诉求，把公民权利原则确立为科技名词管理立法及其法律规范的指导思想和重要内容正当其时。另外，从实现国家通用语言文字规范化的角度来看，"科技名词的统一工作，也就是科技名词的规范化，理

① 参见张志铭:《转型中国的法律体系建构》，载《中国法学》2009 年第 2 期。

所当然属于现代汉语规范化工作的重要组成部分”①。据此,与我国通用语言文字法的基本原则相应,推广和使用具有规范性的科技名词是推广和使用国家通用语言文字的具体体现,公民有学习、使用和推广国家规范化的科技名词的权利,而作为对公民权利原则的尊重和保障,国家理应为公民学习、使用和推广规范化的科技术语提供条件。

第三,统一管理原则。

确立统一管理原则是在标准化领域实现一定目标的立法所采用的常见做法。从我国标准化法中的规定可以看,实行统一管理是实现标准化任务的重要保障。例如,我国现行的《标准化法》第5条就规定,“国务院标准化行政主管部门统一管理全国标准化工作。国务院有关行政主管部门分工管理本部门、本行业的标准化工作”②。同理而言,针对科技名词的法律规制在一定意义上也是实现标准化的特殊性,确立统一管理原则作为科技名词规范化立法的基本原则符合该领域法律调整的需要。统一管理原则的设定体现了国家(政府及其他职能部门和授权组织)在促进和保证科技名词统一和规范化目标之实现的权能和职责,即,在科技名词法律规制的核心是促进和保障实现科技名词的统一和规范化的宗旨下,强调对科技名词规范化工作的统一管理,通过立法实现科技名词规范化的目标才具有较好的确定性和可持续发展性。

此外,在规制科技名词的法律中确立统一管理原则体现了立法者对于其所调整的对象——科技名词使用和管理行为及其相关法律关系——的基本态度。作为科技名词法律规制原则条款的内容之一,确立统一管理原则也体现了国家对科技名词规范化事宜的基本政策。特别是在法治政府建设的背景下,按照政府职能转变的要求,在建设社会主义市场经济体制的条件下,遵循依法行政的基本规律,制定科技名词规范化的发展规划,并对科技名词规范化工作和活动加以遵循规律的管理和调控,是政府公共服务职能的重要体现。同时,立法对统一管理原则的设定也能够为合法的科技名词规范化活动提供救济的依据,排斥任何组织和个人对具有合法性的科技名词规范化工作的妨碍。

第四,国家奖励原则。

为发挥立法对科技名词规范化的引导作用,在科技名词规制的立法中确立国家奖励原则也不失为一种好的选择。从常理上看,立法者对社会某领域的法律调整是充斥着特定的价值诉求和目标期望的,这种价值和目标的实现影响着立法者对该社会领域立法模式的选择,在此方面是较多地使用惩罚与强制还是奖赏与激励也是有其客观性的。同其他领域的立法不同,科技领域的立法更多的是一种激励型或称引导、促进型

① 周明鉴:《现代汉语规范化的重要组成部分:科技名词规范化》,载《中国社会科学院院报》2006年4月13日第3版。

② 参见《中华人民共和国标准化法》第5条。

立法。通过立法促进科技领域事业的发展，除了不宜过多地采用强制或惩罚型的措施之外，在基本原则和具体实施策略上更适宜从积极方面确定奖励性的基调。以适当的奖励和扶持作为引导和鼓励的措施对科技名词规范化法律而言应当是十分必要的，所以，在总体立法理念和法律的总则部分确定国家奖励的原则，可以为具体法律规则的创设提供总体的指引，从而更好地实现通过立法方式保障科技名词规范化工作的任务落实和目标追求。

目前，在科技名词的规范化方面，我国已有的科技立法和语言文字立法已经在多个领域对国家奖励原则作出了重要规定，例如，我国现行的《国家通用语言文字法》在第 7 条就规定“国家奖励为国家通用语言文字事业作出突出贡献的组织和个人”①；《科学技术进步法》还专章规定了“科学技术奖励”的问题，其中经济方面的鼓励就是较为重要的内容②。虽然这些法律规定也可以成为对科技名词规范化工作进行奖励的法律依据，但是，单独制定关于科技名词规制的法律，并把其作为调整科技名词统一和规范化工作的单行性法律文件，通过专门规定“国家奖励为科学技术名词规范化事业作出突出贡献的组织和个人”，并把其上升为科技名词规范化法律的基本原则条款，仍然具有特别的价值和意义。从法理上看，作为科技名词规制立法的基本原则之一，国家奖励原则将成为科技名词规范化法律之具体法律规则的指导思想、基础，也会是构建科技名词规制法律体系的基本准则，是制定其他单行法规、行政规章等法律渊源的本源。

第五，国际标准原则。

在规制科技名词的法律中确立国际标准原则是科技术语应用的国际性原则在立法上的具体落实和展现，同时也是在科技名词领域贯彻我国标准化法之国际标准原则的要求和体现③。科技名词的规范化不仅是语言的统一和规范化问题，也是科学技术本身的统一和规范化问题。在当今世界，科学技术的发展不断突飞猛进，科技成果及其相关概念和表达都具备国际化的发展倾向，适应并采纳国际标准成为每个致力于科技进步的国家都必须面对的现实任务，作为表述科学技术自身及其成果的科技术语无疑也内含其中，尽量采用国际通行或有共同标准的科学技术概念及其术语是我们开展科技名词规范化工作的应有之义。从国际交流的角度看，确立国际标准原则作为科技名词规范化立法的基本原则也实为必要。科技发展原本就是国际性的事业，具有国际性的科技术语是国与国之间的科学技术交流与合作的载体和承担者。为了充分利用国内、国外两种资源，开拓国内、国际两种市场，国家鼓励科学技术活动进行国际交流，

① 参见《中华人民共和国通用语言文字法》第 7 条。

② 参见《中华人民共和国科学技术进步法》第 8 章的规定。

③ 例如《中华人民共和国标准化法》第 4 条规定：“国家鼓励积极采用国际标准。”

并逐步建立起包括科技术语在内的与国际接轨的科学技术活动交流机制,以更多地促进本国科学技术事业的良好发展。

此外,从科学学科发展的视角看,世界上发达国家大都建立了比较成熟和专业的科学技术术语数据库,其中重要的表现之一也在于积极吸收具有国际化的科学技术概念和术语,并参与促进科技术语的国际化发展。更有甚者,如前所述,从近些年情况看,"一门综合了信息科学与语言学,专门研究术语定名、概念、应用及其相互关系的新型学科——术语学的研究正在蓬勃开展,这门科学的研究水平已经成为发达国家科技水平的重要标志"①,而术语学本身的任务就在于解决包括科技名词在内的术语的统一与规范化问题,并在很大程度上致力于建立具有统一性的国际标准的术语学体系。作为承担和参与国际术语学发展及科学技术国际交流的我国科技名词工作,把国际标准原则作为基本理念和指导思想的重要性也就不言而喻。因此,对科技名词的法律规制之立法确立"国家鼓励积极使用符合国际标准的科学技术概念及其术语"的基本原则,是促进我国科技名词统一和规范化工作走向成熟发展的必要之举。

三、科技名词法律规制的立法方法:以科技名词的审定制度为例

运用立法方法是实现一定立法目标,并完成相关法律制定任务的路径。理论上常把立法方法与立法技术相提并论,用来指称"立法活动中所遵循的用以促使立法臻于科学化的方法和操作技巧"②,包括法的内容的确定、表述及完善技术等方面③。笔者同意这种界定,认为同立法技术有关的一切规则都属于立法方法的范围,也包括就专门的立法事项制定具体法律规范,以形成和确立一定法律制度的方法。我国台湾立法学家罗成典就认为,"立法技术乃依照一定之体例,遵循一定之格式,运用妥贴之词语(法律语言),以显现立法原则,并使立法原则或国家政策转换为具体法律条文之过程"④。例如,刑法立法方法论所针对的问题可以宏观地被界定为"如何型构刑法规则"⑤,如以严密法网为目的指向,从微观层面上主张设定堵截构成要件、弹性的构成要件和推定的犯罪构成⑥。据此而论,实现科技名词的法律规制,也需要运用立法方法对科技名词规范化的具体制度进行实际的规则创设和条文设置。本文下面就以科技名

① 宁吉祥:《且莫等闲看科技名词规范化》,载《中国出版》1997年第8期。

② 周旺生主编:《立法学》,法律出版社2000年版,第453页。

③ 参见吴秋菊:《立法技术探讨》,载《时代法学》2004年第4期。

④ 罗成典:《立法技术论》,台湾文笙书局1983年版,第1页。转引自吴秋菊:《立法技术探讨》,载《时代法学》2004年第4期。

⑤ 参见王志远:《事实与规范之间:当代中国刑法立法方法论批判》,载《法制与社会发展》2011年第1期。

⑥ 参见储槐植、侯幼民:《论刑事立法方法》,载《中外法学》1992年第4期。

词的审定制度立法为例对此进行论述。

实现科技名词规范化的首要工作就是要对科技名词进行统一审定。目前我国实行的是由全国科学技术名词审定委员会及其下属的按学科划分的专业委员会对科技名词术语进行统一审定的制度。在我国深入推进法治国家建设的条件下,如何通过立法形式对这种科技名词的审定制度进行符合法治化要求的建构,使之成为法定的科技名词审定制度并实现进一步的具体编排,是科技名词法律规制需要面对的重要问题。

科技名词的审定又称为科技名词的定名,是指承担科技名词标准化工作的政府主管部门或依法律法规授权的一定组织对需要统一的科技名词依据相关的标准进行统一审核,并确定具有规范性的名称的活动。科技名词的统一定名是实现科技名词规范化的基础性环节,也是对科技名词进行宣传推广、使用和统一管理的前提。在每个族群和社会的进化发展中,人们的语言演进总是与不断进行着的词汇化相联系①,在这个过程中每个民族的语言之词库都不断吸纳新的词汇,这种词汇的增长在科技活动领域的语言应用中也必然如此。对此,科技名词的定名不仅要对既有的已经使用成熟的概念进行审定,也应对各种新产生的科技词汇进行审定并使之规范化。在一定意义上也可以说,只有根据一定标准而统一审核确定之后的科学技术名词才可以被称为科技术语。

从我国目前的科技立法和国家通用语言文字立法来看,在一些法律法规中已经有若干条款对科技名词的统一定名问题作出了规定,例如,我国《国家通用语言文字法》第25条就规定,“外国人名、地名等专有名词和科学技术术语译成国家通用语言文字,由国务院语言文字工作部门或者其他有关部门组织审定”;第15条也规定,“信息处理和信息技术产品中使用的国家通用语言文字应当符合国家的规范和标准”②。尽管如此,这些条款并不是具有专门针对性的法律规定,科技名词法律规制就要专门从法律上解决包括科技名词的审定在内的制度之有法可依问题。从内容结构及其体例安排上看,科技名词的法律规制在科技名词审定制度方面的立法主要包括两项内容,即科技名词审定的主体及其职责与科技名词审定的基本程序。

科技名词审定之目的就是确定具有规范性和标准性的科技概念术语,以更好地实现科技名词的规范使用和统一管理,这不仅是对科技活动主体和人们从事科技工作和进行日常生活的要求,而且应该是国家和政府的基本职责。基于该种理由,如前所述,笔者认为,科技名词立法应当把国家设定为科技名词审定的基本主体,并赋予国务院作为履行该项职能并具体承担包括科技名词审定在内的各项规范化任务的职责主体,

① 关于词汇化与语言演进的专门研究,可参见 Laurel J. Brinton, Elizabeth C. Traugott, Lexicalizaiton and Language, Cambridge: Cambridge University Press, 2005。

② 参见《中华人民共和国国家通用语言文字法》第15、25条。

在此基本框架内再进行其他组织机构上的制度安排。将审定科技名词的主体设定为国家既符合科技名词规范化工作的国家主义原则,又彰显了科技名词统一定名工作的权威性和确定性;同时,把国家设定为科技名词审定的法定主体,在具体制度建设上又把国务院作为这一职能的组织实施主体,这种编排在一定意义上也契合在科技领域发挥政府职能和贯彻行政法治的要求,可以解决科技名词统一审定中的非正式性问题。

当然,在上述框架内,必须进一步赋予全国科技名词审定委员会成为实际上负责科技名词具体审定工作的专门组织机构。在目前情况下,由国务院批准成立的全国科技名词审定委员会是实际上开展科技名词定名工作的组织。科技名词法律规制继续把这种实践进行法制化,将科技名词审定的具体职权赋予现行体制框架内业已存在的组织机构,可以减少制度变革的成本,是切实可行的选择。需要指出的是,由全国科技名词审定委员会作为实际执掌科技名词审定职权的组织机构,立法应当对该组织的性质作出比较清晰的厘定。全国科技名词审定委员会在性质上是属于国家专门的科技术语工作机构,还是法律授权的科技名词审定社会组织,目前的研究并没有给予明确的回答。从行政职能上看,全国科技名词审定委员会是经国务院批准成立,"经国务院授权,代表国家审定、公布科技名词的权威性机构"①。科技名词规制立法应当以专门条款对此作出明确的规定。除了对全国科技名词审定委员会的性质进行规定之外,科技名词立法要对该组织机构的职权和名词审定的效力问题作出规定。在此方面,立法可以通过把全国科技名词审定委员会既已形成的正式职权上升为法定职权,概括来讲主要包括两项内容:一是制定规划和政策的权力,即由全国科技名词审定委员会负责制定科技名词审定的规划和政策;二是科技名词的审定、定名和公布权力,即由全国科技名词审定委员会负责科学技术各学科的名词审定、公布等工作。

就全国科技名词审定委员会所审定科技名词的效力而言,立法则可以把之前国务院的行政指令转变为法律规则,实现对经过统一定名的科技名词的约束力的法制化确定,解决依靠行政指令确定科技名词术语的约束力问题。国务院在1987年曾确定,"经全国自然科学名词审定委员会审定公布的名词具有权威性和约束力,全国各科研、教学、生产经营以及新闻出版等单位应遵照使用"②。1990年,国家科委、中国科学院、国家教委等部门也联合发布了《关于使用全国自然科学名词审定委员会公布的科技名词的通知》,其中也规定相关活动应当遵照使用经审定公布的科技名词③。据此,在制

① 参见《全国科学技术名词审定委员会简介》,载 http://www.cnctst.cn/jggk/wyhjj/,最后访问日期2016年12月24日。

② 参见国务院国函(1987)142号文,转引自刘金婷、代晓明:《我国科技名词规范化工作取得重大成就》,载《中国科学基金》2009年第5期。

③ 参见采文:《统一使用全国自然科学名词审定委员会公布的科技名词》,载《烟台师范学院学报》(自然科学版)1991年第1期。

定科技名词管理方面的法律时,规定"由全国科学技术名词审定委员会统一审定的科技名词具有权威性和约束力,全国各科研、教学、生产经营以及新闻出版等单位应当遵照使用"就成为必然的要求。

在科技名词审定之基本程序的立法方面,规制科技名词的立法应当对科技名词定名的基本方法或程序作出直接规定。例如,科技名词审定应当制定各具体专业或学科的定名与编制标准,制定科技名词所应具有的专业标准,并界定该标准的学科或专业领域;同时,应当确定定名表述所使用的语言种类,包括采用国家通用语言文字命名并兼顾一定的国际性原则;审定应当采集记录相关的名称或概念数据,根据法定的科技术语统一和规范化原则以及相应的专业领域和学科目的选择与确定所要使用的名称;定名应当符合科学性的要求,经审定的科技名词应当使用科学的定义模式,应当能够准确、简明地反映术语所指称的科技实物或范畴;定名应当事先制定草案或形成征求意见稿以供相关科技活动主体或社会各界讨论,等等。

此外,还应当提出的是,科技名词的法律规制也需要考虑我国既有的法律或国家标准依据,从这一点看,在科技名词的审定制度立法中应当规定"科技名词术语的审定应当遵循和贯彻国家在标准化方面的有关法律法规或相关指令",包括"不得与国家通用语言文字法所业已规定的制度相冲突"。一般来说,在术语统一定名的过程中一般有国家统一制定的术语标准,科技名词的审定当然也不例外。术语标准就是"由标准部门公布的规范化的术语系统",术语标准可以"使得对术语的解释尽量地客观,尽可能地避免主观的偏见"①。术语的编写需要遵循统一的术语编写标准。我国国家技术监督局曾于 1988 年发布了《术语标准编写规定》的国家标准,该标准参照采用了标准化组织《技术工作导则》以及《国际标准与技术报告编写指南》的相关内容,规定了编写术语标准的基本要求和表达形式②。科技名词的审定和管理很显然也要符合术语标准编写的基本要求中的相关规定,科技名词的法律规制需要对此作出回应。

四、结语

在人们不断寻求和探究科技名词规范化新发展态势的语境下,应该说,推进和实现科技名词规范化的重要方式是立法。从法律上对科技名词的使用和管理实施规制,并据此进行相应的规则设定和制度建设,是保证我国科技名词规范化事业进一步发展的根本途径。无论是科技名词本身应当规范化,还是需要通过立法来实现科技名词的规范使用和统一管理,就目前来看,其理论上的缘由都是值得梳理和拓展的。本文对

---

① 参见冯志伟:《现代术语学引论》(增订本),商务印书馆 2011 年版,第 208 页。

② 相关信息介绍可参见冯志伟:《现代术语学引论》(增订本),商务印书馆 2011 年版,第 214 – 215 页。

不同场域科技名词规范化及其立法的原因和根据进行了分析,同时就科技名词规范化的理论依据从语言学和术语学的角度作出了论述。同时,本文认为,确立符合实际且统一的科技名词规制的立法原则是贯彻科技名词规范化要求的有效方法。科技名词规制的立法原则凝聚了实践中开展科技术语统一和管理工作的目标理念和方法论,其所体现的基本价值诉求和运作要求直接影响着科技名词规范化法律的制作理念和精神。此外,实现科技名词的规范化不是一种简单的活动,其包括科技名词的审定、公布、推广、管理和责任追究等,每个环节都有专门的工作内容、特定的原则和实体及程式要求,由此对其法律上的规制也需要一系列的制度设计。因此,我国科技名词的法律规制应当以现有的科技名词管理实践为参照,通过运用符合科技名词审定、推广与使用规律的立法方法,来推动我国科技名词的规范化工作走向有法可依乃至法治化治理的轨道。

独立董事真的能“独立”吗?

——基于法治思维的分析

李　彧　刘　安*

摘　要:独立董事是我国在公司治理中从西方引进的一项重要制度,其法律功能主要为促进上市公司规范运作,保护中小投资者的利益。但因传统的政治思维和行政管理思维的干预和影响,独立董事的法律功能在我国发生了严重的政治异化,出现了“官员独立董事”这种奇特现象。我们应基于法治思维寻求科学的应对之策,阻断政治思维和行政管理思维的干预,并借助法教义学和法律方法论,构造独立董事“独立性”的审核标准和判断方法。

关键词:独立董事;官员独立董事;法治思维;法律方法

独立董事是指独立于公司股东且不在公司内部任职,并与公司或公司经营管理者没有重要的业务联系或专业联系,并对公司事务作出独立判断的董事。独立董事只有满足“独立性”的要求,才能完整地履行其职权和法律功能。独立董事的“独立性”,是指独立董事必须在人格、经济利益、产生程序、行权等方面独立,不受控股股东和公司管理层的限制。我国为确保独立董事制度的规范运行,制定了相对完整的法律规定。不过,在中组部2013年颁布《关于进一步规范党政领导干部在企业兼职(任职)问题的意见》后,200多家上市公司独立董事纷纷离任,省部级“官员独立董事”连连去职,兼职官员最短任期仅9天,A股遭遇独立董事离任潮。那么,我国为何会出现这一奇怪的现象?为何会有这么多官员变成“独立董事”?在官员作为“独立董事”的情况下,我国的独立董事还能真的“独立”吗?“官员独立董事”在我国的出现,是因为相关规定本身存在法律漏洞,还是因为我国缺乏相应的法治思维,而根深蒂固的政治思维架空了法律规定?本文将通过实证方法描述独立董事制度法律功能在我国所遭遇的政治异化,并深入剖析“官员独立董事”背后的政治思维逻辑,最后基于法治思维,提出相

* 李彧,男,江西贵溪人,华东政法大学2011级经济法学博士研究生,研究方向为信托法;刘安,男,河北博野县人,华东政法大学2011级经济法学博士研究生,研究方向为公司法。

应的对策与建议。

一、独立董事法律功能的异化

由于我国公司特别是上市公司存在股权高度集中、控股股东严重滥权、董事会组成结构失衡、内部人控制猖獗等公司治理痼疾,作为应对之策引进了独立董事制度。但经过多年实践发现,该制度并未发挥预期的效果,反而大量的政府官员或者具有政府背景的人士受聘于上市公司,成为独立董事。独立董事的官员化、行政化从根本上侵蚀了独立董事制度应具有的法律功能。

(一)独立董事的设置与功能

《关于在上市公司建立独立董事制度的指导意见》指出:“上市公司独立董事是指不在上市公司担任除董事外的其他职务,并与其所受聘的上市公司及其主要股东不存在可能妨碍其进行独立客观判断关系的董事。”独立董事重在“独立”二字,他们在董事会内部以独立身份监督公司管理运营。对于独立董事在公司治理中的作用,学界存在两种对立的理论。监督理论(Monitoring Theories)强调独立董事应凭借其超然于公司各方乃至公司自身利益的独立身份,监督公司各方特别是主导公司董事会的内部人(代表大股东的董事、公司经理等),并主张在公司法中统一规定公司董事会应主要由独立董事构成。资源依赖理论(Resource Dependence Theories)认为,董事会的监督职能只是次要的,其主要职能在于为公司提供各种功能性的资源。从我国独立董事制度的立法实践来看,其“明显侧重于如何保证独立董事发挥监督的职能”①。在立法意图上,立法机关和监管机关皆倾向于,通过独立董事的设置纠正公司内部治理中权力过度集中、缺乏监督与制约的问题②。然而,对于独立董事制度在实际运行中是否真正发

① 上海证券交易所联合研究计划第20期课题:《上市公司独立董事 角色定位、职责与责任》。时任证监会副主席的史美伦女士2001年7月的一段讲话亦表明了监管层之意图:“建立独立董事制度能改善上市公司的治理结构,提升上市公司质量,而且独立董事所具有的专业知识及独立判断,能为公司发展提供有建设性的意见,有利于公司的专业化运作,提高企业持续发展能力。”“针对我国上市公司治理结构存在的突出问题,建立独立董事制度不仅可制约大股东利用其控股地位作出不利于公司和外部股东的行为,还可以独立监督公司管理阶层,减轻内部人控制带来的问题。”“独立董事设立的本意就是制衡公司经理层对股东利益的损害,独立董事制度将进一步强化董事会的制约机制,保护中小投资者的利益。”

② 证监会于2001年颁布的《关于在上市公司建立独立董事制度的指导意见》中明确表达了对独立董事发挥监督职能、保护中小股东权益的期许。这是典型的以监督理论为基础的独立董事制度构建。该《指导意见》第1条开宗明义地表示:“(一)上市公司独立董事是指不在公司担任除董事外的其他职务,并与其所受聘的上市公司及其主要股东不存在可能妨碍其进行独立客观判断的关系的董事;(二)独立董事对上市公司及全体股东负有诚信与勤勉义务。独立董事应当按照相关法律法规、本指导意见和公司章程的要求,认真履行职责,维护公司整体利益,尤其要关注中小股东的合法权益不受损害。独立董事应当独立履行职责,不受上市公司主要股东、实际控制人、或者其他与上市公司存在利害关系的单位或个人的影响。独立董事原则上最多在5家上市公司兼任独立董事,并确保有足够的时间和精力有效地履行独立董事的职责。”

挥过监督内部人的功能，学者间颇有争议。有的学者直言不讳地指出，中国上市公司聘请外部董事的主要用意并不在于监督内部人，而是利用这些外部董事的“关系”为公司提供资源或保护[①]。独立董事对公司运营的监管，也并非是为了保护中小投资者的利益，确保公司经营的合法合规，反而演化成了某种公权力，破坏了其理应发挥的监督功能。

通过聘请外部董事为公司寻求外部资源或保护这种现象并非中国所独有。有研究表明，至少三分之一的美国大公司的董事会设置有外部银行家[②]。这些公司可以因之获得更为专业的管理技能支持，更为顺畅的融资渠道，更高质量的贷款合同监督与履行[③]。同时，也有研究表明，业绩与政府决策存在高关联度的公司更倾向于聘请具有政治和法律背景的外部董事[④]。在合法的前提下，具有政治背景的董事能够协助公司更好地了解各类政治过程，在迷宫般的政府办事程序中，迅速切中肯綮，有效预测政府行为，协调政府与公司之间的利益冲突，缓和排解政府与公司的矛盾[⑤]。关于这一现象本无可厚非[⑥]。但是，如果原本没有政治关系的公司能够通过聘请具有政治关系的外部董事获得超越上述正常范畴之外的价值或利益，那么，公司董事会、大股东就会有充分的激励提名那些具有政治关系的外部董事，并推动股东大会决定相应聘请。这些具有政治关系的外部董事也将乐于将自己的政治关系兑现为董事身份所带来的津贴报酬、影响力或声望，甚至获得亲朋好友等关联人在上市公司及关联企业任职，或与上市公司进行交易等更为隐蔽的利益回报。

然而，更可怕的是，一些人即使不能满足相应的独立性和专业性条件仍能通过遴选程序，成为独立董事。独立董事无论是发挥监督职能还是发挥资源依赖功能，都须以独立于公司为前提。我国上市公司股权集中度高，特别是国有股权的存在使得部分上市公司难以独立经营，加之中国证监会《关于在上市公司建立独立董事制度的指导意见》存在诸多不完善之处，在传统的政治思维的蛊惑下，2013 年之前，很多官员都进入了董事化，成为独立董事。但是，官员独立董事进入董事会，起到的作用究竟是保护

---

① See Liao J, Young M R, Sun Q, Independent Directors' Characteristics and Performance: Evidence from China, Available at SSRN 1489088, 2009.

② See Kroszner R S, Strahan P E, Bankers on boards: Monitoring, Conflicts of Interest, and Lender Liability, Journal of Financial Economics, Vol. 62(3), (2001): pp. 415 - 452.

③ See Byrd D T, Mizruchi M S, Bankers on the Board and the Debt Ratio of Firms, Journal of Corporate Finance, Vol. 11(1), (2005): pp. 129 - 173.

④ See Agrawal A, Knoeber C R, Do Some Outside Directors Play a Political Role, Journal of Law & Economics, Vol. 44: 179, (2001).

⑤ See Agrawal A, Knoeber C R, Do Some Outside Directors Play a Political Role, Journal of Law & Economics, Vol. 44: 179, (2001).

⑥ 根据相关研究，政治联系在世界各主要国家的上市公司中都是普遍现象。See Faccio M, Politically Connected Firms, American Economic Review, 96(1) (2006) pp. 369 - 386。

中小股东权益和监督公司经营活动,抑或是成为国有资产管理部门的“特派代表”? 这则需要实证研究的检验。

(二)“官员独立董事”作用的实证检验

独立董事制度在我国正式实施8年之后,有学者通过对中国上市公司独立董事构成情况的深入调查,作了如下预测:“我们相信由官员出任独立董事仍将继续存在,但随着各种社会阶层、社会群体的日益壮大精英分散,政府职能的理性回归,以及上市公司成分的多元化,资本影响市场力量的增强,官员出任独立董事的黄金时代将日渐褪色。”①那么,事实是否如此呢?

以中组部2013年10月出台的《关于进一步规范党政领导干部在企业兼职(任职)问题的意见》为分水岭,该意见出台之前,上市公司经常聘请具有政治联系的独立董事②。由于中国特定的政治生态和政治文化,本文所称的“政治联系”(Politically Connected),与西方语境中的公司大股东或董事、高管系国会、内阁成员或国家元首,或与高层政治人物有其他紧密联系的涵指有一定的出入③,其主要指,“官员独立董事”或能更为传神地体现独立董事的中国式政治联系——有相当多的独立董事出身于体制之内。所以,我们须对官员独立董事的范围进行严格的限定:(1)曾在党、政、军系统担任领导实职的前官员;(2)在国有企业任职,具有行政级别的国企管理人员或前管理人员;(3)在脱胎于政府、政会难分或直接官办的行业协会、基金会正在担任或曾担任过领导职务的人员;(4)体制内最后岗位行政级别为处级(包括相当于处级)者离开岗位5年以内,体制内最后岗位行政级别为处级以上(包括相当于处级以上)者离开岗位10年以内。

针对独立董事的资源依赖理论,设定如下假设:

假设1.未聘请官员独立董事的上市公司相比聘请官员独立董事的上市公司受到行政处罚的概率更高。这一假设的逻辑是明显的:官员独立董事可能利用其政治联系为上市公司多方请托说情,从而阻却行政处罚的发生。

针对独立董事的监督理论,设定如下假设:

假设2.聘请官员独立董事的上市公司与未聘请官员独立董事的上市公司,在与控股股东发生关联交易的概率上没有明显差异④。这一假设的逻辑是:由于上市公司和

---

① 芦海滨、赖崇斌:《谁在担任独立董事:对独立董事的独立调查》,中国法制出版社2010年版,第58页。

② “2013年年报统计显示,曾经在党政机关或者公检法系统有过任职经历的‘官员独立董事’共901人,加上一人兼任多家公司独立董事的情况,一共1101人次。这些独立董事分布在816家上市公司中,也就是说,平均每2.3家上市公司就有1人次的官员独立董事。”《首次清点2532家上市公司还有多少“官员独立董事”》,载http://www.infzm.com/content/102347,最后访问日期2014年12月25日。

③ See Faccio M, Politically Connected Firms (2006).

④ 包括与控股股东的联营公司、控股股东的全资子公司、控股股东控股公司的孙公司、控股股东控股公司的子公司的关联交易,我们注。

控股股东的关联交易有可能损害上市公司的利益，从而不利于中小股东，而独立董事制度设所应发挥的监督功能，在总体上减少了上市公司与控股股东的关联交易，官员独立董事和非官员独立董事都是独立董事，在监督上市公司关联交易这一事项上不应表现出明显的统计差异。

本文以 2013 年上海市全体上市公司作为研究样本，使用 STATA12.0 软件进行数据分析。2013 年上海市共有 1009 家上市公司，其中，当年关联交易和财务指标等控制变量数据来源于万德（Wind）数据库，当年独立董事简历来自于同花顺（iFIND）数据库。

首先，我们按照上述官员独立董事的标准对样本数据进行筛选，得到样本中有 450 家上市公司聘请了官员独立董事。这大体符合《南方周末》所报道的官员独立董事所占比例。

表 1 提供了主要变量的描述性统计：

表 1　变量含义及其描述性统计分析

变量缩写	变量含义	均值	中位数	最小值	最大值	标准差
indep	是否为官员独立董事	0.430	0.000	0.000	1.000	0.495
fine	是否受到行政处罚	0.029	0.000	0.000	1.000	0.167
connect	是否存在关联交易	0.326	0.000	0.000	1.000	0.469
lev	资产负债率	55.974	54.187	4.608	1,212.736	50.143
lnasset	公司规模	22.407	22.184	16.827	30.496	1.718

表 2 展示了关于聘请官员独立董事的上市公司与未聘请官员独立董事的上市公司受到行政处罚和关联交易行为差异的单变量统计分析。结果显示，聘请官员独立董事的上市公司和未聘请官员独立董事的上市公司受到行政处罚的差异并不显著；而在关联交易中，聘请官员独立董事的上市公司与未聘请官员独立董事的上市公司存在显著差异，前者进行平均关联交易的概率比后者高出 10.7%。当然，这一发现仅是初步证据，最终结论还有待下面的进一步分析。

表 2　单变量统计分析

	非官员独立董事组	官员独立董事组	均值差（较高 - 较低）	F 值	P 值
行政处罚	0.031	0.025	0.008	0.31	0.5753
关联交易	0.28	0.387	0.107	13.05	0.0003

我们首先考察官员独立董事解释变量与行政处罚被解释变量之间的关系。表 3 分别采用 logit 和 probit 模型对官员独立董事解释变量与行政处罚被解释变量进行回归检验。第（1）列和第（3）列没有控制相关变量，第（2）列和第（4）列控制了企业财务

相关变量。从回归结果可以看出,在控制了相关变量后,官员独立董事所在企业受到行政处罚的概率比非官员独立董事所在企业受到行政处罚的概率平均低19.2%。这一结果与假设1相吻合。但是,无论是否控制相关变量,官员独立董事对其所在上市公司是否受到行政处罚的影响都不显著,原因可能在于,在数据库中行政处罚被解释变量仅包括上市公司遭到证监会系统的处罚,而证监会的行政处罚只是行政处罚体系中的极小一部分,因此回归效应不明显。如果使用聘用"前证监会官员"独立董事的上市公司数据来进行回归,效应可能会更为明显。但在样本中并没有发现符合相应条件的数据。综上,假设1可以得到部分证明。

表3 行政处罚与官员独立董事关系回归检验结果

变量	logit 模型		probit 模型	
	(1)	(2)	(3)	(4)
indep	-0.217	-0.192	-0.0921	-0.0831(0.388)
	(0.423)	(0.164)	(0.175)	
lev		0.00417 * * *		0.00231 * * *
		(0.00121)		(0.000737)
lnasset		0.00524		-0.000871
		(0.124)		(0.0509)
Constant	-3.432 * * *	-3.830	-1.862 * * *	-1.991 *
(1.132)		(0.240)	(2.761)	(0.103)
Observations	1,009	1,009	1,009	1,009

(括号内为经异方差调整的标准差,* * *、* *、* 分别表示在1%、5%及10%水平上显著,下表同)

表4展示了官员独立董事解释变量与关联交易被解释变量之间的关系。从官员独立董事对关联交易影响的回归结果来看,在进行关联交易的概率上,官员独立董事所在上市公司比非官员独立董事所在上市公司竟高出48.5%,且这一差异在1%水平上比较显著。这与假设2存在出入。即使企业规模和资产负债率等因素被控制后,在进行关联交易的概率上,官员独立董事所在上市公司仍比非官员独立董事所在上市公司高出37.5%,且这一差异在1%水平上显著。也就是说,相比未聘请上市公司的上市公司,聘请官员独立董事的上市公司与控股股东进行了更为频繁的关联交易。这说明,在聘请官员独立董事的上市公司中,官员独立董事的监督力度比非官员独立董事在其他上市公司中的监督力度可能弱得多,官员独立董事所起到的监督作用明显有限。

表 4　关联交易与官员独立董事关系回归检验结果

变量	logit 模型		probit 模型	
	(1)	(2)	(3)	(4)
indep	0.485***	0.375***	0.296***	0.229***
	(0.135)	(0.141)	(0.0826)	(0.0856)
lev		0.00396		0.00236**
		(0.00253)		(0.00118)
lnasset		0.122***		0.0765***
		(0.0419)		(0.0250)
Constant	-0.944***	-3.851***	-0.583***	-2.405***
(0.553)		(0.0929)	(0.916)	(0.0557)
Observations	1,009	1,009	1,009	1,009

通过上述实证分析发现：假设 1 仅能得到部分证明，即官员独立董事的作用只能在部分情况下符合资源依赖理论，但控制部分变量后，是否符合资源依赖理论在样本范围中并未得到确切证明；假设 2 被证伪，官员董事的作用在样本范围中与监督理论明显不符。同时，我们还能进一步推断出如下结论：

1. 官员独立董事在一定程度表现出了能为上市公司提供政治、经济资源的能力。这说明资源依赖理论更适用于我国的独立董事制度，但其适用范围和具体条件需要进一步研究。

2. 官员独立董事被证实不能发挥独立董事的监督职能。在对关联交易的考察中，官员独立董事明显的“不作为”纵容了上市公司的关联交易。关联交易本身一般会对中小股东的权益构成侵犯①。按照法理来说，不合理的关联交易行为应受到监管部门的处罚，但是，官员独立董事所在的上市公司却很少受到行政处罚。所以，有理由相信，官员独立董事不仅“纵容”上市公司的一些不当行为，而且在一定程度上还能对这种行为提供保护。

3. 除了部分专家和学者外，官员独立董事通常具有与本行业相关的政治资源背景。聘请官员独立董事的上市公司通常集中在央企、国企、能源、医药、金融、基建等监管密集型行业。一般而言，各种企业必须接受本行业监管部门的严格管理，甚至很大一部分事关国计民生的企业本身就是本行监管部门的下辖企业。所以，对上市公司的

① 上市公司进行关联交易需要经过非常严苛的审批程序。法律法规和监管机关严控上市公司的关联交易，就是出于保护中小股东权益的考虑。关联交易通常被默认为有可能侵犯中小股东权益，需要关联交易方自证清白并经过严格审批方可进行。

管理不仅仅来自于证监会等部门,而且行业的主管部门对企业具有更广泛的管理权限或者“影响力”。根据对上市公司关联交易和收到行政处罚的数据分析,有理由认为,来自本行业官员的独立董事根本无法“独立”,其行为与行业管理存在密切关联,是政府权力以另一种形式在干预企业的经营。

上述结论还能通过2013年之后所发生的独立董事离职潮现象获得证明。在《关于进一步规范党政领导干部在企业兼职(任职)问题的意见》出台后,从2013年10月19日至2014年6月7日,沪深两市共有268人主动请求辞去独立董事岗位,大概涉及300家上市公司,每月平均有33名独立董事递交辞呈。而在2013年10月19日之前,两市每个月仅有约10个独立董事主动离职。在此次离职潮中,有党政领导履历的独立董事为118人,占比为44%。其他相当一部分具有体制内背景的独立董事,则是趁董事会换届之机自行悄然去职①。同时,随着教育部2015年11月初下发通知,要求在高校中担任副处级以上领导干部不得兼任上市公司独立董事,并要求各高校遵照中组部规范意见予以整改上报情况,通知下发后短短一个月内便有274位独立董事闪电辞职②。

通过上述实证研究证实,独立董事制度并未发挥我们预期的法律监督功能,而是发生了严重的政治异化,沦为了上市公司和监管部门进行权力寻租的通道。政府甚至有可能借助独立董事制度,将“有形之手”延伸到企业具体的经营决策之中。

二、“官员独立董事”背后的政治思维逻辑

独立董事在我国被政治异化为“官员独立董事”从而丧失其基本法律功能,绝不是由于什么偶然性的原因,而是存在其背后深层次的政治思维逻辑使然。包括独立董事在内的整个董事会制度本身就是政治组织形态历史演进的结果。只不过,国外现代公司法在参照、借鉴共和政体理念设立董事会制度之后,便严格按照法治思维的要求来运作该项制度。所以,独立董事在西方法治国家尽管也具有监督功能之外的其他附属功能,但其仍运行在法治的基本框架之外,最重要的功能还是监督功能。在当代经济体制的转变中,我国虽然出于工具理性政治思维的考量继受和移植了西方公司法中的独立董事制度,并设定了相应的法律规则,但是我国并没有秉承法治思维的基本逻辑实施这一制度,从而导致了“官员独立董事”现象的滋生和蔓延。

---

① 人民网《官员独立董事离职潮盘点》,载 http://finance.people.com.cn/n/2014/0617/c1004-25157540.html,最后访问日期2014年12月22日。

② 中国经济周刊《高校独立董事连夜闪辞潮》,载 http://news.china.com.cn/2015-12/22/content_37368745.htm,最后访问日期2016年8月1日。

(一)现代董事会制度的政治原型

董事会是现代公司治理的核心机关。几乎在公司制度诞生的同时,董事会的雏形,即作为其治理机制的某种“管理委员会”也应运而生①。组织理论和演化经济学已从不同的角度证实:董事会制度并不是凭空而来,而是当时的政治组织形态历史演进的结果②。无论是英美普通法系的“理事会”(Governors)、“委员会”(Committees),抑或大陆法系的 bewindhebbers、“汉萨商业联盟参事”(Alderman Council of Hanseatic Community),起初都是商业团体(如汉萨同盟)或权力特许的垄断性商业(如荷兰东印度公司、英国斯台伯商人公司)等公共性治理机制,与政治权力存在着千丝万缕的联系,尔后才被大型商业组织继受和模仿③。有学者认为,由组织成员(Constitutes)选举的代议制委员会并配合一名执行委员会决议之行政首长的这种公共事务治理模式,大体上源自于中世纪欧洲王国的议会、国会、城市议会、同业公会、教会委员会等法团的理念和实践。公司董事会正是这种政治实践和理念在商业组织中的同构化投射④。

董事会制度在产生中模仿了两个政治原型,一个是罗马共和政体思想——“众人事众人决”,另一个是教会法共同体理论——“全权委任代表代议众人之事”⑤。虽然董事会的职能、权责边界、在公司治理结构中的地位等在历史演变中一直在改变,但其选举和代议之产生方式、雷同议会表决的决议投票程序,以及与主持经营管理之经理配合执行决议等制度原则却自始如一。不过,现代公司制度以法律形式将上述政治理念具体化为固定的法律规则之后,一直遵照法治的方式运行和实施董事会制度,从而脱离了政治思维的影响和干预。独立董事制度是在公司法制度高度发达,特别是公司所有权和经营权已产生较大程度分离的情况下,为应对管理层、大股东等权力滥用但又不受监督而形成的。其目的是通过在最为核心的公司意思执行机构中引入外部监督力量,保护市场秩序和中小股东权益等免受侵犯。

(二)我国公司法移植中的工具理性政治思维

我国近现代的政治、经济和文化制度结构没有给公司制度的孕育提供适当的环境,相反,早熟的政治体制一直宰制着孱弱的商业社会。官僚政治思维的阴影无远弗届,足以对抗官僚所代理的国家权力的所谓商人自治从未真正出现,而官商一体,官

① Franklin A. Gevurtz, The Historical and Political Origins of the Corporate Board of Directors , Hofstra Law Review, vol. 33, no. 1 (Fall 2004), p. 126 – 127.

② See Geoffrey M . Hodgson ,Thorbjorn Knudsen, The Firm as an Interactor: Firms as Vehicles for Habits and Routines, Journal of Evolutionary Economics, vol. 14 ,2004, pp. 281 – 307.

③ Franklin A. Gevurtz, The Historical and Political Origins of the Corporate Board of Directors , Hofstra Law Review, vol. 33, no. 1 (Fall 2004), p. 129.

④ Franklin A. Gevurtz, The Historical and Political Origins of the Corporate Board of Directors , Hofstra Law Review, vol. 33, no. 1 (Fall 2004), p. 129.

⑤ 仲继银:《董事会治理的思想和历史渊源》,载《中国新时代》2014 年第 7 期。

有、官办、官治成为了企业的普遍形态之一,延及近现代。即便是在资本主义萌动的明清时期,传统官僚阶层在西方的力量和财富冲击之下,认识到“三千年未有之变局”已经到来,纷纷参与经济活动,以政府/官僚为主导的企业在中华大地遍地开花。但是,官僚直接参与经济活动,官商不分,以行政手段替代市场手段,官僚与商人的结合经济行为方式自此保存了下来。进入民国后,资产阶级在整体上从属于国家,国民党的文职官员和对政府唯命是从的资产阶级之间形成了共生关系,与晚清时期所形成的官僚资本主义颇为相似。

从中国近现代制度的选择过程来看,移植西方经济制度,传播西方经济思想、学说,是中国当代经济体制转型的一种主要方式。然而,在学习西方经济体制及其思想和学说上却体现出一种明显的工具理性思维倾向,认为经济不能很好发展的主要原因是经济体制问题,把市场经济体制作为一种解放生产力、发展生产力、促进经济发展的手段来使用、来对待①。我国在一开始移植公司制度时就具有强烈的政治实用主义色彩。中国人对于近现代公司制度的认识最早来自于西方传教士对“公班衙”(Company)的介绍②。在亡国灭种的大祸之下,被迫开眼看世界的中国人初步认识到西方坚船利炮、国富民强的根本在于强大的工商业,而公司制度正是列强工商兴盛的制度基础,甚至发出了“公司不举,则工商之业无一能振;工商之业不振,则中国终不可以富,不可以强”③的呐喊。这些先进的中国人一般将公司视为制度“器物”,认为公司是融资兴业、工商救国的手段。不过也有学者注意到了公司制度诞生的政治制度渊源,严复指出:“欧美商业公司,其制度之美备,殆无异一民主,此自以生于立宪民主国,取则不远之故。专制君主之民,本无平等观念,故公司之制,中国亘古无之”④。

因此,受上述政治思维的影响,民国的《公司条例》等公司法律未能在官僚和公司之间构筑起防火墙。即使在所谓资本主义发展的黄金10年(1927—1937),公司制度也未能在中国造就一个真正具有独立性的资产阶级,与之相反,和官僚共生似乎成了公司制度求得生存的唯一可能形式⑤。

新中国建立后,按照经典社会主义体制蓝图整合起来的社会的显著特征之一,是

① 张郃:《试论中国当代经济体制转变中的政治思维方式》,载《社会科学战线》2005年第2期。

② 参见爱汉者等编:《东西洋考每月统计簿》,黄时鉴整理,中华书局1997年版,第418-420页。

③ “西洋诸国,开物成务,往往有萃千万人之力,而尚虞其薄且弱者,则合通国之力以为之。于是有鸠集公司之一法。官绅商民,各随贫富为买股多寡。利害相共,故人无异心,上下相维,故举无败事。由是纠众智以为智,众能以为能,众财以为财。其端始于工商,其究可赞造化。尽其能事,移山可也,填海可也,驱驾风电、制御水火,亦可也。……西洋诸国,所以横绝四海,莫之能御者,其不以此也哉?”参见薛福成:《论公司不举之病》,载陈志武、李玉主编:《制度寻踪:公司制度卷》,上海财经大学出版社2009年版,第4-5页。

④ [法]孟德斯鸠:《法意》,严复译,商务印书馆1981年版,第440页。

⑤ [法]孟德斯鸠:《法意》,严复译,商务印书馆1981年版,第440页。

从上至下彻底的官僚化协调机制，或称超级官僚社会[①]。经济活动直接被纳入国家政治生活，成为政治活动的一部分。改革开放前，我国只存在按照苏联模式建立起来的生产组织，并没有现代意义上的公司。公司法律要素（法人人格、有限责任、可转让股份、股东—董事会—经理委托代理结构、投资者所有权）五无其一。官僚机制整体融入企业，“国有企业管理人员有行政级别，属于国家的干部系列，要根据国家有关部门的干部指标设置岗位，并根据级别高低由党组织或政府任命或批准任命”[②]。

我国现行的公司制度是改革开放后得以重新“发现”并重新引进的，是微观层面经济改革的核心举措。与之相对应，我国《公司法》等法律法规的法制建设工作始终紧跟世界先进国家经验，公司法基础理论研究也是方兴未艾。《关于在上市公司建立独立董事制度的指导意见》通过借鉴和融合其他国家的立法经验建立了完整的独立董事制度，从法律上确立了独立董事应履行的各种监督职责。但在现实运作中，这一制度根本无法发挥其监督功能。

（三）行政管理思维下的“官员独立董事”

我国公司法的制度设计与实际运行之所以出现诸多“水土不服”，最根本的原因可能在于，舶来的西方公司制度与基础支撑性的制度结构（Underpinning Institutional Structure）彼此不能耦合匹配，而这种支撑公司制度运转的深层次政治、经济与文化制度结构恰恰是我们的理论视域中长期被忽视的关键背景。现代公司法制度诞生于完全不同于我国官僚政治一统天下的环境之中。官僚制度的基础是社会权力的集中，即权力的一极化；而公司制度的思想政治结构则源于民主共和制这种多极化的权力结构。因此，适应于官僚制度的行政管理思维方式与公司制度存在着天然的不适。独立董事制度在我国遇到的困境，就是这种不适的一种体现。

传统行政管理思维下的政府，习惯于以目的为导向。处理问题时，考虑到的只是具体问题，在权衡整体影响、利弊的基础上，作出个性化的解决方案。对于同一类型的事项，在不同的时间、基于不同的考虑甚至根据对象的不同可能会作出不同的处理方法。在官僚行政管理模式下，进行决策的依据是秘而不宣、无从把握的国家政策。所以，企业聘请官员为独立董事，有助其掌握政府进行管理的核心信息和决策倾向。另外，行政管理的思维导致政府在进行管理时，无法区分对行为的管理与对行为的介入。这种政治思维的核心目标在于追求结果符合期望，而并不在乎手段的规范性。长期以来，我国政府倾向于积极能动的行为方式，不认为将管理职能直接延伸到企业具体决策有何不妥。

尽管《关于在上市公司建立独立董事制度的指导意见》规定了独立董事的各种监

① 刘青峰、金观涛：《开放中的变迁：再论中国社会超稳定结构》，法律出版社 2011 年版，第 370 页。

② 东明、张文魁：《中国经济改革三十年》（国有企业卷），重庆大学出版社 2008 年版，第 2 页。

督性职权和任职条件,但我国在公司治理中并未认真和严格遵守这些法律规定,混乱的法律解释体制以及能动主义的司法理念和实质性法律方法更是为公司逃离法律约束、聘任官方为独立董事大开方便之门。我国本来就缺乏独立董事制度运作所需的政体基础,只是在法律规则上移植和继受了西方的现代公司法制度,而且没有按照形式法治的要求以法教义学的方式遵守和操作相关的法律规定,而任由我国传统的官僚政治思维和行政管理方法冲击和破坏独立董事的法律功能。在这样的一种思维模式下,我国出现官员独立董事实属必然。我们只有改变传统的根深蒂固的政法思维,确立严格的法治思维和科学的法律思维,以法教义学的方式解释和建构独立董事法律规则,才能使其发挥应有的监督功能,实现我国公司治理的现代化和法治化。

三、基于法治思维的应对之策

市场经济是一种法治经济、规则经济,市场主体之间,市场主体和监管主体之间都有明确的权利边界和行为规则。不管是作为"运动员"的市场主体,还是作为"裁判员"的政府都应该遵循法律规则的约束,在法律允许的框架内参与竞争和进行管理。作为"裁判员"政府则更不能直接参与市场主体的具体经营活动,更不能对不同的主体分亲疏、别远近,采取不同的管理标准。我国在公司治理中所形成的政治思维模式基本上架空了独立董事理应发挥的监督功能,破坏了独立董事的独立性,阻碍了我国公司治理的现代化和法治化发展。我们只有摒弃公司治理中长期存在的政治思维,而代之以更加契合市场经济的法治思维,才能够从根本上解决独立董事制度目前所遭遇的困境。

党的十八大提出要"提高领导干部运用法治思维和法治方式深化改革、推动发展、化解矛盾、维护稳定能力",高度重视法治思维、法治方式在国家治理中的作用。法治思维是我国当下深化改革的主流意识形态和基本方式。法治思维是一个内涵丰富、外延宽广的多维概念。就不同的维度而言,可能会存在不同的界定。就认识的维度而言,法治思维属于人的思维形式的范畴,它是一种理性思维、正当性思维、系统性思维。它要求人们在作出相应决策时按照法治的要求而非其他要求来选择自己行为,要求各级领导干部想问题、作决策、办事情,必须时刻牢记人民授权和职权法定,必须严格遵循法律规则和法律程序①。在法律运行和实施层面上,法治思维是指一种受法律规范和程序的约束、指引的思维方式②。规则思维是法治思维的核心要义。规则思维以法律规则为基准,强调遵守规则、尊重规则、依据规则、运用规则,对所遇到的问题进行理

① 参见袁曙宏:《全面推进依法治国》,载《十八大报告辅导读本》,人民出版社2012年版,第221页。

② 陈金钊:《"法治思维和法治方法"的意蕴》,载《法学论坛》2015年第5期。

性规范认识、分析、评判、推理和形成结论[①]。法治思维作为一种治国理政的观念，需要通过法律方法来具体化，需要在具体的语境中以规则、技术的方式作用于社会，需要“把法律作为修辞”。法治思维要求全面开启法律的体系功能，强调各种法律话语在法律思维中的具体运用，并主张，在法律适用中法律话语的力量应该超过其他的话语系统，所有的政治诉求都应在法治框架内展开，法律修辞应成为最常用的思维形式[②]。

移植于西方的独立董事制度之所以在我国发展为一种奇特的“官员独立董事”制度，从而无法客观地监督经理层，维护中小股东权益，防止内部人控制，最根本的原因在于我国没有按照法治思维的要求实施和运作这一制度。我国在移植独立董事制度之初，忽视了我国现实环境与国外情况的差异，未对传统行政思维对独立董事制度在实际运行过程中的不良影响作出充分估计，并制定相应的规则加以防范。为了肃清传统行政思维对独立董事制度的干预和影响，我们应按照法治思维重新建构独立董事制度，特提出如下具体建议：

（一）确立法治意识形态，强调既有法律规定的权威

法治思维作为一个命题，实质是要树立法律的权威，尊重法律、服从法律，把法治变成内心的信仰[③]。为了保证独立董事的独立性和专业性，《关于在上市公司建立独立董事制度的指导意见》规定了独立董事的任职条件和任职程序。该意见第 2 条规定：“担任独立董事应当符合下列基本条件：(1)根据法律、行政法规及其他有关规定，具备担任上市公司董事的资格；(2)具有本《指导意见》所要求的独立性；(3)具备上市公司运作的基本知识，熟悉相关法律、行政法规、规章及规则；(4)具有五年以上法律、经济或者其他履行独立董事职责所必需的工作经验；(5)公司章程规定的其他条件。”第 3 条规定：“下列人员不得担任独立董事：(1)在上市公司或者其附属企业任职的人员及其直系亲属、主要社会关系；(2)直接或间接持有上市公司已发行股份 1% 以上或者是上市公司前十名股东中的自然人股东及其直系亲属；(3)在直接或间接持有上市公司已发行股份 5% 以上的股东单位或者在上市公司前五名股东单位任职的人员及其直系亲属；(4)最近一年内曾经具有前三项所列举情形的人员；(5)为上市公司或者其附属企业提供财务、法律、咨询等服务的人员；(6)公司章程规定的其他人员；(7)中国证监会认定的其他人员。”公司要严格依据相关法律规定遴选独立董事，督促其履行法律监督职能，重视《公司法》和《关于在上市公司建立独立董事制度的指导意见》在独立董事运行中的权威性，而不应按照政治思维的逻辑规避或逃避法律规定，聘任各种官员为独立董事。

---

① 庞凌：《作为法治思维的规则思维及其运用》，载《法学》2015 年第 8 期。

② 参见陈金钊：《把法律作为修辞——认真对待法律话语》，载《山东大学学报》（哲学社会科学版）2012 年第 1 期。

③ 王晓杰：《运用法治能力是检验执政水平的标准》，载《领导文萃》2013 年第 3 期。

中组部2013年10月颁布18号文《关于进一步规范党政领导干部在企业兼职(任职)问题的意见》规定,现职党政领导干部不得在企业兼职;退出现职、未办理退休手续的党政领导干部原则上不得在企业兼职;中管干部辞去公职或者退(离)休后3年内不得到与本人原工作业务直接相关的上市公司担任独立董事。党政领导干部退(离)休3年内可以到本人原任职务管辖的地区和业务范围以外的企业兼任企业独立董事、独立监事或外部董事,兼职不得超过1个,年龄不得超过70周岁。按规定经批准在企业兼职的党政领导干部,所兼任职务实行任期制的,连任不超过两届。中国证监会在对独立董事的任职资格和独立性进行审核时,一定要严格按照上述法律规定进行审核,对于不符合条件的党政领导、中层领导一定要禁止其成为独立董事。只有重视和强调既有法律规定的权威性和强制性,我们才能确立相应的法治意识形态和法治思维,代替传统的政法思维和行政管理思维,实现政治意识形态的转变,才能尽量杜绝和减少"官员独立董事"现象,才有可能确保独立董事制度运行在法治的框定内。

(二)基于各种法律规定,建构独立董事的法教义学

《关于在上市公司建立独立董事制度的指导意见》和《关于进一步规范党政领导干部在企业兼职(任职)问题的意见》虽然针对独立董事制定了一套相对完整的法律规定,为公司遴选和操作独立董事提供了相关的法律依据。但是,这些规范性文件本身还存在诸多不完善之处。《关于在上市公司建立独立董事制度的指导意见》规定了7种不得担任独立董事的情形,但是这对于独立董事独立性的标准来说还是不够的,我们可在这些法律规定的基础上,提出判断和分析拟聘任的独立董事是否满足独立性要求的标准和方法。法教义学通常并不描述某一个别的规范,而是表达重要的概念性或体系性的思维联系,或者阐述对不确定的各种规范以及未来规范有效的结构性—概念性规定[①]。法教义学能够形成一套比法律条文更加细致、更加实用的解释规则、法律学说和法学知识。它是最广泛意义法律的一部分。它在法律文本规范性意义上的担保能力能使其促进法律的精确性、融贯性以及人们对法律的信任,为法律提供一个知识性的透明结构,并能使法律在政治动态中保持自身的稳定性和权威性[②]。法教义学不仅具有法律解释、法律体系化的功能,而且还具有理论续造和理论建构的功能。虽然我国关于独立董事任职条件的规定存在诸多不完善之处,但我们可以利用法教义学的体系化功能和理论续造功能,在既有法律规定的基础上,针对诸如如何判断独立董事的独立性标准、遴选程序等进行科学的具体化和法律续造,从而提出可以操作的规范性方案。

---

① [德]尼尔斯·扬森:《民法中的教义学》,吕玉赞译,载陈金钊、谢晖主编:《法律方法》(第18卷),山东人民出版社2015年版,第4页。

② Aleksander Peczenik, Scientia Juris: Legal Doctrine as Knowledge of Law and as a Source of Law, Springer, 2005, p. 6.

同时，我们在建构我国独立董事制度的法教义学体系时，不能仅局限于《关于在上市公司建立独立董事制度的指导意见》，而应该根据《关于进一步规范党政领导干部在企业兼职（任职）问题的意见》《公司法》《证券法》《民法通则》等这些法律规定的内在关联，结合既有的指导案例或案例，通过对关键概念和条款的解释、体系化、法律续造等建构判断、甄别独立董事独立性、专业性等的法学原理。只有这样才能构造出科学的独立董事法教义学，细化和具体化各种法律规定，弥补我国独立董事制度的法律缺陷和法律漏洞，扩展约束和限制独立董事运行的法律渊源。政府才能对独立董事进行更严格和科学的监督。

（三）运用法律方法论，根据法律的文义、目的等进行解释

“法治思维不只是法律知识的积累，也不只是价值取向的问题，它更是要在执政实践中体现为一种操作的可能性、技艺性和现实性。法律精神与法治理念不仅要成为官员的思维方式，而且要通过日常化的实践来彰显其价值。”①法治思维只有借助法律方法论才能实现变得一种日常的思维技艺，因此，在法律操作和法律实施的意义上，法治思维就是法律思维，一种通过法律方法论实现的法律思维。“从方法论的角度看，并不说掌握了法律知识就具备了法治思维，法治方式讲究语境以及法律的运用技术。”②我国在基于法治思维寻求应对“官员独立董事”的理论方案时，更应该重视法律方法论的重要作用。

首先，对于有助于独立董事独立性、专业性的法律规定，例如《关于在上市公司建立独立董事制度的指导意见》（第2、3、4、5条）以及《关于进一步规范党政领导干部在企业兼职（任职）问题的意见》中的主要条款，尤其是其中的强制性条款，应运用严格的文义解释方法和规则，诸如运用“明示其一，排除其他”、“上下文解释规则”和“同类解释规则”等进行解释，不许任意偏离法律规定的日常文义，以借此确立独立董事运行的基本法律框架；其次，对于《关于进一步规范党政领导干部在企业兼职（任职）问题的意见》中“确因工作需要到企业兼职（任职）的”、“也不得从事与原任职务管辖业务相关的营利性活动”等条款的“工作需要”和“相关的经营活动”等概念不得进行扩张解释，而应该根据该规定的基本原则和立法目的进行必要的限缩解释；再次，对于《关于在上市公司建立独立董事制度的指导意见》中的“在上市公司或者其附属企业任职的人员及其直系亲属、主要社会关系”、“公司章程规定的其他人员”、“中国证监会认定的其他人员”等条款中的“主要社会关系”和“其他成员”等概念不得进行限缩解释，而应该根据该规定的基本原则和立法目的进行必要的扩张解释、法律续造，最后，在裁决独立董事相关法律纠纷时，中国证监会和法院应将相关的法律规定、建构的法律教义以及通过解释得出的结论作为说服当事人，获取相应合法性和可接受性的理由和依据。

---

① 黄洪旺：《法治：从意识到思维》，载《领导文萃》2013年第3期。

② 陈金钊：《“法治思维和法治方式”的意蕴》，载《法学论坛》2013年第5期。

法律解释

法律解释结论的共同指向及其意义*

——以高校教师聘用合同约定违约金为分析对象

章　瑛**

摘　要:法律解释方法的运用广泛存在于合同条款的分析之中,约定违约金的条款也是如此。目前诸多高校在和新进教师签订聘用合同时都会约定教师因单方辞职而支付一定数额的违约金。高校和教师之间能否约定违约金,这在立法上是空白的,只有《事业单位人事管理条例》(2014 年)第 17 条对此有着模糊的规定,且这一规定存在着立法缺陷。通过适用多种法律解释方法之后得到的解释结论有着共同的指向:聘用合同和劳动合同有着同质性,因此,劳动合同中关于违约金的立法也应适用于聘用合同。高校聘用合同应禁止约定任意违约金,可以约定限制违约金,即违反因教师接受高校的专项培训而约定的服务期和竞业限制可以约定违约金。由此可见,使用多种法律解释方法之后形成的各种解释结论,其中的共同指向有着十分重要的意义,这种意义不仅体现在个案裁判结果上,对于完善相应立法也能够带来重要启示。

关键词:聘用合同;劳动合同;违约金;法律解释

法律解释有多种具体的方法,例如文义解释、体系解释、历史解释等等,都能够在司法实践中得到应用。这些解释方法是站在不同的立场上对法律规范与案件事实的关系作出解读。法官运用诸多法律解释方法之后,可能获得一致的解释,即法律解释结论具有共同指向。当然,也存在着另外的可能,即法律解释方法的运行形成了不同的结论。除了文义解释具有优先性之外,法律解释的诸多方法并没有严格的位阶关系,如何在不

* 基金项目:本文为上海市教育法学人才培养计划项目"法律保留原则在学校管理内部规则制定中的实施问题研究"(项目编号:2016JYFXR018)阶段性成果。

** 章瑛,女,安徽铜陵人,华东师范大学马克思主义学院副教授,研究方向为法理学和教育法。

同的法律解释结论之间进行选择或者权衡,是对法官的重大挑战。相反,如果法律解释的结论是具有共同指向的,那么,这就说明这一共同指向具有坚实的基础,从多种视角分析都能够得出一致的结论。从这个意义上说,法律解释的共同指向并非是一种独立的法律方法,而是一种法律解释方法的运用方式或者场景,是基于既有的法律解释方法所作的一种拓展和引申。这一共同指向可以对既有的解释结论进行检验,多数解释结论的共同指向更具有说服力,而少数解释结论的共同指向则没有那么强的说服力。在法律解释共同体看来,法律解释结论的共同指向代表着该共同体的基本观点。具体到审判个案的过程中,法官可以运用法律解释结论的共同指向来形成或者检验裁判结论。多数解释方法运用之后形成的结论,更能够被法律解释共同体接受和认可。如果一审判决结果是基于此种共同指向作出的,那么,上诉到二审法院的结果,更大的可能是维持原判。因此,研究法律解释结论的共同指向,还是具有很强的实践意义的。本文选取高校聘用合同中关于违约金的问题,结合立法和司法实践对其进行细致分析,以获得多数解释方法运用之后的共同指向,为法官处理类似问题提供重要参考。

一、高校聘用合同约定违约金的立法缺失及其解释空间

长期以来,我国高校教师的身份是事业编制终身制,造成高校不能辞退不称职的教师,紧缺人才却因编制等各种因素无法聘任,从而制约了高校的发展。自从《教育法》和《高等教育法》提出高校教师在自愿平等的原则下与校方签订聘用合同,我国高校聘任制人事改革拉开了序幕。这种转变将导致学校与教师之间权利义务的重大变化和管理体制的重新建构,加速人才之间的流动。自高校实行聘用制以来,教师——尤其是杰出人才的正常流动仍然阻力重重,高校会设置教师自由流动的种种障碍,如扣押人事档案、不开具商调函、收取高额违约金等等。在教师流出和学校反流出的权利与权力博弈中,作为弱势群体的教师往往以权利被侵害为代价而跳槽。发生争议的个案中,以违反聘用期条款从而支付违约金的案例居多,这已经成为高校人事争议重点。

从法理来看,在聘用合同中约定违约金应是对双方行为的制约,但在实践中几乎很少有高校对自己设定违约金(一般为经济补偿金),因此,本文只探讨高校教师聘用合同约定教师提前解除合同须向校方支付违约金情形。如,某985高校在与新进教师签订的聘用合同中就有如下条款:“甲方(校方)提供乙方(教师)住房补贴、安家费和科研启动费等,乙方必须为学校服务N年,若在服务期内乙方提出离校,乙方必须全额退还住房补贴、安家费和科研启动费等,并赔偿违约金。”聘用合同中的违约金条款是否合法有效?是否涉及对教师权利的侵权?这是高校管理者必须要面对的棘手问题。学界对此问题研究并不多见,本文尝试从高校聘用合同性质入手,对《事业单位人事管

理条例》第17条立法之合理性进行商榷,以保护高校教师的合法权益。

违约金是双方通过约定而预先确定的,在违约后生效的给付。因此,高校教师聘用合同违约金是指校方与教师在订立聘用合同时约定而预先确定的,一方违约时向对方支付的一定数额的金钱。

(一)法律、法规和部委规章的依据

梳理我国相关法律和政策,笔者遗憾地发现,关于高校聘用合同可约定违约金的明确立法,在我国法律上尚属空白。无论是《教育法》(1995年)、《高等教育法》(1998年)、《教师法》(1993年)还是《中组部、人事部、教育部关于深化高等学校人事制度改革的实施意见》(2000年),有关聘用制度的条款仅仅局限于聘用的原则和方式,对容易产生纠纷的聘用合同违约金并未作出翔实而具体的规定。《事业单位人事管理条例》(2014年)第17条则规定:"事业单位工作人员提前30日书面通知事业单位,可以解除聘用合同。但是,双方对解除聘用合同另有约定的除外。"这一条"但书"似乎让高校聘用合同违约金有了法规依据,因为,可以理解为"在教师单方解除聘用合同时,若是高校和教师在自愿、平等的原则下共同缔结了违约金的条款,那么教师就应该支付违约金"。通过这条模糊而隐晦的条款,进而认为在此基础上的违约金约定就应是合法有效的。

关于聘用合同违约金以明示的方式能找寻到政策性依据的是《关于在事业单位试行人员聘用制度的意见》(2002年):"受聘人员经聘用单位出资培训后解除聘用合同,对培训费用的补偿在聘用合同中有约定的,按照合同的约定补偿。"据此我们认为,聘用合同可以约定违约金只有一种情形:对于用人单位出资培训费的补偿双方可以约定违约金。

(二)司法解释中的依据

换个角度梳理,在司法实践中如何处理聘用合同违约金纠纷的人事争议案例?目前,对于此类纠纷的法律适用,在《关于人民法院审理事业单位人事争议案件若干问题的规定》《关于事业单位人事争议案件适用法律等问题的答复》和《事业单位人事管理条例》有相应的规定。

早在2003年,最高人民法院的司法解释明确规定:事业单位与其工作人员因辞职、辞退及履行聘用合同所发生的争议,适用《劳动法》[①]。也就是说,《劳动法》是处理人事争议的法律依据。然而仅仅一年之后,2004年最高人民法院通过法函对上述规定作了进一步阐释:事业单位人事争议案件的实体处理应当适用人事方面的法律规定,但涉及事业单位工作人员劳动权利的内容在人事法律中没有规定的,适用《劳动法》有关规定。适用《劳动法》的规定处理是指人民法院审理事业单位人事争议案件的程序

① 参见《关于人民法院审理事业单位人事争议案件若干问题的规定》(最高人民法院法释〔2003〕13号)。

运用《劳动法》的相关规定[1]。此司法解释对聘用合同的适用范围作了限制,明确表述为各级法院受理此类案件依据《劳动法》是适用于程序性规定,实体方面仅限于无人事法律规定的劳动权利。最高人民法院法函〔2004〕30 号大大降低了《劳动法》对高校教师聘用合同纠纷的适用效力,再次使聘用合同违约金纠纷的解决陷入困惑之中。10 年之后,《事业单位人事管理条例》(2014 年)第 37 条:"事业单位工作人员与所在单位发生人事争议的,依照《中华人民共和国劳动争议调解仲裁法》等有关规定处理。"因此可见,最新出台的《事业人事管理条例》仍旧是在程序上适用劳动争议解决的途径。

至此,我们清楚地看到,聘用合同可约定违约金的立法来源于《关于在事业单位试行人员聘用制度的意见》和《事业单位人事管理条例》。根据下位法服从上位法和新法优于旧法的原则,发生违约金纠纷当然适用于《事业单位人事管理条例》。问题似乎到此就已经解决,即根据自愿平等原则约定的聘用合同违约金应是合理的。但仔细解读《事业单位人事管理条例》后,笔者发现该条例第 17 条是有缺陷的(这一点本文将在第四部分中论证),对违约金而言至少不具备合理性。究其原因,在法律上对人事聘用合同法律属性界定的不明确性,导致聘用合同约定违约金的做法缺乏实体法上的依据。

这种立法上的缺陷造成了很多问题,高校教师在流动上的困难就是比较集中的表现,司法实践中有不少案例。而这些案例在处理结果上的不一致,也反映了立法缺失带来的认识混乱。同时,立法上的缺失也给法官在个案处理和解释时留下了不少空间。如果能够引入多种解释方法,并在其中尽可能地确定共同指向,那么,这对于解决高校聘用合同违约金的法律争议,有着十分积极的实际意义。

二、法律解释结论在高校聘用合同性质认定上的共同指向

严格意义上,对于高校教师聘用合同的具体法律属性,相关法律法规并没有准确定位,只是对聘用合同作了一些抽象的、原则性的规定。高校人事聘用关系中教师的法律地位模糊,导致学界对聘用合同性质存在诸多争议,司法实践中也存在着不同处理方式。例如,有不少学者将聘用合同认定为行政合同。赵宏杰就持有此种观点,他从行政合同的主体、目的、内容、规则等方面阐述,从教育的公益性、学校的行政主体地位、教师职业的特殊性等方面论证,得出聘用合同符合行政合同的基本构成特征,聘用合同和行政合同同质[2]。但笔者认为,聘用合同不是行政合同,原因基于主体和内容两个方面:行政合同的内容是行政机关的行政管理事务,是管理合同(对外使用的合同,如工程发包、土地使用权出让等等);聘用合同的内容则是人员招聘、使用、工资、辞退

---

① 参见《关于事业单位人事争议案件适用法律等问题的答复》(最高人民法院法函〔2004〕30 号)。

② 赵宏杰、严妍:《教师聘用合同之法律性质》,载《国家教育行政学院学报》2006 年第 4 期。

等,是用工合同(对内人事管理使用)。行政合同的主体必须有一方是行政机关或授权组织,而聘用合同的校方不是行政机关,从授权角度来看,高校也只是在招生、学位授予、奖惩方面才有法律的授权,人事管理不属于行政法意义上的行政授权。

还有学者将聘用合同认定为普通民事合同。沈月娣认为聘用合同应是民事合同(雇佣合同)。因为高校教师并未纳入行政编制,不属于法定的公务员,同时又不具有行政主体的行政优益权。因此,聘用合同不是行政合同。她进一步阐述,相关法律已经规定了在高校聘用合同中要体现协商一致、契约自由的私法原则,无论是在合同的缔结还是履行阶段,高校均不享有行政合同所特有的优先权,因而高校聘用合同应属于民事合同(雇佣合同)①。但笔者认为聘用合同不是雇佣合同,原因在于虽然教师受雇于学校,和学校之间具有雇佣色彩,但这不是我们一般意义上理解的雇佣关系(如家政服务雇佣等),因为高校的事业单位性质决定了其不同于一般的雇主,高校和教师之间签订的聘用合同是无法彻底体现平等自愿、协商一致、契约自由的民事原则,而要接受一些特殊监督和制约,因此,聘用合同不是民事合同。强调聘用合同纯粹私法性的学者,可能目的旨在消除特权,以期实现人人平等,但这不符合事业单位目前在我国的法律定性。

笔者较为赞同聘用合同是劳动合同这一观点,该观点已经有学者从不同的角度进行了阐述。劳凯声强调劳动法应该是统领劳动领域的基本法,所有与劳动关系相关的立法都应以它为前提和基础。学校与教师建立的事业单位劳动关系,本质上是劳动雇佣关系,应该可以适用劳动法②。康建辉认为,教师的性质首先是劳动者,那么教师聘用合同的属性必然是劳动合同。随着事业单位人事制度改革的不断深化,高校教师聘用制度是一种以聘用合同为纽带的双向选择的用人制度,教师聘用合同是作为劳动者的教师和作为用人单位的高校建立的聘用关系③。笔者赞同以上观点,尽管目前事业编制的教师与高校产生人事争议纠纷适用劳动法是受限的④,但这并不妨碍我们对于

---

① 沈月娣:《高校教师聘用合同相关法律问题研究》,载《教育导刊》2007年第7期。

② 劳凯声:《中国教育法制评论》(第1辑),教育科学出版社2002年版,第254页。

③ 康建辉、王渊:《高校教师聘用合同中存在的问题及完善对策》,载《高等教育研究》2008年第3期。

④ 《中华人民共和国劳动合同法》第2条规定:“中华人民共和国境内的企业、个体经济组织、民办非企业单位等组织(以下称用人单位)与劳动者建立劳动关系,订立、履行、变更、解除或者终止劳动合同,适用本法。国家机关、事业单位、社会团体和与其建立劳动关系的劳动者,订立、履行、变更、解除或者终止劳动合同,依照本法执行。”第96条规定:“事业单位与实行聘用制的工作人员订立、履行、变更、解除或者终止劳动合同,法律、行政法规或者国务院另有规定的,依照其规定;未作规定的,依照本法有关规定执行。”劳动部颁发的《关于贯彻执行〈中华人民共和国劳动法〉若干问题的意见》,对《劳动法》的适用范围作了进一步的说明:“国家机关、事业组织、社会团体实行劳动合同制度的以及按规定应实行劳动合同制度的工勤人员;实行企业化管理的事业组织的人员;其他通过劳动合同与国家机关、事业组织、社会团体建立劳动关系的劳动者,适用劳动法。公务员和比照实行公务员制度的事业组织和社会团体的工作人员,以及农村劳动者(乡镇企业职工和进城务工、经商的农民除外)、现役军人和家庭保姆等不适用劳动法。”

聘用合同和劳动合同两者同质性的分析。结合已有的观点和相关司法案例，引入多种法律解释方法形成解释结论，这些结论的共同指向也都能够证明以上观点的合法与合理之处。

（一）文义解释方法

文义解释方法是首要的法律解释方法，具有优先适用的特性，其基本含义是按照法律规范一般的、在通常语言文字中所具有的含义来理解法律规范。二者在内容上相同，都涉及合同期限、合同变更和终止条件、岗位及职责要求、岗位工作条件、岗位纪律、工资待遇、违反合同的责任等内容。如，《劳动合同法》第12条规定："劳动合同分为固定期限劳动合同、无固定期限劳动合同和以完成一定工作任务为期限的劳动合同。"《关于在事业单位试行人员聘用制度的意见》规定：聘用合同分为短期、中长期和以完成一定工作为期限的合同。《事业单位人事管理条例》也有类似的规定[①]。聘用合同与劳动合同在解除程序方面也相同，分为协商解除和依法单方解除。如，劳动者依法单方解除，《劳动合同法》第37条规定："劳动者提前30日以书面形式通知用人单位，可以解除劳动合同。"《事业单位人事管理条例》第17条规定："事业单位工作人员提前30日书面通知事业单位，可以解除聘用合同。"此外，聘用合同对解除合同的经济补偿以及社会保障等方面，也与劳动合同相应规范保持着一致性[②]。

（二）历史解释方法

历史解释方法分析的是某一法律规范或者规定的历史沿革，从中获得对某一法律规范含义的准确认知。对于这一强调历史发展角度的解释方法，魏德士认为，历史解释涉及规范产生时发挥共同作用的各种情况和影响因素：（1）历史——社会的上下文，即导致立法的社会利益、冲突状况和目的观。（2）思想史和信条史的上下文，即必须注意酝酿和表达立法时的概念史和信条史的初始状态。同样的概念在产生时刻可能有完全不同的含义。要理解规范的语言，就必须了解立法者的语言。只有它才能介绍最初的要求内容。（3）立法的调整意志，就是要查明立法的法政策上的意图和调控目标，它们决定性地影响着立法过程的表达以及法政策的贯彻。这是历史解释的核心目标。这三方面的研究使法律适用者能够了解被适用的规范的最初含义[③]。众所周知，新中国成立后我国人事和劳动一直是分两条线管理的，泾渭分明，随着政府机构改革的深

① 《事业单位人事管理条例》第12条规定："事业单位与工作人员订立的聘用合同，期限一般不低于3年。"第14条规定："事业单位工作人员在本单位连续工作满10年且距法定退休年龄不足10年，提出订立聘用至退休的合同的，事业单位应当与其订立聘用至退休的合同。"

② 《劳动合同法》第47条规定："经济补偿按劳动者在本单位工作的年限，每满一年支付一个月工资的标准向劳动者支付。"《关于在事业单位试行人员聘用制度的意见》规定：经济补偿以被解聘人员在该聘用单位每工作1年，支付其本人1个月的上年月平均工资为标准。

③ ［德］魏德士：《法理学》，丁小春、吴越译，法律出版社2005年版，第331－332页。

入,原来的劳动保障部与人事部合并为人力资源和社会保障部(简称人社部),政府职能也日趋合一。改革后的事业单位人事关系性质已从原来的“命令—服从”行政法律关系趋同于“合作—协商”劳动法律关系。历史在前行,未来人事管理和劳动管理必定会并轨,近期的司法判例也支持笔者的这一观点,即法院在审理人事争议纠纷案例时适用《劳动合同法》作为判决的法律依据。如:青海省高院在(2014)青民提字第32号判决书中写道:“根据《劳动合同法》第22条,青海民族大学要求马某按一审判决支付违约金3万元,超过了青海民族大学为马某支付的培训费,不予支持……马某因个人原因中途放弃学业,虽有过错,但《攻读博士协议书》第5条第3款的约定,与《劳动合同法》的规定相悖,不予支持。”山东潍坊高新技术产业开发区人民法院在(2014)开民初字第727号判决书中写道:“根据《劳动合同法》第37条,被告要求解除与原告方劳动合同的要求,符合法律规定,本院予以支持。”广东省广州市中级人民法院在(2014)穗中法民一终字第5498号判决书中写道:“双方签订有聘用合同,依法建立人事关系,法院予以确认。本案争议的焦点为人事争议中竞业限制违约金的问题,应当参照《劳动合同法》的相关规定执行。”①

(三)目的解释方法

目的解释方法的核心是依据法律规范所追求的目的或者基本原则对其含义进行解释。总体而言,目的解释带有一定的不确定性。“目的解释放松了对法律服从的要求,因而在加大目的在法律推理中作用的同时,却扩大了自由裁量权,因为目的是有多种的,目的论冲突也加大了法官等人的选择权;虽然目的解释使法律解释具有更宽广的开放性和灵活性,有助于克服法律的僵化性,但同时也使规则意义上的法治时刻处在危险之中。”②但是,在本文所分析的两种合同中,目的解释能够肯定二者在法律目的上的一致性。劳动合同和聘用合同都是通过市场机制配置人力资源。订立劳动合同是为了体现用人单位自主用人和劳动者自主选择的劳动关系;订立聘用合同,也是为了实现高校教师能进能出的聘用自由。两者建立原则一致。人事关系市场化后,人事关系与劳动关系都是建立在平等自愿、协商一致的基础上;高校对教师的管理由原来的身份管理转为合同管理,即通过公开招聘和双向选择,聘用单位和受聘人员通过聘用合同的签订来明确各自的权利义务,与劳动合同趋同。

(四)体系解释方法

体系解释方法则是依据某一法律规范在整个法律体系中所处的位置以及与其他

---

① 《申请再审人青海民族大学与被申请人马旭东人事争议纠纷案再审民事判决书》《山东经贸职业学院与高萍劳动争议一审民事判决书》《广州大学与黎光明劳动争议二审民事判决书》,载中国裁判文书网 http://www.court.gov.cn/zgcpwsw,最后访问日期2016年2月14日。

② 陈金钊等:《法律解释学》,中国政法大学出版社2006年版,第193页。

法律规范的相互关系,来理解特定法律规范的含义。文义解释方法和体系解释方法经常联合使用,在本文的论述中,正好可以用来具体比较聘用合同与劳动合同的共性之处。前述几种法律解释方法的适用主要集中在实体法中,显示了聘用合同和人事合同之间在实质内容上的相似性。这里使用体系解释方法,更多地聚焦于争议处理程序上。聘用合同人事争议与劳动争议本质上的相同使两类争议的处理程序趋于一致。高校的人事争议往往不再由行政管理部门按照行政方式解决,处于无法诉讼的状态,而由专门的仲裁机构按照人事争议仲裁程序处理,某些人事争议可以诉讼。如,《事业单位人事管理条例》(2014 年)第 37 条规定:“事业单位工作人员与所在单位发生人事争议的,依照《中华人民共和国劳动争议调解仲裁法》等有关规定处理。”《关于在事业单位试行人员聘用制度的意见》规定:受聘人员与聘用单位在招聘、合同期限、考核、解聘、辞聘等问题上发生争议的,当事人可以申请当地人事争议仲裁委员会仲裁。

综上所述,通过多种法律解释方法的适用可以看到,这些解释结论之间具有相同的指向,都肯定聘用合同与劳动合同具有同质性,因此,聘用合同中关于违约金的约定应当参照劳动合同。1995 年生效的《劳动法》对劳动合同违约金的规定是留白的,给用人单位和劳动者留下了巨大的协议空间,于是在实践中大量用人单位和劳动者自行约定违约金且无限制。2008 年生效的《劳动合同法》规定:违约金限于两种情形,即违反竞业限制约定和违反服务期约定①。劳动合同内容条款应遵守《劳动合同法》。因此,聘用合同的违约金也只有在违反服务期和违反竞业限制的情形下才可以约定,这恰好也部分暗合《关于在事业单位试行人员聘用制度的意见》的规定,因此,高校聘用合同可以在任意情形下约定违约金的做法是难以在法律解释的视角内成立的。

三、法律解释结论的共同指向对于高校聘用合同违约金规定的意义

法律解释方法都是从法治实践中总结出来的共性规律,其共同指向越是一致,越是能够说明结论的可靠性。这种共同指向的意义,一方面体现在司法裁判之中。如果从多个法律解释方法的角度都能够在某一个案中得到相同结论,也即法律解释之间具有明显的共同指向,那么,这一判决结果就具有坚实的可靠性,至少在合法性上能够站得住脚。例如,指导性案例 23 号中,文义解释、体系解释、目的解释等法律解释方法的运用,就形成了一个融贯的解释论证系统,从而获得了高质量的判决结论②。另一方

---

① 《劳动合同法》第 25 条规定:“除本法第二十二条和第二十三条规定的情形外,用人单位不得与劳动者约定由劳动者承担违约金。”

② 参见宋保振:《法律解释方法的融贯运作及其规则——以最高院“指导案例 32 号”为切入点》,载《法律科学》2016 年第 3 期。

面,对于一些法律规范的直接规定比较缺失的情况,例如本文分析的高校聘用合同违约金规定,如果能够在司法实践中反复存在着多种法律解释方法的共同指向,那么,这种共同指向就能够为将来的立法完善提供重要的启示和经验参考。"法院、特别是最高人民法院在审理和审查具体案件的过程中有可能及时洞察某些少数意见将转变为多数意见的社会趋势,从而可以提前在制度框架中表达这种少数意见、促进对少数意见的政治认知、使得公共决策更加明智而富有弹性,避免多数派的专制和僵化以及代议机构因讨价还价的妥协而造成的盲点。"[①]鉴于法律解释的共同指向在司法实践中的意义,已经有不少相关论述。结合本文的分析对象,此处的分析更多地集中在,前文中法律解释共同指向对于高校聘用合同违约金规定立法完善方面的意义。

高校聘用合同约定违约金的法规依据是《事业单位人事管理条例》第17条:"事业单位工作人员提前30日书面通知事业单位,可以解除聘用合同。但是,双方对解除聘用合同另有约定的除外。"这条理解为聘用双方可以约定任意违约金,且这条规定似乎很具有合理性,因为违约金条款是在双方自愿、平等的基础上签订的,达成合意,双方理应遵守合同,这是诚实守信的基本要求。笔者却不能苟同,任意违约金是一种以契约自由为指导的制度,但这并不符合高校用人用工的特点。高校设置违约金,主要是针对违反聘用合同期限的问题,限制教师依据"事业单位工作人员提前30日书面通知事业单位,可以解除聘用合同"的法规依法行使解除权,希望通过这样的限制措施来保护合同期限条款能够得到履行。因此,任意违约金所保护的合同利益是否具有正当性是我们有必要质疑的。任意违约金是以"抽象人"的视角来考察聘用关系的,从抽象平等出发,强调"人人平等",保护各方利益,只要达成合意,可以任意约定违约金。我们应该明白,教师不是"抽象人",而是具有差异性的"具体人",因此,应然上的平等,不符合实然要求。具体理由如下:

在聘用关系中,双方当事人地位不平等。首先,这种不平等的关系可能会使教师在签订聘用合同时违背自己真实的意愿,从而导致聘用合同订立的基石丧失。原因在于,高校处于管理的地位,掌握信息发布的权利,从而使新进教师明显处于信息交换的不利地位。这一瑕疵不可能在建立聘用关系之初通过协商消除,于是法律(政策)赋予劳动者再次选择的权利——"事业单位工作人员提前30日书面通知事业单位,可以解除聘用合同"。因为在聘用关系履行过程中,教师逐渐会得到更多的关于晋升职称、考核和奖励等各种信息,从而对订约之初信息传递不对等形成补充。在掌握足够的信息后,教师才有可能作出最佳选择:留与不留都是我的权利!其次,在特定的情况下(如就业形势不乐观),学校会利用这种不平等性,使教师非自愿地接受劳动合同中不公平

① 季卫东:《最高人民法院的角色及其演化》,载许章润主编:《清华法学》(第7辑),清华大学出版社2006年版,第237页。

违约金条款的情形,从而签订聘用合同。尽管,作为受过高等教育的教师拥有比普通劳动者更高的综合素质,似乎在与单位的利益博弈中拥有了更多的话语权,但作为单个个体的教师与校方相比仍处于相对弱势的地位。如:一般在签订聘用合同时已是教师进校最后的程序,即使教师发现一些不公平的条款,为了不使前期的努力白费,一般也都会认可这些格式条款而签约。

因此,过分强调"协商",会给高校教师带来不利后果,不允许约定任意违约金将有利于防止强势主体高校滥用违约金制度给高校教师带来利益损害。

在劳动合同中若是完全主张合同自由,它的负面性清晰可见,即以形式平等掩盖实质不平等,劳动者的权益并未真正得到保障,学界显然已经意识到该问题,因此强调在劳动合同中国家干预的正当性,对于聘用合同显然也是符合这个道理的。但是,过分的国家干预即在劳动合同中完全禁止约定违约金,显然也走向了另一个极端,不符合我国目前的国情。虽然在《民法通则》和《合同法》中都把诚实信用立为基本原则,但目前整个社会丧失诚信基石,在用工领域里也缺乏忠诚义务的束缚,被浮躁与功利笼罩,高校也不例外,随意跳槽事件时有发生,聘用合同的遵守遭遇危机。综观我国各类高校,无论处于哪个层次,人才都是高校立校之本,因此许多高校会加强对教师队伍的培养,如加大对教师的培训投入。若是禁用违约金,由此会造成高校丧失培养人才的积极性,用人行为功利化,这样既不利于高校的发展和变强,也不利于教师的成长和提高。因此,禁用违约金的情况显然也不完全适用高校聘用合同。参照《劳动合同法》关于限制违约金的立法显然最为符合我国目前高校的现状。

根据《劳动合同法》第 22 条和第 23 条的规定,可约定违约金的第一种情形是违反竞业限制;第二种情形是违反服务期[①]。必须说明两个问题:一是劳动合同期和服务期不是一个概念。劳动合同期是用人单位和劳动者约定的工作期限;服务期是劳动者因享受特殊的资源,在合同或附加条款中和用人单位约定的为单位服务的期限。服务期与合同期可以等长或不等长。二是《劳动合同法》仅仅规定提供专项培训这一项可以约定服务期,引进福利待遇等则不能约定。限制违约金所对应的义务,是一种特殊的义务,是劳动者享受雇佣单位为其提供的特别资源从而应尽的区别于普通劳动义务的一种义务。董保华先生指出:违约金救济的是一种等价关系的破坏,这种等价关系不

① 《劳动合同法》第 22 条规定:"用人单位为劳动者提供专项培训费用,对其进行专业技术培训的,可以与该劳动者订立协议,约定服务期。劳动者违反服务期约定的,应当按照约定向用人单位支付违约金。违约金的数额不得超过用人单位提供的培训费用。"第 23 条规定:"用人单位为劳动者提供专项培训费用,对其进行专业技术培训的,可以与该劳动者订立协议,约定服务期。用人单位与劳动者可以在劳动合同中约定保守用人单位的商业秘密和与知识产权相关的保密事项。对负有保密义务的劳动者,用人单位可以在劳动合同或者保密协议中与劳动者约定竞业限制条款,并约定在解除或者终止劳动合同后,在竞业限制期限内按月给予劳动者经济补偿。劳动者违反竞业限制约定的,应当按照约定向用人单位支付违约金。"

是正常劳动合同关系,而是在这基础上建立的一种新的对价关系[①]。对聘用合同来说,聘用合同违约金义务并非聘用关系中对所有教师适用的一般义务,它是聘用单位为教师提供额外的资源后,双方对此约定的附加义务。存在的基础是高校投入了特殊费用——提供教师培训,从而使教师增加了相应履行义务。因此,限制违约金制度在聘用合同中的设立,并不会对原有的人事聘任关系造成冲击,不会导致实质上的不平等,具有合理性。

行文至此,笔者建议对《事业单位人事管理条例》第17条作如下修改,增加一款作为第2款:

"第17条 事业单位工作人员提前30日书面通知事业单位,可以解除聘用合同。但是,双方对解除聘用合同另有约定的除外。

"事业单位为其工作人员提供专项培训费用,对其进行专业技术培训,双方可以约定服务期和违约金;对负有保密义务的事业单位工作人员,事业单位可以与其约定竞业限制和违约金。"

① 董保华:《论劳动合同中的服务期违约金》,载《法律适用》2008年第4期。

法律解释的价值导向思维*

杨铜铜**

摘　要：法律适用是一个价值实现的过程，法律解释是将解释的一般文本适用到具体个案，因此法律解释也具有价值实现的属性。以法律价值认知与评价为前提所引导的解释思维便是法律解释的“价值导向思维”。法律解释的价值导向思维是指在法律解释过程中解释者以对法律规范所信奉、内化的价值观念为导向，以解释结果的形式展现法律具体价值的思维过程。因法律解释的视角和解释资源的差异，造就了法律解释的价值导向思维的不同形式。具体表现在法律解释的价值导向思维存在制度性之维、形式与实质之维、主客观之维的差异，因此法律解释的过程不应笼统提倡价值导向思维，需要对价值导向思维予以具化与归类。

关键词：法律解释；价值导向思维；解释资源；制度性价值；解释方法分类

一、问题的提出

法教义学视角下的法律适用，多是从法内寻找法律解释的资源，展现的是凝结于法律规范内的价值，或者说是立法者价值（立法意图），它试图以解释者“价值中立”的姿态，通过可操作化的路径展现法律价值，它注重的是规范建构及规范适用的语言习惯，从制定法文本的角度分析法律文本所倡导的价值。它是传统制定法国家最为重要的法律适用形式，也是英美法国家不断增加的制定法的适用模式。现如今，这种规范主义法律适用模式在价值多元情境中遭到解构，法教义学视角下的法律适用模式被认为是不讲价值的。特别是认为法律解释过程不注重价值导向，严格僵化的解释法律淹没了诸多社会价值，死守法律文本的含义忽视了法律的时代价值，背离了社会主流意

---

* 基金项目：本文为华东政法大学研究生创新项目“法律解释规则适用研究”（项目编号：2017－4－159）阶段性成果。

** 杨铜铜，男，山东泰安人，华东政法大学法律方法论专业博士研究生，研究方向为法律方法论。

识形态。

因此,有学者指出,价值法学所倡导的“价值导向思维”体现了裁判思维的最高境界,也体现了法官思维方式的高素养,判决书面向的是普通听众,而非挑剔的法学专家,因此价值导向思维在裁判过程中具有重要的意义①。裁判过程的重要环节在于法律适用,而法律适用离不开法律解释,法律解释是法律适用的开端,法律解释所构建的裁判理由是说服不同类别听众的关键。那么什么是价值导向思维,什么是法律解释的价值导向思维,或者说法律解释是否存在价值导向思维,法律解释过程是否包含了价值导向思维,抑或是法律解释怎样体现价值导向思维将成为本文研究重点。

二、法律解释的价值导向思维引入

(一)多元法治意识形态下合意达成需要以实证法为基础

法治进入方法论时代,是法治从宏达叙事向微观论证的转向②。我国以往法律意识形态,尤其是法理学过于重视分析法律与政治、经济、社会及宗教之间的关系,重视法学理论中权利与义务的阐释,重视立法,强调法律体系建设,忽视司法过程对法治的贡献,而对法律适用过程关注不够。现如今的法理学教育依然重视一元意识形态建设,对法哲学及多元法治意识形态关注不够。一元且宏观法学述说形式促成了当今对传统法学教育与实践的反叛。多元化的法治认识及意识形态,诸如价值法学,都在不同程度上挑战着实证法学“应然”状态,让我们认识到,“法律只有在涉及价值立场框架中才可能被理解。法律是一种文化现象,也就是说,是一种涉及价值的事物。法律的概念也只有在有意识地去实现法律理念的现实情况下才能够被确定”③。

对法律的认识,或者说对法治理念认知的不同,根源于每个人内心所信仰的法哲学不同。不同的法哲学都在尝试解答着“法律是什么”,然而法哲学的解答在遭遇“祛魅”时代后也走向了价值多元的诸神之争。实证法学、自然法学、历史法学、功利主义法学、现代法学及后现代法学等都在探讨法律的正当性问题,然则所有的争论都无法对法律正当性问题达成统一,找到一个唯一确定的答案。在这场诸神之争中,法律价值导向的确定性也遭遇解构,早先所确立的、不可捍卫的价值真理也无法自圆其说,价值导向或价值导向思维也走向了多元主义。“对于正义问题,我们无法指望发现‘永恒的真理’,而是只能指望发现在当时情况下看来是问题的最佳解决方案的认识,而此种认识是可被批评的,也就是说,一旦结果表明,此种认识违背逻辑或经验,就需要被修

① 参见周占生:《“价值导向思维”不应缺位》,载《中国社会科学报》2016年3月15日,第1版。

② 参见谢晖:《法理学:从宏大叙事到微观论证》,载《文史哲》2003年第4期。

③ [德]拉德布鲁赫:《法哲学》,王朴译,法律出版社2013年版,第5页。

正或干脆被放弃。"[①]这使对法律价值或正义的认识走向一种"合意",即大多人认为此种情境下该种对事实处理是正当的,符合尽可能多人的共同生活规则。这种"合意"认识有别于功利主义倡导的"最大多数人的最大幸福",也有别于罗尔斯的"无知之幕"下的正义原则,它更像是哈贝马斯的"商谈论证"。因此,囿于认识争辩中,无法达成认识一致,需要寻找解决问题的程序及规则。

从思维逻辑上讲,合意达成过程对程序与规则的依赖又回归到客观既存实证法上,这不是思维僵化与矛盾,而是一种思维的循环,即在反思实证法本身问题之上,通过不断地废弃、修补、更新,促使实证法本身的完善,它是争论的起源也是争论的终点,有了它争论才有平台,争论才能成为可能。以集体理性为依托所制定的法律文本,是民主制度下合意达成的体现,尽管"集体理性"在当下也有被解构的倾向[②],但它是以"最终想构成一个独立体系之概念及法制度的基本理论"[③]的法教学为支撑,由概念、规则及原则建构的相对自洽的逻辑体系,它是解决案件时法律发现最主要的场所。法教义学理论下的法律解释依赖法律体系或法秩序来解释相关法律规范,在不违背整个法秩序价值的前提下将解释后的法律规范涵摄案件事实。诸如采用整体意义解释规则、上下文解释规则、不赘言解释规则等实现法律规范与整体法秩序价值的融贯。

(二)实证法视角下的法律适用亦需处理法律评价问题

然而,完全依赖法秩序完成法律规范的解释,时常无法解决案件正义问题,无法实现裁判公平正义之价值,并且可操作化的法适用涵摄模式也时常无法处理法律价值评价问题。这促使从法外寻找法律解释的资源。法律适用不仅存在涵摄模式,它还有评价性归类或"类型化"的适用模式。法律适用的过程中,存在着众多的类推适用情形,通常在法律存在漏洞时通过事物的本质采用类型化的思维解决案件。与教义学法学所倡导的思维形式不同,它需要通过类推解释的形式建构规范与事实之间的逻辑推导关系。与法教义学建构推理前提不同,通过归纳、类型化建构的大前提导向了或然性结论,裁判便是在这些或然性结论中寻找一种最佳的、最合理的结果。在构建推理的大前提时,存在从不同的角度认识法律,评价法律的问题。比如从社会学的角度出发,侧重于衡量不同的价值权重,是强调个案价值,还是重视社会公共价值,是彰显社会的表象价值,还是挖掘社会深层价值,都或多或少影响着法律解释。从经济学角度出发,则看重法律所带来的直接价值与间接价值,注重成本效益的分析,侧重法律的整体性

① [德]齐佩利乌斯:《法哲学》,金振豹译,北京大学出版社2013年版,第92页。

② 比如考夫曼认为,理性需要在其运用之中,即在相互承认和理解的对话过程中得以体现。因此,理性同参与对话和论辩的个性是不可分离的。参见[德]阿图尔·考夫曼:《后现代法哲学——告别演讲》,米健译,法律出版社2000年版,第19页。而"集体理性"的主体是"立法者",在很多情境下,实际"立法者"是难以界定范围的。"集体理性"也需要认知与理解的基础上形成合意。

③ 参见[德]拉伦茨:《法学方法论》,陈爱娥译,商务印书馆2003年版,第103页。

价值,因此在法律解释中会直接引入价值导向分析。从伦理解释角度讲,法律解释更侧重对社会伦理价值的引导,重视对社会道德的塑造,看重对社会风气的引导。不同的观察角度带来了不同的法律规范解释资源,不同解释资源侧重不同价值保护倾向。

特别是,伴随社会转型与社会分化的不断深入与加剧,人们更加关注社会公平正义问题。在利益分配等领域法律滞后等问题再一次彰显,法的时代价值未能得到及时释放与更新。并且,在一些新型案件中,又产生了诸多新型权利,使得法律不断地被修改与废止。法律的稳定与变革成为法治建设不可回避的现实。要想保证社会秩序稳定,彰显法律的可预测性价值,要求法律必须稳定;而为保障公民权利,在某些场景下又需要打破现有法律规范限制,实现法律正义问题。法律的"工具论(规范论)"与"价值论"之争成为萦绕法治建设的立场之争。在法律实践领域则产生了规则结果主义与行为结果主义之争。规则结果主义主张法官应该根据那些只要遵守它们就能在总体上产生最佳结果的规则来解释法律文本;行为结果主义主张法官直接去选择那种能够使法官审理个案产生最佳结果的解释①。这也侧面反映了法律功利主义主张与个案正义主张之间的冲突,这也是法律自诞之际一直缠绕且未解决的争论。法律的"规范论"倡导对立法权的尊重,提倡守卫规则;强调个案正义的法律的"价值论"则主张司法权的主体地位,主张法官在法律适用之时对法律文本的补正。可见,无论是法律的"规范论"还是"价值论"都是建立在一种"价值论"之上的,都需要法律适用过程中认真对待价值评价问题。

(三)以法律解释为起点的法律适用具有价值导向性

"所有的解释制度都必须解决文本与语境、文本的语词(verba)与精神(voluntas)的关系。所有的解释制度都必须就创制者真正与假定意图的关系,可以从文本获知的公开意图与从文本和文本以外的来源获知真实意图之间的关系采取某种立场。"②这意味着所有的解释活动必然要以文本为基础结合语境探索制定法真实之意图,但并非都能从文本中获知法律规范的核心含义的图景,法律文本所载明的意图与法律文本所欲表达的意图及其解释者自我意图存在不协调性。拉伦茨指出:"法律经常利用的日常用语与数理逻辑及科学性语言不同,它并不是外延明确的概念,毋宁是多少具有弹性的表达方式……即使是较为明确的概念,仍然经常包含一些本身欠缺明确界限的要素。"③语言的模糊性使适用者无法探明文本的真正意图,也就无法探知立法者意图。但是法律解释的标的是承载意义的法律文本,法律解释的目标在于发掘规范所包含的评价及该评价的作用范

① [美]沃缪勒:《不确定状态下的裁判——法律解释的制度理论》,梁迎修等译,北京大学出版社2011年版,第6页。

② [以]巴拉克:《民主国家的法官》,毕洪海译,法律出版社2011年版,第117页。

③ [德]拉伦茨:《法学方法论》,陈爱娥译,商务印书馆2003年版,第193页。

围,并探求法律在今日法秩序的标准意义,法学及司法裁判实践的特色在于它几乎完全是在处理评价的事情[①]。因此,无论“是在实践(=‘法适用’)的领域,或是在理论(=‘教义学’)的范围,法学涉及的主要是‘价值导向的’思考方式”[②]。“价值导向思维”是法律解释的思维特质,体现了作为一种社会科学知识的认知属性。

可以说,“司法中的价值导向方法就是,在司法过程中,法官为了针对个案作出合理判决,从主客体关系角度出发,以制定法和制定法所蕴含的价值观念为导向,通过考察和衡量具体情境中价值关系,认定案件事实,选择适用的法律,以符合价值思维的方式进行逻辑推理的方法”[③]。“价值导向思维”伴随着法官对法的理解、解释与适用的过程。无论是法律解释还是解释法律,都存在着对不同维度的法律价值彰显与捍卫。无论是对法的安定性与可预测性价值的捍卫,还是为法律个案正义的实现,只是因不同解释者对法律的不同认识及其背后法理念、法哲学、法信仰不同,对法律所包含的价值产生相异认知。以法律价值认知与评价为前提所引导的解释思维便是法律解释的“价值导向思维”。这种思维是法律解释思维特征的总括性事实陈述,只是说明法律解释思维是评价性的,它无法指涉法律解释过程中具体的价值思考、实践法律的具象思维形式。因此,法律适用的过程需要对法律解释的价值导向思维予以具化与归类,以此才能反映法律解释所侧重的价值维度。

现实情况是,对“法律解释的价值导向思维”的误区在于,提到“价值”首先想到的不是如何规范解释、适用法律规范,而是如何通过法官解释,实现个案的“公平”与“正义”。必须明确的是,除“公平”与“正义”之外,尚有法的明确性、稳定性、安定性、可预测性、平等性等一般性价值[④]。可以说,法律的一般性价值与实质性价值是法律解释不可回避的价值取舍问题,但并非所有的案件都会涉及一般性与实质性性的冲突,也并非所有的案件都涉及文本与外部环境之间的价值衡量问题。因为,“法的稳定性原则也有助于促进导向确定性以及社会交往的可靠性。它要求,已经被确定的行为标准只有在这种情况下才可能被放弃,即比规范性秩序的稳定性要求更重大的根据如此要求之时”[⑤]。在阐释法律时,始终高举片面化“价值导向思维”,无疑是对法律规则的最大

---

① 拉伦茨认为,规范使用则要求:应依据规范来评价带判断的事件,换言之,在判断事件时,应将规范所包含的评价依其意义付诸实现。[德]拉伦茨:《法学方法论》,陈爱娥译,商务印书馆2003年版,第94页。

② [德]拉伦茨:《法学方法论》,陈爱娥译,商务印书馆2003年版,第95页。

③ 张彩旗:《价值导向方法在我国司法实践中的运用探究》,载《河南社会科学》2015年第1期。

④ 刘风景教授认为,不同于个别命令,法具有一般性,它通过普遍性告知人们可以做什么,禁止做什么,必须做什么,对人的行为进行规范和指引。可以说,法律不是针对某个人、某件事而立的,而是针对一类人、一类事而立的。法不是仅适用一次,而是在其生效期限内对其指向的对象反复适用的社会规范。法的一般性价值,主要体现为意志的一般性,对象的一般性和适用的一般性。参见刘风景:《法治的阿基米德支点——以法的一般性为中心》,载《法学论坛》2013年第5期。

⑤ [德]齐佩利乌斯:《法哲学》,金振豹译,北京大学出版社2013年版,第184页。

破坏,因为裁判者完全可以凭借自我价值判断、内心确信、道德信仰、伦理偏好完满解决案件,法律规则就没有存在的必要。

三、法律解释的价值导向思维具体维度

魏德士指出:“通过事实构成与法律后果之间的联系,任何一个完整的法律规范都体现了规范制定者的价值评价,这也是人人皆知的事实。”①每一个法律规范都有内化凝结的规范目的,而众多的法律规范则构成了法律制度,也正是法律制度所预设的各种价值形成了人们行为的价值评价体系。因此,法律解释率先展开的是对凝结于规范内的制度性价值的探讨。然而,对于解释者而言,法律规范的制度性价值具有形式性,有时亦具有僵化性,而此时则需要解释者探讨规范的实质性价值,以避免僵化的制度性价值带来荒谬的解释结果。而对法律规范的形式性价值或者实质性价值的探讨,则需要解释者借助不同的解释资源予以阐释,借助形式论据的解释过程展现了解释者客观解释姿态,借助实质性论据则展现了解释者能动主义思维形式。

(一)价值导向思维的制度性之维

通常认为,“现代社会,更具有意义的则是制度正义,社会制度的公平正义是现实的公平正义的基础。没有制度上的公平正义,一切公平正义都将失去保障”②。每一个法律规范都有自己的制度性价值预设,都以法律制度的形式体现。“在任何法律规范后面都隐藏着服从特定目的与目标的、立法者的、法政策学的形成意志。”③诸如法律制度的功能在于确定人们行为边界、提供行为预期、惩治越界行为、保障权利落实、督促义务履行、营造法治环境及形成法治秩序。法律制度功能发挥在于认真对待法律文本,而解释者价值观念恰恰受制于法律文本。法律文本核心内涵是识别解释者价值观念的指标。遵守法律文本核心内涵视为对文本意图及立法者意图的尊重,是对权力分权与制衡的认同,是以实现制度性价值预设为限;突破文本核心含义视为对文本的背离,视为创造性解释,是对制度性价值预设的补充、修正或者背离。当文本含义需要解释者予以价值衡量或不存在法律文本需要进行法律续造时,解释者可以以法秩序追求的价值及依合同、习惯等非正式法源适度限添加个人价值观念解决具体案件。可以看出,解释是从对法律制度、法律体系及法律规范自身的价值认知“前见”开始,继而基于“前见”在解释过程对解释对象进行好坏、善恶、利弊的评价,指出解释对象的含义是否应该遵守,还是需要进行改造,抑或是放弃。认真对待法律文本,客观解释法律文本,

---

① [德]魏德士:《法理学》,丁小春等译,法律出版社2005年版,第131页。

② 孙春伟:《法律意识形态论》,法律出版社2014年版,第148页。

③ [德]魏德士:《法理学》,丁小春等译,法律出版社2005年版,第310页。

通过法律规范明确化涵摄案件事实,体现了解释者解释过程的价值中立,实现的是法律制度最初的价值预设。

然而裁判结论未必是建立在规范与事实逻辑关系之上。法律制度的预设价值在遭遇某些案件时,其本身所塑造的价值观念需要更新,其所引导的价值定位与思维取向需要变革,再囿于法律制度中探寻能完满解决案件的方法会加大法律制度与社会之间的差距,进而出现法律不可接受的现象。富勒认为,“每一条法律规则都是为了实现法律秩序中某种价值而设定,目的和价值考虑渗透在法律的解释和适用中,必须把目的和意图看作是‘判定事实的依据和标准’”①。这里的规则不仅包括以成文法展现的法律规则,还包括法律规则具体适用的思维规则。法律方法从实质上讲就是适用法律规则时的思维规则,它展现的是法律人在理解解释法律时思维过程②。法治的精细化需要法律思维规则,因为粗疏的法治只需实现事实与法律之间恰当逻辑关系③,而精细法治需要法律人像个工匠一样精细打磨法律适用的每一个过程,它不仅需要在法律解释时进行微观的遣词造句,还需要谋篇布局式的说理论证。因此,当法律文本含义与社会产生严重裂隙之时,法律解释的作用就是运用各种思维规则尽力弥合两者之间的间隙,在保证实现法律规则的价值预设前提下,对其进行适当价值填补与修正。

(二)价值导向思维的形式与实质性之维

价值导向思维从本质上讲是人们内化的价值观念用于描述客体的一种思维形式。人们内化的价值观念“是在人们头脑中形成的关于价值现象或价值关系的系统化看法或观点,是以往人们价值实践和价值生活经验的理性化积淀。这就是说,它是对客体有无价值及价值如何(大小、高低)的固定看法,实质上是一种评价的思维框架”④。法律解释的价值导向思维则是指在法律解释过程中解释者以对法律规范所信奉、内化的价值观念为导向,以解释结果的形式展现法律具体价值的思维过程。法律解释的价值追求,或者说法律解释的价值导向思维体现在对法治捍卫及坚守之上。“法治理念”是法律解释的价值导向思维的“元理念”。“在一个现代国家,很少有什么问题能像制定法的解释方法那样影响法律制度的样式。”⑤法律解释的目的在于实现法律的目的,法律的目的在于最终塑造法治社会形态。然而,“法治”是难以说清的一种概念、理念及社会形态,它是解释者内心所确信及信仰的一种法治价值认知与评价模式。它不仅强

① 李其瑞:《法学研究中的事实与价值问题》,载《宁夏社会科学》2005 年第 1 期。

② 参见杨铜铜:《大陆法系法律解释方法分类考察》,载陈金钊、谢晖主编:《法律方法》(第 17 卷),山东人民出版社 2015 年版,第 99 页。

③ 参见陈金钊等:《重视裁判的可接受性——对甘露案再审理由的方法论剖析》,载《法制与社会发展》2014 年第 6 期。

④ 陈依元:《价值观念特征 · 价值导向 · 价值观念变革》,载《哲学动态》1988 年第 8 期。

⑤ [美]P. S. 阿蒂亚等:《英美法中的形式与实质》,金敏等译,中国政法大学出版社 2005 年版,第 84 页。

调法治的一般性,它还重视法治的特殊性;它不仅一方面旨在确保共同体的社会生活,它还倡导人权、平等与正义;它不仅否定专断的权力,它还对自身权威来源的专断权力进行反思并要求良法形式。

欧克肖特认为:"'法治'这个词语确切地理解,指一种只依据承认已知的、非工具性的规则(即法律)的权威的道德联合模式,它将在做自选行动时同意限定条件的义务强加给所有在它们权限内的人。"①欧克肖特法治理念映衬了现如今有关法治的理论构想,离不开"形式的"与"实质的"两种类型。形式版本的法治是比较"薄"的法治,而实质版本的法治则是"厚"的法治。形式版本的法治基于以法而治、形式合法性及民主决策程序,它要求的是规则之治;实质版本的法治则基于个人权利、尊严和正义及社会福利,它要求在规则之治的基础上融合道德治理模式。在形式版本的法治中,强调社会治理依法律规则而进行,因为"法律"实质上是由规则构成的。规则的功能是充当行为的一般指引,其所捍卫的普遍性、确定性、明晰性和可预测性价值是形式性的②。在形式法治中,它不仅要求规则本身合法性,它还要求规则体现道德性,即法治本身应该是一种道德善,并且形式法治要有民主程序予以协调与保障。实质版本的法治则是以形式法治为基础,融合各种实质性要素,对待法治要注重个人权利、正义、集体利益及社会公共福利等。而"最浓厚"的实质版本包括了形式合法性、个人权利和民主,并且补充了"社会福利权"这一特定维度③。形式法治与实质法治两个维度不仅是我们认识法律制度、法秩序的基础,认识案件事实、解决案件、展开法律活动的前提,它也是映衬我们内心所确信法治理念及法治信仰的直观体现,它更是我们对"善"的生活图景追求与向往的最终写照。

就纠纷解决来讲,无论是形式法治还是实质法治理念在裁判中都是为实现案件正义之解决。只是形式法治与实质法治所主张及捍卫的正义存在分歧。菲肯切尔极力强调,正义分为"平等的正义"及"事理的正义"。平等的正义是指对于应为相同评价的事物应作相同处理,应该对相同案件适用相同的衡量标准;而事理正义则涉及适用于该案件事实之裁判规范的适当性④。考夫曼也主张法律理念应该分为正义作为平等、正义作为社会正义及正义作为法律安定性⑤。然而作为法律理念的三者存在内在

① [英]迈克尔·欧克肖特:《政治中的理性主义》,张汝伦译,上海译文出版社2004年版,第170页。

② 参见[美]布雷恩·Z.塔玛纳哈:《论法治》,李桂林译,武汉大学出版社2010年版,第125页。

③ 参见[美]布雷恩·Z.塔玛纳哈:《论法治》,李桂林译,武汉大学出版社2010年版,第125页。

④ 参见[德]拉伦茨:《法学方法论》,陈爱娥译,商务印书馆2003年版,第21-22页。

⑤ 正义作为平等体现了法的一般性,及生活事实应如何被规定及禁止恣意之问题。正义作为社会正义体现在法律的合目的性及对公益正义及社会正义之追求;正义作为法律安定性(法律和平)则体现了法律安定性三要素,即实证性、实用性及不变性。正义作为平等及正义作为法律安定性体现了法的形式本质,正义作为社会正义及法律合目的性体现了法的实质本质。参见[德]考夫曼:《法律哲学》,刘幸义等译,法律出版社2011年版,第十、十一、十二章。

紧张关系。“平等原则首先在于恣意的禁止,实质的正义(社会正义)在于实现公共福祉,而法律安定性在于促成法律和平。但是法律安定性不必然意味着最后一定使用公正的法律,……由此便可能产生目的冲突,特别是介于实质正义和法律安定性之间的目的冲突。”①法治本身就具有修辞之维,它是人们设想法律制度最终状态。在对法律制度安排之初,就已融入了人们对各种价值选择与预设。只不过不同解释主体体现了不同价值偏好维度而已②。

因此,法律解释过程无法苛求每个解释者都会对正义问题有一致认识,也无法苛求解释者对法治有共识性认识。法律解释过程本身就是“诸神之争”的状态,只是依据法律解释的独断性需要法官在众多的解释结果中寻找一种可能的解释含义用于涵摄案件事实。无论解释者捍卫法治的形式之维,还是坚守法治的实质之维,都体现了解释者在法律解释过程中的价值选择之维。在方法论时代,特别是在法律解释领域,提到更多的是法律解释的能动与克制、保守与创新思维形式,而很少提及法律解释的价值导向思维形式。这是因为法律本身就具有修辞之维,法律本身就是评价性的,法律解释思维基于这种认识角度也当然具有修辞之维及评价性,法律解释思维当然也就是价值导向思维。片面地强调价值导向思维会模糊法治的边界,弱化法治规则治理的意义;甚至可以讲,它不是在强化法治根基建设,而是在尝试着消解法治事业。

(三)价值导向思维的主客观之维

“价值法学的法解释观点是客观、目的的导向,亦即,系一客观下的主观导向。详言之,照价值法学的观点,价值评断对法解释的影响力,是决定系主观或客观取向的标准。毕竟,法律本身是社会规范价值的表征,吾人究竟容许何种程度价值来主导法解释,毋宁是主观取向或客观取向的判准。”③从解释者自身角度讲,其解释目标取向差异,大陆法系称为主观目的解释与客观目的解释。在通常情形中,从一个规范的文义(连同该规定的官方标题)以及从这个规定的规范结构中的位置,就已经可以得悉立法者是基于何种目的公布该规定视为主观之目的论解释④。而对文本目的尚需要进一步考察,或者需要借助其他规范进行融贯性解释并需要进行意义添加或减损时则被视为客观目的之解释。在主观目的论解释之下,价值导向思维只需遵守法律解释的逻辑思维形式,该思维形式最主要的任务便是建构与事实之间的逻辑关系,建构用于法律推理的大前提。通常情况下,法律逻辑只用于法律推理过程而不作用于推理前提的建构中,用于法律推理的大前提经由法律发现及法律解释过程变为精确与具体,并且用于

① [德]考夫曼:《法律哲学》,刘幸义等译,法律出版社2011年版,第210页。

② 参见谢晖:《论法律制度的修辞之维》,载《政法论坛》2012年第5期。

③ 黄建辉:《法律阐释论》,新学林出版股份有限公司2000年版,第16页。

④ 参见[德]英格博格·普珀:《法学思维小学堂》,蔡圣伟译,北京大学出版社2011年版,第67页。

推理的大前提必须要具备规范属性,以实现法治的一般性价值为目的。规范属性体现在以实证法为基础,以文义解释为限,客观展示法律规范的含义,防止及限制对文本进行扩大或限缩解释。它指出法律解释思维具有教义学属性,它以未经检验就当作真实有效的为思考之前提,对其进行融贯的、体系化的解释,进而系统性解释评价法律规范内涵,正当化选择前提,并在法秩序体系内反思现存法问题。

实际上,法律解释的主客观之中体现在法律推理的大前提建构之中,因为大前提建构包含了形式性依据与实质性依据。形式性依据排斥解释者的价值,法律解释的价值导向思维以实现法律制度预设价值为限。"形式性依据是一种权威的法律依据,法官和其他人被授权或要求以其为基础作出判决或采取行动,这种依据通常排斥、无视或至少是弱化出现在判决或行动过程中的、与之相对抗的实质性依据。"[①]形式性依据依赖制定法高度形式化的法律条文的权威性及对其服从性,要求在极度不确定和有限理性条件下进行解释的法官,应该限缩他们试图搜集信息的范围,并降低他们行动技巧的复杂性,要求在总体上产生最佳的解释结果[②]。而实质性依据要想发挥作用,则需要解释者设定解释的价值取向,论证实质性依据如何排斥形式性依据,解释者运用价值导向思维目的则是要重构法律推理的形式,它可能是演绎取向的,它也可能是论题取向的。通常,实质性依据可以被解释为一种道德的、经济的、政治的、制度的或其他社会因素[③]。实质性依据以"正当性"及"目的性"为解释理由,包含了各种价值思考,常用于评估衡量及批评法律,其在价值补充及利益衡量中发挥着重要作用。依据形式性依据进行推理的过程是为实现法律解释的主观目标,它要求解释者不以创造价值为目标,只是客观展现法律制度的预设价值,它以实现法治一般性价值为要;以实质性依据进行推理的过程则是为实现法律解释的客观目标,它强调用于推理的大前提应该以解决现实问题为基础,要求解释者在适当情境下应该创设价值,应该突破法律文本所设置的障碍。

可以讲,如果立法者想要形成一个概念或者规范体系,借以描述一个案件事实的特征时,应该尽量精确且无二意,并应足以涵摄拟意指的案件事实,借文本论及主观目的论方法以实现法律解释的主观目的为要,那么至少在"理想情境"下它是价值中立的。如果立法者所建构的概念或者规范体系无法涵摄案件事实,那么基于司法对立法的补充角色,在修正、重设或者扬弃概念及规范体系过程,它无疑是带有评价性的,它具有价值导向的思考程序[④]。在法律解释过程中,价值导向思维往往体现在解释者对

① [美]P. S. 阿蒂亚等:《英美法中的形式与实质》,金敏等译,中国政法大学出版社2005年版,第2页。

② 参见[美]沃缪勒:《不确定状态下的裁判——法律解释的制度理论》,梁迎修等译,北京大学出版社2011年版,第5页。

③ [美]P. S. 阿蒂亚等:《英美法中的形式与实质》,金敏等译,中国政法大学出版社2005年版,第5页。

④ [德]拉伦茨:《法学方法论》,陈爱娥译,商务印书馆2003年版,第100页。

价值思考与衡量过程之中。价值的衡量与选择过程包含了对法秩序、法律规范属性、法律一般性价值、法律的正义性价值、法的制度性价值、法的社会性价值等思考，价值导向思维已转变为解释者对某一具体价值的思考。

“不过与诠释学之今日观点而言，主观取向与客观取向的法解释其实已不具分类意义，而系应将两种取向共治一炉并提出新型法解释取向”①。法律解释主客观目的绝对之争，在方法论层面上难以操作，因为在哲学解释学上主客观目的难以界分，更因为法律解释的价值思考已模糊文本、作者及解释者的边界，法律解释更多是不同主体互动合意达成的过程，因之，法律解释主客观目的之争应该转为探讨法律解释的可接受性问题。“可接受性是指人们的内心世界对外在世界的某种因素或者成分的认同、认可、吸纳甚至尊崇而形成的心理或者倾向。”②法律解释的主客观目的存在的意义在于判断不同情境下法律解释的有效性问题。裁判的可接受性获取的过程包含的不仅是对法规范、法秩序的思考，它还融入了对法社会价值的探讨，特别是当法的规范性价值与社会性价值出现冲突时，应该选择哪些解释方法予以适用，展现法律规范的含义，继而论证裁判是否具有正当合理性。

四、法律解释的价值导向思维具象形式

上文已经论及，价值导向思维只是法律解释思维的概括性描述，它针对不同解释资源、不同解释场景、不同解释理念展现了不同价值维度。需要注意的是，构建与评价法律解释的价值导向思维实质上讲也属认识论层面，因为价值无法像事实一样提供“可验证性”的证据，主体不同及对对象认知不同会对价值产生不同的看法，这些看法又内化为主体认知、引导主体思维、决策行为，它也是在事实与价值循环往复认识的过程。中国语境中的价值导向思考方法是在法律适用中尽量客观与合理的方法，其预设的认知基础在于吻合中国历史文化、现实体制的发展及认清法律适用中的突出问题，尤其是影响法治目标——秩序与正义的因素③。

拉伦茨指出，许多立法者借法律追求的目的，其同时也是法律的客观目的，比如维护和平、正当的纠纷解决及规整的均衡性。因此客观目的也涉及两个层面，其一涉及被规整之事物领域的结构，质言之，连立法者也不能改变之实际的既存状态，另一类是一些法伦理性的原则，其隐含于规整之中，只有借助这些原则才能掌握并且表达出规

① 黄建辉：《法律阐释论》，新学林出版股份有限公司2000年版，第16页。

② 张纯辉：《司法判决书可接受性的修辞研究》，法律出版社2012年版，第79页。

③ 参见张彩旗：《价值导向方法在我国司法实践中的运用探究》，载《河南社会科学》2015年第1期。

整与法理念间的意义关联①。因此,客观目的在包含主观目的的同时展现了法律目的的另一个维度。尽管各种法律解释方法之间无法依一种固定的标准确立位阶关系,但彼此之间也并非独立毫无关联。克制下能动、保守下创新,是法律解释思维最直接的体现,也是法律解释的价值导向思维的价值维度对外彰显的过程。所谓的法律解释的价值导向思维的具象思维形式是指在进行法律解释时,应该将价值导向思维予以具体化,即不能笼统的谈论价值导向思维,应该展现价值导向思维的不同维度。依此思维形式,在法律解释中只有在法律条文字面含义无法涵摄案件时,才“依可得认识的规整目的及根本思想而为之解释”②,即通过历史解释方法等考察立法者在创立法律时的意图或目的,实现法秩序价值,而当无法考察立法意图时才去适用客观目的解释,解释规范所拟调整的事物的特质、特殊结构,寻找“恰当的”解释,实现法正义价值③。

(一)法律解释的整体性思维

从法律解释的角度讲,法律解释的任务就是把不清楚的法律规范表达清楚。根据法律解释的明晰性规则,明确性法律规范无须解释,需要解释的是那些模糊性法律规范。对于明确性法律规范来讲,如果遵循法律规范的文义可能带来荒谬裁判结果,则需要依据价值补充或利益衡量方法突破法律规范的文义,以此获得较为正当的裁判结果。对于那些模糊性法律规范,也即那些法律规范“事实构成”无法涵摄案件事实的情况,需要根据具体情况进行解释。或者采用缩小解释(目的性限缩),或者采用扩大解释(目的性扩张)来解决规范的涵摄问题。“对于普通名词的解释,事实上就是认识、阐明普通名词的内涵与外延。而法律解释中所谓的‘缩小解释’与‘扩大解释’,事实上就是在决定某些事物是否要包含在语词的外延之内或者排除在外。”④法律解释就是解释法律规范的“事实构成”以涵摄案件事实。通过对“事实构成”外延的扩大与缩小,将案件事实包含或排除在“事实构成”外延之中,以此构建“事实构成”与“法效果”之间的关系。

但是,群体或因事实认识不统一而使得价值无法达成共识,或因对价值本身认识存在分歧而产生争端⑤。价值认知的分歧在某种程度上讲难以调和,但以事实认知一致达成价值评价共识则可借助商谈,商谈则需要判断共识达成的标准。如果说每一个

---

① 参见[德]拉伦茨:《法学方法论》,陈爱娥译,商务印书馆2003年版,第211页。

② [德]拉伦茨:《法学方法论》,陈爱娥译,商务印书馆2003年版,第210页。

③ 参见[德]拉伦茨:《法学方法论》,陈爱娥译,商务印书馆2003年版,第211页。

④ 杨日然:《法理学》,三民书局股份有限公司2005年版,第99页。

⑤ 博登海默曾指出,人之个性的差异、人之活动的多样性、所有人类事物无休止的变化,使得人们无论运用什么技术都无法制定出在任何时候都可以绝对使用于各种问题的规则。参见[美]E.博登海默:《法理学:法律哲学与法律方法》,邓正来译,中国政法大学出版社1999年版,第9页。

案件中都需要进行商谈,每一个案件都需要在不同的群体之间实现可接受性,那么基于环境、语境及群体认识、价值判断的差异,每一个案件都会产生新的规则,每一个案件都会产生不同的裁判结果,这开启了评价的积极自由模式。这一过程中,衡量共识达成的标准始终处于流变之中。通常认为,不同群体对法律规范意义认识达成一致视为衡量标准的消极自由模式。这种消极自由模式在很大程度上依赖于法律人的前见,即基于教义学理论达成的对法律的共识性认识。法律无疑是社会治理的一种工具,它在社会治理领域中不仅注意权利的保护,它还防范权力泛滥所带来的风险,它主要的任务在于通过法律普遍的适用性实现对社会秩序的保障。这是对法律最基本的认知,也是基于此种价值导向展开法律对社会的治理。但中西语境下,价值导向思维存在差异。

中国语境中的法律解释的价值导向思维其预设的认知在于满足社会实践,符合现实法律体制运作模式,并解决法律适用中的突出问题,使法律解释的思维具有实质性特征。"中国法律思维中一个特别顽强持续的特征是,在实质真实和法律(程序下所建构的)真实之间,具体经验和抽象理论之间,侧重实质真实和具体经验。"①特别是法治中国建设遭遇社会转型的现实,法律稳定性、法律意义的安定性在这场社会变革中被放弃,实现社会的现代化转型才是社会变革的最终目的,而法治社会的建构只是社会转型的一个维度而已。法律方法所要建构的法治之法,即使根据法律思考成为可能的愿景在社会变革背景下难以实现。在法治建设既需要构建法秩序、维护法律权威又要满足社会变革需要的矛盾情境下,中国法律思维形式也出现了混乱的局面。在既想要遵守传统形式思维保障法律的稳定性,又想结合中国现实问题实现裁判的可接受性前提下,人们想到了法律解释的价值导向思维。这种不加以具象的价值导向思维契合了实质性思维形式,对裁判的结果追求由确定性转向了可能性,由对法律明确性含义追求转向了通过解释者对法律意义的添加与减损所建构的含义,法律的含义过多地被政治、道德、伦理所绑架。在对法律解释的价值导向思维不加以界分的情况下,将其视为法律解释的必备思维,上升为裁判的最高境界。

需要明确的是,方法论发展到今天,实际上已经很少有人站在纯粹实证法学的立场上来坚持捍卫法官完全"应受法和法律拘束",而转为遵循一种"循序渐进式"的整体论证策略主张法官应该受"法与法律拘束",比如出现了荒谬解释结果时法官可以背离文本的含义,需要重新寻找法的价值与法律理性,以此来解决"事理上的正义"。这

---

① 黄宗智:《道德与法律:中国的过去和现在》,载《开放时代》2015 年第 1 期。

种整体性的思维路径不仅可以首先捍卫法律意义的安定性①,保障法律的权威,维护法律体系的适当封闭性,它还能在法律解释的过程中发现法律所淹没的社会价值,实现法律的适当开放性,维护法律的正义②。"法学方法论不仅对法律适用提出了批判性的标准而且还让法学自身有了自我矫正、自我批判和自我反思的起点,尤其是我们在法律发现过程中,能够透过科学性的反思,发现法律话语、法律推理、法律解释和法律论证的相互性,实现司法裁判的'可接受性'。"③因此,单纯依据法律进行思考的法律解释的线性思维形式限缩了我们对法律价值的探讨,它剥离了法律与社会、道德传统、伦理价值之间的关系,它也在一定形式上背离了我国法律思维的实质性特征,论题学思维、价值导向思维及类型化思维及法律修辞方法在解决疑难案件中的作用越来越突出,它以形式思维的辅助形式作用于司法裁判的过程之中。法律解释的各种思维形式非非此即彼形式的存在,在对案件复杂环境的整体性把握、在对案件所涉价值综合性考量的前提下,共同作用于解释者思维过程,表现出了一种整体性思维形式。这种思维不仅能够克服依据法律进行思考的单一、直白的逻辑,也能限缩论题学或类型化思维的适用范围,还能以谋篇布局的形式进行说服,以实现不同听众的认同,实现社会可接受性。在一些案件中,依据法律进行思考的思维形式保证了法的规范性意义,保证了制定法的法源地位,正当化法律规范自身的合法性问题;论题学及类型化思维形式围绕着问题展开,保证了案件的完满解决,维护了社会公正及人们尊严;价值导向思维则始终作用于法律解释过程,它始终处在价值衡量的过程中,在不同的案件、不同的语境下展现着法治价值的不同维度,其在法律的价值追求与创价活动中不断地缩小着与社会主流价值的差距,在保证法律稳定性的前提下匹配社会的核心意识形态。

(二)由形式向实质渐进的价值导向思维之展现过程

就目前我国法律解释方法的使用情况概括起来主要有以下几种进路:一是语言学的文义解释进路,强调的是从规则的语言文字及逻辑机构中去探寻法律规范的含义;

---

① 法律的安定性是指法律的意义的固定性和安全性,要求法治、法律的核心意义不能与时俱进,不能因为特例而失去效力和权威。这包括四个方面的含义:一是无论什么时候制定的法律,也不管是谁定的法律,只要没有失去效力就应该适用于所有的主体。二是有足够的强制力保障法律的权威性和有效实施。但大量改变法律的裁判构成了对法律权威和效力的摧残。三是法律被公民广泛接受,对法律意义的稳定性有重要意义。四是法律文义被充分的尊重。参见陈金钊:《决策行为"于法有据"法之塑造》,载《东南大学学报》(社会科学版)2015年第2期。

② 这种整体性思维路径展现了法律解释过程首先重视程序正义再到重视实质正义转变的过程。程序正义,或者叫形式性正义是法治价值的根基,甚至在某些层面上重于实质正义,原因在于:第一,实质正义需要通过程序正义实现,没有程序正义实质正义就很难实现,甚至不可能实现。第二,实质正义的标准难于把握,而程序正义的标准较明确,易于为人们接受;第三,程序正义并非全是手段,在很多情况下也具有目的价值,如说明理由、听取陈述、申辩等所追求和体现的是人的尊严,人的尊严显然是目的而非手段。参见姜明安:《再论法治、法治思维与法律手段》,载《湖南社会科学》2012年第4期。

③ 张斌峰:《当代法学方法论的现代价值之阐释》,载《山东社会科学》2014年第8期。

二是从法治目标、立法者的目的等角度来矫正严格依照文义解释方法可能出现的解释偏差，通常使用的是比较分析的方法；三是多从社会的角度进行思考，探寻规则所处语境的含义，尤其是当规则遭遇事实时，多使用社会学解释方法；四是从法律的外在价值进行探索法律的含义，多使用价值衡量等广义性解释方法①。第一、二种法律解释方法适用进路是最常用、最直接的解释进路，但严格解释法律文本及对其含义微调在主张实用主义、道德伦理常情语境中不易被人们所接受，人们更喜欢从法外，采用社会解释等方法寻找一个可接受答案，以此产生了第三、四种适用进路。第一、二类解释方法适用路径展现了法律解释方法的形式主义面向，即它不需要刻意去彰显法律解释中所包含或隐射的价值，它是对法律不言而喻、不需证明的预设价值自然而然的一种展现。然而，法律解释方法的运用并没有统一的适用要求，没有绝对优先适用顺位，所展现的是解释者方法选择偏好。尤其是法律解释的“元规则”的缺位，现今方法清单上的各种解释方法无法为解释者提供确切的解释结果之时②，法律解释只能提供一种可能含义的说辞，为解释者自由裁量权的扩张提供了依据，也为放弃法律规范的规范性含义提供了理据。解释者多采用社会学解释等目的解释方法，习惯于价值衡量，通过价值或利益选择来实现有效地说服。人们更愿相信法律背后及外在价值才是法律真正的价值，习惯于对法律目的进行揣测。后两类适用进路展现了法律解释方法的实质主义面向，即它需要论证突破法律预设价值的合理性及合法性，它需要论证法律所预设价值不适宜该案件的解决，需要针对案件重新寻觅一些价值用于说服。在这一论证中，法律解释的价值导向思维更为明显突出，它需要让人们看到解释的过程是紧紧围绕重设价值而展开，并且是通过对诸多价值、利益的衡量来满足人们理想、愿望及需求的偏好。

论说，制度性因素及司法传统是影响法律解释的价值导向思维的主要的因素。制度预设价值与司法理念的契合是最佳的司法状态。当制度预设价值与司法理念出现裂缝之时需要各种法律解释方法予以弥合。弥合裂缝的方法不再是单个法律解释方法适用，它需要各种解释方法融贯性适用。然而，“人类似乎总是在一个不言自明而又不甚明确的类概念上理解其他概念，而这种理解又是不清晰的”③。法律解释方法的类概念是建立在人们对法律解释目标追求之上的，它也是建立在人们对法律解释的信任及期许的愿望之上的。人们在比较宽泛的概念上来认识、理解或者解释法律解释，而一旦将分类的对象、分类的属及分类的根据具体化之后便会发现，泛化的分类会模糊不同法律解释方法之间的边界，不分场景或不分解释目标的适用会矛盾化人们思维，

① 参见陈金钊：《法律方法教程》，华中科技大学出版社2013年版，第150页。

② 参见桑本谦：《法律解释的困境》，载《法学研究》2004年第5期。

③ 刘星：《法律是什么——二十世纪英美法理学批判阅读》，法律出版社2009年版，第6页。

出现过度解释或任意解释的现象。在哲学上"分类"可以称之为"划界"。"'划界'是对人的思想观念和社会生活中不同领域的'界限'进行自觉的区分,通过澄清事物的界限,揭示不同领域事物所遵循的差异性'游戏规则',从而消解抽象的总体性力量对多样而丰富的思想、生活领域的侵蚀和控制。"①法律解释方法的分类是为每一种法律解释方法找到所属的序列,消除适用时逻辑上的混乱,同样更是为了实现解释的目的②。正是对法律解释方法分类认识不清,从总体上模糊把握法律解释过程,才会突出法律解释的价值导向思维。

英国流行的文义规则、黄金规则及除弊规则三大解释规则就是在文义规则、黄金规则等形式解释规则无法达至可接受性时,用除弊规则予以修正与补充。英美制定法解释规则形成了语言性解释规则与实质性解释规则分类。语言性解释规则主要阐释制定法文本语言,实质性解释规则则主要处理解释过程中价值具体化问题。语言性解释规则主要包括同类解释规则、上下文解释规则、整体解释规则、明确其一排斥其他规则等,实质性解释规则主要包括避免荒谬规则、补正规则及宽容规则等。在具体使用过程中,语言性解释规则与实质性解释规则并非相互排斥的关系,语言性解释规则具有优先性适用效力,实质性解释规则具有更高的位阶效力,是在语言性解释规则阐释制定法文本含义后,才去考虑案件所涉语境的具体价值问题,而非在解释制定法之时就去考虑语境所涉价值问题,语言性解释规则与实质性解释规则存在使用先后顺序问题。我国对法律解释方法分类问题认识不足,多从法律解释方法的形态上进行区分,这种区分最重要的贡献在于厘清了不同形态的解释方法,比如文义解释、体系解释、历史解释、目的解释、社会学解释、合宪解释等方法,但在这张方法清单上未对这些方法按照一定的标准进行分类,用于简化法律解释思维过程,指导法律解释的实践。这一问题不仅导致法律解释的价值导向出现了问题,即不注重制度性预设价值,喜欢探讨悬而空不易操作的价值评价性问题,还导致了我国司法过程不重视法秩序的保护,出现了能动性司法现象。

其实,法律解释是将模糊法律规范解释清楚的本质暗射了法律解释的形式主义本质,即法律解释最主要的任务在于捍卫法治的形式价值,在划定利益、分配利益和调整利益过程中体现对整体社会利益的追求,也即各种法律解释方法也应在秩序价值、民主价值、效益价值、理性价值、平等价值及人权价值中作出适当选择,在对法价值评价问题、法价值目标问题及法价值实践问题应有所侧重。它要求法律解释首先应保证形式合理性,即合法性基础,选择适用形式性解释方法。要保证合法性基础必然要以现

① 贺来:《"划界"与"越界":哲学介入中国现实的基本方式》,载《光明日报》2012年3月22日,第7版。

② 杨铜铜:《大陆法系法律解释方法分类考察》,载陈金钊、谢晖主编:《法律方法》(第17卷),山东人民出版社2015年版,第99页。

存实在法为前提，在法内寻找解释资源，也即为什么在司法裁判及案件分析中需要从文义再到法秩序的探讨，适用那些契合形式主义法治的法律解释方法。但是“真正的法治社会不仅仅具备制定法律和实施法律的基本环节，还得有真正实现依法治国奠定理论基础和提供方法工具做铺垫和桥梁。所以，一个国家的法治是建立在精确的学术或方法论上面提出的”[①]。只有形式性解释方法不足以建构真正法治根基，形式性解释方法只能建构法治的形式维度，在某些情境下它还需要实质性解释方法予以验证、修补形式性解释方法解释的结果，对法治价值的探讨也应该以保障法律的权威及法秩序安定性为起点，继而通过不同类别的解释方法的综合运用实现真正法治，因为“任何法律解释的目的都是为了实现立法规范目的。其研究必须借助于解释工具，即文义解释、体系解释和产生历史解释。法官不能遗漏或者疏忽其中任何一种”[②]。

这种以分类为基础的法律解释方法渐进地综合运用从位序上讲，虽然不同的解释方法之间难以有一个严格的适用顺位，但是不同类型的法律解释方法之间还是存在优先适用顺位问题。形式性解释方法以构建法律规范与案件事实之间的逻辑关系为目的，包含了文义解释、体系解释、历史解释及主观目的解释等方法，具有法律解释方法适用的优先顺位；社会学解释、客观目的解释、经济学解释、伦理学解释等方法构成的实质性解释方法作为形式性解释方法的有益补充方法，起到辅助性作用。在效力上讲，形式性解释方法具有初显性效力，而实质性解释方法具有最高效力位阶，但并不是所有的解释方法都应该采用实质性解释方法[③]。实质性解释方法的适用是对形式性解释方法所得出结论的一种调整、扬弃，采用实质性解释方法必须要有更为翔实的论证用于实现突破法律预设价值合理及合法性。从应用论上，法律解释是为了构建法治之法，建构可以进行法律推理的明确性大前提，构建法治之法的过程解释者不能随意选择解释方法，因为不同形式的法律解释方法适用会产生不同的解释结果，根据法治原则需首先适用形式性解释方法，并判断解释出的规范文本是否符合规范的目的，因为有时法律规范本身的通常含义已经表明其实质性目的，而当形式性解释方法所解释出的结果背离规范的目的及与社会主流价值有所差距时才需实质性解释方法配合适用，突破形式性解释方法得出的文义。在以分类为基础的法律方法的渐进适用过程中，法律解释的价值导向思维并未缺位，它已经转化为法律解释的具体化思维，因为“法律思维（法律理解）的本质永远是具体化得过程，即将解释的（理解）一般文本（一般规范）

① 张斌峰：《当代法学方法论的现代价值之阐释》，载《山东社会科学》2014 年第 8 期。

② ［德］魏德士：《法理学》，丁小春等译，法律出版社 2005 年版，第 346 页。

③ 英格博格·普珀指出，虽然现今许多学者都赋予目的解释方法最高的位阶，但这应该从以下的意义来理解：目的论解释方法体现为法律人最重要、要求最高也是最具创造性的行为；而不应将之理解为：目的解释无论如何都必须贯彻，甚至当其与法条文义抵触时亦应得到贯彻。参见［德］英格博格·普珀：《法学思维小学堂》，蔡圣伟译，北京大学出版社 2011 年版，第 78 页。

适用到一个具体案件中”①。法律解释过程不会刻意彰显价值导向思维,因为法律适用总是一个价值实现的行为。

五、结语

在法律解释中刻意强调价值导向思维似乎有些空洞,因为法律解释的过程就是价值导向思维体现的过程。“方法论的一个重要作用就是使合理地对法院裁决进行监督与批评成为可能。不过,只有裁判的规则尽可能明确、清晰且能经受检验的时候,上述作用才可能实现。”②法律解释就是构建裁判规则的过程,但不分场景、不分领域、不分立场地倡导法律解释的价值导向思维,多数场景下只是捍卫解释者所坚守的一个价值维度而已。这种坚守不仅忽视了法治不同维度的价值,弱化了法律解释建构法治之法的意义,而且它在法律解释具体运作过程中,也会错置价值导向,将解释者引入复杂不具有可操作性的个案价值衡量之中,将解释者带入自由裁量、自我创造的解释语境当中,它放弃了对法律权威的信仰和对法治秩序建构的理念,使解释者从法律的仆人变成法律的主人。

① [波兰]耶日·施特尔马赫、巴尔托什·布罗泽克:《法律推理方法》,陈伟功译,中国政法大学出版社2015年版,第233页。

② [德]魏德士:《法理学》,丁小春等译,法律出版社2005年版,第343页。

“法律解释”的制度设计与功能优化*

王金龙**

摘　要：全国人大常委会行使法律解释权的制度设计历来存在争议。因该制度实践现状和对该制度设计理念的认识存在差异，部分学者主张将其废除。但多数批评观点并不成立，相反，该制度因具有特殊功能，不但不宜废除，还应在清理现有法律文件的基础上予以强化和完善。

关键词：法律解释；立法法；路径选择

2016年11月7日，第十二届全国人民代表大会常务委员会第二十四次会议对《中华人民共和国香港特别行政区基本法》第104条进行了解释。此次释法是在“港独”日益猖獗的大背景下进行的，全国人大常委会的法律解释权也因此挟大众对大陆与香港关系的关注而进入公众视野。对该制度设计，自从上世纪90年代在《中国法学》这一平台上出现一波论战外，此后鲜有针锋相对的讨论。对这一领域正反两方面的意见，尤其是批评意见，亟待梳理。过去通过搁置、故意忽视法律解释这一领域内富有争议性的做法和对这一制度设计存在争议的处理方式，越来越迫切地需要加以改变。因此，梳理相关批评观点并进行评析，进而提出处理建议是本文要解决的核心问题。

一、“法律解释”的概念

《中华人民共和国宪法》第67条规定，“解释法律”是全国人民代表大会常务委员会的职权之一。《中华人民共和国立法法》第45条规定“法律解释权属于全国人民代表大会常务委员会”。学界和我国现行法律上的“法律解释”概念相去甚远。虽然学界内部观点不一，但均在更为复杂、更加宽泛的意义上使用这一术语。张志铭先生曾列

---

* 基金项目：本文为华东政法大学2015年科学研究项目“统一法律解释法制定研究”（项目编号：A－0333－16－20232）的阶段性研究成果。

** 王金龙，男，山东莒南人，华东政法大学博士研究生，研究方向为法律方法论。

举了"法律解释"的七种定义①,并在此后的著作中又陆续扩充到十种②。通过这些定义的分析可以发现,对"法律解释"不同的理解和定义,是学者对现行法律中的"法律解释"态度不一的重要原因。对"法律解释"的定义主要有三个限制要素:主体,客体,以及是否有法定约束力。主体方面,部分认为法律解释可以分为有法定解释权的主体作出的法律解释和无法定解释权的主体作出的法律解释。这种理解事实上囊括了一切主体对法律进行的解释,是在最广义上对"法律解释"的使用。部分观点将无权解释排斥在"法律解释"之外,认为"法律解释"只应指"有权解释"。其中,有权解释又被根据不同的权力主体分为立法解释、司法解释和行政解释。部分学者进一步限缩范围,认为"法律解释"只应该是司法主体所作的解释。客体方面,有学者认为,法律解释的对象是法律规范之条文、立法文献,以及当时社会、经济、政治、技术等附随情况③。部分学者区分法律解释与宪法解释、法规解释和规章解释④。对"法律解释"约束力理解上的差异,主要体现为部分主张"法律解释"具有普遍的约束力,部分则主张"法律解释"的效力仅限于个案。

本文所讨论的"法律解释"主要是现行《立法法》中规定的"法律解释"。在这一意义上使用的"法律解释"具有一脉相承的实证法渊源,从1954年宪法开始,该制度一直得以在此后的宪法和其他法律文件中延续。1954年9月20日第一届全国人民代表大会第一次会议通过《中华人民共和国宪法》,宪法第31条规定了全国人民代表大会常务委员会的职权范围。其中,第1款第3项规定了"解释法律"的职权。1978年3月5日中华人民共和国第五届全国人民代表大会第一次会议通过的《中华人民共和国宪法》第25条规定"全国人民代表大会常务委员会行使下列职权:(三)解释宪法和法律,制定法令"。1982年12月4日第五届全国人民代表大会第五次会议通过的《中华人民共和国宪法》第67条第4款规定,"全国人民代表大会常务委员会行使下列职权:(四)解释法律"。2000年,《中华人民共和国立法法》(以下简称"《立法法》")第2章第2节规定了"法律解释",其中,第45条规定"法律解释权属于全国人民代表大会常务委员会"。2015年3月第十二届全国人民代表大会修正通过的《立法法》对该节予以原样保留。此外,1981年6月10日,第五届全国人民代表大会常务委员会第十九次会议常委会通过了《关于加强法律解释工作的决议》,该决议第1条也明确规定:"凡关于法律、法令条文本身需要进一步明确界限或者作补充规定的,由全国人民代表大会

① 张志铭:《当代中国的法律解释问题研究》,载《中国社会科学》1996年第5期。
② 张志铭:《法律解释操作分析》,中国政法大学出版社1998年版,第12-15页。
③ 张志铭:《当代中国的法律解释问题研究》,载《中国社会科学》1996年第5期。
④ 蔡定剑、刘星红:《论立法解释》,载《中国法学》1993年第6期。

常务委员会进行解释或用法令加以规定。"[①]2014 年 10 月 23 日通过的《中共中央关于全面推进依法治国若干重大问题的决定》第二部分完善立法体制一节即提出"加强法律解释工作,及时明确法律规定含义和适用法律依据"[②]。全国人大常委会委员长张德江 2016 年在主持第十二届全国人大常委会第二十四次会议闭幕会时也说,按照宪法和香港基本法的规定,解释香港基本法是全国人大常委会的权力,是职责所在[③]。

本文所讨论的"法律解释"是指全国人大常委会根据宪法授权和《立法法》的具体规定,在"法律的规定需要进一步明确具体含义"和"法律制定后出现新的情况,需要明确适用法律依据的"情形下,针对全国人大制定的法律进行的解释。按照前述三个定义要素分析,《立法法》上的"法律解释"主体仅限于全国人大常委会;客体范围明确,仅限于狭义的法律,即由全国人大或全国人大常委会制定的法律规范;从约束力看,《立法法》第 50 条规定明确了"法律解释"的效力,"全国人民代表大会常务委员会的法律解释同法律具有同等效力",是有一般约束效力的法律文件,具有和法律(狭义)同等的约束力。按照学理上的分类,本文使用的"法律解释"的概念属于有权(正式)解释的一种,是立法解释的一种。

二、"法律解释"批评观点述评

"法律解释"制度很长时期内一直在"立法解释"的名义下被讨论,饱受抨击和非议,"期间虽然也夹杂着为立法解释辩护的理性声音,但在一片唯司法解释论的鼓噪声中,显得颇为细弱"[④]。归纳起来,批评的意见主要有以下几类:

第一,立法机关的法律解释无必要。有学者认为,立法机关享有立法权是当然之事,若法律解释权是在立法的意义上使用,则有蛇足之嫌。"当法律解释权是在立法的含义上来使用时,则立法机关本来就享有立法权,何必又来一个法律解释权之举呢?"[⑤]也有观点认为,"立法解释的存在使立法行为与解释行为难以区分"[⑥]。这一类观点将立法行为与解释行为截然两分。本文认为,对"法律解释"的理解应该避免两种误区:一是"将法律解释囿于司法领域",因为"即使是在法的形成中,法律解释也是如影随形","所有的法律实践领域(立法、司法、执法、法律监督、法律教育、法学研究、法

① 参见全国人大常委会办公厅、中共中央文献研究室编:《人民代表大会制度重要文献选编(二)》,中国民主法制出版社、中央文献出版社 2016 年联合出版,第 512 页。

② 《中共中央关于全面推进依法治国若干重大问题的决定》,人民出版社 2014 年,第 10 页。

③ 《张德江主持人大常委会第二十四次会议闭幕会并发表讲话》,载《人民日报》2016 年 11 月 8 日,第 4 版。

④ 张立刚:《法律解释体制重构研究》,光明日报出版社 2014 年版,第 176 页。

⑤ 袁吉亮:《论立法解释制度之非》,载《中国法学》1994 年第 4 期。

⑥ 周永坤:《我国现行法律解释与法治观念的冲突》,载《现代法学》2006 年第 4 期。

律宣传、法律服务等等)在广义上看,都是法律解释活动。概言之,法律解释作为一种解释现象,应对其作最广泛意义上的理解"①。"解释"是一个更为笼统的行为,并不必然属于司法机关。如同存在立法、修正案、法律答疑等不同种类的立法形式一样,立法行为也完全可以表现为解释的方式。二是将解释权作为一种独立的权限列出。解释行为具有普遍性,贯穿于立法、司法的全过程,并不适合将其作为一项独立的并能与立法、司法并列的权力分解出来。一方面,这并不是标准统一的分类体系,会对现有的分类体系造成冲击,带来混乱,另一方面将解释权独立出来并不会给权力的配置带来更合理的后果。

"立法解释无必要论"的另一个论据是,"法律解释"至今数量极少,但并未影响法治发展,可见并无必要。自1954年全国人民代表大会成立和宪法颁布以来,全国人大常委会仅作出法律解释45件,其中,明确冠以"解释"名称的更少,只有26件②。另就法律解释的领域来看,范围狭窄,主要集中于刑法和港澳基本法的解释。这成为部分学者批评、主张废除这一制度的重要依据之一,即认为这一制度的缺位并未造成法律生活的不便,并非缺之不可,制度设置殊无必要。这一判断并不符合事实。因为法律解释稀少,对法律进一步细化的需求出现"空白",在指导下级法院审判具体实务的名义下,最高人民法院发布了大量一般性的司法解释,造成了今日饱受诟病的"司法立法化"现象。有学者指出,从长远的法制建设和法治的要求来看,这样的做法侵犯人大立法权、降低法律规范的质量和合法性,是具有很大危害的③。

第二,法律解释权固属司法机关,不当由立法者行使。这类意见认为,法律解释权为司法权固有权力。法律一经制定,即脱离立法者而存在,确认法律条文含义是属于如何执行的事④。"从诉讼法学来看,法律解释被视为司法权的一部分,甚至在有些国家被认为法院的一项独断权力"⑤。这实际上关系到"立法"这一概念的外延。周旺生教授认为,立法是由特定的主体依据一定的职权和程序,运用一定技术所进行的制定、认可、修改、补充和废止法的活动。其直接目的是要产生和变更法这种特定的社会规范⑥。李步云教授认为,立法是指由特定的国家机关、依据一定的职权和程序,制定、认可、修改、废止、解释和监督法的活动。这一定义表明,立法是一种活动和过程,其目的

---

① 孙国华主编:《法的形成与运作原理》,法律出版社2003年版,第519页。

② 此明确冠以"解释"的26件及附属文件均在全国人大网公布,其中有2件关于《中华人民共和国刑法》的解释已被修正。载http://law.npc.gov.cn/FLFG/ksjsCateGroup.action,最后访问时间2016年5月21日。

③ 周永坤:《我国现行法律解释与法治观念的冲突》,载《现代法学》2006年第4期。

④ 袁吉亮:《论立法解释制度之非》,载《中国法学》1994年第4期。

⑤ 陈金钊:《何谓法律解释——对〈立法法〉中设置"法律解释"一节的认识》,载《法学论坛》2001年第1期。

⑥ 周旺生:《立法论》,北京大学出版社1994年版,第57-62页。转引自陈金钊:《何谓法律解释——对《立法法》中设置"法律解释"一节的认识》,载《法学论坛》2001年第1期。

是产生和变更法这一特定的社会规范[①]。陈金钊教授认为,"从这两种定义方式来看,法学家们对立法的认识还是有一定区别的,最为明显的是周旺生教授认为立法活动是指关于制定、认可、修改、补充、废止法律的活动,而李步云教授认为,立法活动是指关于法律的制定、认可、修改、补充、废止、解释和监督法的活动。在李步云教授的定义中增加了两项内容,即把解释和监督也纳入了立法的范畴,从而扩大了立法活动的范围"[②]。实际上周旺生教授的定义中也有和"解释"的功能相当的部分,即"补充"。人大常委会释法固然采取的是"解释"这种形式,但本质上是对法律文本的补充行为。如此,我们可以大致认为,对"立法"行为的理解,基本仍包括了"解释"这种具体方式进行立法。只不过如前所述,它产生的不是主要的法律文本,而是辅助性的法律文本。立法行为不应简单理解为仅仅指"法律"的制定行为,而应将立法看成产生一个具有不同层次法律文本的过程。法律解释就动词的意义上而言,是制造法律解释文本的过程;就名词意义上而言,则是立法机关进行抽象的法律解释这一行为产生的产品,即一种为澄清主要法律文本(法典)含义而存在的辅助性法律文本。抽象的、可重复适用的、具有一般性的法律解释,本身就是广义的法律文本的组成部分;法律解释的过程,就是立法机关向社会输入法律文本的过程。

第三,立法机关释法并不具有优势。在法律解释的目标上,一直存在"主观说"与"客观说"的争议。这两种学说在法律解释权应交由立法机关行使还是交由司法机关行使这一问题上,立场截然不同。"客观说"从20世纪初开始出现并逐渐取得优势,"按照法律客观说,法律一经制定,即与立法者分离,成为一种客观存在。立法者于立法时赋予法律的意义、观念及其期待,并不具有拘束力;具有拘束力的,是作为独立存在的法律内部的合理意义"[③]。这种意见认为立法机关释法并不具有优势:一是立法原意实际上并不像人们想象得那样可靠;二是不应超越法律条文本身所能容纳的限度去确定立法原意[④]。这种观点存在的问题是,西方在讨论"主观说"与"客观说"的语境和中国法律解释的语境相去甚远。西方讨论法律解释的语境,是具体的个案背景,背后是立法机关与司法机关之间的制衡关系的考量,是对法院自主裁量权限度的界定。现行《立法法》上的"法律解释"作为立法体系的一部分,要对既有的法律"进一步明确具体含义",针对新的情况"明确适用法律依据",在不和被解释法律相违背的范围内,享有较大的自主权。这和司法机关必须严格接受相关法律的约束,不得随意发挥的情况是不同的。退一步讲,即便以"客观说"的观点来看,在法律解释权的配置上,立法者来

---

① 李步云、汪永清:《中国立法的基本理论和制度》,中国法制出版社1998年版,第20页。转引自陈金钊:《何谓法律解释——对〈立法法〉中设置"法律解释"一节的认识》,载《法学论坛》2001年第1期。

② 陈金钊:《何谓法律解释——对〈立法法〉中设置"法律解释"一节的认识》,载《法学论坛》2001年第1期。

③ 梁慧星:《法解释方法的基本问题》,载《中外法学》1993年第1期。

④ 张志铭:《关于中国法律解释体制的思考》,载《中国社会科学》1997年第2期。

解释法律至少并不比司法者解释更具有劣势。

第四,立法机构释法缺乏程序合法性。有学者曾就刑法的法律解释提出:原本由代表人民的三千多名代表制定的刑法,怎么可以由其中的一部分人决定其含义?这不仅与宪法第62条有关全国人民代表大会有权"改变或者撤销全国人民代表大会常务委员会不适当的决定"的规定相矛盾,而且难以使法治建立在民主之上①。就法理而言,法律与法律解释制定主体的不同,牵扯到全国人大常委会与全国人大的关系问题。虽然也有学者认为,"常委会和大会在存在形态、存在时间、职权范围、民意基础等方面均有重大差异,常委会和大会是两个机关,不是同一立法机关"②。传统认识一般认为,常委会和大会是一体的,常委会的决定就是大会的决定,常委会和大会制定的法律具有相同的效力。例如,有学者认为,"将原来属于全国人大的一部分职权,交由它的常委会行使,这样就有力地加强了全国人大常委会,同时也加强了全国人大"③。后来,这一观念有细微变化。有学者认为,"常务委员会是全国人大的常设机关,是全国人大的一部分。由于全国人大是最高国家权力机关,所以从这个意义上说,常务委员会也是最高国家权力机关,它是经常行使最高国家权力机关的机关"④。所以现行法律解释制度符合我国政治制度。"以全国人大常委会为主体的各机关分工配合的法律解释体制符合我国的国情,特别是我国的政治制度","它在我国法律解释体制中应占有主体地位"⑤。自形式上看,全国人大常委会解释法律的权力为宪法和《立法法》所赋予,是一项宪制权力,是其固有职权。

《立法法》中的法律解释制度真正的程序上面临的批评在于它有时候可能构成事后立法。以前文提到的全国人大常委会对香港基本法第104条的解释为例。全国人大常委会解释是在当事人的案例已经在香港法院的审判期间作出的。香港法院全国人大常委会的解释进行了回避。这种回避可能主要是出于政治上的权衡,一方面可能透露了法院的抵触情绪,另一方面以法院自主决定的面貌出现,有利于呈现香港法院的独立形象,没有援引全国人大常委会的解释,避免了在社会上引发更大的抵触情绪。但是这一回避,无意中也回避了全国人大常委会可能遭受的"事后立法"的质疑,即案件审理过程中的解释性立法并未被运用于当前的案例。在将来,应当通过制度完善,对这种"事后立法"加以规避。

第五,立法解释是受负面传统文化影响。还有一种论调认为,立法解释是中国传统法律文化的产物,并据此加以贬斥。如有学者认为"中国古代的基本法理念之一是

---

① 张明楷:《罪刑法定与刑法解释》,北京大学出版社2010年版,第82页。

② 韩大元:《论全国人民代表大会之宪法地位》,载《法学评论》2013年第6期。

③ 肖蔚云:《我国人民代表大会制度的形成和蓬勃发展》,载《中国人大》2004年4月10日。

④ 许崇德主编:《中国宪法》,中国人民大学出版社2010年版,第162页。

⑤ 沈宗灵:《论法律解释》,载《中国法学》1993年第6期。

‘立法者君也，守法者臣也，法于法者民也’。即臣子只是‘守护’法律的奴才，法官只能‘重复法律’，无权解释法律”①。首先，文中所引文字系出《管子》中的《任法》一篇，传统法家的思究竟能在多大程度上代表中国传统法律文化值得商量，这样的法律文化在多大程度上影响了法律解释制度的设置也值得怀疑。其次，即便退一步讲，单就文中所引的文字看，“有生法，有守法，有法于法。夫生法者，君也；守法者，臣也；法于法者，民也。君臣上下贵贱皆从法，此谓为大治”。前文说“卿相不得剪其私，群臣不得辟其所亲爱，圣君亦明其法而固守之”，可见其主要针对的是有法不依、曲法阿私的情形。结合历史语境来看，“圣君任法而不任智，任数而不任说，任公而不任私”，这样的做法，在当时反倒是具有进步意义的。最后从比较法的角度考察，“法律的立法解释体制的确立院子人民代表大会制度及其所体现的‘议会至上’原则”②。“从比较宪法史来看，发过大革命后实施立法与行政严格分立，旨在杜绝旧制度时期的司法干政现象，从而造就了立法（机关）至上、法院低人一等的制度格局。立法解释制度在法国得以确立。”③可见将“法律解释”作为“立法解释”，归结为“中国传统法律文化的产物”并加以贬斥，并不正确。

综上所述，无论从权力配置的制度设计、程序还是从法治理念方面看，都无法证明法律解释不必要或违反现代法治观念。如同有学者指出的，关于法律解释的讨论不应过多地拘泥于法律解释的概念，而忽视了对其功能的深究。检验一个制度的合理性的标准主要就是它对于社会需求的现实适应性，而基于我国法治现状和司法实践的现实，“法律解释”有其存在的合理性④。首先，在权力配置上，将其交由立法机关行使比交由司法机关行使，机构分工更明确，权力边界更清晰，也能更好地维护法律的统一性。其次，就立法机关行使该项权力的方式来看，“法律解释”是在已有相关法律的情况下进行的补充、澄清，相关变动波及范围较小。反过来，若依修改法律的程序来进行，一是旷日持久，难以满足效率需求，二是兴师动众，成本畸高，三是频繁改动，不利于法律的稳定性。我国刑法近几年即因频繁出台修正案而广受诟病。此外，将“法律解释”制度独立于普通的立法程序设置，还有其独特的政治意义。这集中体现在全国人大常委会对香港基本法的解释上，这一制度的设置为大陆以法律形式决定香港事务提供了合法的途径，是“一国两制”中“一国”的重要保障。将《基本法》的解释权完全交由普通法背景的香港法院实施是不合适的，只能由全国人大或全国人大常委会来进

① 周永坤：《我国现行法律解释与法治观念的冲突》，载《现代法学》2006 年第 4 期。

② 朱国斌：《香港基本法第 158 条与立法解释》，载《法学研究》2008 年第 2 期。

③ 参见 Louis M. Aucoin, Judicial Review in France: Access of the Individual under French and European Law in the Aftermath of Frances Rejection of Bicentennial Reform, 15 B. C. Int'l & Comp. L. Rev. 443. 转引自朱国斌：《香港基本法第 158 条与立法解释》，载《法学研究》2008 年第 2 期。

④ 范愉：《法律解释的理论与实践》，载《金陵法律评论》2003 年秋季卷，第 25 – 28 页。

行。吴邦国委员长在2006年"两会"期间会见香港人大代表时就曾经强调:"香港特区的行政、立法和司法,一定要按照体现'一国两制'方针的基本法办事,维护基本法权威,不能抵触和违反基本法,尤其不能反对全国人大常委会释法,不能以普通法注释基本法,因为'中国不是英国'。"①中央若以修正案等其他法律形式或法律之外的其他途径干预香港事务,势必会激起极大的反弹,采用人大释法的形式,具备相应的法理基础和正当性。

三、"法律解释"制度功能优化路径选择及具体建议

"法律解释"制度的功能优化需要遵循几个原则。首先,要尊重既有法律制度,侈言推倒重建。部分研究者存在看轻既有法律制度的倾向,过于随意地提议推翻既有法律制度进行重建。针对"法律解释",也不乏此类声音。现有的法律体系的初步建成是一个来之不易的成就。2011年3月,时任全国人大常委会委员长吴邦国在十一届全国人大四次会议上宣布,一个立足中国国情和实际、适应改革开放和社会主义现代化建设需要、集中体现党和人民意志的中国特色社会主义法律体系已经形成②。尽管这个体系还存在各种各样的问题,但这是几代法律人共同努力争取到的结果,应该对既有的法律体制保持一定的敬畏。其次,我国现在还处于需要竭力培育法律权威的阶段,为了建立整个社会对法律的"信仰",法律稳定性是优先应当加以考虑的价值目标。为此,应尽量尊重既有法律制度,在现行法律制度的基础上进行完善,避免折腾。最后,修改法律有严格的程序性要求,需要投入相当大的人力物力。对于可以通过"法律解释"这种"微创手术"进行修补的情形,没有必要通过"修法"这种更大的手术形式动刀。其次,尊重宪法设计,明确立法权与司法权的界限。立法与司法的区分,不单具有充分的学理渊源,也是我国宪法的制度设计。宪法第58条规定:"全国人民代表大会和全国人民代表大会常务委员会行使国家立法权。"宪法第一百二十三条规定:"中华人民共和国人民法院是国家的审判机关。"首先,由全国人大常委会来行使"解释法律"的权力是宪法设计,并非立法上的疏漏,而是审慎论证后的制度选择。其次,全国人大常委会的构成人员能够胜任解释法律的任务。全国人大常委会的构成人员中具有相当比例的具有多年立法、司法等法律工作经验的人员,其他领域的也往往是"工作经验

① 参见薄扶林:《吴邦国强调勿以普通法注释基本法》,载《镜报月刊》2006年第4期。转引自邹平学等:《香港基本法实践问题研究》,社会科学文献出版社2014年版,第330页。

② 吴邦国:《中国特色社会主义法律体系已经形成》,载 http://www.chinanews.com/gn/2011/03-10/2895965.shtml,最后访问日期2016年12月20日。

多,有些又有理论素养"的老同志[①]。从司法机关的方面来看,法院退出立法领域,回归审判机关角色,将主要精力放在审判上,不要再继续通过一般的、普遍适用的"司法解释"进行变相"立法"。最后,以解决实际问题为判断标准,建立法律共同体内部共识。全国人大近年自上而下对都有强化"法律解释"的意图,且我国第一次将"释"与"立改废"一同写入《关于全面推进依法治国若干重大问题的决定》。学界需要对这种态度应有清晰的认知,避免单纯为理论上求异,而选择与之对抗,各说各话。相反,学界立场的选择应该以是否有助于解决实际问题为标准,在这一前提下,努力寻求与实务界建立法律共同体内部共识,推进相关法律制度的完善。

关于"法律解释"制度的完善建议,有如下三种路径:第一种,承认现状,赋予最高人民法院一般的法律解释权,以授权立法的形式将司法解释纳入立法体系。有学者认为,中国的立法实践是法院先行,立法机关随后将其中合理的部分予以承认,上升为法律,实际上是中国立法的一种路径。如最高人民法院资深大法官周道鸾先生也曾指出,司法解释为立法的发展提供了有利条件。我国立法机关制定或者修改的现行刑法等重要法律的一些主要条款,都是长期司法实践经验的科学总结和大量司法解释的结晶[②]。第二种路径是以《立法法》现有规定为框架,强化人大释法。这种做法体现了立法机关近年的行动方向。这可以从以下几个征兆窥见一斑:一是2014年10月23日通过的《中共中央关于全面推进依法治国若干重大问题的决定》在第二部分完善立法体制一节即提出"加强法律解释工作,及时明确法律规定含义和适用法律依据"。二是2015年3月15日,第十二届全国人民代表大会第三次会议修改《立法法》,原样保留了"法律解释"的相关条款。三是2015年《立法法》的修改中,增加了第104条:"最高人民法院、最高人民检察院作出的属于审判、检察工作中具体应用法律的解释,应当主要针对具体的法律条文,并符合立法的目的、原则和原意。遇有本法第45条第2款规定情况的,应当向全国人民代表大会常务委员会提出法律解释的要求或者提出制定、修改有关法律的议案。"一方面提出"主要针对具体的法律条文","符合立法的目的、原则和原意"的限制,另一方面又规定了最高人民法院"应当"向全国人大常委会提出释法议案的情形。四是近年全国人大常委会释法虽然仍不规律且总量畸少,但整体呈现出增加的势头,"法律解释"涉及的部门法的范围也在扩大。第三种路径是制定专门的《法律解释法》,约束各类主体释法行为。我国现行法律解释规范几乎清一色地规定法律解释主体,缺乏具体的法律解释方法、规则的规定,这与国际惯例相差甚远。国外的法律解释条款均规定如何解释,以限制法律解释的随意性。"我国目前的专门法律解

① 彭真:《关于全国人大常委会的工作》,载全国人大常委会办公厅、中共中央文献研究室编:《人民代表大会制度重要文献选编》(二),中国民主法制出版社、中央文献出版社2016年联合出版,第678-687页。

② 参见周道鸾:《论司法解释及其规范化》,载《中国法学》1994年第1期。

释决议只是划分法律解释权限,《立法法》第2章第4节也只是规定法律(狭义)解释的权限、程序与效力。目前尚缺乏一部专门规定法律解释具体问题的专门法律以指引、规范法律解释行为。《美国法典》第一编总则第一章即为“解释规则”,此种做法值得借鉴。”①

按照前述原则来考核,第一种路径的好处在于可以最大限度地避免折腾。但这种做法模糊了立法和司法的界限。原则上司法机关应该只能在具体案件中释法,这是现行《立法法》的要求,符合机关职能定位,也便于不同法院针对本地不同的情况使用裁量权。如果授予法院一般的、普遍适用的法律解释的权限,则是承认了司法机关对立法领域的侵犯,是对法治原则的破坏。第三种路径完全是另起炉灶,要打破现有的法律解释体系,建立一个新的法律解释体系,断非朝夕之功。第二种路径则只需要清理相关的决议和司法解释,且能保障法律的稳定性,更明晰地界定立法与司法的界限,贴近实务界近年的行动方向,是较为务实而可行的做法。按照第二条路径,可以就“法律解释”提出如下具体完善建议:

一是清理1981年《加强法律解释工作的决议》及有关法律解释的相关文件。现行《立法法》中并未对司法机关的法律解释权进行规定,第2章第4节仅规定了全国人大常委会的“法律解释”权,有学者评论2000年《立法法》中关于法律解释的部分为“最让人失望的部分”②。《立法法》1993年草案及1999年草案中曾有条款规定司法解释,也有条款拟将1981年决议予以废止③。有学者猜测其中有法工委的介入,甚至有对权威和隐藏利益的争夺④。作者认为《立法法》第64条(修订前第55条)规定的全国人大常委会工作机构,即法工委,可以“对法律问题的询问进行研究予以答复,并报常委会备案”,是整部法律中最含混的一条,不但不能澄清法工委在法律解释中的位置,还可能削弱法律体系的整体性和法律的统一性。但2015年《立法法》的修订并非全然墨守成规,作者认为2015年《立法法》第104条试图对司法解释进行限制,但可惜它对2015年以前的相关司法解释并未进行规定⑤。事实上,1981年决议与《立法法》精神已经存在冲突,《立法法》2015年修订避开了对1981年决议的处理,但是随着对《立法法》的完善,1981年决议的清理无法回避。相应地,最高人民法院2007年《关于司法

① 周永坤:《我国现行法律解释与法治观念的冲突》,载《现代法学》2006年第4期。

② Jianfu Chen, *Chinese law*: *Context and Transformation*, (Revised and Expanded Edition), Leiden: Koninklijke Brill NV, 2016, p.271.

③ Jianfu Chen, Chinese law: *Context and Transformation*, (Revised and Expanded Edition), Leiden: Koninklijke Brill NV, 2016, p.271, footnote 178.

④ Jianfu Chen, *Chinese law*: *Context and Transformation*, (Revised and Expanded Edition), Leiden: Koninklijke Brill NV, 2016, p.271.

⑤ Jianfu Chen, *Chinese law*: *Context and Transformation*, (Revised and Expanded Edition), Leiden: Koninklijke Brill NV, 2016, p.272.

解释工作的规定》也应该作出相应修改。

二是清理现行司法解释。刘风景教授认为,要落实《立法法》第104条的实施,最高人民法院需要限缩"规定"的事项范围、以指导性案例逐步替代"批复"、确保"解释"的合法性,全国人大常委会则要强化对司法解释的备案审查①。从最高人民法院、全国人大常委会两个相关主体一退一进的过程中,逐步实现"法律解释"的合法化。最终的目标是最高人民法院彻底退出对法律进行一般性解释的领域。通过全国人大常委会内部工作机构和工作机制的完善,具有一般约束力的司法解释完成"历史使命",逐渐消融在具体的审判案件的法律适用过程中。现有的司法解释,可以作为审判工作中的指导,可以引用予以论证,但不能作为最终定案的法律依据,不再具有约束力。

三是完善法律解释程序,明确解释工作机制。有学者指出:"人大常委会行使解释权的组织形式和解释的程序是造成立法解释权虚置的主要原因"②。从人大的工作机制上看,"两个月一次的常委会难以适应实际中经常提出的法律解释的要求"③。这首先需要根据全国人民代表大会组织法、全国人民代表大会议事规则、全国人大常委会议事规则、各级人大常委会监督法等相关法律文件完善全国人大常委会内部法律解释工作机构及其工作机制。其次,鉴于有学者提出,关于立法解释的方式,解释机关应明确宣称是对某法律条文进行解释。但分析全国人大常委会至今为止进行的一些立法解释情况看,都是以专门决定或决议的方式进行的④。在未来,可以考虑将法律解释再细化为针对不同情形的不同形式,进而根据不同形式建立法律解释本身的修正、废止机制。最后,法律解释还应避免在审判过程中介入,造成"事后立法"的困境。

四是设立专门的内设机构,配备与制度功能相称的人员队伍。人大常委会的组成人员有150多人。这一庞大的规模也很难对于较为具体的、技术性较强的条文解释问题进行有效的讨论⑤。应该在全国人大常委会下设专门机构,履行解释法律的职能。考虑到已经有全国人大法工委这一常委会下设机构存在,可以考虑将相关职能纳入法工委职能,并充实相关人员。

四、结语

全国人大常委会的法律解释权,作为一项宪制权力,在立法体系中具有独特的价值。目前存在的解释数量极少、程序模糊、主体地位存疑等缺陷是可以通过进一步的

① 刘风景:《司法解释权限的界定与行使》,载《中国法学》2016年第3期。

② 王晨光:《全国人大常委会立法解释的程序思考》,载《法学》2000年第4期。

③ 蔡定剑、刘星红:《论立法解释》,载《中国法学》1993年第6期。

④ 蔡定剑、刘星红:《论立法解释》,载《中国法学》1993年第6期。

⑤ 沈宗灵:《论法律解释》,载《中国法学》1993年第6期。

制度完善加以解决的。所以,真正的问题不是该制度存废的问题,而是如何细化《立法法》中的制度设计,完善该制度的工作机构和工作机制,使得该制度的功能得以更好实现。本文中给出了的制度优化的原则和建议,但实践中究竟如何具体操作,是一个充满技术性的问题,仍然值得深入讨论。

法律论证

论司法实践中的融贯性论证*

——以指导性案例63号“徐加富强制医疗案”为例

郭　飞**

摘　要:融贯性论证是司法裁判的基本要求,也是一种应当严格遵循的裁判方法。融贯性论证既包含内部证立也包含外部证立,后者需要法官针对可能存在的理解与信念歧异,对大前提的“合理”和小前提的“真”作出有力论证。然而,在最高人民法院的个别指导性案例中,仍然存在融贯性论证的缺失,例如指导性案例63号“徐加富强制医疗案”对“有继续危害社会可能”的判定标准进行了细化,但认真审视该案案情、裁判文书、后期论证文本、“裁判要点”等基础材料,可以看出其中存在规范性要素分解不清晰、没有严格遵循法律解释规则、一定程度偏离了司法谦抑性原则等缺憾,显示出融贯性论证的不足。这类个案的存在,对指导性案例的甄选以及更宽泛层面的司法实践提出了更高要求。

关键词:融贯性论证;指导性案例;强制医疗;继续危害社会

从2011年起,为了总结审判经验,统一法律适用,最高人民法院陆续发布了一批指导性案例,截至2016年10月,共发布14批共计69则指导性案例,这些案例对司法实务界产生了巨大影响。作为最高司法机关甄选、编撰并对外公布的典型案例,指导性案例具有较强的指导和约束作用,因而不可不慎①。司法实践中,指导性案例的出台发布大致经过三个阶段:其一,出现了某个与法律适用疑点难点相对应的典型案例,法

---

* 基金项目:本文系教育部人文社会科学重点研究基地项目“中国大众民生观调查”(项目编号:14JJD820024)的阶段性成果。写作过程中,笔者专程到办理所涉案例的成都市武侯区人民法院进行了专题访问,阅读了该案相关一手资料,并与负责该案审理、案例采编和论证的法官及其他工作人员进行了沟通交流,在此特别致谢。当然,文责自负。

** 郭飞,男,山东成武人,西南政法大学行政法学院法学理论专业2013级博士研究生,研究方向为法理学。

① 参见冯文生:《审判案例指导中的“参照”问题研究》,载《清华法学》2011年第3期。

院作出了最终裁决,且法律效果与社会效果均较好;其二,所在法院选取这一典型案例,并按照法院系统内部的统一标准制式进行了详细论证和层层上报;其三,最高人民法院审判委员会进行最终审定和发布。

一般认为,指导性案例应当具备以下要素:第一,裁判结果的法律效果和社会效果均非常良好;第二,裁判文书的撰写应当具有示范性,尤其是应当体现法律论证的融贯性,以便司法实务界更为准确地把握法律规定的本义并加以实践运用;第三,所提取的"裁判要点"应当是对法律体系的有益补充,能够起到漏洞填补或者澄清疑义的作用,且这一"裁判要点"必须接受整个法律体系的融贯性要求检验。其中,基于司法品质内在要求的融贯性论证思维是必不可少的。然而,并非没有挂一漏万的失误,在笔者的观察范围内,个别指导性案例尚未达到这些要求,在融贯性论证思维上明显有缺失,从而给司法实践造成了一定的不当影响。

在这一点上,指导性案例63号"徐加富强制医疗案"[①]恰好可作为一种"病理分析"的样本。本文将在既有研究的基础上,首先对融贯性论证思维本身作简要阐释;在此技术上,具体进入该案,对案情及其裁决论证作基本展示;然后从该案论证中的三处失误入手,侧面展现融贯性论证思维缺失所可能导致的困境;最后在结论部分,对该案作简单的融贯性论证重述,力图从个案层面为司法实践提供可能的示范性建议。

一、融贯性论证的基本内涵及其要求

融贯性论证是近年来学界比较关注的一种法律论证原则与方法。"融贯性"在英文中的对应表达是"coherence",也有的译为"协调性"[②]。一般认为,法律领域一般存在两种融贯理论:其一是法律体系的融贯性,其二是法律理论或者法律推理的融贯性。前者要求的是整个法律体系各组成部分之间的协调与内在一致,主要对应的是立法或者说"书本上的法";后者要求的则是法律适用过程中各个推理或论证理由之间的协调与内在一致,主要对应的是司法或者说"行动中的法"[③]。本文处理的融贯性主要是后者。简而言之,一种能够满足"融贯性要求"的法律论证,我们即可称之为融贯性论证。

融贯性论证在以下两个方面不可或缺:一方面,必须满足形式逻辑的一致性,也就是必须呈现出司法三段论中从大前提和小前提导出结论的整个过程,此不赘述;另一方面,形式逻辑推导所依据的基础是扎实的,也就是大前提必须合理、小前提必须为

---

① 参见最高人民法院:《最高人民法院关于发布第13批指导性案例的通知》(法[2016]214号)。

② 参见[英]尼尔·麦考密克:《法律推理与法律理论》,姜峰译,法律出版社2005年版,第149页。

③ 参见蔡琳:《法律论证中的融贯论》,载《法制与社会发展》2006年第2期。

真。这两个方面的论证,被许多学者称之为"内部证立"和"外部证立"①。但必须指出的是,内部证立和外部证立并非截然分开的两个阶段。众所周知,法官在裁判案件时所需要处理的问题主要集中在事实与规范的有效结合上。假设 A 为规范性要素,B 为最后得出的结论,那么所有具体的法律规则都呈现出"如果 A,那么 B"的样态。而司法裁判面临的是具体案件,其中又加入了 a 这一事实性要素,由此司法裁判的法律论证过程就表现为"如果 a 可以涵摄入并足够支撑 A,那么 B"的样态。这是最为简单的法律适用样态,但规范与事实均可能不是单一的,比如 A 可能包括 A1、A2、A3……,a 可能包括 a1、a2、a3……,由此,法律论证过程就进一步转化为"如果 a(a1、a2、a3……)可以涵摄入并足够对应支撑 A(A1、A2、A3……),那么 B"。从宏观角度而言,整个法律论证过程一直是内部证立的过程,但在细节上,却处处存在外部证立的内容,二者紧密相连、并行向前。内部证立显然是一种单一方向的演绎推理,而外部证立则涉及大前提的合理与小前提的真,后者的两方面内容需要理性法则、经验法则和价值信念的支撑,因而是一种论辩推理。

大前提的合理,从融贯性的角度而言可以被称作规范性融贯。法官要论证法律规范的合理性,并非要阐明某一具体法律规则在道德上的可接受性,而是说对所涉具体法律规则的论证阐释必须确保其在整个法律体系中的融贯性。按照一般理解,既定的法律规则已经在立法之时涵盖了可接受性这一维度,但是具体的法律规则仍然因为具有可反驳性而需要论证。所谓可反驳性,乃是由于规范知识的不确定性所决定的,因为立场的不同,对同一法律规则可能存在多重理解,但司法裁判必须寻求确定性的支持②。其基本要求是:所涉具体法律规则中可能存在理解歧义的字词应当尽可能与整个法律体系保持一致解释;所涉具体法律规则中所蕴含的规范性要素应当完整进行细分,且对可能存在理解歧异之处作出强有力的阐释;对所涉具体法律规则的解释应当能够经受法律的基本原则(含所涉法律部门、具体法律的基本原则)、先例和政策的检验③。

小前提的真,从融贯性论证的角度可以称作叙述性融贯或者事实性融贯。司法裁判处理的是法律事实,其与本然事实有着截然的不同,后者因为认识论的基本困境而必然无法还原或确立。司法裁判必须在最大程度上确保事实认定的"真",但这种"真"却不是本然意义上的真,而是能够接受人们一般经验理性检验的"真",其指向的

① 侯学勇:《融贯性论证的整体性面向》,载《政法论丛》2009 年第 2 期。

② 参见侯学勇:《从法律规范的可反驳性到法律知识的不确定性——法律论证中融贯论的必要性》,载《内蒙古社会科学》2008 年第 1 期。

③ 有学者将"协调性论证"(融贯性论证)具体展开为四类论证:规则论证、原则论证、先例论证和政策论证,这是一个从基础渐次延展和进一步检验的过程。参见杨知文、万平:《司法裁决中的协调性论证》,载陈金钊、谢晖主编:《法律方法》(第 13 卷),山东人民出版社 2013 年版,第 76 - 89 页。

其实是人们对于法律事实认定的可接受性,本质则是一种主体之间的交互承认[①]。在许多简单的事实问题上,法官可以运用一般经验理性来进行判断,而在一些复杂的事实问题上,法官和普通人的一般经验理性并不足以有效认定事实,因而需要专业(机构)人士的辅助,从而增强论证的可接受度。从这个角度而言,司法的谦抑性原则也可以作为融贯性论证的基本要求。

上述融贯性论证的基本义理及架构,在部分学者的论著中已得到展现,学理探讨已经比较深入,本文不拟作更多的介绍。然而,问题在于,实践中许多法官对这一问题并没有足够重视,以使个案裁判在这一方面常有缺失。对个案的病理分析,或许是具体展示和推进这一法律论证原则的恰当方式。

二、"徐加富强制医疗案"的裁决论证

作为本文病理分析标本的"徐加富强制医疗案",其主题与精神病人强制医疗有关。近年来,随着实践中"被精神病"、通过"精神病"鉴定来逃避刑事责任等案例的曝光,精神病人强制医疗相关问题越来越受到社会各界广泛关注。2012 年刑事诉讼法修订之前,我国刑法仅在第 18 条对依法不负刑事责任的精神病人如何处理进行了原则性规定:"精神病人在不能辨认或不能控制自己行为的时候造成危害后果,经法定程序鉴定确认的,不负刑事责任,但是应当责令他的家属或者监护人严加看管和医疗;在必要的时候,由政府强制医疗。"这条规定过于原则,对何谓"必要"以及政府强制医疗的主体、程序和相应的善后工作都未作具体规定,以致实践操作出现了非常多的混乱。正是基于这一考虑,2012 年新修订的刑事诉讼法设专章对"依法不负刑事责任的精神病人的强制医疗程序"进行了规定,并在随后出台的司法解释中进一步予以了细化。然而,相关法律、司法解释的出台并未能完全解决实践中面临的具体问题。刑事诉讼法第 284 条规定:"实施暴力行为,危害公共安全或者严重危害公民人身安全,经法定程序鉴定依法不负刑事责任的精神病人,有继续危害社会可能的,可以予以强制医疗。"这是对法院决定是否强制医疗的总体规定,其中争议较大、实践操作不一的内容主要集中于"有继续危害社会可能的"的判定标准上[②]。2016 年 6 月,最高人民法院发布指导性案例 63 号"徐加富强制医疗案",就是期望以指导性案例的形式对相关司法裁判标准进行统一。

---

① 关于"真"的深度法哲学分析,可参见李睿:《凡'真'四种与法权理论》,载《东方法学》2014 年第 2 期。

② 参见蔡伟雄:《不负刑事责任精神病人强制医疗相关问题探讨》,载《2015 年全国司法精神病医学鉴定学术会议资料汇编》;陈绍辉:《论强制医疗程序中危险性要件的判定》,载《河北法学》2016 年第 7 期;施鹏鹏、周婧:《强制医疗程序中的疑难问题及对策》,载《人民检察》2015 年第 7 期;倪润:《强制医疗程序中"社会危险性"评价机制之细化》,载《法学》2012 年第 11 期。

下面,对该案案情及其裁决论证简要予以介绍①。此案虽然在2016年才作为指导性案例发布,但该案的发生却是在2012年,司法决定的作出则是在2013年。人民法院经审理查明,被申请人徐加富于2007年开始出现精神异常,凭空闻声,一直认为有人要迫害他,随时带刀自卫。至发案时,他一直未得到及时有效的治疗。2012年11月,徐加富"听到"有人开车来"杀他",于是准备出去撞车自杀,其居住地门卫拒绝给其开门,徐加富看到门卫手持一部电话,认为其是在叫人来加害他,于是用随身携带的刀和榔头将门卫当场打死。2012年12月,徐加富被所在地公安机关送往成都市第四人民医院住院治疗。当月,公安机关委托司法鉴定机构对徐加富进行了精神疾病及刑事责任能力鉴定,鉴定意见书表明:(1)被鉴定人徐加富目前患有精神分裂症,幻觉妄想型;(2)被鉴定人徐加富2012年11月18日4时作案时无刑事责任能力。2013年1月,成都市第四人民医院对徐加富的病情出具证明,认为其需要继续治疗。2013年1月,成都市武侯区人民检察院向法院申请对徐加富强制医疗。庭审过程中,徐加富的法定代理人对事实无意见、同意强制医疗,其诉讼代理人提出,被申请人是否有继续危害社会的可能应由医疗机构作出评估,本案没有医疗机构的评估报告,对被申请人的强制医疗的证据不充分、需要补强。成都市武侯区人民法院随后作出决定,对被申请人徐加富进行强制医疗。关于争议点,法院的决定文书论证如下:"在强制医疗中如何认定被申请人是否有继续危害社会的可能,需要根据被申请人以往的行为及本案的证据进行综合判断,而医疗机构对其的评估也只是对其病情痊愈的评估,法律没有赋予它对患者是否有继续危害社会可能性方面的评估权利。本案被申请人的病症是被害幻觉妄想症,经常假想要被他人杀害,外出害怕被害必带刀等防卫工具。如果不加约束治疗,被申请人不可能不外出,其外出必携带刀的行为,具有危害社会的可能,故诉讼代理人的意见不予采纳。"②

主审法官在审理案件时考虑得更多的是案件处理本身,裁判文书往往仅集中于庭审论争焦点,因此比较简略。在事后的案例上报过程中,法院必须对"示范点"进行详细论证。在此过程中,法院会有意识地将"示范点"凸显出来,并辅之以详细的法理阐释。考察这一论证过程,无疑能够让我们更清晰地了解法院作出这一决定背后的主要考量。该案同时入选了成都市中级人民法院"示范性案例"和四川省高级人民法院"审判指导",论证文本也经过了数次修改。文本概括的"示范点"为:"强制医疗案件中被申请人是否具有'继续危害社会可能'应由法院结合案件事实、司法鉴定意见和病情证

① 本部分介绍的案情及论证过程,系以最高人民法院发布的指导性案例63号通知为基础,结合笔者赴成都市武侯区人民法院收集到的案件材料、论证文本及访谈综合形成。

② 成都市武侯区人民法院(2013)武侯刑强初字第1号强制医疗决定书。

明等要素进行判定。"[①]除了基础理论与实践现状描述以外,与"示范点"密切相关的详细论证主要包括三个方面的内容。第一,关于"继续危害社会可能性"的认定主体问题。文本认为,基于如下两方面原因,继续危害社会可能性应由法院综合全案证据进行判断:一方面,继续危害社会可能性需要借助医学手段来判断,但其本质是一个需要司法裁判的法律问题,最终的判断权在法官;另一方面,"社会危害性"及未来可能性情况的证明无法得出绝对判断,医学及相关学科的前沿实践均无法对继续危害社会的可能性作出准确预测。第二,关于判断"继续危害社会可能性"需要考量哪些因素的问题。文本在引述了国内其他两个公开的典型案例[②]并简略进行了域外比较之后,提出应当考虑如下因素:(1)案件情况。着重考量精神病人作案时的作案工具是否为经常携带、作案手段是否残忍、作案诱因是偶发性还是蓄意为之、作案对象与本人之间的关系等因素;(2)精神病人的病情情况,在专业精神科鉴定专家以及专科医生出具的病情情况基础上,结合案件情况,分析精神病人的病史、发展情况,其危险性是否日益增强,比如攻击欲望是否越来越强,病发时间间隔是否越来越短,手段是否更加粗暴和残忍;(3)涉案精神病人相关亲友、邻居等人的证人证言及意见,对其平时表现及稳定性进行综合把握;(4)涉案精神病人是否有主动就医的意愿以及被申请人家属在前述意愿下是否具备监管、送治的条件和能力。第三,关于"继续危害社会可能性"的证明标准问题。文本认为,应采取低于"排除合理怀疑",高于"高度盖然性"的标准。

在最高人民法院发布的指导性案例中,该案的"裁判要点"被概括为:"审理强制医疗案件,对被申请人或者被告人是否'有继续危害社会可能',应当综合被申请人或者被告人所患精神病的种类、症状,案件审理时其病情是否已经好转,以及其家属或者监护人有无严加看管和自行送医治疗的意愿和能力等情况予以判定。必要时,可以委托相关机构或者专家进行评估。"[③]值得注意的有两点:第一,该案的裁判文书中明确指出"医疗机构对其评估也只是对其病情痊愈的评估,法律没有赋予它对患者是否有继续危害社会可能性方面的评估权利",而最终发布的"裁判要点"则指出"必要时,可以委托相关机构或者专家进行评估";第二,裁判文书中亦未出现对"家属或者监护人有无

① 具体论证文本参见《成都市中级人民法院审判委员会关于公布徐加富强制医疗案示范性案例的通知》(2015年法院内部文件,未公开发布)。

② 其一为上海市黄浦区首例强制医疗案件,该案法官认为应当从以下方面审查"有继续危害社会可能":(1)被申请人是否需要治疗;(2)在需要治疗的前提下,被申请人是否有自知力从而自主地进行治疗;(3)在被申请人仅能被动地进行治疗的情形下,被申请人家属是否有对被申请人进行监管、治疗的意愿;(4)被申请人家属在前述意愿下是否具备监管、送治的条件和能力。参见胡晓爽:《强制医疗必要性的认定》,载《人民司法》(案例)2013年第13期。另一为山西省太原市首例强制医疗案件,该案承办检察官认为可以从以下两方面进行审查:(1)被申请人实施暴力行为的起因和过程;(2)从被申请人先期治疗的情况来判断。参见付丽娟、张璐璐:《办理精神病人强制医疗案的重点及难点应对》,载《中国检察官》2014年第1期。

③ 最高人民法院:《最高人民法院关于发布第13批指导性案例的通知》(法〔2016〕214号)。

严加看管和自行送医治疗的意愿和能力”等方面的论述。

三、该案中融贯性论证思维缺失的具体表现

应当说，本案是一件非常典型的依法不负刑事责任的精神病人强制医疗案件，其案情完全对应于《刑事诉讼法》第284条规定。但是通观前述的裁判文书、论证文本以及最高人民法院的“裁判要点”，笔者认为该指导性案例存在着司法论证上的失误，显示出一种融贯性论证思维的缺失，并因此可能会对相关司法实践造成一定的负面示范效应。

首先，该案的最大论证失误在于忽视了“可以”一词。对“可以”一词的忽视，本质上是对法律解释基本规则的忽视。从法律方法论的角度看，法律解释既包括立法解释、司法解释也包括具体法律适用中的法官解释，在本文论域范围内，权且可以界定为后者。由此，所谓法律解释规则就是指“法律适用过程中，操作具体法律解释方法，以及综合运用不同法律解释方法时应当遵循的基本思维准则”①。从这一定义来看，法律解释规则既包括适用具体法律解释方法（文义解释、体系解释、目的解释等）时所应遵循的基本规则，又包括在具体案件中对不同解释方法的选择运用所应遵循的规则，比如通常来讲，应当首先考虑文义解释，其次应当考虑体系解释，再次才能考虑目的解释、价值解释、合宪性解释等等②。

再来回顾《刑事诉讼法》第284之规定：“实施暴力行为，危害公共安全或者严重危害公民人身安全，经法定程序鉴定依法不负刑事责任的精神病人，有继续危害社会可能的，可以予以强制医疗。”文义解释的第一要义，就是尽量按照法律文本的字面意义来进行解释运用。众所周知，“可以”和“应当”是法律语言中最常见的一组词。“应当”表达的是唯一性，也就是说其蕴含了“如果A，那么就必须B”的司法判断逻辑；而“可以”表达的则是一种或然性，也就是说其司法判断逻辑为“如果A，那么可以B，也可以不B”，至于最终是否推导出“B”的司法裁判结果，还需结合A以外的其他规范性要素来判定。“可以”出现之处，既可能是对公民权利的认可，也可能是对公权力机关权力的授予，前者公民作出选择时无须说明理由，而后者在很多时候尤其是处理实体问题时则需要阐明理由。现行刑事诉讼法中“可以”一词共出现192处，均表达的是可选择性，有的直接与“在必要的时候”相连，指的就是需要结合其他规范性要素来作出选择。具体到本条规则，鉴于最终决定对被申请人人身自由的直接影响（在法益上表

---

① 吕芳：《“法律解释规则”：概念解读与用语辨析》，载陈金钊、谢晖主编：《法律方法》（第15卷），山东人民出版社2014年版，第168页。

② 参见吴庆宝主编：《法律判断与裁判方法》，中国民主法制出版社2009年版，第211页。

现为维护社会安全与人权保障之间的平衡),是否最终决定予以强制医疗(设为B)必须考量三个规范性要素:第一,被申请人是否属于"实施暴力行为,危害公共安全或者严重危害公民人身安全,经法定程序鉴定依法不负刑事责任的精神病人"(设为A1);第二,被申请人是否"有继续危害社会可能"(设为A2);第三,被申请人虽然具备前两个要素,但除此之外是否还有强制医疗的其他现实必要性(设为A3)。认真把握整个法律条文,其规范性结构呈现为这一公式:"A1 + A2 + A3→B"。其中,A1的规范性面向的是"过去",是对过去发生事实的规范性评价;A2的规范性面向的是"将来",是对将来可能发生事实的规范性评价;A3面向的则是"现在",也就是对当前部分事实的规范性评价。

在"徐加富强制医疗案"的裁判论证中,A3的规范性要素是缺失的。在该案的裁决文书中,这一点晦暗不明。前引论证文本则较为细化,其论证将《刑事诉讼法》第284条划分为三个规范性要素:其一,被申请人是否"实施危害公共安全或者严重危害公民人身安全的暴力行为";其二,被申请人是否"经法定程序鉴定依法不负刑事责任";其三,被申请人是否"有继续危害社会可能"。按照其展现的论证逻辑,似乎只要被申请人符合以上三个规范性要素(由于前两者均是对强制医疗对象的前提限制,实际上只有两个),就必然得出强制医疗的决定结论。很显然,这一论证过程忽视了"可以"所蕴含的规范性要素,因而是不完整的。如果按照这一逻辑,《刑事诉讼法》第284条之规定就不是"可以"而是"应当"了。这一点,恰恰可以和随后出台的刑事诉讼法司法解释第542条之规定相互参照:"……(一)被强制医疗的人已不具有人身危险性,不需要继续强制医疗的,应当作出解除强制医疗的决定,并可责令被强制医疗的人的家属严加看管和医疗;(二)被强制医疗的人仍具有人身危险性,需要继续强制医疗的,应当作出继续强制医疗的决定。"

其次,该案的论证失误还体现在对"有继续危害社会可能"的体系解释之不足上。按照刑法通说,广义的社会危害性既包括犯罪事实所造成的既成社会危害,也包括将来可能发生的社会危害,后者一般称之为人身危险性。关于"社会危害性"、"社会危险性"、"人身危险性"、"主观恶性"等概念及其功用,刑法学界历来讼争纷纭①。笔者更倾向于将社会危害性作狭义理解,即指向既定危害事实,而将人身危险性界定为犯罪人的再犯可能性。人身危险性本不属于刑法概念,而是起源于犯罪学,在刑事实证主

① 参见陈兴良:《社会危害性理论:进一步的批判清理》,载《中国法学》2006年第4期;陈伟:《穿行于刑法基本原则中的人身危险性》,载《浙江社会科学》2011年第3期;马荣春:《人身危险性之界定及其与主观恶性、社会危害性的关系——基于刑法学与陈兴良教授商榷》,载《华南师范大学学报》(社会科学版)2010年第5期,等等。

义学派尤其是刑事人类学派兴起之后逐步引入刑法体系①。我国刑法并未正面使用过"人身危险性"的概念,这一概念主要散见于最高人民法院《贯彻宽严相济刑事政策的若干意见》等司法文件中。仔细审视刑事诉讼法第284条中的"有继续危害社会可能",实际上就是"人身危险性"的另一表达。那么,对其的判定或者说规范性解释,应当具体考量哪些因素呢?实践中的确存在两种理解。第一种理解认为人身危险性既应当考虑行为人的主体要件(主观上的、生理机能上的),也应当考虑行为人所处的客观要件(是否有效隔离,是否消除了再次犯罪的触发因素,在本案当中,主要指向的是"家属或者监护人有无严加看管和自行送医治疗的意愿和能力")。另一种理解则认为仅应当考虑行为人的主体要件②。

如前所述,在文义解释出现争议时应当考虑运用其他解释方法,其中最重要的就是体系解释。体系解释要求的是对同一或相邻法律甚至整套法律体系之中同一法律用语或相似法律用语作出的解释符合融贯性和一致性。具体到本文所涉法律用语,《刑事诉讼法》第284条对"有继续危害社会可能"作出了规定,这是依法决定予以强制医疗的前提条件之一;而在接下来的第288条,刑事诉讼法又对强制医疗的解除进行了规定:"强制医疗机构应当定期对被强制医疗的人进行诊断评估。对于已不具有人身危险性,不需要继续强制医疗的,应当及时提出解除意见,报决定强制医疗的人民法院批准。"按照基本逻辑,实施与解除强制医疗,其决定条件应当是对应相反的:具有人身危险性是实施强制医疗的决定条件之一,而不具有人身危险性则是解除强制医疗的决定条件之一。

如果我们接受这一逻辑推导,那么就必然会引出如下疑问:强制医疗机构能够对行为人的客观环境进行诊断评估吗?答案无疑是否定的。换言之,强制医疗机构只能针对行为人的主体要件进行评估;由此反推,《刑事诉讼法》第284条的"有继续危害社会可能",其内涵也只能是行为人的主体要件,不能随意扩大到客观要件。而客观要件,恰恰属于前述"可以"所指向的规范性要素,也就是说,法官即便能够确认不负刑事责任的精神病人有继续危害社会可能,也还是要结合其他客观要件(比如亲属家人是否具备将其送医治疗和严加看管的意愿、能力等等)来判断是否需要强制医疗。此处可能存在的疑问是:既然第284条的"有继续危害社会可能"和第288条的"人身危险性"指向的均是行为人的主体要件,为何不用同一词语呢?笔者认为主要是语境的不

---

① 参见胡学相、孙雷鸣:《对人身危险性理论的反思》,载《中国刑事法杂志》2013年第9期;刘朝阳:《人身危险性研究的历史脉络》,载《复旦学报》(社会科学版)2006年第3期。

② 德国的学说和判例表明,该国对"再犯可能性"的判断均是主体要件,主要包括以下四个考量要素:第一,精神病人的犯罪行为是否在向严重性发展;第二,精神病人是否具有攻击性人格;第三,精神病人是否长时间持续缺乏对自己病情的理解和对不法行为的辨别和控制能力;第四,精神病人和被害人的关系是否是导致暴力行为的唯一原因。参见倪润:《强制医疗程序中"社会危险性"评价机制之细化》,载《法学》2012年第11期。

同。第284条的"有继续危害社会可能"所接续的上文是对既有事实的描述,用"继续"一词,表达的是再犯可能性,带有刑事评价的意味;而第284条的"人身危险性",描述的是一个已经经过有效治疗的"新人",中间存在一个语境的断档,对其而言不宜再用"继续危害社会"的表述,"人身危险性"则较为中立。

反观"徐加富强制医疗案"的整个论证过程和最高人民法院的"裁判要点",均将行为人的客观要件("家属或者监护人有无严加看管和自行送医治疗的意愿和能力"等情况)作为"有继续危害社会可能"的考量因素,混淆了主体和客观要件,从而也间接导致了对"可以"这一规范性要素进行必要论证的忽视。

最后,该案的论证在司法的谦抑性原则上有一定偏离。谦抑性原则源自刑法,随着法学和司法实践的不断发展,这一原则逐渐被延展为司法原则之一,主要内涵为:法官应当恪守中立、被动的立场,只有在不得已时,法官才能主动依职权对案件事实进行调查认证或者对法律作出漏洞填补,另外,司法机关也必须对其他国家机关、社会机构和公众意见表现出应有的谦逊态度[①]。法官应当恪守谦抑性原则还表现在:现代社会的社会关系更趋复杂,医事法、侵权法、知识产权法等法律部门越来越向精细化发展,法官在事实认定方面越来越需要专业(机构)人士的参与帮助。当然,后者的参与并不能替代或主宰法官的裁判,以司法实践中法官和医学专家的关系为例:法官的思维具有规范性,医学专家的鉴定具有科学性;法官的思维具有程序性,专家思维则不受程序所限;法官思维具有阻隔性,专家思维具有开放性;法官的判断非此即彼,医学专家的鉴定则很难做到泾渭分明[②]。专业(机构)人士提供给法庭的,是其基于本学科专业知识对案件事实(包括专业范畴内的因果关系等在内)的评价,其本质上是一种司法证明活动所需要的证据材料,而法官并不能仅以一份证据材料来代替司法裁判本身,其仍然需要作以下工作:其一,应当审查作出专业评价的程序是否符合相应规范;其二,应当结合庭审对抗所展现的其他证据,凭借自己的经验理性对其证明力作出判断;其三,还应当将专业评价所指向的"案件事实"涵摄入法律的规范性评价之中,从而得出最终的裁判结论。这样一个过程,既能够体现司法的谦抑性原则,也并未放弃法官的职责。

"徐加富强制医疗案"在二者之间存在较为明显的失衡。"有继续危害社会可能"指向的是行为人的人身危险性,从证据法的角度看,对其的评估预测属于一种典型的"预测式证明"[③]。关于这一点,当前的前沿医学、精神病学的确均无法作出最终的、准确的预测,然而这并非是说专业(机构)人士就无法提供必要的帮助,相反,现代医学、

---

① 陈云生:《宪法监督司法化》,北京大学出版社2004年版,第395页。

② 参见周安平:《司法判决与医学鉴定》,载陈金钊、谢晖主编:《法律方法》(第9卷),山东人民出版社2009年版,第215页。

③ 参见秦策:《预测式证明:一种新的诉讼证明类型——围绕人身危险性评估展开》,载《金陵法律评论》2014年春季卷。

精神病学已经在这一方面作出了相当多的努力①。在专业性判断方面,无疑专业(机构)人士相较于法官要胜出一筹。因此,该案诉讼代理人提出“证据不充分、需要补强”的意见本身是应当尊重的。对此,法官的论证应当围绕是否存在专业的判断意见(因为法律并未规定必须有评估报告)、专业的判断意见是否能够被本案其他证据所强化等要素来展开。本案当中,徐加富被送往治疗的成都市第四人民医院具有一定的专业资质,其已经作出了“需要继续进行治疗”的专业意见,如果围绕这一专业意见进行辩论质证,完全可以作出最后的(极可能是相同的)裁决结论。但遗憾的是,该案法官在裁判文书的论证过程中对其的回应则是“医疗机构对其评估也只是对其病情痊愈的评估,法律没有赋予医疗机构对患者是否有继续危害社会可能性方面的评估权利”。这一论证混淆了医疗机构对继续危害社会可能性的专业判断(这一判断仅仅是一个证据材料)与法官本人对“有继续危害社会可能”的规范性判断,二者本来是前后相续、事实与规范、有待裁判与作出最终裁判的关系。法官借助概念的偷换完成了论证,但这种论证显然在逻辑上是断裂的。如果将这一思维倾向用以指导类似案件的处理,显然违背了司法的谦抑性原则,从而会给法官(无论是裁判过程还是裁判结果)带来“不可承受之重”。或许考虑到了这一点,最高人民法院在发布的“裁判要点”中专门另外加了一句“必要时,可以委托相关机构或者专家进行评估”。然而这样的修正和补充,对于一个应当在裁判文书等各方面均需严谨、规范并且将公开发布其裁判文书的指导性案例来讲,显然是不够的。

四、结语

对照本文第一部分关于融贯性论证的基本义理架构,具体到本文所涉的“徐加富强制医疗案”,笔者认为,法官所需要认真把握和处理的问题包括以下内容。第一,根据基础案件事实,找到适用于本案的具体法律规则,也就是《刑事诉讼法》第 284 条和相应的司法解释。第二,仔细审视所涉具体法律规则,完整且有效细分其中蕴含的规范性要素。正如前述,由于《刑事诉讼法》第 284 条是一条涉及被申请人人身自由这一宪法基本权利的授权规则,法官必须为最后的裁判结论寻找完整的规范理由,因此在强制医疗对象要素(A1,“……依法不负刑事责任的精神病人”)和人身危险性要素(A2,“有继续危害社会可能”)之外,还必须加入第三条规范性要素也即必要性要素(A3,“可以”)。第三,仔细审视前述三个规范性要素,对每一个可能存在理解歧异之

① 根据国外和我国部分城市的经验,目前可运用在精神病人危险性预测的有临床评估法、精算评估法和结构化临床判断法等基本方法,并发展出暴力风险分类量表等基本评估工具,显然,这些方法和工具均能有效提升判断的精准度。参见陈绍辉:《论强制医疗程序中危险性要件的判定》,载《河北法学》2016 年第 7 期。

处进行对应解释。一如前述,“有继续危害社会可能”存在着是否同时包括主体要件和客观要件的理解歧异,而如果解释为同时包括,则可能面临两重矛盾:一是无法在本条与该法第288条和相应司法解释第542条之间作出融贯性的体系解释,二是无法赋予本条之中“可以”以解释的空间。故而,“有继续危害社会可能”只能解释为排除外部客观条件、单纯只考虑行为人的主体要件所具有的人身危险性,而“可以”所蕴含的规范性要素则只能解释为一定的客观条件。第四,再次仔细审查案件事实,并将其逐一涵摄入前列三个规范性要素。其中,徐加富杀人事实以及被依法鉴定为不具有刑事责任能力是对第一个规范性要素的有力支撑。另外,徐加富的家属或者监护人虽有意愿,但不具备有效监管或者送医治疗的条件和能力,应当可以涵摄入第三个规范性要素,这一条也可以通过一般经验理性来审查。而对第二个规范性要素“有继续危害社会可能”,则需要综合徐加富杀人事实(触发原因、使用的道具等等)、徐加富的日常表现(有家人、邻居的证言及其他证据佐证)和徐加富的当前生理机能来进行综合论证,尤其是对当前生理机能,法官和普通人均只拥有一般经验理性,此时应当考虑借助专业(机构)人士的辅助进行论证上的强化,以避免在这一关键问题上的认定争议。第五,在以上论证的基础上,最后得出裁判结论,此不赘述。

本文从单一案例出发,部分展示了融贯性论证思维缺失的具体表现,并“就案论案”作了可能的论证重述。但这并非最终目的。实际上,只有高度重视融贯性论证,对其义理进行系统理解把握,才有助于司法实务界最大程度上摆脱“以结果求论证”的裁判思维局限,从而间接推动司法裁判规则的健全完善。笔者期待,司法实务界能够针对这一问题,在司法培训、内部交流、指导性案例甄选等方面有更多的改进。

法律论证视域中的同案同判原则*

杜文静**

摘　要:"同案同判"原则是实现法律统一适用的首要条件,也是法治追求的目标。然而,在法律适用过程中,"同案同判"原则常常处于同案不同判之尴尬境地。为了解决这一困境,本文首先厘清"同案同判"之核心概念,然后从司法技术的层面运用类比推理以判定两个特定案件属于"同案"。在此基础上,分别从事实问题与法律问题出发研究司法实践中"同案不同判"的现象。并且,就其成因,拟从法律逻辑的视角,提出一种论证模型解决"同案不同判"的问题,从而有效规制法律适用者对"同案"之滥用裁量权,最大限度地保障"同判",真正实现"司法公正原则"之内涵。

关键词:同案同判原则;法律统一适用;法律五段论;逻辑证成

一、问题的提出

2012 年 4 月国家开始禁止用公款购买高端白酒之后,茅台和五粮液等高端酒厂先后组织经销商召开会议,要求高端酒的转售价格不得低于其各自指定标准。2013 年 1 月茅台和五粮液集团纷纷再次要求经销商不得低于他们制定的最低转售价格销售。其行为违反了我国《反垄断法》第 14 条的规定:"禁止经营者与交易相对人达成下列垄断协议:(一)固定向第三人转售商品的价格;(二)限定向第三人转售商品的最低价格……"国务院反垄断执法机构针对茅台、五粮液集团限制转售价格行为进行了反垄断调查。四川省发改委和贵州省物价局分别对五粮液和茅台两家公司垄断市场的行为作出处罚,罚款金额总计 4.49 亿元。这是我国《反垄断法》2008 年实施以来物价部门开出的额度最大的罚单。

---

* 基金项目:本文为上海市社科规划课题的青年项目"法律证据推理的贝叶斯模型"(项目编号:2014EZX002)和 2015 年华东政法大学校级项目《证据学推理性的概率化研究》的阶段性成果。

** 杜文静,女,河南新乡人,华东政法大学副教授,研究方向为法律逻辑、证据推理。

无独有偶,北京锐邦涌和科贸有限公司诉强生(上海)医疗器材有限公司、强生(中国)医疗器材有限公司案,是我国法院处理的涉及纵向价格垄断协议纠纷的一个重要案例。该案涉及《反垄断法》第14条列举的纵向垄断协议中的最低转售价格维持,即生产商对于经销商向下游第三者转售商品时收取的最低价格作出限制。一审法院上海市第一中级人民法院认为:在认定第14条规定的垄断协议时,不能仅以经营者与交易相对人是否达成了固定或者限定转售价格协议为准,还需要结合该法第13条第2款的规定进一步考察此等协议是否具有排除、限制竞争效果。本案中,原被告之间签订的经销合同包含有要求原告向第三人转售时收取最低价格的条款,对于此类条款是否属于垄断协议,还需要进一步考虑如下因素:确定其是否具有排除或限制竞争的效果、经销合同项下的产品在相关市场所占份额、相关市场的上下游竞争水平、该条款对产品供给数量和价格的影响程度等①。因此,上海一中院作出一审判决,认为锐邦公司举证不足,判决驳回其诉请。

这两个典型案例都涉及限定或固定最低转售价格。然而,四川省发改委和贵州省物价局与上海市一中院所得结果却大相径庭。更有意思的是,2012年5月28日,锐邦公司不服上海一中院判决,向上海高院提出上诉。2013年8月1日,上海高院作出的二审终审判决推翻了一审判决,强生赔偿锐邦经济损失人民币53万元,驳回锐邦公司的其余诉讼请求。这使得该案成为反垄断法实施以来第一起由原告在终审中胜诉的案件。

这两起案件引起了法律界的强烈关注,不少学者认为法院判决显然偏离"法律统一适用"。"法律统一适用标准"是法治实施的基本要求,同案同判原则能够保证法律统一适用标准,是实现司法公正的首要原则。因此,本文以"同案同判"这一核心概念作为理论抓手,以厘清学界和实务界亟待解决的如下问题:何为"同案"、"同判"?什么原因导致"同案不同判"?能否通过一种论证模型保证"同案同判"原则,从而实现法律统一适用?

二、"同案"之概念内涵

(一)"同案"的定义

"同案同判"是由人类的两种思维活动组成,即对"同案"的认知活动和对"同判"的适用活动。在司法实践中,"同案"是"同判"的预设性前提,除非两个特定案件属于"同案",才能进行"同判"。换言之,"同案"是"同判"的必要条件。如果我们没有充分理解同案之内涵,那么得出同判的结论就存在不合理、不合法的风险。所以,我们首先

---

① 上海市第一中级人民法院民事判决书(2010)沪一中民五(知)初字第169号。

应当理解“同案”为何意?

在法学领域中,“同案”之内涵一直是论争的焦点。虽然有人觉得定义一个概念既无聊又乏味,但是,在借助语言描述问题时,明确的定义是对任何问题进行科学认识的前提。如果对“同案”的意义不能或不可能达成一致,就不可能对亟待解决的法律问题进行有意义的实质性争论。

有学者认为,从理论分析的严谨性出发,“同案同判”命题中的“同案”之合理解释应该是指“同样案件”或“相同案件”①。张志铭从定性和定量的角度分析:“‘同样’或‘相同’似乎既有性质上的肯定,也有数量上的肯定;而‘同类’或‘类似’则属于性质上的肯定,是量化分析上的否定。”②所以他提出,“相同案件”比“同类案件”更合情合理。但是,笔者认为此类观点有两处值得进一步商榷:

其一,从哲学角度看,“世界上没有两片完全相同的树叶”。在司法实践中,也不会存在两个完全相同的案件。倘若两个案件事实在时空条件下都一致,则为一个案件。

其二,从逻辑角度看,假如“同案”解释为“相同案件”,那么根据定义规则——定义项不能直接包含被定义项,这类定义就颇有同语反复之嫌。在司法实践中,不可能在严格意义上存在两个绝对相同的案件事实。

就“同案”的界定,本文认为应从两点着手。首先,根据最高人民法院《关于案例指导工作的规定》,“同案”应当视为“类似案件”或者“同类案件”③。张骐认为,“《关于案例指导工作的规定》是最高人民法院以司法解释的形式依法履行其维护国家法制统一的职责并行使相应权力的体现,具有合法性”④。其次,“同案同判”原则的英文表述为“the principle treat like cases alike”。《牛津高阶英汉双解词典》(第8版)将“like”译为“相似、类似、像”,将“alike”译为“相像、十分相似”。鉴于此,“同案”也应当解释为“类似案件”或者“同类案件”。

(二)“同案”的判定标准

如果“同案”被理解为“类似案件”或者“同类案件”,那么如何判断两个特定案件属于“同案”,这就涉及司法实践的技术性问题。四川省高级人民法院、四川大学联合课题组提出了一种“简单易行”的相似性识别技术,即以“裁判要点”为判断相似性的基准:待决案件的事实与“裁判要点”所包括的必要事实具有相似性;待决案件所要解

① 周少华:《同案同判:一个虚构的法治神话》,载《法学》2015年第11期。

② 张志铭:《中国法院案例指导制度价值功能之认知》,载《学习与探索》2012年第3期。

③ 2010年11月最高人民法院《关于案例指导工作的规定》第7条规定:“最高人民法院发布的指导性案例,各级人民法院审判类似案例时应当参照”。

④ 张骐:《论类似案件应当类似审判》,载《环球法律评论》2014年第3期。

决的法律问题与“裁判要点”涉及的法律问题具有相似性①。倘若待决案件与指导性案例同时满足以上两点要求,那么二者属于同案。

这种方法看似简单,但在操作上仍属不易,其面临着三个重要问题:

第一,四川省高级人民法院、四川大学联合课题组提出的相似性识别技术,与指导性案例的“裁判要点”密切相关。而作为对法律条文解释适用的“裁判要点”又如何形成呢?黄泽敏和张继成认为,“裁判理由是已经生效的判决书本身就有的,而裁判要点是从裁判理由中抽取出来,是附加在指导性案例中的内容。因此,这里就存在一个从裁判理由中抽取裁判要点的思维过程,即从特定的案件事实中抽取这种事实类型的事实特征和法律特征的过程”。裁判要点的形成本质上是归纳推理的运用。他们进一步提出,根据“可普遍化性”公理,经过“去个体化”的抽象思维活动,就可以从裁判理由概括出裁判要点②。从现代逻辑视角分析,这种抽象思维活动是将具体事实全称量化为一般原则的过程。然而,全称量化需要大量的逻辑限制规则,如全称量词之后的谓词公式,不能出现自由变元。因此,即便某个特定个体具有某种性质为真,也不能保证任何个体都具有这种性质为真。例如,法官李某是博士毕业生,那么最高人民法院在职人员均为博士毕业生也是真的。根据人们的常识和经验即可知晓该命题是一个谬论。所以,全称量化是一种复杂的量词推理规则,运用“可普遍化性”公理须慎之又慎。

第二,确定待决案件的事实与“裁判要点”所包括的必要事实相似性并非易事。简言之,需要满足哪些要素,才能达到案件事实相似性的标准?拉伦茨认为:“两个案件事实彼此‘相类似’,此意指:两者在若干观点上一致,其余则否。假使在所有可能的角度上,两者均一致,则两者根本就是‘相同的’。有关的案件事实既不能完全相同,也不能绝对不同,它们必须恰好在与法评价有关的重要观点上相互一致。”③所以,我们首先要确定案件事实中哪些要素与法律评价的主要观点息息相关。为此,参照一般法学理论的通说,将事实构成要件分为四部分:主体要件、主观要件、客体要件及客观要件。本文也将案件事实分为以上四部分以便进行比较。拉伦茨又提出,“事实是否如此,不能仅凭‘一致’及‘不一致’等逻辑学上的基本范畴来决定……事实构成要件中,哪些要素对于法定评价具有重要性,其原因何在,要答复这些问题就必须回归到该法律规整的目的、基本思想,质言之,法律的理由上来探讨”④。因此,对于每个事实构成要件,法官必须通过自己的判断确定待决案件是否符合这种情形。如果待决案件均满足这四个构成要件,则其达到待决案件与先决案件事实相似性的要求。

---

① 四川省高级人民法院、四川大学联合课题组,陈明国、左卫民:《中国特色案例指导制度的发展与完善》,载《中国法学》2013年第3期。

② 黄泽敏、张继成:《案例指导制度下的法律推理及其规则》,载《法学研究》2013年第2期。

③ [德]卡尔·拉伦茨:《法学方法论》,陈爱娥译,法律出版社2003年版,第258页。

④ [德]卡尔·拉伦茨:《法学方法论》,陈爱娥译,法律出版社2003年版,第258页。

第三,司法人员如何恰当、正确地进行案件"类似性"之判定。在判断特定案件"类似性"上,我们可以借助类比推理的方法。类比推理是一种根据两个或两类对象的某些特性相似,从而推出它们在另一特性上也相似的推理。在英美法系中,类比推理是运用最普遍的推理方法,也是形成普通法惯例的基础。但是类比推理不具有"真值传递"的特点,因此其结论合法性只能说具有某种程度的盖然性。

克卢格在《法律逻辑》一书中明确指出:"在实际应用活动中,人们需要判断哪些类比推理是允许的,哪些又是不允许的。这一判定标准不是由推理规则所提供,而是由人们界定的'恰当相似圈'决定。"①从克卢格对类比推理的分析出发,我们发现运用它的关键是相关相似性(relevant resemblance)。与简单归纳枚举不同,法律类比并不追求案例的数量,而是依赖于相似点的质。换言之,恰当、有效的类比推理应当识别被比较的案件中正相似(positive resemblance)方面的数量以及负相似(negative resemblance)方面的数量。正如王利明所说:"由此可以看出,类似性的判断就是逻辑上类比方法的运用。因此裁判者必须谨慎对待类比方法,深入分析指导性案例与系争案件的相似之处与差异之处,认真选择比较点,使类比推理的过程具有合理性,这样才能得出科学的结论。"②为此,我们提出评估法律类比推理结论有效性的三条准则:

第一, 类比结论的有效性与对比案件事实四要素的正相似性密切相关;

第二, 类比结论的有效性也要考虑事实四要素的负相似性;

第三, 也是最重要的,两起个案具有"类似性"本质上要求正相似超过负相似。

值得一提的是,四川省高级人民法院、四川大学联合课题组提出的相似性识别技术是针对指导性案例和待决案件的类似性比较,我们可以将其适用于先决案件与待决案件之比对,若满足事实问题的类似性,又符合法律问题的类似性,则二者属于同案。

(三)"同案"判定标准的适用

通过四川大学联合课题组提出的相似性识别技术,我们可以探讨"茅台五粮液"案与"锐邦强生"案这两起案件事实是否类似,即是否都属于维持转售价格类型的案件。针对这两起案件,我们将从维持转售价格案的主体要件、主观要件、客体要件及客观要件四个方面进行评估。

首先,主体要件。一般发生在上下游具有独立地位的企业之间。在"茅台五粮液"案中,茅台和五粮液要求经销商不得低于他们制定的最低转售价格销售。而在"锐邦强生"案中,强生公司要求锐邦公司向第三人转售时收取最低价格。这两起案件均涉及具有独立市场地位的生产商与经销商之间的关系,所以都满足维持转售价格的主体

① [以]约瑟夫·霍尔维茨:《法律与逻辑:法律论证的批判性说明》,陈锐译,中国政法大学出版社 2015 年版,第 23-25 页。

② 王利明:《成文法传统中的创新》,载《人民法院报》2012 年 2 月 20 日。

要件。

其次,主观要件。以反竞争的目的消除价格竞争,这种情形主要发生在上下游企业之间。通过消除下游销售企业之间的竞争,以实现上游企业获取不正当的高价目的。特别针对同一品牌,由于生产商限制经销商的转售价格,同一品牌的经销商之间就不能在价格上进行竞争,只能以统一的价格出售商品,从而消除了企业间的有效竞争。在"茅台五粮液"案中,茅台酒厂对53度飞天茅台的零售价限定不能低于1519元/瓶,强制其经销商坚挺该价格,不得私自更改。同样,在"锐邦强生"案中,被告要求原告不得以低于被告限定的价格销售其生产的商品。

第三,客观要件。根据我国《反垄断法》第14条规定,这两起案件的经营者与交易相对人,都实施了反垄断法禁止的"固定向第三人转售商品的价格"、"限定向第三人转售商品的最低价格"和"国务院反垄断执法机构认定的其他垄断协议"行为。为了维持转售商品的价格,经营者一般会采取相关的措施对销售商进行约束,如订立合同,违反合同进行处罚等。在"茅台五粮液"案中,据查2012年12月18日,茅台方面在山东济南召开经销商大会,董事长袁仁国在会上表示,"经销商必须坚挺茅台价格,谁扰乱价格就取消谁,一旦发现情况,不管任何原因立刻取缔,所在大区域负责人也要降职、贬职处理"。而在"锐邦强生"案中,原被告之间签订的经销合同包含有要求原告向第三人转售时收取最低价格的条款,并且被告以原告私自降低销售价格为由,对原告扣除保证金,取消其经营权。因此这两起案件都满足转售价格的客观要件。

第四,客体要件。破坏市场竞争,对市场竞争造成损害后果。倘若经营者与经销商采取维持转售商品价格的行为,当然会损害竞争,严重影响市场竞争秩序,这是毋庸置疑的。

综上,"茅台五粮液"案与"锐邦强生"案在四个事实构成要件上都具有"类似性"。同时,它们均涉及纵向垄断协议的法律问题,所以我们认定二者属于"同案"。

根据"同案"的含义,我们将"同判"解释为"类似判决",而不是"相同判决"。首先,从定义规则的角度看,"相同判决"比"类似判决"的外延更窄,不免会犯定义过窄的谬误。其次,从法律评价的视角看,法官对于具体案件的判决总是包含着自己的价值取向,也就是在事实构成所描述的事实行为中实现其对社会的价值判断和利益评价。所以,"同判"体现了法官的自由裁量权。从其功能与作用上看,"裁量权的理念在于,某个拥有控制权或审查权的机制将容许各种大相径庭的决定,包括这一控制性机制认为是错误的某些决定的存在。就像'机动车不得驶入公园'的规则容许法官行使裁量权来决定,是将自行车、滑板车和童车包含(进规则)还是排除(于规则之外)"①。

① [美]弗里德里克·肖尔:《像法律人那样思考:法律推理新论》,雷磊译,中国法制出版社2016年版,第209页。

所以,法官的自由裁量权具有开放性、灵活性的特点。如果我们将“同判”理解为“相同判决”实在不妥,更不用说“唯一正解”。

至此,我们已经界定了“同案”与“同判”概念之内涵,既然“茅台五粮液”案与“锐邦强生”案属于同案,理应同判。然而,反垄断行政机关和上海第一中院却作出“同案不同判”的决定,这一现象的成因何在呢?

三、“同案不同判”的成因

“同案不同判”的原因受到越来越多的法学家和法律实务界人士的重视。因为“同案同判”原则是公平与正义的体现,也是“法律面前人人平等”的宪法要求。从目前各种文献资料来看,在我国学界对于“同案不同判”的原因,有以下几种观点:崔剑平提出,同案不同判的一般原因是同案的认定需要专门训练、案件事实认识的复杂性、个案处理社会效果的差异以及刑、民、行政案件证明标准不同。而同案不同判的根本原因是诚信法治意识不足、司法裁判功能不强、诉讼制度刚性不够以及法官专业素养不高①。孔繁灵认为,同案不同判的存在有其必然性。一方面,法律事实在司法认知程度上存在局限性,认知程度的差异性导致存在不相同的案件。另一方面,法律规范的缺陷进一步增加了同案同判的难度②。

可以看出,当代中国法学界在有关“同类不同判”原因的探讨中已经达成某些共识,可以归结为两类问题:事实问题和法律问题。因为在司法实践中,法官的职责就是针对实际发生的案件事实作出法律上的裁判。所以,案件事实的形成与法庭判决,既取决于法官确定的实际发生案件,又依赖于可能适用的法律规范之构成要件。这与本文所提及的“同案”判定标准深相契合。

(一)事实问题

法官在判定两起案件事实是否“同案”,首先要认定案件事实。何为案件事实?即在判决的事实部分出现,并作为陈述的事实。而“被陈述的案件事实,其与实际发生者究竟是否一致,面对这个问题的法官通常不能亲身感知事实,他必须凭借他人的感知来答复问题。因此,为了获得事件的适切形象,法官不能立即信从某一证人或甚至当事人一方的陈述,反之,他必须判断这些陈述的可信度”。断定案件事实的可信度实质上就是认定案件事实。它是法官、检察官或律师运用证据确定某一具体案件是否真实的过程。简言之,案件事实的真实性直接取决于证据的支持度。“在大多数案件中,只要达到(证据支持)可能性极高的程度,法官就会形成——案件事实的确是此种,而非

① 崔剑平:《同案不同判原因及对策研究》,载《东方法学》2012 年第 4 期。

② 孔繁灵:《“同案同判”与“同案不同判”》,载《人民法院报》2014 年 2 月 15 日。

他种情况的——确信。”①

通过分析确认案件事实的过程,可以从以下两点得出“同案不同判”存在的原因:

第一,案件事实不同于客观事实。从认识论角度分析,客观事实是认知的对象和内容,具有绝对客观性。而案件事实是特定主体对某一具体案件的表达,具有相对特定主体的主观性。因此,拉伦茨提出:“案件事实必须以某种方式(语言或文字)表达,那么这种方式可以用一般用语,或者用法律用语来描述。然而,许多表达方式是法律用语及日常用语共有的,法律用语中的这一类表达方式,只有在少数的‘临界事例’才具有精确的意义。”并且,他进一步分析说,“运用这些表达方式提出事实问题时,还没有法律判断掺杂其中”②。在法律实务中,特定主体对于案情的描述会融入其价值判断,总是不知不觉偏向自己的权益。可见,对于“同案”的判断,不是依据客观事实比对,而是依赖于案件事实的比较。

第二,认定案件事实存在差异性。参与案件活动的司法人员通过证据会对案件事实进行分析、评估,作出自己的认知评价,此乃认定。因为法律适用第一个步骤就是认定案件事实,这就要求司法人员能够识别出案件的关键要素,确定哪些主要事实与法律密切相关,并给予具体事实以相应的法律含义。而在司法实践中,由于法律理念、文化传统、专业修养、思维能力、价值诉求等诸多因素的多元化与差异性,对于特定的案件事实,不同主体(法官、律师、检察官、社会公众)之间有时很难形成共识。正如崔建平所言,“任何一起案件的裁判,只能立足于当时人类认知水平、裁判时限及社会价值取向的限制。人们已经不再单纯地强调法官应当依据所谓的客观事实进行裁判,不再机械地强调对‘客观真相’的追求,而是强调案件事实的‘可接受性’”③。这就赋予法官在现有的法律秩序下行使自由裁量权,从而导致法官在进行案件比较时,作出类似案件不属于同类,而非类似案件却属于同类之悖论的出现。

(二)法律问题

案件事实认定以后,法官就要寻找相关的法律规范,然后以整个法律秩序为标准进行涵摄,最终得出法律后果。对于简单案件而言,根据清楚明确的法律规则,当个案事实基本相似,法官应当得出类似的判决结果,以彰显公平与正义的原则。但是对于疑难案件,法官可能面临不止一种解决方案的选择。本文拟从以下两点阐释疑难案件,并以此为基准探讨产生“同案不同判”的法律问题。

首先,在疑难案件中,有两个或以上的法律规范均适用于案件事实。拉伦茨认为,“两个规范的构成要件彼此部分重叠,质言之,有一些事件属于此规范,另一些事件属

---

① [德]卡尔·拉伦茨:《法学方法论》,陈爱娥译,商务印书馆2003年版,第184-185页。

② [德]卡尔·拉伦茨:《法学方法论》,陈爱娥译,商务印书馆2003年版,第187页。

③ 崔剑平:《同案不同判原因及对策研究》,载《东方法学》2012年第4期。

于彼规范,更有一些事件两规范都可得适用”①。比如,刑法中侮辱罪、诽谤罪与强制猥亵、侮辱罪,这两条法律规范的构成要件彼此包含。针对于此,魏德士不仅提出解决法条冲突的顺序原则,还提出当两个顺序相同的规范出现冲突时,可以采用特别冲突规则与时间冲突规则解决。

但由此产生一个问题,特别法律规范是否始终排除一般法律规范?比如,著名的“张学英诉蒋伦芳遗嘱继承案”。如果法官根据“特别法效力优于一般法”原则,即《继承法》应当优于《民法通则》,则判令被告蒋伦芳败诉,然而,该案的判决书指出:黄永彬与上诉人张学英长期非法同居……所立遗嘱违反“公序良俗”的法律原则。裁判结论是原告张学英败诉。在张学英案件中,泸州中院的赵兴军法官认为法院办案应当考虑“审判的社会效果”,注意“社会导向”②。

为此,拉伦茨提出,“当某案件事实与两规范的构成要件相合致,两种法效果应同时发生,或其中之一排除他者的适用。于此仍取决于各该规范的意义、目的及其背后的价值判断”③。根据拉伦茨的上述观点,针对案件事实,适用的法律规范有两个或以上时,法律适用者会融入自己的价值观念和法律评价,从而作出判决结果。值得注意的是,虽然法律适用者将从维护和实现公平正义角度出发,但是由于每个特定主体的意识形态、价值观不同,就可能会导致“同案”的判决结果不同甚至相反。

其次,由于法律规范具有概念抽象性或语言不精确性,这可能导致适用于案件事实的法律规范存在几种不同解释。众所周知,许多法律规范都是围绕核心概念展开的。法律中所运用的推理过程,在很大程度上是以含有各种专门性质的概念的规则与原则为基础。通过这些核心概念,所适用的规则才能够被识别出来,且不会与其他规则发生冲突④。因此,核心概念的内涵与外延之精确性对于法律适用者尤为重要。而事实上,很多法律概念的含义是不确定的。这主要由两个因素造成:客观上,从法与语言的角度分析,任何法律概念都必须通过法律语言得以表达。语言是法律制定、发展、完善必不可少的工具,从二者之间的紧密联系可以看出语言在某种程度上影响法律概念的精确表述。法律语言本身是一种自然语言,而自然语言的不精确性必然导致法律语言的不精确性。此外,因为立法者认知的局限性,或者因为事物的发展纷繁复杂,不可能对所有概念作出阐释。哈特认为,人类立法者不可能有关于未来可能产生的各种情况的所有组合方式的知识⑤。所以,立法者只得借助于模糊语词来表达不确定的

① [德]卡尔·拉伦茨:《法学方法论》,陈爱娥译,商务印书馆2003年版,第146-147页。

② 赵兴军:《谁在为“第三者”呐喊?》,载《法制日报》2002年4月22日。

③ [德]卡尔·拉伦茨:《法学方法论》,陈爱娥译,商务印书馆2003年版,第146-147页。

④ [美]E.博登海默.法理学:《法律哲学与法律方法》,邓正来译,中国政法大学出版社2004年版,第510页。

⑤ 熊明辉:《诉讼论证——诉讼博弈的逻辑分析》,中国政法大学出版社2010年版,第101页。

概念。

主观上,为了建构法律体系,立法者从法条事实构成中分离出若干要素,将其一般化并形成类别概念,然后通过增减类别概念的内涵和外延,形成不同抽象程度的概念。根据逻辑中概念内涵与外延的反变关系,当类别概念的外延越大,其含义就越抽象,最后概括到最高概念。而立法者故意选择这种抽象概念,因为它可以最大限度地包含可能存在的事实类型,其调整范围变得宽泛,亦可保障法的安定性①。因此,法官在作出法律决定前,有必要先对适用的法律规范中某些抽象概念进行解释。

与这两种含义相对应的疑难案件之共同点在于法律规范的不确定性。在法律适用中,这种不确定性使得法官和其他法律适用者在一定程度上具有自由裁量权。这有可能导致"同案不同判"的现象出现。

四、"同案同判"的论证模型

通过就"同案不同判"的成因分析,我们认为,无论事实问题还是法律问题,均有法官自由裁量的介入可能。但这种自由裁量权不是法官自由意志的体现,其必须对法律判决进行论证,否则就会导致"同案不同判"。"同案不同判"与法律平等对待的基本原则形成明显抵触。在全面推进依法治国的伟大历史进程中,我们必须规制自由裁量权滥用,最大限度地保障"同案同判"原则。鉴于此,笔者拟从法律逻辑的视角,提出一种论证模型以期解决法律统一适用的问题。

根据我国三大诉讼法"以事实为根据,以法律为准绳"的规定,在司法裁判中,法律准绳就是法律三段论的大前提,案件事实则是法律三段论的小前提。法律三段论被认为是法律适用的基本原则,即从两个前提中得出结论的推理。法律三段论的基本过程分为三步:

第一步,寻找并解释法律规范以确定大前提;

第二步,认定和陈述案件事实以确定小前提;

第三步,借助演绎推理规则得出结论。

但这种"确定法律后果的三段论"并不像表面那么简单,它存在一个关键问题,也是一直困扰法学家的问题:法律前提与事实前提的涵摄,质言之,如何正确形成法律决定的前提。"至于大前提,大家切不可认为,单纯由法律条文的文字就可以得到大前提。每条法律规范都需要解释,而且不是所有的法条都规定在法律中。"②特别要强调的是,"同案同判"通常涉及某个法律规则包含具体化程度较高的词语,而非抽象程度

① [德]卡尔·拉伦茨:《法学方法论》,陈爱娥译,商务印书馆2003年版,第317页。

② [德]卡尔·拉伦茨:《法学方法论》,陈爱娥译,商务印书馆2003年版,第152页。

较高的句法结构甚至法律原则。因为只有当涉及的词语较为具体时，立法机关才有可能意图为其指派较为具体和一致的含义，法律文本的读者也才会期望它们具有相同的含义。

与之相对，当涉及较为抽象的法条表述时，其调整范围变得宽泛，适用于具体情形时需要考虑的其他因素也开始增多，从而其含义也变得更具弹性。如强生案涉案的句法结构——“禁止……下列垄断协议”——可能适用于多种事实类型，完全不可能在适用于所有这些类型时具有统一的含义。事实上，这是法律表达禁止态度时可以使用的最为基本的方式之一，它仅仅表述了一种禁止态度，禁止的对象则可能有不同的类型，适用不同的判断标准。例如《欧盟运行条约》第 101 条第 1 款规定——“具有……阻止、限制或扭曲内部市场竞争之目的或效果的协议……应予禁止”——虽然它采用“禁止”的措辞，但同时也明确规定，禁止对象的判断标准既可以是“目的”限制竞争也可以是“效果”限制竞争。在这种意义上，适用于案件事实的法律规范就必须由法官解释以证成。

然而，即便是法条由具体化程度很高的词语表达，法律规范的确定性也不是绝对的。正如美国联邦最高法院指出：“只要这些词语的使用语境存在较大的差异性，足以合理地得出它们在该法不同部分具有不同含义的结论，即可以推翻这一推定。”[①]详言之，“如果这些词语出现在不同的位置并指向不同的对象，或者一种情况下行使的立法权外延宽于另一种情况，则其含义也可以不同，以满足该法的不同目的，通过考察表述这些词语的语言以及使用这些语言的语境确定其含义”[②]。哈特认为，这种情形是由于自然语言的开放结构所造成的。这种开放结构必然导致法律具有不确定性，而使得法官不得不行使自由裁量权[③]。因此，在法律适用中，对于任何作为大前提的法律规范，均需要提供法律解释。

而作为小前提的事实认定，也不是简单的断定。任何案件在事实方面总是复杂多样的。不仅如此，即使对于同一事实材料，不同的法官出于不同的考虑，也会关注事实的不同方面，从而形成不同的判断。对于案件事实的认定实际上是对过去事件的追溯，因此不得不依靠一系列证据进行证明。但是，法律三段论却忽略了在司法实践中证据推理的重要性，证据推理正是确保公正司法的关键环节，许多冤假错案的根源就在证据推理这个环节。因此，证据推理决定了案件事实的正当性。只有案件事实清楚，才能将待决案件与先决案件进行类似性比较。为了保障“同案同判”原则，必须解

① Atlantic Cleaners & Dyers, Inc. v. United States, 286 U. S. 427, 433(1932).

② Atlantic Cleaners & Dyers, Inc. v. United States, 286 U. S. 427, 433(1932).

③ 王夏昊：《法律规则与法律原则的抵触之解决——以阿列克西的理论为线索》，中国政法大学出版社 2009 年版，第 8－9 页。

决两个问题:其一,关于证据证明力的问题;其二,先决案件与待决案件如何进行类似性比较。

证据证明力是证据科学与法庭审判的关键,因为证明力直接关系到裁判结果与公平、正义的实践。目前,国内学界对证据证明力的研究往往停留在证据的客观性、相关性和合法性层面,似乎认为证据如果具备了这些特征,就能证明案件事实的成立。事实并非如此,即便证据具备这三重性质也不能保证其支撑的案件事实可靠,因为它还缺乏证据推理。证据推理实质上把证据与案件事实为真的假设,通过逻辑推导联系在一起。边沁认为,"证据自然理论"系统中,证据推理建立在法庭之外日常推理所运用的似真性等概念基础之上。"似真性"指的是,根据人们现有的认知能力,一类命题可能为真、似乎为真;通过似然度可以评估它们之间为真的区别,似真度越大,则命题为真的可能性越强。因此,依靠证据推理所得的结论仅是一种暂时性可能为真的命题。那么,根据证据推理,如何刻画证据以加强法官对待决案件为真的评价,从而使法官心证形成过程的明示化、规范化?笔者提出,似然率模型是一种评价证据证明力的量化方法,对于防止法官滥用自由裁量权具有重要的现实价值。不过,它不属于本文讨论的重点,在此不再详述。

法官确认案件事实以后,即可对待决案件与先决案件进行比较,从而得出二者类似或不类似的结论。那么,通过什么标准确定两起案件类似?本文前面已经提出,如果两起个案均满足四个事实构成要件,则其达到案件事实相似性要求。但我们凭什么相信这种"类似性"比较是合理的、正当的?前面论述的判断类比推理合理之标准就是首选。需要提醒的是,任何好的类比推理不仅要识别被比较的案件中正相似性质,还要识别负相似性质。因为倘若法官能够说明个案之间的负相似(差异性),则表面的"同案"就转变为实质的"不同案",而法官有充分理由偏离先决案件的判决结论。

通过上述分析,"同案同判"是一项涉及面广、纷繁复杂的司法活动。它不仅包含法律问题,还包括事实问题。在司法实践中,案件事实可能不易比较,法律也存在漏洞。在这种情况下,司法判决要求法官尽可能地考虑各种相关的实质要素,从中作出较合理的选择。而法律三段论却不能用于法律规则需要解释或者事实不清的案件。因为它没有提供可以用来描述支持法律解释或认定案件事实的各种推理①。因此,为了证成待决案件前提的可接受性,熊明辉提出将法律三段论扩充为法律五段论,图示如下②:

---

① [荷]伊芙琳·菲特丽丝:《法律论证原理——司法裁决之证立理论概览》,张其山、焦宝乾、夏贞鹏译,商务印书馆2005年版,第45页。

② 熊明辉:《诉讼论证——诉讼博弈的逻辑分析》,中国政法大学出版社2010年版,第144-145页。

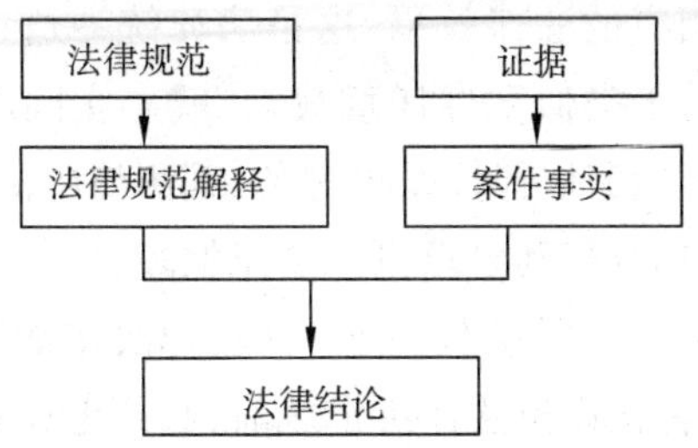

图 1　法律五段论的论证模型

从图 1 可以看出,法律五段论由五个部分组成:法律证据、案件事实、法律规范、法律规范解释和法律结论。本文在此基础上,对该范式进行改进并扩充,从而尽可能确保法律统一适用的要求,图示如下:

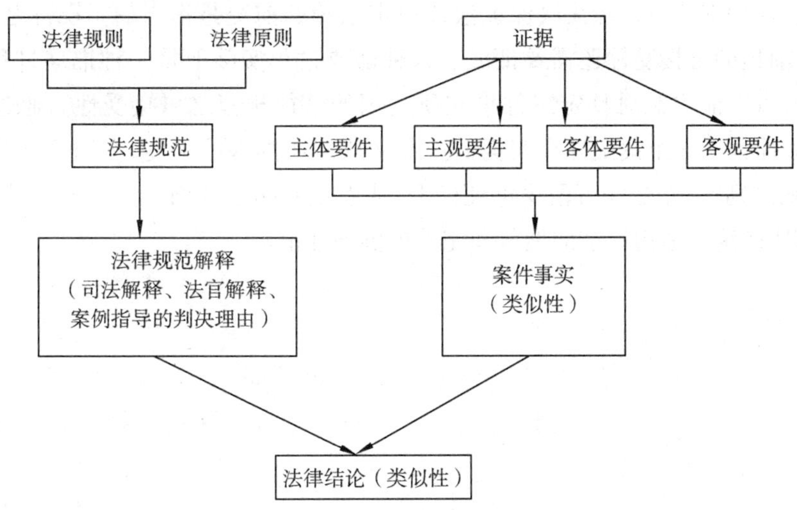

图 2　扩充后法律五段论论证模型

在图 2 模型中,除了这五个基本组成部分,本文针对"同案不同判"现象,拟从事实问题和法律问题这两个关键环节加强规范化和规则化。所以,关于类似案件事实的确定,须从事实构成四要件运用类比推理进行具体考量。而法律解释除了一般的司法解释、法官解释,还需参考案例指导的判决理由。因为按照最高法院的规定,指导性案例的价值功能属于"统一法律适用"的性质。笔者认为,"同案同判"原则在司法实践中遇到的最大困难就是法律适用的恣意性。而由扩充后的法律五段论模型,法律适用者对于"同案"就可以规制其自由裁量权,以最大限度地保障"同判"。

五、结语

在任何一个正常法治国家中,法官对特定案件事实适用法律,都必须遵循一定的要求,以使法律适用达到相应的法律效果,这是法律统一适用标准的必然要求。如果在法律适用过程中,法官对于类似案件任意裁判,就事实问题和法律问题不给予任何推理和解释,那么即便一个国家法律体系再完备,其法治也荡然无存。

法治意味着任何公民都有权利要求得到法律保障,任何人不得侵犯他人的合法权益,这是法治社会赋予公民的一项基本权利。而法律决定的可预见性是现代法治的具体体现。可预见性要求法官在作出法律决定之前,必须考虑前提与结论之间的支持关系,并对这种支持关系进行逻辑推导。它可以保证法律决定的整个推理过程有效,从而避免法律适用者的任意和武断。特别是公权力行使者必须根据正当方式制定并行使法律,这是法律面前人人平等的要求,也是类似案件类似处理——正义与公平之准则的体现。

但是,这种支持关系却无法保证法律决定依赖的前提是正当的。换言之,法律前提和事实前提的可接受性还需要证成。这种证成过程实际上是一种推理过程。通过法律解释,可以证成针对特定案件事实所适用的法律规范之可接受性。通过证据推理,则可以保证两起个案案件事实类似。本文从法律推理的角度,在理论和技术层面给予"同案同判"一个法律五段论论证模型,从而规制司法裁判人员的自由裁量权,以期为我国法律统一适用标准的发展和完善提供理性根基。

辩证推理的反思及其司法应用研究*

徐　晓**

摘　要:辩证推理是具有严格限定的以对话为本质特征的推理,是一种或然性的推理。法律问题的性质决定了它并不能像科学一样,成为类似于元素周期表那样的公理体系,因此,辩证推理承担着丰富法学命题、提升司法裁判合理性、拓展法律应用空间的重要使命。辩证推理中的具有限定的对话机制这一特征应当受到重视。司法推理大前提的确立需要诉诸辩证推理,辩证推理亦可以弥补形式推理的某些缺陷。对于辩证推理本质特征的揭示不是为了无限扩展辩证推理在实践中的应用范围,而是对司法裁判中辩证推理的适用作出合理限定。

关键词:辩证推理;形式推理;司法裁判;合理性

一、引言

近年来学界越来越关注司法裁判中的辩证推理,有不少论著对辩证推理的概念、属性及司法应用展开了系统探讨。国内学界对辩证推理形成了大致统一的认识,“司法裁判中的辩证推理是指法官断案处于两难选择时,进行价值判断作出抉择并予以说明论证进而据此得出裁判结论的一种法律推理”①。“辩证推理,又称实质推理,是指在两个相互矛盾的、都有一定道理的陈述中选择其一的推理。”②“法律辩证推理的运用是在面临复杂、疑难案件时,应予适用的法律规则难以确定的情形下,依据一定的价值准则对法律规则进行细化、选取或确定,从而结合具体的案件事实完成对特定案件

---

* 基金项目:本文为国家社科基金重点项目“建设社会主义法治文化研究”(批准号:14AZD144)阶段性成果。

** 徐晓,男,河南长垣人,南京师范大学法学院博士研究生,研究方向为法哲学、法律方法。

① 邱爱民、张宝玲:《论司法裁判中的辩证推理》,载《经济与社会发展》2004 年第 1 期。

② 印大双:《论法律推理中的必然性推理、或然性推理和辩证推理》,载《探索》2001 第 5 期。

法律适用的过程。”①“辩证推理是在大前提不明确或相互矛盾的情况下,借助辩证思维寻找或选择最佳的大前提以解决法律问题所进行的推理。辩证推理不是没有前提的推理,只是这大前提不像形式推理那样由制定法明确地规定,而是法官以价值判断基于特定语境的案件事实审视和选择出来的,法官对大前提的选择具有语用学的性质。”②由此可见,学界对辩证推理的认识是在司法裁判的范围内,强调辩证推理的实际运用。事实上,辩证推理起源于古希腊时期,亚里士多德就曾说辩证推理就是“通过它,我们就能从普遍接受所提出的任何问题来进行推理;并且,当我们自己提出论证时,不至于说出自相矛盾的话”③。哲学先贤们对辩证推理的认识已经形成了比较完整的理论体系。在我国学界与司法实务界,作为方法的辩证推理所强调的具有严格限定的对话这一特征并没有引起应有的重视。我们不得不进行追问,究竟什么是辩证推理,为何其中严格限定的对话在一定程度上被忽视或者隐含在概念中难以彰显,这样的认识偏差又会产生怎样的结果。为此,本文尝试对辩证推理的性质及司法应用展开系统研究,以求教于学界前辈与同仁。

二、初步的思考:辩证推理的认识局限与偏差

辩证推理在我国备受学者关注,一些学者对辩证推理的定义进行了论述,还有一些学者将辩证推理与司法实践相联系,考察实践活动中辩证推理是如何开展的,以及如何限定辩证推理的使用等。学界对辩证推理的界定有这样几个要点:(1)辩证推理的主体是法官,即辩证推理是由法官进行的,“辩证推理的实质就是法官置于特定情境寻找适合本案的大前提进而作出公正判决”④,“在司法裁判中进行辩证推理的主体只能是法官”⑤;(2)辩证推理的前提是法官面临的是疑难案件,即用于法律推理的前提不确定,或是不明确,或是相互矛盾,从而直接无法进行三段论式的推理;(3)辩证推理实质上凭借的是价值判断;(4)辩证推理的目的是作出符合一定价值判断的司法判决,平息诉讼当事人之间的纠纷。但是学界对辩证推理的认识可能只涉及了辩证推理的形式,而未能深入探讨其内容。

按照我国学界对辩证推理的界定,基本可以摒弃辩证推理这一用语。辩证推理仅能在大前提不明确或者相矛盾的情况下使用,也就是当法律出现漏洞、法律自相矛盾

---

① 罗兴平、张其鸾:《法律辩证推理及其良性运用——以最高人民法院公报案例为视角》,载《陕西理工学院学报》(社会科学版)2008年第3期。

② 聂长建:《辩证推理中的大前提的选择——语用学的视角》,载《政法论丛》2008年第5期。

③ 苗力田主编:《亚里士多德全集》(第1卷),中国人民大学出版社1990年版,第353页。

④ 聂长建:《辩证推理中的大前提的选择——语用学的视角》,载《政法论丛》2008年第5期。

⑤ 邱爱民、张宝玲:《论司法裁判中的辩证推理》,载《经济与社会发展》2004年第1期。

等情况下,法官却又不能以法律不明确而拒绝作出裁决,只能依据法律原则与风俗习惯等因素,在相互矛盾的诉求中,选择支持其中之一,对案件作出裁决。这样,辩证推理的推理意味就严重淡化,这一概念的独特性就会消失,从而逐渐为其他术语所替代。

再者,我国有学者认为辩证推理所依赖的核心的方法是价值判断。虽然价值判断在司法裁判中有着重要的功能,但价值判断是否必然与辩证推理有联系仍有待于进一步论证。价值判断是否必然伴随着辩证推理而出现,目前学界对这一问题的关注仍显不足。换言之,当司法裁判中出现了价值判断,是否意味着该案件一定是运用了辩证推理,反过来,当案件中明确出现了辩证推理的运用,是否意味着一定存在着价值判断。在交通运输部南海救助局(简称南海救助局)诉阿昌格罗斯投资公司、香港安达欧森有限公司上海代表处(简称投资公司)海难救助合同纠纷案中①,南海救助局认为已经按照合同约定实施救助行为,投资公司应当按照约定的费率支付救助费用,而投资公司认为南方救助局有两艘救助船仅在现场待命、守候,未参与救助工作,如按原约定费率计算显失公平,极其不合理。这样双方针对应当如何进行费率计算产生纠纷。一方认为已按约定实施救助行为,就应当按约定费率计算;另一方认为派出的三艘救助船其中有两艘并未展开救助行为,不能按照约定费率计算。在对如何依照费率的计算上,双方都具有各自的论据与理由,南海救助局的依据是合同约定,投资公司则用了“显失公平”的价值判断,最高院在终审中支持了南方救助局的诉讼请求,裁判依据是合同法的相关规定。这个案件中有价值判断的成分,而且该案的二审法官选择支持了投资公司的诉讼请求,那么,这是否能说明该案就是通过辩证推理的方法作出的裁决呢? 仅从价值判断的角度,我们不能确定是否运用了辩证推理的方法。面对这样的情况,我们仍需对辩证推理的本质特征展开深入研究。

此外,法官是否是辩证推理的唯一主体也存在疑问。一个司法裁判中,至少存在着三种论证,原告的诉讼请求及其论证,被告的诉讼请求及其论证,法官选择支持哪一方及其依据。每个论证中都会运用一定的方法,即便是法官所运用的论证方法在司法裁判中具有决定性,但这并不妨碍从学理上对双方当事人所采用的论证方法进行探讨,更何况法官通过一定的方法确定的裁决结果可能会被上诉法院的法官所推翻和变更。因此,进行辩证推理的主体并非局限在法官一方,法官在司法论辩中所起到的作用,更像是对话的引导者,将双方当事人的对话引入法律所关注的领域中。双方当事人在陈述自己的诉求以及相关事实的过程中,谁能将自己的观点以及相关的证据材料陈述清晰明了且无矛盾,显然会在司法裁判中占据优势。相反,自相矛盾的论述很难

① 《交通运输部南海救助局与阿昌格罗斯投资公司、香港安达欧森有限公司上海代表处海难救助合同纠纷申请再审民事判决书》,载 http://wenshu.court.gov.cn/content/content? DocID = cd22186f - d54c - 481d - 8c5b - 09eabc783d44&KeyWord = 南海救助局,最后访问日期 2016 年 12 月 28 日。

实现自己的诉求,也难以使法官作出支持自己诉求的裁决。在南海救助局与投资公司的诉讼中,对话双方都有自己的诉求、法律依据以及事实,因此,辩证推理的主体不局限于法官一方,至少参与诉讼的双方当事人也应当是辩证推理的参与者。

最后,我国一些学者认为辩证推理的应用是当法律论证的大前提不明确或者自相矛盾,亦即法律出现漏洞或者法律规定出现模糊或者自相矛盾等情况时。这是辩证推理得以开展的一个前提,但不是唯一的前提。另外一个前提同样值得我们关注,即作为案件事实的小前提。如果大前提是明确的,而不存在小前提不明确的情况,那么法官只需将案件事实调查清楚,直接适用法律规定即可。法官的审判活动就成了类似计算机的计算工作,法院的审判程序会完全沦为一个纯粹的程序,而无实质的意义。对话的作用在论证过程中被无形的缩小了。对于小前提即案件事实的认定能够归入辩证推理的范围,一些学者虽然注意到了这一点,譬如,在界定疑难案件时,有学者认为,"一是大前提疑难的案件;二是小前提疑难的案件;三是大、小前提并列疑难的案件;四是大、小前提结合疑难的案件"[①]并未引起学界足够的重视,也就是说,无论是大前提、小前提,或者结论,当存在一些不明确情况时,就意味着需要通过双方当事人的对话与论证以确定前提,这也就有了辩证推理发挥作用的空间。在南海救助局与投资公司的纠纷中,南海救助局认为自己派出的三艘救助船已经离港,此时救助行为已经开始,投资公司则认为其中的两艘没有参与救助,不能视为救助行为,这就已经进入辩证推理适用范围,用于推理的小前提不确定同样会引起辩证推理的适用。

可见,学界对辩证推理的认识并不能揭示出辩证推理的本质性特征,以至于在一个司法裁判中究竟是否存在辩证推理的运用都难以确定。我们必须进一步思考究竟应该如何理解辩证推理,它具有哪些本质特征使其自身能够明显区别于其他方法。

三、辩证推理的本质性特征:具有严格限定的对话

辩证法源于古希腊,如恩格斯在《反杜林论》中所言:"古希腊的哲学家都是天生的自发的辩证论者。"[②]柏拉图的《理想国》也提到:"辩证法是唯一的这种研究方法,能够不用假设而一直上升到第一原理本身,以便在那里找到可靠根据的。"[③]如他所言,辩证法是达到可知世界的唯一研究办法,具体的过程为"假设不是被用作原理,而是仅仅被用作假设,即被用作一定阶段的起点,以便从这个起点一直上升到高于假设的世界,上

---

① 邱爱民、张宝玲:《论司法裁判中的辩证推理》,载《经济与社会发展》2004年第1期。

② 《马克思恩格斯文集》(第9卷),人民出版社2009年版,第22页。

③ [古希腊]柏拉图:《理想国》,郭斌和、张竹明译,商务印书馆1986年版,第303页。

升到绝对原理"[①]。柏拉图认为辩证法的推理起点不是原理,或者说不被看作是原理,而是假设,凭借着辩证的方法,是可以达到绝对原理的。亚里士多德的《论题篇》提到了两种推理,即证明的推理与辩证的推理,它们之间的区别就是推理的起点或者前提的不同,证明推理的前提是"真实的和原初的",而辩证推理的前提则是"普遍接受的意见"。亚里士多德在一定程度上继承了柏拉图的观点,肯定了辩证推理的前提,所不同的是在柏拉图那里,所谓的经过原理而推理出来的结论并非是绝对真理,而只能被称之为"理智"的东西,是"介于理性和意见之间的东西"[②]。我国有学者提出,柏拉图与亚里士多德对辩证法认识的差别还不仅限于此,还在于柏拉图以及之前的苏格拉底、智者学派是从"本体论(存在论)、价值论(伦理观念)、物理学"的角度认识辩证法的,而亚里士多德则是从工具、方法的角度认识辩证法,或者说恩格斯所说的"思维形式"[③]。这一区分也被一些学者称之为两种意义上的辩证法,即对话的辩证法与思辨的辩证法。对话的辩证法强调的是对话这种形式,亦即亚里士多德所认为的自己的话不自相矛盾,而思辨的辩证法强调"能不用眼睛和其他的感官,跟随着真理达到纯实在本身"[④]。"在柏拉图的晚期对话中,辩证法与理念论(形而上学)是不可分的,辩证法就是认识理念的思想进程。"[⑤]可见辩证法从其源头就开始出现了分歧,所谓的思辨的辩证法(本体论意义上的辩证法)被后来的黑格尔发扬,而作为方法意义上的辩证法则成为一种工具,为后来的经院派哲学家所继承和发扬。从司法裁判的角度审视辩证法,作为方法的对话辩证法更值得我们关注。因而本文所言的辩证推理就是指具有严格限定的对话为本质特征的推理,是一种方法意义上的概念。

这种对话式的辩证法的几个特性值得注意:首先,具有严格限定的对话辩证法是一种或然性的推理,而非必然性推理。辩证推理的前提是"普遍接受的意见",亚里士多德认为以下三种情形均可被视为普遍接受的意见,即"那些被一切人或多数人或贤哲们,即被全体或多数或其中最负盛名的贤哲们所公认的意见"[⑥]。这个前提会随着时间的流逝、空间的不同以及主体的不同而发生变化,按照亚里士多德所说,这个前提并不像证明推理的前提那么可靠,因此,从这个意义上说作为工具与方法的辩证推理并不是必然性推理,而是或然性推理。其次,作为方法与工具的辩证法有着自己特定的领域,"不能把一切命题,也不能把一切问题都当作是辩证的"[⑦]。"辩证的命题存在于

---

① [古希腊]柏拉图:《理想国》,郭斌和、张竹明译,商务印书馆1986年版,第273页。

② 柏拉图将灵魂的状态分为四种,即理性、理智、信念与想象,这四个是顺序排列的,最高的是理性,最低的是想象。

③ 参见舒国滢:《论题学:修辞学抑或辩证法》,载《政法论丛》2013年第4期。

④ [古希腊]柏拉图:《理想国》,郭斌和、张竹明译,商务印书馆1986年版,第303页。

⑤ 王庆丰:《柏拉图与辩证法的开端》,载《长白学刊》2010年第4期。

⑥ 苗力田主编:《亚里士多德全集》(第1卷),中国人民大学出版社1990年版,第353页。

⑦ 苗力田主编:《亚里士多德全集》(第1卷),中国人民大学出版社1990年版,第363页。

一切人或多数人或贤哲们,即所有或多数或其中最负盛名的贤者所提问题的意见中,而不是与这种意见相悖。"[①]如亚里士多德所言,辩证的命题范围包括如下几种,即"与普遍意见相似的看法、与那些同普遍意见相反的看法对立的命题,以及与得到认可的技艺性学科相一致的看法"[②]。这是亚里士多德对辩证推理的命题划定的范围。对于问题和论题,亚里士多德也作出了限定,即"论题乃是在哲学方面著名的人所提出的,与一般意见相反的假定"[③]。一个论题是一个问题,但一个问题不一定就是一个论题,而"几乎所有辩证的问题都被称为论题"[④]。也就是说,论题可以称之为辩证的问题。总之,辩证推理并不是没有限制的,也不能适用于所有的命题与问题,并非所有的命题与问题全部属于辩证推理领域。再次,作为方法与工具的辩证法强调具有严格的问答程序。"新修辞学的'论辩技术'就是辩证推理的现代形式。"[⑤]作为方法的辩证推理最典型的形式就是对话,但此对话并非常人的聊天,而是具有严格的提问与回答程序,这需要经过专门训练。苏格拉底就曾针对如何开展辩证式的论辩进行演示,以区分智者学派的修辞术。有学者曾指出,苏格拉底之所以对修辞术不屑一顾,甚至反感,其原因就是修辞术虽然看似与辩证论辩的形式类似,但它不是以教人知识为目的,而是为了说服听众[⑥]。亚里士多德也曾说过,辩证法应当避免词语游戏类的诡辩形式。辩证式的对话不同于其他,其目的是为了获取理性或者知识,而不是哗众取宠,显示学问,它具有一套完整的提问与回答机制,需掌握问答机制的贤者来引导对话,不致陷入偏差。

最后,辩证推理在涉及本原(学科中的本原)的论证中具有重要的作用。西塞罗在其《论题篇》中提到,"系统处理论证有两个组成部分:一个涉及论证的开题,另一个涉及对他们的有效性进行判断"[⑦]。其中的开题就是如何寻找论题,或者论证的起点。辩证推理的论证前提即开题是需要经过具有严格对话程序的问答而确定,一旦有效的前提(不致自相矛盾)形成之后,以此开展的推理就是形式推理的工作了,即从一个确定的前提出发,得出结论。这一点在亚里士多德那里也得到了明显的体现,"从适于个别学科的本原出发是不可能对它们言说什么的,既然这些本原是其他一切事物的最初根据,而且,必然要通过关于每个东西的普遍意见来讨论他们。辩证法恰好特别适于这类任务,因为它的本性就是考察,内含有通向一切探索方法的本原之路"[⑧]。可见,个别学科的本原也需要经过讨论,或者需要经过论证,才能成立。论证本原的任务也就是

---

① 苗力田主编:《亚里士多德全集》(第1卷),中国人民大学出版社1990年版,第363页。

② 苗力田主编:《亚里士多德全集》(第1卷),中国人民大学出版社1990年版,第363页。

③ 苗力田主编:《亚里士多德全集》(第1卷),中国人民大学出版社1990年版,第365页。

④ 苗力田主编:《亚里士多德全集》(第1卷),中国人民大学出版社1990年版,第365-366页。

⑤ 李杨、武宏志:《佩雷尔曼新修辞学的论式系统》,载《政法论丛》2014年第1期。

⑥ 参见先刚:《试析柏拉图的"辩证法"概念》,载《云南大学学报》(社会科学版)2013年第2期。

⑦ [古罗马]西塞罗:《西塞罗全集(修辞学卷)》,王晓朝译,人民出版社2007年版,第280页。

⑧ 苗力田主编:《亚里士多德全集》(第1卷),中国人民大学出版社1990年版,第355页。

作为方法的辩证法的任务[①]。

四、辩证推理的悄然复兴及时代使命

辩证推理在经过长时间的沉寂后在当代开始“慢热起来”,尤其是德国学者菲韦格的《论题学与法学》这一著作的问世。如前所述,几乎所有辩证的问题都是论题。因此,论题学与辩证法具有紧密的联系。“推理涉及的是问题”[②],论题作为辩证的问题,也必然涉及辩证的推理。这一古老的形式又开始以新的姿态出现。那么这是什么原因所致,辩证推理又会在当代承担什么样新的使命呢?

哲学家、法学家对于形成自己的学术体系有着天生的渴求,恩格斯曾批判过这种学术风气,“近来,天体演化学、一般自然哲学、政治学、经济学等等体系如雨后春笋般出现在德国。最不起眼的哲学博士,甚至大学生,动辄就要创造一个完整的‘体系’”[③]。在法学领域,我们也曾耳闻目睹许多法学流派,其称希望将所有的法律问题都能借助这一体系得到解决。学者指出,要创建法律公理体系,有三个条件是必须要满足的:(1)要有法律推理的初始概念、命题、公理,或规则;(2)要保障这些初始命题或者公理是正确并让公众所认可,并且还具有传递功能;(3)要能从这些初始命题中推算出全部的法学体系或者命题[④]。这三个条件是缺一不可的,如果能够证明其中有一个不能成立,那么法律公理体系就会宣告破产。

在最高人民法院发布的50号指导案例李某、郭某阳诉郭某和、童某某继承纠纷案中[⑤],双方争议的焦点之一是夫妻双方一致同意利用他人的精子进行人工授精,后一方反悔,受孕后所生的子女是否应当认定为婚生子女。这就涉及如何理解“婚生子女”这一法律概念,按照法条本身,婚生子女这一概念应当明确、清晰,这样才能构成确定的法律推理大前提。然而,随着医学的发展,婚生子女如何认定也越来越有争议。在该案中,一方当事人认为既然夫妻一方已反悔,加之子女出生时一方当事人已死亡,因此不能认定子女是婚生子女。另一方当事人则认为既然子女已经出生,就应当认定其为婚生子女。可见其中用于法律推理的初始概念并不是也不可能都是清晰、明确的。法律命题的性质决定了它并不能像科学一样,成为类似于元素周期表那样的公理体系。

---

① 在亚里士多德的论述中,推理包括证明推理与辩证推理,证明推理的前提是不因其他条件而自身就具有可靠性的东西。在此处,也涉及本原一词,但此处的本原是对于个别学科而言的。因为证明推理的前提是自身就具有可靠性的,不需要穷究,但个别学科的本原是需要讨论的。

② 苗力田主编:《亚里士多德全集》(第1卷),中国人民大学出版社1990年版,第356页。

③ 《马克思恩格斯全集》(第26卷),人民出版社2014年版,第8页。

④ 参见舒国滢:《法哲学:立场与方法》,北京大学出版社2010年版,第67页。

⑤ 参见《指导案例50号:李某、郭某阳诉郭某和、童某某继承纠纷案》,载 http://www.court.gov.cn/shenpan-xiangqing-14248.html,最后访问日期2016年12月28日。

既然法律概念经常可能不确定,那么对于法律命题或问题论辩的意义又何在呢?恩格斯曾说到,“18世纪上半叶的自然科学在知识上,甚至在材料的整理上大大超过了希腊古代,但是在以观念形式把握这些材料上,在一般的自然观上却大大低于希腊古代……在希腊人那里是天才的直觉,在我们这里则是以实验为依据的严格科学的研究的结果”①。同样,当我们在法律公理体系道路上遇到阻碍时,古希腊时代的贤哲们也以“天才般的直觉”给我们留下辩证推理。但是近代以来古老的辩证术与修辞术被遮蔽已久,与科学不同,法律没有一个被亚里士多德称之为“自身可靠的”那个起点,只能从一个假设出发,通过一系列的推理,得出一个无矛盾的理论体系或者思想体系。无论如何,这个体系都是相对的,被哈特称之为“恼人不休的”法学命题与辩证推理有着天然的亲缘关系,也正如菲韦格所说,“法学作为有助于解决疑难的技术,就在主要论点上与论题学②相一致”③。它的主要优势在于避免形式推理的弊端,“即睿智洞察力的丧失,想象力和记忆力的萎缩,语言的贫瘠,判断的不成熟”;相反的,它带给人们的是“提供人类才智,培养想象力和记忆力,教育人人及其不同的角度观察某个事情,即,去发现丰富的观点”④。因此在法律公理体系之梦破灭之后,如何认识法律命题或问题成为法学研究的难点。从方法上来看,与法学有着天然亲缘关系的辩证推理在今后的法学研究中必定会有所作为,这也是它“慢热起来”的主要原因,同时它也承担着丰富法学命题、拓展法学研究空间、改进法学研究方法的使命。

五、一个再认识:司法裁判中辩证推理的运用及限定

源于古希腊时代的辩证推理,强调的是推理的前提是普遍接受的意见。就如亚里士多德所言,普遍接受的意见包括三种,即一切人的意见、多数人的意见或者贤哲们的意见,以其为前提进行的推理就是辩证的推理。如果进一步追问,这三种意见是如何达成的呢?亚里士多德并未对此展开论述。这也成为之后哲学家继续深入研究的问题。“在法学领域,法哲学家们承接亚里士多德以来的实践哲学(尤其是康德的实践哲学)、修辞学、逻辑学(特别是现代逻辑学)、语言哲学的研究,为法与道德哲学寻找新的理论生长点。”⑤哈贝马斯认为要达成这样的意见,需要一个理想的商谈环境,通过商谈

---

① 《马克思恩格斯全集》(第26卷),人民出版社2014年版,第469－475页。

② 按照亚里士多德的观点,论题学的研究问题就是辩证推理,参见苗力田主编:《亚里士多德全集》(第1卷),中国人民大学出版社1990年版,第365－366页。

③ [德]特奥多尔·菲韦格:《论题学与法学》,舒国滢译,法律出版社2012年版,第35页。

④ [德]特奥多尔·菲韦格:《论题学与法学》,舒国滢译,法律出版社2012年版,第7页。

⑤ [德]阿列克西:《法律论证理论:作为法律证立理论的理性论辩理论》,舒国滢译,中国法制出版社2002年版,第3页。

的方式，达成共识。阿列克西认为，需要通过论辩才能达成这样的意见。在法学领域中，无论是作为大前提的法律规范，还是作为小前提的案件事实，在未经司法审判之前，都不能被称之为“真实的和原初的”命题，只能属于辩证推理的命题。作为大前提的法律规范之所以能成为对社会成员具有约束力的规则，就是因为它的诞生需要经过严格的立法程序，而这个程序本身是需要对话的。即便法律被制定，由于法律语言的模糊性及其他原因，仍然可能出现前提不明的状况。因此，大前提不明不仅包括法律空白、法律漏洞，还包括法律规范自身表达所产生的歧义。另外，作为案件的事实，在未经审判之前也是不确定的，需要经过论辩，而后加以确定。或许有人会反驳，事实是客观的，当然是确定的。法律规范与法律事实在经司法审判之前都是不确定的，需要在法庭中经过充分对话、论证、反驳等，才能确定。而这种通过法定对话程序而辩明大小前提的过程，与我们所说的寻找辩证推理之前提的过程具有高度的相似性。在确定前提的过程中，对话亦具有重要的功能。也正如图尔敏所说，“法学的一项主要任务就是突出法律程序的基本点：提出、质疑和判决法定主张的程序，以及这么做所依据的各种类别”①。在这个程序中，当事人之间、法官与当事人之间的对话无疑具有重要的地位。

从辩证推理与形式推理的关系上看，法学上的形式推理与辩证推理也有着天然的联系，确定法学学科的本原也需要借助辩证推理。如前所述，学科的本原是需要经过讨论的，而这个任务是由辩证法来完成的。用于法律推理的本原，当然也属于法学学科的本原，也是需要通过辩证法来进行讨论的。只有确定了本原之后，形式推理才得以开展。纯粹的辩证推理与形式推理在司法案件的裁决中都有迹可循。形式推理最典型的形式就是“三段论式”的推理过程，即从大前提和小前提出发，推导出结论。

即便是在形式推理中也会有辩证推理的踪迹，这主要是由于大前提与小前提的不确定与不明晰，需要通过对话与论证进行证立。在此，我们能够发现辩证推理的存在形态，一旦经过这样的程序，作为小前提的案件事实被认定为法律事实确定下来，作为大前提的法律规范亦具有相对确定的适用范围或者归属，后面的程序就属于形式推理的作用空间了。另外，这里还涉及辩证推理的分类问题，辩证推理不仅可以作为一种法律方法，而且还可成为司法裁决之外供研究者或者立法者思考的方法。一些热点案件所引发的争议可能引起学者们的讨论与研究，也可能引起相关法律的变更与完善，从而变为新的大前提。这也应当被列入辩证推理的适用范围。也就是说，辩证推理对于形式推理而言，是解决前提的重要方法，其中最主要的是依赖对话的形式，辩证推理对于形式推理的弥补也许正是源于此。辩证推理的作用之一是弥补形式推理的某些缺憾，但并不是要取代形式推理。从辩证推理与形式推理的关系上来看，辩证推理的

---

① ［英］斯蒂芬·图尔敏：《论证的使用》，谢小庆、王丽译，北京语言大学出版社2016年版，第12页。

适用范围需要作出限定。

揭示辩证推理被误读的本质特征有助于正确处理辩证推理的源与流,从而更好地说明辩证推理在实践中的应用。然而,对于辩证推理本质特征的揭示不是为了无限扩展辩证推理在司法裁判中的应用。如果把法庭上的双方当事人当作持各自观点的对话者,把法官视为对话的引导者,这在形式上与苏格拉底所演示的辩证术何其相像。所不同的是,法官要将对话双方引导至与裁判有关的要点上,从而服务于法院的裁决。而苏格拉底却是将对话者引导在追求知识的道路中,不致陷入诡辩。这样来看,所谓的司法裁判就是一个苏格拉底式的对话过程,完全成为一个辩证推理的过程。如果这样,形式推理的空间与价值就被压缩了,甚至被否定了。仍需注意的是,辩证推理并不能取代形式推理。为此,我们必须对辩证推理作出一个限定。首先是对它的限制必须从它的本质特征中引出,比如,《最高人民法院关于适用〈中华人民共和国民事诉讼法〉的解释》第92条第1款规定:"一方当事人在法庭审理中,或者在起诉状、答辩状、代理词等书面材料中,对于己不利的事实明确表示承认的,另一方当事人无需举证证明"。该解释第93条规定:"下列事实,当事人无须举证证明:(一)自然规律以及定理、定律;(二)众所周知的事实;(三)根据法律规定推定的事实;(四)根据已知的事实和日常生活经验法则推定出的另一事实;(五)已为人民法院发生法律效力的裁判所确认的事实;(六)已为仲裁机构生效裁决所确认的事实;(七)已为有效公证文书所证明的事实。前款第二项至第四项规定的事实,当事人有相反证据足以反驳的除外;第五项至第七项规定的事实,当事人有相反证据足以推翻的除外。"在上述这些情况下,用于推理的小前提是无须进行论辩的,而辩证推理在此就没有被适用的空间。也就是说,如果对于法律的大前提与小前提能够明确,无论是全部的明确,还是部分的明确①,都可以排除辩证推理的适用。与当代一些学者的认识不同,这个观点既为辩证推理的存在和使用保留了相当的空间,也防止了对所有事实不加甄别地进行对话与论辩的情况。

六、结语

在司法裁判中,辩证推理越来越受学界重视,但在我们对辩证推理的界定中,辩证推理的某些特征被遮蔽了,尤其具有严格限定的对话这一特征,未能引起我国学界的充分重视。辩证推理,作为一种方法意义上的辩证法,起源于古希腊,重点是强调通过具有限定的问答来获取知识,这也是辩证推理的核心特征。自从建构法学公理体系的梦想破灭之后,辩证推理作为一个古老的但又承担着新的历史使命的研究领域,逐渐

① 在一个案件的小前提中,部分案件事实可能存在无须证明的情况,也可能是全部案件的事实都无需证明,尽管在实践中全部案件事实都无须证明的情况极少发生,但在理论上是可能的。

蓬勃发展。在我国学界,作为最主要特征之一的对话未能在辩证推理的概念中得以展现,这必然会造成一定的风险,比如,辩证推理这一术语会因失去主要特征而被其他概念取代等。我们需要重新认识辩证推理,改进辩证推理的司法应用,关注其中具有限定程序的对话机制。司法裁判中大前提、小前提以及大小前提与结论之间的关系等,都存在运用辩证推理的空间,但辩证推理只是对形式推理的一种弥补,不能取代形式推理,因此它的运用领域也不是无限制的。

谈及辩证推理的问答机制以及对形式推理的弥补,还有两个术语值得关注,且它们与辩证推理有着同源性,即修辞学与论题学。作为一种方法意义的辩证法,它与修辞学、论题学有着怎样的联系与区别。作为一种方法意义上的辩证法,它究竟还能否成为一种独立的术语表达,是否能被法律修辞学所涵盖,或是被法律论题学所替代,或是部分被二者吸收,有多大程度上能被二者所吸收等等,这仍然是辩证推理研究中值得我们进一步探讨的问题。

论题学方法及其运用*

韩振文**

摘　要:在当今法治中国建设迈入方法论的时代,论题学方法作为一种异域的法律思维取向,其理论价值及司法应用前景,都值得进一步关注探究,据此提升司法决策的理性品格及回应实践能力。法学与论题学的交错耦合关系催生出论题学法学,动态地表征为目光往返于事实与规范之间的情境问题立场,而论题学法学必然蕴含着一种技术性指向的论题学方法。从可论辩性上看,论题学方法是一种似真的、可废止的司法论证方法,为论证的架构提供着正当性前提。以后果取向法律解释与指导性案例中的裁判要点为分析对象,我们可以发现论题学方法发挥的论证功能是全方位的。论题学方法的裁判思维根据特定情境的个别需求,在法感—旧论题—修正—新论题—证立等来对旧、新论题进行螺旋式往返检验,不断检测出论题中过于盲目的非理性成分,在事实和规范之间形成一种具体、妥当的对应关系,进而将最初的法感精确化为趋近于客观公正的裁决结论。

关键词:论题学法学;论题学方法;司法论证;后果取向法律解释

一、引言

在当今法治中国建设逐步迈入方法论的时代,法律思维也随之发生了深刻的转变,其中一种新的取向就是论题学思维(Topical thinking)兴起。当然这种思维并非新近产生,而是有着悠久的学术研究传统。古希腊先贤亚里士多德的《论题篇》与古罗马先贤西塞罗的《论题术》中均对论题学方法有系统的阐述,只是这种思想遗产曾被后世

* 基金项目:本文系教育部人文社会科学研究青年基金项目"审判中心视域下的司法假定方法检验研究"(项目编号 16YJC820009)和浙江省哲学社会科学规划课题"论认知风格对法官决策差异形成的影响"(项目编号 17NDJC195YB)的阶段性成果。

** 韩振文,男,山东滨州人,山东理工大学法学院讲师,浙江大学法学博士后科研流动站研究人员,研究方向为法律方法、司法认知科学。

长期遗忘。与第二次世界大战后“修辞学”复兴出现“新修辞学”一样,我们姑且可称长期沉寂后论题学研究的复兴为“新论题学”。这种论题学思维在法学领域的正名与回归,主要体现为论题学思维方法(以下简称“论题学方法”)在当代法律论证理论中的应用,而法律论证应用的典型场域就是司法裁决。国内学术界对法律论证的三种基本方法,包括逻辑、对话、修辞等的含义、价值、影响及局限性都有了较深入的论述,但对法律论证中的论题学方法展开细致讨论的却很少,更不用说对法官决策行为中的论题学方法进行相关阐释与评价。本文试图结合我国指导性案例,对司法裁决中论题学方法的应用进行分析,以期能更好地提升司法决策的理性品格及其回应实践能力。

二、论题学法学

(一)论题学的起源

“论题”(Topik)按其最初的原义指的是“处所”或“位置”,置于具体的论证语境之下,就是求得论证的学说之“论证的范围或地点”或相同论证的类型起始之地。论题作为理性论辩的母体,是可以从中提取论据及理由的场所,其独特价值在于它具有选择和保证的两种功能①,论题能据以灵活流动地把握问题方位,并效命于问题争论的解决。论题的不同会导致三段论出发点及推理结论的不同,这被亚里士多德看作是可以在多方面应用的、可普遍接受的观点(Gesichtspunkte),这种观点可被运用于普遍接受的可靠性意见之赞成与反对当中,并能够通向真理②。当亚里士多德、西塞罗及其追随者所论述的“可以通用的论证型式”上升到学问或科学的高度,也就是有关论辩实践的修辞论证技术之论题学(或论题术)。可以说,论题学从起源上看就是一种论证理论,论题方法在论证理论中占据突出地位。

(二)论题学法学的诞生

古典逻辑之父亚里士多德在《论题篇》中最早对作为开题术的论题学进行了论述。无论是他列举的有关偶性问题、属问题,还是特性问题、定义问题的论题,都对法学演进起到过巨大作用。论题学为一门由修辞学发展而来的以情境问题为导向的实践思考技术,围绕着具体问题进路来展开合情理性论辩,主要通过辩证(实质)推理来解决有关问题的争议事项。古老的法学作为一门实践性技艺,致力于理性和平地解决疑难的社会问题,本身就需要借助论题学的方法与技术,而论题学的问题思维方式形塑着

---

① 所谓“选择功能”是指论题能够帮助言谈者(论辩者)建构一定种类的论证,它可以提供为此目的所需要的不同类别的“信息”。所谓“保证功能”是指论题的应用将导致论证的创立,这些论证主要采取“假言三段论”的形式,因而论题是有约束力的。参见舒国滢:《论题学:从亚里士多德到西塞罗》,载《研究生法学》第26卷第6期,第13页。

② 参见[德]特奥多尔·菲韦格:《论题学与法学》,舒国滢译,法律出版社2012年版,第17页。

法学思维的类型化模式,“提问辩难”的法学就与古老的论题学之间存在着实质的交错耦合关系。这种关系催生出论题学法学(Juristische Topik),并出现了一定程度上论题学的法律化现象[①],即由许多法律格言或法谚为龙骨构成的开放性、归纳性“集合论点式”法律体系,动态地表征为适当描述目光往返于事实与规范之间的问题立场[②],并不受演绎推导关联结构的掣肘与束缚,从而截然有别于潘德克顿式的封闭性、演绎性法律体系。与此紧密相关,德国法学界形成了“修辞性法学”(美因茨学派)与体系性法学的对抗,呈现出两大阵营划分格局。

(三)论题学法学的实践性品格

人类实际生活问题很少单纯依赖形式逻辑推理予以解决。被试读题、建立表征、形成假设等推理过程都会受到已有知识经验与问题情境的影响,绝对的抽象逻辑思维只有在数理运算中才存在。在进行比较复杂的推理时,多数人往往不遵循逻辑规则,而是运用更为直觉化的方式完成推理任务[③]。现实世界远比冷静的理性方式丰富,这就有可能使敞开的生活状态变得任意与不确定。如何克服这种不确定状态就需要借助于论题学的问题导向型思考方式,从各种问题出发减弱乃至扫清法律运行的不确定性迷雾,以上提及的论题学法律化现象凸显的正是诉诸法律提升社会治理的明确性与客观性。“论题学必须首先指明:人们应如何寻找前提。而逻辑只是接受前提并应用前提。”[④]论题学为寻找合适的司法三段论大小前提提供某种“指南”或“把手”,以适切地把握当下有待讨论的事实与规范。通过法律来治理现代风险社会中出现的各种不确定问题,与其建立在纯形式逻辑分析上,毋宁奠基于对直觉等非理性因素自动化形成优先性论题的验证之上。“论题并不具有法律规则那样的普遍适用性,但它们契合当时的社会价值观念和法律目的,因而在一定范围中得到了承认,或者得到了那些最睿智、最杰出人士的支持(亚里士多德语)。在论辩中,可以用来支持或反对特定的意见,指示通往真实的途径,或者说像船锚一样起到‘定位’的作用。”[⑤]这种对法律论题的证实或证伪过程能据以确保法律治理的客观性。论题学法学本质上是一种问题导向性思维,而当今的法治中国建设与国家治理现代化,都是以现实存在的问题为导向的。论题学实质上是基于问题的论辩思维框架,要比封闭性演绎逻辑体系更符合法学研究和实践的方法取向[⑥]。这是因为论题学法学具有实践性品格,立足于具体的个案

① 论题学本身是一种典型的问题性思维,而现代法律本身是体系化的、教义学化的,尽管两者功能产生耦合关系,但论题学并不会被完全的法律化。

② 当然,论题学主要功能是为法律修辞或法律论辩提供论据论点,并不能直接作用于事实与规范之间的匹配对接。

③ 参见李安:《法律直觉是什么》,载《杭州师范大学学报》(社会科学版)2013年第5期。

④ 舒国滢:《论题学:修辞学抑或辩证法》,载《政法论丛》2013年第2期。

⑤ 焦宝乾:《论题学及其思维探究》,载《法学论坛》2010年第3期。

⑥ 参见张传新:《法律论题学的逻辑基础》,载《山东大学学报》(哲学社会科学版)2010年第6期。

正义实现，将交互商谈等说服活动带入更贴近实际生活的思考结构中，指引法律适用者的思考方向，沿着已被明确界定的方向搜寻争议焦点，从而能在特定情境下更好地将证据表征的案件事实与选定的法律规范相匹配连接，以此寻求最妥当的解决方案，使听众（受众）——包括当事人、法院同事、其他权力部门、新闻媒体及一般公众——发自内心地信服。

三、论题学方法

（一）论题学法学的方法意蕴

法学思维是论题式的而非数学化的组合术，"法学作为科学活动与其说是认识和揭示必然性真理，不如说是追求'理解'，即通过解释、论证、论辩（对话）等方式合理地解决人们在法律认识上的意见分歧和观点冲突，达成具有主体间性的、可普遍接受的'共识'，直至建构一套公认的、系统化的法律知识体系，并由此而形成法学的'知识共同体'"①。无情境感的数学化组合术尚不足以来理解法学的思维活动，因为这里面涉及高度复杂的利益博弈与价值权衡。近年来学者所研究的图解方法，也反映出这种论题学式的法学思维。德国法哲学家、"论题学法学"的开山鼻祖菲韦格同样中肯地指出："法学应当被看作是一种恒久的问题争论，也就是说，它的总体结构由问题来确定，人们反复地寻找观点来作为问题的解答；如果上面的说法是切合实际的，那么法学的概念和命题必然以特殊的方式与问题联系在一起。这一点在具有法律内容的命题上相对容易看得出来"②。行文至此，我们不难发现论题学的旨趣与法学具有天然的亲和性，两者在基础价值层面的紧密联系是不言而喻的，而论题学式的法学思维必然蕴含着一种技术性指向的论题学方法，这种论题学方法在法律方法论场域能得到充分的印证，其中在论证理论中体现得最为典型。

（二）作为法律论证的论题学方法

将论题学方法定位为一种法律论证的方法，有着充分的理论根据。近数十年来，法律论证理论在法理学研究中占据了重要地位，但它并不意指法哲学的一个确定方向，而是一定的问题域；如果将论题学理解为在探讨一个问题时，能被提出以支持或反对一定解决建议之视角的学说，那么法律论题学实质上就是一种法律论证理论③。论题学方法属于法律论证中逻辑、对话、修辞等之外相对独立的方法，它的存有反映出法律论证具有明显的论题学思维属性，即法律论证围绕确立三段论大小前提的特定问题

---

① 舒国滢：《走近论题学法学》，载《现代法学》2011 年第 4 期。

② ［德］特奥多尔·菲韦格：《论题学与法学》，舒国滢译，法律出版社 2012 年版，第 108 页。

③ 参见［德］乌尔弗里德·诺伊曼：《法律论证学》，张青波译，法律出版社 2014 年版，第 1、63 页。

而展开,通过提供论据理由来证成辩论者所提出的法律命题的正确性。论题学作为前导性的沉思,意在导向一种克服混乱展开决疑讨论的方法,以合理的“可普遍接受的同类观点”为起点,强调语用取向论证的情境关联性与批评天真的语义学的本体化理解倾向[①],通过平等商谈寻求对争议问题的解答,使所有论证依据符合事理的言谈情境加以理解讨论,以此最大限度地证成法律命题的合理可接受性,而不至于陷入自相矛盾的境地。寻求理性商谈的程序主义范式也是当今众多学者积极主张并建构的[②],这意味着当事人以情境的、慎思的语用学思维方式为基础,通过真诚平等地论辩对话达致对论证结果的基本共识(合意),以保证最大限度地实现法律命题可接受性。

运用论题学方法的法律论证过程,一般需要分两个阶段进行。“在第一个阶段,就某一问题,任意地选出或多或少带有偶然性的各种观点,尝试性地把它们拿出来。当然,这具有很大的不确定性。于是,在第二个阶段,就一定的问题,预先形成各种观点的目录,即 topoi 目录,按照这个目录探求问题的解决。在此过程中,重要的是,论题学要给疑难问题给出提示,而对疑难问题的处理方式,正是权衡论题学所给出的有关处理方式的支持和反对理由。”[③]法学的这种论题论证性质却并非一直受到重视,二战后将法论证理论与论题学及修辞学结合而重新发扬光大的学者首推德国法学家 Viehweg,以及比利时修辞学、逻辑与法理学大师 Perelman[④]。法律论证的论题学思维及方法再次引起学界的广泛重视,而且这一方法也的确发挥了重要功用——作为寻找前提而准备论据的思考方式,论题可以提供值得信赖的论辩出发点,在此指导下有助于认识和解决各种实际法律问题。论题学方法的实践功用展现出不同于潘德克顿式的封闭性、演绎性的体系,而是体现为开放性、归纳性的“观点目录”式法律体系。中国特色社会主义法律体系不仅是融贯统一的,而且是动态开放的,现实社会关系的变化发展及社会问题的复杂多样决定了应当吸纳依据论题学目录组建的开放性法律体系。

(三)论题学方法如何服务于法律论证的建构

不仅论题学方法属于相对独立的法律论证方法,而且从可论辩属性上看,论题学

---

① 因为语义学仅仅专注于文本,并以丧失现实性为代价而排除了交往伙伴之间的关系,而语用的进路处理的不仅是内容方面,还侧重法律论证的行为面向,相关内容参见[德]乌尔弗里德·诺伊曼:《法律论证学》,张青波译,法律出版社 2014 年版,第 70 页。

② 哈贝马斯认为,符合交往理性(kommunikative vernuft)的话语活动,必须实现三大有效性要求,即真实性、正确性和真诚性。符合有效性要求的、在平等的主体间达成的共识,强调的是一种程序和规则的合理性,参见章国锋:《哈贝马斯访谈录》,《外国文学评论》2000 年第 1 期;阿列克西认为,商谈理论属于程序性理论的范畴。依据所有的程序性理论,一个规范的正确性或一个陈述的真值取决于这个规范或陈述是否是,或者是否可能是一个特定程序的结果,参见[德]罗伯特·阿列克西:《法·理性·商谈:法哲学研究》,朱光、雷磊译,中国法制出版社 2011 年版,第 103 页。

③ 焦宝乾:《论题学思维及其在我国的意义初探》,载《南京大学法律评论》(2009 年春季卷),法律出版社 2009 年版,第 209 页。

④ 参见颜厥安:《法与实践理性》,允晨文化实业股份有限公司 1998 年版,第 225 页。

方法可以说是当代法律论证的基本方法[①]，并为法律论证的架构提供正当性前提，保证任何法律论证建构都有一个妥当的前提，在此敞开的论证体系中围绕个案问题之脉络关联，讨论、区分、归纳形成某种确信的辩证推理过程。论题学思维方法关注法律论证的具体问题进路，是"一种从或然性之中去寻求命题和结论的工具"[②]，被誉为"制造前提的机器"与"符号的记忆组"。当代法律论证学家们更侧重于对普遍实践论辩中的论证规则及论证结构进行分析，要求法律命题在法庭等自由竞技场上经受严格的论辩程序检验。法律论证最重要的应用领域就是司法的程序论辩场，而法官进行司法论证应是其负担的基本义务，可以看作是法官断案的灵魂。"法官运用论题学方法进行司法论证的建构所发挥的作用是全方位的。从宏观方面看，能够提供普遍接受的命题作为论证的大前提，给出可供选择的各类论证模式，据以选择论证资料和展开对话辩驳；从微观方面看，通过对观点作出正反两方面的权衡后作出评判，是一种以辩证方法获取合理选择的技艺，对论题加以提炼后的论证型式就是辩证推理的分析模型，能很好地融合逻辑分析与对话论辩的双重属性，给判断和选择留下了充足的空间，因而可以作为重构法律论证中的外部证成的有效工具。"[③]从论题学方法在建构司法论证中的功能分析角度，我们不难看出，论题学方法在一定程度上实际兼容了法律论证的逻辑、对话、修辞这三个维度，展现出这种方法特有的柔性开放度。

（四）论题学方法的似真性

需要进一步强调的是，论题学方法是一种或然性的、似真的论证方法，提供的构架前提并非是原初就准确必然的公理化体系[④]，而是在信息不充分情况下进行片段性省察，获取可废止（辩驳的）、效力有待确证的或然性意见。经过长期论题学方法教育规训的司法工作者看起来更像是法律论证专家，把论证的前提投放到暂时确定的理解关

① 我国台湾地区用"类观点学"表述我们所说的"论题"，当今日本、德国法学界使用的"法律论证"这个用语可归为三大类：逻辑证明的理论、理性言说的理论和类观点—修辞学的构想。而且法律论证理论的重要课题在于收集在论证过程中可能使用的"论题"，并探究其中合理的使用技术。从思维的取向来看，法律论证就是论题学思维在法律领域中的一种运用。参见焦宝乾：《论题学的法律方法论意义》，载《求是学刊》2010 年第 5 期；戴津伟：《论题在法律论证中的功能》，载陈金钊、谢晖主编：《法律方法》（第 12 卷），山东人民出版社 2012 年版，第 127 页。

② ［德］黑格尔：《哲学史讲演录》（第 2 卷），贺麟、王太庆译，商务印书馆 1983 年版，第 374 页。

③ 戴津伟：《论题在法律论证中的功能》，载陈金钊、谢晖主编：《法律方法》（第 12 卷），山东人民出版社 2012 年版，第 133 页。

④ 实际上，建构概念清晰、位序适当、逻辑一致的法律公理体系，对于所有的法学家都有难以抵御的魅力，而且从来都没有放弃过这种努力。道理其实很简单：假如法学家能够将法律体系的各个原则、规则和概念厘定清晰，像"门捷列夫化学元素表"一样精确、直观，那么他就从根本上解决了千百年来一直困扰专业法律家的诸多法律难题。有了这张"化学元素表"，法官按图索骥，就能够确定每个法律原则、规则、概念的位序、构成元素、分量以及它们计量的方法，只要运用形式逻辑的三段论推理来操作适用规则、概念，就可以得出解决一切法律问题的答案。法律的适用变得像数学计算一样精确和简单。舒国滢把这样一种体系化工作的理想称为"法律公理体系之梦"。参见舒国滢：《走近论题学法学》，载《现代法学》2011 年第 4 期。

联结构中,而洞察到的问题意见就来源于此。司法工作者经常遭遇情境性难题的困扰,但体系化努力却并不因此而消解,而特定的主导性论题控制着司法论证的方向,虽然并不清楚而准确;而使用汇编好具有可行性的论题目录,能提供一种值得期待的支撑点,能够使思维活动产生逻辑上固定联系,经过对论题的不断"提纯"与精确化,论证方向据以进一步变得简明清楚,论题因此成为问题争论可能适用的辅助手段。一开始的论题学思维程序被德国法哲学家菲韦格称为"一阶论题学"程序,后续的则被称为"二阶论题学"程序。可以说,论题学方法本身旨在通过正反两方面审视和论辩使一种或然性的观点得以胜出,达致一般公众与专业法律人群体的普遍接受认可,这与法律论证具有内在的相通性①。因而这种曾被历史遗忘的方法,展现出截然不同于传统逻辑涵摄思维的运作模式。

其实,论题学方法不仅仅是似真的法律论证方法,而且已在不自觉间获得了广泛应用,渗透到整个法律方法论体系当中。其中,后果取向法律解释采取先对后果进行预测,再展开评价的"逆推"模式,符合溯因推理或设证推理的"思维可逆性"特征,尤其需要司法实务者以论题学方法来保持解释的动态运行,确保后果考量经得起以后类似案件的批判质疑。论题学方法也在法律解释中得到了适用,只不过不如法律论证中发挥得那么普遍明显。"法秩序持续不断地经受着时时的变化,那么,解释以及论题学作为协调冲突(concidentia oppositorum)之启动者的作用就变得更加迫切。"②从狭义角度看,法律方法是解决实际纠纷实现司法治理的适用方法,我们不能忽视其中论题学方法扮演的重要角色功能。司法裁判中的论题学方法,其问题制约性使纯粹逻辑演绎体系保持在谦抑的限度之内,并反对融贯统一的数理逻辑展开,因此带有反体系、反形式主义甚至反科学主义的批判性与非形式逻辑特色。

四、论题学方法的司法适用

(一)论题学方法的自我展示

我们在确定司法裁判的论题学方法属性后,接下来面临更深层次的追问:论题学方法具体如何体现在司法决策中。真实的司法裁判过程并不是简单地依据法律展开逻辑演绎运作,而是蕴含着浓厚的论题学色彩。在司法裁判过程中,论题学的性质一方面体现在裁判结论是在争讼当事人充分论辩的基础上作出的,注重通过对话、协商解决纠纷;另一方面,法官必须对法律进行解释,他不但要考虑使判决为争讼两造、法

---

① 参见戴津伟:《论题在法律论证中的功能》,载陈金钊、谢晖主编:《法律方法》(第12卷),山东人民出版社2012年版,第126-127页。

② [德]特奥多尔·菲韦格:《论题学与法学》,舒国滢译,法律出版社2012年版,第95页。

律职业共同体以及社会公众接受，而且要根据自己的价值观念，使公平、正义等价值因素融入其中，法官对各种因素的衡量也有论题学之性质①。在我国司法语境下，法官需要衡量的各种因素包括事实、法律规定、司法制度、个案情境、法官的价值观、法律理念、职业目标、公众意见、政策偏好、社会期待、后果考量等等，其中就不乏法律之外的影响因素，从而表现出明显的论题学性质，因此，我们需要转向语用取向的司法论证，注重法律适用的修辞进路，重构裁判证立的语用结构，以便在公共领域中接受大众一般正义观的检验。“论题术对于当今分析审判的职能来说代表着相当适宜的前景。其中法官因其职位的义务而依赖于法律明确规定的国家评价标准，但是并未因此更少受到通过传媒加强的公众舆论的影响和控制。”②

我国目前推行的案例指导制度可视为论题学方法司法应用的典型例证。截至2016年9月，最高人民法院共发布14批69件指导性案例，在这些指导性案例中，我们能清晰地看到论题学方法对裁判证立所起的作用，呈现出司法论证的语用取向与法律适用的修辞向度。限于篇幅范围与重要程度，本文仅选取4号指导性案例即“王志才故意杀人案”中的裁判要点来阐释分析③。

指导案例4号的裁判要点载明：“因恋爱、婚姻矛盾激化引发的故意杀人案件，被告人犯罪手段残忍，论罪应当判处死刑，但被告人具有坦白悔罪、积极赔偿等从轻处罚情节，同时被害人亲属要求严惩的，人民法院根据案件性质、犯罪情节、危害后果和被告人的主观恶性及人身危险性，可以依法判处被告人死刑，缓期二年执行，同时决定限制减刑，以有效化解社会矛盾，促进社会和谐。”首先，该裁判要点针对恋爱、婚姻矛盾激化引发的故意杀人案件，要求各级法院应当“根据案件性质、犯罪情节、危害后果和被告人的主观恶性及人身危险性，可以依法判处被告人死刑，缓期二年执行，同时决定限制减刑”，相当于列出了判处死缓并限制减刑的目录手册，包括案件性质、犯罪情节、危害后果和被告人的主观恶性及人身危险性等，这些目录是可探讨且优先性考虑的因素，从而锚定了适用死缓并限制减刑的指导方向。论题学方法作为寻找前提和准备论据的思考方式，可以提供值得信赖的论辩出发点，在此指导下有助于我们全面认识和解决各种实际法律问题。其次，裁判要点指出的要达到“有效化解社会矛盾，促进社会和谐”，这凸显了指导性案例要求法官采取后果取向的法律解释，得根据自己的价值观念，使公平、正义等各种价值因素融入其中，以达到化解矛盾、促进和谐的效果，这体现出明显的论题学方法操作。

---

① 参见陈金钊主编：《法律方法论》，北京大学出版社2013年版，第141页。

② ［葡萄牙］叶士朋：《欧洲法学史导论》，吕平义、苏健译，中国政法大学出版社1998年版，第248页。

③ 按重要程度来说，指导性案例设置了“裁判要点”、“相关法条”以及“裁判理由”等三个栏目，这就说明司法裁判尽管形式上依托于法律规则，但其实质基准还在于裁判规则，而最核心的呈现则为裁判要点，因为作为真正裁判依据的裁判规则是法官在法律规则的逻辑构造指引下，借助于诠释活动构建出的产物。

此外,从论题学方法展示意义上审视司法裁判的对话商谈性质,并不意味着不再要求法官以实在法为思考起点及裁判应当受法律文本约束,而是说从程序上保障诉讼当事人平等参与、表达诉求的机会,而且表达越充分,越有利于法官全面斟酌、"兼听则明",发挥针对个案的自由裁量权限,展现创造性能动作用,对有争议的论据进行明智的判断取舍,作出妥当公正的裁决。根据论题学方法展开的裁判思维要求根据特定情境的个别化需求,发现法律中的相关论题,这必然得借助有节制的、训练有素的法感[①]。法官在"法感—论题—检验—修正—新论题—再检验—再修正—证立"这样的过程中,实现对论题的螺旋式修正,如同试错过程,不断检验论题中过于盲目的非理性成分,进而不断地予以修正和"提纯",以便在事实和规范之间形成一种具体、妥当的对应关系,将最初的法感转化为客观公正的裁决结论。这种稳健法感的养成对法官的职业技能与伦理素养提出了更高要求,与此紧密相关的是,上述思维过程要求法官必须具备高度的精神自由与形成确定意见的能力[②]。

总之,论题学方法为两造的沟通交流提供了可探讨的问题场域与可探索的实用工具。以佩雷尔曼为代表的当代修辞论证学家认为,人们一旦企图通过沟通来影响某人或某些人、引导他人思想、激发他人情绪、指引他人行动者,即进入修辞学王国,在这里听众(受众)是判断论据价值以及论证合理与否的标准[③]。这样,在这个预先拟制场域中,我们必须承认独立人格、排除强制、确保平等地位、真诚对待及信息公开。一方面特定的司法言说者(如委托代理人或辩护律师)要根据司法受众(如当事人或陪审团)秉持的心理状态,在谋篇布局的基础上,经过主体间反复论辩、充分说理,找到可接受认同的论据,避免一方独白式的证明;另一方面,法官能够有对象化指向与明确的顺序感,有针对性地紧扣论题搜集和组织论证资料,并通过辩证推理检验指向的论题在系争个案与当为规范对接过程中是否合理妥当,从而高效审慎地化解纷争。

(二)论题学方法应用的限度

1. 仅作为辅助补充的药方

与国内通行的法理学观点略有不同,笔者认为法学中的论题学方法从法律史的角度能够得到更好的阐释说明。体系化思想是启蒙运动与自然法结合的产物,在体系化法学思想未产生的时代,欧洲的法律人无论是教育学习还是法律适用中,面对浩如烟

---

① 法律人在接触待决案件时,都能借由潜意识、直觉和经验得出一个初步的法律结论,这种感性的判断能力就是所谓的"法感"(Rechtsgefühl)。获得任何一项法律上之发现,以及判断该项发现或决定是否正当、合理,第一种可能的源泉和认识根据就是"法感"。参见陈林林:《裁判的进路与方法——司法论证理论导论》,中国政法大学出版社2007年版,第26页。

② 参见张静焕:《论题学法学的逻辑解读》,载陈金钊、谢晖主编:《法律方法》(第9卷),山东人民出版社2009年版,第69页。

③ 参见杨贝:《法律论证的修辞学传统》,载《法律方法与法律思维》(第4辑),法律出版社2007年版,第73、76页。

海的罗马法文本时总有力不从心的感觉。为此,通过一种较为简便的方法掌握罗马法成为迫切任务。于是,人们开始用形形色色的“论题”或“地方”来组织罗马法,人们在学习和实务中只需要根据论题,从某一方面着手研讨罗马法,就可按图索骥,形成清晰稳定的思路。不过这种方法也有弊端,罗马法原始文本浩瀚庞杂,社会生活复杂多变,人们往往需要上百甚至数百个论题,才能据以建立相对完整的法律框架。这依然是一个费力费时的过程。

当然,这在英格兰是不存在的,因为普通法来源于出庭律师和法官创造的法律,本来就宣称自己是实践的理性技艺,从而在根源上排斥体系性建构。现代大陆法系国家的通行做法是“国法”的法典化。从启蒙自然法时代以来,经历过漫长的时间、耗费了无数伟大头脑的努力才达到如今的法典化形态,其巅峰是1900年的德国民法典。正如萨维尼早就预见到的,一切启蒙—自然法式的法典化,一旦完成必然遭到被时代抛弃的命运。因为有限理性的立法者创制的法典必须要对实务问题作出回答,而实务中形形色色的问题是一切法典化工作都不可能穷尽的。对此,萨维尼的对策是:(1)在法典中保留抽象原则一类的条款,留给法学家和法官进行解释和裁量;(2)不把法典作为排他的法律渊源,保留学说、判例和习惯法的地位。也就是说,在承认法典,承认人类的体系化理性的基础上,对法典法进行必要的补充。这实际上就是当前德国的做法。“论题学法学”之作的开山者菲韦格所提出的论题学方法对策就有很强的复古色彩。他主张恢复“前体系化时代”的做法,即根据论题也就是问题导向的办法来组织法材料,让法律人掌握论题—修辞艺术。这当然是一种不错的主张,对司法实践有着积极而正面的帮助,也是对日益极端化的概念化趋势进行的批判。

论题学方法虽然可以演绎为一种特有的论证方法,但其功能更主要的还是协助开题。一方面,德国有着深远的理性化传统;另一方面,体系化确实有利于教学,相对于中世纪的学生花7年才能读完学说汇纂,现在的学生用3年的时间就可以学完全部法学院课程。论题学法学在德国通常是作为“法律修辞学”(Rhetorischen Rechtstheorie,修辞学的法理论)的一部分,并没有进入主流学界的探讨语境。德国法学界的主流语境依然是体系化、教义学化的探讨。

2. 适用的可废止性导致的困境

首先,论题学方法是一种从或然性中寻找命题和结论的工具,一旦应用不当,各种集合式论点之间的复杂驳斥关系容易引发司法裁判的混乱。在以成文法为主要法源的国家,论题的司法适用更应谨慎。

其次,论题的来源本身是可废止的。依据传统观点,法源有正式法源与非正式法源之分,有助于分清法律渊源的效力与层次,但这仍无法遮蔽法源种类和范围的多样复杂性,比如公共政策、正义观念、理论学说、外国法等,都可能作为法律的实质渊源,作为法律论题影响司法裁判。论题目录向着纷繁杂乱的法源敞开,这无疑增加了论题学方法司法适用的复杂性和不确定性。

再次,论题学方法的实践性品格,契合特定时代的社会价值观与法律目的,立足于个案正义的实现,有助于克服法律的僵化机械性,但我们不能忽视如果法官不具有高超的素养,没有能力进行甄别取舍,其应用不可避免地会动摇严格法治意义上的形式安定性。

最后,法官适用论题学方法能够有对象化指向与顺序感,但这种对象化指向会导致后果取向的法律解释,这很可能会逐渐降低文义解释的地位,而且这种逆向裁判思维,是否会导致认知上的偏差,导致越来越远偏离实定法的风险,都是值得深入警惕的。

论外部法律证成*

张静焕**

摘　要:阿列克西把法律论证的整个流程划分为内部证成和外部证成。外部证成并非一种全新的理论创造,而是基于法律商谈理论对传统的法律方法所作的一种理论改造,其主要功能是证成法律解释、漏洞补充、利益衡量等方法所形成的法律推理大前提的合理性、正当性或可接受性。在一些思维规则的支撑和约束下,外部法律证成可以重构为逻辑有效的论证。但外部法律证成的最终依据,只能是司法者在个案中对法治理念或法律原则的解读与推演。

关键词:法律论证;外部证成;法治理念;逻辑有效性

司法中的法律判断如何理性地证立多年来一直是法哲学关注的焦点之一。司法裁判不仅仅是依赖立法者已经作出的决定,面对疑难案件,人们往往会追问法律规定的合理性,因为只有合理的法律规定才能够得到人们的普遍认可和遵守。此时,法官一般会运用法律解释、漏洞补充、利益衡量等方法查找作为法律推理大前提的法律,并对法律的合理性、正当性与可接受性作出说明。这无疑与外部法律证成有关。那么,什么是外部法律证成?为什么需要外部法律证成?外部法律证成能否重构为逻辑有效的论证?外部法律证成需要遵循哪些思维规则?外部法律证成的最终依据是什么?这些问题是法治理论和实践中难以回避的问题。本文拟对外部法律证成的这几个问题作一探讨。

---

* 基金项目:本文系国家社科基金课题"我国转型社会中的法治思维研究"(项目编号:13BFX010)的阶段性研究成果。

** 张静焕,河南南阳人,吉林大学法学院法理学博士生,海南大学法学院副教授,研究方向为法律逻辑学和法律方法论。

一、什么是外部法律证成?

论证指通过一定的理由来支持某种主张、陈述、判断的正确性,法律论证是指通过一定理由来证明某种立法意见、法律陈述和法律判断的正确性与正当性。法治社会是个说理的社会,在讲法说理成为法律人的主要任务以后,法律论证就成了一种非常重要的法律方法。法律论证理论是近30年来逻辑学、修辞学与法学交叉融合发展的结晶,是法哲学对法治实现理论的一大突出贡献。根据当代论证理论的流行观点,论证通常包含有三个层面,即作为结果的论证、作为程序的论证和作为过程的论证。作为结果的论证是指一个命题真(结论)取决于其他命题真的命题序列(前提);作为程序的论证是指,论证者用一组陈述作为理由在批判性讨论基础上让目标听众承认另一特定陈述(主张)的可接受性的言语交际行为;作为过程的论证是指论证者理性地说服目标听众接受其主张的过程。论证的这三个层面实际上已经涵盖了"论证"和"论辩"的含义。狭义论证仅仅是指作为结果的论证,而广义论证则涵盖了上述三个层面。

根据目前主流观点,法律论证也有广义和狭义之分。广义的法律论证既包括立法过程中的论证(立法论证),又包括司法过程中的论证(司法论证)。立法论证,是指在立法过程中对将要制定的法律条文的必要性和可行性所进行的论证;司法论证,是指在司法过程中判定案件或事实的法律依据和法律责任的论证。从逻辑学角度来看,作为结果的法律论证首先可被分解为两大部分:第一部分是结论,第二部分是前提。法律论证的前提通常由两大部分构成:一是案件事实前提,二是法律规范前提。我们通常把这种法律论证称为司法三段论,把法律规范前提称为"大前提",把案件事实前提称为"小前提"。事实上,推出法律结论的可能并不是法律规范本身,而是法官对法律规范的解释。所以,一种观点认为,司法论证主要是指为司法过程中作为大前提的法律的正确性和正当性所进行的证成。

阿列克西把法律论证的整个流程划分为内部证成和外部证成,外部证成并非一种全新的理论创造,而是基于法律商谈理论对传统的法律方法所作的一种理论改造,其主要功能是证成法律解释、漏洞补充、利益衡量等方法所形成的法律推理大前提的合理性、正当性或可接受性。在他的这个框架中,内部证成处理的是前提对结论的推出或支持关系问题;外部证成处理的是前提的可接受性问题①。对于外部法律证成,麦考密克、佩策尼克、阿尔尼奥、诺依曼等学者分别建构了自己的理论。麦考密克将法律裁判分为一阶证成和二阶证成。一阶证成为法律前提对裁判结论的演绎过程。二阶证成负责对演绎的前提进行证成。诺依曼认为,麦考密克的一阶证立与阿列克西的"内

---

① 参见陈金钊、熊明辉主编:《法律逻辑学》,中国人民大学出版社2012年版,第164-168页。

部证成”对应，二阶证成对应着阿列克西的“外部证成”①。

佩策尼克认为，法律论证通常是非演绎推论，但是，能够通过添加一个前提而改变为演绎推论。也就是说，这样一种改变总是可能的：非演绎地从 p 到 q 的过渡，通过添加前提 p 蕴涵 q，而被完整化为演绎推论。“非演绎推论的优势地位意味着，法律结论的证成在根本上必须依据没有逻辑必然性的论证。这当然不意味着，在给出充分理由的意义上，不可能证成法律结论。”②只要能够精确地确定从前提过渡到结论的命题，至于证成是否充分，则依赖于对证成提出的要求。对于法律论证的深度证成，佩策尼克基于维特根斯坦语言哲学理论认为，由于法意识形态作为社会文化传统的特别部分，也属于某种既定的生活形式，所以在特定的社会语境中对它的认可不可能被推翻。佩策尼可援引德沃金的观点指出，法意识形态比如法原则，它对法之适用者是有约束力的，尽管不能从承认的法源中得出③。佩策尼克提到一些关于个人价值中的公正原则，比如，在根本方面相同的人应被平等对待，权利应被保护等④。阿尔尼奥把法教义学主张之为真的能力的问题，置于其对法律证立之阐述的起点。他认为理性论证不能超出生活形式的界限，从一种生活形式过渡到另一种生活形式，只有通过说服才有可能。理性论证只有在一个听众内部方有可能，不同听众之间的讨论必然不是理性的⑤。

从学者们的这些论述可以看出，外部法律证成是指为司法过程中为作为大前提的法律的正确性和正当性所作的说明。据此，我们才能在开放的法律体系中推出判决结论。但是，对于外部法律证成的规则和最终依据，似乎依然有很大的讨论空间。有学者认为，阿列克西的法律论证理论缺乏经验基础，而且，法律论证理论研究著作往往词汇很多，内容很少，无法节省人们的思考，无力回应司法实践的要求，法官更需要的是法律决策的理论，当法官从实在法范围内无法获得令人满意的判决结果时，应当求助于社会科学论证，而不是道德哲学的论证⑥。反对者指出，规范法学的独特之处在于，它主张价值判断应当以“个案”为场景，受规范方法的约束，并且以现行有效法、判例或教义学为依据，通过理性化的形式作用于裁判过程。规范法学视野中的价值判断不是抽象的价值宣誓、主观情感的任意流露和裁判者的内心独白，而必须在一定的技术、方

① 在对事实和规则都有争议的疑难案件中，需要通过一组附加论证作进一步证立。对支持某一法律规则的解释的一组附加论证，麦考密克将其称为次级证立，阿尔尼奥称之为外部证成。阿列克西将整个这组论证称为内部证成，并将外部证成一语用于那种支持前提内容的论证。参见焦宝乾：《法律论证：思维与方法》，北京大学出版社 2010 年版，第 136 页。“内部证成处理的问题是：判断是否从为了证立而引述的前提中逻辑地推导出来；外部证成的对象是这个前提的正确性问题。”［德］罗伯特·阿列克西：《法律论证理论——作为法律证立理论的理性论辩理论》，舒国滢译，中国法制出版社 2002 年版，第 285 页。

② 参见［德］乌尔弗里德·诺依曼：《法律论证学》，张青波译，法律出版社 2014 年版，第 111 页。

③ 参见［德］乌尔弗里德·诺依曼：《法律论证学》，张青波译，法律出版社 2014 年版，第 113－114 页。

④ ［德］乌尔弗里德·诺依曼：《法律论证学》，张青波译，法律出版社 2014 年版，第 119 页。

⑤ ［德］乌尔弗里德·诺依曼：《法律论证学》，张青波译，法律出版社 2014 年版，第 120 页。

⑥ ［德］乌尔弗里德·诺依曼：《法律论证学》，张青波译，法律出版社 2014 年版，第 121－123 页。

法和程序的框架内生效[1]。如拉伦茨所指出,规范法学是“以某个特定的,在历史中逐渐形成的法秩序为基础及其界限,借以探求法律问题之答案”的科学[2]。”

二、为什么需要外部法律证成?

在司法实践中,并非所有的案件都需要法律论证。从法治的要求看,只有法律有疑问或突破法律规则所作出的判断才应该进行论证。法律的自足性和封闭性被打破以后,论证作为一种法律方法的地位更加重要。由于传统法律真理论的式微,司法具有一定程度的能动性,而法治又要求法律具有客观性、正确性和普遍性,所以,只有借助外部证成,法律裁判才能另辟蹊径实现法律的客观性、合理性和正当性。外部法律证成的形成源于人们对于法律的特性、司法的性质以及逻辑(理性)思维规律的认识与探索。

首先,法律的特性要求外部法律证成。实在法均具有“暂时性”和文化多元的特质。博登海默认为,在法律领域中,法官在解决争议的时候有必要运用辩证推理(实质论证)的情形主要有三种:第一,法律没有规定的新情形出现了;第二,可以适用两个或两个以上相互抵触的前提但却必须在其间作出真正选择的情形;第三,合法与合理相悖的情形[3]。在这三种情形下,法官不可能直接运用分析推理解决争议问题。面对疑难案件,人们往往会追问法律规定的合理性,只有合理的法律规定才能够得到人们的普遍认可和遵守。由于判决结论所宣告的可能生活是从法律规则和案件事实中推论出来的,如果作为建构具体可能生活的模型——法律规则——本身都不具有合规律性和合目的性,那么以此为依据创设的可能生活也就不会具有合理性和正当性,这种判决结论理所当然不能为当事人接受[4]。然而,由于法学的实践特性,在个案中才可以看出法律规则是否具有“合规律性和合目的性”。如哈贝马斯所言,法学实践活动所追求的不是把握“客观化的现实”,而是维护“理解的主体间性”,以“确保个人和集团的自我理解以及其他个人和集团的相互理解”。因此,实践性构成了法学的学问性质。法学的命题是评价性的命题,它只有合理不合理之分,而没有真假之分。法学家所从事的主要工作是根据经验从特定的案件、情事和问题中推出有现实效果的结论。正因

---

① 桑本谦:《法律论证:一个关于司法过程的理论神话——以王斌余案检验阿列克西法律论证理论》,载《中国法学》2007年第3期。

② 雷磊:《法律论证何以可能?——与桑本谦先生商榷法律论证理论的基本问题》,载《政法论坛》2008年第4期。

③ [德]卡尔·拉伦茨:《法学方法论》,陈爱娥译,商务印书馆2003年版,第19页。

④ [美]E.博登海默:《法理学:法哲学与法律方法》,邓正来译,中国政法大学出版社2004年版,第519-520页。

此,法学是“提问辩难”之学,是对话论辩之学。在法学之“提问辩难”或对话论辩过程中,参与对话的人们更多的是在争论、寻找、确定推论的前提(尤其是大前提)。

其次,司法的特性需要外部法律证成。与法律特性的思考相关联,司法上一直存在着司法守成主义和司法能动主义的争论。司法守成主义以法律形式主义为理论基础,强调司法对法律的严格遵守。而司法能动主义,则建立在法律现实主义基础上,它强调司法必须结合社会现实,结合社会的需要进行裁决。毋庸质疑的是,司法中的法律是作为法律推理的大前提而存在的。对这一前提,尽管传统的法学理论认为是由立法机关在成文法中命名的,似乎不用经过论证就可以直接拿来为法官所用。但复杂的司法实践提示我们,即使在简单的案件中,哪怕仅仅是经法官选择的针对个案的法律,人们也可以进行追问,这就是法官为什么在这个案件中适用这几条而不是另外的几条规定。对此法官也必须以论证的姿态予以回答。另外,对经过法律解释和漏洞补充所确认的针对个案的规范,法官更要进行详细的论证,否则判决的大前提也会受到质疑,由此而推出的结论的正当性、合法性就会受到挑战①。

第三,逻辑(理性)思维规律要求任何确定为真的论断都必须有充足理由。外部法律证成是法律论证的重点,法律论证理论标志着法律确定主义和法律决断主义之间的第三条道路的开辟,它既不是以涵摄教条为出发点,也不是以法律非理性主义的立场的主题。认为法院裁判由法律完全确定的观点(涵摄教条)不需要论证理论,认为法院裁判只是法官的意志行为的观点(决断主义)也不需要论证理论。法律论证对于第三种立场具有根本意义,这种立场认为法官的裁判既不是对法律的单纯“适用”,也不是法官的任意行为,而是虽然未由法律(完全)确定但却可以证立的理性的决定②。实践中,“多元法条主义”是一种重要的法律现象。其出现原因甚多,而法律实践中知识判断、价值判断和实用策略的分歧及其对法条选择的分散引导,尤其是法律职业内部本身关于法条的法学法律知识或明显或隐蔽的分歧,为至关重要的原因③。“多元法条”的产生与法律实践的主体间性关联,是多主体参与的必然结果。因为,每个主体都会从自己的立场出发,竭力用法律维护己方利益,寻找对己方有利的法条,由此个案中产生多元法条。司法具有比较、权衡、妥协的品格,逻辑(理性)思维要求任何确定为真的判断都必须有充足理由。遵循思维规律,多元才能在权衡与妥协中最终走向一元。

总之,法律的自足性和封闭性被打破以后,由于传统法律真理论的式微,为了避免司法能动性所可能形成的专断和专横,只有借助外部证成,才能另辟蹊径实现理想中的法治。

---

① 张继成:《可能生活的证成与接受——司法判决可接受性的规范研究》,载《法学研究》2008 年第 5 期。

② 陈金钊:《司法过程中的法律方法论》,载《法制与社会发展》2002 年第 4 期。

③ [德]乌尔弗里德·诺依曼:《法律论证学》,张青波译,法律出版社 2014 年版,第 2 页。

三、外部证成能被重构为逻辑有效的论证吗?

一般来说,论证的主要功能有三个:一是证成功能,即证明己方主张是成立的;二是反驳功能,即反驳对方主张是不成立的;三是说服功能,即说服对方接受己方提出的主张。论证结构分析是论证评价的前提条件。就一般性标准而言,论证的评价有逻辑标准、论辩标准和修辞标准三种①。其中,逻辑标准评价前提对结论的支持强度;论辩标准评价意见分歧的消除程度;修辞标准评价论证目标的听众认同程度。逻辑标准对应着作为结果的论证,论辩标准对应着作为程序的论证,修辞标准对应着作为过程的论证。这三条标准也与论证的三个功能相对应。逻辑标准对应的是证成功能,论辩标准对应的是反驳功能,而修辞标准对应的是说服功能。由此来看,如果我们讨论外部法律证成,那么主要考察的应该是作为结果的论证,主要依据的应该是逻辑标准。

论证评价的逻辑标准是逻辑有效,这里的"逻辑有效"是指演绎有效或形式逻辑有效。根据这个逻辑标准,如果前提是真的,那么结论也必定是真的。换句话说,如果前提是真的,那么它能保证结论也必定是真的。一个法律论证总是以逻辑论证为基础的,因而无论是逻辑论证或法律论证都须遵守逻辑法则,运用正确的论证方式来为其论题提供强有力的支持。只有通过有效论述,裁决(结论)才能从法律规则和事实(前提)中导出。因而逻辑有效性是法律论证可接受性或合理性的必要条件②。这可使论证立足于一个坚实的基石。虽然司法三段论的作用是有限的,形成法律事实寻找法律规范的过程中仅有逻辑演绎是不够的,但是逻辑演绎的有效性是理性形成的基础。而且,强调有效性概念,并不是说要求实践中的推理必须是有效的,因为,推理不一定有效,才说明其有多种的可能性,这样就有进一步对话讨论的空间了。如果人们的思维不能对推理有效进行判定,那就给自己留下了非理性处理问题的空间。"谨守逻辑形式并避免谬误只是追求正义的工具,但它们的的确确是论证的关键工具。谨守逻辑形式并避免谬误可以说服别人,并给予司法判决正当性,将迷惑与含糊不清的事物一扫

① 刘星:《多元法条主义》,载《法制与社会发展》2015年第1期。

② 从亚里士多德开始,分析标准、修辞标准和论辩标准就被当作论证评价的三条基本标准。当代逻辑学家苏珊·哈克认为,论证评价的标准是逻辑标准、实质标准和修辞标准,其中,逻辑标准讨论的是前提与结论之间的恰当关系;实质标准讨论的是前提和结论的真假;修辞标准讨论的是论证对听众是否具有说服、吸引力和有趣。See Susan Haack, Philosophy of Logics, Cambridge University Press,1978,p.11.科恩认为,论证评价涉及许多学科,如伦理学、政治学、美学、认识论、心理学、法学等,但就理性说服目的而言,主要依赖三种标准,即:逻辑标准、修辞标准和论辩标准。See Daniel H. Cohen, Evaluating Arguments and Making Meta-arguments, Informal Logic, 2001(2), pp.73-84。

而空。”[①]有学者指出，建构可能生活的推理形式（论证图式）必须是逻辑有效的。法律规范正当、合理，证据真实可靠、事实清楚充分，法律论证形式有效，论证活动符合程序法规范和论辩程序规则是法官为当事人建构“应得”的可能生活的法律依据、事实依据、逻辑依据和制度保障[②]。

逻辑演绎要求从真语句出发，但实际上并非完全如此，因为，逻辑演绎一旦应用于实践，特别是社会科学实践，能找到的前提是很可能为真的语句（相对真或相信其为真）。逻辑演绎强调的不是说服，而是求真的条件。正如德国学者阿列克西在《法律论证理论》一书中所说：“论述的任何分析必须首先应考察其逻辑结构。只有这样做，才有可能系统地去揭示隐含着的前提，才能够搞清楚：在逻辑上不能进行有结论的过渡（推导）时如何插入有说服力的手段去跨越这个鸿沟。”[③]对创造性应用法律而言，如果法院的判决的说理部分论证得更充分的话，很有可能会形成诉讼参加人之间认识的大体一致性，起码能增大判决的可接受性。

以上只是理论的探讨，我们从一个个案来看外部证成如何被重构为逻辑有效的论证。台湾著名学者王泽鉴在其《法律思维与民法实例》中给出了这样一则例子：

在某市公园入口处，悬有一告示：“狗与猪不得携入公园”。某日，有一游客携一画眉鸟入内，管理员微笑欢迎，未加盘问。随后，有一游客携一老虎欲进公园，管理员大惊，即阻止之，因而展开如下的对话：管理员：老虎不得入内。游客：请问，为何前面游客携鸟入内。管理员：鸟非狗，亦非猪，不在禁止之列，自可入内。游客：诚如所云，鸟非狗，亦非猪，不在禁止之列，故可进入。虎非狗，亦非猪，当亦不在禁止之列，何从不得进入，厚鸟而薄虎，殊失公平。管理员为之语塞。管理员之女（肄业某大学法律系一年级），乃出面谓：鸟无害于公园的安全卫生，故可入内。虎有害游客安全，尤胜于狗！自不可入内。游客深以为是，欣然携虎离去[④]。

首先，从逻辑角度考察，管理员的论证为：论题：老虎不得入内，鸟可入内。论证方式：狗与猪不得携入公园（规定），鸟非狗非猪，所以鸟可入内。（“虎不可入内”无相应论证）。游客的论证：狗与猪不得携入公园（规定），虎非狗非猪，所以，虎可入内。显然，游客和管理员论证方式一样，因而，游客的结论似应“必然”推出。所以管理员“为之语塞”。实质上，二人的论证方式都不正确，都犯了“否定前件”（作为论证理由的“规则”按充分条件命题分析）或“大项不当扩展”（“规则”按直言命题分析）之谬误。

---

① ［荷］伊芙琳·T. 菲特丽丝：《法律论证原理——司法裁决之证立理论概览》，张其山、焦宝乾等译，商务印书馆 2005 年版，第 25 页。

② ［美］鲁格罗·亚狄瑟：《法律的逻辑——法官写给法律人的逻辑指引》，唐欣伟译，法律出版社 2007 年版，第 19 页。

③ 张继成：《可能生活的证成与接受——司法判决可接受性的规范研究》，载《法学研究》2008 年第 5 期。

④ ［德］罗伯特·阿列克西：《法律论证理论》，舒国滢译，中国法制出版社 2002 年版，第 211 页。

由于管理员犯错在先,所以其论证才可遭到游客逻辑类比方法的反驳。这里,逻辑谬误是致命的。

再看大学生的论证:论证一:论题:鸟可入内。论证方式:凡无害于公园安全卫生的可以入内(公园告示规则的"立法目的"),鸟无害于公园安全卫生,所以,鸟可入内。论证二:论题:虎不可入内。论证方式:凡有害于游客安全的不可以入内(公园规定"立法目的"),狗有害于游客安全,所以,狗不得入内(公园规定的合理性),有害胜于狗不得入内(规定的当然解释),虎有害尤胜于狗,所以,虎不可入内(结论的正当性)。

那么,大学生的论证为何使"游客深以为是,欣然携虎离去"?首先,大学生给出了公园告示规则的立法目的作为概括性原则构成论证的前提理由,并运用原则论证了规则的合理性,运用规则说明了其主张决定的正当性。其次,其论证运用的都是正确的推理方式,即充分条件假言推理的肯定前件("原则"、"规则"都按条件命题分析)。这样逻辑上就是无懈可击的。因而,大学生的论证就为其论题(主张决定)给出全面而且强有力的理由支持。

法律的意义在于规范人们的行为,维持基本的生活秩序,但是法律规定是抽象的而个案是具体的。疑难案件中,法律条文规定的"允许"或"禁止"不足以达到规范人们行为、维持基本的生活秩序的目的。我们需要透过法律条文的规定,发现支持法律条文规定的概括性原则,"这些原则——单个的或集体的——既可以用以解释清晰的既存规则,也可以为手头的案件提供一个确定的结果"①。正如上文所举的例子,从公园立法目的得到的原则——"凡有害于游客安全的不可以入内"证成了公园规定的合理性,公园规定给出了判断是否有害于游客安全的标准。以上例子说明,外部法律证成可以被重构为一个逻辑有效的论述。

也许有人会问,内部证成的逻辑有效性是什么?外部证成的逻辑有效性是什么?怎么理解这里的逻辑?价值判断怎么实现逻辑的有效性?我认为,外部证成的逻辑有效性和内部证成一样,逻辑有效性指的是形式的有效性,形式化理性重构之后,两种证成的逻辑标准一样,只是前提(理由,依据)不同。外部证成依据的是法律规则和法律规定之外的理由,内部证成的依据是法律规则和法律规定。和事实命题相比,法律规范命题属于评价命题(也是价值判断)。当需要外部证成的时候,已经是在创造。正如德国原联邦法院院长 Heusinger 在离职致辞中所说:"作为法官,我们并不想僭取立法权,但是我们也深切地意识到,于此界限内,仍有宽广的空间提供法官作有创意的裁判,共同参与法秩序的形式。"②法官创造性地运用法律,必须经过充分而系统的外部证成,对法律解释、漏洞补充、利益衡量等方法所确认的作为法律推理大前提的法律的正

① 王泽鉴:《法律思维与民法实例》,中国政法大学出版社 2001 年版,第 255 - 256 页。
② [英]H. L. A 哈特:《法理学与哲学论文集》,支振锋译,法律出版社 2005 年版,第 142 页。

当性与可接受性作一说明。外部证成的逻辑有效性在很大程度上是由其思维规则保障的。因此,论证的思维规则显然是一个研究的重点。

四、外部法律证成应当遵循哪些思维规则?

法律论证理论建立在论题学基础上。作为前提寻求之技术,论题学提出要寻求一切在根本上可能合适的观点。在论题学看来,将前提用于证立个别判断时,理论上,尊重一切观点是一个有效规则,它并没有说明哪一种观点是决定性的,甚至也不能断定什么观点在根本上是较为合适的。因而论辩和论证显然是唯一的检验法庭,并且,逻辑史上,古今中外的学者们不断地提出并强调在论辩和论证中必须遵守的一些规则。以此坚持"在不可能存在有说服力的证立的地方,并不必然要把地盘留给非理性的决断"①的外部法律论证依然属于法律论证,一样需要遵守法律论证的规则②,并把论证置于动态背景——论辩之中讨论。从认识论、逻辑学、法律和法律方法的角度看,外部法律论证需要考虑如下规则。

从认识论角度来看:

1. 任何人都应该遵守充足理由律——应他人请求为自己的论断提供理由,理由真实并且理由能够推出论断(除非他能举出理由证明自己有权拒绝证立);任何人都能够遵守充足理由律——知道不断追问对方论断的理由,直到自己能够辨别理由是否真实和充足。

2. 排中律要求人们在同一思维过程中,要么A,要么非A,二者必居其一;排中律并不要求人们一定要说出是A还非A,在现有证据不足以断定的时候,只有可能性;可以选择一种可能性,但是必须说出如此选择而不作其他选择的充足理由,理由能够为社会带来福利。

3. 任何一个能够讲话者,均允许参加论辩。任何人均允许对任何主张提出质疑。任何人均允许在论辩中提出任何主张。任何人均允许表达其态度、愿望和需求。如果有谁想在论辩中就其态度、愿望或需求提出与其先前的表达无关的主张或陈述,那么他就必须应他人请求证明其为何要提出这样的主张或这样的陈述。已经提出论述者,只有当出现反证时才负有责任作进一步的论述③。

4. 任何法律论证规则必须公开,且是普遍可传授的。

从逻辑学角度看:

1. 任何一个言谈者均不得自相矛盾。(无矛盾性)

---

① [德]卡尔·拉伦兹:《法学方法论》,陈爱娥译,商务印书馆2003年版,第248-249页。

② [德]罗伯特·阿列克西:《法律论证理论》,舒国滢译,中国法制出版社2002年版,第26-29页。

③ 参见张静焕:《法律论证的性质和规则——司法的能动性及其限度》,载《甘肃政法学院学报》2010年第1期。原来的文章中从认识论、逻辑学和法律角度总结了法律论证的规则,本文增加了从法律方法角度看外部证成的规则。

2. 任何一个言谈者只许主张其本人所相信的东西。(真实性)

3. 任何言谈者只许对这样的价值—义务判断作出主张,即当他处在所有相关点均与其作出主张时的情形完全相同的所有其他情形时,他也同样会作出完全相同的主张。任何提出规范性命题者,必须当假设其置身于当事人之处境时,也能够接受由其提出的命题预设为前提的规则所造成的后果。(全面性、可普遍化性)

4. 不同的言谈者不许用不同的意义来作相同的表达。(一致性)

5. 如果自己这里达不到必然(确定、清楚、真实、公平),那么就至少做到不违背逻辑(自己这里没有虚假、矛盾等)。

从法律的角度看:

1. 法律判断必须至少从一个普遍性的规范连同其他命题逻辑地推导出来。

2. 当对行为的归属有疑问时,必须提出某个规则,对该问题作出决定。

3. 尽量运用法律自身的原理,通过适当的解释规则运用和阐释法律,如果有不同理解则必须加以证立;任何适用于个案的法律规范,必须能够经得起体系的检验。

4. 尽最大可能陈述逻辑的展开步骤,以使某些表达达到无人再争论的程度。

5. 考量一切属于解释规准而又能够尽可能被提出的论述形式,陈述所有可能的解决办法,并对不同的解决办法进行评价①。

6. 论证的优位有疑问时,最大容忍限度有其优先性②。

7. 应该追求的不是最大可能多数人的最大可能的幸福,而是避免多数人的最大不幸,因为只有后一原则,才是可普遍化的,而不是幸福(这个概念对每个人都不相同)③。

从法律方法的角度看,外部法律证成需要考虑如下规则:

1. 所有可能方法都应当被提及。

2. 只要有法律解释的选择就要有一个为什么这样选择的理由,这个理由可以被普遍化为一般性命题,当出现同样情况的时候,也能够同样地使用它。

3. 只要有利益衡量就要有一个为什么这样衡量的理由,这个理由可以被普遍化为一般性命题,当出现同样情况的时候,也能够同样地使用它。

4. 运用漏洞补充要基于至少一个具体法规定(条文),并且至少有一个一般性命题可以蕴涵这个法规范条文,这个一般性命题可以适用于新的个案。

---

① 参见[德]罗伯特·阿列克西:《法律论证理论》,舒国滢译,中国法制出版社2002年版。

② 参见[德]罗伯特·阿列克西:《法律论证理论》,舒国滢译,中国法制出版社2002年版。

③ 考夫曼在其《法律哲学》一书中举例说,例如:一个抽烟的人说,我喜欢抽烟,而且我喜欢时我就抽;另一个抽烟者说,我喜欢抽烟,但一个有责任意识的人,只在不干扰他人时才抽;一个不抽烟的人则说,没有人有权因为抽烟而危害我的健康,因此我要求在公共场所禁烟;另一个不抽烟的人说,我接纳他人的自由,因此让抽烟的人抽烟,只要这个人考虑到不抽烟的人。明显,第四个论证有着最大的容忍限度。参见[德]考夫曼:《法律哲学》,刘幸义等译,法律出版社2004年版,第144页。

五、外部法律证成的最终依据是什么?

外部论证不可能无限倒退,论证规则自身也不能闭合这种论证开放性。目前对于外部证成的最终依据并没有形成共识,是所谓的语言性的"生活世界",还是法律教义、先例、论题,或者是其他的东西?

外部证成一般是对推理前提本身进行论证,其最终依据往往并不那么确定。如有学者认为,从根本上,法律证成的最终前提取决于法律共同体中的理性可接受性的元标准:生活形式。生活形式的概念指的是社会中法律理性具体观念背后共同的文化基础。因而,理性法律论证的最终前提即深深体现在相关的生活形式中[①]。但从逻辑标准来看,生活形式最终也要构造成论证形式。

论题学只是法律论证的起点,即借助论题学形成可为法律听众接受的论点、论据,但是论题不可能成为法律外部证成的最终依据。外部论证的最终依据一定是一种不能辩驳的事物。

先例也不可能成为外部法律论证的最终依据,因为一方面,先例会像制定法规则一样浩如烟海。另一方面,正如对同一个法条有可能会有不同的解释,由于对个案中重要事实的理解不同,不同的主体可能会选择不同的先例。

也有学者指出,一些具体的法律方法与证明进路虽然能够证成法律判断的某些侧面,揭示某些法律真理,但是,它们都不能真正地证成法律判断。因此,证成法律判断的最终根据不是别的,只能是一国的法律实践。要回答"某一法律判断为什么是正当的"这一问题,我们只能从一国的法律实践的角度为其寻找最终的根据[②]。但是,法律实践只是一个寻找的角度而已,实践本身不是根据。

站在规范法学和法治实现的立场,我们依然希望在法教义学范围内寻找外部法律证成的最终依据。

按照凯尔森的观点,法律的独特之处就在于其规制自身之创制。宪法规制制定法的创制或者将习惯规定为造法事实,制定法与习惯法规制司法判决中个别规范的创制。在创制规范的过程中,法律权威适用了决定下位法规范的创制内容的上位法规范,但是,上位法规范只能在一定程度上决定下位法规范创制的内容,所以,创制规范的权威就其创制规范的功能而言就有一定程度的自由裁量权。有自由裁量,就可能、实际上也的确受法外之物的影响,比如,政治原则和正义观念等。实在法科学独立政治,是指法律科学家在描述其对象时不得援引实在法规范之外的其他规范从而避免作

---

① [德]考夫曼:《法律哲学》,刘幸义等译,法律出版社2004年版,第144页。

② See Raino Siltala, A Theory of Precedent, Hart Publishing Ltd, 2000, pp. 220221.

出政治价值判断,尤其应避免对其对象作出公正与否之评价。然而,尽管法律科学能够、也独立于政治,即尽管法律科学家必须避免作出政治价值判断,作为法律权威之功能的立法过程却无法与政治分离。根据文义、历史或逻辑、限缩或扩张解释等,可以有不同的法律解释方法。如果法律没有规定采用何种方法,那么,哪一种方法都可以被选择,而且选择不同的方法得出的结论可能截然不同。其实,即使规定必须使用某一种方法,也会出现矛盾和歧义。当有两种情况可以选择的时候,凯尔森认为,"只有通过诉诸法律之外的意识形态考量,人们才能得出一个正当合理的结论。因此,最终的证成根据是某种特定的意识形态,而非作为一种意识形态中立的最终诉求依据的法律"①。法律权威在法律适用中对法规范意义之选择系造法行为。因该选择不由上位法律规范决定,因此是一种政治功能。对某个法律规范的多种意义进行选择由法律之外的其他规范即政治规范决定②。

传统法教义学的目的在于通过概念建构和逻辑方法实现法学的科学性,有学者认为,随着时代的变迁,凯尔森视为法政治的价值判断领域也应该属于法教义学的任务③。也就是说,如果我们扩大法教义学的任务和法秩序的范围,外部法律证成的最终依据应当是法治理念等意识形态。但是法治理念是一种内部充满矛盾的抽象价值体系,抽象的法律价值、精神、理念等如果不在个案中具体化,很难成为外部法律证成的最终依据。所以,法治实践中应当追求外部法律证成逻辑形式上的有效性。

通常认为,"中国的智慧表现在思维模式和智力结构上,更重视整体性的模糊的直观把握、领悟和体验,而不重视分析型的知性逻辑的清晰"④。因此我国传统文化被认为不利于法治精神的培育,因为,法律作为一种工具理性,似乎更侧重于分析性的知性逻辑。但是,法律裁判既有对事的部分,也有对人的部分,对事的部分着重于知性逻辑分析,对人的部分应注重整体性的直观把握、领悟和体验⑤。事实上,知性逻辑从来就不排斥整体性的直观把握,只要在说理层面找到据以裁判的理由(命题),据以裁判的理由能够适用于以后的同类裁判,则无论思考和权衡的过程多复杂,论证的结果都能经得起理性推敲。所以,外部法律证成最终依靠的是司法者在个案中对法治理念或法律原则的解读与推演。

---

① 陈锐:《法律判断如何证成?——"阿列克西难题"及其解决》,载《山东大学学报》(哲学社会科学版)2009年第5期。

② [英]尼尔·麦考密克:《修辞与法治:一种法律推理理论》,程朝阳、孙光宁译,北京大学出版社2014年版,第27页。

③ [奥]凯尔森:《纯粹法理论》,张书友译,中国法制出版社2008年版,第409-412页。

④ 李忠夏:《宪法教义学反思:一个社会系统理论的视角》,载《法学研究》2015年第6期。参见焦宝乾:《中国部门法教义学研究述评》,载陈金钊、谢晖主编:《法律方法》(第19卷),山东人民出版社2016年版,第394-407页。

⑤ 李泽厚:《中国古代思想史论》,天津社会科学出版社2003年版,第259页。

法官思维之理性特征

李 捷*

摘 要:“让审理者裁判,由裁判者负责”与“法官责任制”的双重规定性,凸显了法官理性之必要性。理性思维与实践理性构成法官理性的双重规定性。裁判的逻辑证成与程序正义构成了理性思维的核心,实践理性则践行与利益无涉、独立审判、恪守程序正义三原则。理性思维与理性实践都取决于法官之清、慎、勤、公的人格理性。唯有摒弃功利,才能成全理性人格。

关键词:理性思维; 实践理性; 程序正义; 法官人格

法官在普通中国人的认识中,历来没有清晰的形象,与其他国家行政机关工作人员一样,也类属于公务人员①。法院被称为审判机关,法官也被称为审判人员,无论何种诉讼都统称为“打官司”。法院系统长期以来一直受到“官”文化的浸润,审判员、审判长、庭长、院长构成了法院内部科层化的上级与下级的管理体系,案件请示、汇报曾经构成法官行为的基本样态。行政化的法院管理体制也影响了社会大众对于审判的认识,形成了社会大众关注法院的判决,而忽视法官对于案件审理的情形,以至于颠倒了法官与法院的关系。法官与法院之关系,如同德沃金所言,法院只是法律帝国的首都,法官才是法律帝国的王侯②。法院只是一个组织机构,并非是案件的裁判者;只有法官才是案件的裁判者,诉讼法律关系的主体。为此,法官之选拔任用的条件极为严格:通过被认为是最严格的司法考试,且需具备丰富的实践经验,但二者兼备也仅仅是具备成为“法律帝国的王侯”的资格。能否客观、公正地行使法律赋予的裁判权力,尚

* 李捷,女,山东德州人,华东政法大学外语学院副教授,研究方向为法律文化、法律翻译。

① 法官不属于公务员,但是管理却存在着行政化的管理,这显然有悖于司法审判的规律。当前司法体制改革的重点,亦是去行政化。

② [美]德沃金:《法律帝国》,李常青译,中国大百科全书出版社 1996 年版,第 361 页。

需法官把自己改造为一个理性的人①。

法官理性人之规定性源自于"审理者裁判,裁判者负责"的法律裁判属性。2015年9月21日,最高人民法院公布的《关于完善人民法院司法责任制的若干意见》中,加了一个"让"字和一个"由"字,规定"让审理者裁判,由裁判者负责",从此摆正了法官与法院的关系,这在中国法制史上无疑属于一次变革,让法官真正成为"法律帝国的王侯"。"让审理者裁判,由裁判者负责",无论是在思想上,抑或是在行为上,促使法官进行理性的自我改造,不断地强化自己的理性意识,始终保持理性的行为模式,以应对独立审判与司法责任带来的压力与挑战。当然,法官自我理性的改造,并非限于功利地应对司法责任,而是"法律帝国的王侯"实现正义的使命使然。法官作为裁判主体,也应当是一个精神主体,承载着社会大众对于正义的诉求。法官黑色的法袍也隐喻着法官的理性。1635年英国威斯敏斯特委员会(the Commission of Westminster)颁布了一项法令,由此黑色被正式确定为法袍的主要颜色②。中国北宋时期被誉为"包青天"的官员,其脸色也被描绘成黑颜色。黑色代表了无私,亦代表了神圣,无私与神圣恰当地表达了法官理性的内涵。时至今日,中外法官的服饰都以黑色为主色调,黑色给予法官以心理暗示:法官是无私的,也是理性的③。

一、理性思维之于法官的必然性

案件双方当事人将案件争议诉诸法官裁决,法官则成为争议的最终裁判者。就裁判结果而言,法官的裁判决定着判决能否"定纷止争",客观公正,化解当事人双方之间的矛盾。从价值层面而言,法官裁判的结果体现着法律的正义。面对公正的判决结果与正义价值的双重诉求,法官非保持理性思维不可。裁判的过程不是大前提、小前提、结论那样机械的推理。事实之认定,法律之适用,不仅仅是逻辑的推理,而且也隐含着经验的认知,受诸多因素的影响。故而,法官之裁判不同于一般的实践理性,不可不断地试错,以寻找正确的答案。一件案件,一位法官,只能作出一次判决,不能有任何的

① 年龄与理性并不能完全对等,但是从事法律职业的年头越长,法官职业理性越趋于成熟。据统计,美国法官最初任职时的平均年龄为47岁,高级法院的法官年龄一般都在60岁以上。据最新统计,重庆市首批员额内法官平均年龄41.7岁,其中45岁以下中青年骨干占62.4%。从审判经历看,平均担任法官职务13年。据此推算,重庆市初任法官的年龄为28.7岁,与美国初任法官的年龄相差18.3岁。近年来,辞职的法官大多数是年轻法官,不乏对法律存在着某种非理性的认识。相反,那些经验丰富、已经成为理性人的法官,到了60岁却必须退休。

② 参见王华胜:《英国法官服饰的形成与改革》,载《环球法律评论》2010年第5期。

③ 一位中国法官描述了她穿上黑色法官袍时的心理感受:"我们披上了黑色的法官袍,这和我们以往在电视里看到的英美国家的法官在开庭时所穿的长袍有些相似。这身长袍,使我们显得更加神秘,在法庭上又一次拉开了和当事人的距离。我一直认同,法官是需要有一种神秘感的,当人们对司法主体缺乏必要的神秘感时,当一种制度将法官设计得和普通人无区别时,当法官心甘情愿地混入世俗关系时,司法的权威会荡然无存。"参见王晓琼:《法官服饰的变迁与法官的心路历程》,载《山东审判》2008年第1期。

差错,一次不公正的审判犹如污染了的水源①,法律之公正,法院之声誉,人民之信仰,俱损矣。故法官秉持法律之理性尤为重要,详而言之如下:

(一)"正与不正之间"的理性裁判

法官手握的裁判权是一把"双刃剑"。"让审理者裁判"在正与不正之间,皆决乎于法官的裁判。裁判权既可以实现正义,亦可能破坏正义,公正裁判蕴含在法官的裁判之中。法官若缺乏理性则会导致颠倒黑白的判决,破坏法律应有的正义价值,甚至会受到法律追责,此无疑是法官的耻辱。古罗马法学家乌尔比安一语道出了法律的箴言:"法是对神和人的事务的认识、关于正义和不正义的科学。"②法官裁判的是"人事",决定着人的生命和自由、财产,但是裁判结果却以"神事"的标准评判,即人们对于正义亘古不变的诉求。从政治层面而言,法官裁判权属于国家权力的范畴,裁判的过程与结果关系到国家司法公信力,最终决定社会大众对于国家权力的认同与否。早在古希腊时期,柏拉图就曾指明了法官与法律、政治的关系:"如果在一个秩序良好的国家里安置一个不称职的官吏去执行那些制定的很好的法律,那么这些法律的价值便被掠夺了,并使得荒谬的事情大大增加,而且最重要的政治破坏和恶性也会从中滋生。"③故此,案件裁决超越了个案本身,上升到了事关"国家之盛衰荣枯"的政治层面。党的十八届四中全会提出了"让每一个人感受到法治的阳光",指明了建设社会主义法治国家的根本目标。由此,法官手握的裁判权关系到人事、神事、国事,事事重大,非秉持理性,而不可为也。

(二)法官思维以形式逻辑为基础

自17世纪以来,法官裁判摒弃了法定证据,确立了法官自由心证原则。出于对法官因自由心证而肆意裁判的担心,一方面不断地强化证据规则,以"客观性、合法性、关联性"为原则,不断地衍化出诸多证据规则,譬如,非法证据排除规则、传闻证据规则、直接言词原则等。严格而复杂的证据规则,直接导致了证据种类、证据收集、证据证明之间呈现出一种错综复杂的逻辑关系,从智力上挑战着法官的理性思维。法官裁判的思维过程也并非如"大前提—小前提—结论"那样简单的三段论逻辑推理。众所周知,近年来发生的佘祥林、赵作海、呼格吉勒图等一系列冤假错案,无不是因证据—证明之间逻辑推理的错误。

法官裁判是一套复杂的、系统的思维,在规则、事实、证据、裁判之间存在着论证逻辑的复杂性与不确定性。从不确定性中认识与判断出确定性的事实,且根据法律作出

① [英]培根:《培根随笔集·论法律》,尹丽丽译,北方文艺出版社2012年版,第266页。

② [罗马]查士丁尼:《法学总论——法学阶梯》,张企泰译,商务出版社1996年版,第5页。

③ 参见[古希腊]柏拉图:《法律篇》,转引自《西方法律思想史资料选编》,北京大学出版社1980年版,第26页。

客观、公正的裁判,非以一套理性的思维模式不可。“法官的判决不但要服从法律,还要受到逻辑的限制,这是一个不容置疑的事实。”①法律逻辑的作用,在于解决如何进行合理的推理和论证,以达到对案件事实的逻辑证成与证伪。实践证明,严格的法律逻辑能够克服直觉、偏见、经验等非理性因素对于裁判的影响。我国法官长期受客观真实论的影响,追求体现“事实清楚,证据确实充分”的裁判结果。但是对于如何实现“事实清楚,证据确实充分”,却缺乏法律逻辑的训练,导致判决存在经验化,案件说理简单化的问题,致使当事人怀疑裁判结果的公正性。

怀疑裁判结果的公正性,就意味着裁判结果可能存在不公正,这一方面反映了当事人诉讼的参与性较差,另一方面也说明了法官裁判说理不够充分。裁判的说理集中体现在判决书之中,判决书应当体现裁判的理性。裁判文书的说理、证成、结论,皆应判定案件事实的黑白之分、当事人利益之辨、法律公正之义,以达到使当事人以及社会大众认同裁判的公正性和权威性,从而实现裁判的公信力。法官也应当认识到,法官判决必须接受社会检验,每一份判决书都会成为纪录案件事实的历史档案。

(三)法官之理性最终体现为法官的实践理性

法官之行为理性体现在一举一动之中,因与双方当事人的利益休戚相关,稍有不慎,便有损双方当事人之利益,或者引起对于裁判不公之争议。尤其是在事实认定过程中,双方当事人各执一词,从证明责任的分配到证据能力的认定,从证明力的判断到案件的判决,必须保证每一个行为理性,才能被标注为合法的、公正的行为,才能经得起质疑,经得起公正的检验。法官任何非理性的行为,都会导致双方当事人对裁判行为的不信任,导致上诉,直至上访。当前,司法公信力缺失,表面上是对裁判结果的不服,其深层因素乃是对法官裁判行为的不信任。经查,多数涉法涉诉案件,并非因裁判结果不公,而是因法官的非理性行为所致。譬如,没有充分保障当事人的诉讼权利,没有对于案件裁判结果进行充分说理等等。因此,法官行为之理性,首先应当体现在审判行为必须程序性合法,其次才是裁判结果的公正性。2010年12月,最高人民法院发布了《法官行为规范》,从立案、庭审、诉讼调解、文书制作、执行、涉诉信访处罚等方面对法官行为作了较为详细地规定,对于法官理性行为具有重要的指导意义。当前,我国正处于社会转型时期,法官不仅面临着案多人少、案件类型复杂的压力,而且如何使当事人认同法律判决,做到“案结事了”,还需要法官在庭外做许多解释、说服的工作。法官能动司法成为化解社会矛盾、维护法治权威不可或缺的方式。让法官承受如此之重,如何保障法官行为理性,也应当是司法改革的一个重要课题。“让审理者裁判,由裁判者负责”解决了独立审判与责任承担的问题。若要法官成为一个理性的裁判者,在法官的自由裁量行为与案件的客观公正之间实现有效的结合,尚有诸多细致的工作

① [德]阿尔图·考夫曼等:《当代法哲学和法律理论导论》,郑永流译,法律出版社2002年版,第316页。

需要去做。

二、法官理性思维之三原则

理性是一个高度抽象的东西,存在于自我意识之中,具有自我规定性。法官的自我理性又必然通过审判实践体现出来。经过长期的审判实践,逐渐形成了三项最基本的原则。违背了三项基本原则,则不仅结果不会公正,而且裁判的过程亦会受到质疑,裁判则失去了公正的价值,法官也就失去了正义代言人的资格,而且还会承当相应的法律责任。

(一)与利益无涉

无欲则刚,唯有与利益无涉才能保持理性。诉讼本身从本质上说,乃是解决利益冲突的一种方式。法官介入诉讼利益纷争之中,历来为法官之大忌。根据2015年最高人民法院工作报告,各级法院共立案查处各类违纪违法干警2108人,结案处理1937人,同比分别上升154.3%和172.8%。法官的贪欲导致了法官的非理性行为,不仅破坏了法律的公正性,也玷污了法官的人格。“私欲”从来都被视为“理性”的敌人。“甚矣,欲之害人也。人之为不善,欲诱之也。诱之而弗知,则至于灭天理而不知反。”[①]私欲乃不善之罪,唯有理性才能克服私欲。近年来,最高人民法院相继出台了一系列的规则,试图隔离法官与诉讼利益之间的关系。譬如,规定法官的配偶、子女在其任职法院辖区内从事律师职业的,应当实行任职回避。但是,在实践中却无法从根本上切断法官与诉讼利益之关系。在“讲关系”、“讲人情”的社会中,法官的同学、师生、朋友,或者其他利益关系人,在诉讼中形成不同层面的相互交织的利益关系网,从显性到隐性,诸种关系相互交叉,利益输送错综复杂。为阻却法官从诉讼中获取利益,《美国司法行为准则》从法官与家庭两个方面都作了禁止性的规定,其准则四D款(5)项规定,法官不应当从任何人那里收受礼物、馈赠、恩惠、贷款,还应当监督法官及与其居住在一起的家庭成员不应收受他人的礼物、馈赠、恩惠、贷款。《美国司法行为准则》尽管作了详细的列举性规定,仍然存在有无法列举的隐形利益关系。由此可见,制度规制只是外部力量,倘若不以法官之理性抑制自身的欲望,则无法使法官与利益无涉。体现审判理性的程序正义规则的首要前提,就是法官与利益无涉。与利益有关者,不得成为审理案件的法官。

(二)独立审判

某法院曾经调查,当行使自由裁量权时,选择“听从领导的意见”,占比达58.83%,

① (宋)程颢、程颐:《二程集》,中华书局1981年版,第319页。

“凭借内心的司法良知”的占比27.94%,“考虑弱势群体的利益”占比13.26%①。“听从领导的意见”成为影响法官独立审判的主要因素,严重扭曲了法官的司法良知,而且也使公正的裁判失去了应有的制度性保障,为外部权力干预司法、影响法官判决创造了条件。当前,尽管法院内部管理去行政化的制度改革已经开始,但是行政化的思维管理模式,“领导与被领导”、“上级与下级”之层级思维,一时恐怕难以驱除。法官敢于向“领导”、“上级”干预案件说“不”,这不是勇气的问题,而是是否具有法律理性思维的问题。马克思曾言:“法官是法律世界的国王,除了法律就没有别的上司。”②法官只有对法律有信仰,才能消减对于“领导”、“上级”的遵从,进而形成独立审判的司法品质。“让审理者裁判,由裁判者负责”原则中的“由裁判者负责”自出台《关于完善人民法院司法责任制的若干意见》之后,追责法官具有了明确的、操作性的规定,但是如何保障“让审理者裁判”的规定却在改革之中,诸多问题尚缺乏明确具体的规定。这对于法官独立行使审判权无疑是一个挑战,考验着每一个法官的法律理性。

(三)恪守程序正义

长期以来,实质正义被奉为司法公正之圭臬,案件审理强调实事求是,诉讼结果追求客观真实。法官审理案件中缺乏对于程序性规则的遵从,认为程序可有可无,导致程序性违法,不仅影响了实质正义的实现,而且也侵犯了诉讼当事人的诉讼权利,造成了诉讼公信力的下降。

西方在长期的审判实践中形成了一套完整的程序正义理论,尤其是程序正义对于审判公正性的影响,对于我国诉讼公正而言无疑具有重要的借鉴意义。英国著名法官休厄一再强调,不仅要主持正义,而且要人们明确无误地、毫不犹豫地看到是在主持正义,这一点不仅是重要的,而且是极为重要的③。结果公正与程序公正的对立统一关系决定了程序公正的前提性。裁判结果的公正性必须以程序公正作为前提,而且没有程序公正就不可能存在结果公正。尊重双方当事人的权利,让他们富有意义地参与到诉讼中来,让他们感受到裁判过程的正义性,乃是程序公正的必备要件。法官应当让程序公正在“定纷止争”中充分发挥其应有的作用。可以说,程序正义是正义的护身符,因为审判公正首先应当是在程序公正的语境下进行评判。中国法官的程序公正理性,首先应当摒弃法律工具主义,转向尊重和保障诉讼当事人的主体价值,让其“富有意义地参与到诉讼中来”,让他们感受到裁判过程的正义性,这一点至关重要。当前在司法公信力不足的情况下,“看得见的正义”并不能完全消除对于裁判公正性的怀疑,让其

① 参见郭卫华主编,湖北省江汉人民法院编:《正义的尺度:自由裁量与司法公正》,中国法制出版社2012年版,第11页。

② 《马克思恩格斯全集》(第1卷),人民出版社1956年版,第76页。

③ 参见江必新:《良善司法的制度逻辑与理性建构》,中国法制出版社2014年版,第188页。

"富有意义地参与到诉讼中来",才能确信法官裁判的公正性。法官遵从程序正义也是诉讼发展的理性选择,"即使判决并没有准确地判定过去发生的事实真相,争端各方只要确信他们受到了公正的对待,他们也会自愿接受法院的裁判结果"①。社会大众认同程序正义裁判的结果,也是对于程序正义理性的接纳。法官也理应让程序正义决定诉讼结果,而不是把法律程序作为实现实质正义的工具,这也应该是法治时代对于法官理性的要求。

三、法官思维需要理性的人格

理性必须以人格作为保障,缺乏人格保障的理性,就缺乏了精神支柱。"存天理,灭人欲",虽然过于绝对化,却是一语中的道出了欲望与理性的关系。现实生活中,社会环境、司法管理制度、人际关系等诸多因素影响并干扰着法官的理性审判。司法责任只能是外部促进法官理性的力量,而法官人格才是促进法官内心坚持自我理性的内在动力。美国大法官本杰明·卡多佐直言不讳地指出:"除了法官的人格外……没有其他东西可以保证实现正义。"②行由心定,心由理决。法官行为取决于法官人格,谓之"公生明,廉生威"。媒体曝光的法官受贿、枉法裁判等非理性行为,虽然是个别的,但是却损害了法官的形象。曾经的流行语这样描绘道:"大盖帽,两头翘,吃了原告吃被告。"法官如此之形象,如何让人相信法官的判决是公平、公正的?法官成为"社会公敌"或"十足的傻瓜"③。人格,除了法官的人格,没有什么能够保证法官公正裁判,也没有人会相信法官是公正的。

(一)法官理性人格:清、慎、勤、公

人格具有伦理学与心理学的双重指向,没有明确的内涵,通常指一个人的观念与行为统合而成的心理模式。法官人格是对自我的心理认同,构成抵制各种压力和诱惑的最终力量。比较法学者伯尔曼教授认为,"英美法律制度在很大程度上正是依靠法官的自尊心、责任感以及他们的智慧和自制力保证司法的公正"④。最高人民法院于2001年10月18日发布的《法官职业道德基本准则》第35条第2款规定:法官应当具备忠于职守、秉公办案、刚正不阿、不徇私情的理念,惩恶扬善、弘扬正义的良知,正直善良、谦虚谨慎的品格,享有良好的个人声誉。该规定明确提出了法官应有的道德品格,但是道德品格不能替代法官的理性人格。法官的理性人格不仅仅包含抽象的道德

---

① [美]迈克尔·D.贝勒斯:《法律的原则—— 一个规范的分析》,张文显等译,中国大百科全书出版社1996年版,第37页。

② [美]本杰明·卡多佐:《司法过程的性质》,苏力译,商务印书馆1998年版,第6页。

③ [美]E.博登海默:《法理学——法哲学及其方法》,邓正来、姬敬武译,华夏出版社1987年版,第491页。

④ [美]伯尔曼:《美国法律讲话》,陈若桓译,生活·读书·新知三联书店1988年版,第20页。

品格,还应该指向法官在审理实践中应当具有的行为模式。

古希腊时期,苏格拉底就曾忠告法官:要谦恭地听,睿智地答,谨慎地想,公正地判[①]。我国秦朝时期的《云梦秦简·为吏之道》记载:"为吏之道,必清洁正直,慎谨坚固,审悉无私,微密纤察,安静毋苛,审当赏罚。"二者不约而同地认为法官应该勤、慎、公,加上法官应有的"清廉",法官应有的实践理性人格就是:清、慎、勤、公。近年来,不断有法官发表辞职感言,网络上颇为流行,引发各方热议,感慨法官之不易。湖南某法官飞扬文采,直抒胸臆:"初则喜正义之伸张,乐法律得施行,不屑媚俗,安于清贫。久矣疲命于杂务,掣肘各情形,荒于教子,未尽孝心……"[②]该言道出了法官的生存状态,"清贫"、"杂务"、"各情形"、又要兼虑"教子"、"孝心"……此时,"公"不再,心不"清","怠"已生。此刻,杂欲丛生,牵掣难为,已经做不得法官了。法官实践理性规定了"清"、"慎"、"勤"、"公"的人格。尤其是在当前,每一位法官都面临着诸如薪金待遇、职业保障、职位晋升、案多人少、案结事未了等问题,压力与责任同在,凸显法官"清"、"慎"、"勤"、"公"的人格尤为珍贵,更应当坚守。

1. 清。清则无欲。清摆在清、慎、勤、公之首,乃因清则无欲,无欲则无求,无求才能守正。故曰"廉平之德,吏之宝也。"[③]法官有欲,乃人之常情。房子、车子、票子样样都想拥有,父母、老婆、孩子、人人都要关心,恐怕难以周全。法官常持平常之心,做平常之人,享平常之福,"经史可以悦耳目,不必名瑟古画也"[④]。倘若法官过分地追究物质上的享受,则不免产生"贪欲之念",行违法之事,玷污法官之名节,受法律之惩处。法官唯有"清心寡欲",才能保持"心平气和"。所谓的"高薪"并不一定能够养廉,欲壑难填,非自我节用不可养廉。可谓:"欲为清白吏,必自节用始。"[⑤]

2. 慎。慎而不失。事事皆因"忧患生于所忽,祸害兴于细微。"[⑥]法官在法庭之内应当谨言慎行,切不可忽视细节,每个证据、事实都应该详细核实,揣摩校勘,不可自以为是。法官裁判行为本身就是一个精细的活,容不得半点马虎。裁判之错,不仅关涉人之生命、自由、财产等当事人之利益,而且牵扯着社会大众对于法律公正判断之神经,务必慎之又慎。法庭之外,法官之言行亦务求"慎言","慎行","非所言勿言,以避其患;非所为勿为,以避其危"[⑦]。法官之特定身份,决定了法官择友、娱乐、言语等均当

① 《加拿大法官职业道德原则》,载怀效锋主编:《法官行为与职业伦理》,法律出版社2006年版,第229页。

② 《湖南湘潭一法官辞职信走红:久疲命于杂务,求自在于市井》,载 http://news.sohu.com/20160223/n438277808.shtml,最后访问时间2017年2月5日。

③ (唐)武则天:《臣轨·廉洁》。

④ (清)陈弘谋:《从政遗规》(卷下),引自魏环溪:《寒松堂集》。

⑤ (清)汪辉祖:《学治臆说》,辽宁教育出版社1998年版,第73页。

⑥ (唐)武则天:《臣轨·缜密》。

⑦ (唐)武则天:《臣轨·缜密》。

慎之,以免玷污法官之荣誉[①]。古人云:“无屋漏功夫,做不得宇宙事业。”同理,没有谨慎的功夫,恐怕也做不成法官的事业。

3. 勤。勤而不怠。当前,勤最为要紧。法院案件数量明显增多,呈现案多人少的状况,需要勤于行为,随时处理案情,使无留滞。与此同时,各类新型案件不断出现,新的司法解释也相继出台,更要勤于研习法律法规,不可有任何的懈怠。勤与慎相连,清朝著名幕僚汪辉祖曾言:“兢兢焉,守绝一尘矣,而宴起昼寝,以至示期常改,审案不结,判稿迟留,批词濡滞,前后左右之人,皆足招摇滋事,势必不清,何慎之有?”[②]唯勤与慎相合,才能使慎不至失之于懈怠,勤不至失之于疏忽。

4. 公。公执不曲。公则去私,摒弃私心,才能临事执公。案件裁判具有“定纷止争”之功效,但是也会出现“案结事未了”的情形。实践中,除了个别法官判决失之公允,致使当事人不服判决而上诉、上访之外,即使法官不偏不倚,秉公执法,当事人也不服,表现为刑事、民事上诉率居高不下,涉法涉诉上访时有发生。可见,法官对于“公”的认识,还要放宽一些,不能仅局限于自我“秉公执法”,还要让当事人“参与司法”。唯有法官公平地对待双方当事人,保障其充分的参与性,才能平扶其心,使之认同公平,服从判决。

清、慎、勤、公之于法官功效有二:一则做人自尊、自爱,不被欲望所获,不趋利迎之,过得了人情关、领导关、金钱关;二则办案勤慎、执公,能明察秋毫,秉公断案,把得好事实关、证据关、法律关。法官在实践中做到清、慎、勤、公,知行合一,是要付出代价的,既有物质待遇偏低,“买不了房子,看不了病”,也有身体的辛劳,“加班加点家常便饭”,还有精神层面的委屈与不理解,“挨打挨骂屡见不鲜”,甚者有生命的危险。法官若无对于法律精神的追求,则无法承受如此之代价。中国现代的法官,既不像古代法官拥有绝对的权威,在厅堂上,惊堂木一拍,原被告双方都得下跪,也达不到西方对于法官的崇尚,受人尊重,高薪养廉的程度,只能小心谨慎、勤勤恳恳,办好每一件案件,才是现实的考量。一名基层法官道出了她的精神追求:“法官不是官,法官是法的执行者,是大爱的使者。法官用公正司法,把爱送到每一个需要关怀的人心里。”[③]此种“司

---

① 最高人民法院2005年11月4日发布《法官行为规范(试行)》,2010年12月6日修订后发布正式施行。《法官行为规范》第80条第3款规定:约束业外言行,杜绝与法官形象不相称的、可能影响公正履行职责的不良嗜好和行为,自觉维护法官形象。第87条规定:“出入社交场所注意事项:(一)参加社交活动要自觉维护法官形象;(二)严禁乘警车、穿制服出入营业性娱乐场所”。

② (清)汪辉祖:《学治臆说》,辽宁教育出版社1998年版,第76页。

③ 姜霜菊,一名江苏赣榆县人民法院的女法官。10年间审理案件5000多件,每年案均600件,保持81%的撤诉率,上诉率仅为0.85%,无一错案,无一当事人上访,无一当事人申诉。姜霜菊用朴素的话,说出了一个法官对于法律公正、对于建设社会主义国家的理解:“法院就像是基层社会矛盾的回收站,老百姓来找你要个说法,解决好了,群众的满意多了,社会矛盾就少了,社会也就稳定了。每个百姓的心里都有一杆秤。只要你站得正、断得公,付出真情,没有化解不了的矛盾。”参见《最美法官姜霜菊》,载 http://news.xinhuanet.com/local/2016-03/11/c_128792554.htm,最后访问时间2017年03月5日。

法为民、公正司法”的精神，已消减所有的附加在法官身上的利益、辛劳、委屈等。清、慎、勤、公带给法官自尊、尊严和荣耀，我们看到了众多受人民尊重的“全国模范法官”、“人民满意法官”、“最美乡村法官”。

(二)摒弃功利

法官身穿法袍，行正义之事，不可以谋生视之，亦应存有荣耀之感。唯如此，才能摒弃功利主义思想，不再过度地关注晋级晋职、薪水报酬、任职期限、考核考评等因素。否则，过多地计算投入与产出之比，难免形成失落感。法官之自尊与自信来自于降低对于外部世界的物质性欲望，提升每一次公正裁判而产生的荣耀感。当然，法官也是一个现实的人，不可能不考虑晋级晋职、薪水报酬、任职期限、考核考评等现实因素。因而，要使一位法官正当发挥其在司法程序中的主体作用，必须使其获得应有的尊重，并把这些相关因素考虑进来，保障其尊严和肯定其成效，才能使法官作出并非功利的、而是神圣的裁判①。在实践中，一部分优秀法官离职的现象也不容忽视。究其原因，大体上可以分为两类：一是法官因待遇低而离职；二是法官因价值追求受挫而离职。关于法官的待遇偏低问题。2015 年 9 月 15 日，中央全面深化改革领导小组会议审议通过了《法官、检察官单独职务序列改革试点方案》《法官、检察官工资制度改革试点方案》，故提高法官的薪资水平，应当是势在必行。以上海市为例，法官工资将提升43%，上升幅度较大。即便如此，也只能满足基本生活需求，“寡欲”、“节用”也是必须的。法官因价值追求受挫而离职，应该引起高度的重视。法院总是强调法官公正裁判，但行政化的管理体制又使法官不得不曲迎“上级”、“领导”的指示，扭曲了法官只能服从于法律的精神追求，以至于以辞职的方式寻求解脱。我们应当珍视法官此种秉持公平、正义的精神追求，引导他们认识到我国正在进行的“去行政化”司法改革，以及保障法官独立行使审判权改革的决心。十八届四中全会提出：“全面建成小康社会，实现中华民族伟大复兴的中国梦，全面深化改革，完善和发展中国特色的社会主义制度，提高党的执政能力和执政水平，必须全面推进依法治国。”此后，一系列的司法改革制度也相继出台，各地的司法改革试点也正在进行。一个心中有“中国梦”的法官，在建设社会主义法治国家之时，出走“法律的帝国”，亦非理性之行为。

在中国历史上，一直呼唤着“包青天”式的法官，甚至成为一种情结。现在的“最美法官”，又在呼唤着法官的“职业之美”。当下，中国的法官担负着建设社会主义法治国家的历史使命，融法官理性与法治建设于一体。法官不一定是政治家，但是法官必须站在政治的高度，客观公正地裁判，努力让人民群众在每一个司法案件中感受到公平正义。每一次公正的审判是建设社会主义法治国家的一个组成部分，是在向社会宣示法律的公平与正义，表明法治就在我们身边。这样，人民就会说，我们感受到了法治的阳光。

---

① 强化法官尊严，尚需建立一系列的保障性制度，不仅仅是薪酬的制度，还应当设立藐视法庭罪、建立法官救助制度等。

著作财产权的类型化及其运用*

王文敏**

摘　要：类型化是以事物的根本特征为标准对研究对象的类属进行划分的科学研究方法，类型化理论的价值在于掌握法律资料和对法律漏洞进行"类推适用"。我国现有的著作财产权类型较为分散零碎，引发了许多问题；与此同时，不论是著作权法国际公约还是各国著作权法的规定均体现出著作财产权类型化的趋势。因此，对我国著作财产权进行类型化十分必要。应在著作财产权类型化中体现民法思维，通过构建复制权、发行权、传播权和演绎权四大权利束对著作财产权进行类型化，并保持著作财产权体系的开放性。著作财产权类型化本身不是目的，目的在于更好地在著作权权利许可及侵权判断中利用类型管理法律资料、发现并填补法律漏洞。

关键词：类型化 ；著作财产权；法律漏洞；权利束；体系开放性

法教义学的目标是通过对复杂的规范的解释和类型化，建构统一的知识体系和思考框架，从而为实践问题的解决提供确定性的指引①。法教义学专注于对现行法律的解释和类型化②，类型化的思维是法教义学的逻辑主线③。类型化的任务就在于总结过去、演进新知，利用类型作为检查清单，检查法律规定有无疏漏或矛盾的工具④。我国《著作权法》第10条规定了复制权、发行权、放映权、展览权等多达16项的著作财产

---

* 基金项目：本文系中国人民大学2016年度拔尖创新人才培育资助计划成果。

** 王文敏，福建南平人，中国人民大学博士研究生，德国马克斯·普朗克创新与竞争研究所访问学者，研究方向为知识产权法。

① 所谓法教义学就是"对于法律素材的科学体系化的预备"。法教义学的基本工作有三个层次：(1)法律概念的逻辑分析；(2)将这种分析通过类型化概括成为体系；(3)将这种分析的结果用于司法裁判的证立。张翔：《形式法治与法教义学》，载《法学研究》2012年第6期。

② ［德］罗伯特·阿列克西：《法律论证理论》，舒国滢译，中国法制出版社2002年版，第308页。

③ 刘敏：《论法教义学的体系化功能——以民法为中心》，载《西南政法大学学报》2014年第1期。

④ 黄茂荣：《法学方法与现代民法》，中国政法大学出版社2001年版，第456－466页。

权以及兜底条款。尽管规定了如此庞杂的权利体系,但权利分类的标准并不统一。这既导致权利与权利之间的界限较难把握,也造成了著作权保护的法律漏洞。因此,有必要对我国现有的著作财产权进行类型化。

一、法律类型化理论

类型化的法学方法是以事物的根本特征为标准对研究对象的类属进行的划分,即运用类型去掌握某一特定对象的科学研究方法。学说上根据不同的标准构建各种不同的类型作为思考上的工具。类型可以分为经验的类型、逻辑的类型和规范的类型。经验的类型是依据现实生活中存在的经验总结出来的类型。逻辑类型虽然多来自经验的类型,但是已经属于思考上的想象的存在,学说上可以运用逻辑的思维建立各种只存在于思想界的模型。当逻辑类型被赋予规范上的意义,可以在规范的当为的要求下,使得受规范拘束者以该类型作为生活安排上的参考对象,就成为规范类型。类型是由数个不同的基本特点交织而成的,若变化其中的一些特点,可以在各种类型间互相转换,组成类型谱。类型本身已具备体系的结构,可以作为体系建立的基础或方法①。

在法律上利用类型化的思维方法由来已久,其在法律学上的贡献是有目共睹的。拉伦茨认为,法的类型化对于了解法律规定有重要帮助,既可以通过触类旁通降低认识上的劳动强度,还可以用来检查属于同一上位类型之下位类型的规定有无应规定而未规定的漏洞,或有无应一致而不一致的矛盾②。换言之,类型化的价值在于,一是利用类型构建法律体系,掌握法律资料。法律资料往往极为繁琐,一眼难以望尽,为了能将其充分掌握,要利用类型加以管理,并使之构成体系。类型具有共同存在特征,有许多相同的要求,所以以共同特征形成的类型,其规范或多或少会相似,因此,利用类型可以触类旁通,帮助了解。二是利用类型发现并填补法律漏洞。建构的法律类型可以作为检查清单,检查法律规定有无疏漏或矛盾的情形,并进行漏洞填补③。

对于利用类型构建法律体系、掌握法律资料而言,类型化是法律资料体系化最为常见的方法。法律体系可以分为外部体系和内部体系,前者是指依形式逻辑的规则建构的抽象、一般概念式的体系,而后者是以形式逻辑背后的价值为导向构建的体系④。外部体系根据大前提、小前提得出结论,这种体系将价值暂时隔离开来,有助于认识法

① 黄茂荣:《法学方法与现代民法》,中国政法大学出版社2001年版,第470-472页。

② [德]拉伦茨:《法学方法论》,陈爱娥译,商务印书馆2003年版,第337-345页。

③ 黄茂荣:《法学方法与现代民法》,中国政法大学出版社2001年版,第462-466页。

④ [德]拉伦茨:《法学方法论》,陈爱娥译,商务印书馆2003年版,第316、348页。

律制度的现状，不至于太早受见仁见智的评价误导。但是，如果仅仅有外部体系，而将法律方法与法律所追求的价值相剥离，本身在方法上并不能确保大前提的妥当性，一些逻辑上看来没有问题的推论，也常常陷入只是表面上看来符合逻辑的表象，不能推导出公平的结论。内部体系指出法律概念和类型储藏价值的功能，使法律不因体系化而僵化，而是可以通过价值判断来探求法律意旨上的关联。由此也可知，利用类型构建法律体系、掌握法律资料时，应该同时重视形式逻辑和价值判断。价值判断能够用来解释形式逻辑，以及补充形式逻辑的不足，二者是相辅相成的。

对于利用类型发现并填补法律漏洞而言，需要借助类推适用的工具，使新的观点能够协调地融入既有规范。法律漏洞是指法律依其内在体系及规范计划，应积极设立规定而未设立的问题，应该用“类推适用”的方法来弥补。类推适用，即将法律于某案例类型所明定的法律效果，转移适用于法律未设定的案例类型上。这种适用的法理基础在于，基于公平和正义的要求，相同的案例应作相同的处理。首先，应探求某项法律规定的规范目的，其次，应判断是否基于“同一法律理由”，依平等原则类推到其他法律未规定的事项。正如拉丁法谚所说，“同一理由应适用同一法律，类似的事项应予类似的判决”①。这一点对著作财产权类型化尤为意义重大，当出现法律漏洞时，合理的著作财产权体系可以通过类推适用来包容新出现的著作权使用方式，这样能在维系法律稳定性的同时，增加法律的适应性。

二、著作财产权类型化的必要性

法的类型化思维不但可以通过提高法的可综览性，从而提高法的可适用性，同时还可以通过提高裁判的可预见性，从而提高法的安定性②。由于我国现有的著作财产权的类型划分存在缺陷，给著作权的权利许可与侵权判定带来了许多问题；同时，不论是与著作权法有关的国际公约的规定，还是国外著作权法的规定，都体现了著作财产权类型化是未来的发展趋势，因此，用类型化思维来检视我国目前的著作财产权类型十分必要。

（一）现有著作财产权类型存在的问题

1. 在权利许可中存在的问题

在著作权权利许可中，著作权人与被许可人签订著作权许可合同，约定被许可人可以以何种方式使用作品。著作权法规定了多达十几项的著作财产权，要分清权项之间的区别和联系，对于专业的知识产权学者而言尚且很难把握，对于普通民众来说更

① 王泽鉴：《法律思维与民法实例》，中国政法大学出版社 2001 年版，第 253－259 页。

② 黄茂荣：《法学方法与现代民法》，中国政法大学出版社 2001 年版，第 456－466 页。

是难于理解,这无疑给著作权许可造成困难。如我国的信息网络传播权容易使人望文生义地理解为,只要是在信息网络中传播,就属于该项权利的范围①。当著作权许可合同中规定了信息网络传播权时,当事人很可能认为所有在网络环境中传播的行为都落入其中,但实际上,拥有大量用户的网络定时播放行为和网络实时转播行为,就未落入信息网络传播行为的范畴,而是由广播权和著作权的兜底条款来规制②。

在"央视春晚案"中,被告对"春晚"进行了网络实时转播,在原告提供的授权书中,为了确保万无一失,采用地毯式覆盖的方法,将其享有的权利都描述了一遍:"中央电视台将其享有著作权或与著作权有关的权利,或者获得相关授权的,其所有电视频道及其所含之全部电视节目,通过信息网络(包括但不限于互联网络、移动平台、IP电视、车载电视等新媒体传播平台)向公众传播、广播(包括但不限于实时转播或延时转播)、提供的权利,授权央视公司在全世界范围内进行交易的独家代理。"尽管如此,央视还是差点因为权利判断的失误而无法主张权利。在诉讼中,央视公司称其在本案中主张的权利系我国《著作权法》第10条第(十七)项规定的应当由著作权人享有的其他权利。然而在一审中,法院认为,网络在线直播属于广播权中的以有线传播或者转播的方式向公众传播广播的作品的权利,央视公司主张该行为侵犯其兜底权利,无法律依据,法院不予支持。直至二审判决,法院才认定授权书中并未对是否为"交互式"传播,是否为"有线"或"无线"传播方式予以限定,故央视公司有权主张"春晚"的信息网络传播权、广播权以及兜底权利。

在著作权许可合同的签订过程中,类似的问题并不少。例如,在另一著名的"霍元甲案"③中也出现了该问题。著作权权利项界定的不甚合理,为当事人之间的权利许可行为带来了表达困难。由此可见,权利的划分要有利于公众掌握法律资料,否则会增加公众理解的难度,进而提高著作财产权许可的成本。

2. 在侵权判定中存在的问题

在进行著作权侵权判定时,要判断行为人是否未经许可实施了受著作权专有权利控制的行为,因此判断著作财产权各项权利的控制范围至关重要。我国现有的著作财

① 顾昂然:《全国人大法律委员会关于〈中华人民共和国著作权法修正案(草案)〉审议结果的报告》,载《全国人民代表大会常务委员会公报》,2001年第7期。追溯权利的由来,"信息网络传播权"实际上从2001年修法后在《著作权法》中出现。2001年的《著作权法修正案(草案)》说明指出,由于计算机网络技术的发展,使得网络环境下的著作权保护受到了很大的挑战,因此,草案中增加了一项传播权,以保护网络环境下的交互式传播的行为。在随后的审议中,有委员指出,既然上述"传播权"规定的实际上是网络传播的问题,因此"网络传播"这一特征就应当在该权利的名称中有所反映。于是,在修正案的审议稿中,将"传播权"改为了"信息网络传播权"。

② 参见北京市第一中级人民法院民事判决书(2008)一中民初字第5314号;北京市海淀区人民法院民事判决书(2008)高民终字第4015号;北京市第一中级人民法院民事判决书(2013)一中民终字第3142号。

③ 参见北京市第二中级人民法院民事判决书(2008)二中民初字第10396号;北京市高级人民法院民事判决书(2009)高民终字第3034号。

产权类型划分偏重行为的技术特征，而随着技术的迅猛发展，新的传播方式无法纳入现有的财产体系，从而在侵权判定中出现了法律漏洞。

如上文中提及的有线广播、网络定时传播和网络实时传播行为，都是技术发展带来的新的传播方式，但是，由于著作财产权规定的局限性，这些行为无法纳入现有的著作财产权体系，不得不进行“曲线救国”，用其他方式对这些行为进行规制。在上述“央视国际公司诉北京百度公司案”中，由于我国的广播权可以规制无线广播转有线广播的行为，而无法规制有线广播转有线广播的行为[①]，法院只能采取分别认定的方式，认为若初始传播为“无线广播”，那么网络实时转播可以受到广播权的规制，但若初始传播为“有线广播”，那么，网络实时转播则无法受到广播权的规制，而应适用著作权人的权利兜底条款进行规制[②]。著作权法将技术上存在细微差别但实质上相同的传播行为用不同的条款进行规制，这表明著作财产类型规定带来的侵权判定上的问题。

或许有人认为，在进行侵权判定时，可以用著作财产权的兜底条款[③]来容纳新出现的传播方式。但是，著作权作为一种绝对权利和法定权利，其权利的范围应当十分明确，这样才能使社会公众正确地预见自己的行为是否侵犯了著作权人的著作权，从而维护法律的预见性，而“兜底权利”缺乏这一特征[④]，很可能会导致权利体系的混乱，从而对著作权体系带来不利影响[⑤]。在我国，即使设置了著作财产权的兜底条款，由于法官自由裁量权受到了严格限制，不能轻易将新的权利行使方式纳入兜底条款，只在极为少数的情况中其被作为侵权判定的依据[⑥]。

由此可见，著作财产权界定的不合理导致著作权的侵权判定存在法律漏洞。要从根本上解决问题，还应当对著作财产权进行类型化，使著作财产权能一视同仁地规范虽然采用不同技术手段，但行为的性质在实质上相同的行为。

（二）著作财产权类型化的发展趋势

1. 国际公约体现的类型化趋势

从回应性（reactive）到抽象性（abstract）正是著作权法发展的历史规律[⑦]。早期的

---

① 梅术文：《“三网合一”背景下的广播权及其限制》，载《法学》2012 年第 2 期。

② 北京市第一中级人民法院民事判决书（2013）一中民终字第 3142 号。

③ 在 2001 年的著作权法修改过程中，在一些学者的呼吁之下，增加了体现权利体系开放性的规定：“应当由著作权人享有的其他权利。”

④ 王迁：论我国《著作权法》中的“转播”——兼评近期案例和《著作权法修改草案》，载《法学家》2014 年第 5 期。

⑤ 孙远钊：《著作权法修订草案送审稿修改与完善建议》，载《交大法学》2015 年第 1 期。

⑥ 如“王蒙诉世纪互联案”，参见北京市海淀区人民法院民事判决书（1999）海知初字第 57 号，以及“霍元甲案”，参见北京市第二中级人民法院民事判决书（2008）二中民初字第 10396 号，北京市高级人民法院民事判决书（2009）高民终字第 3034 号。

⑦ ［澳］布拉德·谢尔曼、［英］莱昂内尔·本特利：《现代知识产权法的演进：英国的历程（1760—1911）》，金海军译，北京大学出版社 2006 年版，第 4－26 页。

著作权法主要是一种回应性的法律,趋向于对具体的问题作出回答,但随着著作权范围的不断扩展,著作权法变得更加具有抽象性和前瞻性。以著作权法中最早订立也是最为典型的《伯尔尼公约》为例,其对相关权利的规定就是一个历史演变的过程。《伯尔尼公约》在起步阶段根据著作权客体和作品传播方式的不同,规定了不同类型作品的作者享有的、各种不同的著作权权利,因此显得较为零碎分散。如在《伯尔尼公约》第11条[①]这一个条文中,规定了三种较为相似的作品——戏剧作品、音乐戏剧作品和音乐作品,又规定了公开表演、演奏、公开播送的行为,无论是作品类别还是行为之间都存在着多重交叉的关系,不仅令人困惑,更是难以运用[②]。

新技术的发展为著作权中传播权的整合带来了契机。《伯尔尼公约》在不同条款中对向公众传播权分门别类地作出规定的方法,已经显得不合时宜了[③]。《世界知识产权组织版权条约》(WCT)采用了著名的"伞形解决方案"(Umbrella's Solution),赋予了作者和邻接权人一种全新的向公众传播权,将各种能够控制交互式传播行为的做法都纳入进来[④]。WCT已经具有类型化的效果,第6条规定了发行权,第7条规定了出租权,第8条规定了向公众传播的权利,从而摆脱了《伯尔尼公约》中权利的分散性。因此从有关国际公约的规定中也可以看出财产权类型化是著作权法发展的历史趋势。

2. 各国立法体现的类型化趋势

不仅是在国际条约中,各国的立法规定也体现了权利整合和类型化的趋势。2010年,由欧洲著名知识产权专家起草的《欧洲版权法典》(以下简称《法典》)正式公布,该《法典》将为欧盟进一步协调各成员国的著作权法律提供重要参考[⑤]。其中第四章规定了财产权利:"财产权利是指授权或禁止他人部分或全部复制、发行、出租、向公众传播和演绎作品的排他性的权利。"由此可以看出,《法典》对于财产权列举了五项权利。同时《法典》第4.5条列举了一系列落入向公众传播权的行为,且向公众传播权是开放式的[⑥]。这些都体现了著作财产权类型化的趋势。

---

① 《伯尔尼公约》第11条规定:戏剧作品、音乐戏剧作品和音乐作品的作者享有下列专有权利:(1)授权公开表演和演奏其作品,包括用各种手段和方式公开表演和演奏;(2)授权用各种手段公开播送其作品的表演和演奏。

② 又如第14条规定:文学艺术作品的作者享有下列专有权利:(1)授权将这类作品改编和复制成电影以及发行经过如此改编或复制的作品;(2)授权公开表演、演奏以及向公众有线传播经过如此改编或复制的作品。也存在上述问题。

③ M. Ficsor, New Technologies and Copyright: Need for Change, Need for Continuity, Louvre Symposium Book, P182.

④ A. Lucas, Summary of the Proceedings of the Symposium, Louvre Symposium Book, P278 - 279. 转引自[匈]米哈依·菲彻尔:《版权法与因特网》,郭寿康、万勇、相靖译,中国大百科全书出版社2009年版,第281 - 283页。

⑤ 万勇:《欧洲版权法典评述》,载《知识产权》2012年第9期。

⑥ Jane C. Ginsburg, European Copyright Code - Back to First Principles, 58J. Copyright Society U. S. A. 265 (2010 - 2011).

从大陆法系和英美法系主要国家的相关规定上也能看出著作财产权类型化的趋势。大陆法系方面,法国著作权法只规定了复制和表演两项权利。其中,复制权包括了对作品进行演绎的行为,而表演的范围十分宽泛,包括了我国著作权法意义上的表演权、广播权、信息网络传播权等含义①。德国《著作权法》规定了以实体形式使用著作的独占权,尤其是指复制权、发行权和展览权;以及以非实体形式公开再现其著作的独占权(公开独占权),尤其是表演权、公开提供权、播放权等。可见德国著作财产权主要分为两大类,且类别保持了开放性②。英美法系方面,英国法中的作者财产权包括复制权、发行权、公演、放映与播放权、广播权或电缆节目服务权、改编权。《美国版权法》规定了复制、发行、演绎、表演和展览五项权利③。显然,对著作权保护的水平高低并不取决于法律规定的权利项数的多少④。尽管各个国家的立法思路不同,但体现出的著作财产权类型化趋势却是一致的。

三、著作财产权类型化的具体方案

运用类型化的理论,是一种双向互动的循环式思考过程。一方面应对抽象概念进一步区分和演绎,将其具体化,避免流失存在于抽象概念之中的价值;另一方面应对生活要素和具体个案进行提炼和归纳,进行抽象化,把握存在于生活中的道理,朝向法律所要实现的正义价值,则类型化所得的类型将可以自然而然纳入以价值逻辑以及形式逻辑所建立的法律体系中⑤。对于著作财产权类型化而言,既要考虑实践中出现的著作财产权的类型,又要结合著作财产权中每一个权项的概念。在理论上,探索著作财产权与民法的对应关系,在立法上,通过构建四大权利束对著作财产权进行类型化,并保持体系的开放性。

(一)通过民法思维对著作财产权进行类型化

中国民法典的制定,是中国民法学界共同瞩目的大事,而知识产权法也应该纳入民法典中。知识产权本质上是财产权⑥,民法的基本原则和制度在知识产权领域都可以适用⑦。用民法思维来重新审视著作财产权类型,不仅能够在形式上提示知识产权的体系归属,对知识产权理论中概念和逻辑的混乱具有一定的矫正作用,还有利于启

① 《法国知识产权法典》第 L. 22 - 2 条,载《十二国著作权法》翻译组编:《十二国著作权法》,清华大学出版社 2011 年版。

② [德]雷炳德:《著作权法》,张恩民译,法律出版社 2004 年版,第 214 - 215 页。

③ 《十二国著作权法》翻译组编:《十二国著作权法》,清华大学出版社 2011 年版,第 149 - 153 页。

④ 李明德、管育鹰、唐广良:《〈著作权法〉专家建议稿说明》,法律出版社 2012 年版,第 20 - 21 页。

⑤ 黄茂荣:《法学方法与现代民法》,中国政法大学出版社 2001 年版,第 467 - 472 页。

⑥ 刘春田:《知识产权作为第一财产权利是民法学上的一个发现》,载《知识产权》2015 年第 10 期。

⑦ 吴汉东:《知识产权法》,北京大学出版社 2014 年版,第 6 页。

迪民众认识民事权利的完整体系,强化民众的权利保护意识①。知识产权与物权处于相同的逻辑层次,差别仅仅在于知识产权是无体财产②。可以根据物权法的权利设计,将著作财产权纳入民法体系③。物权具有四项权能,而著作权具有使用、收益、处分三项权能(但没有占有权能)。用民法的思维同样可以囊括著作权的所有权能。

第一,占有权。占有是指特定的所有人对标的物为管领的事实。行使物的占有权能是行使物的支配权的基础与前提④。由于著作权的客体具有无体性,所以作者不可能像所有权人那样现实地管领和支配财产。这一所有人对其所有物的实际控制权能由于无体财产的看不见、摸不着、不占据任何空间的属性,致使知识产权权利人无法实际拥有。这类无体的财产极易逸出所有人的控制,而同时为不特定的多数人所"占有"⑤。正因为如此,著作权人占有权能的缺失正体现了其与物权最大的区别,即著作权的无体性。

第二,使用权。使用指依所有权的性能或用途,在不毁损所有物本体或变更其性质的情形下对物加以利用,以满足生产和生活需要的权能⑥。对著作权的使用与物权不同,物权的使用方式较为单一,比如房屋所有权人在房屋内居住,桌子所有权人在其上办公等。而著作权使用的方式多种多样,与物权的权能相对应,知识产权中的复制权、发行权等各项权利实际上都属于著作权中的使用权能。著作权的使用不会产生物理上的消耗,几乎可以无限期地使用,而且随着科技的发展,可以预见,未来对作品的使用方式还将进一步增多。

第三,收益权。收益是指收取由原物所生的新增经济价值的权能。在市场经济条件下,收益权能不仅可以完全与所有权分离,而且分离的形式也呈现出多样、复杂的情形。收益权能的行使,可以通过所有人自己的行为进行(如作者通过自己行使发行权获得收益),也可以通过将权利许可给他人而获得对价(如作者将一系列权利许可给他人,从而收取许可使用费)。收益权能无疑是著作财产权的应有之义。

第四,处分权。处分指依法对物进行处置,从而决定物的命运的权能⑦。处分权能是所有权内容的核心,是所有权最重要最基本的权能,包括事实上的处分权能和法律上的处分权能。著作权的客体是作品,对作品的删除、增减就是对其事实上的处分,而对作品的权利转让、设置抵押权或质押权等就是对其进行法律上的处分。明确这一

① 李琛:《论中国民法典设立知识产权编的必要性》,载《苏州大学学报》2015年第4期。
② 刘春田:《知识产权作为第一财产权利是民法学上的一个发现》,载《知识产权》2015年第10期。
③ 何敏:《知识产权客体新论》,载《中国法学》2014年第6期。
④ 陈华彬:《民法物权论》,中国法制出版社2010年版,第179页。
⑤ 王春燕:《也论知识产权的属性》,载《中国法学》1996年第3期。
⑥ 尹田:《物权法》,北京大学出版社2013年版,第285页。
⑦ 李锡鹤:《民法原理论稿》,法律出版社2009年版,第422-425页。

点，才能进一步建立著作权的转让公示制度。在民法上，绝对权的转让通过公示制度，保证了交易的安全，但著作权的转让并未设立公示制度，导致在实务中出现类似于“一物二卖”的纠纷，如在“老鼠爱大米”著作权纠纷案中，著作权人就先后多次签订了著作财产权转让合同①。若明确著作权处分权，有利于确保著作财产权的变动符合民法中有关绝对权变动的规则，建立著作财产权转让的公示制度②。

总之，与原有的结构相比，划分后的著作财产权更符合民法原理。著作权的诸多权能分属于使用权、收益权、处分权旗下，可谓各归其位、分工明确。这也将强化对各项权能属性的认识，进一步明确各项权能在著作中所扮演的角色③。此外，借鉴物权法来进行著作权甚至知识产权的体系化，总结出知识产权与民法的共性，有助于形成知识产权的总则，对如合同、转让、共有、质押等制度有所规定，从而能够使得知识产权向法典化的方向前进一步。

（二）通过权利束加行为列举对著作财产权进行类型化

物的使用方式较为单一，但著作权具体的使用方式多种多样。要建立逻辑清晰的著作财产权体系，宜采用权利束加行为列举的方式，将某一特定标准所旨在适用于的行为种类加以划分，归于某一权利束下。权利束能够保证著作财产权的包容性，减少权利之间的漏洞，但是一个术语越笼统、越抽象，其中心含义周围的模糊不清区域也就越大④。此时，需要列举权利，便于概括各个行为、减少表达成本。因此，本文将著作财产权分为四大类，即复制权、发行权、传播权和演绎权（见表1）。

表1 著作财产权利分类

四个财产权利束	权利束下包含的子权利
复制权	复制权
发行权	发行权、出租权
传播权	在公众传播权（表演权、展览权）和向公众传播权（交互式传播权、非交互式传播权）
演绎权	翻译权、改编权、摄制权

复制权是著作财产权中最为核心的权利，这也是著作权在英文中被表述为“Copy-

① 在轰动一时的“《老鼠爱大米》著作权纠纷案”中，歌曲《老鼠爱大米》的著作权人将著作财产权先后与多人签订了著作财产权的转让合同，法院认定后者不能取得著作财产权，参见北京市第一中级人民法院民事裁定书（2006）一中民终字第2500号。

② 王迁：《将知识产权法纳入民法典的思考》，载《知识产权》2015年第10期。

③ 杨延超：《著作权权利结构重构——以物权法第39条为模型》，载《学术研究》2007年第6期。

④ ［美］E. 博登海默：《法理学：法律哲学和法律方法》，邓正来译，中国政法大学出版社1999年版，第486－488页。

right"的原因。可以说,只要能够有效地保护著作权,就能基本维护著作权人的经济利益。从一开始复制就是版权法的基础,这是因为在当时的技术条件下,复制件极易被发现和计量,可以成为衡量版权受侵害的基准,同时对复制的规制不会损害公众阅读、欣赏作品的机会①。

发行权是指通过出售或其他方式转移作品的原件或复制件,或以出租、租借方式发行作品复制件或唱片的排他性权利。这里的发行权是广义上的,包括了我国著作权法中的发行权和出租权。发行权与出租权都涉及作品的有形载体在物理空间上的转移,前者涉及所有权的转移,而后者涉及占有的临时变动②。发行权穷竭原则对广义的发行权仍然起到限制作用。正如《美国版权法》第109条a款规定,合法制作的复制件或唱片的所有人,或任何经该所有人授权的人,都有权不经版权人许可而销售或以其他方式处分对复制件或唱片的占有。

传播权,也即公开传播权,是指以不转移作品有形载体所有权或占有的方式向公众传播作品,使公众得以欣赏或使用作品内容的权利。其可以根据受众所处的场所分为两类,一类控制在现场向公众传播的行为,包括表演权和展览权。放映权和展览权实际上都属于表演权。《著作权法》修订草案送审稿认为,放映行为实际上是机械表演行为的一种形式,因此将放映权删去,原来受到放映权规制的行为将由表演权规则。但是,由于展览权有一些较为特殊的行使规则③,因此仍单独规定。另一类权利控制向不在传播最初发生地向公众传播的行为,包括广播权和信息网络传播权。广播权和信息网络传播权的用语容易使人望文生义,因此可以根据其本质上的划分标准,改为交互式传播权和非交互式传播权。

由于上述两类传播权在性质和效果上的差异,使得二者对作者经济利益的影响也存在着差异。在向作者支付报酬的时候,由于表演和展览面向为数相对有限的在场的观众,支付的报酬也应当相应地比广播和信息网络传播权等情况下要少,也更为便捷。而如果由广播或信息网络将之传播给不在现场的观众,那么观众或听众的数量将会更多,范围将会更广,且这些观众或听众不聚集在特定的场所中,而是分散在一国各地甚至是全世界范围内,要向其收取费用,无疑难度更大。与此相类似,由于交互式传播使得用户可以随时随地地观看节目,因此无疑比非交互式传播具有更大的优势,若一家网站未经许可对某作品进行交互式的传播,那么与对作品进行非交互式传播相比,无疑会给著作权人带来更大的损失。因此,区分交互式传播权和非交互式传播权,能更

① 费安玲:《著作权权利体系之研究》,华中科技大学出版社2011年版,第314页。

② 王迁:《知识产权法教程》,中国人民大学出版社2014年版,第130-140页。

③ 《著作权法》为展览权规定了一个重要的例外,《著作权法》第18条规定,美术等作品原件所有权的转移,不视为作品著作权的转移,但美术作品原件的展览权由原件所有人享有。

加科学地判断著作权人的损失和进行损害赔偿。

演绎权是指在保留原有作品基本表达的情况下，在原作品基础之上创作新作品并加以后续利用的行为，其包括了改编权、摄制权和翻译权或以其他方式变动的权利，《著作权法》修订草案送审稿已将原有的汇编权删除。将作品或其片段编入文集，并没有导致作品或片段的内容或表现形式发生变化，这一行为应当属于对作品或其片段的复制，可以受到复制权的控制，无须规定汇编权。事实上，我国规定汇编权是对《伯尔尼公约》的误解①，汇编权并没有独立存在的价值②。

(三)保持著作财产权类型化后的体系开放性

没有一个体系能够演绎地解决所有问题，所以体系最好保持开放。这样，当出现新的作品使用方式时，可以将其顺利纳入现有的权利体系。立法者除了以经验为基础，单纯接受现实上存在的类型，还可以超出现实的特征，更进一步基于规范目的建立新类型，这样该规范类型的引入便有改变现实生活的作用和意义。保持著作财产权类型化的开放性，正能够实现这一目的。

从印刷机到数字点播机，每当著作权遭遇某种新技术时，都面临着艰难的选择：是扩张著作权，使得著作权人能够获得作品的全部市场价值；还是抑制著作权，增加公众免费使用作品复制件的机会。如果把著作权比喻为一个装着水的杯子，那么乐观派就只是盯着水杯中已经注满的那一半，还希望进一步把它注满；而另一端是著作权的悲观派，他们把著作权水杯看成是半空的，他们只同意给著作权所有人提供必要的激励，但超越了一定的限度均属于侵占民众言论自由的公有领域③。

从法哲学的角度上看，如果认为著作财产权是一种自然权利，天然属于著作权人的利益，那么由作品产生的所有利益都将属于著作权人。换言之，当出现了新的作品的传播方式，通过此传播方式获得的利益将自然地归属于著作权人，著作权人因此能够控制新的作品的使用方式。相反，如果从功利主义出发，认为赋予作者著作财产权只是为了实现社会福利最大化的工具，只需要给予作者足够的回报，能够补偿其为社会创造作品的价值即可，如果一味扩大著作权人的利益，使之获得超出其付出的劳动的价值，则有违功利主义的要求。虽然功利主义的角度已经引起了学界的重视，但是目前的制度现实还是主要采纳了自然主义的权利观，认可权利人有支配其财产的最大可能性。著作财产权扩张的历史就是从发行权到传播权扩张的历史。从一开始作品通过纸质书籍传播，到通过广播传播，再到通过信息网络传播，作者的权利也不断延

① 《伯尔尼公约》中仅仅是在允许缔约国对政治演讲、司法诉讼过程中发表的言论和在公共场所进行的讲演、发言进行著作权限制的前提下，要求缔约国为作者保留将这些作品收编成汇集本的专有权利。

② 王迁：《知识产权法教程》，中国人民大学出版社 2014 年版，第 161－163 页。

③ ［美］保罗·戈斯汀：《著作权之道》，金海军译，北京大学出版社 2008 年版，第 26－29 页。

伸,从一开始拥有的发行权,不断扩张到了广播权、信息网络传播权。可以说,著作财产权中,发行使用的方式已几乎穷尽,而传播使用的方式还有可能随着社会与科技的进步继续扩张,因此,应当保持开放的权利体系,使作者享有的专有权能涵盖各种新的作品使用形式。

当出现一种新的情况要把财产权保护扩张至一个新的对象时,它一般是通过与先前存在的保护模式进行类比做到的。更具体地说,这是通过显示新的对象与那些已经获得保护的对象之间具有相似的特征而完成的①。对此,我国立法可以借鉴德国著作权法中的规定,如规定"著作权人有以实体形式使用著作的权利,尤其是指复制权、发行权","著作权人还有以非实体形式公开再现其著作的独占权(公开独占权),尤其是表演权、公开提供权、播放权等"。先规定大的权利束,再用"尤其是……"列举一些已经成熟的著作权使用类型,采取开放式的方式。这样,若今后出现与这些列举的权利相似的权利时,可以经过判断再将其纳入现有的权利体系。

四、著作财产权类型的实践运用

划分权利类型本身不是目的,著作财产权类型化的目的在于类型化后在实践中的运用,即解决类型化前存在的权利许可和侵权判定的问题。具体说来,建立著作财产权的树状体系,有利于在著作财产权权利许可和侵权判定中理顺各个著作财产权之间的关系,从而利用类型掌握法律资料,发现并填补法律漏洞。

(一)著作财产权类型在权利许可中的运用

对著作财产权进行类型化后,能够更好地促进著作权权利许可的顺畅进行。

一方面,当事人在签订合同时,可以用权利束进行表述,无须担心遗漏了某项权利。法律规定越少的著作财产权,一项著作财产权的范围越大,著作财产权之间就越不容易出现漏洞;反之,法律规定多项著作财产权,则界定每一项著作财产权都更加困难,且著作财产权之间也更加容易出现漏洞。

如上文"央视春晚案"中,中央电视台授权央视公司"通过信息网络向公众传播、广播(包括但不限于实时转播或延时转播)、提供的权利",如此规定正是担心遗漏了某项权利从而导致日后维权的困难。类型化后,中央电视台可以在许可合同中规定将其所有"向公众传播权"都授予央视公司。"向公众传播权"是信息网络传播权和广播权的上位概念,囊括了所有交互式或非交互式的传播,只要符合"向公众"和"传播"这两个要件的行为就会落入向公众传播权的范围之内,这样既无须担心信息网络传播权和广

---

① [澳]布拉德·谢尔曼、[英]莱昂内尔·本特利:《现代知识产权法的演进:英国的历程(1760 - 1911)》,金海军译,北京大学出版社2006年版,第20页。

播权之间存在的漏洞，也避免进行如上文所述的长篇大论的权利描述。

另一方面，列举出权利束中的子权利，也可以降低表达的成本。例如，著作权人只将翻译权许可给使用者，允许其将自己的英文小说翻译成中文出版，并未将同为演绎权的摄制权、改编权许可给对方，若法律只笼统地规定演绎权而未具体规定各项子权利，则当事人无法在合同中直接用“改编权”或“摄制权”寥寥数字进行表述，而是需要自己来描述使用作品的方式，这无疑会增加表达的成本。在类型化过程中将大权利束下的一些成熟的小权利进行列举，从经济学的角度进行分析，即产权分割有利于将不同的资源投入到其所能发挥的最有价值的用途上去，从而促进资源的良好配置[①]。

当权利人只将某项小权利许可给对方时，无须自己搜肠刮肚地描述该权利的内涵和外延，而只需列举出小权利的名称，即可达到表述清晰的效果。

（二）著作财产权类型在侵权判定中的运用

根据上述方法将著作财产权类型化后，形成了更加准确的树形权利结构。在进行侵权判定时，法官和当事人无须从多个零散杂乱的权利中进行寻找，而能够从清晰的权利结构中迅速作出判定，这将大大降低了侵权判定的难度。如，在将著作财产权进行类型化后，前文提到的无论是有线传播、网络定时传播还是网络实时传播的侵权判定将更加简便。从总体上看，三者都属于传播权的范围，而细分来说，三者又属于非交互式传播。

利用类型还有助于发现并填补法律漏洞，当出现法律并未规定但却有必要规制的侵权行为时，根据“类似的事项应予类似的判决”的法理，可以参照已经存在的权利类型进行类推适用。例如，《美国版权法》中规定了公开表演权[②]这一权利束，在 2014 年美国联邦最高法院判决的 Aereo 案中，尽管 Aereo 公司对作品采用的传播方式较为特殊，但法院采取了类推适用的方法，将其传播行为与有线电视的传播行为进行比较。由于有线电视提供商“展示了连续的图像或相关的伴音”，因此其实施了“表演”，而在本案中，Aereo 公司的行为和有线电视提供商的行为实质上是相似的，因此 Aereo 公司的行为也侵犯了公开表演权[③]。这样，从 1976 年到 2014 年，虽然技术发生了天翻地覆的变化，但是其在 30 多年前的立法仍然能够通过类推进行适用，由此也可见著作财产权的类型化有助于对新出现的侵权类别的判定。

在司法实践中，我国著作财产权曾经出现过两次类推适用，一次是针对“信息网络传播行为”[④]，一次是针对“网络定时播放行为”[⑤]，都是利用总的兜底条款将新行为纳

---

① ［德］柯武刚、史漫飞：《制度经济学—社会秩序和公共政策》，韩朝华译，商务印书馆 2000 版，第 229 页。

② 美国公开表演权的规定较为特殊，类似于上文所述的传播权，只是在外延内涵上有所不同。

③ See American Broadcasting Cos. , Inc. , etal. v. Aereo, Inc. , 573 U. S. (2014).

④ 北京市海淀区人民法院民事判决书(1999)海知初字第 57 号。北京市第一中级人民法院民事判决书(1999)一中知终字第 185 号。

⑤ 北京市第一中级人民法院民事判决书(2008)一中民终字第 5314 号。

入著作财产权中。但是,著作财产权总的兜底条款太过宽泛,缺乏一般性的特征,较难适用。类型化后,保持了体系的开放性,当再次出现法律并未规定但却有必要规制的侵权行为时,无须借助总的兜底条款,而是根据每一个权利束的特征,可以将新行为纳入现有的著作财产权体系中。当然,出于权利的法定性和立法的稳定性考虑,只有在非常有必要的情况下才能谨慎地进行类推适用。

五、结语

从回应性到抽象性,正是著作权法乃至整个知识产权法的发展趋势,而类型化思维正契合了这一趋势。用类型化的思维检视,我国目前的著作财产权体系庞杂分散,存在诸多问题。有鉴于此,对我国著作财产权的类型化十分必要。首先,在民法典制定的背景下,应借鉴财产法的一般规则统筹著作财产权的诸多权能,顺应民法法典化的趋势,建立民法与著作财产权之间的联系。其次,用权利束加行为列举的方法,规定复制、发行、传播和演绎四大权利束,构建著作财产权的树状体系,减少权利之间的漏洞。最后,保持著作财产权类型化后的开放性,以应对将来可能出现的新的作品使用方式。类型化后的著作财产权体系既便于掌握法律资料,也有利于发现并填补法律漏洞,能不断适应社会发展的需要,通过合理的类推适用包容新类型的著作财产权使用行为,以不变应万变,而不会被不断发展的技术洪流冲成零散的碎片。

基于类型化方法的“效率”解释*

——以《反垄断法》第17条为素材

杨文明**

摘　要:效率抗辩是《反垄断法》第17条规制滥用市场支配地位的重要规则。但效率概念的模糊与争议导致对效率抗辩很难形成共识。类型化方法具备连接价值与事实,发现“事物本质”的功能,因而对于效率概念的解释具备独特的方法论意义。首先,类型化方法有利于围绕效率价值进行概念解释,进而衍生出配置效率、生产效率以及动态效率等具体类型。其次,类型化方法有利于梳理包含或体现效率因素的法律事实。从反垄断法语境和法律适用的角度讲,还应当将上述三种效率类型解释为消费者福利、社会总福利以及创新。最后,类型化方法旨在发现效率的本质。因此,效率概念的解释应当围绕“福利改进”这一核心展开,并在价值与事实的连接中呈现出相应类型。

关键词:类型化;效率;滥用市场支配地位;反垄断法

一、引言

《反垄断法》第17条所规制的滥用市场支配地位行为,通常指经营者在“没有正当理由”的前提下实施垄断高价/低价、掠夺性定价、拒绝交易、独家交易、搭售以及差别待遇等行为。而进一步分析何为“正当理由”,则会发现,“效率”通常被视为最有说服力的类型。例如,波斯纳教授建议,根据以下标准判断垄断行为:“原告要证明所指控的行为可能会把同样有效率或者更有效率的竞争者排挤出被告的市场。被告可以证

* 基金项目:本文系中国法学会2016年度部级法学研究课题“反垄断法中的正当理由抗辩规则研究”[CLS(2016)D92)]与2016年度重庆市社会科学规划博士项目“垄断行为规制中的效率抗辩研究”(2016BS040)的阶段性成果。

** 杨文明,男,山东德州人,法学博士,西南政法大学经济法学院讲师,重庆市地方立法研究协同创新中心研究人员,研究方向为竞争法学。

明,虽然它是一个垄断者,被指控的行为也是排他性的,但总的来看,该行为是有效率的。"[①]我国价格监督管理机关和工商行政管理机关在适用《反垄断法》第17条时通常也将效率作为排除滥用市场支配地位的关键因素[②]。欧盟在《适用欧共体条约第82条执法重点指南》中提示滥用市场支配地位的经营者可以证明其行为产生的实质性效率大于对消费者产生的任何反竞争效果。这就是我们通常所说的"效率抗辩"。

虽然将效率纳入《反垄断法》第17条规定的正当理由抗辩规则已无异议,但是关于效率概念的内涵在理论上仍较为抽象、空洞。例如,博克教授认为,《谢尔曼法》和其他反垄断法的立法历史表明,其主要目的在于通过提高分配效率促进消费者福利[③]。波斯纳则用"经济福利"表达反垄断法目标,并且用经济学家的效率概念来理解经济福利[④]。由此可见,在理论上,效率仍是一个经济学概念,甚至是一个经济学假设。法律规范性的缺乏导致效率概念的解释并不能与实践当中的谓之"效率"的情况一一对应。例如,我国《反垄断法》将效率与消费者利益、社会公共利益并列使用[⑤]。而美国则不同,它将效率与反竞争效果相对比[⑥]。而反竞争效果显然包括消费者损失、市场产出减少等。并且按照阿瑞达、卡普洛的解释,竞争通过两种途径产生效率:生产效率产生于低成本生产者抛售(undersell)[⑦]而导致的低效率生产淘汰,配置效率则产生于市场引导商品或服务从消费者价格弹性高到价格弹性低的行业流动[⑧]。因此,美国立法所指的竞争效率内含消费者利益。归根结底,效率概念解释、适用的种种难题与掣肘皆源于价值与事实的脱节,作为价值的效率无法关照实践中的效率形色,谓之"效率"的实践类型也很难在同一标准下实现价值融通。因而效率概念亟待类型化方法对其作出进一步的解释。

二、"效率"类型化及其方法论意义

(一)"效率"解释的基础:类型化方法

类型思维最早可见于休谟对价值与事实问题的关注,他认为,价值与事实二元对

① [美]理查德·波斯纳:《反托拉斯法》,孙秋宁译,中国政法大学出版社2003年版,第227页。

② 参见《反价格垄断规定》第11-14条;《工商行政管理机关禁止滥用市场支配地位行为的规定》第8条。

③ Robert H. Bork, Legislative Intent and the Policy of the Sherman Act, in Journal of Law and Economic, Vol. 9, No. 1, 1966, p. 16.

④ [美]理查德·波斯纳:《反托拉斯法》,孙秋宁译,中国政法大学出版社2003年版,"序言"。

⑤ 参见《反垄断法》第1条。

⑥ 参见美国《知识产权许可反托拉斯指南》第4.2。

⑦ Undersell means "sell something at a lower price than a competitor",笔者译为抛售。

⑧ [美]菲利普·阿瑞达、路易斯·卡洛普:《反垄断法精析:难点与案例》(影印版),中信出版社2003年版,第7页。

立所产生的认识鸿沟需要填补①。也即在休谟问题里，价值无法推导出事实，而事实也无法抽象出价值，那么，人们建构的价值世界与人们所经验的事实世界就面临着逻辑上无法连接的巨大鸿沟。而“类型”则担负起填补这一“鸿沟”的功能。法学领域，类型思维的产生则缘起于法律现实化过程中的理性主义批判。对此研究之集大成者为德国著名法学家考夫曼。从认识论讲，类型思维就是人们在理念、规范之外认识法律现象的一种独特思维。这一思维的核心在于突破理念与事实二元框架，打破“事实的规范力量”和“规范的事实力量”的迷信，重新树立起探究事物本质的类型思维。类型思维也可以转化为方法，从方法论上讲，类型化指的就是在概念分析与事实归纳之间谋求实现对二者的连接，消除概念抽象性与事实具体性造成的法律适用难题的动态过程。

考夫曼将法律现实化过程（也可称之为法律实践过程）划分为三个阶段：法律理念—法律规范—法律判决。传统的法律思维围绕两种思路认识法律现象。一种是由理念推导出事实，另一种则是由事实抽象出理念。前一种思维最为明显的就是概念法学，在它看来，“制定法中的概念不仅是规整要素，而且也描述了一种有生命力的思维构造物”。也即立法不仅是事实的规范表达，它还参与事实的生产，由概念体系可以推导出社会现实的应然状态。这种理性主义的推演是“从本质演绎出存在，从可能性演绎出现实性，从单纯概念演绎出存在”，而其本质观点就是“概念不仅表达本质，还产生存在”。后一种思维则与之相反，它试图仅从事实来证立法律。在这种法律实证主义思维中，现实生活中的“利益”、“经验”、“意志”等等构成了法的本质，并由此抽象出相应的法律理念。

对于这两种思维，考夫曼都提出了批判。他指出，价值（或者理念）并非一种经验，一种事实意义上的存在物，因此我们也无法单纯从任何事实中萃取出价值。而当我们误认为可从事实得出纯粹的规范时，那么它所涉及的绝非单纯的经验事实，而是与价值相关联的事实，也即一种“道德上的”力量，一种“理性的”意志，一种“充满价值”的志趣。因此，仅仅从事实本身无法抽象出法的价值理念，那种笃定从事实归纳出规范的思维无疑是对“事实的规范力量”的迷信。另一方面，从理念推导出事实的思维也不能充分说明法律秩序的逻辑圆满性和无漏洞性，事实上，法律的逻辑冲突与漏洞不曾断绝。例如，抽象性的法律概念很难完满地涵摄所有的事实情形，不同法律原则间经常缺乏必要的协调与沟通。法律理念与法律规范以及法律事实之间存在的鸿沟并不能轻而易举地通过逻辑推演就可以解决。因此，考夫曼得出两个重要命题，一是在法律现实化过程，法律理念、法律规范与法律判决都不可或缺，也即无法律理念即无法律规范，无法律规范即无法律判决；二是也没有任何一个阶段可以从另一个阶段单纯地

① ［英］休谟：《人性论》，关文运译，商务印书馆1991年版，第496页。

演绎出,即仅从法律理念得不出法律规范,只从法律规范也得不出法律判决①。

因此,法律理念、法律规范与法律判决(或者事实)之间就需要必要的连接,有一个"能使理念或者规范与事实在当中取得一致的第三者",也即"应然"与"实然"之间的调和者,它能够同样代表特殊与普遍、事实与规范的构造物,是一个个别中的普遍,一个"存在中的当为"。这种寻求抽象与具体连接点、事实与规范构造物的思维其实就是类型思维。类型就是"根据所有事实所共同具有的概念或原则进行调查、举证和定义,以选择出对于目的具有重要意义的一类东西",进行类型化是"为了未来目的而将事实予以理想化"②。没有类型就没有思维,哈特甚至认为,"对具体事物的分类是法律决策的核心"③。由此可见,设计法律类型是使法律概念具体化、法律事实抽象化并解决概念抽象性与事实具体性矛盾的重要法律方法论。

(二)类型化之于"效率"解释的方法论意义

法律是法律价值与现实生活事实充分糅合的产物④。按照考夫曼的解释,类型的关键点在于探寻理念、规范与事实之间的"意义",或者称之为"事物的本质"。该"意义"或者"事物的本质"不仅是事实正义与规范正义间的中间点,而且本身也是所有法律认识中均会关系到的、客观法律意义的固有承载者。按照拉德布鲁赫的说法,事物的本质是生活关系的意义,是"在存在中现实化的当为,在现实中显现的价值"。拉伦茨说,"事物的本质是一种在存在意义中所具有的以及在存在中或多或少一直被现实化的当为"。综合来看,所谓事物的本质就是事物特殊性质的普遍,事实中的价值。看似矛盾的词语却能恰当地描述类型的内涵。由于类型处于事实与规范的"中介"、"中点"位置,因而寻求类型的途径一般也不外乎两种:一是"对贴近生活事实的研究对象予以归纳、抽象,将其共同性方面整构成一个类型";二是"对接近于一般法理念和非确定的法概念的研究对象进行具体化,使其丰满成一整体性类型"⑤。

如此看来,通过类型化方法解释效率概念无疑具有以下方法论意义。第一,类型化方法有利于围绕效率价值进行概念解释。效率构成反垄断法的重要价值,无论在理论言说还是法律实践层面,效率都被作为解构滥用市场支配地位行为合法性的重要依据。但是作为法律价值的效率,正当性论证有余而实际性操作不足。因而通过类型化方法意在丰富效率概念的内涵,充实效率概念的内容,落实效率价值的指引作用。对

① 关于类型思维与方法的研究可参见[德]阿图尔·考夫曼:《类推与事物本质——兼论类型理论》,吴从周译,学林文化事业有限公司1999年版,第16-20、38-45页。

② [美]约翰·R.康芒斯:《资本主义的法律基础》,寿勉成译,商务印书馆2003年版,第444页。

③ H·L·A·Hart,Positivism and the Separation of Law and Morals,in Harvard Law Review,No.4,1958,p.610.

④ 张顺:《法律发现的三种进路》,载陈金钊、谢晖主编:《法律方法》(第18卷),山东人民出版社2015年版,第54页。

⑤ 黄茂荣:《法学方法与现代民法》,中国政法大学出版社2000年版,第472页。

此,关于反垄断法效率价值的理论言说和现实应用都能成为效率概念类型化的探索素材。第二,类型化方法有利于梳理包含或体现效率因素的法律事实。滥用市场支配地位行为复杂多样,对其规制的实践也十分丰富。规制机构以及经营者在规制与抗辩的拉锯当中提供了具有鲜明效率特征的证据和理由。但同时,这些证据、理由也存在规范性缺乏等问题。类型化作为提升概念普遍性的方法,因而有利于我们梳理这些法律事实,并发现不同滥用行为在效率问题上的共性与特点。第三,类型化方法旨在发现效率的本质,并为效率的价值之维和事实之维提供连接纽带。效率价值与事实的脱节皆因对效率本质界定存在争议。类型化方法旨在探求效率本质,进而为效率概念的解释提供相应类型。

三、自上而下:效率价值的类型展开

(一)历史与现实中的效率价值

效率在传统的法学或者法哲学研究中并不占有重要地位,甚至早期思想家的话语体系中并无"效率"的一席之地。现在我们已经毫不怀疑地接受了效率价值在反垄断法中的地位,值得发问的是,它是如何进入反垄断法并成为其重要价值的?对此,一种观点认为,效率在美国反托拉斯法诞生之际就被确认为价值目标。另一种观点则认为,效率价值是伴随经济分析方法而进入反垄断法的。前者以博克法官为代表,他认为消费者福利是谢尔曼法决定性的价值而且应当被法院视为唯一价值,这一论断可以得到以下证据证明:"一是提出的议案(谢尔曼法)以及相关辩论有若干明确的声明:反垄断立法目的应当是消费者福利。二是国会预见的法律规则与任何非消费者福利价值不相符合。三是国会高度关注经济效率,它不能被反垄断法干预。反复强调的这一关注如此强烈以至于国会同意垄断本身是合法的,只要它的获得与维持仅仅出于更高的效率。四是将农业和工会组织也纳入反垄断法适用的例子表明,反垄断立法除了消费者福利并未考虑其他价值。五是1890年美国的经济形势使得国会通过谢尔曼法授权法院从社会和政治角度全面回应。六是没有证据证明国会要求法院考虑非消费者福利价值。七是缺乏有力的证据证明反垄断法还应当容纳其他价值。"①后一种观点则认为,反垄断法和其他法律的区别在于它所处理的主要问题——竞争与经济学的产业组织中所处理的主要问题是一致的,这导致经济学中的思维习惯、分析方法和价值倾向逐渐在反垄断法发展和适用中占据了根本的位置②。因此,在这种观点看来,效率价

① Robert H. Bork, legislative Intent and the Policy of the Sherman Act, in Journal of Law and Economic, Vol. 9, No. 1, 1966, pp. 11 - 13.

② Lawrence Anthony Sullivan, Handbook of the Law of Antitrust, London: Earthscan Publications, 1977, p. 1.

值进入反垄断法是“经济学帝国主义”扩张的表现。

上述观点都建立在相应史实基础上,应当说都具有充分的解释力。除此之外,笔者认为,效率价值进入反垄断法和个人追求幸福的体验以及市场经济发展也有关系。其实早在19世纪,边沁就描述了人类避苦求乐的体验,“自然把人类置于两位主公——快乐和痛苦——的主宰之下。……凡我们所行、所言、所思,无不由其支配……功利原理承认这一被支配地位,把它当作旨在依靠理性和法律之手建造福乐大厦的制度的基础”。他接着解释道,功利原理是指,它按照看来势必增大或减小利益有关者之幸福的倾向,亦即促进或妨碍此种幸福的倾向,来赞成或非难任何一项行动。按照边沁的功利原理,凡是最大化幸福的行动都是合法的。这与后来的帕累托效率有异曲同工之妙,只不过在这里,边沁口中的“幸福”、“快乐”转化为效率、福利等规范词语。因而从本质上讲,人们追求福利最大化的行为不可谓不正当,其中,效率具备了评价人们福利(抑或是边沁口中的幸福)的工具价值。现代经济学普遍将效率划分为生产效率和配置效率,前者通常评价同一主体的投入产出关系,后者则评价生产剩余在社会成员间的分配。

除此之外,现代国家经济发展以及国际竞争的需要也要求反垄断法将效率列为主要价值。一国经济的发展常与规模经济密切相关,一国政府也常常有意识地扶持大企业或企业集团创新或者参与国际竞争,这些企业因具备效率价值而受到反垄断法另眼相看。从这个层面上讲,效率也具备反垄断价值。

作为受到滥用市场支配地位指控的经营者也可以就其行为效率提出正当理由抗辩。欧盟在2009/C 45/02条例中提出,“执行第82条(滥用市场支配地位)时,委员会将对占支配地位的企业提出的宣称其行为正当性的主张进行调查”,而正当性主张一般基于行为能够产生“实质性效率”[①]。而根据美国《知识产权许可反托拉斯指南》,主管机构在判断限制行为具有反竞争效果前提下将会考虑该行为是否为达到促进“竞争效率”所必需[②]。

(二)效率内涵的争议与类型展开

虽然效率作为经营者滥用行为正当理由已是共识,但大家口中所说的恐怕未必是同一事物,也即人们对效率内涵并未形成统一的认识。博克最早引出这一争议,他认为,《谢尔曼法》和其他反垄断法的立法历史表明,其主要目的在于通过提高分配效率促进消费者福利[③]。很多人误以为博克强调消费者福利在反垄断法的重要意义,实际

① See Guidance on the Commission's enforcement priorities in applying Article 82 of the EC Treaty to abusive exclusionary conduct by dominant undertaking(2009/C 45/02), Para. 28.

② 参见美国《知识产权许可反托拉斯指南》第4章第2节第1段。

③ Robert H. Bork, Legislative Intent and the Policy of the Sherman Act, in Journal of Law and Economic, Vol. 9, No. 1, 1966, p. 16.

上他所强调的消费者福利要靠配置效率来实现。配置效率也被称为“帕累托效率”，也即在社会所有成员不产生损失的情况下至少有一个福利改进。毋庸讳言，帕累托效率基本存在于理论假设当中，实践中，人们更愿意用潜在帕累托效率进行替代，也即一项改进带给人们的收益要大于带给人们的损失。在实践中通常把消费者福利的增进归功于帕累托效率的改进。因而在反垄断法中，帕累托效率也即配置效率实际说的就是消费者福利改进①。而波斯纳则不再强调消费者福利，他用“经济福利”表达反垄断法目标，并且用经济学家的效率概念来理解经济福利。因此在他看来，评价商业活动对反垄断法的意义时，要分析该行为是不是“一个追求利润最大化的理性人以效率为代价增加利润的一种手段”②。由此可见，波斯纳将效率视为经营者成本与收益的对比，也即经济学所说的“生产效率”。而就立法而言，各国对效率内涵也呈现出不同的认识。由于欧盟将“实质性效率”与“对消费者反竞争效果”相联系，也即对消费者福利的增进应当大于其损失，因此，欧盟基本将效率定位为“配置效率”③。而美国则不同，它将效率与反竞争效果相对比④。而反竞争效果显然包括消费者损失、市场产出减少等。并且按照阿瑞达、卡普洛的解释，竞争通过两种途径产生效率：生产效率产生于低成本生产者抛售(undersell)⑤而导致的低效率生产淘汰，配置效率产生于市场引导商品或服务从消费者价格弹性高到价格弹性低的行业流动⑥。因此，美国立法所指的竞争效率内含生产和配置效率。而我国则将效率与消费者利益、社会公共利益并列使用，由此来看，效率在《反垄断法》主要指的是生产效率。

之所以对效率产生上述争议，关键在于人们使用了不同的评价标准：社会总福利标准和消费者福利标准。前者着眼于经营者行为能否带来社会总福利的增加，也即生产者剩余和消费者剩余的总和。换句话说，即便经营者行为造成消费者福利减损，但社会总剩余有所增加，那么该行为也被视为有效率的。后者则着眼于经营者行为是否带来消费者剩余的增加而不论生产者剩余。由于反垄断法重点在于调整垄断造成的社会财富不公平的转移，这使得它与一般的激励社会产出的产业政策法明显不同，因而，经营者行为能否产生配置效率，能否给消费者带来福利才是立法的重点。当然，生产效率也并非没有意义，按照“渗漏理论”，生产者财富的增加能够自然地带给消费者福利。因此，生产效率在判断经营者行为是否具备正当理由时具有辅助意义。

---

① 叶卫平：《反垄断法价值问题研究》，北京大学出版社2012年版，第64页。

② [美]理查德·波斯纳：《反托拉斯法》，孙秋宁译，中国政法大学出版社2003年版，“序言”。

③ 参见欧盟《适用欧共体条约第82条执法重点指南》第28段。

④ 美国《知识产权许可反托拉斯指南》第4.2。

⑤ Undersell means “sell something at a lower price than a competitor”，笔者译为抛售。

⑥ [美]菲利普·阿瑞达、路易斯·卡洛普：《反垄断法精析：难点与案例》（影印本），中信出版社2003年版，第7页。

当人们考察生产效率和配置效率时,往往建立在既定数量的知识、技术以及其他投入的基础上,这属于效率的静态分析。而动态分析思路则将"技能的改善,技术的进步和新产品的研发与引进"等创新因素纳入效率的考量。这是因为,对研发追加额外一部分投入的成本等于这个投入预期所能产生的额外收益时,经济体发展就处于一个社会最优的速率①。并且由于创新对生产和销售的不可替代作用,新商品、新技术、新供应来源、新组织形式(如巨大规模的控制机构)的竞争比其他(价格竞争)产生大得多的效率②。鉴于创新与动态效率的正相关性,我们可在判断经营者行为效率时将创新因素考虑在内。因此,以创新为基本表征的动态效率也成为效率内涵所不可或缺的一部分。

尽管关于效率的内涵,在各国历史和现实实践有不同表述,在不同学者的论证当中也呈现出差异。但是,将效率从价值层面转化为事实层面的努力不曾断绝,并且伴随反垄断实践的推进,从配置效率、生产效率以及动态效率层面类型化效率价值的观点越来越成为共识。

四、自下而上:效率事实的类型抽象

滥用市场支配地位行为复杂多样,在具体规制实践当中,经营者提出了不少关于效率因素的抗辩理由。因而,作为效率类型化的重要素材,有必要观察这些行为的规制实践,并从中发现相应的效率事实,进而作出类型化抽象。

(一)基于消费者福利的效率事实

消费者福利实际是从配置效率角度对效率事实作出的抽象类型。兰德教授强调,"反垄断法的基本目标是要阻止财富从消费者不公平地转移给拥有市场势力的生产者,即防止其通过垄断剥夺消费者应得的福利"③。纽尔教授也指出,消费者在竞争法主要是作为一种"论据"而出现的,权力机构和企业通过参考消费者的地位来说明自己的立场④。因此,如果经营者能够证明其行为不仅不会剥削消费者,还能给消费者带来福利,那么该行为不仅不会受到制裁,反而会受到反垄断法鼓励。具体而言,消费者福利又体现为以下事实。

---

① [德]乌尔里希·施瓦尔贝、丹尼尔·齐默尔:《卡特尔法与经济学》,顾一泉等译,法律出版社2014年版,第12页。

② [美]约瑟夫·熊彼特:《资本主义、社会主义和民主》,吴良健译,商务印书馆1972年版,第149页。

③ Robert H. Lande, *Wealth Transfers as the Original and Primary Concern of Antitrust: The Efficiency Interpretation Challenged*, in *Hastings Law Journal*, Vol. 34, 1982, p. 93.

④ [比]保罗·纽尔:《竞争与法律:权力机构、企业和消费者所处的地位》,刘利译,法律出版社2004年版,第59页。

1. 消费者获得财富转移

消费者福利最为直接的体现就是经营者让利，最为典型的就是掠夺性定价。从常识来看，“低价格通常与较高的消费者和社会福利联系在一起”[①]，而无论如何也和垄断扯不上关系，但是反垄断法就是如此奇妙，如果低价行为排挤竞争，那么就可能涉嫌垄断。而经营者所能提出的有力抗辩，消费者福利就算一个。经营者可以证明，其低价行为对于财富转移产生了积极效应，消费者由此减少了购买支出。但是在掠夺性定价，这一财富转移必须附加其他佐证，例如消费者不是短期获利，而是长期受益增加。这是因为主流观点认为，掠夺性定价的经营者短期内低于成本定价，待将竞争者排挤出市场，再恢复原价甚至制定垄断高价以补偿损失。所以掠夺性定价的经营者，其消费者福利抗辩必须有其他条件的保证。其一，经营者不存在补偿的可能性。正如美国联邦最高法院在“布鲁克诉布朗”案所指出的，补偿是非法掠夺性定价的最终目的，它是给掠夺者带来利润的方式，如果没有补偿，市场总价格反而会因掠夺性低价而降低，从而增进消费者福利。而在该案，法院认为原告并未提供证据证明被告具备事后通过“超竞争水平定价”来收回成本的目的和可能[②]。换句话说，起码就证据而言，低价能够证明给消费者带来短期福利（长期不明），但补偿性高价却无法证明，消费者的长期福利起码不会受到损失。其二，掠夺性定价本身被视为“不可能”。这一反对意见可谓“釜底抽薪”，因为在其看来，掠夺性定价因为潜在进入者，其他竞争者扩大产量等情况而几乎很少发生。伊斯特布鲁克指出，在预见到经营者可能在未来涨价的前提下，消费者可能会和其他经营者或者潜在进入者订立长期合同，维持目前所获得的低价。因而对所谓“掠夺性定价”进行干预常常压制了价格竞争，使得消费者从低价中受益[③]。

另外，在众多掠夺性定价案件中，消费者福利即便不会增加，但起码也不会损失。这类案件的一大难点就在于，原告很难证明掠夺性定价损害。例如在“大西洋富田公司诉美国石油公司”一案[④]，联邦最高法院认为，美国石油公司并没有根据《克莱顿法》第 4 条提出对方低价行为损害消费者，因而认为富田公司的低价并非掠夺性定价。因而在这里，关于消费者福利问题的主张责任转移给对方。最后，由于法院担心过于严格的价格控制行为会导致反垄断诉讼变成“维持高价的工具”[⑤]，因而对掠夺性定价保持了较为宽容的态度，基本上认可掠夺性定价带给消费者享受低价的福利。

---

① ［西］马西莫·莫塔：《竞争政策——理论与实践》，沈国华译，上海财经大学出版社 2006 年版，第 356 页。

② Brooke Croup Ltd. v. Brown and Williamson Tobacco Corp, 509 U. S. 209, 224(1993).

③ Frank H. Easterbrook, *Predatory Strategies and Counter strategies*, *in University of Chicago Law Review*, Vol. 48, 1981, p. 263.

④ Atlantic Richfield Co. v. USA Petroleum Co. 495 U. S. 328(1990).

⑤ ［美］欧内斯特·盖尔霍恩、威廉姆·科瓦契奇、斯蒂芬·卡尔金斯：《反垄断法与经济学》，任勇、邓志松、尹建平译，法律出版社 2009 年版，第 138 页。

2. 消费者交易成本降低

消费者交易成本降低主要体现在搭售经营者抗辩当中。霍温坎普曾以一个极端例子说明这个问题。如果禁止生活中的所有搭售的话,那么大衣和扣子可以分开卖,一双鞋子也可以分开卖。这虽然能够使消费者短期利益最大化,比如,消费者可以不用为扣子付款了,想买一只鞋的人也可以不用花两只鞋的钱了。但是长期来看,消费者还是要回家缝扣子,鞋店库房积压的单只鞋子最终成本也要转嫁给消费者。因此霍温坎普认为,搭售规制应当关注消费者整体利益和长期福利①。

如果消费者对两件产品都有需求,搭售规则却要求分开销售,那么消费者的搜寻成本无疑将增加。事实上,搭售经营者提出的一项重要理由就是降低消费者搜寻成本。尤其在互联网领域,不同产品之间的界限已非常模糊,有时消费者需要的是一个"整套产品",比如要求 Windows 视窗内置 IE 浏览器,QQ 软件内置游戏平台,购物网站内置支付功能,等等。以微软为例,它将 IE 浏览器、MSN、Office 办公软件等整合到 Windows 视窗系统,虽然先后遭到美国、欧盟、韩国等反垄断主管部门的调查和处罚,但是它也提出其行为是为消费者考虑,节约了消费者寻找、安装相关软件的时间和金钱成本②。另外一项交易成本的节约来源于消费者学习成本的降低,因为使用同一家厂商提供的产品,其性能和操作方法都相对熟悉,不用再投入时间、精力学习使用自己不熟悉的产品。对于微软的解释,不能一味指责其搭售商品限制竞争,更为重要的是,微软公司也的确给消费者带来了现实的利益③。

3. 消费者选择权扩大

接着上一个问题,搭售有时不仅能够降低消费者的交易成本,还能够扩大消费者选择权。这在网络领域更为明显,网络领域最大的经济特性就是网络效应。网络效应简单地讲就是指一方用户的数量与另一方的收益直接相关④。网络经营者通过搭售不同网络产品,将网络打造成具有不同功能的产品,以满足消费者的不同需求。例如,消费者在 QQ 软件上既可以实现即时通信,又可以玩游戏,还可以进行支付,等等。总之,网络产品搭售扩大了消费者选择权。不仅如此,网络经营者搭售提供了整合程度高、互补性强的产品,这种产品配置较高、操作简单并且性能得到优化,因此增加了消费者的福利。更为重要的是由于产品的互补,网络效应因此被放大,产品的价值因此而提高,从而提高了该网络产品对消费者产生的效用。另外在市场中,经营者还经常通过

---

① [美]赫伯特·霍温坎普:《联邦反托拉斯政策:竞争法律及其实践》,许光耀等译,法律出版社 2009 年版,第 435 页。

② 因为在微软免费推出 IE 浏览器之前,网景的浏览器收费不菲。

③ 李剑:《MSN 搭售和单一产品问题》,载《网络法律评论》2004 年第 1 期。

④ Mark Armstrong, Competition in Two - sided Markets, in Rand Journal of Economics, Vol. 37, No. 3, pp. 668 - 691.

广告宣传、推送等方式预告下一代产品，让消费者提前了解其功能和优点，为已使用产品更新换代做好准备，当然消费者也可以不选择换代。由此，在代际更替中消费者选择权进一步扩大。

（二）基于社会总福利的效率事实

社会总福利关注社会生产财富的增加，是生产效率的重要体现。作为经营者行为正当理由的生产效率类型指的是经营者行为具有生产或销售上的规模经济、范围经济，能够带来更大的社会产出以及产品质量的提高。由于搭售行为具有在规模经济以及商誉抗辩的典型性，下面就以此为例进行论证。

1. 规模经济

关于搭售抗辩，正如希尔顿教授所强调的，许多案例似乎都能与两点联系起来：规模经济辩护和商誉辩护[①]。这样的例子有“IBM 诉美国”案[②]、“国际盐业公司诉美国”案[③]等。但是在这些案件，关于效率的抗辩并未被法院认可，这是因为早期本身违法原则的严格管制，使得有效率的经营者也难以获得一丝喘息。直到“美国诉杰罗德电子公司”[④]、“柯达诉图像技术公司”[⑤]等案件，合理思想的逐渐渗透才使得效率引入案件审查当中。因此，笔者讨论的关于搭售的早期案例中，并非这些企业没有效率，而是效率是否获得了法院的认可。

如果在生产或销售中，两件产品一起生产、销售比分开更经济，经营者往往有动力这样去做，通过搭售实现规模经济和范围经济。例如在“BMI 诉哥伦比亚广播公司”案[⑥]，被告通过集中收取版权费用从而降低交易成本。法院认为，本案中被告在版权实施与收费方面存在规模经济，因而其涉嫌搭售的行为并不违法。而在“美国钢铁公司诉福特纳”一案[⑦]，虽然多数法官认为美国钢铁公司将预制房屋与获取贷款服务捆绑在一起销售是非法的，但大法官怀特的不同意见强调，“如果结卖品与搭卖品在功能上有联系，那么将其联合生产或销售将产生节约，降低成本”，言外之意，被告搭售行为是有效率的。而在“克劳福德运输公司诉克莱斯勒公司”案[⑧]中，后者就通过将产品销售与运输进行集中统一管理而节省了数百万美元的成本，法院也认为，虽然克莱斯勒通过

① ［美］基斯·N. 希尔顿：《反垄断法：经济学原理和普通法演进》，赵玲译，北京大学出版社 2009 年版，第 233 页。

② IBM v. United States, 298 U. S. 131(1931).

③ International Salt Co., Inc. v. United States, 332 U. S. 392(1947).

④ United States v. Jerrold Electronics Corp., 187 F. Supp 545(E. D. Pa. 1960).

⑤ Eastman Kodak v. Image Technicolor Services, 504 U. S. 451(1992).

⑥ Broadcast Music Inc. v. Columbia Broadcasting System, Inc., 441 U. S. 1, 99 S. Ct. 1551, 60 L. Ed. 2d 1 (1979).

⑦ United States Steel Corp. v. Fortner Enterprises, 429 U. S. 610(1977).

⑧ Crawford Transport v. Chrysler Corp. 338 F2d 934(6th cir 1964).

搭售获得了数百万美元的成本节约,但这并非垄断汽车运输市场所得。

人们一直怀疑,为何像IBM、国际盐业公司这样在商业上非常成熟、老练的公司本可以在搭卖品市场合法获得利润却仍甘冒风险实施搭售。一种解释认为,经营者可以根据搭卖品的使用情况来确定消费者的生产或销售规模,以此实施价格歧视。那么支持通过搭售实施价格歧视的学者认为,这种行为能够鼓励经营者增加产出,与单一定价相比减少资源的不合理分配①。但是也有学者不认可这种解释,彼得曼并不认为国际盐业公司的做法是想通过搭售收取歧视性价格。他认为最大的可能是公司利用了在盐销售中的经济效率。搭售合同提供了一个稳定的需求群体,由此节约了国际盐业公司的成本。在彼得曼看来,国际盐业公司虽然降低了撒盐机的价格,但它可以从同时销售盐的成本节约中得到补偿②。并且从总体上来看,这种搭售符合销售中的范围经济和规模经济。

2. 商誉

搭售的经济效率不仅体现为产出的增加,还体现在产品品质的保障,因此,经营者也经常以维护商誉来抗辩垄断指控。这是因为,产品良好的品质是其销售并占有市场的主要保证,如果在消费者头脑中对某个牌子的产品形成“劣质”、“不经用”等类似的不良印象,那么该经营者的生产和销售不会是有效率。相反,如果消费者认为其产品质量“过硬”,那么口碑积累就能转化为产出的增加。最早在1936年的“IBM诉美国”案③中,经营者就曾提出商誉抗辩。IBM提出它把穿孔卡片与打孔机一同出租是为了保护自己产品的良好声誉。当然法院认为这一理由并不充分,IBM完全可以警告客户要按照公司要求使用特定卡片,从而把出租机器限定在客户必须使用特定卡片的条件下。而在“国际盐业公司诉美国”案④,也发生了类似的抗辩。国际盐业公司认为,出租给客户的撒盐机要由公司维修,因而为降低机器损坏的风险,公司可要求客户遵守质量规范,而最好的方式就是由自己向承租人销售比市场上质量都要纯的盐。法院也同样认为,国际盐业公司可以要求客户使用何种质量等级的盐,而不应该把盐的来源特定化,特别是只能由自己提供。而在“美国诉杰罗德电子公司”一案⑤,美国法院的态度明显更为宽松。杰罗德公司向偏远地区提供天线系统,而这个天线系统是由不同的配件组装而成,它要求消费者只能让自己安装该系统并为之提供后续服务,并且它

① Henry M. Bulter, W. J. Lane, Owen R. Phillips, *The Futility of Antitrust Attacks on Tie - in Sales: An Economics and Legal Analysis*, *in Hastings Law Journal*, 1984, 36: 173.

② 22 J. Law&Econ. 351(1979). 转引自[美]基斯·N·希尔顿:《反垄断法:经济学原理和普通法演进》,赵玲译,北京大学出版社2009年版,第234页。

③ IBM v. United States, 298 U. S. 131(1931).

④ International Salt Co., Inc. v. United States, 332 U. S. 392(1947).

⑤ United States v. Jerrold Electronics Corp., 187 F. Supp 545(E. D. Pa. 1960).

还规定未经公司同意,消费者不得安装额外设备。在该案,首先杰罗德公司面临的是一个尚未成熟开发的市场,市场技术条件并不成熟。如果允许消费者自己安装天线系统,或者允许他们为天线系统装配配件,那么杰罗德的产品声誉将难以保证。在分析杰罗德提出的商誉抗辩时,法院分析了两个问题。一是搭售是否存在可替代的同样保护商誉的其他方案。二是杰罗德是否可以长期将搭售安排下去。这两个问题的出现都与天线系统市场的不成熟有关。法院指出,即便杰罗德将保证天线系统成功使用的规则介绍给消费者,消费者也未必能够学会,最终其商誉仍将受损。

(三)基于创新的效率事实

经营者引入新产品或者新的生产过程的程度意味着经营者能够在跨期生产和销售中实现长期均衡,这意味着动态效率的存在,而要实现这一点则意味着创新的存在。按照竞争性垄断理论,创新作为市场结构变迁的核心变量,影响着市场结构在垄断与竞争中的变化,形成竞争性垄断市场结构。在这种情况下,垄断不是抑制了创新而是促进了创新,使得市场结构状况在长期来看是一个动态的过程[①]。

创新在大部分情况下体现为技术层面,而技术创新往往意味着不同技术的融合,由此带来体现不同技术的产品的融合。反垄断法对于技术创新的态度在不同时期虽有所差别,但总体保持了谨慎,避免对技术创新造成不适当的抑制。最早在“ILC 诉 IBM”一案[②],由于 IBM 整合了存储器、驱动器等不同元件,使其打包成一个产品组合,由此带来技术创新引发搭售的争议。但遗憾的是,法院对这种技术创新而带来的搭售问题相当困惑。在接下来的“柏基图片公司诉柯达”案[③],法院指出:“任何经营者包括垄断者,通常都可以任何方式在任何时候将自己的产品推向市场”。而以柯达为被告的另一起案件[④]中,柯达通过设计将新相机只能与自己开发的新胶卷相容。法院对柯达将新相机与新胶卷一起投放市场的行为采取宽容态度,拒绝将其认定为搭售。并且法院认为,任何否定这种“技术性搭售”的裁判规则都只能阻碍新技术的开发与应用,而这种新技术乃是经济持续发展所必需的。应当说,发生在这一时期的案件确立了对于技术创新产生的垄断行为的“宽松”原则,给予了经营者在开发和营销方面较为广泛的创新自由[⑤]。

当然,“柏基图片公司诉柯达”案也并未给予经营者以无限的自由,也即经营者技术创新产品的成功不能是“强迫”的结果。虽然法院未对强迫作出明确解释,但应当可

① [美]约瑟夫·熊彼特:《资本主义、社会主义与民主》,吴良健译,商务印书馆 1999 年版,第 151 – 177 页。

② ILC Peripherals Leasing Corp. v. IBM Corp. ,448 F. Supp. 228(N. D. Cal. 1978).

③ Berkey Photo, Inc. v. Eastman Kodak Co. ,603 F. 2d 263(2nd Cir. 1979).

④ Foremost Pro Color v. Eastman Kodak Co. ,703 F. 2d 534(9th Cir. 1983).

⑤ Gregory Sidak, *Debunking Predatory Innovation*, *Colum.* L. Rev. ,1983, 83:1121.

以推断出是“排除市场竞争”的意思。这一含义可以在后来的“美国诉微软案”[1]中得到体现。该案初审,微软将IE浏览器与Windows视窗捆绑销售的行为被视为排挤了网景公司参与浏览器市场竞争。针对美国司法部的指控,微软总裁比尔·盖茨反驳说:“司法部的计划将扼杀操作系统方面的创新,削弱成千上万个依靠不断创新的操作系统的软件开发者的生命力,使他们无法创造出更有魅力的产品。”[2]在微软公司看来,把IE浏览器与Windows操作系统搭售并非为了排挤竞争对手,产品整合的创新才是目的所在,其早在1993年就将互联网特征的浏览器合并进Windows操作系统,并且每年用于浏览器开发与创新的投资就高达1000万美元。而上诉巡回法院某种程度上认同了微软的意见,它首先认为微软产品的整合是一种功能创新,进而指出“杰斐逊教区”案的消费者需求标准将阻止网络企业产品新功能的整合[3]。并且巡回法院还认为,将网络产品新功能合并到操作系统是很普遍的,如果认为该行为违法,就可能会给个人计算机、网络计算机和信息应用的创新投下阴影。退一步讲,经营者搭售对创新的效果即便短期难以显现,也不能就认为搭售行为违法。因为当处于技术创新的振荡期,一个“新产品”能否创造新的需求并给社会带来正效益都要在市场中检验,因此,“面对人类惊人创造力的信息技术革命,理性的、怀有敬意之心的学者应该避免以预言家的姿态出现”[4],如果一开始就给出阻碍技术创新的判断并在立法上予以禁止,那么创新将无从谈起。

另外一种情况是,经营者为了获得投资回报,拒绝将创新成果向竞争者开放,通过技术壁垒排除市场竞争。最为明显的例子就是拒绝兼容。例如20世纪80年代,任天堂公司推出自己的NES游戏系统,凭借具有卓越品质的超级玛丽等游戏,它很快就取得市场支配地位,NES系统也取得标准竞争的胜利。但是其后,任天堂为让独立的游戏开发商开发的游戏只能运行于NES,拒绝向Atari和世嘉等竞争对手的系统兼容,极大地打击了竞争对手。类似的事件也发生在90年代,在计算机操作系统竞争中,微软取得几乎垄断市场的成功。但是在控制了标准之后,微软开始实施非兼容策略,使得在Windows视窗系统运行的应用软件与在其他系统上运行的应用软件互不兼容,从而减少了其他平台争夺用户的可能性。人们对于经营者非兼容策略褒贬不一,但从创新角度而言,非兼容策略具有明显的积极效应。正如在微软因非兼容而涉诉时,反垄断经济学家鲁宾菲尔特所强调的:“我们在控告微软时就意识到,对这类案子,经济上的规则已经变了。创新,远重于价格,才是微软案的意义。”[5]在考察对创新激励的影响时

---

① United States v. Microsoft Corp. ,231 F. Supp. 2d 144 (D. D. C. 2002).

② 李成刚:《从AT&T到微软——美国反垄断透析》,经济日报出版社2004版,第104页。

③ 参见United States v. Microsoft Corp. , 253 F. 3d (D. C. Cir. 2001),85 -89。

④ 王传辉:《反垄断的经济学分析》,中国人民大学出版社2004年版,第233页。

⑤ 黄武双:《技术标准反垄断的特征及其对我国反垄断立法的启示——从微软垄断案说起》,载《科技与法律》2007年第3期。

有学者指出，理论上讲，在兼容条件下会出现 R&D 激励不足，而在非兼容条件下则会出现 R&D 激励过度①。而在考虑不同的兼容类型后，我们发现在两种竞争性产品之间的兼容会阻碍创新而非兼容却能够促进技术创新。一方面在兼容策略下，其他经营者为了获得现有技术的网络效应不得不采用现行标准，技术研发和升级都要考虑与技术标准相匹配，这无疑使网络企业囿于原有的技术开发路径而被锁定在某一技术标准上。另外，产品或技术的兼容意味着经营者的技术成果可以被其他及经营者共享，“由于承担了技术创新的成本和风险却无法控制技术创新的外溢”②，这将导致行业创新收益率降低并使网络企业研发、创新的积极性减弱。而另一方面，非兼容策略使得掌握技术标准的网络企业获得高额利润，对其他企业产生极大的创新激励，使其他企业专注于对现有技术的破坏性创新，因而不必对现有技术形成路径依赖。因此相比之下非兼容策略更有利于技术的创新。

五、代结语：效率的本质

虽然在不同的理论框架，或者在不同的制度背景下，对效率的解释还存在争议。但实际上这些争议都能够反映效率的内在品格，也即一种效果标准下的“福利改进”。只不过这种福利改进可能存在不同主体（生产还是配置效率）、不同时期（静态效率还是动态效率）的差别。因而作为一种类型研究的效率概念，其内涵必然要归结到经营者行为（事物）的根本“意义”（本质）上来③。那么，反映其福利改进特征都应当纳入效率内涵。虽然我们无法在“福利改进”与“效率”之间完全画等号，但是毫无疑问，效率代表了产出和配置，也基本包办了福利改进所能表达的概念，如社会福利、消费者福利、投入与产出、成本与效益、创新、公共利益，等等。并且相对其他概念，效率对人们来说更为“可欲”，其技术性、经济性使得人们能够在实践中应用而非仅仅作为空洞的概念进行说教。更为重要的是，将配置、生产以及动态三类内涵纳入效率概念并不会出错，也即经营者从这三个方面提出行为效率抗辩，只能增加其说服力而不是减少。从实践来看，经营者们也都自发地践行着理论家们“开发”出来的效率概念，社会福利、消费者福利、创新都成为经营者抗辩滥用市场支配地位指控的“利器”，并得到了反垄断规制机构的认可。

① 张保胜：《网络产业、技术创新与竞争》，经济管理出版社 2007 年版，第 112 页。

② 陶爱萍：《网络产业的结构、行为与绩效研究》，上海社会科学院 2009 年博士学位论文，第 132 页。

③ 周维明：《“事物的本质”、类型思维与类推适用的关系之探析》，载陈金钊、谢晖主编：《法律方法》（第 15 卷），山东人民出版社 2014 年版，第 132 页。

缓解定罪量刑冲突的类推方法*

——许霆案罪与罚的再思考

黄　何**

摘　要:定罪制约量刑导致的量刑畸重是不可忽视的重要问题,特殊减轻条款的使用具有局限性,"量刑反制定罪"又违反罪刑法定原则。量刑类推是解决该问题的妥当方式。"白马亦马"决定行为符合A罪不能违背,但倘若行为特征更类似于A的特别法条B罪,可类推适用B罪的法定刑量刑。许霆案可定盗窃罪,类推信用卡诈骗罪(恶意透支)量刑。量刑类推立足类似案件类似处理的正义,应当是坚持罪刑法定原则下,缓解定罪量刑冲突的一剂良方。

关键词:以罪定刑;量刑反制定罪;罪刑法定;有利于被告人类推

一、问题的提出

传统刑法理论认为,定罪决定量刑,定罪优于量刑。一般而言,刑由罪生的常态关系既符合经验,也是罪刑法定原则的要求,定罪和量刑的单向关系不会存在太大问题。不过,立法难以预料例外,而例外总是会发生。当在所定罪名对应的法定刑幅度内量刑导致量刑过重、失去刑法正义时,如何解救被告人,就是亟待解决却又疏于研究的"冷问题"。

以许霆案为例,许霆的行为符合盗窃罪的犯罪构成得到了大多数学者的认同。为解决定罪后的量刑过重的问题,众多学者最终选择了定盗窃罪并适用特殊减轻条款的方案。在定罪不可能让位量刑的传统思维影响下,这已然是最优选择。但是,特殊减

* 基金项目:本文系江苏省普通高校研究生科研创新计划项目"刑法解释中存疑有利于被告原则研究"(项目编号:KYLX16_1210)阶段性研究成果,并受"江苏高校优势学科建设工程资助项目"(PAPD)资助。

** 黄何,男,江苏句容人,南京师范大学法学院刑法学博士研究生,研究方向为刑法解释与经济刑法。

轻条款的适用仍具有难以克服的局限性。比如,发动特殊减轻条款理由的缺乏,正如有学者指出:“酌情减轻情节应当与法定减轻情节在同一层次上,最高人民法院的裁定显然不能成为酌情减轻的理由。这样的法外开恩是一种随心所欲,难以令人信服。”①再如,减轻规则的违反,有学者认为:“即便是减轻处罚,刑法规定了广义的减刑制度,广义的减刑和假释等与自首、立功等在性质上并无二致,区别仅在于后者针对宣判之前的表现,而前者则针对行刑期间的表现。因此,从体系解释的立场出发,完全可以将对广义的减刑和假释的刑期限制规则推广至减轻处罚情节,许霆案也只能降一格处罚。”②不仅如此,特殊减轻还难以普遍适用,刘明祥教授就强调:“某人发现自己的借记卡具有类似许霆情况,在自动柜员机取钱十余万,因害怕,又返还了银行。如果定性为盗窃罪处罚,不能合情合理,为社会公众接受。”③此外,特殊减轻条款的启动,由地方法院上报最高人民法院核准,会使《刑法》第 63 条第 2 款成为一个“应用而不愿用”的条文;《刑法》第 63 条第 2 款没有赋予被告人救济途径,成为一个“应用而无力用”的条款④。

有学者敏锐地发现了特殊减轻条款解决定罪量刑关系冲突的不足,提出:“犯罪构成仅是为了更好量刑而人为设计和归纳出的工具性标准,公正量刑才是刑法学的终极目的。犯罪构成并非不可突破的禁区,量刑才是刑法的最终任务。为了量刑公正可以变化罪名,许霆案可定侵占罪。”⑤不过,这一观点很快遭到了众多学者的批评,因其背离了罪刑法定原则。比如,张明楷教授指出:“量刑反制定罪会使得构成要件丧失定型性,容易违反罪刑法定原则,公正的量刑也因人而异。”⑥苏力教授认为:“这种做法摆脱了教义分析对司法权力的某些制约,会‘篡夺’立法者的权力,放弃规则约束,很容易为个人直觉或民粹正义左右,很难保证法律的同等保护。”⑦还有学者认为:“量刑反制定罪尽管是限制在有利于被告人层面,目的正当,但目的的正当性并不能代表手段的正当性。”⑧“不受规则制约,法官会打着量刑公正的旗帜,以司法权入侵立法权,破坏

① 参见陈瑞华:《脱缰的野马:从许霆案看法院的自由裁量权》,载《中外法学》2009 年第 1 期。

② 徐立、胡剑波:《“许霆案”减轻处罚的根据与幅度分析》,载《法商研究》2009 年第 5 期。

③ 参见刘明祥:《许霆案的定性:盗窃还是信用卡诈骗》,载《中外法学》2009 年第 1 期。

④ 高艳东:《量刑与定罪互动论:为了量刑公正可变换罪名》,载《现代法学》2009 年第 5 期。笔者认为,2002 年的何鹏案最有力地展现了特殊减轻条款启动的障碍。

⑤ 参见高艳东:《量刑与定罪互动论:为了量刑公正可变换罪名》,载《现代法学》2009 年第 5 期。

⑥ 张明楷:《许霆案的刑法学分析》,载《中外法学》2009 年第 1 期。

⑦ 苏力:《法条主义、民意与难办案件》,载《中外法学》2009 年第 1 期。

⑧ 郑延谱:《量刑反制定罪否定论》,载《政法论坛》2014 年第 6 期。

人类社会来之不易的刑事法治。”[①]尽管仍有少数学者为“量刑反制定罪”“辩护”[②],不过,除了法定刑的设置可制约构成要件的解释得到了普遍认可外,为量刑公正可以变化罪名的观点遭到了否定。

看来,量刑与定罪互动新思路的“量刑反制定罪”不是解决定罪量刑关系冲突的良方。那么,究竟什么才是刑法教义学上的破解之道?本文主张量刑类推方法。坚持罪刑法定原则,构成要件的定型性就是该原则题中应有之义,即必须先对行为定罪,后进行量刑。不过,定罪后量刑,并不完全等同于定罪后必须按照既定罪名的法定刑进行量刑[③]。立足刑法不禁止有利于被告人的类推,当行为符合A罪的构成要件,但行为特征类似于A罪的特别法条B罪时,如果适用B罪的法定刑处罚能够解决量刑畸重的困境,那么可对行为定A罪,类推适用B罪的法定刑量刑。下文将详细论证量刑类推方法的合理性,试图寻求量刑公正的新的路径,也为许霆案的处理提供合理的新方案。这可能需要解决两个主要问题:一是打破罪名与法定刑之间形成的封闭圈,论证构成要件决定法定刑并非量刑不可突破的藩篱;二是证成类推特别法条量刑的方法符合罪刑法定原则。

二、法定刑幅度的配置仅具相对合理性

《刑法》第61条规定:“对于犯罪分子决定刑罚的时候,应当根据犯罪的事实、犯罪的性质、情节和对于社会的危害程度,依照本法的有关规定判处。”这是刑法关于量刑原则的规定。其中,依照本法的有关规定判处,是指行为触犯哪一个分则条文,就以哪一个条文规定的法定刑为标准,然后在法定刑内选择刑种与刑度[④]。一般来说,构成要件决定法定刑,量刑依照法定刑,是逻辑上的当然。正统的刑法理论认为解决了某一行为构成要件的判断,就等于法定刑的判断结束,这两者之间趋于同步,无须分割。并不会具体关注某一行为是否符合法定刑设置的初衷。概言之,现有的刑法学理论将法定刑直接与罪名结合,一旦量刑畸重,罪名又不可能更改,即便适用特殊减轻条款,量

① 姜涛:《批判中求可能:对量刑反制定罪论的法理分析》,载《政治与法律》2011年第9期。

② 较为系统为“量刑反制定罪”的合法性申辩的当属赵希博士,他从四个方面进行论述:第一,罪刑法定的语境变迁,从法治国到福利国;第二,制定法主义,从绝对到相对;第三,构成要件定型性,罪刑法定形式侧面的真正落脚点;第四,刑罚对定罪的反向制约作用,对罪刑法定进行再审视,认为“量刑反制定罪”并没有违反罪刑法定。参见赵希:《“量刑反制定罪论”不违反罪刑法定》,载《南京师大学报》(社会科学版)2015年第1期。不过,赵希所指代的“量刑反制定罪”可能已经不再是“为了量刑公正可以变化罪名”的本来面目,后者是指在常规判断符合构成要件的前提下,量刑不公后变化罪名,而前者是偏向指代在案件事实与构成要件之间本身存在争议,量刑影响定性判断。

③ 本文所指的法定刑,不仅包括了立法规定的客观处罚条件以及刑期与刑种,还包括司法解释关于数额、情节等标准设置。

④ 张明楷:《刑法学》(第4版),法律出版社2011年版,第492-494页。

刑也只能限制在原有罪名的其他法定刑内。不过,笔者以为,罪名与法定刑之间并非完全对应。例外情况下,符合罪名的判断,法定刑仍然难以适用。为公正量刑,法定刑可以突破构成要件变换。

(一)"构成要件决定法定刑"只具有相对正义

法定刑的配置依据构成要件是不用自证的事实,但这只是表明了定罪决定法定刑的常态。从法定刑的发展看,罪刑法定原则内含了禁止绝对不定期刑,这是由于不定期刑便意味着司法权的绝对权力,不利于保障人权。不过,虽然绝对定期刑最能限制司法权,看似最保护人权,但事实上,任何一种具体犯罪都可能具有不同的情节、不同的罪行程度以及不同的特殊预防必要性,绝对定期刑只能根据该种犯罪的平均程度确定,反而侵害了那些情节轻微、特殊预防必要性小的部分犯罪人的自由。最终,现代各国刑法都采用了相对确定法定刑制度①。一般来说,相对确定法定刑对应着构成要件内的差异化,是最能"限权保权"的设置。然而,进一步探究具体犯罪的相对确定的法定刑设置,便会发现,立法者设定对应的法定刑幅度之时,也只能通过归纳、抽象已有的生活事实的方式实现,并不绝对准确。

立法者在制定法律的过程中更多考虑的是生活事实,将他的注意力自然地指向他所认为的典型案例,故构成要件建立在生活事实基础上,也就是一种事实类型。在一定事实类型被确立后,立法者接下来会在这些经验事实的基础上进行法价值的加工,形成要件规范类型,并设置对应的法定刑②。因为犯罪构成要件具有统计学意义上的合理性,用构成要件对某种犯罪特征进行一般性描述,通常没有问题。但既然将某种犯罪的一般性特征确定为犯罪构成的要件,就意味着必要面临风险,因为例外总有可能发生③。即便法定刑的设置具有相对性,也难以避免立法者可能的疏忽,以及因社会发展而产生的难以预见的特殊情形。因此,只要承认构成要件的类型来源自对生活事实的归纳,并具有一定的张力,法定刑的设置就一定是相对的正义,难以保障量刑前提的绝对公正,故出现少量的量刑畸重的现象也不足为奇。

事实上,理论上的推断也在立法上显现。除许霆案外,还如,立法者的疏忽,大义灭亲故意杀人的定故意杀人罪,法定刑有 3 年以上 10 年以下有期徒刑可供选择。然而,同样出于大义,只是故意伤害的,过失致人死亡的,只能适用 10 年以上有期徒刑、无期徒刑或者死刑的法定刑。构成要件决定法定刑的常态表明了例外的存在,符合构成要件与处罚合理性之间可能存在错位,这说明构成要件与相应的法定刑并不是硬币的两面。

---

① 张明楷:《刑法学》(第 4 版),法律出版社 2011 年版,第 58 页。

② 参见杜宇:《刑法规范的形成机理——以"类型"建构为视角》,载《法商研究》2010 年第 1 期。

③ 桑本谦:《传统刑法学理论的尴尬(Ⅰ)——面对许霆案》,载《广东商学院学报》2009 年第 5 期。

(二)为量刑公正变换法定刑具有正当性

面对常规案件,法官只需要在罪名确定的法定刑内,依照量刑情节裁量刑罚即可保障公平正义。应当说,定罪确立法定刑,再于法定刑幅度内量刑,是一个完美的裁判过程,是罪刑法定的形式侧面与实质侧面的统一。问题是在量刑不公的情况下,变换原有罪名的法定刑是否具有正当性? 回答应是肯定的。“刑法是解决行为人刑事责任有无和大小的法律,其他所有中间过程,都服务于这一终极目的。”①“对法典的条文进行机械式适用的法官,其实不能被称为法官;他只是司法机器中一个无感情、死板的齿轮。法官不应该是这样的。……世界并不是被抽象的规则统治,而是被人统治。”②比如,张明楷教授虽质疑“量刑反制定罪论”,指出:“父母为了使作恶多端的儿子不危害社会,打算将儿子打成重伤为瘫痪,然后抚养其一辈子,但在伤害过程中,由于过失导致了儿子死亡。父母的行为成立故意伤害致死,所适用的法定刑为10年以上有期徒刑、无期徒刑或者死刑。即便为了量刑公正,也不能定故意杀人罪以适用3年以上10年以下有期徒刑的法定刑。”③但他也同意定10年以上有期徒刑过重,理由是,大义灭亲尚可在3年以上10年以下有期徒刑法定刑内量刑,故意伤害致死比故意杀人更轻但处罚更重不合理,主张适用《刑法》第63条第2款特殊减轻条款,在3年以上10年以下有期徒刑内量刑。其实,大可不必“劳驾”最高人民法院核准使用特殊减轻条款,既然故意伤害罪致死情形的法定刑并不适合上述父母行为,量刑时完全可以适用故意杀人罪的情节较轻规定,这也符合认定原量刑过重的认知过程和判断理由。看来,为量刑公正,变换罪名对应的法定刑并不是什么“错误的事”。也许有学者会反驳道:“追求量刑公正的正当性毋庸置疑,问题在于追求手段的正当。适用特殊减轻规定是在原有罪名下量刑,与变换罪名的法定刑根本不是一回事。”

其实,上述反驳反映了对于特殊减轻规定的实质“只知其一未知其二”。无论是适用故意杀人罪的3年以上10年以下有期徒刑,还是适用特殊减轻条款在故意伤害罪的3年以上10年以下有期徒刑量刑,本质都变换了原有的法定刑。适用特殊减轻条款看似在原有罪名包含的法定刑内量刑,没有突破罪名本身,其实减轻后的法定刑与罪名之间并没有实质关联。故意伤害致死本身可以看作是一个单独的罪名,即故意伤害致死罪,立法者设置的法定刑是10年以上有期徒刑、无期徒刑或者死刑。特殊减轻

① 高艳东:《从盗窃到侵占:许霆案的法理与规范分析》,载《中外法学》2008年第3期。

② [德]鲁道夫・冯、耶林:《法学是一门科学吗?》,李君韬译,法律出版社2010年版,第81页。

③ 张明楷:《许霆案的刑法学分析》,载《中外法学》2009年第1期。对此,高艳东教授回应:“不能为了公正量刑而变换成重罪罪名,只能变换成轻罪罪名,对该父母以‘过失致人死亡罪’处以较轻的刑罚,于法理、情理更能够为人接受。”高艳东:《量刑与定罪互动论:为了量刑公正可变换罪名》,载《现代法学》2009年第5期。不过,确实令人担忧的是,如此解释,还存在故意伤害罪(致人死亡)么? 再往前走一步,大义灭亲也许只是成立过失致人死亡罪甚至是意外事件,那司法权的脱缰真的就不是骇人听闻。

处罚后，适用普通故意伤害罪3年以上10年以下有期徒刑，只是一个结果，并不是指代故意伤害致死行为与普通的故意伤害行为是属于同一性质的类型。换言之，减轻处罚本身也是突破了罪名的法定刑，只是立法通过明确的路径指示在一个"大罪名"下选择法定刑而已。事实上，为了量刑公正，只要变换罪名的法定刑方法符合罪刑法定原则，同样具有正当性。当然如何变换法定刑才能符合罪刑法定的要求则是下面需要解决的问题。

三、以类推方法变换法定刑不违背罪刑法定原则

"量刑反制定罪"洞悉了变换法定刑的合理性与必要性，但以改变罪名的方式变换法定刑，失去了规则约束，最终导致司法权不受限制，与罪刑法定原则背道而驰①。量刑类推则不违背罪刑法定原则。世界绝大多数国家的刑法理论与实务都主张，罪刑法定的实质是为保障人权，允许有利于被告人类推是罪刑法定应有之义。不过，稍需多着笔墨的是，我国罪刑法定的表述具有"中国特色"②，有利于被告人类推是否有违反"法律明文规定为犯罪行为的，依照法律定罪处刑"之嫌?③ 其实不然。罪刑法定自诞生之日起就以反抗罪刑擅断，保障公民自由为全部内容，只强调"不定罪、不处罚"，我国罪刑法定也不应有例外④。关于"'法律明文规定为犯罪行为的，依照法律定罪处刑'完全可以理解为是'只有法律明文规定为犯罪行为的，才能依法定罪处刑'，而并非

---

① 不仅如此，"量刑反制定罪"也存在逻辑上的矛盾。就以许霆案而言，将许霆的盗窃行为认定为侵占罪，看似适用了相似罪名，但两者之间根本不"相似"。通说认为，盗窃罪与侵占罪、诈骗罪之间都是对立关系。张明楷：《犯罪之间的界限与竞合》，载《中国法学》2008年第4期。

② 我国《刑法》第3条规定："法律明文规定为犯罪行为的，依照法律定罪处刑；法律没有明文规定为犯罪行为的，不得定罪处刑。"而规定罪刑法定原则的国家大多没有前半段的表述，基本上都是采用"法无明文规定不为罪"的表达方式。

③ 例如，有观点就认为："我国刑法罪刑法定的规定，前段为积极的罪刑法定原则，后段为消极的罪刑法定原则。前段强调'法律规定为犯罪，应当依法定罪处罚'，惩罚犯罪是第一位的；而后段'法律没有规定为犯罪，不得定罪处罚'，防止刑罚权的滥用以保障人权是第二位的。"何秉松：《刑法教科书》（上卷），中国法制出版社2000年版，第63－67页。按照这一观点，有利于被告人类推明显违反了我国《刑法》第3条罪刑法定的规定。

④ 对此，有观点更进一步指出："认为我国罪刑法定首先强调要定罪要处罚，其次才是不定罪不处罚的观点，混淆了刑法的机能与罪刑法定机能之间的关系。刑法具有保护社会与保障人权的双重功能，但这是通过刑法的构成要素从多角度加以体现的。而各种构成要素则因为其内容体现的功能可能并不完全相同。就罪刑法定原则的起源、发展来看，罪刑法定之所以成为世界普遍刑法基本原则的原因在于，它保障了市民社会不受国家权力过度干预的机能。不仅如此，从罪刑法定派生出的其他原则，例如有关溯及力的原则，都是从有利于被告人角度提出的。这些都反映出一个实质问题：罪刑法定是有侧重点和偏向性的，就是'不定罪、不处罚'。我国确立了罪刑法定原则，当然不能背离罪刑法定的基本精神和价值取向。"刘宪权：《罪刑法定原则在我国60年的演进》，载《法学论坛》2009年第5期。此外，笔者以为，如果将我国罪刑法定规定的前段理解为强调'法律规定为犯罪的，必须依照法律定罪处刑'也不符合1997年以来我国刑事立法与司法实践。比如，刑事和解，就是在一定条件下的有罪不罚。

‘必须’。实为‘法无明文规定不为罪’的同义表达”①。这一观点也是立法机关的态度②。总之,有利于被告人类推并不违反我国关于罪刑法定的规定。一般认为,有利于被告人的类推是指类推适用刑法中排除违法性、有责性,减轻处罚或者免除处罚的规范③。而量刑类推旨在减免处罚,类推的是一个具体罪名,似乎有悖通说与法理。“当法律中已经有一个规范明文对于所要处理的案件设有规定,自然就不再会有类推适用其他规范的空间。”④不过,这一观点并不荒谬。从定性意义而言,的确,法律中有明文规范后,不可能存在再适用其他规范的可能。但从量刑角度来说,由于构成要件类型性下法定刑可能的“缺位”,类推其他规范量刑就具有可能性。此外,类推作为一种思维方法,不仅为法定刑的变换提供了理由,还限制了司法权可能的“任性”,更是保护了构成要件的“尊严”。

(一)有利于被告人的类推包含了量刑类推的内容

量刑类推的内容具体是指对行为虽然以 A 罪定罪,但是,类推适用与 A 罪法条存在法条竞合关系的特别法条规定的 B 罪的法定刑量刑。而类推 B 罪的法定刑量刑,是因为 B 罪的法定刑轻于 A 罪。量刑类推旨在有利于被告人,故而首先在保障刑法实质正义一面符合有利于被告人类推的精神。其次,有利于被告人类推,类推的内容是排除违法性、有责性,减轻处罚或者免除处罚的规范,而量刑类推同样类推的是排除违法性、有责性,减轻处罚或者免除刑罚的规范。特别法条与普通法条之间属于包含与被包含的关系,特别法条是在普通法条之上增加或者减少了某些要素。相对于普通法条,特别法条的法定刑变化恰恰是建立在这些增加或者减少的要素上。换言之,特别法条法定刑“减轻”的设置,是基于特别“减轻”规范的考量,尽管这一“减轻”规范并没有被立法者用文字单独加以描述,区别于刑事立法中已有的,被人们熟悉的“减轻”规范,但事实上“减轻”规范依附于特别法条减轻处罚已然客观存在,自然也属于有利于被告人类推的内容。

类推特别法条量刑看似是在类推一个犯罪构成,其实是在类推这一犯罪构成中涵盖的“减轻”规范,也是属于有利于被告人类推,是罪刑法定原则所允许的。概言之,解读特别法条的“减轻”规范,并且在对某一行为以普通法条定罪时,基于行为与特别法条具有类似性。为更好地保障人权,实现刑法正义,类推适用特别法条量刑,符合有利于被告人类推内容,是完全可行的。

---

① 陈兴良:《罪刑法定主义的逻辑展开》,载《法制与社会发展》2013 年第 3 期。

② “本条规定的罪刑法定的内容有两个方面:一方面是只有法律将某一种行为明文规定为犯罪的,才能对这种行为定罪处刑。另一方面,凡是法律对某一种行为没有规定为犯罪的,对这种行为就不能定罪判刑。”胡康生、郎胜:《中华人民共和国刑法释义》,法律出版社 2006 年版,第 4 页。

③ 周少华:《“类推”与刑法之“禁止类推”原则——一个方法论上的阐述》,载《法学研究》2004 年第 5 期。

④ [德]英格博格·普珀:《法学思维小学堂》,蔡圣伟译,北京大学出版社 2011 年版,第 91 页。

(二)量刑类推对法官自由裁量权的范围加以限制

在具体司法适用时量刑类推必须依照类推适用的论证形式,非此不得使用。类推适用,系就法律为规定之事项,此附援引与其性质相类似之规定,以为适用。乃"相类似之案件,应为相同之处理"之法理,依逻辑之三段论法推演而成。其推论公式为:M法律要件有P法律效果(大前提),S与M法律要件类似(小前提),故S亦有P法律效果(结论),苟非透过此项推论,则无法获致结论[①]。类推论证结构的关键点在于有待解决的事实与某规范之构成要件二者间存有决定性的相似性,而"相似性判断产生于法律基本思想视角下对案件情形的比较,它并非一种逻辑判断,而是一种'元逻辑的'、'价值论的',或者说'目的论的'判断。假如类推要在法律上站得住脚,就需要证明:法律没有规定的特定情形与法律已然规定的特定情形拥有一些共同要素,而法律规定恰好基于这些共同要素之上。"[②]拉伦茨在其著作《法学方法论》中更具体地指明:"类似性,它们既不在所有的方面都相同,也不绝对地不同,而必须在法律评价上决定性的观点下相互一致。类似性的判断不能仅凭逻辑学的范畴来判定,而必须历经如下三个评价性步骤:首先,要澄清法律规则所体现出来的、在评价上的决定性观点是什么;其次,进行积极的确定,即在所有这些观点上,待决案件事实与法律已规定的事实均相一致;再次,进行消极的确定,即两者间的不同之处不足以排斥同一性的法律评价。"[③]

应当说,具有类推论证形式的量刑类推具有严格的适用条件,它能够将司法权尽可能地束缚在一个具体的论证逻辑形式框架中,并且要求实质理由的支撑,是一种可靠的法适用模式。

(三)量刑类推仍然坚持了犯罪构成是不可突破的禁区

尽管有学者指出:"在当代,应当对罪刑法定予以重新定位,将其作为一种防治刑罚权力风险的安全制度。也就是,不是限制法官自由裁量权以保障公民基本权利,而是反对法官不恰当地运用自由裁量权以侵犯公民权利,僵化地坚守罪刑法定未必是保障人权的最好选择。"[④]但突破犯罪构成的方法一旦使用,长此以往,轻罪重罚就会悄悄地穿上"重罪的外衣"粉墨登场,而滥用权力的重罪轻罚也会借助"符合轻罪构成要件"获得合法性。总之,坚持犯罪构成不可逾越仍具有现实意义。

量刑类推可能面临的质疑是:变相地突破了犯罪构成,定A罪以B罪量刑的模式与直接以B罪定罪处罚并无差别,量刑类推无非是在"明修栈道,暗度陈仓"。但这一质疑并不成立。"量刑反制定罪"主张"白马非马",而量刑类推强调"白马亦马",只是

---

① 参见杨仁寿:《法学方法论》,中国政法大学出版社2013年版,第194、208页。

② 参见[德]卡尔·恩吉施:《法律思维导论》,郑永流译,法律出版社2014年版,第180页。

③ 参见[德]卡尔·拉伦茨:《法学方法论》,陈爱娥译,商务印书馆2003年版,第258页。

④ 王太宁:《历史的误读与当下的转型——费尔巴哈罪刑法定的还原与当代罪刑法定的重新定位》,载陈兴良:《刑事法评论》(第29卷),北京大学出版社2011年版,第47-49页。

"此马非彼马"。看似本质一致都是将白马剔除,但量刑类推背后体现的形式规则的制约。马是一种属性,无论如何白马属于马这一属性是基本常识不能违背,否则可能指鹿为马,贻笑大方。不过,马本身可以再次分类,单独分出灰色马。那么,"白马亦马"与"白马与灰马更接近"两者之间并不矛盾。"白马亦马"强调的意义在于常识,即形式逻辑的维护。此外,承认"白马亦马"还具有限制司法权的重要功能,先定罪确保了犯罪构成间的界限,从而保证了对司法权的基本限制功能。可以说,量刑类推是在维护了构成要件类型性的前提下追求量刑公正,与突破犯罪构成的"量刑反制定罪"根本不同。

或许还有学者质疑,现代刑法确立了相对确定法定刑,刑罚具有幅度本身也是一种定型性体现,对应着相应的犯罪构成。类推适用其他罪名的法定刑有背离刑罚幅度的定型性,突破犯罪构成的嫌疑。其实不然。如前所述,量刑类推的表象是适用其他罪名的法定刑,但事实上只是适用其他罪名中的"减轻"规范①。而"减轻"规范的类推适用并不违反刑罚幅度的定型性,因为在相对确定法定刑之外,立法也同样设置了各种"减轻"规范,这表明两者并不矛盾。此外,刑罚幅度的定型性与犯罪构成的定型性内涵并不相同,前者更多的是强调保障人权防止司法过重处罚,而后者还具有区分此罪与彼罪的功能。量刑类推为保障人权减轻处罚与刑罚幅度的定型性目的并不冲突,也不会违反犯罪构成区分罪名的功能。

综上所述,符合罪刑法定原则的量刑类推应当可以作为缓解定罪量刑冲突的一剂新良方。"父母出于大义,伤害作恶多端的儿子过失致死"的案件,按照量刑类推的方法可以由法官作出如下说理:父母的行为成立故意伤害罪(致死),应在10年以上有期徒刑、无期徒刑或者死刑的法定刑内量刑。但是,考虑到"大义灭亲"成立故意杀人罪,尚可在3年以上10年以下有期徒刑的法定刑内量刑,故意伤害致死比故意伤害的最高阶段故意杀人违法更轻,但处罚更重不合理,可类推适用故意杀人罪情节较轻的法定刑,在3年以上10年以下有期徒刑的法定刑内量刑②。

甲盗伐林木"数量特别巨大",林木价值也超过盗窃罪"数额特别巨大"标准,但由于特别法优先,只成立盗伐林木罪,处7年以上有期徒刑;而乙将已伐倒的同等数量原木盗取,构成盗窃罪,却处10年以上有期徒刑或无期徒刑。为了解决这种不协调情

① 需要再次说明的是,由于这里的"减轻"规范并没有被立法者直接用文字的方式表述,而是与"减轻"的法定刑融为一体,类推这样的"减轻"规范在表现形式上就是适用"减轻"的法定刑。但是,"减轻"规范本身并不同于"减轻"法定刑,其不具有定型性。

② 举重以明轻的逻辑推理也是类比推理的一种形式,类似性的判断更容易被人们认识和接受。此外,由于相同情形下,故意伤害致死应轻于故意杀人罪,在类推故意杀人罪情节较轻法定刑的基础上,还可以向最高人民法院申请复核特殊减轻条款,在3年以下有期徒刑量刑。

况，有学者主张适用特殊减轻条款[①]。姑且不论特殊减轻条款使用之难，就盗伐一定数量的树木，没有达到数量较大，无罪，但是盗窃等量树木，却因为价值达到了数额较大，定盗窃罪处罚，这二者冲突，适用特殊减轻条款就难以处理。其实，按照量刑类推方法，盗伐林木罪作为盗窃罪的特别法条"减轻"处罚，暗含了"减轻"规范，林木则是"减轻"的决定因素[②]。而盗窃林木与盗伐林木的情状更为类似，林木盗窃案（如盗窃已伐倒原木，实施采种、采脂、挖笋、掘根、剥树皮等行为牟利的），无论危害性，还是发生概率和规模，林业部门、森林公安等防范和补救措施，案件对普通民众受害预测和报复欲的影响，都与盗伐林木更为接近[③]。盗窃已伐倒林木的定盗窃罪，在量刑上可类推适用盗伐林木罪。如此，所谓的矛盾与不协调迎刃而解。

四、许霆案可类推信用卡诈骗罪（恶意透支）量刑

在量刑类推方法视角下，重新思考许霆案的罪与罚。许霆利用自动柜员机故障取款的行为，定性不能改变，仍然成立盗窃罪。不过，基于信用卡诈骗罪（恶意透支）包含了恶意透支型盗窃罪，许霆案的盗窃行为更类似于恶意透支型盗窃，可类推信用诈骗罪（恶意透支）量刑以解决量刑的不公。如此处理，不仅避免了特殊减轻条款适用的限制与不足，还能为许霆案的减轻处罚进一步提供了合法性与正当性依据，更是对类似许霆案的案件具有普遍适用价值。

（一）信用卡诈骗罪（恶意透支）包含了恶意透支型盗窃

恶意透支是信用卡诈骗罪中的一种类型，主要表现为两种方式：一是行为人以非法占有为目的，持信用卡通过自然人（包括银行工作人员或特约商户职员）透支，二是以非法占有为目的，在自动柜员机上透支。有学者指出："从自动柜员机上恶意透支的，由于不存在受骗者的处分行为，并不符合信用卡诈骗罪，而符合盗窃罪。"[④]确实，按

---

① 王强：《法条竞合特别关系及其处理》，载《法学研究》2012 年第 1 期。

② 有学者就盗伐林木罪为何轻于盗窃罪作了论述："盗伐林木行为与一般的盗窃行为相比，其发案率低（盗伐林木罪的发案率远远比不上普通盗窃罪的发案率）、行为实施的难度较大（要盗伐一定数目的林木并将其运走、销赃，一个人通常难以完成）、侦查机关对该类行为容易侦破（盗伐、运输、销售、隐藏林木的难度大，目标也容易识别，对被盗林木及行为人通常能够按图索骥地找到）、该类行为对公众造成的恐慌程度较低（比如，我们很容易想象自己家里或身上的 1000 块钱被人盗走与国家、集体、他人或本人的几棵大树被人盗伐给自己或公众带来的不同程度的恐慌感）等因素决定了公众对该类行为的容忍程度较高。"石溅泉、杜伟：《论盗伐林木罪与盗窃罪的关系——与张明楷教授商榷》，载《重庆文理学院学报》（社会科学版）2012 年第 1 期。

③ 王强：《法条竞合特别关系及其处理》，载《法学研究》2012 年第 1 期。

④ 张明楷：《刑法分则的解释原理》（第 2 版），中国人民大学出版社 2011 年版，第 717 - 719 页。

照当下机器不能被骗的通说观点[①],在自动柜员机上恶意透支的行为并不符合诈骗罪的构造,进而难以符合信用卡诈骗罪[②]。但是,将从自动柜员机上恶意透支的行为定盗窃罪,该当盗窃罪的构成要件却不能实现处罚均衡。具体而言,恶意透支的行为人使用的是自己真实有效的信用卡,使用时只需输入自己设置的密码和签真实姓名即可,这决定了无论是机器还是人,操作者都只需形式化地负责核对行为人输入的密码、签名与持卡人在领卡时的信息是否一致即可,两者的义务一致。至于行为人是否具有"非法占有目的",不仅机器无法识别,同样人也不可能识别。自然,通过自动柜员机恶意透支与通过人恶意透支,客观上并不存在任何可能意义上的差别,因此在应受处罚层面上也不应有区别,差别处罚不具有刑法正义。

"罪行与对之设定的刑罚之间存在着实质性的不一致,就会违反一般人的正义感。"[③]为了保障被告人的人权,可以认为信用卡诈骗罪的恶意透支包含了恶意透支型盗窃,是一种法律拟制。事实上,这一观点也在司法实务中得到了支持,最高人民检察院在关于拾得他人信用卡并在自动柜员机上使用的行为如何定性问题的批复中指出:"拾得他人信用卡并在自动柜员机上使用的行为,属于《刑法》第196条第1款第3项规定的'冒用他人信用卡'的情形,构成犯罪的,以信用卡诈骗罪追究刑事责任。"

(二)许霆案类推信用卡诈骗罪(恶意透支)量刑具有可行性

要证明许霆案可类推信用卡诈骗罪(恶意透支)量刑需要解决两个问题,一是找出恶意透支型盗窃被立法者"减轻"处罚的决定性因素,二是确立许霆的盗窃行为与之具有一致性。何为恶意透支型盗窃"减轻"处罚的决定性因素?有观点认为:"恶意透支的本质是滥用信用,侵害了信用卡发行者与持卡人之间的信赖关系,破坏了信用卡制度,妨害了利用信用卡从事正常的交易活动,故而处罚较轻。"[④]笔者并不赞同。倘若仅仅为惩罚妨害信用卡交易的行为,立法者根本无须规定以非法占有为目的、经发卡行催收仍不归还的处罚条件以及无期徒刑的法定最高刑。尽管恶意透支有破坏信用卡

---

① 尽管机器是否可以被骗仍然存有争议,但考虑到许霆案定性为盗窃也是基于机器不能被骗的原理,本文的分析建立在机器不能被骗的基础上。不过,即使认为机器可以被骗,许霆成立诈骗罪,恶意透支型信用卡诈骗罪是诈骗罪的特别法条,也不影响本文接下来的分析理路与结论。

② 有观点认为:"也许机器不能被骗,但通过自动柜员机恶意透支与机器被骗无关,定盗窃罪判断有误。无论是从银行员工、特约商户或者自动柜员机恶意透支,行为人都是违背了领卡时对发卡银行的概括性承诺,而发卡行是基于概括性承诺认识错误而处分了财产,因此在自动柜员机上恶意透支符合诈骗构造。"参见周铭川:《论恶意透支型信用卡诈骗罪的本质》,载《东方法学》2013年第5期。对此,笔者并不赞同。"发卡银行概括性的财产处分"并不等同于"发卡行遭受损失,行为人取得现金",银行概括性处分的是账户上的数字,只是持卡人享有的债权,而持卡人并不对现金享有物权。正如拾得他人遗忘的信用卡,即便信用卡上有姓名与密码,也不等同于拾取人占有了信用卡背后的现金。因为只要拾取人不去取款或者使用,就不可能导致信用卡主人财产上的损失。

③ [美]E.博登海默:《法理学:法律哲学与法律方法》,邓正来译,中国政法大学出版社1999年版,第287页。

④ 参见刘明祥:《财产犯罪比较研究》,中国政法大学出版社2001年版,第265页。

制度的一面,但其实质仍然是侵犯财产权的犯罪[①]。与普通盗窃罪相比,恶意透支型盗窃,在侵害的法益、有责性等层面并无明显区别。唯一不同在于行为方式上的差异。恶意透支型盗窃的行为人盗窃时使用的是自己真实有效的信用卡,这决定了盗窃事实、行为人信息会被被害人(银行)准确记录,被害人(银行)也必然会发现受害事实和加害人。简言之,恶意透支盗窃具有"身份公开"与"犯罪事实"公开的双重"公开性"。而"公开性"是否是恶意透支盗窃"减轻"处罚的"减轻"规范?回答是肯定的。通说认为,较于其他财产犯罪,普通盗窃罪法定刑设置重在于,"首先,盗窃罪发生的概率高、破案率低、难以防范,国民具有强烈的受害预测性,由此报复欲强。其次,对社会秩序的震动性大、严重影响人们平稳的生活、伦理道德非难程度高。最后,依赖刑法救济的可能性极低。"[②]而恶意透支型盗窃的"公开性"特征恰恰与普通盗窃"重处罚"的考量因素完全背离,"减轻"处罚是应有之义。

此外,从法经济学的视角而言,刑罚的威慑效果相当于惩罚严厉程度与抓获概率的乘积。在不考虑其他因素下,较之"暗偷","明偷"会使罪犯更容易被抓获,因而,即使降低对"明偷"罪犯的惩罚严厉程度,刑罚的威慑效果仍然能够保持稳定。换一个角度而言,如果两者处罚一致,潜在的罪犯就会更多地采取"暗偷"方式降低作案风险。相反区别对待,既不会增加犯罪数量,也可减少惩罚成本[③]。恶意透支型盗窃不仅是"明偷",犯罪人的姓名、身份证号、联系方式、家庭住址、工作单位等等信息对于被害人都是真实公开的。换言之,这其实决定了在警方介入之前,作为被害人的银行完全能够独立"破案",而且破案率几乎可以高达100%,"减轻"处罚是必然结论。如此,可以肯定"公开性"是恶意透支型盗窃被立法者"减轻"处罚的决定性观点。

许霆案是否具有盗窃"公开性"的一致性?回答是肯定的。许霆使用自己合法办理的真实有效的银行卡,利用自动柜员机故障在自动柜员机上取钱,盗窃行为具有被监控录像与自动柜员机记录的特征。虽然自动柜员机记录有误,但这并不影响银行必然会发现受害事实以及加害人[④]。换言之,许霆的盗窃行为完全具有"公开性"特征。因此,许霆利用自动柜员机故障的盗窃与恶意透支型盗窃具有类似性,可类推信用卡诈骗罪(恶意透支)量刑。

---

① 张明楷:《诈骗罪与金融诈骗罪研究》,清华大学出版社2006年版,第655页。

② 高艳东:《从盗窃到侵占:许霆案的法理与规范分析》,载《中外法学》2008年第3期。

③ 桑本谦:《传统刑法学理论的尴尬(Ⅰ)——面对许霆案》,载《广东商学院学报》2009年第5期。

④ 虽然自动柜员机故障的"错误"记录与恶意透支的"正确"记录不同,但这只是形式上的差别。对于银行而言,发现自己遭受损失、具体损失多少以及是加害人是谁都是必然的,许霆恶意取款两天后即被银行发现并准确确认了损失金额以及取款人就是最好的证明。

(三)许霆案类推信用卡诈骗罪(恶意透支)量刑更具合理性

如前所述,许霆案适用特殊减轻条款减轻处罚,不仅违背了动用特殊减轻条款的规则,还具有复杂的程序限制。其实,许霆究竟应不应该减轻处罚本身也并非不存在争议。有观点就认为:“许霆不具备相关法定刑减轻处罚情节的情况下,对许霆适用特别减轻处罚规定,将一审判决的无期徒刑改为5年有期徒刑的做法值得反思。”[①]还有观点提出:“倘若许霆案成立盗窃罪,许霆就存在多个足以构成‘从重量刑’的情节,法院不仅不应减轻处罚,反而应当从重处罚。无期徒刑的量刑就是轻了。”[②]对于为什么改判5年有期徒刑而不是其他,也同样存有疑虑。有学者就主张:“改判为5年有期徒刑的量刑显然过轻,依法判处10年左右的有期徒刑也许更为适当。”[③]对于这些质疑,适用特殊减轻条款的观点也难以回答。类推信用卡诈骗罪(恶意透支)量刑的方法可以合理地解决上述问题。第一,避开特殊减轻条款自然也就不存在适用特殊减轻条款的诸多不足;第二,类推方法的使用本身提供了减轻处罚的原因;第三;在信用卡诈骗罪(恶意透支)的法定刑内量刑,可以合理处置许霆案的量刑情节,也能为具体刑期的确立提供依据。

此外,类推信用卡诈骗罪(恶意透支)量刑还对类似许霆案件具有普遍适用的价值。设想,许霆利用自动柜员机故障,一时贪念,取得数额巨大以上钱款后,后因害怕又全额返还钱款,如果定盗窃罪只能是既遂,还款的行为只能视为积极退赃,作为从轻情节考量。恐怕如此案件即便是适用特殊减轻,也无法得到社会公众的认同。难道要等这类案件真的发生,再去寻找“无罪”的解决方案?个案的处理必须具有普遍使用性,否则也只是“头痛医头,脚痛医脚”的权宜之策。“只有遵循原则才能维续自由,而奉行权宜之策会摧毁自由。”[④]遵循量刑类推信用卡诈骗罪(恶意透支)就可以处理上述案件,恶意透支要求经发卡银行催收后仍不归还才予以处罚,许霆在银行尚未催收前返还钱款的,不处罚。总之,量刑类推方法相比特殊条款的适用更加具有合理性。

五、结语

正义不仅应得到实现,而且要以人们看得见的方式加以实现。量刑类推不仅维护了罪刑法定原则——先定罪,还从“法治也包含这样的准则,即对类似的案件用类似的

① 钱叶六:《期待可能性理论的引入及限定性适用》,载《法学研究》2015年第6期。

② 陈瑞华:《脱缰的野马:从许霆案看法院的自由裁量权》,载《中外法学》2009年第1期。

③ 赵秉志、彭新林:《关于许霆案件的法理问题思考》,载赵秉志主编:《刑法论丛》第14卷,法律出版社2008年版,第275页。

④ [英]弗里德利希·冯·哈耶克:《法律、立法与自由》(第1卷),邓正来、张守东、李静冰译,中国大百科全书出版社2000年版,第88页。

方法来处理。如果不遵守这个准则,人们就不能按照规章来管理自己的行动”[①]的正义需要出发,立足刑法文本,追求了量刑公正。更重要的是,这一方法基于类似性获得了“减轻”处罚的当然理由,根据立法与司法解释明确了量刑幅度,方便了司法权的同时也限制了司法权。当然,量刑类推解决不了所有量刑过重的情形,还可能会面临很多的批评。如何尽可能地缓解定罪量刑的冲突以保障人权,是一个永恒的课题。不过,笔者认为,重要的是思维与习惯的开始!如果,它不被使用,下一个许霆案仍会出现。

① [美]约翰·罗尔斯:《正义论》,谢延光译,上海译文出版社1991年版,第259页。

民事裁判中目的解释规则运用之实证研究*

——以济南中院民事裁判个案为例

吕　芳**

摘　要:法律解释学视域中的目的解释规则,是解释规则体系的重要组成部分,它所对应的是法律解释方法中的目的解释法。在传统法律解释理论中,受制于“文义解释优先”的共识,目的解释方法及其规则的运用是有条件限制的,然而,“有何限制”,“如何运用”,诸如此类问题,目前在法律职业共同体中,尤其是在理论研究和实践运用的两个层面,并未实现完美沟通并达成共识。基于此,本文尝试一种新的研究进路,从选取的一个个案中,通过定性研究的方法,透视民事审判实践中法官对“目的解释规则”的具体运用,并在此基础上,梳理出基于实践运用的“目的解释规则”体系,以供参考。

关键词:目的解释规则;运用;定性研究;实证研究

目的解释规则在法律解释规则体系中的位置与目的解释方法在法律解释方法体系中的位置相一致。因此,至少可以得出这样几点共识:其一,一般而言,除非有充足的理由,目的解释规则的适用不能突破“文义解释优先”的限制;其二,目的解释规则的适用在不同的部门法中会有不同的表现,这与部门法的基本原则,有或多或少的关联。

---

* 基金项目:本文系山东省社会科学规划研究项目“司法公正语境中的法律解释规则研究”(项目编号:14DFXJ04)和教育部项目人文社会科学研究项目“法律适用中的解释规则研究——基于中美法律解释规则的比较”(项目编号:15YJC820039)的阶段性研究成果。

** 吕芳,女,湖北宜昌人,山东大学(威海)法学院博士生,山东师范大学法学院副教授,研究方向为法律方法、法社会学。

一、目的解释规则:法律方法视域中旧术语的新解读

(一)法律解释规则:目的解释规则的上位概念

国内法学研究使用“法律解释规则”的用语并不鲜见,但学者们对其使用的语境决定了他们对“法律解释规则”含义理解的差别①。

我们可以发现,在国内使用“法律解释规则”的概念作为表达形式的各类学说中,学者们基于理论证成的需要,会对“法律解释规则”进行不同角度的解读。有的会作广义的解释,比如“准则说”;有的则倾向于狭义的限定,比如“解释方法运用规范说”;有的关注的是“法律解释规则”功能的实质,比如“‘思维规则和职业道德守则’说”;有的关注的则是“法律解释规则”的具体操作,比如“运用顺位说”。有学者坚持将“法律解释规则”作为“法律方法论”及“法律解释学”的重要领域,秉承语境限制的一致性,还有学者则将“法律解释规则”纳入传统法理学之“法律解释体系”的研究框架中,对“法律解释”作了包含立法解释在内的广义阐释。诚然,在某种意义上,概念的定义本来就是多元化的,解释者不同,对概念的诠释自然会有所差异。但如果我们要讨论一个新事物,构建用来指称它的概念及其内涵,那么,我们就要确保得出一个领域内大多数研究者认同的定义,因为“只有语言交流的参与者具有共同的理解水平,词语(概念)的使用才是有意义的”。

如上,我们分别从多个层次讨论了一些学者正在使用的“法律解释规则”的定义,但从体系②(整体)上来看,本文有着一以贯之的定义立场:“法律解释规则”应当被理解为“法律适用过程中,操作具体法律解释方法,以及综合运用不同法律解释方法时应当遵循的基本思维准则”。

这一定义表明:首先,在理论渊源上,“法律解释规则”应当隶属于法律方法论中的“法律解释学”,它仅指司法适用过程中的“法律解释”,而不包括“立法解释”。其次,在内容架构上,“法律解释规则”具有二元性。一方面,它是指各个法律解释方法的具体操作规范,如文义解释的“同一解释规则”,另一方面,它也指在综合运用“法律解释方法”时,对不同方法运用顺位的选择。最后,“法律解释规则”在属性上应当界定为“思维规则”,它仅对法律解释共同体,尤其法官的法律解释具有规劝性,而无法实现如“上位法优于下位法”那样的“法律规则”③的强制力。

---

① 参见吕芳:《“法律解释规则”:概念解读与用语辨析》,载陈金钊、谢晖主编:《法律方法》(第15卷),山东人民出版社2014年版,第160页。

② 这里用“体系”是在借用“体系解释方法”中的表述。研究法律解释学出现的一个很有趣的现象就是,当我们讨论如何解释文本时,我们用来呈现讨论结果的文本,也面临着被解释的可能。

③ 法律的效力位阶问题在《立法法》中有明文规定,因此,它属于法律(制度)规则,具有强制力。

(二)目的解释规则:基于上位概念共识的新解读

作为法律解释规则体系中的重要元素,同时也是“法律解释规则”的下位概念,对目的解释规则的解读也需要秉承前文的基本思路。

故而,在本研究中,目的解释规则是指司法场域内的“目的解释”,而不是指代任何纯粹的立法过程中,或者立法释义阶段的“目的解释”。此外,“目的解释规则”本身也是一套规则体系,这套规则虽然并不如传统法理学中对作为制度规则的“法律规则”那样构成严格,但它至少也包含了“何时能启用”(前提性要件)、“解释何种目的”(主体性要件),以及“如何更好地适用”(提升性要件)等系列内容。

最后,从效果上来讲,目的解释规则的构成更多的是基于法律解释共同体在思维规则上取得的共识,而不是某种类似制度规则的“权威者的命令”。在这个意义上讲,“目的解释方法”作为实然层面的运用,会因为主体的差异性而千差万别,但“目的解释规则”反倒因为应然层面的存在,为理性规则的构建留下更多空间。

二、济南中院民事裁判个案:样本选择的标准及其合理性

实证研究中,样本的选择异常重要。对于定量研究而言,它“侧重计算和统计学分析……从个别现象出发。将个别现象加以概念化以便归纳出一般性的描述或以此检验因果假设”,对于定性研究而言,“研究者通常集中在一个或若干个案例上,通过集中访谈或对历史资料的深入分析开展研究。尽管依靠的案例有限,它依然可以从这些有限的资源中挖掘出大量信息”①。

(一)样本选择的标准确定

本文选择的研究方法主要是定性研究。本文并无意去解决诸如“济南市中院法官对目的解释规则适用的偏好度”,或者“济南市中院民事审判中目的解释规则适用的频率”等问题,因为在这些数据统计的背后,预设的问题是“法官在(民事)审判实践中对目的解释规则运用得如何”,而不是本文实际想要解决的“法官在(民事)审判实践中对目的解释规则是如何运用”。前者是要通过样本分析,回答“目的解释规则”运用的结(效)果,后者选取样本,则是要揭示“法官在(民事)审判实践中对目的解释规则运用”的过程。

与定性研究有关的另一个问题是,基于“定性”与“定量”研究对样本选择的要求的差异性,本文的研究路径“样本选择”—“样本分析”—“理论提炼”决定了在样本选择时,标准的重点是“法官在(民事)审判实践中对目的解释规则实际运用”的事实,而

① [美]加里·金、罗伯特·基欧汉、悉尼·维巴:《社会科学中的研究设计》,陈硕译,上海人民出版社2014年版,第2页。

不是该"事实"在样本所在区域,甚至更广泛区域是否具有"代表性"。也就是说,只要所选择样本中,能够反映出法官在民事审判实践中对目的解释规则的实际运用,那么,这样的样本就可以用来作为本题研究的对象,继而庖丁解牛,细致剖析出法官在民事审判实践中运用"目的解释规则"的过程。

(二)样本选择的合理性

综上,本题选取了济南中院的相关案例作为研究的样本。所选案例有几个特点:首先,样本案例是民事审判的案例。目的解释规则的语境有两种:一种是特指"合同目的"的解释规则,意思是在合同解释过程中,如果出现合同条款理解的歧义,则应该按照"符合合同目的"的含义来解释。另一种则是指"立法目的"的解释规则,意思是在法律解释过程中,如果对法律规则的理解发生歧义,应该按照"符合立法目的"的含义来解释。本文所设置的概念语境是后者;只是需要强调的是,如前所述,目的解释规则毕竟在不同部门法的适用会出现不同的情景,因此,本研究主要限定在民事审判中。其次,本研究选取的样本主要是来自济南中院的案例。除了考虑到样本搜集的便利性以外①,选取济南中院的案例还基于以下几种考虑:一是按照管辖权的设置,中院审理的案件在一审、二审案件类型上相对于基层法院和高院有更加均衡的分布,便于相对全面地获取"目的解释规则"的关联样本。二是济南中院在法官的法律方法素养培训方面,有着相比较而言的出色表现。这不仅得益于部分法官的学术背景,还得益于该院法官在法官培训时对法律方法训练的自觉。

三、案说目的解释规则:目的解释规则的实践运用个案评析

(一)案情简介

2006 年 5 月 30 日,原告山东省国际信托有限公司与被告山东永丰纸业有限公司签订借款合同,约定被告向原告借款 500 万元,期限一年。同日又签订质押合同,约定被告以其所有的山东鲁信国际物流城有限公司(简称鲁信物流城公司)15% 的股权作质押。合同签订后原告发放了贷款,但被告不按约定还款。原告遂起诉至历下区人民法院,要求判令被告偿还所欠原告贷款本金、利息,利息计算截至 2008 年 3 月 21 日。后原告于 2008 年 8 月 4 日变更诉讼请求,要求利息计算至被告还款之日止,判决原告对被告用作质押的山东鲁信国际物流城有限公司 15% 的股权享有的质押权合法有效,原告有权就该股权优先受偿。历下区人民法院于 2008 年 8 月 28 日作出(2008)历民

① 本题中的案例搜集采用了两种方式,一种是实地调研,现场搜集,一种是利用裁判文书公开的契机,从裁判文书网上下载文书。两种方式各有利弊,实地调研能够在搜集案例的同时,与承办案件的法官有更深入的交流,弥补单纯的裁判文书受修辞及篇幅所限,不能充分表达裁判思维的缺憾。

初字第1602号民事判决,已经发生法律效力。2010年6月25日,第三人沂州典当公司向济南中院申请再审。济南中院于2011年2月22日作出(2010)济民提字第62号民事裁定,撤销济南市历下区人民法院(2008)历民初字第1602号民事判决,发回济南市历下区人民法院重审。济南市历下区人民法院重审后作出(2011)历民再初字第13号民事判决①,山东省国际信托有限公司不服,上诉至济南中院。

济南市历下区人民法院(2011)历民再初字第13号民事判决查明,原被告签订质押合同,约定被告以其所有的鲁信物流城公司15%的股权作质押,股权质押内容记载于鲁信物流城公司股东名册中,但未到工商行政管理机关进行登记。合同签订后原告发放了贷款,但被告未按约定还款。2006年11月20日,被告又向第三人沂州典当公司典当借款350万元,约定2006年12月19日偿还,借款到期后被告未履行还款义务。2007年6月6日,第三人向临沂市河东区人民法院起诉,要求被告清偿欠款350万元,并申请保全被告财产。2007年6月7日,临沂市河东区人民法院作出(2007)河民初字第3011号裁定书,查封被告在鲁信物流城公司400万元股份。2007年7月23日,经临沂市河东区人民法院调解,双方达成调解协议,被告同意于2007年10月23日前分批履行还款义务。2007年8月,申请人向临沂市河东区人民法院申请执行。2008年5月,原告向济南市历下区人民法院提起诉讼,该院作出(2008)历民初字第1602号民事判决,判决被告偿还原告本金、利息、逾期罚息,并对被告以其所有的鲁信物流城公司15%的股权享有质押优先受偿权。2008年11月,原告向临沂市河东区人民法院提出执行异议,要求优先受偿。2009年5月,临沂市河东区人民法院驳回其执行异议。原告于2009年7月向临沂市中级人民法院提请执行复议,临沂市中级人民法院裁定予以支持。2010年6月,第三人向济南市中级人民法院提起再审,济南市中级人民法院于2011年2月22日作出(2010)济民提字第62号民事裁定,撤销历下区法院作出的(2008)历民初字第1602号民事判决,将本案发回该院重审。

济南市中院再审查明,2006年5月30日,永丰公司(甲方)与山东国托(乙方)签订的股权质押合同第4条约定,甲方应在本合同订立后10日内就质押事宜征得鲁信物流城公司董事会议同意,并将出质股份于股东名册上办理登记手续,将股权证书移交给乙方保管;第12条约定,本合同经甲乙双方法定代表人或授权代理人签字、加盖单位公章并自股权出质登记之日起生效。山东国托主张上述两条约定相一致,所谓"登记"是指出质事宜记载于股东名册,质押合同生效,质押权成立生效,不需在工商机

① 济南市市历下区人民法院于2013年4月17日作出(2011)历民再初字第13号民事判决:(1)被告偿还原告借款本金500万元;(2)被告支付原告利息(自2006年5月30日起至2007年5月29日以借款500万元为基数,按年利率11.5%计算);(3)被告支付原告逾期罚息(自2007年5月30日起至被告还款之日止以借款500万元为基数,按年利率14.95%计算);(4)驳回原告其他诉讼请求。案件受理费61440元由被告负担。

关办理登记手续，永丰公司与沂州典当公司均主张上述两条约定相一致，“登记”是指到工商部门办理登记手续，将记载质押事项的股东名册交付或备案于工商部门，涉讼质押合同未生效，质押权不成立，山东国托未取得质押权。同时，上诉人山东国托主张，就涉讼股份出质记载于股东名册之后，上诉人去工商部门询问过，股东名册在工商部门有备案，但当时在工商部门登记栏目中本来就没有出质事宜这一项，永丰公司与沂州典当公司均称未到工商部门询问过①。

（二）本案裁判中法官对目的解释规则的具体运用

从所经历的司法程序来讲，本案先后经历再审、二审、执行异议、执行复议等阶段，且涉及第三人，是一个相对复杂的案例样本。但就案件事实以及当事人的诉讼请求来看，本案的争议焦点还算清晰，主要表现为“作为原告的山东省国际信托有限公司是否取得涉讼股份质押权，以及能否就约定质押股份享有优先受偿权”。围绕这一焦点，目的解释方法被选择适用，法官的判决说理，也充分展现了其运用该解释方法的过程。

1.《历下区人民法院（2011）历民再初字第 13 号民事判决》（以下简称《13 号判决》）中的目的解释规则运用

作为本案再审时的一审阶段，《13 号判决》在解决“作为原告的山东省国际信托有限公司是否取得涉讼股份质押权，以及能否就约定质押股份享有优先受偿权”这一争议焦点时，运用到了目的解释规则。

历下区人民法院在该判决中写道：

《担保法》第 78 条第 3 款规定：“以有限责任公司的股份出质的，适用公司法股份转让的有关规定。质押合同自股份出质记载于股东名册之日起生效。”原、被告签订的《股权质押合同》第 12 条约定“本合同自股权出质登记之日起生效”，而非记载于股东名册之日起生效。“记载”与“登记”是两种不同的法律行为，对于该质押合同的生效认定，双方签订的《股权质押合同》中采用了比《担保法》中的“记载”行为法律效力更高的“登记”行为。根据原告提供的证据《山东鲁信国际物流城有限公司股东名册》，原、被告双方对出质事项在股东名册上进行了记载。但该记载只对公司内部股东具有效力，第三人无从知晓，不具有对外效力。《股权质押合同》作为合同，只需要合同双方的合意，且不违反法律的强制性规定即可生效。但合同的权利义务只及于合同签订双方，不能影响善意第三人的权利。同时，质押权不同于《股权质押合同》，不因《股权质押合同》的生效而当然生效，质押权的生效还需要符合相应的法律规定。股权质押的设立时间为 2006 年 5 月 30 日，在 2006 年 1 月 1 日《公司法》施行之后，2007 年 10 月 1 日《物权法》施行之前，该股权质押的设立应符合《公司法》关于股权转让的法定要求。

① 参见山东省济南市中级人民法院民事判决书（2013）济民再字第 69 号。

《公司法》第33条第2款和第3款规定:“记载于股东名册的股东,可以依股东名册主张行使股东权利。公司应当将股东的姓名或者名称及其出资额向公司登记机关登记;登记事项发生变更的,应当办理变更登记。未经登记或者变更登记的,不得对抗第三人。”该条法律虽未将股权质押明确列为必须向公司登记机关登记的事项,但依据立法目的,股权质押只有经过登记,具有能够为公众所知晓的外部形式,才能使公众对公司的股权变动知悉,才能保护第三人的合法权益,促进交易的进行。本案中由于股东名册只在公司内部保存,不具有公示性,作为善意第三人,对其记载内容无从知晓,因此该质押权不应具有对抗善意第三人的效力。

从上述裁判理由中可以看到,本判决中目的解释方法的运用有几个特点:

首先,本案中所阐释的立法目的并非出自《担保法》,而是《公司法》。本判决援引的裁判依据是《公司法》第33条第2、3款,该款规定了“须向登记机关登记的事项”,其中未含“股权质押”,即从文义上没有证成“股权质押须登记生效”的规定。但此时,法官选择进行“目的解释”,从《公司法》中推导立法目的,以论证“股权质押非经登记不能生效”的合理性。

其次,启动法官的目的解释方法运用的关键点是原被告双方签订的合同条款。经审理查明,原、被告签订的《股权质押合同》第12条约定的是“本合同自股权出质登记之日起生效”,也就是说,作出本判决的法官是基于对合同条款的“文义解释”,认定“股权质押非经登记不能生效”。

2.《济南市中级人民法院(2013)济民再字第69号民事判决》(以下简称《69号判决》)中的目的解释规则运用

本案再审上诉至济南中院。围绕同一争议焦点,原审原告山东省国际信托有限公司首先提出主张:

上诉人已将股权出质事项记载于股东名册上,质押合同生效,质押权也生效,具备优先受偿的效力。原审判决认为《担保法》第78条第3款是指适用现行《公司法》,错误地扩大了立法目的的解释。

济南中院审理后,作出判决,认为:

本案争议的焦点问题为,山东国托是否取得涉讼股份质押权,能否就约定质押股份享有优先受偿权。涉讼2006年5月30日质押合同第12条约定,合同经永丰公司与山东国托的法定代表人或授权代理人签字、加盖单位公章并自股权出质登记之日起生效,当事人均认可该条与质押合同第4条约定“出质人永丰公司应在本合同订立后10日内就质押事宜征得鲁信物流城公司董事会议同意,并将出质股份于股东名册上办理登记手续,证书移交给乙方保管”相一致,上述一致约定中对股权质押事项办理“登记”

就是在股东名册上办理记载手续，并未表述为在工商部门办理登记，该约定事宜符合《担保法》第78条第3款“以有限责任公司的股权出质，适用公司法股权转让的有关规定，质押合同自股份出质记载于股东名册之日起生效”的规定，涉讼股权质押合同有效。以有限公司的股份出质，系设定担保事宜，并非必然引起股份转让的法律后果，原来及现行《公司法》对股份转让事宜在工商部门办理登记手续进行了强制性规范，对股份出质是否必须在工商部门办理登记手续未作强制性规范。因而，涉讼股权质押合同成立生效，质押事项已记载于股东名册，质押权依约成立并生效，山东国托请求就永丰公司出质的股份享有优先受偿权，应予支持。

在上述《69号判决》中，有关目的解释规则的运用，当事人和主审法官呈现截然不同的态度：一方面，当事人之一原审原告山东省国际信托有限公司针对《13号判决》，提出其判决“错误地扩大了立法目的”的主张；另一方面，作为主审法官，于《69号判决》的判决说理部分，却并没有提及任何有关“立法目的”的问题，而是采用了文义解释的方法论证其裁判理由。从某种意义上讲，二审时回避“目的解释”的问题，本身也涉及了“目的解释规则”的适用，只不过，从其中能解读出来的是目的解释运用的反面，即“何时方能（不）适用目的解释”。

（三）对本案中法官运用目的解释规则的评析

如上，本研究选取了济南中院审理的一起再审二审案件，作为剖析民事裁判中目的解释规则适用研究的范本。需要再次强调的是，本研究的研究性质——定性研究，决定了研究初始选择体现了“目的解释规则”运用过程的案例作为样本，而不是在裁判方法上堪称“权威”的指导性案例来论证“目的解释规则”应当如何；这一点不仅决定着本题样本选择的科学合理性，还同时决定着本题最终结论的可接受性。此外，本题在实证研究部分的正式阐述之前，花费了大量精力来梳理、辨析“目的法律解释规则”的应有之义，无外乎是要阐明，目的解释方法的适用是相对主观的，因为作为工具的“解释方法”，其具体运用还是受制于主体。“目的解释规则”却不同，因为它蕴含着法律人对“目的解释方法如何具体运用”的共识，尽管这种共识由于对应研究的稀缺，还没有完全形成。基于此，才会出现文章里多处“目的解释方法”和“目的解释规则”适用的混同，至少表面上看起来是如此，尽管实际上却是根据具体语境所作的刻意区分。同时，也是基于此，才有了此处基于“应然”与“实然”两分前提的，对本案中法官运用（也包含了再审二审时，法官的不运用）目的解释规则的点评，以及下文对“目的解释规则的运用应当如何”的展望。

1.《13号判决》中的目的解释规则运用评析

《13号判决》中首先运用了目的解释规则。该判决中，法官运用该规则的逻辑构成是这样的：

合同约定"本合同自股权出质登记之日起生效"。《公司法》第33条第2款和第3款规定"股东的姓名或者名称及其出资额向公司登记机关登记,方可对抗第三人"。《公司法》虽没有明文规定,但依照《公司法》的"立法目的",股权质押经登记方生效。

检视该逻辑,可以发现如下问题:

其一,合同约定"本合同自股权出质登记之日起生效",以此作为本案裁判的逻辑起点,但对该约定的解释是否准确?

合同解释与法律解释一样,也要遵循"文义解释优先"的原则,除非有证据证明解释错误,否则应该以最符合大多数人理解的文义来解释,本案中最先要解决的问题就是此。但从再审审理查明的事实来看,原被告双方在合同中约定的"登记",并非向登记机关登记,而是"将出质股份于股东名册上(办理)登记(手续)"①,这是运用文义解释之后解释出来的结果。

其二,法官以《公司法》没有明文规定"股权质押系必备登记事项"为由,推断《公司法》立法目的,认为依据此可得出"股权质押非经登记不生效"是否合理?

这一问题的解决相对于前一问题要更加复杂。这主要是因为,《公司法》的确没有明文规定"股权质押属于必备登记事项",但这种没有明文规定,是否足以启动"目的解释",以及如何确定《公司法》的"立法目的"等等,都较难回答。

实际上,严格讲来,此处"目的解释规则"的适用是有风险的。一方面,《公司法》作为商法部门法,具有很强的技术性,由此就带来了强制性条款的解释规则问题。换句话来说,在对《公司法》的技术性条款进行解释时,应该更加坚持"文义优先",坚持"明示其一,排除其他"。本案中法官适用的《公司法》第33条第2款、第3款中,均没有载明"股权质押"属于公司的必备登记事项,此时贸然决定适用"目的解释",略显不当。另一方面,法院主张依据《公司法》的目的,"股权质押经登记方生效",才能保障第三人的合法权益,促进交易的进行,这样的解读是否成立?我们通常理解的"目的解释"规则的适用,一定是在按照文义解释会得出与立法目的背道而驰的解释后果时,才启动的。那么,"股权质押不经登记也能生效"是否就会触犯《公司法》的立法目的,触犯的

① 济南中院经审理查明,2006年5月30日,永丰公司(甲方)与山东国托(乙方)签订的股权质押合同第四条约定,甲方应在本合同订立后10日内就质押事宜征得鲁信物流城公司董事会议同意,并将出质股份于股东名册上办理登记手续,将股权证书移交给乙方保管;第12条约定,本合同经甲乙双方法定代表人或授权代理人签字、加盖单位公章并自股权出质登记之日起生效。山东国托主张上述两条约定相一致,所谓"登记"是指出质事宜记载于股东名册,质押合同生效,质押权成立生效,不需在工商机关办理登记手续,永丰公司与沂州典当公司均主张上述两条约定相一致,"登记"是指到工商部门办理登记手续,将记载质押事项的股东名册交付或备案于工商部门,涉讼质押合同未生效,质押权不成立,山东国托未取得质押权。

又是什么样的立法目的呢?《公司法》(2006 年修订版)第 1 条规定:“为了规范公司的组织和行为,保护公司、股东和债权人的合法权益,维护社会经济秩序,促进社会主义市场经济的发展,制定本法。”这样的文义表达,并不能得出“保障第三人的合法权益,促进交易的进行”的立法目的,据此认定“股权质押经登记方生效”,更显得论理不足。

综上,《13 号判决》中对于目的解释规则运用的前提问题认识不足:无论是对合同条款解释争议的处理,还是对法律适用,何时适用目的解释,以及如何确定立法目的的认定都过于草率,因此,本次判决中的“目的解释规则适用”,具有更强的示警而非示范意义。这也将引发我们对“目的解释规则的运用应当如何”的深入思考。

2.《69 号判决》中的目的解释规则运用评析

《69 号判决》中有关目的解释的运用部分体现在两处,一处是原审原告山东省国际信托有限公司认为《13 号判决》“错误地扩大了立法目的”,另一处则是中院主审法官的“未适用”目的解释规则。

原审原告在上诉时称,《13 号判决》“错误地扩大了立法目的”,这是对该判决以《公司法》立法目的为由,认定“股权质押非经登记不能生效”的反驳,也为《69 号判决》济南中院的最终裁判理由提供了参考。

与《13 号判决》以及原审原告的上诉理由不同的是,《69 号判决》中,法官并没有直接回应原审原告对原审判决中立法目的的论证是否合理,也没有再次以“立法目的”及其解释为据阐述裁判理由。相反,其裁判思路依旧是从原被告双方的合同文本出发,明确合同约定中“本合同自股权出质登记之日起生效”的“登记”文义,从而避免了对“立法目的”的擅断。

如前文所述,“目的解释规则”与“目的解释方法”不同,除去概念上可以分辨的差异以外,在本文中二者最关键的区别还是在于“应然”与“实然”的界分,不同的主体会运用不同的“目的解释方法”,但我们力求达成共识的“目的解释规则”却强调“方法”运用过程中更多的科学性和一致性。

因此,在《69 号判决》中,法官对目的解释方法启用的谨慎,恰恰证明了其对“目的解释规则”中原则性前提的认知和自觉。换句话来说,“何时不运用目的解释规则”本身就是“目的解释规则”的应有之义。在这个意义上,《69 号判决》的裁判思路与解释方法是值得肯定的。

四、目的解释规则的运用应当如何

从历史渊源的角度讲,目的解释方法及其规则理论的产生,一方面在理论上受到了以耶林为代表的目的法学的深远影响,“每条法律规则的产生都源于某种目的”[①],法律规则不外为此目的而制定。另一方面,在司法实践层面,也得益于发端英国的除弊规则(Mischief Rule)的推动:它鲜明地回应了在普通法系,成文法如何弥补传统普通法的漏洞,而法官又该如何发现并实现成文法的这种“目的”的系列问题[②]。正是在此基础上,目的解释论看到了存在于文义解释效果的局限性,从而尝试转向立法目的寻找解释结果,以此克服文义解释可能导致的“解释不能”、“解释无效”、“断章取义”等,最大限度地维护法律体系的稳定。

不得不说,在现代社会,目的解释论的流行,契合了政治国家兴起的时代背景,较好地解决了在“立法中心”的国家治理理论立场下,法律体系和法律秩序的稳定性需求。但如同经典的“文义解释”在后立法时代会遭遇“目的解释”方法和规则的挑战一样,目的解释论也有必要进一步细化、澄清,并加以适当限制。

如前所述,在本研究中,目的解释规则是指司法场域内的“目的解释”,而不是指代任何立法过程中,或者立法释义阶段的“目的解释”。此外,“目的解释规则”本身也是一套规则体系,这套规则虽然并不如传统法理学中对作为制度规则的“法律规则”那样构成严格,但它至少也包含了“何时能启用”(前提性要件)、“解释何种目的”(主体性要件),以及“如何更好地适用”(提升性要件)等系列内容。

(一)何时能启用:目的解释规则适用的前提性要件

目的解释规则的适用都是有条件限制的。只有当法律文本的文义解释不足以明确文本含义,或者其解释出来的含义与立法目的明显不符,以至于出现“荒谬”结论时,才能考虑目的解释规则的适用。这种适用前提的限制性规定,主要还是基于对文义解释等其他解释规则所具有的解释效力的尊重,也假定了在立法过程中,立法目的能被科学合理地体现在法律文本里,并通过对文本的文义解释来实现。

值得注意的是,从立法技术上讲,在立法者创制法律时,是有可能对某些事项有意“留白”,以便应对社会的变化发展的。因此,如果法律条文对某一事项不作规定的,除非有可接受的反证,否则,就应该理解成是立法者的“有意沉默”,而停止目的性扩充[③]。如《13号判决》中援引的《公司法》第33条第2、3款,即是忽略了法律,尤其是技术性条款中的“留白”,这也是前文所述,要处理好“明示其一、排除其他”与“目的解释规则”适用的协调性问题。

---

① [德]耶林:《法律作为目的的手段》,转引自吕世伦:《现代西方法学流派》(上卷),中国大百科全书出版社2000年版,第292页。

② 蒋惠岭:《目的解释法的理论及适用》(上),载《法律适用》2002年第5期。

③ 王利明:《法学方法论》,中国人民大学出版社2012年版,第423页。

（二）解释何种目的：目的解释规则适用的主体性要件

“目的解释规则”中的“目的”主要是指法律文本的立法目的，但在具体适用时，如何定义“立法目的”，还是有一些争议的。有学者主张立法目的有主观目的与客观目的之分。主观目的在于“寻求立法者在立法时的意图，往往需要根据法律出台之前的历史及其发生史探求该法律所要实现的目的”。客观目的则“并不停留在法律的过去，而立足于现在，按照法律适用当时的调整需求确定其含义”①。也有学者认为要将目的解释与法意解释相区分，因为虽然都是在阐明规范意旨，但目的解释是从整体进行解释，着眼于整部法律的法律目的（purpose），法意解释则是从历史沿革出发，从个别规定中探求法意（intent）②。

理论上讲，“目的解释规则”适用时，对“立法目的”的探寻可以从几个方面进行：

第一，从法律规范中寻找已经文本化的“立法目的”。这类“立法目的”的表达往往更加清晰，层次也相对分明。同时，基于其作为“制度性规则”的性质，在多元化目的（利益）出现冲突时，往往更能成为法官解释（法律）说理的有力依据。第二，通过对法律条文的综合分析，根据法律规范的性质，尝试探索法律的立法目的。当立法目的并没有以文本形式呈现时，对“立法目的”的探寻就要谨慎为之，这也是前文所强调的“目的解释”规则适用的限制性前提。强调对法律条文的综合分析，实际上是要用“体系解释”的方法，确保“立法目的”确定的科学性，防止法官对某一条文的过度解读，避免产生对立法目的的“擅断”。当然，即使对法律条文的综合分析，也不能保证必然得出符合客观情况的“立法目的”，这就需要再借助其他的解释方法，如“立法历史解释”来帮助确定更加合理且“真实”的“立法目的”。第三，通过对法律文本立法资料的收集整理，探寻“立法目的”。借用“立法历史解释”的方法推定立法目的是相对科学的，它最大的问题在于对“立法资料”的完整性要求较高，同时，它也不能解决立法历史较长，对社会现实的发展预估不足的问题。第四，借助于法学研究的方法，如比较分析法、社会学分析法，在与域外类似制度的比较分析，以及从法律文本产生的社会背景中，探寻“立法目的”。这种目的确定的方法具有辩证思维的特性，理论上具有可接受性，但也同样可能面临着是否以解释者的意志取代立法者目的的质疑。

作为一种主观的思维活动，虽然有多种方法实现的可能，但在实践中，尤其在我国的司法语境下，对立法目的的探寻还是要审慎处理。一方面，方法的运用并不能替代客观事物本身，因此，作为“文义解释规则”补充的“目的解释规则”，只能在自身立法目的确定的“方法”问题上，尽可能地将已经表述了的“立法目的”作为优先考虑的对象，以防止对“文义解释”的过度偏离，从而异化成一种背弃法治的新形式。另一方面，

① 孔祥俊：《商标法适用的基本问题》，中国法制出版社2012年版，第270页。

② 杨仁寿：《法学方法论》（第2版），中国政法大学出版社2013年版，第173页。

基于我国法官解释权配置的不足,除去能够从文本中“发现”的清晰确定的“立法目的”,其他任何一种方法论意义上的立法目的探寻,都不必然具有最终的权威性,而只能在说理的过程中,运用逻辑与修辞,寻求对目的揭示结果的可接受性。

(三)如何更好地适用:目的解释规则适用的提升性要件

除了了解目的解释规则适用的核心要件(前提性、主体性)之外,还需要考虑的是那些帮助优化目的解释适用效果的技巧。有了这些技巧,就能够有效提升目的解释规则适用的效果,充分发挥其在法律解释中的效用。

一般而言,我们所提倡的“目的解释规则”的提升性要件主要包含以下内容:

其一,对“立法目的”的探寻要坚持“有效解释”的规则。有学者将“有效解释”定义为立法目的解释运用的首要原则,这是对如何确保目的解释更好适用的另一种理论表达。无论是在原则还是规则的理论立场,有效解释都意味着要尽量在有利于证成法律的“有效性”,包括某部法律规范的整体有效性,以及具体条文的有效性方面予以解释。除非有足够充分的理由,否则,不宜轻易否定被解释文本的法律效力。目前,有效解释在我国司法实践中的实现并不是什么难题,但在《立法法》修订后,地方立法权的扩大也可能随之产生地方立法水平和质量的差异化问题。彼时,在对个案适用的地方立法解释过程中,有效解释的实现程度即需予以关注,以避免重蹈“种子案”之覆辙。

其二,对目的解释规则的综合运用要强化整体意识。对目的解释规则的综合运用要确保与其他解释规则的协调,这不仅是进一步强调目的解释规则适用的前提性限制,也是强调在确定适用目的解释规则之后对所解释文本的整体把握,避免作出无效或不利于立法目的发挥的解释。

五、结语

目的解释规则的适用是面多棱镜,它折射出来的是发生在法律适用过程中的立法者和司法者对文本解释效果的观念碰撞,是在法治实践过程中的形式法治和实质法治理念对法律解释结论的交叠影响。从作为解释主体的法官角度来讲,目的解释方法的适用更能体现并有助于实现结果导向思维下法官对案件裁判的主动权;但从司法公正(整体性)角度,尤其法律适用一致性的角度而言,目的解释方法的适用,恰恰最容易产生同案不同判的风险。目的解释论的产生之初,寄寓了法治对实质标准产生的积极效用的期望,然而时代变迁,在新的理论语境下,人们也开始警惕并反思目的解释论可能引发的负面效应。有学者尝试在法教义学的框架下,构建对目的解释规则的适用限制,也有学者在部门法的目的解释实践中,探寻可能的限制方法。然而,方法终归要被主体所选择,真正能够遏制住实质解释异化的,只能是实体制度。提及此,不得不说司法改革中的错案追究,或许会在无意中起到了防止“目的解释”滥用的效果。毕竟,错案追究终身制会在一定程度上防止法官的“恣意”解释和裁判,而依靠目的解释以外的其他方法解释和裁判更加有利于证明法官的“非恣意”。当然,如何防止这种跷跷板效应,将负面滑向形式标准的另一端,也是一个需要考虑的问题。好在,“立法中心”和“司法中心”的主义之争更多的是体现在学术领域。在当下中国,“全面推进依法治国”的宏大设计在实践中也较好地弥合了法律文本在前解释阶段(立法)和解释过程中的冲突。最终,如果法律明晰,法治又何须(反对)解释?

公司担保案件中的利益冲突及其平衡方法*

——以《公司法》第16条为中心的分析

向志勇**

摘　要:《公司法》第16条具有一定的模糊性,该条款的出台并没有给公司担保纠纷的处理带来确定性保障,司法实践中仍然产生很多"同案不同判"现象。公司担保涉及公司本身、股东及债权人等多方利益冲突,我们不能片面地仅从公司法、合同法或担保法一个方面着手来认定公司担保合同的效力。在公司担保合同效力的认定过程中,我们应当有意识地融入价值判断与利益衡量,平衡公司股东和担保权人的利益。二者之间利益平衡应当通过担保权人即相对人的审查义务来实现,担保合同的效力取决于相对人是否尽到了对公司章程和决议的审查义务。在审查义务的标准上,相对人需要尽到形式审查义务。如果法定代表人超越权限订立担保合同,该合同对公司不产生法律效力。

关键词:公司章程;担保决议;担保合同;利益衡量

公司对外担保是一种非常重要的融资手段,但在现实中,公司对外担保往往潜藏着一定的风险。2005年颁布的《公司法》充分注意到了公司担保带来的弊端,为了规范公司担保行为,该法专门在第16条中设置三个条款对公司担保问题作出规定,这对于防范担保风险,保障公司及股东利益都有积极的作用。然而该规定并没有给公司担保纠纷的处理带来多大的确定性,因违反《公司法》第16条的法律后果要件欠缺,使法官在运用该条款进行裁判时,显得无所适从,"同案不同判"的裁判结果相继产生,严重危害了司法的公信力。令人遗憾的是,2013年最新修订的《公司法》依然沿用2005年

---

* 基金项目:本文为中国法学会2015年度部级法学研究项目"公司章程司法裁判问题研究"(批准号:CLS(2015)D083)阶段性成果。

** 向志勇,男,湖北荆门人,重庆市大渡口区人民法院法官,西南政法大学经济法学博士研究生,研究方向为公司法学、应用法学。

《公司法》中的担保规范,并没有对亟待澄清的问题作出回应。对此,本文试图从利益衡量的角度对公司担保问题进行分析,以期厘清公司担保案件的裁判逻辑。

一、公司担保案件裁判中的观点分歧

《公司法》第16条第1款规定:"公司向其他企业投资或者为他人提供担保,依照公司章程的规定,由董事会或者股东会、股东大会决议;公司章程对投资或者担保的总额及单项投资或者担保的数额有限额规定的,不得超过规定的限额。"第2款规定:"公司为公司股东或者实际控制人提供担保的,必须经股东会或者股东大会决议。"第3款规定:"前款规定的股东或者受前款规定的实际控制人支配的股东,不得参加前款规定事项的表决。该项表决由出席会议的其他股东所持表决权的过半数通过。"围绕违反《公司法》第16条所订担保合同的效力问题,理论界与实务界主要形成以下几种观点:

第一种观点为无效说,认为《公司法》第16条应为效力性强制性规范,公司章程或内部决议具有一定的对外效力,担保合同违反章程或未经股东会决议而无效①。最高人民法院应用法学研究所编辑的《人民法院案例选》"宁波远东复合纤维有限公司诉芜湖青禾贸易有限责任公司、芜湖嘉禾食品有限公司买卖合同贷款纠纷案"中,法院持此种观点,认为这一条款旨在保护公司内部中、小股东权益不受控股股东的侵害,也在一定程度上代表了最高人民法院对此问题的意见②。

第二种观点为有效说,认为《公司法》第16条的立法目的是约束公司内部担保决策行为,该款不具有对外效力,公司内部担保决策与公司外部担保合同在效力上并不存一致性,超越权限订立的担保合同有效③。《最高人民法院公报》2011年第2期刊载的"中建材集团公司进出口代理合同纠纷案"中持此观点,明确《公司法》第16条没有对外效力,认为依据该条款认定担保合同无效,不利于合同交易的稳定和安全,在担保债权人善意的情形下,应认定违反《公司法》第16条订立的担保合同有效④。

第三种观点为效力区别说,认为《公司法》第16条第1款系为他人提供一般担保

---

① 参见赵旭东:《商法学》,高等教育出版社2007年版,第222页;刘俊海:《新公司法的制度创新:立法争点与解释难点》,法律出版社2006年版,第108页;李金泽:《〈公司法〉有关公司对外担保新规定的质疑》,载《现代法学》2007年第1期。

② 参见最高人民法院中国应用法学研究所编:《人民法院案例选》(总第64辑),人民法院出版社2009年版,第315-320页。

③ 参见董慧凝:《公司章程自由及其法律限制》,法律出版社2007年版,第158页;赵德勇、宋刚:《关于公司对外担保的法律问题》,载《理论探索》2007年第2期。

④ 参见《中建材集团公司进出口公司诉北京大地恒通经贸有限公司、北京天元盛唐投资有限公司、天宝盛世科技发展(北京)有限公司、四川宜宾俄欧工程发展有限公司进出口代理合同纠纷案》,载《最高人民法院公报》2011年第2期。

的规定,性质上为管理性强制性规范,违之则担保合同有效。第2款系关于公司为股东或者实际控制人提供担保的特别规定,应为担保合同生效的必要条件,属效力性强制性规定,违之则担保合同无效[①]。司法判例中,对于违反《公司法》第16条第1款而作出担保的案件,法院倾向于判处担保有效,对于违反第2款作出的担保,法院倾向于认定无效,最高人民法院民二庭宋晓明庭长也持此裁判观点[②]。

上述争议各方所持观点各不相同,但对公司担保合同效力的认定倾向于从《公司法》第16条的规范性质出发来判断,然而此种裁判思路是否符合公司担保规范的裁判逻辑,是否能够平衡公司担保各方主体的利益,都值得进一步论证。一方面效力性强制性规范和管理性强制性规范未有明确的区分标准,违反管理性强制性规范的担保合同之效力状态并不确定,是有效、可撤销还是效力待定甚或是无效,从现有的法律规范中并不能推导出明确的答案[③];另一方面,在公司担保案件的裁判中,利益主体涉及公司大小股东、担保债权人以及无担保债权人等主体,裁判规范涉及公司法、合同法及担保法等多个法律门类,以《公司法》第16条属性识别为出发点的规范分析方法并不能在既有的法律规范之下得出平衡各主体利益的可接受性结论。因此,公司担保案件裁判结果迥异成为必然,而这也必然会引起公众对司法能力的怀疑,以致损害司法的权威。

二、公司担保案件中的利益冲突

司法裁判的过程蕴含着价值判断,司法结论的形成从根本意义上来说乃是利益衡量的结果,理论界与实务界对于违反《公司法》第16条所订担保合同效力认定态度不一,实际上折射出的是公司担保案件裁判中存在不可回避的利益冲突。

(一)公司担保合同效力判定中所涉法益冲突

针对公司担保合同效力的认定而言,公司法与合同法、担保法之间存在潜在的法益冲突。《公司法》第1条规定"为了规范公司的组织和行为,保护公司、股东和债权人的合法权益,维护社会经济秩序,促进社会主义市场经济的发展,特定本法"。因此,公司法的首要目标是保护公司和股东的利益。实践中,我国公司为他人提供担保的情况十分普遍,为了规避公司滥保导致的风险,《公司法》第16条专门对公司担保行为进行了规定,在准许公司对外提供担保的同时,要求其实施担保行为时须符合公司章程的

① 耿林:《强制规范与合同效力——以合同法第52条第5项为中心》,中国民主法制出版社2009年版,第246页。

② 孙晓光:《加强调查研究探索解决之道——就民商事审判工作中的若干疑难问题访最高人民法院民二庭庭长》,载《人民司法》2007年第13期。

③ 吴飞飞:《公司担保案件司法裁判路径的偏失与矫正》,载《当代法学》2015年第2期。

规定,并获得股东大会或者董事会批准。就《公司法》第16条而言,一旦这种决策程序由公司内部要求提升为公司法上的要求时,其效力范围就发生了改变[①]。以保护公司和中小股东的利益为出发点,在对公司担保合同效力的认定过程中,公司法益维护者自然倾向于公司内部决议在法定化的情况下具有溢出效应,认为应以担保决议效力主导合同效力。否则,担保权人无须审查公司章程及决议而随意接受担保,如此必将造成公司控股股东、董事会甚至法定代表人滥用担保权侵害公司及中小股东利益的情形,公司违规担保现象必定会有增无减。同时,应当注意的是,"所谓公司担保自由,只是有限制的自由,是在满足《公司法》第16条规定之下的自由,超过限定范围内的自由理应得到否定评价"[②]。

《合同法》第1条规定:"为了保护合同当事人的合法权益,维护社会经济秩序,促进社会主义现代化建设,制定本法。"《担保法》第1条规定:"为促进资金融通和商品流通,保障债权的实现,发展社会主义商品经济,制定本法。"由此可见,合同法、担保法的立法目的在于促进交易、保护相对方的信赖利益并保障债权实现。在公司担保合同效力问题上,合同法、担保法自然倾向于排除内部决议的直接对外效力,选择运用《合同法》第48、49、50、52条的过滤机制,从而在最大程度上切断决议效力的对外影响力[③]。基于该立场的效率维护者认为,公司与债权人签订担保合同,系公司与他人产生外部法律关系的范畴,应受合同法的调整,公司担保合同效力的认定可以绕开《公司法》第16条的规定,直接依据《合同法》《担保法》条款引以裁判。而且该种裁判思路得到司法实践的认可,因为最高人民法院颁布的《民事案件案由规定》中与公司有关的案由未见公司担保纠纷,而是将公司担保纠纷纳入"合同纠纷"案由中进行审理。就法理而言,担保合同无效抑或没有成立,担保公司应承担的仅仅是缔约过失责任,而法院对于认定无效的担保合同,往往援引《担保法司法解释》第7条,判处公司承担连带赔偿责任或二分之一清偿责任,其深层原因在于法院秉持的裁判价值观偏重交易效率,保障债权安全。

(二)法益冲突源于公司担保具有特殊性

公司经营目的就是最大限度地追求利润,广大企业尤其是中小企业发展的最大瓶颈之一就是融资困难。由于金融体系的固有原因,公司融资困难重重,公司对外担保特别是集团公司之间的担保成为保障融资的重要渠道,任何轻易否定担保合同效力的

---

① 梁上上:《公司担保合同相对人的审查义务》,载《法学》2013年第3期。

② 高圣平:《公司担保相关法律问题研究》,载《中国法学》2013年第2期。

③ 郭志京:《中国公司对外担保规则特殊性研究——兼论民法商法思维方式的对立统一》,载《当代法学》2014年第5期。

做法都会影响融资,进一步影响企业的发展①。但公司对外担保不同于对自己债务的担保,公司对外担保有可能损害公司、中小股东和债权人的利益,公司对外担保具有天然的缺陷和巨大的风险,因此公司担保也存在一定的社会性。正是由于对外担保社会基础之特殊性,决定了担保规则一定不同于一般的公司法规则,其本身的两面性决定了一方面使得立法者不得不考虑最大限度规范担保行为和抑制担保风险;另一方面,也不得不考虑保障担保交易的安全与效率。与此相对应,对于公司担保而言,《公司法》第16条重在公司资产维持及保护与公司相关主体之利益,《合同法》甚或是《担保法》则重在维护交易之稳定、保护交易相对人之合理信赖利益,二者之间在法益价值层面存在抵牾②。

《公司法》第16条专门对公司担保问题进行了规范,一方面肯定了公司具有对外担保的能力,另一方面也规定了公司为股东担保或为他人担保的程序以及审议机制,该条在一定程度上为公司担保行为提供了指引。"任何法律规范都是基于立法者特定的指导观点而对法律事实赋予法律效果,法律适用的过程也就是裁判者在案件事实和法律规范之间寻求关联的一个找法过程"③,然而《公司法》在对外担保的规范上存在诸多不足之处,妨碍了法官在司法裁判中准确地理解和实施法律④。该条款中并没有规定违规进行担保的法律后果,而《公司法》中法律责任一章亦未对此加以明确,这就给《公司法》第16条的司法适用留下了很大的解释空间。在此情况下,法官首要的工作是找法,并检索出所有能够调整本案或可能适用于本案的法律规范,基于一定的关联,《公司法》《合同法》《担保法》这三者都有可能成为该案的裁判依据。法官在裁判过程中必然具有一定的主观性,而公司担保案件的每种裁判结果也都可以在既有的理论与制度框架之内找寻到或多或少的支撑点。任何法律均有其规范意义和目的,不同的法律具有不同的价值诉求。在公司担保合同效力认定上,既有的规范在体系和价值方面都不可能完全自洽和和谐,对立与冲突在所难免。

三、公司担保案件中利益衡量的基本原理

公司担保案件裁判中存在的无法自行消解的利益冲突,为利益衡量方法在公司担保案件的裁判中适用创造了可能性。本部分将探讨利益衡量方法与公司担保案件裁

① 郭志京:《中国公司对外担保规则特殊性研究——兼论民法商法思维方式的对立统一》,载《当代法学》2014年第5期。

② 吴飞飞:《公司担保合同行为的最佳行为范式何以形成——公司越权担保合同效力认定的逆向思维》,载《法学论坛》2015年第1期。

③ 钱玉林:《公司法第16条的规范意义》,载《法学研究》2011年第6期。

④ 李金泽:《〈公司法〉有关公司对外担保新规定的质疑》,载《现代法学》2007年第1期。

判的契合性以及衡量的基点。

(一)利益衡量方法与公司担保案件裁判的契合

正如德国学者拉伦茨所言,“只有同时考虑历史上的立法者的规定意向及其具体的规范想法,而不是完全忽略它,如此才能确定法律在法秩序上的标准意义”①。关于公司对外担保,1993 年《公司法》第 60 条第 3 款规定“董事、经理不得以公司资产为本公司的股东或者其他个人债务提供担保”。绝对禁止公司对外担保,压缩了中小企业融资发展的空间,不利于整个市场经济的发展。基于此,2005 年《公司法》放开了公司对外担保市场,给予公司担保充分的意思自治。正是基于私法自治的理念,《公司法》第 16 条第 1 款有意识地将公司为他人提供一般担保的决议权限授予董事会或股东会,具体权限如何划分,则由公司在章程中作出规定。立法者在面对债权人利益、公司股东及其他债权人的利益时,不会厚此薄彼,立法的基本任务就是根据具体情势,平衡诸方利益关系。因此,在《公司法》第 16 条第 2、3 款中要求公司实施关联担保行为时必须经股东会或股东大会决议,并引入了关联股东表决权排除制度。这样,就较好地处理了公司自治与法律强行性规定之间的平衡关系。“透过意识的司法创造来建立一套精致的法律行为控制标准,使得私法自治的原始理想和国家对社会、经济进行的种种干预得到最佳的调和”②,立法者在担保规范的确立与内容的表达上,先见地体现着利益平衡的原则。

如学者苏力所言:“司法的根本目的并不在于搞清楚文字的含义是什么,而在于作出判断:什么样的决定是比较好的,是社会可以接受的。”③由于公司担保本身的“两面性”,如果片面追求融资和交易的效率、追求司法便利,则势必会带来关于公平的担忧。单纯从利益衡量的角度而言,并不能推导出担保债权人的利益与公司或股东利益孰轻孰重的结论。根据民法价值判断问题的一项实体性论证规则,在没有充分且正当理由的情况下,应当坚持强式意义上的平等对待④。因此,公司股东利益和担保权人的利益均不可偏废,公司担保案件的裁判需要法官洞察公司法、合同法、担保法之间的区别性与互补性,进行系统化、综合化的认知,审视不同担保规范之间的内在逻辑,得出一个兼顾各方利益的裁判结果。规范分析裁判方法缺失的是司法裁判中所应有的价值判断与利益衡量,而利益衡量方法主要使用法经济分析方法对利益和价值进行衡量比较,利益衡量的思维重点亦是对各主体追求的利益进行衡量,这使得利益衡量方法与公司担保案件裁判形成一定的内在契合。

---

① [德]卡尔·拉伦茨:《法学方法论》,陈爱娥译,商务印书馆 2003 年版,第 199 页。

② 苏永钦:《私法自治中的经济理论》,中国人民大学出版社 2004 年版,第 39 页。

③ 苏力:《解释的难题:对几种法律文本解释方法的追问》,载《中国社会科学》1997 年第 4 期。

④ 王轶:《民法价值判断问题的实体性论证规则》,载《中国社会科学》2004 年第 6 期。

(二)公司担保案件中利益衡量的基准

司法裁判的背后蕴含着利益的衡量,"法官在寻求应用于具体案件的法律规则时,应当将其中包含的、立法者没有予以清晰表达的利益因素予以明确化,在各种发生冲突的利益当中谋求平衡"[①]。利益衡量的基本理念是在不违背法律规范的前提下使得各方利益达到最大化。关于利益衡量的基准,目前主要有两种层面:一种是基于当事人主体之间的利益进行权衡,另一种是基于社会制度利益进行考量。寻找利益平衡支点的关键之处,就是"放大"当事人利益后结合社会利益进行评估,从而作出保护与否的判断[②],公司担保案件裁判中的利益衡量也遵循此原则。

1. 主体层面的界定

从微观上来讲,在对担保利益进行衡量的时候,公司股东与担保权人之间的利益状态存在此消彼长关系,其中的利益冲突显而易见。在法律意义上个体的利益并无大小之分,所以应当在"公司财产安全和股东利益"与"相对人信赖利益"、交易效率之间实现平衡[③]。从法经济学的角度来讲,由于设定了担保,担保权人在债务人不能偿债时处于有利的地位,从而降低了其对担保债务的监督成本,这是有利于担保权人的方面。一般而言,公司与法定代表人的利益是一致的,但法定代表人可能超越权限,损害公司利益,甚至存在公司法定代表人与担保权人联合损害公司利益的情形。因此不能过度地向相对人利益倾斜而无辜损害公司利益[④]。将公司内部担保决议上升到具有一定外部效力的层面,能够真实地反映公司股东担保与否的集体意思,提示债权人不能只顾自己交易的达成而忽视可能的越权行为对公司财产安全和股东利益造成的影响[⑤]。应该说法律要求无须支付交易对价的一方负担更高注意义务是符合一般法律原理的,加重担保受益者的义务,有助于体现社会公平,也有助于构建平衡的商业关系[⑥]。

2. 担保制度层面的界定

从宏观上来说,某一领域社会公共利益抽象起来表现为制度利益。所谓制度利益,就是当事人所在阶层、群体的利益与刚性、柔性规范不断交互作用之后所形成的且对案件裁决起决定性影响的利益[⑦]。从制度利益衡量的角度看,当出现一个新的法律现象时,可以分两个步骤来处理:一是分析在既有法律框架内能否处理这个法律问题;二是当现行法律制度不能提供法律救济时,是否需要创设新的法律制度来规范新出现

---

① 常怡、黄娟:《司法裁判供给中的利益衡量:一种诉的利益观》,载《中国法学》2003 年第 4 期。

② 杨力:《基于利益衡量的裁判规则之形成》,载《法商研究》2012 年第 1 期。

③ 刘贵祥:《公司担保与合同效力》,载《法律适用》2012 年第 7 期。

④ 梁上上:《公司担保合同的相对人审查义务》,载《法学》2013 年第 3 期。

⑤ 李建伟:《公司非关联性商事担保的规范适用分析》,载《当代法学》2013 年第 3 期。

⑥ 叶林:《公司法研究》,中国人民大学出版社 2008 年版,第 151 页。

⑦ 杨力:《基于利益衡量的裁判规则之形成》,载《法商研究》2012 年第 1 期。

的法律问题[①]。在目前暂没有启动《公司法》《合同法》《担保法》修改的制度环境之下，我们需要实现的是在既有法律框架内处理公司担保中的利益平衡问题。利益衡量方法并不否定既有的担保法律规范体系，而是采用实质化的价值判断思维，在平衡公司担保主体利益的基础上作出有说服力的结论。形式上看，仅有《公司法》第16条对公司担保问题作出规定，但其实《公司法》《合同法》《担保法》中内含相关处理担保问题规范。仅从一个视角窥探公司担保规范的裁判逻辑，其结论必然有失偏颇。公司担保案件最佳裁判路径的形成，尚须系统地审视《公司法》第16条、《合同法》第50条以及其他法律条文的内在逻辑，并通过嵌入一个相对灵活的弹性因素来实现。

四、公司担保案件利益衡量的具体进路

面对司法实践中的利益与权利冲突，法官并不是简单地以非此即彼的方式予以裁决，而是在冲突中寻求平衡点，公司利益和担保权人的利益均不可偏废，平衡保护两种利益便成为公司担保案件裁判中必须坚持的原则。相对主义肯定是价值平衡的最佳武器，将第三人的审查因素引入不失为是一种灵活的方案[②]。本部分将集中探讨如何诉诸相对人的审查义务，来平衡公司担保案件中各方之间的利益冲突。

（一）公司担保合同效力认定应聚焦于相对人的审查义务

我国《合同法》第50条规定："法人或者其他组织的法定代表人、负责人超越权限订立的合同，除相对人知道或者应当知道其超越权限的以外，该代表行为有效。"由此可见，法定代表人越权签订的担保合同对公司是否有效，则取决于相对人是否知道或者应当知道法定代表人超越了权限。法人的外部意思表示应以法人的内部意思表示（即法人决议）为基础。梅迪库斯指出，社团或者多层次的董事会通过决议形成其意思[③]。公司股东会或董事会的决议，系股东或董事在既定的规则下行使表决权，集合个体意思而形成的公司团体意思。公司法或公司章程对担保决议机关的规定，实际上是对公司担保决策形成机关的规定，只有符合公司法或公司章程规定的决议机关形成的担保决议，才视为合法的公司担保意思[④]。从公司代表权角度分析，法定代表人虽然享有普遍的代表权，但《公司法》第16条的规定已经限制了他们就担保事项的代表权，只有经董事会或者股东会决议通过，公司代表人的代表权才能恢复到完满状态[⑤]。因此，

---

① 梁上上：《制度利益衡量的逻辑》，载《中国法学》2012第4期。

② 梁慧星：《民法解释学》，中国政法大学出版社1995年版，第316页。

③ ［德］梅迪库斯：《德国民法总论》（第2版），邵建东译，法律出版社2006年版，第166－167页。

④ 沈晖：《背离公司担保决议规制的法效果——分析路径的困境与出路》，载张仁善主编：《南京大学法律评论》（2011年秋季卷），法律出版社2011年版。

⑤ 赵旭东主编：《公司法学》，高等教育出版社2006年第2版，第201页。

在公司对外担保的意思表达过程中,公司内部决议直接成为担保合同中的公司方意思[①]。相对人要想实现担保合同中双方的意思表示一致,需要保证自己一方的意思与公司决议的意思一致,而不仅仅是与公司代表人在签约当时的意思表示一致。因此,相对人是否知道或者应当知道法定代表人超越了权限,演变为相对人对董事会决议或者股东大会决议承担审查义务。《合同法》第50条中的“应当知道”扮演着“引致功能”。将《公司法》第16条引入《合同法》第50条之中,这样,就实现了《公司法》第16条与《合同法》第50条的衔接,并将公司担保合同效力的认定聚焦于合同相对人是否善尽审查义务。

关于相对人在审查担保公司章程和决议时应尽何种标准的审查义务,存在形式审查和实质审查两种截然不同的对立观点。所谓形式审查是指相对人仅对材料是否符合法定形式要件、是否齐全进行审查,对于材料的真实性、有效性不作审查[②]。实质审查则是指在形式审查的基础上,对材料的真实性与合法性进行实质性审查。例如,对于公司对外担保决议文件,形式审查只要求公司提交的担保决议在形式上符合规定,至于决议真伪或决议形成过程中程序上的瑕疵都可以忽略,而实质审查则要求在形式审查的基础上,对担保决议的实质内容以及决议是否符合规定进行审查。实质审查标准固然能够保护公司及中小股东等主体的利益,但其严苛的审查标准,对相对人来说是一种不符合商事交易现实的负担[③]。实质审查标准会加重相对人的审查负担,增加交易成本,这与商事交易的效率原则相悖。从交易安全和快捷角度考虑,应当尽可能降低外部人核实信息的费用。商法上普遍采取登记、外观主义等形式,减低当事人的信息费用,这种原理也可以在此适用[④]。因此,相对人在尽审查义务时以形式审查为标准,尽到一般人的谨慎审查义务即可。这种审查要求可避免为了保障担保公司利益而损害相对人利益,也是基于利益衡量的结果。

(二)基于利益衡量形成的裁判路径合理性分析

利益衡量为法官提供的仅仅是一种思维模式和方法进路,对某种判决方案的利益衡量和价值判断终究要受到当下的法律规范和解释方法的限制。法官在通过利益衡量得出最佳的结论之后,还须进一步在既有的法律规范中寻求根据,增强说服力,使所得出的结论具有正当性和妥当性。基于利益衡量,法官将公司担保合同效力认定聚焦于相对人的审查义务,此种裁判路径不仅存在正当性而且具有妥当性。

在裁判路径的正当性方面,利益衡量方法强调的是裁判路径具有形式的合法性,

---

① 李建伟:《公司非关联性商事担保的规范适用分析》,载《当代法学》2013年第3期。

② 梁上上:《公司担保合同的相对人审查义务》,载《法学》2013年第3期。

③ 华德波:《论〈公司法〉第16条的理解与适用——以公司担保债权人的审查义务为中心》,载《法律适用》2011年第3期。

④ 朱珍华:《公司对内担保的债权人审查义务》,载《中南民族大学学报》(人文社会科学版)2014年第6期。

体现为裁判结果的形成是以“三段论”为支撑的逻辑推理过程。具体来说，在公司担保案件的裁判中，法官仍需从既有的法律规范中选取作为逻辑推理大前提的法律规则，然后在认定案件事实的基础上按照“三段论”的模式顺理成章地推导出最后的判决结论①。公司担保案件合同效力的认定问题的源点在于公司法定代表人超越权限对外订立担保合同，合同效力问题最终还需求诸合同法，而关于法定代表人越权订立合同的效力问题，《合同法》第 50 条作出明确规定：“法人或者其他组织的法定代表人、负责人超越权限订立的合同，除相对人知道或者应当知道其超越权限的以外，该代表行为有效。”《最高人民法院关于适用〈中华人民共和国担保法〉若干问题的解释》第 11 条规定：“法人或者其他组织的法定代表人、负责人超越权限订立的担保合同，除相对人知道或者应当知道其超越权限的以外，该代表行为有效。”将合同法中越权代表的规定落实到担保领域。据此，法定代表人违反《公司法》第 16 条规定而订立的担保合同是否对公司有效，则取决于相对人是否知道或者应当知道法定代表人越权这一法律事实，只是因《公司法》第 16 条的存在，赋予了相对人为证其自身“知道或者应当知道”的审查义务。应该说，法院以《合同法》第 50 条作为公司担保案件裁判规范依据是非常富有说服力的。

在裁判路径的妥当性方面，利益衡量方法要求裁判结果更应注重判决的可接受性，这种可接受性既包括裁判结果符合利益主体的心理预期，又包括获得社会主流价值观的认同。在社会经济生活中，行为与风险总是相伴相随，法律无法避免风险，但它通过制度安排分散风险，让风险的承担者是最有机会使损害最小化的人。在签订公司担保合同过程中，相对人较之担保公司，更有机会和能力把控担保行为中的风险。《公司法》第 16 条已经对公司担保作出明文规定，法律具有普遍适用的效力，相对人在与公司签订合同时，应当注意到法律的既有规定②，并将公司章程及担保决议纳入担保权人控制交易风险的必查文件。这一审查义务在性质上属于担保权人为控制交易风险应尽注意义务的当然内容，如若疏于查阅，其权利自不应得到法律的惠顾。实践中查阅章程及公司担保决议确实存在困难，但相对人对借贷行为的完成占有主导性，完全可以要求借款人直接向其提供担保公司的章程及担保决议，如果担心资料造假，相对人完全可以要求借款人将相关材料提经公证，否则不予发放借款。借款人为了获得贷款，势必会办妥相关事宜。由此可见，对相对人课以形式审查义务，并不会为其增加过度的负担，更不会导致各方利益失衡。对于未尽形式审查义务而签订的担保合同一概认定无效，则可倒逼担保权人细为审查担保人的章程和相关决议，久而久之，市场主体

① 孔洁琼：《验证司法正义——疑难案件中法官逆向裁判思维的运用》，载《山东审判》2014 年第 5 期。

② 赵旭东：《公司法学》，高等教育出版社 2006 年版，第 201 页。

的机会主义心理将渐为消解,诚信醇厚的商业文化将渐次形成①。

五、结语

《公司法》第16条规范中法律后果要件的欠缺,导致了公司担保案件的裁判分歧。《公司法》虽然未明文违反第16条签订担保合同的效力,但并不意味着法律漏洞的当然存在。公司担保案件裁判问题本质上是公司股东与债权人两大对立主体之间的利益衡量和价值判断问题,公司越权担保合同效力并非简单的非此即彼,其认定应当借助《公司法》第16条、《合同法》第50条以及其他法律条文,通过嵌入相对人审查义务的因素来平衡两种利益,在此基础上识别公司担保合同的效力。

对于相对人在未履行审查义务情况下签订的担保合同,因其未尽积极审查义务,故不能认定合同有效;在相对人已尽到形式审查义务的情况下,即使未能发现法定代表人超越权限,担保合同也为有效;若相对人发现越权事实却仍订立担保合同的,属于"知道或应当知道"情形,故不能认定合同有效。值得一提的是,不同于此前公报案例认定相对人并无形式审查义务的立场,《最高人民法院公报》在2015年第2期刊载的"招商银行股份有限公司大连东港支行与大连振邦氟涂料股份有限公司、大连振邦集团有限公司借款合同纠纷案"民事判决书中,明确相对人履行了形式审查义务,担保公司不得以法定代表人超越权主张担保合同无效②。至此,最高人民法院通过案例的形式对公司担保案件裁判进行原则性指引,必将在司法裁判实践中发挥重要的导向作用。

① 罗培新:《公司担保法律规则的价值冲突与司法考量》,载《中外法学》2012年第6期。

② 参见《招商银行股份有限公司大连东港支行与大连振邦氟涂料股份有限公司、大连振邦集团有限公司借款合同纠纷案》,载《最高人民法院公报》2015年第2期。

网络实时转播法律属性的判断及其解释

袁　锋*

摘　要:关于网络实时转播的法律属性,当前有四种观点,它们产生分歧的缘由在于从不同的法律解释方法出发所导致的不同结论,尤其是面临主观目的解释与客观目的解释之间的冲突和选择问题。针对当前的社会和技术发展现状,法院应注重从客观目的解释出发,对网络实时转播行为进行法律定性。对具有独创性节目的网络实时转播而言,将初始传播为"无线方式"的网络实时转播行为纳入广播权控制的范围之内,而初始传播为"有线方式"的网络实时转播则可纳入兜底条款进行调整。对不具有独创性节目的网络实时转播而言,可以统一利用广播组织的转播权对其进行规制。

关键词:网络实时转播;法律属性;主观目的解释;客观目的解释

近几年来,随着信息技术特别是网络技术的发展,传播的方式发生了天翻地覆的变革,网络实时转播[①]成为继"网络定时播放"和"网络点播"之后又一种新兴的网络传播方式。随着网络实时转播在互联网中的不断兴起,越来越多的网站或者网播组织未经许可把无线或有线系统传播的广播电视信号转化成数字形式,并在网上进行实时转播,导致相关侵权纠纷源源不断,如"央视诉世纪龙公司案"[②]、"央视诉上海聚力传媒公司案"[③]、"央视诉百事通案"[④]等,其中最典型的案件要属"央视国际诉百度和搜狐案"[⑤]。

---

* 袁锋,男,福建龙岩人,中国人民大学法学院博士研究生,研究方向为法律方法、知识产权法。

① 网络实时转播也可称为"网络同步广播"(simultaneous broadcasting),现在理论界对网络实时转播没有统一的定义,即便 WIPO 在《世界知识产权组织保护广播组织条约基础提案草案》也未对其进行精确定义,只是将其描述为"广播组织同时并不加修改地网播其本组织的广播节目的行为"。具言之,网络实时转播指的是视频网站或者网播组织将传统广播媒体(无线或者有线广播电视台)正在播出的广播节目信号不加修改地通过信息网络同时向公众传播。这其中最典型的是中国网络电视台(CNTV)的"直播中国"等直播服务,通过这类直播服务,网络用户可以同时收看或收听电视或电台正在播放的节目,这实质上就是传统广播电视在网络上的再现。

② 参见(2010)穗中法民三初字第 196 号民事判决书。

③ 参见(2013)浦民三(知)初字第 241 号民事判决书。

④ 参见(2013)粤高法立民终字第 320 号民事判决书。

⑤ 参见(2013)一中民终字第 3142 号民事判决书。

网站或者网播组织未经许可对他人的广播电视节目进行网络实时转播的行为是否侵权以及侵犯何种类型的专有权利,是学术界和实务界争议已久的问题,至今还未达成一致的共识。对具有独创性节目的网络实时转播而言,有观点认为,网络实时转播属于通过网络向公众“提供作品”的行为,可以用著作权人的信息网络传播权条款对其进行规制①;有观点认为,网络实时转播不属于我国《著作权法》的任何专有权利,可援引著作权人享有的“其他权利”这一兜底条款作为解决问题的权宜之计②;还有观点则认为,无论其初始传播为“无线方式”还是“有线方式”的网络实时转播都可以通过扩张解释著作权人的广播权来对其进行规制③。而北京高院在“央视国际诉百度和搜狐案”中却对网络实时转播作出了新的解读,认为当网络实时转播的初始传播方式是“无线”时,可将其纳入广播权控制的范围之内,而当初始传播为“有线”时则可用兜底条款进行调整④。对不具有独创性节目的网络实时转播而言,有观点认为这一行为侵犯了广播组织的转播权⑤,而有观点却对此提出了明确的反对⑥。

追根溯源,以上观点分歧产生的缘由皆在于:网络技术的新发展给现有的著作权制度带来新的诘问和挑战,如何通过解释现有的著作权法规定对其进行规制是关键之所在。对此类案件而言,采用不同的解释方法会得出完全不同的结论,尤其是对广播权条款和电视广播组织的转播权条款进行解释时,会面临主观目的解释与客观目的解释之间相冲突的困境,而适用者又必须在这些方法之间进行取舍,否则就无法确立网络实时转播纠纷案中的侵权判定和法律适用。那么面对法律解释的冲突,法院该如何依据个案进行最终抉择?上述观点哪一种才是最为恰当的选择?这的确是一个难题,正如波斯纳所言,“解释是个神秘的过程,完全不同于逻辑和科学观察,但这一点本身并不对法律的客观性构成挑战”⑦,故笔者将对此进行探讨。

---

① 如朱文彬:《体育赛事节目著作权的保护—央视公司诉世纪龙公司侵害信息网络传播权纠纷案评析》,载《科技与法律》2013年第2期;汪涌、史学清:《网络侵权案例研究》,中国民主法制出版社2009年版,第3页。

② 岳利浩:《“非交互式”网络传播行为的法律属性—“圣火耀珠峰”节目网络直播侵权案评析》,载《科技与法律》2010第3期。

③ 如马宁:《上海文广被诉IPTV侵权案引发的思考》,载http://china.findlaw.cn/xfwq/xiaofeiweiquanlunwen/60073.html,最后访问日期2016年11月7日;刘军华:《论通过计算机网络定时播放作品行为的权利属性与侵权之法律适用—兼论传播权立法之完善》,载《东方法学》2009年第1期;祝建军、王维:《网络服务商擅自转播奥运直播节目侵犯著作权》,载《人民司法》2010第2期。

④ 参见(2013)一中民终字第3142号民事判决书。

⑤ 参见(2010)榕民初字第299号民事判决书。

⑥ 参见(2011)嘉南知初字第24号民事判决书。

⑦ [美]理查德·A.波斯纳:《法理学问题》,苏力译,中国政法大学出版社2005年版,第133页。

一、关于网络实时转播解释的两种观点述评

（一）网络实时转播行为不符合信息网络传播权条款的文义解释

第一种观点认为，从信息网络传播权[①]的文义解释出发，界定信息网络传播行为的核心在于：行为人是否通过“有线或者无线方式”向公众“提供作品”，至于播放方式是否属于实时转播，并不影响侵害信息网络传播权行为的认定，因而网络实时转播行为落入了信息网络传播权的规制范围之内[②]。在“央视诉世纪龙公司案”[③]、“央视诉百事通案”[④]、“央视诉中国电信佛山分公司案”[⑤]等案件中，法院都据此认为被告未经许可且未支付任何报酬的情况下擅自实时转播原告的电视节目，侵犯了原告的信息网络传播权。

这一观点的错误在于：其仅仅对信息网络传播权前半句的文义进行解释，认为只要是通过互联网“向公众提供作品”的行为都受信息网络传播权的控制，而忽视了对信息网络传播权的后半句的文义解释，这实际上是对我国《著作权法》中信息网络传播权的误解。我国《著作权法》规定的信息网络传播权并不能对所有通过“有线或者无线方式”进行传播的行为进行控制，其仅仅只能控制交互式传播行为[⑥]。所谓的交互式传播行为是指网络用户不受初始传播者的控制，能够自主选择获得特定作品的时间和地点，这可以从信息网络传播权规定的后半句“使公众可以在其个人选定的时间和地点获得作品的权利”看出。在网络实时转播的情形下，转播网站与广播电视台播放的节目进行同步播放，在播放的过程当中，网络用户与传统的广播电视用户一样，只能被动地接受节目信息，而不能自主控制节目如暂停、快进或后退播放节目，也不能自行选定节目播放的时间，因而其本质上属于非交互式传播行为，不受信息网络传播权的控制。

（二）兜底条款对网络实时转播行为的解释限度

第二种观点认为，由于网络实时转播不能被信息网络传播权或广播权所覆盖，也不符合其他专有权利的应有之义，但是该行为侵犯著作权人的利益却是不言而喻的，面对权利保护中法律适用的难题，只能援引《著作权法》第 10 条第 1 款（17）项的“其

---

① 根据《著作权法》第 10 条规定：“著作权包括下列人身权和财产权……（十二）信息网络传播权，即以有线或者无线方式向公众提供作品，使公众可以在其个人选定的时间和地点获得作品的权利。”

② 如朱文彬：《体育赛事节目著作权的保护—央视公司诉世纪龙公司侵害信息网络传播权纠纷案评析》，载《科技与法律》2013 年第 2 期；汪涌、史学清：《网络侵权案例研究》，中国民主法制出版社 2009 年版，第 3 页。

③ 参见（2010）穗中法民三初字第 196 号民事判决书。

④ 参见（2013）粤高法立民终字第 276 号和第 273 号民事判决书。

⑤ 参见（2013）粤高法立民终字第 320 号民事判决书。

⑥ 王迁：《论“网络传播行为”的界定及其侵权认定》，载《法学》2006 年第 5 期。

他权利”[①]这一兜底条款作为法律适用的依据[②]。例如在“央视诉上海聚力传媒技术有限公司案”中,法院便认为“被告提供的是对涉案电视节目的网络实时在线播放服务,不属于信息网络传播权所限定的信息网络传播行为。同时,因该种行为亦不能由《著作权法》第10条第1款所明确列举的其他财产权所调整,故应当适用《著作权法》的兜底条款进行调整”[③]。

著作权本身属于一种法定垄断权,对相关权利的适用必须严格依据法律规定并受到一定的限制。我国《著作权法》明文列举了著作权人享有的16项专有权利,这16项专有权利都有其明确的法律含义。同时立法者考虑到了立法当时的滞后性和局限性,还规定了著作权人享有的“其他权利”作为兜底条款。但是,对这项兜底条款的应用必须十分谨慎,否则会打破“著作权法定”的基本原则[④],只有在该行为具有十分典型的示范意义,不对其进行保护将显失公平并且在穷尽现有著作权法的法律解释方法的前提下仍无法对其进行保护时,才可诉诸兜底条款进行保护。从著作权法首次立法至今,法院利用该兜底条款进行判案的只有寥寥数例,由此可见司法实践对兜底条款适用的谨慎。对于未经许可的网络实时转播而言,随着网络技术的发展,在互联网领域中,对他人作品未经许可的网络实时转播行为越来越泛滥,其对著作权人的合法权益造成极大的损害是显而易见的,已然具备了对其进行规制的必要性。但是并非所有的网络实时转播都适用兜底条款进行保护。当网络实时转播的初始传播方式是“无线”时,完全可以通过对现有的广播权进行合理的解释来对其进行规制,而当初始传播为“有线”时则无法适用16项的著作财产权对其进行规制,只能适用兜底条款予以调整,对此笔者将在下文进行详细论证。

二、广播权条款对网络实时转播行为的解释:客观目的解释的适用

根据《著作权法》所规定的广播权条款[⑤]可知,广播权所能控制的行为仅限于以下三种:(1)无线方式公开广播或者传播作品;(2)以有线传播或者转播的方式向公众传播广播的作品;(3)通过扩音器或者其他传送符号、声音、图像的类似工具向公众传播

---

① 《著作权法》第10条规定:“著作权包括下列人身权和财产权……(十七)应当由著作权人享有的其他权利。”

② 岳利浩:《“非交互式”网络传播行为的法律属性—“圣火耀珠峰”节目网络直播侵权案评析》,载《科技与法律》2010第3期。

③ 参见(2013)浦民三(知)初字第241号民事判决书。

④ 王迁:《论“网络传播行为”的界定及其侵权认定》,载《法学》2006年第5期。

⑤ 《著作权法》第10条规定:“著作权包括下列人身权和财产权……(十一)广播权,即以无线方式公开广播或者传播作品,以有线传播或者转播的方式向公众传播广播的作品,以及通过扩音器或者其他传送符号、声音、图像的类似工具向公众传播广播的作品的权利。”

广播的作品的权利。其中与网络实时转播法律属性的界定紧密相关的是第二种行为，前文所述的相关争议也主要集中于此：(1)广播权条款所规定的“有线”是否能够包含使用网线方式，换言之，广播权条款是否可以规制网络实时转播行为？(2)无论初始传播为“无线方式”还是“有线方式”的网络实时转播行为是否都受广播权条款规制？

(一)同一原则解释方法对广播权条款的理解

首先需要明确的是，广播权条款中的“广播”、“转播”以及“有线传播”有其固有的含义。虽然我国《著作权法》本身没有对这几个术语进行任何规定，但在理解这些术语的时候，可以运用同一解释原则的方法，参照《伯尔尼公约》的相关规定对其进行理解[①]。同一解释原则是指在国内法律规范可以作不同的解释时，对国内法律必需按照与国际法相一致的方式进行解释，以防止国内的解释与国际义务相抵触[②]。同一原则的必要性和合理性在于维也纳公约第26条规定的“国际条约必需信守”的原则。缔约国的任何部门尤其是立法者和法院都承担着在最大限度内避免与国际法律相抵触的共同义务，从而避免产生国际争端和报复的危险。在国内法的含义抽象而广泛，并且国内立法不会与国际规定相冲突的时候，法院在适用和解释国内法时，不能无视国际义务，尤其是国际条约的规定比国内相关立法规定更为详细的时候，法院应该慎重考虑国际条约的规定。

《伯尔尼公约》于1886年在瑞士伯尔尼制定，是世界上第一个国际版权公约。我国自1992年始加入该条约后开始修订我国著作权法，以使我国的相关规定符合国际条约的义务。因而对“广播”、“转播”、“有线传播”这些专业术语而言，虽然我国《著作权法》并无明文规定，但是可以结合我国的立法渊源和《伯尔尼公约》等相关国际条约的规定对其进行解释。“广播”(“broadcasting”)这一术语在国际公约中有着固定的含义，即指“以无线方式进行的传播”[③]。与之相对应的“转播(rebroadcasting)”仅即“以无线方式进行的转播”。因而根据《伯尔尼公约》的规定，只有当一个无线广播组织接收到其他广播组织广播的作品后，以无线方式进行的转播才属于“转播”。而条约中的“有线传播”(communication... by wire)则是指以有线电缆等有线装置对其他广播组织

① 我国《著作权法》中的广播权来源于《伯尔尼公约》第11条之2款规定。根据该条规定：“文学和艺术作品的作者应享有许可下列行为的专有权利：①广播其作品，或以其他任何传送符号、声音或图像的无线传送手段传播作品；②由原广播组织之外的其他组织以有线传播或转播的方式向公众传播广播的作品；③通过扩音器或其他传送符号、声音或图像的类似工具向公众传播广播的作品。”

② 孔祥俊：《法律方法论》(第2卷)，人民法院出版社2006年版，第939页。

③ 虽然《伯尔尼公约》本身没有对“广播”进行定义，但相关的国际公约均将其界定为“以无线方式进行的传播”，如《罗马公约》第三条和《世界知识产权组织表演和录音制品条约》(WPPT)第2条。将这些国际公约对“广播”的定义与《伯尔尼公约》加入“广播权”规定时的技术条件结合来看，《伯尔尼公约》规定的“广播”的基本属性应当是包含电台广播和电视广播在内的、以“无线方式”进行传播的一种技术形式。

广播的作品进行转播[①]。因而广播权条款所规定的“有线传播”与“转播”并非同义反复[②],而是分别指“有线转播”与“无线转播”两种不同的情形。

(二)对广播权条款主观目的解释与客观目的解释的冲突与选择

从文义解释上来看,网线所使用的光纤和电缆传输与有线电视使用的电缆传输并无本质区别,实质上都是一种“有线传输”,那么是否可以将使用网线进行实时转播的方式解释为“有线传播”的一种形式呢？有观点认为,根据同一解释原则,《伯尔尼公约》所规定的“有线传播”并不包含网络实时转播。因为《伯尔尼公约》在1971年最后一次修订时,网络实时转播行为尚未产生,当时较为泛滥的是有线广播组织和电视台对他人的无线广播信号通过有线电缆进行转播的行为,《伯尔尼公约》所规定的“有线传播”正是为了规制此类行为,《伯尔尼公约》中的“by wire”并不包含使用网线的方式[③]。同时根据历史解释的方法,在相关含义较为抽象和模糊时,可结合当时立法的相关背景和参考当时立法的相关资料,对该含义进行解释,以探求当时立法者的主观意图。我国《著作权法》的广播权来源于《伯尔尼公约》,当时设置这一条款时互联网并不普及,比较泛滥的是无线或有线广播电台未经许可对他人无线广播信号进行传播。此外我国全国人大法工委对该条的释义也明确指出,通过有线电缆的方式进行广播的行为无法根据“广播权”进行规制(当时连有线电缆都不普及,更何况是网线传播),但可以根据《著作权法》第10条第1款第(17)项的“其他权利”进行调整[④]。

但是在“央视国际诉百度和搜狐”案中,北京高院却对广播权作出了不一样的解读,其并没有完全根据立法者的主观意图进行解释,而是认为将初始传播为“无线方式”的网络实时转播行为包含在了广播权控制的范围之内[⑤],也就是说北京高院是赞成将使用网线的方式解释成“有线传播”的方式之一。在“央视诉北京时越网络技术有限公司”案中,法院也认为被告未经许可的网络实时转播行为侵犯了原告的广播权[⑥]。法院作出这一判决的主要理由在于:对我国《著作权法》中广播权的解释应该结合社会的实际情况和技术发展。换言之,法院是从客观目的解释出发对广播权进行解释,但法院舍弃主观目的解释而优先适用于客观目的解释是否有法理上的依据?

---

① 王迁:《知识产权法教程》(第3版),中国人民大学出版社2011年,第143页。

② 王迁:《论“网络传播行为”的界定及其侵权认定》,载《法学》2006年第5期。

③ 张伟君:《网络实时转播广播的作品侵犯了著作权人的广播权吗?》,载 http://blog.sina.com.cn/s/blog_4da63f410101f8yd.html,最后访问日期2016年11月27日。

④ 参见胡康生主编:《中华人民共和国著作权释义》,法律出版社2011年版,第63-64页。

⑤ 参见(2013)一中民终字第3142号民事判决书。

⑥ 参见(2013)东民初字第09641号民事判决书。

1. 主观目的解释和客观目的解释的相关学说争论

一般而言,法院在适用法律时首先要考量的是文义解释,在法律规定清晰明白时可直接根据文义解释进行适用,只有在文义解释过于抽象模糊时才需要考量其他解释方法来确定法律规定的实质含义。目的解释无疑是探求法律规定含义的最基本也是最重要的方法。但是对于如何确定立法目的,学术上存在着完全对立的解释学说,即主观目的和客观目的解释学说。

主观目的解释学说是一种寻求立法者在制定法律当时,确定特定条文意图的解释方法,它探求的是立法者确定特定法律规定的实际意图。对于如何探求立法者当时主观意图,比较著名的是两种学说:一是"普通讲话者说";二是"想象性重构说"。"普通讲话者说"最早由美国最高院大法官霍姆斯提出,他认为"我们要问的不是作者的含义,而是在这些词使用的环境中、在一个普通的说英语者口中这些词会具有什么含义"[①]。霍姆斯强调明白含义,法律规则对于决定者来说必须是客观上能够确定和"外化的"。这种方法并不意味着法官不应考虑语境,而是认为可以通过查找每个词的词典含义或通过有关的语法规则来解释,但是该规则却忽视了通过其他形式的方式来确定条文的含义,甚至不需要考虑证明特定立法意图或一般目的的其他证据,包括立法资料。因此,其缺陷是明显的,正如波斯纳所言,"含义取决于语境,同时也取决于句子的含义以及其他形式。在确定含义时,要努力避免与世界上的事物搅和,这是霍姆斯的一种令人奇怪的形式主义托辞"[②]。

"想象性重构说"主要由罗斯科·庞德提出,其认为解释者要尽力发现"根据设想立法者面临的状况、行动的环境、意图弥补的损害和寻求的救济以及特定争点的打算"来探求立法者的意思究竟是什么[③]。哈特和萨克斯也认为,法官在解释制定法时,要假定立法者是为获取合乎情理之公利的合乎情理的人[④]。但这一方法也存在着弊端,一方面立法者与审判者毕竟并不是同一个人,由于生活经验、价值观、知识储备等不同,如何可以假定以前的立法者会与如今的法官作出相同的判断?另一方面,正如博登海默所言:"确定立法者在审判之时可能会对有关法规采取的看法可能会同该法规通过时立法者所采取的看法是有区别的,所以这是一件碰运气的工作,其结果也肯定只是推测性质的。"[⑤]在疑难案件中,持这一观点的人很难证明其解释是大多数立法者的实际意图。

而客观目的解释则是探求法律规范的合理目标或社会功能的解释方法,它是将法

① Holmes, Oliver Wendell, The Theory of Legal Interpretation, 12 Harv. L. Rev: 417 -418, 1899.

② [美]理查德·A. 波斯纳:《法理学问题》,苏力译,中国政法大学出版社 2005 年版,第 133 页。

③ Roscoe Pound, Spurious Interpretation, 7 Colum. L. Rev: 379 -381, 1907.

④ [美]理查德·A. 波斯纳:《法理学问题》,苏力译,中国政法大学出版社 2005 年版,第 345 页。

⑤ [美]E. 博登海默:《法律哲学与法律方法》,邓正来译,中国政法大学出版社 2010 年版,第 559 页。

的理性作为解释理论的基础。该观点认为,法律解释并不探索历史上立法者的意思,而是探索“法律本身”的意思,即“法律可能比立法者更聪明”的内涵。正如宾丁所言:“最好是别去描述立法者的意思,而是表述立法的意思,法的意思表现在作为整个法的体系的一个环节的某一条法律原则,根据内容、权威和企图达到的目的,把法的意思称之为解释这一条原则的目标。”德国学者拉伦茨和卡拉里斯也提出了客观目的标准,主要包括两个方面:一是法的目的,如和平保障、公平裁决、根据最佳地考虑现有利益的原则对规则进行衡量;二是任何法律都追求“符合实质的规则”①。在确定客观目的时,要考虑社会的发展,也要考虑政治、经济、社会、公共政策、公共利益等因素②。

客观目的解释的最大优点是可以防止法律解释上的僵化和停滞,可以根据具体情况进行具体分析,因而具有与时俱进的变化,跟得上时代发展的步伐。但反对客观目的解释的人则认为客观目的说混淆了法律解释与法官造法的必要划分,并使法院有可能不尊重现有的法律评价而通过法官自己的评价排斥它,而不用强制性地说明理由。其主要理由是认为:第一,客观性是臆想的;第二,客观说导致法律约束松动的不合法;第三,客观说缺乏方法上的诚信;四、缺乏裁判的可监督性③。

笔者认为,法院在法律适用时完全人为地割裂两者的关系是不明智的,应该坚持主客观的统一。正如王泽鉴先生所言:“法律解释的目的固在阐释客观化的法律意旨,但法律意旨的探求仍应斟酌立法者具体的规范意思、价值判断及利益衡量,不能完全排除立法者的意思于不顾,在此意义上,法律解释乃属结合客观意旨及主观意思,致力于实践正义的一种过程。”④我国是一个制定法国家,为保障法律的确定性和稳定性,法院在适用法律时尤其应避免解释的任意性,强调主客观目的的统一。首先,文义解释具有优先性,在法律含义清晰明白时,可主要依据文义解释适用法律规定;其次,法律规定抽象模糊时,主观目的解释是重要的指针。法院应该综合利用历史解释、文义解释、体系解释等多种方式探求立法者的主观意图,尤其是当一些法律规定是立法者根据特殊意图或特殊历史背景制定的时候,此种情形下适用主观目的解释并无太大问题;最后,在一般的案件中,法官仅仅根据法律的措辞和立法者主观意图解释就足以解决问题了,但是在一些疑难案件或特殊情况之下,则需要优先适用客观目的解释。这些特殊情形包括:一些规定制定的时间过长,难以适应社会和技术的发展或者某一法规赖以为条件的社会情势、习俗和一般态度自该法规通过之时起已发生了一种显著

① [德]伯恩.魏德士:《法理学》,丁晓春、吴越译,法理出版社2003年版,第348-349页。

② 孔祥俊:《法律方法论》(第2卷),人民法院出版社2006年版,第878-879页。

③ 具体参见孔祥俊:《法律方法论》(第2卷),人民法院出版社2006年版,第683-685页。

④ 王泽鉴:《法律思维与民法方法》,中国政法大学出版社2001年版,第219页。

的、实质性的和明确的变化[①]，或者基于公平正义的考虑，适用文义解释、主观目的解释，会导致荒谬或明显不合理的结果等。

2. 对网络实时转播的法律定性应优先适用客观目的解释

对未经许可网络实时转播他人享有著作权的作品的法律定性，优先适用客观目的解释不但符合技术中立原则，而且《著作权法》的文义解释和体系解释也可以为其提供正当性基础，主要理由如下：

首先，根据前文所言，当某一法规赖以为条件的社会情势、习俗和一般态度自该法规通过之时起已发生了一种显著的、实质性的和明确的变化，以至于依据这一法规判案会产生不正当或不合理的结果时，法院可依据客观目的进行解释。无论是《伯尔尼公约》最后一次修订时还是我国《著作权法》设置广播权条款时，网络实时转播行为都尚未出现。而当前，随着网络实时转播在互联网中的不断兴起，越来越多的网站或者网播组织未经许可把无线或有线系统传播的广播电视信号转化成数字形式，并在网上进行实时转播，导致相关侵权纠纷源源不断，对著作权人的合法权益造成了极大的损害。此外，《伯尔尼公约》的作用仅仅在于为各缔约国的著作权保护设置最低标准，在符合该最低标准的规定之后，成员国完全可以基于各国国情和现实需求为权利人提供更高程度的保护。因而我国完全可以根据本国社会和技术发展的实际情况这一客观目的，将网络实时转播纳入广播权的规制范围之内，这并不违背《伯尔尼公约》。

其次，根据技术中立原则，立法和司法在考量一种行为的法律定性时，应该重点审视行为本身的目的和后果，而非该行为所借以实施的技术手段。网络实时转播作品的行为与传统广播电台通过无线电波、有线电缆转播作品的行为，无论是在行为的目的和后果上都完全相同，只存在一些技术手段的差异。如果仅仅因为网站或网播组织所使用的技术手段与传统广播电台有所不同，就在法律定性上对其进行区别对待，显然有失公平。

再次，通过文义解释和体系解释可以强化客观目的解释的正当性。一方面，从文义解释来说，网线所使用的光纤和电缆传输与有线电视使用的电缆传输并无本质区别，实质上都是一种"有线传输"。另一方面，法律体系解释方法告诉我们，通过解释前后法律条文和法律的内在价值与目的，来明晰某一具体法律规范或法律概念的含义。这种解释方法的理论目标试图通过解释实现法律文本的融贯性和一致性，从而维护法律文本的权威[②]。我国《著作权法》虽然没对"有线"这一术语进行明确解释，但是可以结合《著作权法》中的信息网络传播权条款对其进行理解。该条规定："信息网络传播

① ［美］E. 博登海默：《法理学：法律哲学与法律方法》，邓正来译，中国政法大学出版社 1999 年版，第 560 页。

② 王彬：《体系解释的反思与重构》，载《内蒙古社会科学》（汉文版）2009 年第 1 期。

权即以有线或者无线方式向公众提供作品……”结合当时的立法背景和目的,设置信息网络传播权主要目的:一方面是为了履行《世界知识产权组织版权条约》所规定的“向公众传播权”的义务,另一方面是为了应对互联网对传统著作权保护所带来的挑战,因此该条规定的“有线”显然包含使用网线的方式。据此,为保证我国著作权法体系的一致性,防止前后法律术语内涵的矛盾,广播权条款中的“有线”也应该解释为包含使用网线的方式。

需要注意的是,并非所有形式的网络实时转播都构成“有线传播”,从而受广播权控制。这是因为根据上文所述,广播权条款中“有线传播”行为传播的内容必须是已经向公众“广播”的作品。这说明“有线传播”只能是转播行为,而不能是以有线方式进行直接传播的行为[①],并且由于“广播”(broadcasting)仅指以无线方式进行的传播,而“有线传播”行为传播的又必须是已经向公众“广播”的作品,因此广播权条款中的“有线传播”仅包含一种情形,即针对初始传播形式为“无线方式”的广播,采取的以“有线方式”进行的转播行为[②]。例如无线广播电视台和卫星广播组织一般采取无线电波形式对作品进行广播,视频网站如果未经许可将这些广播电视信号转化成数字形式,并在网上进行实时转播,此种情形显然可受广播权规制。然而现实生活中还存在一种情形,即视频网站实时转播的内容来源于有线广播电视台、网播组织或其他网站。尤其是当前随着网络自制节目的兴起,未经许可的盗播现象屡见不鲜。在当前司法实践中,不少视频网站在其网站中直播的自制影视作品或者花费巨资引入的独家影视作品,都曾遭到过其他网站甚至电视台的未经许可的实时转播,比如56网的自制节目《微博江湖》和乐视的《唐朝好男人》[③]。

由于这些广播组织或网站都是采取有线电缆或者网线的方式传播作品,因此对于此种类型的网络实时转播因其初始传播为“有线方式”,而不属于广播权条款的规制范围。那么对此种行为我们又该如何定性呢?在“央视国际诉百度和搜狐案”中,北京高院认为针对初始传播为“有线方式”的网络实时转播可用著作权人所享有的“其他权利”这一兜底条款予以调整。本文赞同这一做法,正如前文所述,权利法定为著作权设定的基本原则,故对于兜底性权利条款的适用应采用严格的标准,否则将会对权利法定的原则造成不当影响。当前情形下,初始传播形式为“有线方式”的网络实时转播行为已日益泛滥和典型,其对著作权人的合法权益所造成的损害也日益突出,因而已然

---

① 焦和平:《三网融合下广播权与信息网络传播权的重构——兼析〈著作权法(修改草案)〉前两稿的相关规定》,载《法律科学(西北政法大学学报)》2013年第1期。

② 王迁:《论“网络传播行为”的界定及其侵权认定》,载《法学》2006年第5期。

③ 参见比特网:《视频网站发力自制节目网台联动亟待开启新局面》,载:http://net.chinabyte.com/359/12460359.shtml,最后访问日期2016年11月27日;比特网:《乐视网自制剧〈唐朝好男人〉首播即遭“盗播门”》,载http://net.chinabyte.com/122/12625122.shtml,最后访问日期2016年11月27日。

具备了对其进行规制的必要性,但此类行为却不符合著作权法所规定的16项基本权利之内涵。此外,正如前文所述,初始传播为"无线方式"的网络实时转播行为可受广播权规制,而初始传播形式为"有线方式"的网络实时转播行为与之相比,只存在技术手段上的差别,无论是在目的和后果上都完全相同。如果因此而得出侵权与否的不同结论,显然缺乏正当性。因而为尽量弥补广播权条款的立法缺陷,对于初始传播形式为"有线方式"的网络实时转播行为应适用著作权人的兜底条款进行调整。

当然这一解释方法存在一个问题,即因初始传播方式的不同而将网络实时转播行为作为两项不同的权利进行保护,根本上是违背技术中立原则的,但这是现有法律框架内保障权利人合法权益的最有效、合理的方法,不失为一种权宜之计。在著作权法修改草案的送审稿中,立法者已经意识到了对于网络实时转播这类非交互式传播行为保护的尴尬处境。为应对这一问题,立法者对网络传播行为相关的专有权利项进行了较大的变动。基于传播方式的不同,立法者将"广播权"改名为"播放权",并对这一概念进行了重塑①。根据这一修改,网络定时播放、网络广播、网络实时转播等非交互式传播行为都受"播放权"规制,而网络点播等交互式传播行为仍旧适用于"信息网络传播权"。因此,如果送审稿最终得以通过的话,无论初始传播为"无线方式"还是"有线方式"的网络实时转播都可直接受"播放权"控制,那么上述争议也将迎刃而解。

三、转播权条款对网络实时转播行为的解释:客观目的解释的再适用

值得注意的是,视频网站未经许可实时转播的广播电视节目,除了电视、电影等具有独创性的作品之外,还有很多不具有独创性的访谈、体育赛事类节目。对于这些节目,由于其独创性尚不足以使其构成作品,广播电视组织难以凭借著作财产权对其采取措施,但电视广播组织还可以基于著作权法第45条对其规定的相关邻接权(统称为"广播组织权")②对其进行规制。因为广播组织权的客体并非节目而是载有节目的信号③,无论节目信号所承载的节目内容本身是否具有独创性,只要广播电视对该节目进行组织播放,其便享有对该节目的广播组织权,而广播组织权中与网络实时转播相关的只有转播权。那么广播电视台的转播权是否可以规制网络实时转播行为呢?司法

① 《著作权法》(送审稿)第11条规定:"(六)播放权,即以无线或者有线方式公开播放作品或者转播该作品的播放,以及通过技术设备向公众传播该作品的播放的权利;(七)信息网络传播权,即以无线或者有线方式向公众提供作品,使公众可以在其个人选定的时间和地点获得作品的权利。"

② 《著作权法》第45条规定:"广播电台、电视台有权禁止未经其许可的下列行为:(一)将其播放的广播、电视转播;(二)将其播放的广播、电视录制在音像载体上以及复制音像载体。"

③ 《著作权法》(送审稿)第41条明确指出:"本法所称的广播电视节目,是指广播电台、电视台首次播放的载有声音或者图像的信号。"

实践对此呈现出两种截然相反的观点:支持用转播权规制未经许可的网络实时转播行为有"央视诉福州几何网讯科技公司案",法院认为,被告未经许可对央视五套的比赛节目进行网络实时转播侵犯了央视对该节目享有的转播权①。但在"嘉兴华数公司诉嘉兴电信公司案"中,法院却认为,"被告通过互联网转播了黑龙江电视台的广播节目,但根据现行法律的规定,尚不能将被告通过网络转播黑龙江电视台节目信号的行为视为著作权法第45条规定的转播行为"②。

司法实践产生上述分歧的根源在于,在利用转播权条款对网络实时转播行为进行解释时,又再次遇到了主观目的解释与客观目的解释相冲突的困境。我国著作权法第45条虽规定广播电视组织可以禁止他人未经许可"将其播放的广播、电视转播",但是其并未对广播组织转播的含义进行明确界定,著作权法实施条例及有关著作权法的司法解释也未对此予以阐释。因而法院认为对广播组织的转播权含义的认定,应该参照《罗马公约》③和Trips协定④的相关规定。根据《罗马公约》和Trips协定的规定中,转播权都仅指以无线方式进行的转播行为,显然不包含网线方式进行的转播。WIPO的《世界知识产权组织保护广播组织条约基础提案草案》虽规定广播组织将转播权扩大到互联网领域,但由于各国意见分歧较大而至今尚未通过。此外,在2001年全国人大法律委员会对修改《著作权法》报告的说明也明确指出,《著作权法》中广播组织的转播权可以控制以有线电缆方式和无线方式进行的转播,但尚不能控制通过互联网进行的转播⑤。因而从国际条约、历史解释以及主观目的解释来看,似乎我国的转播权无法规制网络实时转播行为。

但需要明确的是,目前为止,我国并未加入《罗马公约》,因而我国并无履行《罗马公约》的义务。并且即便我国所加入的国际公约对转播权的规定不包含网络实时转播,我国完全可以根据现实的需要对其进行扩张保护。正如前文所言,国际公约的作用仅仅在于为各缔约国的著作权保护设置最低标准,在符合该最低标准的规定之后,成员国完全可以基于各国国情和现实需求为权利人提供更高程度的保护。因为一个国家对本国国民著作权和邻接权的保护是国内事务,是国家主权的体现,不受国际条

---

① 参见(2010)榕民初字第299号民事判决书。

② 参见(2011)嘉南知初字第24号民事判决书。

③ 《罗马公约》第13条第1款规定,广播组织应当有权授权或禁止转播其广播节目,该权利即为转播权。关于广播及转播的含义,该公约第3条第6款、第7款将其解释为:广播是指供公众接收的声音或图像和声音的无线电传播;转播是一个广播组织的广播节目被另一个广播组织同时广播。因此《罗马公约》所规定的广播和转播的方式主要是指无线广播和无线转播。

④ Trips协定第14条第3款规定:"广播机构应有权禁止下列未经其许可的行为:录制、翻录、以无线广播手段转播,以及向公众传播同一录音制品的电视广播。若各成员方未向广播机构授予此种权利,则应依照《伯尔尼公约》(1971),向广播内容的版权所有者提供阻止上述行为的可能性。"Trips该款的规定事实上也是来源于《罗马公约》的规定。

⑤ 参见胡康生主编:《中华人民共和国著作权释义》,法律出版社2011年版,第278页。

约的干涉。当前我国的现实情况是，随着网络技术的发展，越来越多的互联网站未经许可对不具有独创性的电视广播节目进行网络实时转播。而广播组织并无其他相关邻接权可以对其进行规制，这对于广播组织者来说是极为不公平的。因为广播组织对其组织播放的节目花费了大量的精力和经济成本，未经许可的转播将导致广播电视的观众数量减少和广告收入降低，严重损害了广播组织的经济利益，应该予以制止①。因而当转播权条款最初所赖以为条件的技术状况以及社会现实已经发生了显著和实质性的变化时，法院应该依据客观目的对其进行解释，将网络实时转播纳入转播权的规制范围之内。此外，正如前文所言，根据技术中立原则，网络实时转播与无线转播和有线电视转播的目的和后果是一样的，区别仅在于其所使用的技术手段不同，不应该对其进行差异定性。

事实上，最新著作权法的修改也体现了对广播组织的转播权进行扩张解释的思路。立法者基于现实状况的考虑对现行的广播组织权进行了修改，其在著作权法送审稿 42 条明确指出："广播电台、电视台对其播放的广播电视节目享有下列权利：(1)许可他人以无线或者有线方式转播其广播电视节目。"正如前文所述，著作权法中的"有线"这一术语包含计算机网络使用的网线，因而这一修改为法院规制未经许可的网络实时转播提供了更加明确的指示。

四、结语

网络实时转播是当前理论界和实务界遇到的一道法律解释难题，由于网络实时转播所具有的非交互性，信息网络传播权无法对其进行规制，同时兜底条款也不能轻易使用。结合社会的实际情况和技术发展现状，灵活运用客观目的解释方法是现有法律框架内保障权利人合法权益最有效、合理的解决思路。对视频网站未经许可将他人作品进行实时转播而言，将初始传播为"无线方式"的网络实时转播行为纳入广播权控制的范围之内，而将初始传播为"有线方式"的网络实时转播纳入兜底条款进行调整。而对视频网站未经许可将他人不具有独创性的访谈、体育赛事等节目进行实时转播而言，可以利用广播组织的转播权对其进行规制。

① 王迁：《知识产权法教程》(第 4 版)，中国人民大学出版社 2014 年版，第 210 页。

检视民事案件中的“宪法问题”

——以成都信用卡滞纳金案的宪法解释误区为例

邹　奕*

摘　要:我国的民事案件中可能存在“宪法问题”,它是指作为立法结果的民事法律规范是否符合宪法文本及宪法解释的问题。但在某些民事审判实践中,法院混淆了“宪法问题”与“法律问题”的界限,在宪法解释的方法论上陷入了误区,成都滞纳金案即为明证。成都高新法院在该案中提出了所谓的“宪法问题”:就贷款年利率的限制而言,现有立法在金融借贷和民间借贷之间采取了不合理的差别对待,相对于后者,前者不存在明确的年利率上限,金融借贷中的信用卡滞纳金因而容易导致高额的贷款利息。然而,法院曲解了宪法上平等权的属性和内容。一方面,对于宪法之平等条款的司法援用存在明显的规范障碍。另一方面,无论是借贷双方之间的“平等”还是贷款人之间的“平等”抑或是借款人之间的“平等”在宪法逻辑上均难以成立。除了平等权以外,宪法上的财产权和自主经营权也均不足以支持法院对于信用卡滞纳金的司法限制。

关键词:民事案件;宪法问题;信用卡滞纳金;平等权

一、引言

2015 年 11 月,成都市高新技术产业开发区法院(下文简称“高新法院”)作出了(2015)高新民初字民事判决书,至此,中国银行股份有限公司成都高新技术产业开发区支行(下文简称“高新支行”)诉沙某某信用卡纠纷案(下文简称“滞纳金案”)审理终结。此后双方当事人均未提出上诉。该案的诉讼程序方才宣告完结,坊间的相关讨论和争议便陆续展开。正面的评价明显占据主流,对该案的质疑、诟病之声寥寥。“宪法

* 邹奕,男,湖南长沙人,四川大学法学院讲师,法学博士,研究方向为宪法学与行政法学。

走进判决书,这本身就值得喝彩。”[①]一篇评论如是说。多家新闻媒体指出,滞纳金案具有某种“示范意义”:法院在现行法律框架内“可以推倒银行的高额滞纳金”[②]。更多的论者则认为,将宪法条文写进判决书、让《宪法》走进法院才是该案最重要的意义[③]。

毋庸置疑,凭借一桩稀松平常的信用卡滞纳金纠纷案件,高新法院扎扎实实地为宪法刷了一回存在感。在许多民众和部分学者看来,齐玉苓案批复于2008年被废止以后[④],法院依然能在民事审判中援用宪法[⑤]更显弥足珍贵[⑥]。初读该案的民事判决书,包括专业人士在内的大多数读者也许不会吝啬给予“另辟蹊径”、“独具匠心”之类的溢美之辞。但笔者窃以为,高新法院在该案中对于宪法的援用着实存在不容小觑的谬误。即便不考虑法院(下文简称“法院”)进行违宪审查的体制障碍,该法院对于所谓之“宪法问题”的认定依然经不起推敲。

那么,究竟何谓“宪法问题”呢?从世界范围来看,这一概念发端于那些由普通法院或者专门法院负责违宪审查的国家。在其违宪审查实践中,“宪法问题”(constitutional issue/question)是同“法律问题”(statutory issue/question)对应并存的概念[⑦]。简而言之,“因宪法的适用而产生的问题是宪法问题,因法律的适用而产生的问题是法律问题”[⑧]。从规范依据来看,“法律问题”涉及包括狭义法律在内的所有规范性文件,只

---

① 沈彬:《宪法走进判决书,对信用卡滞纳金说不》,载《东方早报》2015年12月14日第A4版。

② 殷国安:《信用卡天价滞纳金应该全面取消》,载《北京青年报》2016年2月24日第A2版。

③ 目前的主流观点认为:法院对于《宪法》的援用应当仅限于合宪性解释,不包括违宪审查。详见张翔:《两种宪法案件:从合宪性解释看宪法对司法的可能影响》,载《中国法学》2008年第3期。鉴于学界已就该问题提供了大量的智识资源,本文不拟纠结于此。

④ 最高法院于2008年12月18日发布公告,以“已停止适用”为由废止《最高法院关于以侵犯姓名权的手段侵犯宪法保护的公民受教育权的基本权利受否应承担民事责任的批复》(法释〔2001〕25号)。

⑤ 与“援用”一语相近的表述另有“援引”、“适用”、“司法化”等等。有论者选择了“援用”这一表述,其认为:“只要法院在审判过程中利用宪法,都可以被认为在援用宪法。援用虽然以援引为基础,但核心在于‘用’。无论是援用宪法说理还是作为裁判依据,法院援用的宪法规范都是正式的法律渊源,对诉讼当事人产生了法律约束力。”邢斌文:《法院如何援引宪法——以齐案批复废止后的司法实践为中心》,载《中国法律评论》2015年第3期。本文赞同这一论说,并采用“援用”这一表述来指称:法院在审判实践中援引《宪法》作为实质性的说理依据或者裁判依据。

⑥ 根据邢斌文的系统考察,齐玉苓案批复的废止对于审判实践的影响有限,在此之后,法院援用《宪法》作为说理依据乃至裁判依据的例子仍不断出现。详见邢斌文:《法院如何援引宪法——以齐案批复废止后的司法实践为中心》,载《中国法律评论》2015年第3期。

⑦ 在最早开始违宪审查实践的美国,“宪法问题”是司法实践中的一个重要概念。美国联邦法院创造了一系列与之相关的司法原则。譬如“案件或争议要求”(Case or Controversy Requirement),法院因此只能在具体的案件或争议中考虑相关的“宪法问题”。See Erwin Chemerinsky, Constitutional Law, Foundation Press, 2013, pp. 40–43. 又如“避免宪法问题”(Avoiding Constitutional Questions),这是由美国最高法院创造的法律解释技术,其旨在“避免一开始就处理针对国会制定法而提出的合宪性异议。”John F. Manning&Matthew C. Stephenson, Legislation and Regulation, Foundation Press, 2013, p. 249. 而在德国等实行专门法院违宪审查制的国家,“宪法问题”与“法律问题”的二分则有利于明确宪法法院与其他法院的司法管辖界限。

⑧ 胡锦光:《论宪法救济的原则》,载《法学杂志》2004年第9期。

有宪法除外,而"宪法问题"则只涉及宪法;从基本性质来看,"法律问题"既包括公法问题又包括私法问题,而"宪法问题"则主要限于公法问题,通常存在国家公权力的因素。严格地说,"宪法问题"应该是指国家机关的立法、执法、司法等公权力行为是否与宪法文本及宪法解释相冲突的问题。在个案审查中,确认存在"宪法问题"是就"宪法问题"作出判断的前提和基础。换句话说,倘若特定案件中不存在"宪法问题",自然也就无从且无须进行合宪抑或违宪的判断。应当看到,法院审理的民事、刑事和行政案件均有可能触及"宪法问题"。但不同于其他两类案件,民事案件所体现的是平等主体之间的民事争议,一般不涉及国家公权力。尽管如此,某些民事案件依然有可能存在"宪法问题",原因在于:民事法律规范本身就是国家行使立法权的结果,是人民进行政治决断的产物,它与刑事、行政法律规范同处于宪法秩序之下。由此观之,民事案件中的"宪法问题",应当是指作为立法结果的民事法律规范是否符合宪法文本及宪法解释的问题①。言及至此,滞纳金案当真涉及"宪法问题"吗?高新法院是否在宪法解释的方法论上陷入了某种误区呢?带着这些问题,本文打算重访该案。

二、信用卡滞纳金纠纷引发的"宪法问题"

长期以来,信用卡滞纳金政策饱受诟病,甚至被指斥为"合法抢劫"。在已经审结的涉及信用卡滞纳金纠纷的一系列案件中,法院基本上都支持了发卡行收取滞纳金的诉讼请求,即使案件涉及高额的信用卡滞纳金②。由此我们不难理解滞纳金案为何会受到社会的如此关注。不仅如此,该案也足以引起宪法学界的侧目。通过援引宪法第33条第2款有关公民平等权的规定,高新法院试图证成:民间借贷的年利率上限也应当适用于金融借贷,因此,金融借贷中的信用卡滞纳金应该受到限制。

(一)作为案件争议焦点的信用卡滞纳金

2013年9月4日,沙某某向高新支行申请长城环球通白金信用卡。信用卡申请合约第3条第2款约定:"信用卡透支按月计收复利,日利率为万分之五",另该合约第3条第1款约定:"乙方在到期还款日之前未能偿付最低还款额或未能完全还款的,乙方除按照甲方规定支付透支利息外,还需按照最低还款额未偿还部分的5%支付滞纳

---

① 较之于民事案件中的"宪法问题",刑事案件以及行政案件中的"宪法问题"不仅涉及立法层面,而且涉及执法层面。在刑事案件中,刑事司法机关的刑事司法行为存在违宪的可能;在行政案件中,行政机关的行政行为也存在这一可能。

② 详见中国工商银行厦门市分行诉吴思谌信用卡透支纠纷案,福建省厦门市中级人民法院民事判决书(2005)厦民初字第394号;中国工商银行厦门市分行诉林光弼信用卡透支纠纷案,福建省厦门市中级人民法院民事判决书(2007)厦民初字第266号;中国工商银行珠海分行与严立东信用卡纠纷上诉案,广东省珠海市中级人民法院民事判决书(2007)珠中法民二终字第208号。

金"。截至2015年6月8日,前者欠付后者信用卡欠款共计375079.3元。高新支行起诉至高新法院,请求该法院依法判令沙某某归还信用卡欠款375079.3元(截至2015年6月8日的本金、利息及滞纳金),及至欠款付清之日止的利息(以375079.3元为本金,信用卡透支按月计收复利,日利率为万分之五)、滞纳金(按照375079.3元未偿还部分的5%每月支付滞纳金)①。沙某某对高新支行所称事实并无异议。双方当事人一致确认:第一,截至2015年6月8日透支本金为339659.66元;第二,截至这一日期,沙某某因信用卡透支本金、利息及滞纳金共计375079.3元。对于上述案件事实,高新法院也予以了确认。但就法院的民事判决书来看,沙某某的诉讼请求并不具体,只是请求能够对滞纳金予以减免。那么,原被告双方的争议焦点具体是什么呢?且看法院的主要判决结果:

被告沙某某于本判决生效之日起15日内向原告中国银行股份有限公司成都高新技术产业开发区支行支付截至2015年6月8日的本息375079.3元及从2015年6月9日起的利息(利息计算方式为:以339659.66元为本金,按照年利率24%计算至本息付清之日)②。

从上述判决来看,该案的争议焦点有二:其一,银行信用卡欠款是否应当采用复利来计算利息。其二,银行信用卡欠款是否应当完全将每月5%的滞纳金计算在内,更确切地说,贷款利率是否可以因滞纳金的计入而超过年利率24%的限制③。至于截至2015年6月8日的信用卡欠款375079.3元,原被告双方均无争议,法院也未予深究④。由于信用卡滞纳金特殊的性质以及较高的额度,第二个争议焦点更受关注。因此,本文主要讨论这一个争议焦点。

信用卡滞纳金的法律性质如何?目前,实务界和理论界基本上取得了共识:信用卡滞纳金是民法上的违约金而非行政法上的滞纳金。虽然法律、行政法规中的行政法

---

① 关于中国银行股份有限公司成都高新技术产业开发区支行诉沙某某信用卡纠纷案的事实信息和判决信息,本文若无特别说明,均直接来源于成都市高新技术产业开发区法院民事判决书(2015)高新民初字第6730号。本文参考的民事判决书文本详见洪艳蓉主编:《金融法苑》(总第93辑),中国金融出版社2016年版,第54-61页。

② 成都市高新技术产业开发区法院民事判决书(2015)高新民初字第6730号。

③ 在我国有关银行信用卡的法律实务中,在计算银行的贷款利率时计入信用卡滞纳金并无疑义。美国的主流司法实践也采用了这一做法。依据行政机关的解释,美国最高法院曾认定:银行收取的信用卡账户之滞纳金(late payments)属于"利息"。See Smiley v. Citibank, 517 U.S. 735 (1996)。

④ 通过对比截至2015年6月8日的透支本金(339659.66元)和本息即银行信用卡欠款(375079.3元),本文认为存在两种可能:其一,2015年6月8日以前,高新支行实际上减少了信用卡滞纳金;其二,2015年6月8日以前,该行实际上减少了复利计算的额度。

规范不乏“滞纳金”的表述,但此“滞纳金”绝非信用卡“滞纳金”,二者名同而实不同[①]。此外还应当看到,信用卡滞纳金是法定的违约金而非约定的违约金,其主要的规范依据当属《银行卡业务管理办法》第22条[②]。该滞纳金的收取并不以发卡银行和贷记卡持卡人的合意为转移。如果严格依照这一条款,发卡银行自身无权就是否减免滞纳金进行裁量,原因在于:这不仅是其私法上的权利也是其公法上的义务。从这个意义上说,一旦违反这一公法义务,发卡银行及其有关人员都有可能受到行政处罚[③]。

信用卡滞纳金是否存在限制呢?从前述判决结果来看,高新法院给出了肯定的回答且提供了明确的标准:银行信用卡的贷款利率不能因滞纳金的计入而超过年利率24%的限制。该标准的设定体现了高新法院对于高额信用卡滞纳金问题的现实关切。其考虑到:高额的信用卡滞纳金往往会对借款人造成过重的金钱负担,明显不合理。该法院强调:

本金每个月产生5%的滞纳金并且产生每日万分之五的利息;进入下一个月后上个月的滞纳金、利息计入本金,该本金再产生每个月5%的滞纳金并产生每日万分之五的利息;依此循环往复。在这个过程中且无论滞纳金、利息计入本金,单滞纳金每年已经达到60%,利率也达到18%,两者相加已经达到年利率78%[④]。

由此观之,一旦将每月5%的滞纳金计入,不管是否计算利息,也无论是否计算复利,年利率24%的限制势必会被突破。那么,这一限制的规范依据何在呢?为此,高新法院举出了《最高法院关于审理民间借贷案件适用法律若干问题的规定》[⑤]第30条的规定:“出借人与借款人既约定了逾期利率,又约定了违约金或者其他费用,出借人可以选择主张逾期利息、违约金或者其他费用,也可以一并主张,但总计超过年利率24%的部分,法院不予支持。”显然,若要将这一规定适用于滞纳金案,无疑存在着一个难以突破的规范瓶颈[⑥]:顾名思义,上述《规定》所调整的领域仅限于民间借贷[⑦],金融借贷

① 根据《行政强制法》第12条和第45条的规定,行政法上所谓的“加处滞纳金”在本质上是行政强制执行的方式。而信用卡滞纳金发生的场域却是民事法律关系而非行政法律关系,该“滞纳金”与行政强制执行并无瓜葛。

② 根据“北大法律检索数据库”中“效力级别”的分类,《银行卡业务管理办法》属于“部门规章”。但有学者认为它只是中国人民银行制定的其他规范性文件。《银行卡业务管理办法》第22条规定:“发卡银行对贷记卡持卡人未偿还最低还款额……的行为,应当分别按最低还款额未还部分……的5%收取滞纳金”。

③ 详见《银行卡业务管理办法》第57条。

④ 成都市高新技术产业开发区法院民事判决书(2015)高新民初字第6730号。

⑤ 根据“北大法律检索数据库”中“效力级别”的分类,《最高法院关于审理民间借贷案件适用法律若干问题的规定》属于“司法解释”,但它并非针对一部现行法律的专门解释。

⑥ 除此之外,另有一个明显的规范障碍:该规定所限制的只是出借人和借款人约定的利息、违约金或者其他费用,而信用卡滞纳金却并不是约定的而是法定的。高新法院并没有注意到这一点。

⑦ 《最高法院关于审理民间借贷案件适用法律若干问题的规定》第1条第2款明确规定:“经金融监管部门批准设立的从事贷款业务的金融机构及其分支机构,因发放贷款等相关金融业务引发的纠纷,不适用本规定。”

不在此列。为了完成这一项"移花接木"的司法作业,法院提出了所谓的"宪法问题"。

(二)"宪法问题"的提出

通过解读现行法律设定的利率体系,高新法院发现了一个有意思的现象:"国家一方面宣称对于借款利率上下额度进行限制;另一方面对于商业银行借款利率却从来没有明确规定。"[①]法院考察了这一现象的社会背景:"长期以来,商业银行作为国有企业或者国有控股企业,国家相信这些经营主体会模范地遵守相应规定,不会对其他经营主体或个人形成高利盘剥,会在国民经济和国计民生当中发挥积极的作用。"[②]在法院看来,出于这样一种过度的信任,关于商业银行贷款年利率上限的法律规定存在严重的缺位[③]。于是,高新法院提出了有关平等权的"宪法问题"。

从反向角度,如果认可信用借款超高额利率将导致为法律及社会民众所不可容忍之悖论。《中华人民共和国宪法》第32条第2款昭示:"中华人民共和国公民在法律面前一律平等。"[④](此处引用宪法并非作为裁判依据而仅用于说理论证)平等,也是社会主义核心价值理念的基本内容与内涵。平等意味着对等待遇,除非存在差别对待的理由和依据。一方面,国家以贷款政策限制民间借款形成高利;另一方面,在信用卡借贷领域又形成超越民间借贷限制一倍或者几倍的利息。这显然极可能形成一种"只准州官放火,不准百姓点灯"的外在不良观感[⑤]。

在长达6000千余字的民事判决书中,这一段阐述所占的篇幅无疑是十分有限的。然而,仅此一段,足以使这一纸判决书在短时间内引起广泛关注。有学者认为:"事实上,不提宪法平等条款,并不影响判决结论的得出。"[⑥]对此,笔者持保留态度。综观整个民事判决的说理依据和判决依据可知,除了宪法的平等条款以外,法院援用的其他法规范都无法充分证立该案的判决结果[⑦]。尽管法院特意强调,"此处引用宪法并非作为裁判依据而仅用于说理论证",但宪法有关平等权的规定却是其据以限制信用卡滞

---

① 成都市高新技术产业开发区法院民事判决书(2015)高新民初字第6730号。

② 成都市高新技术产业开发区法院民事判决书(2015)高新民初字第6730号。

③ 应当看到,商业银行并不限于国有控股银行,还包括合资银行、外资银行、港资银行和台资银行等。根据《银行卡业务管理办法》以及《最高法院关于审理民间借贷案件适用法律若干问题的规定》,上述商业银行均可以收取滞纳金,并且,它们的贷款年利率均不存在规范层面的限制。

④ 我国宪法中的平等条款应该列于第33条而非第32条之中,此乃民事判决书的笔误。

⑤ 成都市高新技术产业开发区法院民事判决书(2015)高新民初字第6730号。

⑥ 蒋清华:《成都信用卡案绝不是宪法司法化的又一次试水》,载http://www.aiweibang.com/yuedu/90078439.html(最后访问日期:2016-5-17)。

⑦ 通过一一查阅该民事判决书所载的判决依据(《合同法》第8条第1款、第60条第1款、第107条、第114条第1款、第2款、第204条、第211条,《商业银行法》第38条的规定),笔者发现:以上任何一个条款的规定都不足以限制或否定信用卡滞纳金的法律效力。

纳金的必要依据。

那么,为了限制高额的信用卡滞纳金,高新法院是否可以在《宪法》之外另寻他途?关于信用卡高额滞纳金的治理方案,有学者已经进行了一定的探究①。本文认为我国目前的民事法律规则确实难以对信用卡滞纳金构成直接规制。当然,这并不等于说,面对高额信用卡欠款的沙某某定然得不到任何私法上的救济。应当看到,民法基本原则具有补充法律漏洞的功效。就本案而言,公平原则和公序良俗原则的适用有可能在一定程度上减轻沙某某的债务负担,但遗憾的是,高新法院完全没有考虑这些民事基本原则。

三、走出平等权的宪法解释误区

对于滞纳金案的判决,有学者赞曰:"判决书将宪法平等条款用来作为说理论证的一环,体现出该案代理审判员周法官具有强烈的逻辑思维和宪法意识。"②然而,本文坚持认为:高新法院对于宪法上平等权问题的论证看似逻辑周延,实则存在致命的缺陷,它不仅突破了宪法之平等条款的字面规定,而且曲解了宪法上平等权的属性和内容。

众所周知,在四种基本的宪法解释方法当中,文义解释相对于历史解释、体系解释和目的解释通常处于比较优先的地位③。由此观之,在宪法解释当中,较之于制宪者自身的意图,宪法的文义应当被置于更加重要的位置。然而,在滞纳金案中,高新法院的判决却偏执于其所欲达成的"平等"目标从而罔顾了宪法的明文规定。因此,就宪法解释的方法论而言,该法院陷入了严重的误区,实质上是以基于主观目的的道德判断来代替基于规范的法律判断。由此观之,高新法院以及其他法院有必要在今后的类似案件中走出平等权的宪法解释误区。

(一)援用宪法之平等条款的规范障碍

一位网民一针见血地指出了高新法院援引平等条款的明显纰漏:"'中华人民共和国公民在法律面前一律平等'用在这儿,用错了。'公民'二字清晰地写在那儿呢,商业银行是企业法人而非公民。"④事实上,即使是未经法学专业训练的人士都能看出这一漏洞。从民事判决书的具体表述来看,法院似乎是在主张作为金融借贷的信用卡借贷

① 详见陈承堂:《论信用卡滞纳金的性质及其治理》,载《法律科学》2009年第4期。

② 蒋清华:《成都信用卡案绝不是宪法司法化的又一次试水》,载 http://www.aiweibang.com/yuedu/90078439.html =(最后访问日期:2016-5-17)。

③ 这四个概念发端于德国。而在美国宪法的理论和实务中,则有意涵与之近似的四个概念:文本主义、原旨主义、语境主义和实用主义。

④ 《"用宪法论证"的判决其实并不帅》,载 http://blog.sina.com.cn/s/blog_9cee2e650102w6h0.html,最后访问日期为2016年4月1日。

与民间借贷在年利率方面的“平等”。但是,民事判决书并未明示究竟何者才是宪法上平等权的主体。从滞纳金案的具体案情来推断,法院援用《宪法》的平等条款无非存在三种可能的逻辑:其一是借贷双方之间的“平等”;其二是贷款人之间的“平等”;其三是借款人之间的“平等”。显然,前两种情形下的平等权主体必然涉及法人①。在这两种情形下,高新法院确有必要论证从事金融借贷业务、民间借贷业务的企业均享有宪法上的平等权。从表述来看,平等条款明确地将平等权主体限定为中国公民。不仅如此,在宪法文本中,该条款处于“公民的基本权利和义务”这一章名之下,这就进一步确证了只有作为中国公民的自然人才能依据该条款享有平等权②。毋庸讳言,法院对于平等条款的援用明显突破了宪法的文义。难不成,法院可以辩称其所适用的其实并不是有关“平等”的宪法规定而是“平等”这一宪法精神吗?窃以为,任何绕开宪法文本而谈宪法精神的“宏论”都将遭遇“形之不存,神将焉附”的诘问。毫无疑问,在成文宪法国家,宪法精神只能通过宪法文本所载的规则和原则得以探明和确定③。即便是在宪法诉讼实践较为丰富的国家,直接依据宪法精神来断案也是难以想象的。

高新法院意在主张法人与公民一样享有宪法上的平等权,却将目光锁定于专门规定公民平等权的宪法条款——平等条款,除此之外,法院并未寻求其他的宪法依据。事实上,基于“国家实行社会主义市场经济”这一宪法规定,在解释学上论证作为市场经济主体之法人享有宪法上的平等权不无可能。有学者提出,市场主体的平等性是市场经济条款的题中之意,由此推断,作为市场主体的法人受到平等对待可以说是宪法的间接要求④。笔者赞同这一解释进路。由此结合宪法第 11 条的规定可知,除了国有经济和集体经济以外,个体经济、私营经济等非公有制经济都是市场经济的组成部分,都应当享有宪法上的平等权。但即便如此,即使“特定法人享有宪法上的平等权”这一结论可得证成,法院依然无从得出该案的判决结果。针对前文提及的三种逻辑,下文将逐一进行“病理学”分析。

---

① 同自然人一样,法人也可能成为借款人。因此,第三种情形下的平等权主体也可能包括法人。

② 鉴于《宪法》第 2 章“公民的基本权利和义务”这一章名对于基本权利主体的限定,有学者认为,难以通过宪法解释赋予法人以基本权利主体的地位。详见杜强强:《论法人的基本权利主体地位》,载《法学家》2009 年第 2 期。

③ 论及宪法精神和宪法文本的关系,美国宪法学者阿基尔·阿玛(Akhil R. Amar)曾诘问道:“律师们和法官们不得不时常超越法律的文字,但是,文本本身显然是法律分析的起点。难道说,有可能不考虑法律的文字就径直推断出它的精神吗?”Akhil Reed Amar, The Bill of Rights: Creation and Construction, Yale University Press, 1998, p. 296.

④ 参见白斌:《宪法教义学》,北京大学出版社 2014 年版,第 225 页。

(二)借贷双方之间的"平等"

在滞纳金案中,作为贷款人的高新支行与作为借款人的沙某某是否存在宪法上的平等关系,后者可否主张宪法上的平等权?答案无疑是否定的。依据宪法的市场经济条款以及平等条款,我们或许可以推断出如下宪法命令:社会主义市场经济中的公民、法人在法律面前一律平等。它很容易让人联想到民法上的平等原则。后者的主要规范依据当属《民法通则》第3条:"当事人在民事活动中的地位平等。"根据该法第2条的规定[①],第3条中的"当事人"既包括公民也包括法人。也就是说,公民与法人在在民事活动中的地位平等。此外,一些主流的民法学教科书将"对权利予以平等的保护"作为民法上平等原则的具体表现之一[②]。由此观之,宪法上的平等原则与民法上的平等原则在意涵上似乎并无二致,但观其实质,这样两种平等原则或者说两种平等权却是迥然有别的。一方面,《民法通则》等民事法律属于私法。民法上平等原则所规范的对象是私主体之间的民事行为,其对于借贷双方行为的调整以二者的意思自治为基础,而且,它一般不能被用于对抗相关的强制性规范。另一方面,宪法属于公法[③]。宪法上平等原则所规范的主要对象是国家机关的立法或者执法。基于宪法的最高法地位,这一原则可以对抗任何下位法规范。相比之下,民法上的平等原则关注民事主体在民事活动中地位的相当性;而宪法上的平等原则关注立法或执法对于个人或者组织的无歧视性。前者处理的是一种无关公权力的双边关系,而后者处理的是一种涉及公权力的三方关系。因此,在宪法意义上主张借贷双方之间的"平等"来限制信用卡滞纳金无疑存在悖论。

不可否认,滞纳金案确实具有一定的公法因素:中国人民银行通过制定《银行卡业务管理办法》为银行信用卡借贷业务设定了信用卡滞纳金制度。但是,沙某某与高新支行之间的借贷关系仍然是比较典型的民事法律关系。在宪法层面,中国人民银行并未侵犯沙某某的平等权,后者透支银行信用卡并未按期还款属于盖然性事件,《银行卡业务管理办法》的相关规定并未直接对沙某某造成不利影响。另外,由于沙某某与高

① 《民法通则》第2条规定:"中华人民共和国民法调整平等主体的公民之间、法人之间、公民和法人之间的财产关系和人身关系。"

② 根据该教科书的阐述,民法上平等原则的另外三个具体表现包括:其一,"公民的民事权利能力一律平等。"其二,"不同的民事主体参与民事关系,适用同一法律,处于平等的地位。"其三,"民事主体在民事法律关系中必须平等协商。"王利明等:《民法学》,法律出版社2014年版,第11-12页。

③ 宪法的规范是否属于纯粹的公法?对此,我国宪法学界尚存在一定的争议。但总地说来,多数宪法学者持有肯定的立场。对于德国的"第三人效力"理论以及美国的"国家行为"理论,我国宪法学界在认识上逐渐清晰,在态度上日趋谨慎,目前的共识是:上述两种理论的适用即便在美、德两国也是被严格限定的。本文认为,宪法是纯粹的公法规范,只能在有限的特殊情形之下介入私法关系。

新支行都处于平等的民事法律关系之中，前者不可能侵犯后者具有宪法上的平等权[①]。

(三)贷款人之间的“平等”

如前所述，在滞纳金案中，高新法院援用《宪法》的平等条款存在三种可能的逻辑。而从平等条款的语义逻辑来看，法院所提出的“平等”最有可能是贷款人之间的“平等”。但本文认为，即使经由这一逻辑，法院依然无法得出最终的判决结果。法院的司法论证存在三个方面的偏差，下文将逐一地进行检视。

1. 关于有利差别对待的具体对象

受到有利差别对待的对象究竟是仅限于国有银行、国有控股银行还是包括了可以依法从事借贷业务的所有金融机构？高新法院的论证似乎倾向于第一种答案。法院在民事判决书中指出：“国家一方面宣称对于借款利率上下额度进行限制；另一方面对于商业银行[②]借款利率却从来没有明确规定。”[③]法院将造成这种现状的原因归结为国家立法对于国有银行、国有控股银行[④]在遵守法律和增进公益方面的过度信赖[⑤]。然而，细读滞纳金案的基本案情可知，受到有利差别对待的对象还包括了可以依法从事借贷业务的其他金融机构。因此，所谓贷款人之间的“平等”具体应当是指金融借贷之贷款人与民间借贷之贷款人之间的平等。众所周知，金融机构在外延上涵盖了商业银行，而商业银行又不限于国有控股银行，合资银行、外资银行、港资银行和台资银行均属于这一类别。可见，立法所信赖的贷款人并不限于国有银行和国有控股银行。法院关于受到有利差别对待之具体对象的判断并不准确，其平等保护分析因而可能存在偏差。

2. 关于提出平等主张的适格主体

依据宪法提出平等主张的适格主体是否仅限于民间借贷的贷款人？被告沙某某是否能够提出这一诉求，法院又能否主动对此进行审查？从民事判决书来看，沙某某本人未曾依据宪法提出平等主张，可见，宪法意义上的平等保护审查很可能是法院主

---

① 目前，我国的宪法学界和民法学界基本上达成共识：除非存在国家公权力因素，私人在民事关系中不可能侵犯其他私人宪法上的平等权。以2000年的粗粮王红光店平等权案为例。快餐店挂出“每位18元，国家公务员每位16元”的广告，三位消费者以公民平等权受到侵犯为由起诉。有民法学者认为，这是“店家的一种促销策略，属于店家经营自由的一部分”。如果消费者有意见完全可以“用脚投票”。“店家发现顾客减少，自然会取消广告。”在其看来，该案并不涉及基本权利，否则可能出现“私人间基本权利的侵犯”。见于飞：《基本权利与民事权利的区分及宪法对民法的影响》，载《法学研究》2008年第5期。笔者赞同此说。如果在实践中承认“私人间基本权利的侵犯”，则意味着不同主体之基本权利的对抗，这不仅会大大增加宪法论证的负担，而且会加剧违宪审查与政治过程、私法自治的紧张关系。

② 从民事判决书的具体语境来看，这里的“商业银行”仅限于国有银行和国有控股银行。

③ 成都市高新技术产业开发区法院民事判决书(2015)高新民初字第6730号。

④ 经过股份制改革后，我国商业银行中的国有银行均转变为国有商业银行。所以，下文主要讨论国有控股银行。

⑤ 参见成都市高新技术产业开发区法院民事判决书(2015)高新民初字第6730号。

动展开的。然而,此举违背了司法权的固有属性,确有不妥。如果说法院援用宪法之平等条款的逻辑是贷款人之间的"平等",那么,这个意义上的平等权理应属于贷款人而非借款人。因此,他们才是依据宪法提出平等主张的适格主体。以此度之,滞纳金案的判决无疑存在如下悖论:作为平等主张的适格主体,民间借贷的贷款人并非该案的当事人;而作为该案的当事人,金融借贷的借款人又不是提出平等权主张的适格主体。一言以蔽之,法院是以保障前者的权利之名而行维护后者的利益之实。即便我国目前存在宪法诉讼制度,法院在该案中所提出的平等权问题也是不恰当的。

3. 关于立法限制本身的合法性与合宪性问题

对于民间借贷之借款年利率的立法限制是否存在违宪或违法的问题,高新法院未曾对此予以研讨。"平等意味着对等待遇,除非存在差别对待的理由和依据。"[①]法院的这一认知固然不错,但它似乎忽视了:即便立法上的差别对待因缺乏必要的合理性而构成了歧视,此间仍有两种可能的情形有待于探讨。其一,立法针对某一群体的特别限制本身就存在违宪或违法的问题。针对这种"限制过度"的情形,比较恰当的解决方案自然是取消对民间借贷之借款年利率的限制。其二,立法针对某一群体的特别限制本身不存在违宪或违法的问题,针对这种"限制不足"的情形,高新法院方才可能考虑增加对金融借贷之借款年利率的限制。然而,法院并未对民间借贷之借款年利率限制进行合法性检验,而只是考虑了第二种可能的情形[②]。

(四)借款人之间的"平等"

借款人之间的"平等"是第三种可能的逻辑。高新法院可否认为:金融借贷的借款人与民间借贷的借款人之间存在宪法上的平等关系?若果真如此,作为金融借贷之借款人的沙某某便可以直接主张这一"平等"。但是,此种平等关系在宪法层面显然不能成立。

金融借贷的贷款人与民间借贷的贷款人都经营贷款业务,二者之间不可避免地存在竞争关系。如前所述,不论是作为自然人抑或组织,两类贷款人在市场经济当中都应当受到宪法的平等保护。因此,国家立法对于二者的差别对待确有可能引发宪法问题。但即使如此,金融借贷的借款人与民间借贷的借款人分别处于两个借贷关系之中,二者之间无所谓宪法上的平等关系。众所周知,金融借贷和民间借贷各有优劣。沙某某之所以最终选择了金融借贷而非民间借贷,有可能是考虑到:相对于民间借贷的贷款人,金融借贷的贷款人(主要是商业银行)通常具有更高的社会信誉度、更强的

---

① 成都市高新技术产业开发区法院民事判决书(2015)高新民初字第6730号。

② 目前,限制民间借贷之借款年利率的立法并不是法律、行政法规等制定法,而是作为"司法解释"的《最高法院关于审理民间借贷案件适用法律若干问题的规定》。也许是顾及到自身与最高法院的关系,高新法院尽管提出了所谓的"宪法问题",却未曾对这一相关司法文件的合宪性进行检验。当然,这只是笔者的一种揣测。

风险防范能力，如果不考虑信用卡滞纳金，它往往还具有较低的贷款利率。但与此同时，如果金融借贷的贷款人尽到了告知义务，沙某某也应当知晓并注意：信用卡可能产生高额的滞纳金。即便由于存在信用卡滞纳金的风险，选择金融借贷不如选择民间借贷那般理想，沙某某都无从主张宪法上的平等权，因为她的选择是在信息充分、意志自由的情况下作出的，这完全是市场经济中私法自治的体现。

四、避免财产权和自主经营权的宪法解释误区

在滞纳金案中，高新法院所提出的“宪法问题”仅限于平等权问题，而根据前文所述，这样一种司法进路存在严重的逻辑困境。那么，为了限制高额的信用卡滞纳金，该法院可否以宪法上的财产权和自主经营权作为判决依据呢？尽管其未作此尝试，但不可否认，在今后的类似案件中，这也是高新法院以及其他法院有可能陷入的误区。窃以为，若对于相关的宪法条款不作深究、不求甚解，法院同样有可能基于这样两种宪法权利而作出限制信用卡滞纳金的判决。

（一）宪法上的财产权问题

“国家依照法律规定保护公民的私有财产权和继承权。”这是宪法针对财产权的专门规定。这一条款并未列入“公民的基本权利和义务”这一基本权利篇章之中，但基于这一明文规定，将私有财产权作为公民的宪法权利并不存在解释学上的困难。那么，在滞纳金案中，《银行卡业务管理办法》对于信用卡滞纳金制度的设定是否侵犯了沙某某作为宪法权利的财产权呢？答案是否定的。显然，设定信用卡滞纳金制度的立法并未对沙某某的财产权构成限制，更遑论对这一基本权利造成了侵犯。

如果将《银行卡业务管理办法》设定信用卡滞纳金制度视为一种侵权行为，将沙某某背负高额信用卡滞纳金视作一种损害后果，两者之间无疑缺乏必要的因果关系。借用侵权法中主流的因果关系理论，侵权行为和损害后果之间必须具有相当因果关系，包括条件关系和相当性。条件关系的判断标准是“如果没有某行为，则不会发生某结果”；相当性的判断标准是“通常会产生该种损害”[①]。由此观之，在滞纳金案中，前述“侵权行为”和“损害后果”之间的联系符合条件关系的判断标准，但不符合相当性的判断标准。申言之，立法设定信用卡滞纳金制度并不是沙某某背负高额信用卡滞纳金的因由。毕竟，起初以信用卡的形式向高新支行借款完全是沙某某的自由选择，而后因信用卡透支向该行欠款也是出于她个人的自由意志。

（二）宪法上的自主经营权问题

宪法第16条第1款规定：“国有企业在法律规定的范围内有权自主经营。”虽然该

---

① 参见魏振瀛主编：《民法》，北京大学出版社、高等教育出版社2013年版，第663页。

条款同样处于“总纲”之中,但自主经营权作为国有企业的宪法权利也不存在疑义。如果结合国有银行股份制改革这一背景进行目的解释,“国有企业”的外延也可以适度扩大,从而在广义上涵盖了国有控股企业。既然如此,《银行卡业务管理办法》设定的信用卡滞纳金制度是否侵犯了高新支行宪法上的自主经营权?这一合宪性问题有待于进一步研讨,但至少可以肯定的是:由于《银行卡业务管理办法》将依规收取信用卡滞纳金设定为特定金融机构的义务,它无疑对高新支行的这一宪法权利构成了限制。诚然,由于受到信用卡滞纳金的保障,高新支行更有可能及时地向借款人收回本金和利益,其借贷业务的风险因此降低;但另一方面,考虑到信用卡滞纳金的负担,借款人也有可能选择民间借贷而放弃金融借贷,这就限制了高新支行借贷业务的总量。而高新支行本身无权选择是否收取以及收取多少银行卡滞纳金。

综上所述,如下问题确实可以构成“宪法问题”:作为中国人民银行的规范性文件,《银行卡业务管理办法》是否因信用卡滞纳金制度的设立而侵犯了高新支行宪法上的自主经营权。尽管如此,该问题并不是滞纳金案中的“宪法问题”。原因在于:就信用卡滞纳金提出异议的一方并非原告高新支行,而是被告沙某某。而宪法上自主经营权受到限制的主体却是高新支行而非沙某某。当然,从理论上说,该行可以基于宪法上的自主经营权针对信用卡滞纳金制度另行提出合宪性挑战。然而,在该案中,沙某某无从提出此种宪法权利诉求,高新法院更不应该主动就此进行司法救济。这明显有悖于司法的本质属性。

五、结论

在滞纳金案中,为了规制高额的信用卡滞纳金,高新法院别出心裁地提出了所谓的“宪法问题”,并在民事判决书的说理部分援用了宪法的平等权条款。然而,研读该案的民事判决并且解读相关的宪法规范可知:滞纳金案并不涉及被告沙某某——作为金融借贷之借款人——宪法上的平等权,而宪法上的财产权、自主经营权与沙某某的涉案利益之间均不存在必要的联系。由此观之,高新法院在该案中混淆了“宪法问题”与“法律问题”的界限,不恰当地生造了“宪法问题”,该做法既可能误导其他民事案件的个案裁判,也可能扭曲普罗大众的宪法观念。所幸的是,目前已有少数金融法学者对于该案的判决提出了批评,认为“裁判者所行使的权力在某种程度上有超过司法权限之嫌”①。

有鉴于此,就宪法解释的方法论而言,法院在审判实践中有必要注意以下两个方

① 缪因知:《论信用卡债务与银行贷款不适用利率管制规则》,载洪艳蓉主编:《金融法苑》(总第93辑),中国金融出版社2016年版,第53页。

面。其一,若要准确地识别真正的宪法问题,法院就必须认真地研读和理解宪法文本,原因在于:判断是否存在“宪法问题”的首要标准就在于宪法的规定本身。对于法院来说,为了追求某一社会目标——即使该目标是正当的甚至是重要的——而罔顾宪法文本并非明智之举。法院错误地“拿宪法说事”非但不是对宪法的尊重,反倒可能给宪法的实施带来困难。其二,在审理个案中,法院对于“宪法问题”的提出必须审慎。“轻言违宪”特别是“轻言”较高位阶的法律“违宪”将损害法律秩序的安定性。另外,基于宪法规范的抽象性,这种做法也可能助长司法的恣意,不利于司法的统一。如若法律确实存在一定程度的违宪嫌疑,法院可以考虑采用“避免宪法问题”的法律解释技术,在适度的范围内选择符合宪法文义的法律解释路径,从而避免直接宣布法律与宪法相抵触。而在审理民事案件中,法院对于“宪法问题”的提出则应当更为慎重①。除非民事立法本身明显地违反了宪法的要求,法院不宜援引宪法规定来处理私法关系。在民事法律规则无法解决案件争议的情况下,法院可以考虑适用民事法律原则。总之,在民事案件中,法院需要充分地尊重契约自由和意思自治。

---

① 在美国,法院具有违宪审查权,尽管如此,面对银行滞纳金案件,它们对于宪法条文的援用是相当慎重的。美国最高法院曾依照行政机关的解释将信用卡账户的滞纳金定性为“利息”,并依据银行设立地南达科州的法律认定其没有限制。至于美国宪法中的一系列权利条款,该法院未予提及。可见 517 U. S. 735 (1996)。

民事诉讼移送管辖的程序运作解释论

陈宝军*

摘　要：司法实践中，法官在运用移送管辖规定时，在移送时间、受移送管辖法院的确定、当事人对移送管辖裁定有无权利提出异议或上诉等方面存在不一做法，而各种做法又能得到相关程序法理的支持。从法律解释视角分析，由于作为法律解释材料的法律规定、程序法理的不确定性，导致法律解释的失范。法律解释过程中面临着文义解释与目的解释之间的抵牾、职权进行主义与当事人进行主义之间难以融合及公正与效益的价值冲突等困境。要解决这一问题，应当坚持文义解释优先，探知移送管辖程序法理的"共识"，从而确定法律解释的前提。运用移送管辖程序法理"共识"检验或佐证文义解释结论，从而规制移送管辖程序运作中的乱象。

关键词：移送管辖；法律解释；程序法理；程序运作

管辖权的确定是当事人正确行使诉权和法院依法行使审判权的基础和前提，也是正当程序的基本要求，为案件尽快进入实体裁判提供了制度保障。《民事诉讼法》①第36条规定，人民法院发现受理的案件不属于本院管辖的，应当移送有管辖权的人民法院，受移送的人民法院应当受理。程序的实际运作总是对立法预期提出挑战，司法实践中的移送管辖显现着比立法预期更复杂的情形，一定程度上影响了司法权威和司法效率。移送管辖规定在《民事诉讼法》的历次修改中基本上没有变动，而学界对移送管辖的专题研究甚少，因此有必要站在司法中心主义的立场对移送管辖程序运作作一系统的分析，从法律解释的视角重新审视移送管辖的程序运作，以期为统一司法实践提供理论和技术支撑。

---

* 陈宝军，男，河南沈丘人，海南大学法学院博士研究生，海口市琼山区人民法院法官，研究方向为法律方法论、民事诉讼法。

① 本文所称的《民事诉讼法》是指2012年修订的《中华人民共和国民事诉讼法》，下文如未特别说明，均指2012年修订的《中华人民共和国民事诉讼法》。

一、移送管辖程序运作中的乱象及其理论之争

(一)在司法实践中的问题表现

《民事诉讼法》赋予法院对案件管辖的审查权,笔者通过对移送管辖案件的调研发现,在运用《民事诉讼法》第36条时,对移送管辖的时间、受移送法院的确定、当事人对移送管辖裁定提出异议或上诉等方面争议较大。

1.移送时间:一审开庭前抑或一审审理终结前

对于在庭审中或庭审结束后至审理终结前发现本院对案件无管辖权,法院能否移送管辖做法不一。例如,有的法院认为,经过法庭调查发现对案件无管辖权的,在审理终结前可以以职权移送管辖①;有的法院认为,《民诉法解释》②第35条明确了法院移送管辖的时间,当事人在答辩期间届满后未应诉答辩,人民法院在一审开庭前,发现案件不属于本院管辖的,应当裁定移送有管辖权的人民法院。依职权移送管辖的时间截止点应为一审开庭前,一审结束后还依职权作出移送其他法院管辖的裁定,不符合"便于当事人诉讼,便于人民法院审理"的原则,违反了《民诉法解释》关于移送管辖的时间节点的规定③。

2.受移送管辖法院的确定:事先征求当事人意见抑或径行移送

对于本院发现对案件无管辖权但存在多个受移送管辖法院的情形,法院该如何确定受移送管辖法院,各地法院的做法各异。这里涉及两个问题:第一,是选取一个法院移送还是移送不确定的多个法院,例如,有的法院认为,在多个被告的案件中,可以裁定"将本案移送至A法院或者B法院审理"④;第二,如果选取一个确定的法院,应当遵守什么原则确定最佳受移送法院。有的法院认为,类似情况,在选择管辖法院时应当尊重原告意愿,在原告拒不选择的情况下由人民法院根据案件实际情况确定⑤。

3.移送管辖裁定:当事人有无权利提出异议或上诉

《民事诉讼法》第154条规定,对于不予受理、驳回起诉、管辖权异议的裁定,可以上诉。问题在于,法院作出移送管辖裁定,当事人不服,是否可以参照管辖权异议制度提出异议或上诉。司法实践中主要存在肯定和否定两种观点:肯定观点认为,当事人可以提出异议或上诉,虽然法院依职权移送,但当事人对移送管辖有异议,应当赋予当

---

① 参见(2015)江海法海民初字第594号民事裁定书。

② 本文所称的《民诉法解释》是指2015年实施的《最高人民法院关于适用〈中华人民共和国民事诉讼法〉的解释》。

③ 参见(2016)粤07民辖终5号民事裁定书。

④ 参见(2015)鄂黄梅民初字第01398号民事裁定书。

⑤ 参见(2015)鄂黄冈中立民终字第00073号民事裁定书。

事人异议权或上诉权,由本院进行重新审查或上级法院决定是否移送管辖,在裁定书中明确写明"如不服本裁定,可在裁定书送达之日起,向本院递交上诉状,并按对方当事人的人数提供副本,上诉于C市第五中级人民法院"①;否定观点认为,移送管辖裁定不属于管辖权有异议的裁定,不属于依法可以提出异议或上诉的范围。当事人对移送管辖的裁定没有异议权或上诉权,二审法院也没有对移送管辖裁定通过二审程序进行审查的法律依据②。

(二)基于三种情形问题的分析与理论纷争

在移送管辖程序运作中出现的上述三个问题具有一定的典型性,是司法实践中较为常见的情形。既有《民事诉讼法》2012年修订前作出的裁定,也有2012年修订后作出的裁定,亦有《民诉法解释》2015年实施后作出的裁定;既有基层法院做法不一的情形,也有中、高级法院的做法不一的情形,甚至在同一个省内不同法院的做法也不统一。可见随着修法的进行,移送管辖程序运作中的乱象并没有得到规制,上述三种问题在一定程度上反映了我国移送管辖程序运作的现状,对该问题的研究具有一定的现实意义。

1. 移送管辖的时间问题

《民诉法解释》第35条明确了法院移送管辖的时间为一审开庭前,同时要满足"当事人在答辩期间届满后未应诉答辩"的条件。对于当事人在答辩期内进行了答辩但未提出管辖权异议的,是否也应将移送管辖的时间限定在一审开庭前,至少单独从文义上看还不够明确。《民事诉讼法》第127条规定,当事人在答辩期内未提出管辖异议,并应诉答辩的,视为受诉人民法院有管辖权,但违反级别管辖和专属管辖规定的除外。结合《民事诉讼法》第127条和《民诉法解释》第35条可以解释为当事人在答辩期内未提出管辖异议并应诉答辩的,视为人民法院有管辖权,因此只要当事人未在答辩期内提出管辖异议并应诉答辩的,即使法院发现本院无管辖权也不得移送管辖,也就不存在移送管辖的情形。但上述结论只是针对一般地域管辖而言,根据《民事诉讼法》第127条的"但书"条款,当法庭调查时发现级别管辖错误或者专属管辖错误,法院能否在审理终结前移送管辖才是问题的关键。因此移送管辖的时间问题实际上可归结为级别管辖错误或专属管辖错误时法院移送管辖是否应受一审开庭前的时间限制。

从笔者掌握的资料看,对移送专属管辖错误的讨论较少,大多是对移送级别管辖错误的讨论,并且讨论点主要集中在2010年1月1日实施的《最高人民法院关于审理民事级别管辖异议案件若干问题的规定》(以下简称《规定》)。《规定》第7条规定,当事人未依法提出管辖权异议,但受诉人民法院发现其没有级别管辖权的,应当将案件

---

① 参见(2012)南法民初字第5204号民事裁定书。

② 参见(2011)浙衢民终字第135号民事裁定书。

移送有管辖权的人民法院审理。在当事人未依法提出管辖异议的情况下，法院应当主动将没有级别管辖权的案件移送有管辖权的法院。但是未明确移送管辖的时间。这是否意味着不论案件的诉讼程序进展到何种程度，若发现没有管辖权，受诉法院都要将案件移送管辖?《规定》的模糊性必然会带来适用上的分歧，也不利于规范法院的移送管辖行为。严格来说，移送管辖的时间界限涉及法院诉讼行为的效力、诉讼程序的衔接、诉讼效率以及“一案两审”等重要理论与实践问题,有待殊值理论与实践的进一步思考和研究①。日本学者兼子一、竹下守夫认为,“管辖权是法院对案件实行审判权的前提条件,非管辖法院对诉讼就不应该作出本案判决,所以有无管辖权是诉讼要件之一。法院应随时查清管辖权”②。按照日本学者兼子一、竹下守夫的观点,移送管辖属于法院职权探知事项,应随时对管辖权问题进行审查而不应该受到一审前的时间限制。我国有的学者认为移送级别管辖错误案件也应当在一审前进行,李兰、张晋红认为,“《规定》第 7 条规定的受诉法院主动移送管辖的,应当在时间上加以限制,即受诉法院移送管辖的裁定应当在案件首次开庭前作出。如果案件已经进入实体审理阶段再移送管辖,势必拖延诉讼时间,也不利于‘两便’原则的贯彻”③。不难看出,理论上的见仁见智为司法实践的不一提供了说辞,尽快统一理论观点和实践做法乃当务之急。

2. 受移送管辖法院的确定问题

其一,选取一个法院移送还是移送不确定的多个法院的问题,虽然司法实践中存在移送不确定的多个法院的情况,但无论在法理还是实践的可操作性方面,此种做法均不妥当,纯属司法考虑不周延,理论上几乎没有探讨的价值。其二,法院移送管辖时是否应当事先征求原告意见问题,按照《民事诉讼法》第 36 条规定,法院发现已经受理的案件无管辖权时应当移送有管辖权的法院。但问题是,存在多个管辖权法院可以移送时,法院移送管辖是否应当事先征求原告意见。1992 年柴发邦主编的《中国民事诉讼法》教材认为,应当由决定移送的法院根据“两便”原则,将案件移送它认为最适当的法院管辖④。黄川则持不同意见,“因为此乃法院主观判断,难免认识不清、判断不准,甚至加入不当因素,未必对当事人有利,果如此,原告尚可申请撤诉,然后再向其认为方便的法院起诉,被告则毫无办法,其合法权利得不到有效保障。即使是原告撤诉又

① 参见叶榅平:《诉权保障与级别管辖权异议——〈最高人民法院关于审理民事级别管辖异议案件若干问题的规定〉解读》,载《华中科技大学学报》(社会科学版)2010 年第 6 期。

② [日]兼子一、竹下守夫:《民事诉讼法》,白绿铉译,法律出版社 1995 年版,第 24 - 25 页。

③ 李兰、张晋红:《论民事诉讼级别管辖的立法完善——以〈关于审理民事级别管辖异议案件若干问题的规定〉为背景》,载《法学杂志》2016 年第 6 期。

④ 参见柴发邦:《中国民事诉讼法》,中国人民公安大学出版社 1992 年版,第 154 页。

起诉,也徒增繁琐,也不利于其合法权益的保护"①。台湾学者杨建华认为,"管辖权常有相竞和之情形,于为移送之裁定时,究移送于何一管辖权之法院,依本法(台湾民事诉讼法)第22条立法意旨,原告如有陈明者,应参酌原告之意思而为移送"②。王福华、张士利从尊重当事人诉讼权的角度认为,"即使法院审查需要移送管辖的,也要规定法院有告知当事人并听取意见的义务,而不得径行作出移送裁定或者驳回起诉,毕竟当事人对案件的事实最有发言权,而法院也要经济、快捷和一次性解决纠纷"③。

3. 对移送管辖裁定,当事人有无权利提出异议或上诉问题

虽然没有学者对该问题进行专门研究,但很多学者在研究管辖权异议时涉及这一问题。章武生在其早期发表的《民事案件管辖权异议初探》一文中认为,一般情况下提出管辖权异议的主体是被告,但受诉法院提出自己无管辖权,将案件移送,应当允许原告提出管辖权异议④。孙邦清认为,"赋予法院职权救济权力的同时,必须赋予当事人对职权救济的救济权,否则可能导致审判权的恣意。因此,应当赋予当事人对法院的移送管辖裁定提出上诉的权利,以保障其权益"⑤。有的德国学者认为赋予当事人上诉权的理由是"上诉手段之许可不仅考虑了当事人对正确裁判的利益,而且也考虑到了良好运转的司法的公利益。因为上一级审查的可能性加强了法官致力于细心思考和审查自己判断倾向"⑥。叶榅平也认为,"在这种情况下,法院进行主动的移送管辖,而不赋予当事人提出管辖异议的权利,对当事人的诉权保障显然欠缺周到"⑦。李兰、张晋红在论述法院审查当事人之间协议选择管辖的法院时认为,"对于当事人选择级别管辖法院,受诉法院有权进行审查,对于违反级别管辖强制性规定,可以裁定选择无效,并将案件移送有管辖权的法院审理。当然,对于受诉法院的裁定,当事人可以提出上诉"⑧。另外一种观点则认为,"即使受诉法院认为自己对原告的起诉无管辖权而将案件移送其他法院时,原告对法院的移送裁定有意见也不应提出异议"⑨。

---

① 黄川:《民事诉讼管辖研究——制度、案例与问题》,中国法制出版社2001年版,第219页。

② 杨建华:《民事诉讼法要论》,北京大学出版社2013年版,第38页。

③ 王福华、张士利:《民事诉讼管辖基本问题研究》,载《上海交通大学学报》(哲学社会科学版)2005年第5期。

④ 参见章武生:《民事案件管辖权异议初探》,载《法学研究》1993年第6期。

⑤ 孙邦清:《民事诉讼管辖制度研究》,中国政法大学出版社2008年版,第255页。

⑥ [德]穆泽拉克:《德国民事诉讼法基础教程》,周翠译,中国政法大学出版社2005年版,第293页。

⑦ 叶榅平:《诉权保障与级别管辖权异议——〈最高人民法院关于审理民事级别管辖异议案件若干问题的规定〉解读》,载《华中科技大学学报》(社会科学版)2010年第6期。

⑧ 李兰、张晋红:《论民事诉讼级别管辖的立法完善——以〈关于审理民事级别管辖异议案件若干问题的规定〉为背景》,载《法学杂志》2016年第6期。

⑨ 宋朝武主编:《民事诉讼法学》(第4版),中国政法大学出版社2015年版,第160页。

二、移送管辖程序运作的理论多元与法律解释的失范

"就当下的法治现状而言,众多法律规范的制定都已经相当完备,而其执行和落实情况却仍然不甚理想,这也是目前法治进程中的主要矛盾。"[①]2015 年《民诉法解释》的出台并未解决移送管辖程序运作中的问题,我们也不能老是希冀立法为司法提供完美的答案,事实上单纯依靠立法或者司法解释也解决不了司法实践中千姿百态的问题。从法律解释的视角看,无论是移送管辖的时间问题还是受移送管辖法院的确定问题以及当事人对移送管辖裁定有无权利提出异议或上诉问题,之所以出现实践做法不一和多元理论的纷争,主要是由于法律解释的失范。因为利用不同的法律解释材料、树立不同的姿态、坚持不同的法律解释原则必然得出多元的结论。

(一)作为解释材料的法律文本:文义解释与目的解释之间的抵牾

按照张志铭的观点,法律解释的材料由两部分构成,其一是正式法律渊源构成的权威材料;其二是非正式法律渊源构成的非权威材料[②]。按照此分类法,法律文本可称为权威解释材料。所谓文义解释通常理解为按照法律规定字面意思确定法律规定的含义,陈金钊认为只要解释的对象是法律语词,所使用的方法是发现,姿态是对法律服从,而解释的结果又不背离可能的文义就是文义解释。按照此观点,文义解释包括字面解释、限缩解释、法意解释、合宪解释、当然解释、语法解释、体系解释、比较解释[③]。笔者赞同这一观点,只要法律解释的结果没有超出一般人对法律规定的通常理解,都可视为文义解释。"从宽泛的意义上说,目的解释(teleological interpretation)就是根据法律规定的目的来阐释法律的含义的一种法律解释方法。"[④]目的解释具有一定的复杂性,该复杂性主要源于目的的多样性,例如主观目的、客观目的等,按照不同的目的指向就会解释出不同的结论。虽然目的解释超过了法律规定一般含义的射程,但目的解释不能超过法律的基本精神和法理,否则目的解释就异化为随意解释。

关于级别管辖错误、专属管辖错误案件法院移送管辖是否受到一审开庭前的时间限制问题有如下讨论。如果进行文义解释,根据《民事诉讼法》第 127 条很明显将级别管辖和专属管辖排除在外,解释的结论是对于法院移送级别管辖错误、专属管辖错误案件不应受到一审开庭前的时间限制,只要在案件审理终结前都可以移送。如果进行目的解释,则可以完全得出相反的结论,管辖的确定是为了符合"两便"原则,如果开庭

---

① 陈金钊、孙光宁:《司法方法论》,人民出版社 2016 年版,第 2 页。

② 参见张志铭:《法律解释操作分析》,中国政法大学出版社 1999 年版,第 144 - 148 页。

③ 参见陈金钊等:《法律解释学》,中国政法大学出版社 2006 年版,第 179 页。

④ 刘国:《目的解释之真谛——目的解释方法的"目的"辩考》,载《浙江社会科学》2012 年第 1 期。

后还要移送必然造成拖延诉讼,违背了民事诉讼关于管辖的立法目的,因此移送案件都应当限定在一审开庭前,无论是一般地域管辖案件还是级别管辖案件或专属管辖案件。可见,利用不同的解释方法就可能得出不同的结论,进一步导致司法实践中存在不同的做法。关于受移送管辖法院的确定问题,《民事诉讼法》及司法解释并未规定法院移送管辖应当事先征求原告意见,如果进行文义解释,显然法院移送管辖之前不需要征求原告意见。但进行目的解释,从保护当事人诉讼权利的角度,要求法院移送管辖之前征求原告意见也并不为过。当事人对移送管辖裁定有无权利提出异议或上诉问题。《民事诉讼法》第154条规定的可上诉的裁定情形,并未包含移送管辖裁定,况且"移送管辖就其性质而言,它是案件的移送,而非管辖权的变化"①。因此,根据文义解释,对移送管辖裁定当事人无权利提出异议或上诉。但如果为了保护当事人的程序利益,参照管辖权异议制度,利用目的解释的方法,当事人对移送管辖裁定应当享有异议权或上诉权。

由此可见,无论是学界还是实务界,坚持文义解释还是目的解释,树立司法克制还是司法能动的姿态,对移送管辖规定完全可以得出截然不同的结论,也正是两者之间的抵牾导致理论界见仁见智、司法实务部门做法不一的现象。

(二)作为解释材料的程序法理之一:职权进行主义与当事人进行主义难以融合

正是由于利用不同的解释方法对法律文本解释出不同的结果,按照法律解释的原理应当诉诸法理,程序法理应属非权威解释材料,其意义在于揭示法律文本相对真实的含义。职权主义是指法院不问当事人意思如何,依照职权进行诉讼;当事人主义是指法院作为被动的第三方,程序的进行受当事人意思所左右。台湾学者陈计男认为,民事诉讼系以保护私权为目的,原则上固宜尊重当事人之意思采取当事人进行主义,惟关于诉讼程序之进行,涉及司法资源之分配,常与公益攸关,台湾民事诉讼法兼采职权进行主义与当事人进行主义,于性质上宜由当事人自行决定之诉讼行为,采当事人进行主义,不宜由当事人自行决定或涉及公益之行为,则采职权进行主义②。关于我国民事诉讼模式,理论界一般认为属于职权进行主义,形成的共识是走向当事人进行主义,同时在个别事项上发挥职权进行主义的优势。移送管辖作为职权进行事项是否兼顾当事人进行主义因素,是移送管辖程序运作中出现问题的理论根源之一。

一般认为涉及公共利益的民事案件或事项宜采职权进行主义,管辖问题当属职权进行主义事项,但从民事诉讼立法看,法院在处理管辖问题时一般采用司法方式处理,即赋予当事人对法院管辖处理提出异议或上诉的权利,然后由法院审查异议或者上诉理由是否成立。移送管辖也受到当事人进行主义的影响,有的学者认为法院在移送管

① 黄川:《民事诉讼管辖研究——制度、案例与问题》,中国法制出版社2001年版,第212页。

② 参见陈计男:《民事诉讼法论》,台湾三民书局2000年版,第251页。

辖时应当事先征求当事人意见,当事人对法院移送管辖裁定不服的可以提出异议或上诉。但如果不考虑当事人进行主义的因素,法院完全可以采用行政化的方式处理移送管辖问题,从而也就不会出现移送管辖是否受一审开庭前限制、移送管辖前是否征求当事人意见、当事人对移送管辖裁定能否提出异议或上诉等问题,因为这一程序性事项属于司法资源的调配,与案件处理结果关联不大,排除了当事人参与的机会。虽然职权进行主义与当事人主义孰优孰劣尚无定论,但从理论、立法及各国民事审判方式改革的情况看,趋向于采用融合模式。融合模式是一个听起来很美的提法,具体到司法实践中该如何融合?在移送管辖中哪些环节需要融合?哪些环节采用单一的职权进行主义?哪些环节采用单一的当事人进行主义?目前理论上面临的困境就是这些问题还没有形成共识,从而导致作为解释材料的程序法理的多元性。

(三)作为解释材料的程序法理之二:公正与效益之间的价值冲突

虽然关于民事诉讼的价值,学界的观点不一①,但一般认为民事诉讼应当至少具有公正和效益的价值。理论上,公正和效益都是民事诉讼的价值追求,共存于民事诉讼的整个过程,但具体到特定程序事项,两者之间又经常存在或多或少的张力。移送管辖如果单纯追求公正,那么移送管辖就不应受到一审开庭前的限制,因为即使存在拖延诉讼的情形,也要将案件移送正确的法院审理,否则即使作出一个结论正确的裁判也有失程序公正。同时,为了追求法院移送管辖的正确性,在移送管辖前应当事先征求当事人的意见,也要赋予当事人对移送管辖裁定的异议权或者上诉权。移送管辖如果单纯追求效益,那么移送管辖就应当在一审开庭前,因为一旦开庭即进入实体审理阶段,如果再移送管辖势必造成案件从头开始。为了提高诉讼效率,受移送法院的确定可以不征求当事人意见,也不应赋予当事人对移送管辖裁定异议权或者上诉权。相比而言,当事人对管辖权异议的裁定可以上诉,充分说明了立法对管辖权异议的处理更注重公正价值。“由于移送管辖和指定管辖均系法院的职权行为,无须征得当事人同意。如果法院作出的裁定违反了法律强制性规定或者当事人的管辖协议从而侵害了原告的程序利益,不赋予原告提出异议或者上诉的权利,对原告岂不是太不公平?”②有的学者将管辖权异议的处理移接到移送管辖制度,将移送管辖作为司法裁判性事项对待,赋予当事人对移送管辖裁定享有上诉权,其实质上受到了公正价值的影响。

无论以公正还是效益作为民事诉讼的价值追求都以牺牲对方为代价,关于两者之间的协调,理论上“以效益为代价换却更多的公正,以公正为代价换取更多的效益”这

① 谭兵、李浩主编的《民事诉讼法学》认为民事诉讼的价值是公正和效益;顾培东著的《社会冲突与诉讼机制》一书认为民事诉讼的价值是公正、效率和效益;宋朝武主编的《民事诉讼法学》认为民事诉讼的价值分为目的性价值(程序公正、诉讼效益、程序自由)和工具性价值(实体公正、秩序)。

② 王福华、张士利:《民事诉讼管辖基本问题研究》,载《上海交通大学学报》(哲学社会科学版)2005 年第 5 期。

一抽象的表述很难发挥实践意义。就移送管辖而言,关键问题是确定其价值追求。正是由于不同的学者站在不同的价值立场(利用不同的解释材料),对《民事诉讼法》第36条作出不同的解释也就不足为奇。

(四)确定法律解释材料面临的理论困境及其突破

关于法律解释方法的排序问题,解释方法作为法律解释理论可以作出大致的排序:先文义解释后目的解释,但理论的指南具体到移送管辖程序事项中又略显无力,哪些程序运作中的问题坚持文义优先原则、在特殊情况下如何做到目的优先等司法现实对解释方法选择提出挑战。正如有的学者认为的那样,“在何种情况下使用何种解释方法?当使用不同的解释方法产生不同的结果时,又是以何种标准来作为取舍的依据?这些问题使方法论意义上的法律解释学陷入了困境”①。

司法裁判的一个基本的思路是将法律事实涵摄于法律规定推导出结论,移送管辖程序运作中的问题实际上是由于立法的不确定或者漏洞造成的,而经过分析,作为大前提的《民事诉讼法》第36条又存在多元的理论支持。必须深思的一个问题是法理本身是否可靠,如果以一个不可靠的法理作为大前提的理论基础,推导出的结论也必然引起质疑,因此从终极意义上必须明确一个相对合理的法律解释材料,即确定一个法律解释元规则,从而以元规则作为逻辑推理的起点和基础。但法律解释的元规则并不容易确定,因为元规则同样需要理由予以支持才能获得理论和实践的认可,这种无穷追问被阿尔伯特称为“明希豪森困境”②,在知识论中被称为“无穷回溯论证”③,其对策就是在论证过程中选取一个假定点,设想该假定是毋庸置疑的,但结果必然导致假设武断。

从知识论的发展来看,“明希豪森困境”一定程度上受到了知识论的影响,在古希腊哲学中,柏拉图认为“知识就是得到证实的真的信念”,到17、18世纪,自然科学主义的盛行,人们试图把数学定理、物理定律等自然科学方法运用到社会科学领域。正是受到“求真”的传统知识观影响,在法律领域产生了种种“为什么”的无穷追问。但随着当代知识论的发展,社会科学知识企图通过“科学范式”创造“科学性之梦”的努力日渐徒劳,知识的确证开始从“求真”转向“寻求共识”。在法律领域由于理论的多元,

---

① 桑本谦:《法律解释的困境》,载《法学研究》2004年第5期。

② 假如一个人支持自己结论的理由是另外一个或一套命题,那么这个命题或一套新的命题就相应地接受人们不断地发问。这个过程将会一直进行下去,直到出现下面三种结果:第一,无穷地递归(无限倒退),以至于无法确立任何论证的根基;第二,在相互支持的论点(论据)之间进行循环论证;第三,在某个主观选择的点上断然终止论证过程,例如通过宗教信条、政治意识形态或其他方式的“教义”来结束论证的链条。这三种结果就被阿尔伯特称为“明希豪森——三重困境”。参见[德]罗伯特·阿列克西:《法律论证理论——作为法律证立理论的理性论辩理论》,舒国滢译,中国法制出版社2002年版,“代译序”第1-2页。

③ 参见顾林正:《从个体知识到社会知识——罗蒂的知识论研究》,上海人民出版社2010年版,第16-17页。

似乎寻求共识也并非易事，但近年来一些学者已经开始把关注点放在“共识”、“法学通说”等领域[①]，这些研究成果为解决移送管辖程序运作中的问题提供了理论基础，也为笔者研究程序法理的多元与法律解释规则提供了信心。

三、移送管辖程序运作中的解释技艺

（一）“法治反对解释”在移送管辖程序运作中的应用

陈金钊站在维护法治的立场最早提出“法治反对解释”的命题，其在2005年发表的《文义解释：法律方法的优位选择》一文初步探讨了文义解释方法及其范围、文义解释方法的优先适用性及文义解释方法的积极意义[②]。在此基础上，2007年他明确提出“法治反对解释”，学界对该命题颇存质疑，范进学、李见伟、邓红梅、李锦等学者先后参与“论战”[③]，“论战”一直持续到2011年。在硝烟中逐渐成熟的“法治反对解释”命题的真实含义是“法治反对解释针对的是过度解释、错误解释以及不尊重法治、瓦解法律权威的借口解释不认真执行法律的现象，实际上是要求人们在理解的基础上遵守法律。反对的是用解释这种方式毁坏法律意义的固定性，以便最大限度地接近法治”[④]。在法律适用的过程中，对于不存在歧义、模糊情形的法律规定直接适用即可，即使需要解释也应把文义解释作为优位选择，其思维方式是“根据法律的思维”，其意义是维护

---

① 参见胡志超：《消灭时效效力若干“通说”质疑》，载《西南政法大学学报》2005年第2期；姜涛：《法学通说的文明与法学通说的选择》，载《法律科学》2009年第3期；杨波：《由真实到程序内的共识——刑事诉讼事实认定标准理论的新展开》，载《法制与社会发展》2010年第4期；陈云龙：《法律学说的理性重构——读〈法律科学——作为法律知识和法律渊源的法律学说〉》，载陈金钊、谢晖主编：《法律方法》（第10卷），山东人民出版社2010年版；姜涛：《法学通说：一个初步的分析框架》，载《北大法律评论》编委会编：《北大法律评论》（第12卷第2辑），北京大学出版社2011年版；张志坡：《法学通说序论之一：通说的用语·概念·作用域》，载陈金钊、谢晖主编：《法律方法》（第17卷），山东人民出版社2015年版；庄加园：《教义学视角下私法领域的德国通说》，载《北大法律评论》编委会编：《北大法律评论》（第12卷第2辑），北京大学出版社2011年版；黄卉：《论法学通说》，载《北大法律评论》编委会编：《北大法律评论》（第12卷第2辑），北京大学出版社2011年版；姜涛：《认真对待法学通说》，载《中外法学》2011年第5期；姜涛：《论法学通说的形成机理》，载《学术界》2012年第10期；谢澍：《司法场域的常识、知识与共识》，载《人民法院报》2016年4月22日第7版。

② 参见陈金钊：《文义解释：法律方法的优位选择》，载《文史哲》2005年第6期。

③ 参见范进学：《法治反对解释吗？——与陈金钊教授商榷》，载《法制与社会发展》2008年第1期；陈金钊：《对“法治反对解释”命题的诠释——答范进学教授的质疑》，载《法制与社会发展》2008年第1期；范进学：《通往法治之途的方法论——与陈金钊教授第二次商榷》，载《现代法学》2008年第6期；陈金钊：《反对解释与法治的方法之途——回应范进学教授》，载《现代法学》2008年第6期；李见伟：《对“法治反对解释”命题的整体性阅读——兼与陈金钊教授、范进学教授商榷》，载陈金钊、谢晖主编：《法律方法》（第9卷），山东人民出版社2009年版；邓红梅：《法治反对解释：一个不妥当的命题？——与陈金钊教授商榷》，载陈金钊、谢晖主编：《法律方法》（第9卷），山东人民出版社2009年版；李锦：《遵守规则视域的法律理解和解释——“反对解释”命题的一个维特根斯坦式诠释》，载《重庆理工大学学报》（社会科学版）2011年第1期；陈金钊：《“法治反对解释”命题的修补》，载《重庆理工大学学报》（社会科学版）2011年第4期。

④ 陈金钊：《“法治反对解释”命题的修补》，载《重庆理工大学学报》（社会科学版）2011年第4期。

法律的安定性、权威性。它不是关于法治的宏大叙事,而是在微观上、实践中促进法治建设的重要的思维工具。该命题在程序法治建设方面意义尤为重大,因为程序是国家为解决社会纷争的预设流程,具有公权属性,不仅应被遵守,而且也必须不折不扣的执行,尽量排除法律外因素对程序规定的干扰。

不难发现,移送管辖程序运作中存在的问题如果利用文义解释方法很容易得出相应的结论,但问题在于《民事诉讼法》第36条仅仅从抽象的角度对移送管辖作出规定,对照"法治反对解释" 命题,似乎《民事诉讼法》第36条及相关解释对移送管辖程序运作中出现的问题没有作出规定,也就是该法条存在漏洞或模糊地带。在规则存在空缺结构时,还必须要借助法律之外的因素确定规则的确切含义。但也不应否认文义解释的意义,至少利用文义解释可以预先对规则作出字面解释,然后用程序法理检验或佐证文义解释结论在个案中的妥当性。

由此,根据文义解释优先的原则,至少可以初步得出如下结论:移送管辖不受一审开庭前的时间限制、受移送管辖法院的确定也不需要事先征求当事人意见、当事人对移送管辖裁定没有权利提出异议或上诉。当然,初步结论并不是完全排除目的解释的结论,只是树立司法克制的姿态,在法官心中形成对实践问题的初步处理意见。

司法并不排除目的解释,毕竟目的解释有其存在的意义和价值,"由于语言的多义性以及客观事物的复杂性,仅仅依据文义常常不能确定法律规范或者法律语言的含义。在这种情况下,文义解释必须与其他解释方法结合起来,或者说在文义解释时必须考虑立法目的、语境等因素。换言之,在文义解释不能单独完成任务时,其他因素就成为文义解释的辅助因素或决定因素,发挥固定文义的作用"①。但也绝不是文义解释无法进行时就径直走向目的解释,笔者是文义解释优先的坚守者,始终认为慎用目的解释,即使单独的文义解释缺乏支持理由时,也不轻易利用目的解释。解决这一问题的大致思路是:文义解释受阻时寻求适当的法理,如果法理倾向于文义解释,则采用文义解释方法,法官的解释活动就此终止;如果法理倾向于目的解释结论,则采用目的解释方法。也就是说,目的解释方法的运用必须要求法理的支持,否则不得使用,这同时也解决了目的解释何时、为何取代文义解释的理论困境。

对照通过文义解释对移送管辖程序运作得出的初步结论,虽然文义解释的结果能够得到职权进行主义、民事诉讼的公正价值等程序法理的支持,但同时也不能忽视当事人进行主义、民事诉讼的效益价值对初步结论的挑战。因此对移送管辖程序运作不能停滞在文义解释阶段,有必要从更高的程序法理上寻求理论的检验或佐证,以确保初步结论的适切性。

① 孔祥俊:《法律解释方法与判解研究》,人民法院出版社2004年版,第346页。

（二）移送管辖程序法理“共识”探知

1. 程序法理共识形成的条件

成文法存在漏洞或者模糊地带时，法理共识的形成实际上是明确法律解释非权威解释材料的过程。“成文法‘无解释无适用’，若没有通说，学界‘甲说乙说随便说’，司法界‘甲判乙判随便判’（严重的同案不同判）的法律乱象就永远走也走不到头。”①也只有形成移送管辖程序运作中的程序法理共识才能规制司法裁判中的乱象。“从发生学上分析，法学通说建构的任务与其说是揭示真理，不如说是追求共识，即通过论证、论辩等方式化解多元竞争理论之间的观点分歧，以达成一种具有可普遍接受性的并能够为法律实践反复验证的法学理论。”②如何形成法理共识，从而明确法律解释的非权威解释材料，笔者认为至少需要三个条件：其一，在学术批判中得到学界的大致认同。“法学通说本质上是法学家集体的智力成果，法学通说虽然起源于个体的努力与智慧，但却最终形成于集体的认同与传播，并具有法学家法的性质。”③多元理论的形成受到多种因素的影响，如立场、视角、前见、偏好等，但也正是理论的多元性使真理更像真理，也只有经过“批判的批判的批判”的理论才能得到学界的大致认同。其二，实践的反复检验并得到实务部门的认可。学界的共识并不能消除理论与实践“两张皮”现象。“在法学与法理学中，除非出现严重的功能与歧途现象，则不可能存在无实践基础的理论或者无理论基础的实践。如果一个实践者，如法官或律师缺乏基本的理论知识，就不能称为优秀的实践者。理论和实践必须彼此引导、丰富和修正。”④实践出真知，学界共识必须通过实践的反复检验才能得到确证或者修正，从而走出学界自说自话的境地。最后，更重要的是学界与实务界的沟通商谈。针对同一问题，法学家多用批判的思维从应然角度看待，法官多从实然的角度思考，而律师又从维护当事人利益的角度论辩，各方从不同的视角很难形成共识，因此理论共识的形成需要为法律职业共同体确定一个沟通商谈的平台，如共同参与学术研讨会、法学家参与陪审、从法学家或律师中遴选法官等，使各方换位思考进行沟通商谈，从而形成理论共识。

民事诉讼法学具有较强的实践性，现实中，民事诉讼法学理论供给太多，民事诉讼法学想指导实践又心有余而力不足。移送管辖程序运作中的理论多元就鲜明的说明了这一问题，要形成移送管辖程序法理共识也不是仅靠笔者一己之力能够完成的。但可以做到的是，根据相关程序法理、最高法院的倾向性意见还原移送管辖的本质属性，从而形成学界和实务界相对可以接受的程序法理。当然对照共识形成的条件，可接受

---

① 黄卉：《论法学通说》，载《北大法律评论》编委会编：《北大法律评论》（第12卷第2辑），北京大学出版社2011年版。

② 姜涛：《论法学通说的形成机理》，载《学术界》2012年第10期。

③ 姜涛：《论法学通说的形成机理》，载《学术界》2012年第10期。

④ ［德］魏德士：《法理学》，丁小春、吴越译，法律出版社2003年版，第13页。

的程序法理还不能称为共识,充其量称为共识的雏形,因为还缺乏真正的沟通商谈,也只有在沟通商谈中逐步完善才能真正形成共识。形成可接受的程序法理的意义在于,在还没有形成共识的前提下将其假定为"真",从而为法律解释的进行提供便利。

2. 移送管辖的"职权性"探讨

大部分学者认为,我国民事诉讼的职权性过强,当事人在引起诉讼的启动和进行方面作用较小,应当从职权进行主义转向当事人进行主义。这是从宏观角度看待我国民事诉讼模式的,但在具体制度上不应该摒弃职权进行主义的优点。"在我国民事诉讼领域,我们不应受'确立和维护当事人主义'看法和做法之限制,而对法院职权探知主义讳莫如深。"①从英美法系的司法改革来看,也在逐渐强调个别事项的职权性以消解当事人进行主义的弊端。

管辖本质上是一种司法资源的分配制度,理论上无论在哪个法院审理案件都是公正的,张卫平称之为"审判公正假定",而且我们在抽象的层面上对这一假定是不能怀疑的,在"审判公正假定"与"司法地方保护假定"之间,后者只是前者的例外情形,否则一旦司法地方保护主义成为一般情形,就意味着对我国司法公正性的彻底否定,那样,司法体系存在的基本合理性也就完全丧失了②。台湾学者杨建华也认为,"管辖之规定,乃系法院相互间事务分配之事项,不论由何一法院裁判,均适用相同之法律,就理论上言,裁判结果应无不同"③。作为管辖制度的移送管辖是受诉法院对审判事务的一种主动纠错行为,目的在于维护《民事诉讼法》确立的法院审判事务之分配秩序,其不仅关涉国家设立民事诉讼的目的,还涉及公共利益的维护,这是移送管辖属于职权进行事项的正当性依据。

哪些程序事项属于职权进行,哪些归于当事人进行,多数学者认为,如果涉及公共利益的程序或事项应当属于职权进行,否则由当事人进行。关键是如何界定公共利益。学界对公共利益的界定颇有争议④,笔者认为公共利益是一个开放性的概念,既不同于集体利益、个人利益也不同于国家利益、社会利益,反倒将公共利益作为一个"变项"更有利于司法实践⑤,就移送管辖而言,因其涉及国家民事诉讼目的的实现、司法秩序的维护,具有一定的公共利益自不待言。"从现代法治的角度来说,通常不将'维护公益'作为积极的法律义务付诸公民个人,但是'维护公益'是国家机关存在的根据,是

---

① 邵明:《析法院职权探知主义——以民事诉讼为研究范围》,载《政法论坛》2009年第6期。

② 参见张卫平:《管辖权异议:回归原点与制度修正》,载《法学研究》2006年第4期。

③ 杨建华:《民事诉讼法问题研析》(2),台湾1987年自版,第310页,转引自李浩:《管辖错误与再审事由》,载《法学研究》2008年第4期。

④ 参见张卫平:《民事诉讼的逻辑》,法律出版社2015年版,第90-91页。

⑤ 参见李好生、陈宝军:《软化强制的力量——论社会抚养费非诉执行的回应型司法模式》,载贺荣主编:《公正司法与行政法实施问题研究》,人民法院出版社2014年版。

其天然的或宪法上的职责。”[①]因此移送管辖乃法院的职责，是涉及公共利益的职权进行事项。

移送管辖属职权进行事项在理论上没有太大障碍，如上所述，共识的形成离不开实务界的支持，尤其是最有说服力的最高院的倾向性意见。最高法院不定期推出的指导性案例、司法文件等在一定程度上表达了对个别问题的倾向性意见。例如，为进一步规范和统一民事裁判文书写作标准，提高民事诉讼文书质量，2016 年 6 月 26 日，最高法院发布了《关于印发〈人民法院民事裁判文书制作规范〉〈民事诉讼文书样式〉的通知》（以下简称《通知》）。《通知》提供的移送管辖裁定样式表述为“依照《中华人民共和国民事诉讼法》第 × 条、第 36 条规定，裁定如下：本案移送 × × × × 人民法院处理。本裁定一经作出即生效。”虽然《通知》属于司法文件，但其至少表明最高院的倾向性意见，认为当事人对移送管辖裁定无异议权或上诉权。如果当事人对移送管辖裁定无异议权或上诉权，则一定程度上表明最高院对移送管辖采职权进行主义。

3. 移送管辖的价值优位选择：注重效益体现

有的学者认为，移送管辖“由于欠缺程序裁判机能，当事人与法院的关系也就由诉讼法律关系变成赤裸裸的行政关系”[②]。毫无疑问，当事人与法院之间存在诉讼法律关系，但对于移送管辖采取行政化的处理方式也未必不可，至少对当事人和法院而言，都可以减少诉讼成本，提高诉讼效率。如果经过法院审查确定对案件无管辖权，当事人还要对法院的移送行为充分论辩采用司法化的处理方式，一方面说明对法院的审查不信任，另一方面也势必造成司法资源的浪费、司法效率的减损。张卫平早已洞察到这一问题的存在，认为“程序虽有其独立存在的价值，但我们亦不能过分夸大它的独立性，否则有可能导致人们对程序的一种心理幻觉，即程序越复杂越好，形成所谓‘程序幻觉’。人们会在这种幻觉的影响下片面追求程序的复杂化，使程序体系成为自我循环的封闭体系，形成程序的‘自我繁殖’情形，典型如诉讼程序中对程序问题处理的反复裁决纠错，不断循环。一旦变成为程序而程序，人类自身就会被程序异化，造成‘程序过剩’”[③]。

在移送管辖程序运作中，法院注重效益价值有利于节约司法资源、提高裁判效率。诉讼周期越长，消耗的司法人力、物力成本越高。采用行政化的处理方式无疑可以使案件尽快进入实体裁判阶段，缩短诉讼周期，提高裁判效率，特别是案多人少的情况下，注重效率价值的现实意义更加凸显。对当事人而言，如果采用司法化的处理方式，赋予当事人陈述、申辩、异议、上诉的权利和机会，势必造成更多的成本消耗，如交通

① 邵明：《析法院职权探知主义——以民事诉讼为研究范围》，载《政法论坛》2009 年第 6 期。

② 肖建国：《民事诉讼级别管辖制度的重构》，载《法律适用》2007 年第 6 期。

③ 张卫平：《管辖权异议：回归原点与制度修正》，载《法学研究》2006 年第 4 期。

费、食宿费、误工费等物质性成本,以及时间、精力、名誉损失等精神性成本[①]。

当然,在移送管辖裁定中注重效益价值体现并非排斥公正价值,只是针对移送管辖的职权性,以公正为代价换取更多的效益。

四、结论

移送管辖程序运作中出现的问题,主要根源是法律解释材料的不确定性。移送管辖的职权性及注重效益价值的特性与文义解释结论具有高度的契合性,对于文义解释结论得到程序法理佐证的部分,法律解释活动到此终止。由此可以判定:移送管辖事先无须征求当事人的意见,当事人对移送管辖裁定无权利提出异议或上诉。但也并非完全一致,就移送管辖是否受到一审开庭前的时间限制问题,利用文义解释方法得出的结论为:对于法院移送级别管辖错误、专属管辖错误案件只要在案件审理终结前都可以移送。该结论与效益价值相悖,因而有必要以效益价值为基础修正法律解释方法,利用目的解释方法将移送管辖限定在一审开庭前。如果法院在庭审中或庭审后至审理终结前发现级别管辖错误、专属管辖错误可以依照《民事诉讼法》119 条关于起诉条件的规定裁定驳回起诉。

法律解释方法的顺位不是一成不变的,要根据个案情况和法理作出适当的调整。移送管辖虽然作为民事诉讼的一项具体制度,但在程序运作中出现的问题却是极为复杂的,不能随意进行解释,而是要接受解释规则的约束,从而避免司法的擅断。对于存在空缺结构的法律规定的解释依赖于法理共识的形成,因此法律解释还要与法律论证、法律修辞理论建立密切的关联,从而在法律方法体系中逐步得以完善,最终回归法律解释的实践品格。

"法律的规范分析或法解释学是民事诉讼法学的主要研究方法,作为部门法学的民事诉讼法学是以作为部门法的民事诉讼法的存在和适用为前提的,研究的是民事诉讼法的适用问题,核心是民事诉讼法的解释问题。"[②]关于《民事诉讼法》规定的解释学研究对司法实践具有重要的意义,但从我国民事诉讼法学研究现状看,长期以来,作为"技术派"的民事诉讼法学研究落后于作为"理论派"的民事诉讼法学研究。在司法责任制的背景下,学界还需要进一步对《民事诉讼法》规定的解释理论进行深入探讨,提出符合民事诉讼法学特点的解释论,从而为法官适用《民事诉讼法》规定提供思维指南。

---

① 参见常怡主编:《比较民事诉讼法》,中国政法大学出版社 2002 年版,第 22 页。

② 张卫平:《民事诉讼法学方法论》,载《法商研究》2016 年第 2 期。

中国刑法方法论研究的10年回顾[*]

张　勇　龚慧平[**]

摘　要:近10年,来我国刑法学界有关刑法(适用)方法问题研究比较丰富,不仅在刑法解释方法方面的研究不断深入,而且在刑法思维方法、刑法推理方法、刑法论证方法、刑法修辞方法、刑法漏洞处理方法、利益衡量和价值判断方法等其他方面也进行了探讨。但在关注和回应刑事司法实践需求等方面仍存在不足,需要加强刑法方法理论与刑事司法实践的结合,使刑法方法论更具有应用性与可操作性,以推动我国刑事法治的发展。

关键词:刑法方法论;刑法适用;刑法解释

一、我国刑法方法论研究的总体回顾

随着我国刑事法治建设的展开,刑法方法论越来越得到刑法学界的关注。刑法方法论属于法律方法论的一种,是根据刑事法律处理刑事案件的方法。刑法方法与刑法适用方法实际上是同义语。刑法适用是将刑法规范运用于具体案件并得出裁判结论的技术性思维过程,这一司法过程需要刑法适用方法的作用发挥来实现。严格来说,刑法方法论包括刑法本体方法论和刑法工具方法论,前者是对刑法本身进行研究的方法,而后者即是本文所指的刑法方法或刑法方法论。正如有学者指出的,"未来中国刑法学发展的趋势应当是实现从刑法本体方法论向刑法工具方法论的范式转型,刑法方法论的发达则是构建一套精密的刑法解释方法和技巧,走向解释的刑法学"①。

---

* 基金项目:本文系国家社科基金重大项目"涉信息网络违法犯罪行为法律规制研究"(项目编号:14ZDB147)和2016年度上海市哲学社会科学规划一般课题"信息网络技术服务的刑事规制研究"的阶段性成果。

** 张勇,男,河南许昌人,华东政法大学教授,研究方向为刑法学;龚慧平,女,江西上饶人,华东政法大学2014级刑法学硕士研究生,研究方向为刑法学。

① 参见刘艳红:《走向实质解释的刑法学——刑法方法论的发端、发展与发达》,载《中国法学》2006年第3期。

刑法方法论的发展离不开对以往相关研究的回顾和总结。事实上,就法律方法论而言,从2005年开始,法律方法论的学者们每年都集中发表综述性的年度报告,回顾和评价法律方法论研究的情况,同时关注包括刑法在内的部门法方法论研究。就刑法方法论而言,近年来学者们才开始对刑法适用方法的研究进行总结①,但对我国刑法方法论研究系统评述仍然缺乏。这里,有必要专门对我国刑法方法论的研究进行回顾、梳理和总结,以期厘清其理论脉络和发展轨迹,揭示其研究特点和发展方向,以推进刑法方法论的发展及其应用。

总的来看,近10年来,我国刑法方法论的相关研究主要表现在以下几个方面:第一,研究范围逐步扩大。对刑法方法论的研究已经突破了传统的单纯研究刑法解释方法的局限,开始涉足刑法推理、利益衡量与价值判断等领域,甚至对法律修辞在刑法中的适用问题作了初步探索。第二,交叉研究不断增多。刑法方法论的研究开始注重刑法与民法、行政法等其他学科的交叉研究,实现了不同学科之间在法律适用方法上的交流与借鉴,弥补了学科封闭性导致的问题短板。第三,个案研究得到注重。适用是法律的生命所在,而刑法的适用只能在个案中实现,正因为如此,刑法方法论的研究也开始注重从具体案例的研究中寻找适用刑法的方法,并加以提炼、升华、应用,充分体现了刑法方法论的应用性与实践性。第四,问题意识不断深化。刑法方法论的研究已经逐步向细致化、专业化的方向发展,以求得对问题的深入研究。许多学者不仅对刑法解释中的目的解释、类推解释与扩大解释等方法进行了深入探讨,还对各种解释方法的位阶关系进行了专门研究。第五,研究视角趋于多元。刑法方法论的研究开始注重从不同视角进行多元化的研究,有的学者从结果导向思维等崭新的视角开展了相关研究。

二、刑法解释方法的理论之争

刑法解释是以刑法规范为前提,旨在阐明刑法规范含义的法律方法。可以说,刑法适用的过程就是刑法解释的过程。因此,刑法解释方法一直是刑法学界关注的重要问题,相关研究成果也最为丰富。但目前学界对刑法解释方法问题存在着较多争论。具体如下:

(一)刑法的形式解释和实质解释

刑法上的实质解释与形式解释理论立场之争一直都在持续。“这场有关刑法解释立场的对峙关系到我国犯罪构成体系今后的发展方向,将最终决定我国刑法解释学深

---

① 参见任彦君、张源:《刑法适用走向方法时代之路——刑法适用方法研究回顾与前瞻(1997—2014)》,载《河南警察学院学报》2014年第6期。

度发展的可能性，因而可以预见，未来这种理论之争仍将继续。”①一般认为，形式与实质解释论主要是源于德日的刑法理论，而且这两种学派观点的对立仅限于犯罪构成要件的层面，而并不涉及刑法中基本立场的争论。理论上形式的刑法解释论主张以罪刑法定原则为核心，对刑法条文进行字面的、形式的解释。实质的刑法解释论主张以社会情势与规范目的为依据，对法律条文进行价值的、合目的的解释②。因此，支持形式解释论的学者提倡在罪刑法定原则下，坚持形式理性，对犯罪构成的形式判断应先于实质判断，警惕刑法的实质解释③。支持实质解释论的学者则认为实质解释能够同时维护罪刑法定主义的形式与实质侧面，具有方法论意义上的合理性④。有学者提出，我国刑法学中的形式解释论与实质解释论之争，在性质上不同于德日的相关争论。其实，形式论与实质论者之间的分歧，主要源于双方对如何适用价值判断问题作出了不同的回答⑤。也有学者认为，形式论与实质论的学派对立和理论争议实际上是一个伪命题，不管是形式解释还是实质解释论者，首先都要承认罪刑法定原则，两者的差别在于观察问题时各自的角度不同，从而体现了各自不同的立场⑥。

（二）刑法的文义解释与目的解释

在刑法适用过程中，由于存在多种解释方法，对同一刑法条文，解释方法不同，解释结论往往不同，造成了刑法适用上的困难。对此，有学者提出刑法解释方法之间具有适用上的位阶，应当遵循一定的顺序，且主张文义解释应具有绝对的优位性，即如果依据文义解释能够得出妥当的结论时，就不需要适用其他解释方法，其他解释方法是在文义解释的基础上进一步发挥作用的⑦。但依靠文义解释得出妥当结论的情形不多，对刑法条文的解释还需要借助论理解释。“论理解释中最终起决定作用的方法是

---

① 苏彩霞、肖晶：《晚近我国刑法解释立场之争的实证分析——以2004年—2014年期刊论文为样本》，载《政治与法律》2015年第12期。

② 参见苏彩霞：《实质的刑法解释论之确立与展开》，载《法学研究》2008年第6期；陈兴良：《形式解释论的再宣示》，载《中国法学》2010年第4期；张明楷：《实质解释论的再提倡》，载《中国法学》第4期等。

③ 参见陈兴良：《形式与实质的关系：刑法学的反思性检讨》，载《法学研究》2008年第6期；邓子滨：《中国实质刑法观批判》，法律出版社2009年；陈兴良：《形式解释的再宣示》，载《中国法学》2010年第4期；

④ 参见苏彩霞：《实质的刑法解释论之确立与展开》，载《法学研究》2007年第2期；张明楷：《实质解释的再提倡》，载《中国法学》2010年第4期；刘艳红：《形式与实质刑法解释论的来源、功能与意义》，载《法律科学》（西北政法大学学报）2015年第5期；苏彩霞，肖晶：《晚近我国刑法解释立场之争的实证分析——以2004年—2014年期刊论文为样本》，载《政治与法律》2015年第12期。

⑤ 参见劳东燕：《刑法解释中的形式论与实质论》，载《法学研究》2013年第3期。

⑥ 参见杨兴培：《刑法实质解释论与形式解释论的透析和批评》，载《法学家》2013年第1期。

⑦ 参见张明楷：《刑法学》（第5版），法律出版社2016年版，第33页；刘宪权：《刑法学》（第4版），上海人民出版社2016年版，第27页。

目的解释,不能离开目的去作选择,所以起决定作用的是目的解释。"[①]目的解释是依据刑法规范的目的来阐明刑法条文真实含义的一种解释方法[②]。目的解释是一种实质解释,存在任意解释的风险,在适用目的解释时必须加以限定[③]。综合刑法各解释方法之间的优劣,有学者提出,刑法解释方法的适用是为解释的合理性服务的,各种方法的采用有"各取所需"的特点,不存在位阶的问题,具体采用何种解释方法应当考虑处罚的必要性[④]。

(三)刑法的扩大解释与类推解释

一般认为,罪刑法定原则禁止类推解释,允许扩大解释。但是,当类推解释有利于被告人时,是否被允许,即类推解释是否有存在的余地?此外,如何区分某种解释是类推解释还是扩大解释,即类推解释与扩大解释之间的界限为何?对于上述问题的回答,我国刑法学界存在不同的观点[⑤]。有学者提出类推解释的概念在当前仍然有留存的需要,理论上关于禁止类推解释与允许类推解释之间的学派争论,其实是因为对类推解释的理解与讨论角度的不同而已,类推解释与扩大解释之间很难区分,需要综合运用多种方法[⑥]。有学者认为,刑法领域上的类推是作为一种法律规范续造的手段被禁止的,对于类推的思维方法则应当加以利用,以完成对犯罪构成要件的符合性判断。至于类推解释与扩大解释的区分界限,应当考察刑罚处罚的必要性、国民的预测可能性以及刑法用语的可能含义这三点[⑦]。其实,罪刑法定原则的确立已经明确了对类推解释的禁止,类推解释与扩大解释间的区分并不存在绝对固定的界限,而是需要我们从动态的视角、综合运用多种方法来加以考察。

近年来,刑法解释的研究呈现出了明显变化,从关注司法机关的规范解释扩展到

---

① 参见苏彩霞:《刑法解释方法的位阶与运用》,载《中国法学》2008年第5期;张明楷:《刑法解释理念》,载《国家检察官学院学报》2008年第6期;程红:《论刑法解释方法的位阶》,载《法学》2011年第1期;孙万怀:《罪刑关系法定化困境与人道主义补足》,载《政法论坛》2012年第1期。

② 参见张明楷:《刑法解释理念》,载《国家检察官学院学报》2008年第6期。

③ 参见肖中华:《刑法目的解释和体系解释的具体运用》,载《法学评论》2006年第5期。

④ 参见李凯:《刑法解释方法的体系建构——以目的论解释之限定为视角》,载《中国刑事法杂志》2014年第1期;劳东燕:《刑法中的目的解释的方法论反思》,载《政法论坛》2014年第3期;张明楷:《刑法学》(第5版),法律出版社2016年版,第39页;肖志珂、赵运锋:《刑法目的解释适用规则构建与后果考察——从语言学的进路分析》,载《河南财经政法大学学报》2016年第2期。

⑤ 参见周德金:《刑法解释方法位阶性之质疑与思考》,载赵秉志主编:《刑法评论》(第17卷),法律出版社2010年版;温登平:《刑法解释方法位阶关系否定论》,载陈金钊、谢晖主编:《法律方法》(第13卷),山东人民出版社2013年版;周光权:《刑法解释方法位阶性的质疑》,载《法学研究而》2014年第5期。

⑥ 参见张明楷:《如何区分类推解释与扩大解释》,载《人民法院报》2005年12月21日第5版;刘明祥:《论刑法学中的类推解释》,载《法学家》2008年第2期;徐光华:《罪刑法定视野下刑法扩张解释的度——以扩张解释与类推解释的区分为视角》,载《河北法学》2008年第5期;胡东飞:《刑法中类推适用与扩大解释的界限》,载《社会科学》2009年第6期;曲新久:《区分扩张解释与类推适用的路劲新探》,载《法学家》2012年第1期。

⑦ 参见刘明祥:《论刑法学中的类推解释》,载《法学家》2008年第2期。

法官个体的审判解释,从刑法解释的一般性理论转移到更多地研究具体个案所涉问题的解释。如有学者指出,刑事司法的核心任务无非是如何在事实与规范之间建立起没有裂缝的对接,司法的过程于是就成为一个案件事实、刑法规范和解释者之间的合意过程①。案件事实与法律规范之间的裂隙,为司法机关能动地解释法律提供了合法性依据,而能动解释的目标指向,则是对法律适用政治效果、社会效果和法律效果进行综合权衡的实用主义司法观②。有学者根据对话思维提出,刑法解释主体是具有多元价值观的解释者构成的解释共同体,刑法解释的标准是解释共同体通过对话协商获得的共识等③。还有学者以最高人民法院指导性案例为研究对象,分析了抽象概念在具体化阐释中存在的问题④。可以看到,学界对刑法解释中的一些重要问题还存有争议,司法实践中出现的新问题还需要学界关注并寻求妥当的解释方法,刑事案件的复杂性和多样化需要我们对于刑法解释方法的研究不断推进,需要使刑法解释理论研究更加深化、更加系统,更能适应司法实践的需要。

三、其他刑法适用方法的研究

(一)刑法思维方法

刑法适用的传统思维方式是概念思维,即法官通过判断案件事实是否具备犯罪构成要件中概念所描述的全部特征而得出结论。对于普通的刑事案件,运用概念思维即可解决裁判问题,但是概念思维因其本身所具有的局限性而无法在刑法条文的不变性与犯罪事实的可变性之间找到合适的平衡点,显然难以应对刑事司法实践中出现的疑难复杂案件。于是,刑法学者们开始注意和研究类型思维在刑事案件裁判中的运用,并且相关研究成果也日益增加⑤。有的学者主张刑法思维应实现由概念思维到类型思维的拓展。比较而言,类型思维具有价值导向性、介于抽象与具体之间的中间性、使法规范与生活现实相互调适的开放性等特点。在刑法适用的过程中进行类型思维,既是准确理解刑法中犯罪构成要件的意义,保障刑法简洁性、正义性和安定性目标实现的需要,又是保障刑法价值判断目标和刑法目的实现的需要。类型思维尽管与概念思维

---

① 参见胡东飞:《刑法中类推适用与扩大解释的界限》,载《社会科学》2009年第6期。

② 参见吴丙新:《刑法解释的对象——在事实与规范之间》,载《文史哲》2009年第1期。

③ 参见吴丙新:《能动的刑法解释与实用主义刑法观——重温"梁丽案"》,载《山东大学学报》(哲学社会科学版)2013年第1期。

④ 参见袁林:《超越主客观解释论:刑法解释标准研究》,载《现代法学》2011年第1期。

⑤ 参见孙光宁:《抽象概念在指导性案例中的具体化方式——以最高法院指导性案例11号为例》,载《兰州学刊》2015年第3期。

分析理路相左,但是它并不排斥概念本身①。刑法类型化思维包含着刑法立法类型化思维和刑法司法类型化思维,是一种基本的刑法方法论②。在刑法适用中,合理解释犯罪构成要件、准确形成案件事实都离不开类型思维。类型思维引入刑法领域,标志着刑法学摒弃主客体分离而采用主客体并存的认识模式,意味着刑法解释立场由形式解释论、主观解释论向实质解释论、客观解释论的革新,并带来了对禁止类推解释原则的深思③。也有学者认为,无论是概念思维还是类型思维,两者都是刑法适用之中的基本思维方式,只是相比于概念思维而言,类型思维更具有开放性和直观性的特点,因而通常被用于解决一些疑难复杂的刑事案件,特别是一些刑法适用中似是而非的案件,或者说案件事实与刑法规范难以准确对接的情况。还有学者讨论了结果导向思维的运用,认为刑事疑难案件中完整的裁判思维是结果导向思维与顺向思维的整合,必须诉诸价值判断和目的衡量,根据结果导向的思维模式,找出案件的合适答案,并进一步论证结论的正当性④。总的来看,刑法学界对刑法适用思维方法的研究还不深入,对于类型思维的研究一般也是在与概念思维的比较中分析,而类型思维的运用标准和限制是今后该领域需要重点研究的方向⑤。

(二)刑法推理方法

刑法推理是一种理性的思维工具,其推理过程就是对刑事司法裁判结果正当性的论证过程,充分准确的刑法推理有助于正确地认识刑事司法的目的和方法,消解司法实践中同案不同判的问题。有学者从抽象概念与刑法推理的关系出发,分析了抽象概念对刑法推理正反两方面的影响,并提出正确认识两者的关系,对于正确适用刑法规范处理刑事案件具有重要的现实意义⑥。有学者对刑法适用中法律推理机制的因素及其作用、刑法适用中的法律推理模式作了分析,进而认为,在刑法适用中运用法律推理的方法不仅要遵循一般的逻辑推理模式,还要受罪刑法定原则的拘束⑦。有学者分析了当前我国刑事法官思维方式存在的问题,即重形式推理轻实质推理。在形式推理中,演绎推理是重心,归纳推理与类比推理常常被忽略。形式推理的不足以及实质推

---

① 参见吴学斌:《刑法思维之变革:从概念思维到类型思维——以刑法的适用为视角》,载《法商研究》2007年第6期;沈琪:《刑事裁判中类推思维的作用及其运用——一种基于方法论意义的思考》,载《政法论坛》2007年第6期;沈琪:《犯罪构成符合性判断的思维模式》,载《中国青年政治学院学报》2007年第5期;陈航:《刑法思维的属性研究》,载《法商研究》2007年第6期;齐文远、苏彩霞:《刑法中的类型思维之提倡》,载《法律科学》(《西北政法大学学报》)2010年第1期;陈坤:《刑法解释中的类型思维与立法意图》,载《环球法律评论》2012年第5期;任彦君:《论类型思维在刑事疑案裁判中的运用》,载《法学评论》2015年第4期。

② 参见吴学斌:《刑法思维之变革:从概念思维到类型思维》,载《法商研究》2007年第6期。

③ 参见马荣春:《刑法类型化思维:一种"基本的"刑法方法论》,载《法治研究》2013年第12期。

④ 参见齐文远、苏彩霞:《刑法中的类型思维之提倡》,载《法律科学》2010年第1期。

⑤ 参见任彦君:《刑事疑难案件中结果导向思维的运用》,载《法学评论》2012年第2期。

⑥ 参见赵运锋:《刑事法律推理机制的缺失与构建》,载《武汉理工大学学报》(社会科学版)2011年第4期。

⑦ 参见李金明:《抽象概念与刑法推理》,载《北京理工大学学报》(社会科学版)2005年第6期。

理的缺位会对刑事立法、司法造成消极的影响，因此需要对刑事法律推理机制的构建与适用作出深入探讨[①]。有学者对刑法推理的一般理论，类比推理、演绎推理、辩证推理等在定罪量刑中的具体运用以及推理的客观性、合理性及其制约等问题都作了系统研究[②]。为了贴近实践研究的转向，发挥刑法推理对法治实践的直接推动作用，不少司法实务界专家结合具体刑事案件展开对刑法推理方法的研究[③]。总的来看，在我国刑法理论界与刑事司法实务界，对刑法推理的关注和研究还远远不够。在研究内容方面主要局限在理论层面，没有更加具体化、系统化的研究成果，对司法实践的指导意义不大。因此，有必要结合一些具体案例，讨论如何把握推理方法在刑法适用中的运用。

（三）刑法论证方法

刑法论证是刑法教义学方法中的重要问题。作为刑事司法活动中的一种说理过程，刑法论证是指依据一定的规则和理由以证明有关犯罪及其刑事责任的立法决定、司法判断或理论表述的正当性的活动[④]。以往刑法学界对刑法论证的研究主要集中在基础理论方面。有学者探讨了刑法价值判断中的实体性论证规则，即妥当的论证程序和论证方法，并提出刑法中的价值判断只有遵循该实体性论证规则才能合理化[⑤]。也有的学者探讨了法律论证与刑法中罪刑法定原则的关系，认为法律论证方法强调对话、论辩、理性程序，有助于刑法的适用超越“法律形式主义”的局限，从而兼顾形式正义与实质正义[⑥]。还有学者对刑法论证的特征、刑法论证活动、刑法论证的融贯性要求、刑法论证责任以及刑法论证的理论导向等多个方面进行了分析，认为刑法论证的难点在于对各种抉择进行充分的论证并且以理服人，而作为基本的刑法适用方法，刑法论证中存在的问题需要真正从论证理论的角度展开探讨[⑦]。近年来，刑法论证的研究突破了自身基础理论的局限，开始探讨刑法论证与其他刑法适用方法的关系。如有学者认为刑法论证是以刑法解释为前提的，两者的区别在于刑法论证强调合理性的诉求目标、开放的体系、对话的方式。在风险社会的背景之下，刑法解释方法无力担负起刑法适用的重任，需要将基于刑法解释展开的刑法论证作为刑法适用的基本方式[⑧]。也有学者以刑事司法实践中的热点案件为切入点，提出在适用刑法解释方法所得出的

---

① 参见冯建军：《刑法适用中的法律推理机制》，载《中国刑事法杂志》2005 年第 4 期。

② 参见赵运锋：《刑事法律推理机制的缺失与构建》，载《武汉理工大学学报》（社会科学版）2011 年第 4 期。

③ 参见沈琪：《刑法推理方法初论》，中国政法大学 2006 年博士论文。

④ 参见孙光宁、焦宝乾：《法治思维引导下的法律方法论研究》，载《政法论丛》2014 年第 5 期。

⑤ 参见陈航：《刑法论证及其存在的问题》，载《环球法律评论》2008 年第 2 期。

⑥ 参见苏彩霞：《刑法价值判断的实体性论证规则》，载《华东政法大学学报》2008 年第 1 期。

⑦ 参见王瑞君：《法律论证与罪刑法定的实现》，载《河北学刊》2008 年第 1 期；雷磊：《类比法律论证——以德国学说为出发点》，中国政法大学出版社 2011 年版。

⑧ 参见陈航：《刑法论证及其存在的问题》，载《环球法律评论》2008 年第 2 期。

结论不能够获得社会公众的广泛支持和认可,需要“出释入证”①。总体而言,刑法论证方法的研究开始突显自身的实践功能,在回应司法实践的主流影响之下,一些学者能够将研究的重点更多地放在如何将刑法论证的基础理论融入具体的司法过程之中,力图挖掘刑法论证理论的实践意义和价值。但是,刑法论证在公案或者疑难案件中的实际作用以及操作方法等问题还需深入研究。

(四)刑法修辞方法

刑法修辞,是指运用各种材料和表现手法,恰当表达刑法罪刑规范内容的一种活动。刑法修辞不仅是一种有力的说服技术,也是一种重要的法律论证方法。但是,刑法作为强制力最为严厉的法律,其基本的要求便是逻辑严密性,因此,如何处理修辞艺术与逻辑严谨之间的关系就成为适用刑法修辞首先需要解决的问题。学界对刑法修辞方法的研究并不限于此,如有学者研究了刑法修辞方法的理论价值以及对立法语言和刑法解释的实践价值,认为借助于语言这一媒介,刑法修辞方法拥有了自身的解释力;通过说服与论辩的技巧,刑法修辞取得了客观性与主体间性②。当然,也有学者以热点刑事案件作为研究对象,分析研究了刑事司法文书所运用的刑法修辞方法③。还有学者以模糊修辞的视角分析刑法问题,认为刑法中模糊的修辞不仅可以在某种程度上保证自身的灵活性以及稳定性,还兼具说服功能和协调功能等④。上述研究为法律修辞方法理论发展及其应用起到了促进作用。但是,刑法修辞的具体含义以及刑法修辞适用的基本要求等基础理论问题并没有引起刑法学界的充分重视。此外,刑事司法实践中修辞方法的适用问题常常被忽视,甚至是被轻视,刑法修辞方法的价值并没有得以真正的发挥。

(五)刑法漏洞处理方法

法律条文的稳定性较之社会生活的快速变动性必然会存在漏洞,刑法也不例外。有学者认为,承认和发现刑法漏洞尤其是真正的刑法立法漏洞,然后通过修订完善刑法立法以填补刑法立法漏洞,而不是通过刑法解释技术来对刑法漏洞进行司法填补,是实现良法之治的基本要求⑤。有学者认为,刑法漏洞填补存在补漏模式确权不清、分工不协调等问题,需要对刑法漏洞填补进行重新界定和分类,并辅以相应的补漏模式,

---

① 参见童德华:《从刑法解释到刑法论证》,载《暨南学报》2012年第1期。

② 参见王瑞君:《论刑法的表达技术》,载《山东大学学报》(哲学社会科学版)2006年第3期。

③ 参见姜涛:《刑法修辞学:视域、方法与价值》,载《人大法律评论》2013年第2期。

④ 参见史敬良:《“李庄案”研究——基于法律方法的视角》,山东大学2011年硕士论文。厉尽国:《判决中的修辞方法及其反思——以“李庄”案为例》,载陈金钊、谢晖主编:《法律方法》(第11期),山东人民出版社2011年版。

⑤ 参见张勇:《模糊修辞的刑法运用——兼论犯罪数额的认识错误》,载陈金钊、谢晖主编:《法律方法》(第15卷),山东人民出版社2014年版。

以期构建一套多级立体的补漏模式,实现刑法体系的健康发展[①]。有学者就刑法漏洞的填补与刑法司法解释的完善进行了相应研究,认为刑法适用过程中暴露出来的刑法漏洞,主要是运用刑法司法解释加以填补的,如果能有效地对刑法司法解释进行完善,也将使刑法漏洞得到更好的填补[②]。在此前研究的基础上,有学者针对刑法漏洞处理方法进行了研究,认为刑法漏洞可区分为真正的刑法漏洞与非真正的刑法漏洞,对于真正的刑法漏洞,需要运用立法的方式解决,而非真正的刑法漏洞所对应的填补方式是刑法解释方法;对于刑罚方面的漏洞,应在刑法框架内根据罪刑相适应原则进行填补。但是,对于非真正刑法漏洞的填补应该受到刑法基本原则的约束[③]。目前,在刑法漏洞处理方面的研究成果不多,主要是在司法实践中遇到问题时才发现漏洞的存在,以至于主要是针对具体条文中漏洞的处理方法,难以为司法实践提供理论支撑,使漏洞的处理没有较为统一的做法。另外,如何处理好刑法漏洞填补方法与罪刑法定原则的关系,刑法漏洞填补方法和刑法类推是什么关系等,都是不可回避并需要深入研究的问题。

(六)刑法利益衡量方法

利益衡量是法官解决疑难案件、实现实质正义的重要思维方法。利益衡量方法在刑事裁判中运用的关键问题在于:刑事案件裁判中利益衡量方法运用的必要性是什么?它与罪刑法定原则的关系如何?利益衡量应坚持哪些原则?利益衡量方法在刑事疑难案件中如何运用?这些问题关系到利益衡量如何切入刑事司法并发挥积极的作用。有学者认为,刑法适用解释不可避免地会产生多种解释结果,而这一问题是刑法解释方法本身所不能解决的,此时就需要运用利益衡量或者价值判断的方法。利益衡量与刑事立法以及判断犯罪构成要件成立与否、是否存在违法阻却事由具有密切的关系。当法官处理刑事疑难案件时,利益衡量方法可以提供一个新的思路[④]。利益衡量方法在刑法领域主要运用于特定案件面临两个以上可能选择的法律规范的情况以及虽有明确的法律规定,但会出现合法不合理或者社会效果不佳的情况。在有多个规范可以适用的案件中,或者案件事实与刑法规范不能完全对接,似是而非时,根据案件的特定社会背景或特殊情况,在犯罪构成评价的前提下,通过利益衡量作出更加妥当的判决也是有效的刑法适用方法之一[⑤]。有的学者认为,利益衡量方法是法官解决疑难案件、实现个案实质正义的重要思维方法之一。其主要功能在于弥补形式逻辑的不

---

① 参见魏东:《从首例“男男强奸案”司法裁判看刑法解释的保守性》,载《当代法学》2014年第6期。

② 参见石晶晶:《关于我国刑法漏洞填补模式的思考》,吉林大学2008年硕士论文。

③ 参见杜娟:《刑法漏洞的填补与刑法司法解释的完善》,华东政法大学2008年硕士论文。

④ 参见任彦君:《论我国刑法漏洞之填补》,载《法商研究》2015年第4期。

⑤ 参见刘军、熊楚未:《刑事审判中的利益衡量及其适用》,载陈金钊、谢晖主编:《法律方法》(第18卷),山东人民出版社2015年版,第385-395页。

足,为法律解释方法和推理方法的正确运用提供基础,为发现或选择适用于疑难案件的裁判规范提供一种思考方法,追求个案的更优结果,而非抽象的形式正义,是法学方法中的"黄金方法"①。还有学者认为,利益衡量应坚持节制适用原则,实质正义与形式正义统一的原则,以及法律效果与社会效果统一的原则。由于利益衡量具有一定的主观性,为了限制刑事裁判的恣意,应当将其限定在刑法的框架内②。概言之,探讨刑事疑难案件中利益衡量方法的运用,对于法官自觉地、理性地进行利益衡量,达到个案的实质正义,具有重要的理论指导和实践应用价值。

(七)刑法价值判断方法

近年来一些学者就刑法适用中的价值判断问题进行了研究。有学者认为,刑事裁判中价值判断是不可或缺的方法,原因在于刑法规范的不完美性和抽象性。价值判断的运用不会影响到刑事裁判结果的客观性③。有学者认为,在罪刑法定原则的制约下,只有部分法外的价值判断可以向法内价值判断转换。在刑法解释中,应优先以刑事政策所含价值取向来填充其间的价值判断内容④。有学者认为,我国刑法学平面式犯罪构成四要件理论需要重构为事实判断/价值判断、不法/责任清晰区分的阶层式犯罪论体系。在运用价值判断方法时,要确定刑法上"规范的价值判断"标准,合理界定刑法价值判断的限度⑤。有学者指出,价值判断是整个刑法问题的核心,法官的利益衡量、目的考量与价值评价贯穿刑法适用的始终。两项实体性论证规则为刑法价值判断的合理实现提供了最低限度的保证,它们分别是:只有在有足够充分且正当的理由的情形下,才能对刑法进行扩张解释;没有足够充分且正当的理由,应当坚持强势意义上的平等对待。以实体性论证规则为前提,经由妥当的论证程序,运用妥当的论证方法,方能合理实现对刑法问题的价值判断⑥。应当指出,我国学者对于犯罪构成符合性判断及其他刑法判断的价值属性尚存疑虑,少有著述探讨如何从实体上、程序上来保障合理的刑法价值判断。有些问题还没有较为一致的看法,如价值包括什么、价值判断与利益衡量的区别是什么、价值判断如何具有形式上的合法性、价值判断的标准与限度等问题,有待更加深入的研究。

---

① 参见蔡淮涛:《刑法解释中的利益衡量——兼论利益衡量在正当防卫案件中的运用》,载《河南警察学院学报》2011年第4期。

② 参见王婷:《析司法界域中的利益衡量》,载《人民检察》2011年第7期。

③ 参见任彦君:《论利益衡量方法在我国刑事裁判中的运用》,载《法学评论》2013年第5期。

④ 参见黄京平、陈鹏展:《刑事裁判过程中价值判断问题研究》,载《法学家》2005年第1期。

⑤ 参见劳东燕:《刑事政策与刑法解释中的价值判断》,载《政法论坛》2012年第4期。

⑥ 参见周光权:《价值判断与中国刑法学知识转型》,载《中国社会科学》2013年第4期。

四、刑法方法论研究的未来展望

在看到刑法方法论的研究取得丰硕成果的同时，其不足之处也需要特别关注。主要表现为以下两个方面：

首先，从理论层面来看，虽然学者们付出了很多努力来探寻刑法本身所特有的方法，但多数的刑法方法论的研究仍然是法律方法在刑法领域的延伸，其基本理论仍然来自于法理学等其他法学学科理论，部门法方法论的特性不够明显。值得关注的是，刑法教义学作为刑法适用方法的理论基础，近年来引起了学界的广泛讨论，不少学者开始运用刑法教义学理论分析刑法适用的方法论问题，但也出现了一些不足之处。如有些学者对刑法教义学理论本身还没有形成完整、系统的认识，在缺乏坚实理论积淀的基础上即开始运用刑法教义学理论对刑法适用方法进行研究，造成研究成果出现了知识性偏差。应当说，对法律方法论的研究必须以成熟的法学基础理论为基石，刑法方法论也不例外。只有成熟的刑法基础理论才能够为刑法方法论的深入研究提供坚实的智力支持，也才是刑法方法论得以广泛而深入展开的重要保障。因此，必须加强对刑法基础理论特别是刑法教义学理论的研究，形成独立、完整、系统的知识框架，才能为刑法方法论研究提供正确的理论指引。

其次，从实践层面来看，近年来理论界和实务界越来越重视具体案例的研究，尤其是对刑事司法实践中热点案件的关切，不少学者从事最高人民法院发布的指导性案例的研究中，并从典型案例中抽丝剥茧，提取其中的刑法适用方法供实务部门作裁判参考。案例指导制度的施行，使得更多的专家学者将关注的目光从抽象的理论分析转移到具体案件的研究上，以求从个案中打开研究思路，发现、辨析、收获刑法适用方法，丰富了刑法适用方法的内容。刑法适用方法具有很强的实践功能，其实践品格必须得到重视和彰显，学者们需要将更多的精力关注和回应实践需求，实现刑法适用方法与司法实践的深度融合。展望未来，应用实践性研究将成为刑法方法论研究的重点发展方向。当然，这需要法学理论界特别是刑法理论界和刑事司法实务界的共同努力。一方面，具有刑事司法实践经验的法官、检察官利用自身办案经验的优势，积极投入到刑法适用方法的研究中，将办案过程中所采用的刑法适用方法予以总结，在充分展示裁判、检察说理的规则与技巧的同时，有利于将总结的成果形成理论用于指导实践，提高司法效率，促进司法公正。另一方面，具有深厚刑法学理论的专家学者积极关注司法实践，通过对刑事司法实务中具体个案的分析，可以总结出刑法方法论适用的一般规律和具体规则，从而使刑法适用方法的研究更具有实践性、可操作性。

认罪认罚从宽司法运行的价值平衡与判断方法*

王瑞君**

摘　要:随着中央新一轮司法体制改革的推进,认罪认罚速裁程序的构建和实体层面对认罪认罚从宽的解读,成为理论和实务界关注的热点。认罪认罚从宽制度的构建和运行,需要对"认罪从宽"在程序上进行客观的解读和合理的协调。具体到个案,要运用恰当的方法,客观地判断认罪及程度,从而决定程序上是否适用速裁程序以及解答实体上是否从宽及从宽的幅度的问题。

关键词:认罪认罚;速裁程序;从宽;价值平衡;判断方法

一、"认罪认罚从宽"引发的疑问及理论难题

我国自2003年起,陆续对"认罪从宽"作出了规定。2003年3月14日最高人民法院、最高人民检察院、司法部颁布的《关于适用普通程序审理"被告人认罪案件"的若干问题意见(试行)》和《关于适用简易程序审理公诉案件的若干意见》,2006年12月28日最高人民检察院通过的《关于依法快速办理轻微刑事案件的意见》,都涉及认罪从宽的内容。这几个《意见》,从宗旨到内容基本一致,当然,在具体表述方面略有不同,见表1。

2014年6月27日,全国人大常委会表决通过《关于授权最高人民法院、最高人民检察院在部分地区开展刑事案件速裁程序试点工作的决定》,对部分轻微刑事案件适用刑事速裁程序,轻罪案件被告人认罪认罚程序的试点工作进行了部署。2014年10月23日,党的十八届四中全会通过的《中共中央关于全面推进依法治国若干重大问题

---

* 基金项目:本文为2015年山东省社会科学规划研究重点项目"量刑规范化实施情况研究——以'实体量刑规范化文本'的适用为视角"(项目编号:15BFXJ01)、教育部人文社会科学重点研究基地——吉林大学理论法学研究中心重大项目"当代中国司法实践的方法论反思"(项目编号:15JJD820003)的阶段成果。

** 王瑞君,女,内蒙古赤峰人,山东大学(威海)法学院教授,博士生导师,研究方向为刑法基础理论、刑法方法论。

的决定》提出“完善刑事诉讼中认罪认罚从宽制度”。之后,2015 年 2 月 26 日最高人民法院正式发布了《人民法院第四个五年改革纲要(2014—2018)》,要求:“完善刑事诉讼中认罪认罚从宽制度。明确被告人自愿认罪、自愿接受处罚、积极退赃退赔案件的诉讼程序、处罚标准和处理方式,构建被告人认罪案件和不认罪案件的分流机制,优化配置司法资源。”2016 年 9 月 3 日第十二届全国人民代表大会常务委员会第二十二次会议通过《关于授权最高人民法院、最高人民检察院在部分地区开展刑事案件认罪认罚从宽制度试点工作的决定》(以下简称新的《认罪认罚决定》)。

表 1　最高人民法院、最高人民检查院、司法部相关《意见》比较

《意见》名称	《关于适用普通程序审理“被告人认罪案件”的若干问题意见(试行)》	《关于适用简易程序审理公诉案件的若干意见》	《关于依法快速办理轻微刑事案件的意见》
《意见》宗旨	“为提高审理刑事案件的质量和效率……”	“为依法适用简易程序,提高审理刑事案件的质量和效率……”	“为了全面贯彻落实宽严相济的刑事司法政策,提高诉讼效率,节约司法资源,及时化解社会矛盾,实现办案的法律效果和社会效果的有机统一,为构建社会主义和谐社会服务……”
《意见》相关内容	“被告人对被指控的基本犯罪事实无异议,并自愿认罪的第一审公诉案件,一般适用本意见审理。”“人民法院对自愿认罪的被告人,酌情予以从轻处罚。”	“独任审判员应当讯问被告人对起诉书的意见,是否自愿认罪,并告知有关法律规定及可能导致的法律后果;被告人及其辩护人可以就起诉书指控的犯罪进行辩护。”“被告人自愿认罪,并对起诉书所指控的犯罪事实无异议的,法庭可以直接作出有罪判决。”“人民法院对自愿认罪的被告人,酌情予以从轻处罚。”	“犯罪嫌疑人、被告人认罪的轻微刑事案件,在遵循法定程序和期限、确保办案质量的前提下,简化工作流程、缩短办案期限的工作机制。”

表2 全国人大常委会两个授权《决定》的内容比较

两个《决定》全称	全国人民代表大会常务委员会关于授权最高人民法院、最高人民检察院在部分地区开展刑事案件速裁程序试点工作的决定	全国人大常委会关于授权最高人民法院、最高人民检察院在部分地区开展刑事案件认罪认罚从宽制度试点工作的决定
两个《决定》宗旨	"为进一步完善刑事诉讼程序,合理配置司法资源,提高审理刑事案件的质量与效率,维护当事人的合法权益……"	"为进一步落实宽严相济刑事政策,完善刑事诉讼程序,合理配置司法资源,提高办理刑事案件的质量与效率,确保无罪的人不受刑事追究,有罪的人受到公正惩罚,维护当事人的合法权益,促进司法公正……"
两个《决定》的主要内容	"对事实清楚,证据充分,被告人自愿认罪,当事人对适用法律没有争议的危险驾驶、交通肇事、盗窃、诈骗、抢夺、伤害、寻衅滋事等情节较轻,依法可能判处一年以下有期徒刑、拘役、管制的案件,或者依法单处罚金的案件,进一步简化刑事诉讼法规定的相关诉讼程序。"	"对犯罪嫌疑人、刑事被告人自愿如实供述自己的罪行,对指控的犯罪事实没有异议,同意人民检察院量刑建议并签署具结书的案件,可以依法从宽处理。"

新的《认罪认罚决定》发布,引起了学界、司法界和其他社会各界的广泛关注,在肯定这项司法改革积极意义的同时,提出新的担忧和疑问。我们也能看到相关部门对一些疑问的解释和回应。最高人民法院针对如下问题进行了回应,包括:如何避免"权钱交易";会不会出现犯罪嫌疑人被迫认罪认罚;是否会出现试点地区和非试点地区"同案不同判";应如何看待特殊情况下"侦查机关可以撤销案件";如何保障被害人的权益;哪些案件、哪些被告人能够适用认罪认罚从宽程序,哪些不能够适用等问题。

上述担忧和疑问的存在,从根本上说,主要在于:

第一,"认罪认罚"从宽及速裁,与传统刑事法理念存在何种不一致,是首先要思考和解释的问题。在我国,为打消疑虑,推动这项司法改革的顺利进行,在刑事制裁的根据、理念方面,存在进一步统一认识以及对刑事制裁理念的更新和说明的问题。关于刑事制裁的根据,即刑罚的根据,是一个持续争论、不断更新的理论难题。古今中外的哲学家、政治家、法学家给出了多种解说。近代以来,关于刑罚正当化根据的并合主义,即以报应与功利相结合一体论成为刑罚根据的主流观点,在当代各国和地区的刑事立法中也得到体现。近年来,又加入了恢复性司法理念,并且该理念也逐渐被一些国家(如德国)刑法典所采纳。根据不同、理念不同,能够影响刑罚的因素不同,各因素影响刑罚适用的轻重程度也不同。

犯罪后悔、主动认罪、主动赔偿被害方、主动认罚,在刑罚根据之一的报应主义那里,找不到合理的根据。报应主义把刑罚视为犯罪自身的绝对要求,主张刑罚对犯罪报应的绝对性和相当性,主张刑罚必须与犯罪的严重程度和犯罪人的责任相适应,以实现正义。基于报应目的的量刑情节限于犯罪中因素,包括犯罪行为的方式、手段、侵害的对象情况、危害结果、危险程度以及故意和过失的程度。那么,犯罪后认罪等表现,在预防论、目的刑论、恢复性司法等理论中,能否寻找到承认和支持?依据预防论、目的刑论和恢复性司法理念,对犯罪后认罪,又如何解读、如何判断?这确实需要我们结合我国新的认罪认罚从宽制度的构建和实践,进行进一步的思考和衡量。

第二,如何合理解决实体法和程序法价值取向方的矛盾,也是需要回答的问题。程序法为实现实体法的目标而设定,如果从这个角度出发,程序法与实体法的价值取向应当是一致的;但程序法也有自己独有的价值追求。效率于程序法层面所占的位置重于实体法。例如表(1)中,最高人民检察院《关于依法快速办理轻微刑事案件的意见》,最高人民法院、最高人民检察院、司法部《关于适用简易程序审理公诉案件的若干意见》,表(2)中,全国人大常委会表决通过《关于授权最高人民法院、最高人民检察院在部分地区开展刑事案件速裁程序试点工作的决定》等,都将“提高诉讼效率,节约司法资源”、“进一步简化刑事诉讼法规定的相关诉讼程序”放在重要的位置。最高人民检察院《关于依法快速办理轻微刑事案件的意见》还规定,“依法快速办理轻微刑事案件,是对于案情简单、事实清楚、证据确实充分、犯罪嫌疑人、被告人认罪的轻微刑事案件,在遵循法定程序和期限、确保办案质量的前提下,简化工作流程、缩短办案期限的工作机制”。最高人民法院、最高人民检察院、司法部《关于适用简易程序审理公诉案件的若干意见》第7条规定:“被告人自愿认罪,并对起诉书所指控的犯罪事实无异议的,法庭可以直接作出有罪判决。”

从上述有关程序内容的《意见》和《规定》的规定和内容来看,在不影响案件质量、确保司法公正的前提下,通过简化程序,迅速结案,节约司法资源,及时化解社会矛盾,成为这些《意见》和《决定》在程序法方面的主要价值追求。

当然,新的《认罪认罚决定》,在表述上有所变化,规定:“为进一步落实宽严相济刑事政策,完善刑事诉讼程序,合理配置司法资源,提高办理刑事案件的质量与效率,确保无罪的人不受刑事追究,有罪的人受到公正惩罚,维护当事人的合法权益,促进司法公正。”效率和公正再一次同时出现在新的《认罪认罚决定》确立的宗旨里面。二者之间在“认罪认罚从宽”制度的构建和试行中,再次面临平衡和协调的问题。公正与效率的关系,是当今许多国家的司法改革课题。公正和效率如何在“认罪认罚从宽”制度的构建和实践中,实现最大程度的优化和合理化,是我们应该认真思考的问题。

二、“认罪认罚从宽”于实体法和程序法层面价值取向的平衡

(一)“认罪认罚从宽”于实体法和程序法层面价值取向的契合及矛盾

1. 契合之处

“认罪认罚从宽”于实体法层面的价值,突出体现为刑罚权的正当性问题。行为人犯罪后是否接受处罚以及接受怎样的处罚的实质,是刑罚权的正当性问题。刑事实体法在思考解决行为人犯罪后是否接受处罚以及接受怎样的处罚上,有报应正义,但不限于报应正义。“任何企图将正义的标准客观化或去描述它的尝试,从未获得完全的成功。……正义比任何遵循规则产生的其他概念都微妙和不确定。无论说了多少或做了多少,正义在某种程度上应该是一种令人振奋的鼓舞、一种高昂的情绪和一种积极向上的呼唤。”①如前面所提到的,除了报应正义之外,目的刑论、预防刑论、社会防卫论,乃至综合理论等,都试图从不同的视角、采用不同的理论来解答刑罚正当性问题。

认罪认罚从宽,从报应正义那里得不到证明。然而,“认罪”作为犯罪后的态度,能够用来判断今后行为人再犯的可能性和人身危险性。犯罪人犯罪后“认罪”,表明犯罪人认识到自己行为的错误,存在悔过自新,说明该犯罪人的再犯可能性有所减少,人身危险性降低,可以从预防刑那里得到从宽处罚的合理根据。犯罪后认罪认罚,同样可以从恢复性司法理念中选找到根据。恢复性司法“力求被害人与犯罪人积极参与一种旨在让被害人得到修复、犯罪人得到改造的程序,来处理犯罪行为造成的损害后果”②。与报应正义所追求的有限平衡不同,恢复正义所追求的是全面的平衡:对被害人而言,修复物质的损害、治疗受到创伤的心理,使财产利益和精神利益恢复旧有的平衡;对加害人而言,向被害人、社会承认过错并承担责任,在确保社会安全价值的前提下交出不当利益从而恢复过去的平衡;对社会而言,受到破坏的社会关系得到了被害人与加害人的共同修复,从而恢复了社会关系的稳定与平衡。恢复正义构成了当今西方刑事和解最重要的理论基础。“刑罚的正义必须从多角度去理解,我们必须承认刑罚价值的多元化,承认这一点就意味着我们必须承认刑罚目的的多元化,就必须认可多元化的刑罚目的支配下的多元化的刑罚正义在这个社会中的同时并存”③。恢复正义,从另一个角度,为认罪认罚从宽,从政策到制度构建,提供了合理的理论来源和根据。

---

① [美]本杰明·N. 卡多佐:《法律的成长》,李红勃、李璐怡译,北京大学出版社2014年版,第98页。

② [英]詹姆斯·迪南:《解读被害人与恢复性司法》,刘仁文等译,中国人民公安大学出版社2009年版,第109页。

③ 臧冬斌:《量刑的合理性与量刑方法的科学性》,中国人民公安大学出版社2008年版,第77页。

2. 矛盾情形

“自愿认罪认罚”、“认罪认罚”以及“承认实施被指控的犯罪”，不是等同的概念。“承认实施被指控的犯罪”于程序法上是有意义的，有助于公检法机关尽快破案、结案，提升办案的效率。内心真正对自己所犯罪行有认罪、悔罪的认识，在实体法上才能有实际的意义。然而，程序法中的犯罪嫌疑人、被告人承认实施了被指控的犯罪，未必能够说明被告人确实悔罪，只是对自己所实施的行为予以承认，据此，法官可以简化程序、缩短办案时间，直至可以直接作出有罪判决。而实体法层面裁判者基于被告人真心认罪，从而考虑从轻处罚中的“认罪”，是表示被告人的悔罪的认识和表现，重点是被告人的悔意，正因为有悔罪的认识，才具备从轻处罚的理由。犯罪嫌疑人、被告人承认实施了被指控的犯罪，或者就自己没有实施某一行为进行辩解，是犯罪嫌疑人、被告人常态表现，不可以用来作为量刑时从宽的情节予以考虑，当然，后者也不构成对其从重处罚的理由。换言之，程序法简化程序的前提是“犯罪嫌疑人、被告人承认实施了被指控的犯罪”，或者说“对起诉书所指控的犯罪事实无异议”；而实体法认罪是否从宽，要根据被告人犯罪后的态度，判断其人身危险性是否的有所降低，特殊预防必要性是否有所减少，从而决定是否从宽及从宽的幅度。如果犯罪人恶意利用认罪从宽的制度和政策，达到其不当的目的，那么，在实体法上是缺乏从宽的根据的，因此，不能给予从宽的处罚。

在我国，全国人民代表大会常务委员会在两年多的时间里，相继发布《关于授权最高人民法院、最高人民检察院在部分地区开展刑事案件速裁程序试点工作的决定》和《关于授权最高人民法院、最高人民检察院在部分地区开展刑事案件认罪认罚从宽制度试点工作的决定》。前者重点在于构建认罪认罚的速裁程度，提升办案效率，节约司法资源；后者强调实体法层面的认罪认罚从宽政策的落实，客观上同样有利于司法效率的提高。前后两个《决定》为我们提出了一个新的迫切需要思考和解决的问题：单纯的办案效率的功利化需求，是否可以作为对刑事案件从宽处罚的理由？这个问题体现在个案中，即认罪但看不出明显的悔罪，那么，在案件事实清楚的情况下，可否予以从宽并迅速结案？或者说，如果将由于“认罪”能够使司法机关迅速结案，从而对被告人从宽，是否会动摇刑罚基本正义理念和价值追求？是否存在破坏正义的危险？

(二)“认罪认罚从宽”于实体法和程序法层面价值取向的选择和平衡

基于认罪认罚实体法和程序法价值取向存在契合性和不一致性的分析，从我国当下推进的认罪认罚从宽的司法改革来说，可区分不同的类别，进行价值取向的协调和选择。

第一，如果实体法价值与程序法价值一致，也即某因素能够从报应刑、预防刑中能够找到根据，同时该因素的运用同时能够带来简化诉讼程序、提高办案效率的诉讼价值，那么，(1)根据全国人大常委会《关于授权最高人民法院、最高人民检察院在部分地区开展刑事案件认罪认罚从宽制度试点工作的决定》的规定,对犯罪嫌疑人、刑事被告人自愿如实供述自己的罪行,对指控的犯罪事实没有异议,同意人民检察院量刑建议并签署具结书的案件,可以依法从宽处理。据最高人民法院院长周强介绍,试点地区符合上述4项条件的犯罪嫌疑人和刑事被告人,将获得依法从简、从快、从宽处理;速裁程序适用范围扩大到三年有期徒刑以下刑罚的案件;犯罪嫌疑人自愿如实供述涉嫌犯罪的事实,有重大立功或者案件涉及国家重大利益的,经公安部或最高检批准,侦查机关可以撤销案件,检察院可作出不起诉决定①。(2)犯罪嫌疑人、刑事被告人,不论犯罪轻重,犯罪后能够真诚认罪、悔罪,以及积极赔偿被害人经济损失的,均可以作为从宽量刑的理由,因为这样做,符合刑法的原则、相关规定和刑法的基本理念。

第二,当实体和程序价值取向存在矛盾时,即仅仅为了案件的迅速结案、提升办案效率,给予被告从宽的待遇,是否有风险,是否会造成论文开头所说的造成司法不公正,以及犯罪嫌疑人被迫认罪认罚甚至"权钱交易"等问题?这背后潜藏的问题是:基于办案效率的功利化需求,对刑事案件进行从宽处罚,是否违背公平正义?

在大家的关注和讨论过程中,2016年9月12日,最高人民法院通过《关于进一步推进案件繁简分流优化司法资源配置的若干意见》,在该《意见》新闻发布会上,胡仕浩谈到的,此《意见》是提高司法效率的重要方式。"中央在本轮司法体制改革中提出了'推进以审判为中心的诉讼制度改革'、'完善刑事诉讼中认罪认罚从宽制度'等系列改革举措,立法机关修改法律完善简易程序、小额程序,授权相关部门开展刑事案件速裁程序、认罪认罚从宽制度试点工作,为人民法院提高司法效率提供了法律依据和政策依据。面对日益繁重的办案工作任务和'案多人少'矛盾,'五加二'、'白加黑"虽已是不少法官的工作常态,但是,各级法院不能再简单依靠层层加码、下指标、定任务,或者要求全员超负荷地加班办案。《意见》以诉讼程序优化和司法资源结构性调整为抓手,最大限度地释放办案潜力,提高司法生产力。"②

的确,对正义的解读不能僵化,不能将刑法中的报应正义当作刑事案件的唯一的正义,也不能将刑罚的正当化根据永远固守于报应和预防犯罪的所谓综合理论上。仅就对正义的理解而言,正义本身就是一个可以从不同视角来界定和评判的概念,人们对公平正义可以有不同的解读,不同的人对正义会有不同的看法,甚至同一个人在不同的场合对正义的看法也会不同。如近现代功利主义创始人之一,英国的约翰·穆勒就主张,根据功利主义解决关于公平正义的争论。功利主义看重法律规范的实际效

① 《京沪等18市将试点认罪认罚从宽 最高法释疑》,载http://news.xinhuanet.com/politics/2016-09/04/c_129268626.htm(最后访问时间2016年9月10日)。

② 《〈最高人民法院关于进一步推进案件繁简分流优化司法资源配置的若干意见〉新闻发布会》,载http://www.chinacourt.org/article/detail/2016/09/id/2083068.shtml(最后访问日期2016年9月16日)。

率、效用和收益。办案人员在对案件的处理中,把社会的利益牢记心中,在不损害和影响社会秩序的前提下,提升效率的追求,节约司法资源,对于促进和维护整个社会的福利,应该得到认可。“正义之所以得到赞许,缺失只是为了促进社会公益的倾向。”①因此,至少,可以对轻微的刑事案件,基于效率的考虑,对自己所犯的罪行认罪甚至认罚的,可以通过构建速裁程序,尽早结案,尽早结案本身就使得被告人受益。同时,可适当从宽,当然,从宽的幅度要严格控制。

此外,机能主义刑法观也为我们思考刑事责任的根据以及刑罚的配置问题,打开了新的思维窗口。机能主义刑法观提倡跳出刑罚机能的限制,关注刑法本身的机能。如平野龙一教授所言:“在对刑法进行机能考察的场合,考察的几乎都是刑罚的机能,即刑罚是报应还是教育,而刑法本身的机能,即刑法作为规制社会的手段,应当具有怎样的作用,则不太被人关心。”②因此,研究如何应对犯罪现象,实现对犯罪现象的规制,未必始终局限于固化的传统的刑罚根据原理。更何况,从一个多世纪以来各国刑事法实践来看,辩诉交易等突破传统的刑罚根据理论的司法践行和改革,不仅在美国取得了胜利,欧陆各代表性国家也纷纷创设了各具特色的“认罪认罚从宽”制度,以应对诉讼案件剧增、法庭堵塞严重的压力。如德国,从 20 世纪 70 年代开始,在经济犯罪案件中,检察官、被告人和辩护律师之间,对诉讼进程与程序结果之间经常地达成协商,只是,这种“非法”的协商在德国司法实践中被要求严格保密。直至 2009 年,德国通过刑事诉讼法修正案,新增了 257 条关于认罪协商的程序性规定。在法国,为克服效率低下所导致的法庭堵塞,立法者于 2004 年 3 月 9 日引入了庭前认罪答辩程序。意大利于 1988 年及其后修订的刑事诉讼法里增加了具有辩诉交易性质的协议程序。“辩诉交易”以实践践行乃至立法确认的不同方式,展现了强大的生命力,不时地突破传统的刑罚理论,走出一条务实、高效、符合各方主体利益的路线。

因此,我们必须客观地承认,刑事案件的解决,是成本高昂的一项司法活动。国家综合方方面面的考量,政策上作出选择,切出一部分案件,当然是比较轻的刑事案件,程序上让被告人和国家都受益,实体上并不坚持绝对报应的正义,似乎也未尝不可。但是,毕竟实体法的正义追求和程序大的效率追求,存在不兼容的情况,所以,实体的正义底线,不能轻易放弃,实务中“认罪当然从宽”的做法,是缺乏实体法上的根据的。为此,犯罪较轻的刑事案件,如依法可能判处一年以下有期徒刑、拘役、管制的案件,或者依法单处罚金的案件,只要承认自己的罪行,未必真心悔过自新,都可以适用简化的诉讼程序,缩短结案时间,这本身就使得被告人受益。犯罪较重的案件,则不能急于进行制度的设计,有必要先实践,通过实践的尝试,摸索和探讨符合我国国情的“认罪认

① [英]休谟:《人性论》,关文运译,商务印书馆 1981 年版,第 662 页。

② [日]平野龙一:《刑法的基础》,黎宏译,中国政法大学出版社 2016 年版,第 73 页。

罚从宽”的样板。

三、“认罪认罚从宽”司法运行中方法的运用

(一)认罪与否及认罪程度的判断

首先,是认罪与否的判断,关键是认罪真实性的判断。认罪是否要求对所有罪行、细节甚至行为的性质有准确的认识,要具体情况具体分析,从根本上把握是否属于认罪,关键在于对基本犯罪事实的态度及判断上。比如伤害案件,犯罪嫌疑人、被告人承认自己造成对方伤害,但一共是 4 刀还是 5 刀捅向,有些记不清,这不影响认罪的成立。但是,如果非要将故意伤害添油加醋地说成正当防卫,竭力改变事件的性质,就不能认为是认罪。再比如盗窃罪,这一犯罪的成立要求行为人主观上有非法占有的目的。如果犯罪嫌疑人、被告人辩称:“钱是被害人主动给我的”,这也是在改变事件的性质,为自己推脱罪责,就是表面上的态度再好,也不是法律意义上的认罪。对有关刑罚裁量重要的因素,进行避重就轻的回答和承认的,也无法认定为认罪。比方说,原本是 3 个人轮奸案件,行为人不承认自己实施了实行行为,只承认自己实施了帮助行为,从而否定轮奸这一加重的构成要件。另外,考虑到不可能所有的犯罪嫌疑人对自己所犯罪行的定性都能够有准确的判断,因此,只要犯罪嫌疑人、被告人对所实施的行为、所知道的后果能够如实交代,承认罪行,至于是贪污还是受贿,是侮辱还是诽谤,即使被告人因为自己的理解进行一定的辩解,也应作为认罪处理,即应该以是否承认犯罪事实为主,而不纠缠于对定性的认识。其次,认罪程度也有所不同。有的认罪较为彻底,有的不够彻底;有的认罪较为主动,有的较为被动;有的由于自己的真心悔悟,有的是经过他人的教育、感化后认罪,有的是在面临压力、不得已情况下的认罪。在量刑时均应予以不同的斟酌和裁量。

(二)认罪与否及认罪程度的判断方法

认罪与否及认罪程度的判断及方法,非常具体和复杂,下面的方法,或许有一定的借鉴意义。

第一,亲临问讯,注重对犯罪嫌疑人、被告人犯罪后认罪与否的心理的判断。刑事诉讼有一个基本的原理和要求,即“判决交由审者负责”,不提倡“审者不判、判者不审”。事实上,案件的事实认定、犯罪嫌疑人、被告人是否真诚认罪和悔罪,均离不开裁判者的主观判断。为了使这种“主观判断”更客观,要求裁判者亲临和倾听问话和讯问,这对于认罪及程度的判断非常重要。听他人的案情汇报,与直接接触和倾听嫌疑人、被告人的表述,是不一样的,后者就对方真实态度的把握、感应而言,更准确和真实。亲临问讯,有利于准确地判断对方的心理和真实想法。比如有些被告人对办案人

员的讯问表示不理解，闹情绪，故意说一些气话，但是，在大部分时间里还是如实供述主要事实的，就不应仅以一个环节、一句话来判断是否属于认罪，仍然应当按照认罪处理；再比如，有的人，可能是基于某种顾虑，认罪时间较为拖延，但是，最后还是诚恳地认罪。当然，也有的嫌疑人、被告人，跟法院等办案机关讨价还价，或者对刑罚惩罚抱着无所谓的态度，这样的表现就不能作为认罪表现。总之，办案人员，要亲临和倾听审判，综合被告人在庭审中的表情、眼神、语言、动作及其他的肢体语言等微表情，对被告人是否真的认罪作出判断。

第二，综合犯罪后的表现，进行判断。犯罪后，嫌疑人、被告人的表现是不同的，像自首、坦白等，已经为立法肯定为是认罪的表现。除此之外，如果有配合司法机关调查、退赃、赔偿、赔礼道歉、与被害人达成谅解等等行为，均是认定嫌疑人、被告人自愿认罪甚至悔罪的证据，可以作为判断是自愿认罪的参考因素。认罪毕竟是从宽程度小于自首和坦白的情节，因此，对于嫌疑人、被告人的一些常态反映，比如由于为自己申辩、可能涉及隐私、害怕破坏家庭团结或危及亲友利益等等，没能如实供述赃款去向等，不能过于苛刻，将他们排除在认罪的范围之外。还有的案件，因为被采取强制措施，先由嫌疑人、被告人表示赔偿受害方，后由被告人家属代为履行，或者由家属等代为赔偿、退赃，只要自己知道后不持反对的态度，对所犯的罪行承认，也可认定为是自愿认罪。

第三，经验法则和直觉判断的运用。关于经验法则在司法活动中的运用，不仅常常存在于办案人员有意识无意识的办案活动中，而是我国相关的规定已经认可了经验法则的地位①。最高人民法院《办理死刑案件证据规定》第 5 条界定“证据确实、充分”的证明标准时，其中一项要求就是，根据证据认定案件事实的过程符合逻辑和经验规则，由证据得出的结论为唯一结论。

经验法则可以同样运用于认罪的判断中。嫌疑人、被告人犯罪后，认罪的动机、影响认罪的缘由、认罪的方式、时间等，在个案中表现出很大的不同。一般来说，法官个人阅历和经验越丰富的，对案件的认知就越审慎、越仔细、越全面，作出的判断就更为准确。办理的案件多了，接触的嫌疑人、被告人多了，经验逐渐积累并且升华为经验法则。办案人员会根据案件需要，本能地选择具体的经验知识，也会从有经验的办案人员那里学得经验，就手头的案件进行识别和判断。经验法则具有客观性，应承认和肯定经验法在评价证据、认定案件事实中的作用。

直觉判断也不应成为司法活动中讳言的词汇。事实上，或许是办案人员“习而不

---

① 如最高人民法院《关于民事诉讼证据的若干规定》第 9 条第（3）项、最高人民法院《关于行政诉讼证据若干问题的规定》第 68 条，就肯定了经验法则在民事诉讼和行政诉讼中的地位和作用。

察”、“用而不言”,直觉在司法过程的各个环节的客观存在并发挥作用,这是一个不容否认的客观事实。波斯纳指出:“直觉是我们的一套基本的确信,它埋藏得很深,我们甚至不知如何质疑它,它无法令我们不相信,因此,它也为我们的推理提供了前提。”①波斯纳还说:“当一个决定要取决于数个因素时,运用直觉,而不是努力清醒地分别评估各个因素,然后将之结合形成一个最终结论,也许更好。”②直觉未必是正确的,但是,由于对被告人量刑时,需要考虑的因素众多,要想给每个因素定型、类型化和量化,实在太难。所以,直觉判断就不应成为我们避讳的作法和忌讳的语词。

从宽幅度的把握。随着认罪认罚从宽试点工作的开展,我国的量刑指导意见预期会作相应的修改和完善。然而,具体到个案的裁判,还是需要根据个案的特点,作出合法、合理的判决。卡多佐在《法律的成长》一书中讲过:“从完整的成文指南或交谈艺术的手册中,永远无法为独一无二的情形找到现成的答案。”③在标准的主导下,作出符合个案公正的判决结论,是社会最期待的。

“认罪认罚从宽”与“认罪认罚速裁程序”不是完全等同的概念,后者限定于比较轻的案件。“认罪认罚从宽”,强调对“认罪认罚”作为从宽情节的重视,理论上来分析,是对犯罪后态度作为量刑情节的进一步强调和肯定,客观上有利于节约司法资源,提高办理刑事案件的效率。“认罪认罚从宽”,理论上来说,没有案件种类、范围的限定,正如最高人民法院刑一庭庭长沈亮在回答认罪认罚相关问题时表示的,“认罪认罚从宽跟《刑法》第67条所规定的自首从轻一样,是指可以从轻,但不是一律从轻。刑法所规定的自首,并没有限定某一类案件适用,某一类案件不适用。认罪认罚从宽制度也一样,没有特定的案件范围限制”④。

既然属于犯罪后的态度,那么,除了认罪认罚与否之外,认罪认罚程度也自然存在不同,有的认罪认罚较为彻底,有的不够彻底,说明行为人人身危险性降低的程度是不一样的,要进行不同的刑法评价:(1)考虑认罪的时间。认罪时间的不同,反映出行为人认罪、醒悟的迟早。被刑法类型化的认罪从宽情节中的自首和坦白,即是根据认罪的时间前后所作的划分。没有被刑法类型化的从宽情节,也应考虑行为人认罪、悔罪的时间。(2)认罪主动还是被动。认罪有主动与被动之分。行为人是由于自己的真心悔悟,而诚心实意地承认自己的错误行为,还是在经过他人的教育、感化后认罪,还是在面临压力、不得已情况的认罪,在量刑时均应予以不同的斟酌和裁量。(3)除了口头

① [美]理查德·波斯纳:《法理学问题》,苏力译,中国政法大学出版社2002年版,第93页。

② [美]理查德·波斯纳:《法官如何思考》,苏力译,北京大学出版社2009年版,第101页。

③ [美]本杰明·N.卡多佐:《法律的成长》,李红勃、李璐怡译,北京大学出版社2014年版,第97页。

④ “两高回应18个城市试点刑事案件认罪认罚从宽”,载http://news.sina.com.cn/c/2016-09-04/doc-ifxvpxua7827547.shtml(最后访问日期2016年9月7日)。

认罪之外,如果有如实供述犯罪事实、主动交代作案工具去向、物证藏匿之处等表现的,从宽的幅度应该更大些。(4)当遇到认罪与认罚不同步的情形时,不应影响从宽处罚。即犯罪嫌疑人、被告人对检察院指控的犯罪事实和罪名给予了认可,然而对检察院提出的量刑建议不接受,或者承认自己所犯罪行,但不服法院判处的刑罚而提出上诉。因为,从实体法层面而言,被告人真诚认罪,就已经具备从宽处罚的根据,而犯罪嫌疑人、被告人对指控的犯罪事实没有异议,但不同意人民检察院量刑建议,或者不服法院刑罚裁量而提出上诉,是在正常行使自己的权利,不应作为阻碍从宽处罚的事由。

作为原旨主义新修辞的宪法阐释*

刘玉姿**

摘　要:活的宪法理论的抨击揭示了原旨主义未能弥合描述性命题与规范性命题之间的裂隙。在零敲碎打的路径与综合的路径失利之后,新原旨主义者引入合同法上的解释与阐释之分,借助宪法阐释概念,重塑了理论图景。经由惠廷顿、索勒姆、巴尼特、巴尔金等人的发展,宪法阐释理论雏形甫成,虽然论述有别,但在成文性命题、过程性命题、忠诚性命题、规范性命题上有着基本共识。宪法阐释不仅重构了论争的话语体系,原旨主义与活的宪法理论立场兼容,而且促使原旨主义由司法领域走向政治领域,由静态的历史探究走向动态的宪法实施,由宪法实施过程一元论走向二元论,由排他走向包容。

关键词:原旨主义新修辞;宪法解释;宪法阐释;宪法实施

20世纪60年代以来,作为反制沃伦法院能动主义的工具,原旨主义理论的脉络逐渐显露——对制宪者意图的强调成为对抗司法能动的主流话语;及至20世纪80年代,在埃德温·米斯、罗伯特·博克、拉乌尔·伯格等人的推动下,原旨主义理论的发展始具自觉性。一方面,在非原旨主义,尤其是活的宪法理论的抨击下,原初意图(original intent)、原初理解(original understanding)、原初公共含义(original public meaning)等概念次第登场。通过不断更新言说宪法解释路径的修辞,原旨主义成长为一个错综复杂但仍有基本共识的理论家族,即固定命题(fixation thesis)和约束原则(constraint principle)①。固定命题指宪法文本的语义含义在每一条款制定和批准时就固定下来了,即原初语义含义;约束原则指宪法教义的内容应当受到宪法文本原初语义含义的约束。另一方面,尽管遭受非原旨主义者的猛烈抨击,但无论在司法实践中,还是

* 基金项目:本文系国家社会科学基金项目“宪法文本中的征地规范解释研究”(项目编号:16BFX028)的阶段性成果。

** 刘玉姿,女,山东莱芜人,法学博士,厦门大学法学院助理教授,研究方向为宪法学与行政法学。

① See Lawrence B. Solum, What is Originalism? *The Evolution of Contemporary Originalist Theory*, available at: http://ssrn.com/abstract=1825543(最后访问时间2015-12-01).

在学术界,原旨主义理论仍然屹立不倒,始终是解释宪法不可逾越的地标,甚至一些原来的非原旨主义者也旗帜鲜明地倒向原旨主义阵营①,呈现出“我们现在都是原旨主义者”的大同景象②。

以20世纪90年代为界,一种名为“新原旨主义”(new originalism)的原旨主义理论登场③。与旧原旨主义理论不同,新原旨主义不再仅仅关注司法谦抑,而是聚焦为当下的宪法实践提供正当依据,以弥合宪法解释之规范性阐述与描述性阐述之间的裂隙,调和非原旨主义的先例与原旨主义之忠于原初宪法的主张之间的紧张关系,增强原旨主义理论与实证法的契合性。以此为背景,一种新的原旨主义修辞应运而生——宪法阐释(constitutional construction)④,并最终成为当代原旨主义理论中足以与“原初公共含义”概念并驾齐驱的坐标。宪法阐释理论以宪法实施(constitutional implementation)⑤过程二元论为基本前提,在一定程度上重塑了原旨主义的理论图景,也深刻改变了宪法解释论争的基本地形。

一、难世降生:描述命题与规范命题的挤压

作为一个完整的概念,“原旨主义”一词最早由著名的反原旨主义者保罗·布莱斯特提出——“所谓原旨主义指得是一种众所周知的宪法裁判路径,即赋予宪法文本或批准者的意图以约束力”⑥。以其界定的原旨主义为靶子,布莱斯特对原旨主义的抨击集中于两点:(1)集体意图不可得,即难以确定由多元成员组成的公共机构的意图;(2)面临如何解释不断变化的社会语境的难题。接棒布莱斯特的杰弗逊·鲍威尔更为

---

① See James E. Fleming, *The Inclusiveness of the New Originalism*, Fordham Law Review, Vol. 82, Issue 2, 2013, pp. 433 -452.

② See Lawrence B. Solum and Robert W. Bennett, *Constitutional Originalism: A Debate*, Ithaca: Cornell University Press, 2011, p. 1.

③ See Keith Whittington, *The New Originalism*, *Georgetown Journal of Law and Public Policy*, Vol. 2, 2004, pp. 599 -613.

④ 参见范进学、施嵩:《美国宪法原意主义方法论》,法律出版社2012年版,第122页。该书将“constitutional construction”译为宪法创造性解释,其理由是,解释包括平义的或字面的解释与创造性解释。结合宪法阐释概念的发展,这种译法显然有问题。所谓的“创造性解释”术语无法体现出宪法阐释是与宪法解释相区分的宪法实施过程中的一个相对独立的阶段。

⑤ 宪法实施(constitutional implementation)与宪法适用(constitutional application)、宪法裁决(constitutional adjudication)在强调运用宪法解决具体争议上意思一致,但应当区分这三个术语在过程意义上和结果意义上的用法,前者即描述运用宪法解决具体争议的过程,后者则指将宪法规定适用于具体争议后得出的结论。本文主要在过程意义上使用“宪法实施”一词。

⑥ Paul Brest, *The Misconceived Quest for the Original Understanding*, Boston University Law Review, Vol. 60, Issue 2, 1980, pp. 204 -238.

犀利,直捣原旨主义理论的命门:制宪者不希望采用原旨主义理论①。布莱斯特与鲍威尔的批评被随后的大卫·施特劳斯吸收,后者最终将原旨主义的缺陷总结为三点,即集体意图问题、适用问题、死人之手问题②。

正如前文所述,20世纪80年代之后,原旨主义的发展始具自觉性,这种自觉性正是来源于对非原旨主义者的抨击的回应。面对集体意图问题,原旨主义最终放弃了对原初意图的坚守——宪法条款被采纳时,制宪者或者批准者的意图,走向原初公共含义——宪法条款被采纳时,推定的理性人所理解的宪法文本的含义,实现了由主观意图到客观含义的转变③。适用问题与死人之手问题实际上一体两面。前者是对原旨主义的描述性质疑,关注原旨主义的解释力,即如何将制宪者和批准者对他们的世界的理解适用到我们的世界;后者是对原旨主义的规范性质疑,直击原旨主义的正当性,即我们为什么应当遵循古人的决定。两相交织,原旨主义理论所导致的描述性问题与规范性问题之间的裂隙立现,尤其体现为原旨主义如何解释那些显然不符合原初意图的或者非原旨主义的宪法先例④。

在斯卡利亚大法官的大力推动下,由原初意图到原初公共含义的转变很快实现⑤,但弥合描述性问题与规范性问题之裂隙的努力从未停歇。一些学者采取零敲碎打的路径,直接承认非原旨主义先例的正当性,如斯卡利亚大法官和莫纳汉;另一些学者则采取了更为综合的路径,如布鲁斯·阿克曼、劳伦斯·莱斯格等。文本主义的先驱斯卡利亚大法官背负“怯懦的原旨主义者”的名号,承认历史上著名的非原旨主义先例的正当性,并将之型塑为原旨主义的实用主义例外(pragmatic exception)⑥,是当下不得不保留的错误。斯卡利亚的实用主义路径不仅削弱了原旨主义者对制宪者所采纳的文本的原初含义的坚守,赋予法官在各种可能的判决之间挑三拣四的裁量权,而且背离了美国的政治传统,因为美国人民从来不认为斯卡利亚所谓的例外是错误,如保障妇女平等、赋予联邦政府保护环境、制定民权法律的权力的案件,反而认为这是美国立宪

① See H. Jefferson Powell, *The Original Understanding of Original Intent*, Harvard Law Review, Vol. 98, Issue 5, 1985, pp. 885 –948.

② 参见[美]戴维·施特劳斯:《活的宪法》,毕洪海译,中国政法大学出版社2012年版,第16页。

③ See Keith E. Whittington, *Originalism: A Critical Introduction*, Fordham Law Review, Vol. 82, Issue 2, 2013, pp. 375 –410.

④ 例如,在布朗诉教育委员会案与博林诉夏普案这两个案件中,联邦最高法院裁决第五修正案的正当程序条款禁止哥伦比亚特区的公立学校种族隔离。这似乎难以与原旨主义调和,因为批准第五修正案的奴隶主很可能没有想到会要求隔离但平等的学校,更不用说种族融合的学校。See Brown v. Board of Education, 347 U. S. 483 (1954); Bolling v. Sharpe, 347 U. S. 497 (1954).

⑤ Vasan Kesavan and Michael Stokes Paulsen, *The Interpretive Force of the Constitution's Secret Drafting History*, Georgetown Law Journal, Vol. 91, Issue 6, 2003, pp. 1113 –1214.

⑥ See Antonin Scalia, "*Response*," *in A Matter of Interpretation: Federal Courts and the Law*, Amy Gutmann ed., Princeton University Press, 1997, p. 140.

主义的真谛[①]。莫纳汉直接将遵循先例原则作为解决方案,最终将其与原旨主义都归结为实现合法政府之稳定性和持续性价值的工具[②]。当遵循先例更能实现稳定性和持续性价值时,原旨主义在宪法裁决中并不具有决定性作用。莫纳汉的方案必然带来原旨主义者的噩梦——原旨主义者们不得不论证其他非原旨主义渊源的正当性,因为必然还有其他解释技术能够促进稳定性和持续性价值[③]。

与斯卡利亚、莫纳汉不同,阿克曼和莱斯格都试图将美国宪法的发展纳入一个沟通过去、现在与未来的连续体(continuum)中。原旨主义的描述性叙事与规范性叙事之间的裂隙将通过这种连续体内的运作机制,穿越时空,得到弥合。阿克曼提供的运作机制是二元民主理论——源于"我们人民"的高级立法与源于代议制机构的普通立法。阿克曼认为"我们人民"作为高级立法的主体,说明了美国宪法第五条修正案程序并非美国宪法变迁或者高级立法的唯一方式。第十四修正案,乃至 20 世纪 30 年代和 40 年代由联邦最高法院判决所确立的行政国家,虽然没有遵循联邦宪法第五条,但作为非正式的宪法修正案,具有正当性。与之相匹配,阿克曼进一步提出了代际综合(intergenerational synthesis)理论作为宪法解释的方法,即当法官适用某一宪法条款时,应当综合不同时期的宪法解释以创设对整个文本的融贯解释,例如洛克纳诉纽约州案[④]反映了内战后大法官们致力于综合建国之父对个人自由的承诺、重建时期的平等承诺以及对州行为的限制[⑤]。莱斯格在某种程度上修正了阿克曼的理论,提出"转化"(translation)概念。莱斯格强调作为原旨主义正当基础之一的忠诚命题,转化是保证解释性忠诚(interpretative fidelity)的路径之一。在将含义(meaning)、文本、语境、解读(reading)描述为一种具备解释性忠诚的实践的四个部分之后,莱斯格指出,不同语境中的不同文本解读可以有相同的含义,随着语境的变化,含义不变,但文本解读可以改变[⑥]。因而,当以前没有争议的问题现在备受争议或者以前备受争议的问题现在板上钉钉时,解释宪法要求转化,不同的语境应允许有不同的解读。毋庸置疑,阿克曼和莱斯格为原旨主义阐明宪法变迁的正当性创造了理论空间,但两人所祭出的概念工具却遭受诟病:阿克曼的非正式宪法修正案背离了宪法文本与传统的宪法理解,其代际综

---

① 参见[美]杰克·M. 巴尔金:《活的原旨主义》,刘连泰、刘玉姿译,厦门大学出版社 2015 年版,第 6 - 10 页。

② See Henry R. Monaghan, *Stare Decisis and Constitutional Adjudication*, Columbia Law Review, Vol. 88, Issue 4, 1988, pp. 723 - 773.

③ See Michael C. Dorf, *Integrating Normative and Descriptive Constitutional Theory: The Case of Original Meaning*, Georgetown Law Journal, Vol. 85, Issue 6, 1997, pp. 1765 - 1822.

④ Lochner v. New York, 198 U. S. 45(1905).

⑤ See Bruce Ackerman, *We The People: Foundations*, MA: Harvard University Press, 1991, pp. 99 - 104.

⑥ See Lawrence Lessig, *Understanding Changed Readings: Fidelity and Theory*, Stanford Law Review, Vol. 47, Issue 3, 1995, pp. 395 - 472.

合的观念由于仅关注重大的宪法时刻,也无法充分解释那些琐碎的非原旨主义先例①;莱斯格的"转化"观念仅说明了制宪者具有转化意图,允许有不同的解释,也没有证明现代宪法法律的正当性②。

零敲碎打的路径试图通过承认非原旨主义先例的正当性,克服描述性命题带来的质疑,但却深陷正当性追问;综合的路径冀望以体系化的方式回答正当性追问,但仍无法摆脱非原旨主义先例的十面埋伏。这些理论言说各偏一端,最终都没能使原旨主义走出规范性问题与描述性问题交织错杂的泥淖,活的宪法理论的质疑仍然徘徊在原旨主义理论的天空中。那么是否存在一种既能说明现代宪法法律的正当性,又能保证原旨主义理论自足性的中间路径呢?

二、合同法的救命稻草:解释与阐释区隔

弥合描述性命题与规范性命题之裂隙的关键在于需要到一种理论,既能保证忠于原初含义,又能保证对非原旨主义的先例的解释力。综观原旨主义的发展脉络,严格原旨主义恪守制宪时的原初具体含义,无法担此重任;温和原旨主义强调具有一定抽象度的原初含义,主张我们有义务遵循的是原初的"含义",而非原初的"适用",在某种程度上提供了原旨主义摆脱泥淖的线索③。问题转而在于通过何种修辞将温和原旨主义的这种理念纳入原旨主义的理论框架,同时仍然坚守忠于原初含义?合同法上对解释与阐释的区隔成为原旨主义华丽转身的救命稻草。

早在19世纪,弗朗西斯·利伯(Francis Lieber)就已经提出解释与阐释之分:当文本所承载的含义能够解决因其产生的相关争议时,解释发生;当不足以解决争议时,阐释成为必然④。但与解释的首要目的相似,阐释旨在实现当事人的意图,也即阐释受制于文本的精神和真意,并旨在促进当事人所表达的精神和真意的实施⑤。利伯的区分刷新了人们对文本适用过程的认识,尽管实际上并未得到法学界的普遍认可,但解释

---

① See Jack M. Balkin. *Framework Originalism and the Living Constitution*, Northwestern University Law Review, Vol. 103, Issue 2, 2009, pp. 549 - 614.

② See Michael C. Dorf, *Integrating Normative and Descriptive Constitutional Theory: The Case of Original Meaning*, Georgetown Law Journal, Vol. 85, Issue 6, 1997, pp. 1765 - 1822.

③ 关于严格原旨主义与温和原旨主义的区分,参见[美]戴维·施特劳斯:《活的宪法》,毕洪海译,中国政法大学出版社2012年版,第10页。

④ 例如,文本不足以解决当事人无法预见的情况、文本本身包含了冲突、虽有规定但文本本身不足以解决相关问题、文本必须受制于某些根本的道德原则。

⑤ See Francis Lieber, *Legal and Political Hermeneutics, or Principles of Interpretation and Construction in Law and Politics*, Cardozo Law Review, Vol. 16, Issue 6, 1995, pp. 1883 - 2106.

与阐释交替使用的现象广泛存在[①],且尤为后世的合同法学者津津乐道[②]。艾伦·法恩斯沃斯以此为据区分了广义的解释和狭义的解释。前者指法院查明并赋予当事人所使用的语言以含义,从而确定合同的法律效果的过程;后者则指法院确定当事人赋予其语言的含义的过程[③],即利伯意义上的解释。作为利伯衣钵的真正继承者和发展者,阿瑟·科宾认为,通常情况下,因受到合同签订后发生的事实、当事人无法预见的事实、合同漏洞等的影响,法院无法仅仅通过解释来确定合同双方当下的法律关系,必须"诉诸一般法律规则、公平和道德规则、此时此地的惯例,即使当事人并不了解"[④]。基于这一事实,科宾简化了对解释与阐释的界定:解释旨在查明合同文句的语义含义,"确定条款诱使他人产生的观念",阐释意在"确定合同的法律效果,即其对法院和行政官员行为的影响"[⑤]。阐释开始于对合同语义的解释,但并不以此为终结;阐释过程涉及判断,会影响对不同解释结果的选择,"发现对文句的一种解释将导致执行某种法律效果,我们可能急忙放弃该解释而代之以会导致更合意之结果的另一种解释"[⑥]。

从利伯到科宾,解释与阐释之分始终聚焦文本的动态实施,两者之间的关系更为明了也愈加松散:由两种非此即彼的文本实施方式转变为文本实施过程中前后相继的两个阶段,由文本精神与真意施加的强限制转变为可以综合运用各种法律材料的弱限制。这种区分对于急欲从描述性命题与规范性命题的挤压中抽身的原旨主义理论而言,具有重要的参照意义。在旧原旨主义与活的宪法理论的激烈论争中,旧原旨主义起于现实,止于批判,以理论批判现实,谴责沃伦和伯格法院制定而非解释法律;活的宪法理论始于批判,止于现实,以现实抨击理论,追问原旨主义理论与现代宪法秩序的契合性。两者虽然形成学说上的对峙,但却隐藏着两个不同场域的隔空论战——旧原旨主义作为一种法律理论而存在,不关注法院裁判;活的宪法理论作为一种裁判理论

---

① Lawrence A. Cunningham, *Hermeneutics and Contract Default Rules: An Essay on Lieber and Corbin*, Cardozo Law Review, Vol. 16, Issue 6, 1995, pp. 2225 – 2248.

② 除下文论及的法恩斯沃斯与科宾外,又如 Edwin W. Patterson, *The Interpretation and Construction of Contracts*, Columbia Law Review, Vol. 64, Issue 5, 1964, pp. 833 – 865; Keith A. Rowley, *Contract Construction and Interpretation: From the "Four Corners" to Parol Evidence (and Everything in Between)*, Mississippi Law Journal, Vol. 69, Issue 1, 1999, pp. 73 – 344.

③ See E. Allen Farnsworth, *Contracts*, Boston: Little, Brown, c1990, p. 496.

④ Arthur L. Corbin, *Conditions in the Law of Contract*, Yale Law Journal, Vol. 28, Issue 8, 1919, pp. 739 – 768.

⑤ [美]A. L. 宾:《科宾论合同》(上册),王卫国、徐国栋等译,中国大百科全书出版社 1997 年版,第 624 页。要注意的是,译者将"construction"翻译为"推释",这里的"推释"实际上就是本文所说的"阐释"。此外,科宾在本书中还区分了 Construe(诠释)和 Construct(推释):两者虽然实质上完全不同——前者的用法基本上与 Interpret 相同,但却有共同的拉丁词源。

⑥ [美]A. L. 科宾:《科宾论合同》(上册),王卫国、徐国栋等译,中国大百科全书出版社 1997 年版,第 626 页。

而存在,强调法院裁判[①]。因此,只有当原旨主义走出本体论的自鸣得意,转向方法论的自我建构,进入现实的法律世界,才可能切中非原旨主义抨击的要害,弥合描述性问题与规范性问题的裂隙。解释与阐释之区隔为这种转型提供了重要的修辞工具,在此意义上,阐释促进了原旨主义对现实世界的解释力,解释与阐释之间的关系确保了原旨主义对忠诚命题的坚守。然而,从合同领域到宪法领域,从合同文本到宪法文本,这种区隔能否直接移植,还必须跨越一道门槛。解释与阐释之分立基于文本含义与文本适用相互区分,作为两个前后相继的阶段,强调合同文本实施过程的可分割性。宪法实施过程能否作这种分割,将直接决定解释与阐释之分在原旨主义语境中的适用性。

三、剪断脐带:分割宪法实施过程

原旨主义历来区分宪法与宪法法律(constitutional law)[②],正如米斯所言:"宪法法就是最高法院在判决案件和争议时,对宪法所作的解释……宪法法源自宪法。"[③]这种区分实际上蕴含了宪法含义不同于宪法适用的理念,只是被早期原旨主义者忽视。痴迷于原初被期待适用的原旨主义理论常常混淆两个命题:

命题1:约束未来的是宪法文本;

命题2:约束未来的是对宪法文本的原初理解[④]。

综观20世纪90年代以前的原旨主义理论,这里的原初理解很大程度上指制宪者所期待的适用,即原初被期待适用(original expected application)[⑤]。旧原旨主义理论并没有区分命题1和命题2,而是将宪法文本与宪法文本的原初理解等同:宪法文本对未来有约束力,所以宪法文本的原初理解也有约束力[⑥]。正是这一点招致了非原旨主义的抨击。"宪法文本通常是模糊且不确定的,很多情况下,宪法文本的平义不能决定其

---

① See Ian Bartrum, *Two Dogmas of Originalism*, Washington University Jurisprudence Review, Vol. 7, Issue 2 (2015), pp. 157 - 194.

② "constitutional law"与"the law of Constitution"同义,在《美国原旨主义廿五年之争》中,译者翻译为"宪法法";惠廷顿的《宪法解释》一书中,译者翻译为"宪法性法则";《元照英美法词典》译为"宪法、合宪性法律、宪法学"等;此外,还有学者译为"宪法性法律"。结合中国语境,这些译法容易造成不同程度的混淆,其本义指法院经判决形成的宪法适用,遂直译为"宪法法律"。

③ [美]斯蒂芬·卡拉布雷西:《美国宪法的原旨主义:廿五年的争论》,李松峰译,当代中国出版社2014年版,第54-59页。

④ See Dennis J. Goldford, *The American Constitution and the Debate over Originalism*, Cambridge University Press 2005, p.118.

⑤ SeeThomas B. Colby, *The Sacrifice of the New Originalism*, Georgetown Law Journal, Vol. 99, Issue 3, 2011, pp. 713 - 778.

⑥ See Dennis J. Goldford, *The American Constitution and the Debate over Originalism*, Cambridge University Press 2005, p.119.

对新环境的适用。”[①]20 世纪 90 年代以来，原旨主义开始试图摆脱这种混淆，“抽象的或一般的宪法原则与旨在实施这些原则的法律规则之间存在裂隙”[②]。这种说法事关含义与适用之间的关系，暗示了宪法实施过程的可分割性。

（一）司法审查

分割宪法实施过程的尝试实际上早已融入司法审查中。在 1824 年的吉本斯诉奥格登案中，马歇尔大法官认为，法院对宪法语词的解释（此处指通常意义上）可能无法完全嵌入语词的自然含义范围内，经由宽泛的或狭义的阐释而实现的宪法适用可能并不与语词的自然含义完全对应[③]。在 1926 年的欧几里得镇诉漫步者地产公司案中，苏瑟兰德大法官明确指出：“宪法保证的含义永远不变，但它们的适用范围却必须扩张或限缩以迎合在其运作领域不断涌现的新的不同情况”[④]。在 2001 年的阿特沃特诉维斯塔湖市案中，奥康纳大法官在反对意见中指出，多数意见对相关教义的不恰当运用导致第四修正案的正确含义未得到充分实施[⑤]。在 2004 年的维斯诉朱必利尔案中，斯卡利亚大法官在检视所有可能适用的司法标准后，裁定由于缺乏司法上可操作的标准（judicially manageable standards），该案系争问题属于政治问题，不可司法审查[⑥]。

这些判决直观地反映了关于宪法实施的三个重要事实：（1）宪法实施的过程是一个法院寻找司法上可操作的标准的过程，深受制度因素（如司法能力）影响；（2）宪法文本的含义与基于文本发展出来的教义并非严格对应，这为适应不断变化的世界创造了空间；（3）宪法教义可能无法充分实施宪法文本，也可能过度实施宪法文本，法官在文本与教义之间的目光流转和抉择，最终导致克制主义与能动主义两种不同的司法哲学。这些事实为分割宪法实施过程提供了立足点，成为理论建构的最好滋养。

（二）理论建构

宪法的成文性直接改变了人们思考宪法问题的方式，诸项宪法规范成为解决宪法争议的起点和终点。无论是如活的宪法理论一般将宪法文本作为与先例地位相当的

---

① David Sosa, *The Unintentional Fallacy*, California Law Review, Vol. 86, Issue 4, 1998, pp. 919 – 938.

② Randy E. Barnett, *The Original Meaning of the Commerce Clause*, University of Chicago Law Review, Vol. 68, Issue 1, 2001, pp. 101 – 148.

③ Gibbons v. Ogden, 22 U.S. 1 (1824). 在论及是否应当严格解读国会列举权力时，马歇尔大法官明确提及阐释概念，并指出宪法不得被解释到如此程度，以至于“超越语词的自然且明显的含义”，但语词的自然含义可以通过宽泛或狭义的阐释给出。

④ Euclid v. Ambler Realty, 272 U.S. 365 (1926). 该案涉及分区是否构成警察权的合宪行使，联邦最高法院最终予以支持。

⑤ Atwater v. City of Lago Vista, 532 U.S. 318 (2001). 联邦最高法院多数意见认为，如果官员有合理理由认为存在违法，就可以逮捕当事人，这并不违反第四修正案对“不合理的搜查和扣押”的禁止。

⑥ Vieth v. Jubelirer, 541 U.S. 267(2004). 该案涉及一项平等保护质疑，缘起于宾夕法尼亚州发生的政治上不公平的选区划分事件。

焦点[①],还是像原旨主义一样视宪法文本为首要的正当渊源,宪法文本都是无法逾越的坎。宪法实施虽然并非仅发生于司法审查领域,但却于此最为明显。法官围绕宪法文本,发展宪法教义或者说司法上可以操作的标准,从而践行宪法。然而,法官对宪法的实施并非平铺直路,一往无阻。首先,法官自身理性有限且可能道德不足,甚至在无法觉察的情况下将自己的道德判断偷带入宪法教义中,导致宪法教义无法完全反映或者超越宪法文本的自然含义;其次,在立法权、行政权与司法权分立制衡,联邦权与州权此消彼长的语境下,尤其是联邦最高法院深受制度因素的制约——作为最小危险部门,法院无钱亦无剑,其司法角色只能以宪法解释为管道,但却因反多数困境,受尽抨击;再次,作为宪法实施出发点的宪法规范并非完美无缺,宪法的基本法与高级法地位表明规范本身的原则性与模糊性,而宪法规范所反映的价值也会因时移世易而存在不确定性[②]。因此,并非每一项宪法规范都是一项司法上可操作的标准。为了成功地实施宪法,法官不仅要识别宪法文本的含义,还必须考虑一些不断变化的、经验性的、预测性的以及制度性的因素,设计并在不同的标准之间作出选择,才能生成用以解决宪法争议的教义。

把法官作为人的限度、法院作为制度的限度以及宪法文本语言的限度综合起来,最终型塑的宪法教义可能无法充分实施或者造成对宪法规范的过度实施,这就是理查德·费伦所称的"可允许的差异命题"(the permissible disparity thesis)[③]。简言之,宪法含义与法院据以实施宪法规范的教义之间可能存在差异。就宪法含义与宪法教义的关系而言,亨利·莫纳汉曾以"马伯里式的宪法注解"(marbury - shielded constitutional exegesis)与宪法普通法(constitutional common law)的区分来表示宪法含义与宪法教义的亲疏远近。"一项规则越是依赖于有争议的政策选择或者不确定的经验基础,它越有可能被视为普通法"。反之,一项规则越是明确以至于不需要任何探究,则越可能被视为马伯里式的宪法注解[④]。劳伦斯·赛哲则以概念(concept)与观念(conception)之区分类比宪法含义与宪法教义的关系。"概念控制着观念,因为观念旨在实现或者理解概念。因此,一个有效的观念应当穷尽作为其根源的概念。"[⑤]在将宪法适用于具体案件时,宪法规范与联邦法院所型塑的宪法教义分别类似于概念与观念,但宪法教义

① 参见[美]戴维·施特劳斯:《活的宪法》,毕洪海译,中国政法大学出版社2012年版,第87-88页。

② See Richard H. Fallon, Jr., *Foreword: Implementing the Constitution*, Harvard Law Review, Vol. 111, Issue 1, 1997, pp. 54-152.

③ See Richard H. Fallon, Jr., *Judicially Manageable Standards and Constitutional Meaning*, Harvard Law Review, Vol. 119, Issue 5, 2006, pp. 1275-1334.

④ See Henry P. Monaghan, *Foreword: Constitutional Common Law*, Harvard Law Review, Vol. 89, Issue 1, 1975, pp. 1-45.

⑤ Lawrence Gene Sager, *Fair Measure: The Legal Status of Underenforced Constitutional Norms*, Harvard Law Review, Vol. 91, Issue 6, 1978, pp. 1212-1264.

本身并未也不可能完全契合宪法条款的全部范围，只是有所削减的观念。

经过费伦、莫纳汉以及赛哲的解构与重释，宪法含义与宪法教义的区分必然存在，宪法含义是发展宪法教义的前提。宪法实施过程被分割为发现宪法含义与生成宪法教义两个阶段，其首要任务在于查明宪法文本的含义，当其足够明确时，宪法教义自然生成；当其不够明确时，则需要综合文本之外的因素（可能包括政策选择、经验考量、道德判断等），经由复杂的设计与判断，型塑可操作的宪法教义。解释与阐释之分纳入宪法语境的门槛就此打破，宪法阐释概念隆重登场。

四、雏形甫现：宪法阐释理论的基本面向

宪法实施空间的可分割性表明了解释与阐释之分的一般适用性，为原旨主义者成功引入宪法阐释概念奠定了理论基础。从传统意义上的解释概念到区分解释与阐释，原旨主义理论由旧而新，新原旨主义者根据对宪法文本及其实施的观察，逐渐描摹出了解释与阐释在宪法实施语境中的镜像：宪法解释与宪法阐释。尽管合同文本与宪法文本在成文性与含义不确定性上颇为相似，但宪法并非基于当事人合意的合同，而是一份包含原则与妥协且持续数代人的社会契约①。宪法解释与宪法阐释无法完全复刻科宾等人的合同法理论。在原旨主义理论谱系中，宪法阐释概念最早由基思·惠廷顿提出，后经兰迪·巴尼特、劳伦斯·索勒姆以及杰克·巴尔金的发展，理论雏形甫现。惠廷顿的宪法阐释理论强调司法谦抑，其宪法阐释主体以政治部门为主，法院仅在与政治部门保持一致性的意义上从事有效的宪法阐释②；巴尔金关注原旨主义与活的宪法理论的兼容性，其宪法阐释理论更加注重对宪法变迁过程的说明③；巴尼特奉行自由主义宪法，其宪法阐释理论尤其聚焦如何通过保障公民权利来促进宪法正当性④；索勒姆更好地呈现了语义学对原旨主义理论的影响，其宪法阐释理论关注宪法解释与宪法阐释之间的关系⑤。虽然论述有别，这些学者仍有基本共识——宪法阐释兼具创造性与过程性，与原旨主义理论相契合。

（一）宪法阐释的成文性命题

① See Randy E. Barnett, *The Misconceived Assumption about Constitutional Assumptions*, Northwestern University Law Review, Vol. 103, Issue 2, 2009, pp. 615 – 662.

② See Keith E. Whittington, *Constitutional Construction: Divided Powers and Constitutional Meaning*, Harvard University Press 1999.

③ 参见［美］杰克·M. 巴尔金：《活的原旨主义》，刘连泰、刘玉姿译，厦门大学出版社 2015 年版，第 6 – 10 页。

④ See Randy E. Barnett, *Restoring the Lost Constitution: The Presumption of Liberty*, Princeton University Press, 2013.

⑤ See Lawrence B. Solum, *Semantic Originalism*, http://papers.ssrn.com/abstract=1120244, 2015 – 12 – 01.

宪法的成文性并不意味着宪法文本会为所有宪法争议提供确定的答案。正是因为宪法文本时常具有的不确定性,宪法阐释的作用得以凸显①。结构层面上,借助原则、标准、规则及沉默等规范形式,宪法文本确立了一个基本的治理框架,规则表明了对后续世代的严格限制,原则、标准和沉默则意味着对后续世代的信任与委托②。这种意识镌刻在原初宪法设计中,建国之父们在起草1787年联邦宪法时,时刻提醒自己是在为后续世代立法③。内容层面上,由原则、标准、规则及沉默构成的宪法规范本身及其在适用过程中必然面临文本含义确定和不确定两种情况。正如哈特所言,法律作为规则体系并非完美无缺,而是有着核心范围与边缘地带构成的双重结构,处于核心范围的法律具有明确的含义,处于边缘地带的法律则具有开放结构,含义并不确定。宪法文本的结构特征与内容特征相互结合,当面临宪法争议时,宪法文本自身的含义很可能不足以提供恰当的解决方案;此时尤其需要阐释,这就是索勒姆所称的阐释区域(construction zone)④。

在阐释区域,宪法阐释的作用最为明显,宪法文本的不确定性则主要体现在四个方面:(1)因为缺乏历史证据或者制宪者故意为之以掩盖妥协,宪法规范具有不可消除的歧义;(2)当适用于临界案件时,宪法规范具有模糊性,文本自身的含义不足以确定是否适用;(3)宪法文本中的两项条款具有能使相应的法律规则彼此冲突的含义;(4)宪法文本因对某一宪法问题保持沉默而存在漏洞⑤。然而,宪法阐释并不仅仅发生于阐释区域,作为一种赋予宪法文本含义以法律效果的宪法实践活动,甚至当宪法文本的含义明确时,即宪法文本的含义形式上可以直接适用于具体宪法争议,宪法阐释活动也蕴于其中,只不过与前一种情形相比,阐释作业的强度有所不同⑥。

(二)宪法阐释的过程性命题

宪法解释与宪法阐释作为宪法实施过程中前后相继的两个阶段而存在。宪法解释者意于宪法文本,旨在发掘宪法文本的语言含义;宪法阐释侧重于宪法文本之外的因素,旨在确定宪法文本适用于具体案件的法律内容。每当我们从事宪法实践时,我们就是在同时从事解释和阐释。

---

① See Randy E. Barnett, *The Misconceived Assumption about Constitutional Assumptions*, Northwestern University Law Review, Vol. 103, Issue 2, 2009, pp. 615 - 662.

② 参见[美]杰克·M.巴尔金:《活的原旨主义》,刘连泰、刘玉姿译,厦门大学出版社2015年版,第5-6页。

③ 参见[美]詹姆斯·麦迪逊:《辩论:美国制宪会议记录》,尹宣译,译林出版社2014年版,第243、297页。

④ See Lawrence B. Solum, *Originalism and Constitutional Construction*, Fordham Law Review, Vol. 82, Issue 2, 2013, pp. 453 - 538.

⑤ See Lawrence B. Solum, *Originalism and Constitutional Construction*, Fordham Law Review, Vol. 82, Issue 2, 2013, pp. 453 - 538.

⑥ See Lawrence B. Solum, *The Interpretation - Construction Distinction*, Constitutional Commentary, Vol. 27, Issue 1, 2010, pp. 95 - 118.

费伦曾将联邦最高法院处理的案件区分为两类：普通案件(ordinary case)与特别案件(extraordinary case)。在普通案件中，无论是法官，还是律师，往往乐于从先例即既有宪法教义中挖掘当下案件的解决方案；在特别案件中，如当运用以传统媒体为背景发展起来的第一修正案教义来解决网络言论问题时，联邦最高法院就需要在各种合理的意见之间作出判断①。也就是说，通常情况下，经由宪法阐释型塑而成的宪法教义为解决宪法争议提供了直接的依据。但当遭遇新情况时，就需要开启复杂的宪法解释与宪法阐释作业。根据索勒姆的论述，当发展新的宪法教义时，首先应当运用宪法文本制定和批准时的语言事实(包括语法和句法等)及其语境，获致宪法文本的交流内容；其次应当借助宪法文本之外的因素，将文本的交流内容转化为法律内容并适用到具体的宪法争议中，最终作出宪法裁决。在此过程中，当宪法文本的语义含义足以解决特定问题时，几乎不需要任何补足就可以解决宪法争议，阐释自动发生，解释在台前，阐释在幕后，只是将文本的语义含义赋予法律效果；当宪法文本的语义含义不足以解决特定问题时，就需要借助文本之外的因素，阐释过程显而易见，解释在幕后，阐释在台前，将文本的语义含义转化为法律含义②。

(三)宪法阐释的忠诚性命题

忠于宪法要求忠于原初含义，这既是原旨主义的基本要求，也是其正当性所在③。宪法阐释与原旨主义的契合性根本上表现为宪法阐释应受到经由解释所确立的文本原初语义含义的约束。固定命题与约束原则圈定了原旨主义理论的基本空间，约束原则正是忠诚性命题的直接体现。诚如前文所述，宪法解释与宪法阐释是宪法实施过程中前后相继的两个阶段，正是忠诚性命题将这两个不同的阶段勾连为宪法实施的统一整体。惠廷顿曾将宪法解释与宪法阐释置于广泛的宪法商谈(constitutional deliberation)语境中，解释和阐释介于宪法革命、创制与政策制定(policymaking)之间，与宪法革命、创制相比，两者都以忠于宪法文本为前提；与政策制定相比，两者都直接阐明一种存在于文本之中的含义。解释与阐释都没有改变宪法文本的核心，阐释系在"可发现的、解释性含义的缝隙中阐明文本"④。宪法阐释的创造性并非肆无忌惮，而是受到忠诚性命题的制约。

当文本含义确定时，经由解释获致的原初语义含义足够明确以至于决定宪法规范

---

① See Richard H. Fallon, Jr., *Foreword: Implementing the Constitution*, Harvard Law Review, Vol. 111, Issue 1, 1997, pp. 54–152.

② See Randy E. Barnett, *Interpretation and Construction*, Harvard Journal of Law & Public Policy, Vol. 34, Issue 1, 2011, pp. 65–72.

③ 参见侯学宾：《含义、原初性与宪法忠诚——原旨主义的三种基本共识性命题》，载《法制与社会发展》2010年第6期。

④ See Keith E. Whittington, *Constitutional Construction: Divided Powers and Constitutional Meaning*, Harvard University Press, 1999, p.5.

的直接适用,宪法阐释受到宪法解释结果的严格约束;当文本含义不确定时,经由解释获致的原初语义含义不够明确以至于无法决定宪法规范的直接适用,宪法阐释需要借助宪法文本之外的因素,遵循一种多元主义的论证模式[①],即应当综合文本、历史、结构、先例、民族精神等因素来判断具体语境下的宪法适用,但相较于其他因素,宪法文本在判断和发展教义上仍有着更重要的地位。诚如索勒姆所言:“几乎所有宪法理论都认为文本含义应当在宪法法律和实践中有所贡献,然而非原旨主义者认为文本与其他宪法阐释手段地位相同,而原旨主义通常认为文本构成对其他手段的约束。约束原则要求宪法教义的内容与宪法案件的解决应当与文本的原初含义一致(consistency)。”[②]因此,无论是一般的,还是具体的,宪法文本的语言确立了宪法适用的边界,即使语言本身或者说边界是模糊的,并没有直接显现边界之内的东西,但也确实告诉我们何时逾越了界限[③]。

(四)宪法阐释的规范性命题

宪法解释基于语言事实来确定文本的原初公共含义,具有经验性;宪法阐释以文本之外的因素为补足,须在可能的适用方案中作出判断和选择,具有规范性。索勒姆曾以此为标准勾勒解释与阐释的疆界,其最初认为解释即发现文本的语义含义,即通过句法和语法组合起来的单词和词组的传统语义含义,但后来又将解释推进了一步——解释旨在发现文本的交流内容,即经由语境充实的文本语义含义,因为语境本身也是一种经验事实,尤其当文本存在歧义时,语境在一定程度上可以消除歧义[④]。因此,宪法解释价值中立,在探究原初公共含义上保证了原旨主义的固定性命题;宪法阐释源于规范问题,既在语言事实划定的范围内,也超越语言事实本身。

问题在于宪法阐释如何借助多元论证模式实现其判断,发展教义并解决宪法争议?根据哈特关于法律规则体系双重结构的论述,核心地带的法律规则在适用过程中具有确定性和可预测性,法官没有自由裁量权。边缘地带的法律规则在使用过程中并不确定,法官必须行使自由裁量权,而此种裁量权应当根据政治道德理论来行使。例如巴尼特认为当需要在各种合理且与文本原初含义一致的宪法阐释中作出选择时,应当选择最能保障公民权利的宪法阐释,因为宪法的正当性在于“它强加于那些异议者

① See Stephen M. Griffin, *Rebooting Originalism*, University of Illinois Law Review, Vol. 2008, Issue 4, 2008, pp. 1185 - 1224.

② See Lawrence B. Solum, *Originalism and Constitutional Construction*, Fordham Law Review, Vol. 82, Issue 2, 2013, pp. 453 - 538.

③ See Randy E. Barnett, The *Original Meaning of the Commerce Clause*, University of Chicago Law Review, Vol. 68, Issue 1, 2001, pp. 101 - 148.

④ See Lawrence B. Solum, *Originalism and Constitutional Construction*, Fordham Law Review, Vol. 82, Issue 2, 2013, pp. 453 - 538.

身上的法律没有侵犯他们的权利,且必要于保护其他人的权利”[①]。此外,也有学者认为当宪法文本并不确定时,应当遵从政治部门的决定。惠廷顿认为司法阐释受制于政治部门的承认,即包含了这样的理念。

五、守业与创业:宪法阐释理论的知识增量

宪法阐释虽然成功进入原旨主义的理论叙事中,但也招致了原旨主义阵营内外的抨击。原初方法(original methods)原旨主义者否认宪法阐释的必要性与正当性:原初解释规则能够发挥宪法阐释的作用,没有证据表明制宪时期存在宪法阐释[②]。实用主义者认为宪法解释与宪法阐释之分是反实用主义的,因为某一宪法条款的含义实际上就是它的实施[③]。然而,“公法理论是建构的,不是自生自发的,对于一个提出不久的理论,无法经由列举该理论的实践功效来证明其意义,一个新理论的全部正当性在于:相对于已有的理论,新理论可以产出更多的知识增量”[④]。作为原旨主义规范性叙事与描述性叙事之裂隙的粘合剂,宪法阐释概念提供了应对非原旨主义抨击的重要通道,在一定程度上改变了原旨主义理论的发生场域与发生形态,并由此进一步重塑了原旨主义与非原旨主义的论争图景,使两者由对峙走向对话。

(一)原旨主义从司法领域到政治领域

原旨主义起源保守主义与自由主义的意识形态较量,其最初发生的场域主要在司法领域。旧原旨主义以反制沃伦法院的司法能动主义闻名,推崇司法谦抑,无论是制宪者的意图,还是批准者的理解,其自始至终以司法机构应当如何解释宪法作为理论建构的核心。尼克松在1968年的总统竞选中曾许诺任命严格阐释主义者(strict constructionists)到联邦最高法院,尽管这在当时像是一种反制冲动,而非正面对抗,但却预示了原旨主义在20世纪70年代的勃兴。尼克松随后任命的伦奎斯特大法官成为旧原旨主义的重要旗手。伯格同样聚焦联邦最高法院的活动,主张第14修正案的制定者并不意图废除种族隔离,制宪者的意图必须决定宪法的含义[⑤]。

旧原旨主义主要在司法领域展开,在一定程度上限制了原旨主义对宪法变迁的解

① Randy E. Barnett, *Is the Constitution Libertarian?*, Cato Supreme Court Review, Vol. 2008 – 2009, 2008 – 2009, pp. 9 – 34.

② See John O. McGinnis and Michael B. Rappaport, *Original Methods Originalism: A New Theory of Interpretation and the Case Against Construction*, Northwestern University Law Review, Vol. 103, Issue 2, 2009, pp. 751 – 802.

③ Roderick M. Hills, Jr., *The Pragmatist's View of Constitutional Implementation and Constitutional Meaning*, Harvard Law Review Forum, Vol. 119, 2005, pp. 173 – 182.

④ 刘连泰:《斜坡上的跷跷板游戏:平衡论述评》,载《清华法学》2015年第1期。

⑤ See Raoul Berger, *Government by Judiciary: The Transformation of the Fourteenth Amendment*, Liberty Fund Inc, 1997, 2d ed., pp. 274 – 75.

释力,因为宪法适用并不仅仅发生于司法领域,许多重要的宪法变迁往往由政治部门推动。新原旨主义者看到了这些问题,惠廷顿直接将宪法阐释作为政治部门阐述宪法的活动;巴尔金转而将宪法阐释描绘为原旨主义与活的宪法理论的兼容通道,甚至将司法机构的角色置于整个政治语境中解读,浓墨重彩地描画出立法、行政与司法三权在原旨主义理论中的互动图景;索勒姆则基于阐释发生的语境,区分了司法阐释、政治阐释和私人阐释①。由此,原旨主义的展开场域由司法领域扩张至政治领域。

(二)原旨主义从静态理论到动态理论

身处20世纪七八十年代的旧原旨主义尤其强调固定命题,主张正是制宪者的意图或者批准者的理解决定了宪法对具体案件的适用,保证了司法审查的正当性。旧原旨主义对寻求真实的历史意图的执着表明了他们相信联邦宪法为千秋万代的美国人民提供了万全之策,宪法文本的语词并非开放性的,而是封闭性的,一旦确定了宪法条款的历史含义,解释任务也就终结。例如,伯格旗帜鲜明地反对宪法解释的开放性术语理论②,博克指出制宪者不可能想让非民选的法院来实施宪法上没有明确列举的权利③。旧原旨主义将宪法含义固定于制宪时期,经由历史探究得出的宪法含义将决定宪法的未来适用,宪法含义与宪法适用杂糅在一起,没有看到宪法随时代与环境的变化而变迁,因而更多地是一种静态的宪法理论。

针对静态的旧原旨主义理论,鲍威尔曾经批评道,不可能将历史直接转化为规范,这是原旨主义必须承认的限度④;大卫·索莎也指出,宪法文本通常是模糊且不确定的,其平义在许多情况下无法决定对新环境的适用⑤。宪法阐释是应对这些抨击的有力手段,原旨主义开始关注动态的宪法实践,承认宪法文本的不确定性,并以此为根基,区分宪法含义与宪法适用,从而为宪法变迁提供了正当基础。宪法阐释理论强调约束原则,聚焦宪法含义对宪法适用的约束力,在容纳宪法变迁的同时,也保证了其与原旨主义的契合性。由此,新原旨主义既坚守宪法含义的固定性,也承认宪法适用的与时俱进,作为一种动态的宪法理论,最终克服了原旨主义曾经面临的适用问题。

(三)原旨主义从宪法实施过程一元论到二元论

诚如前文所述,旧原旨主义强调制宪者的意图或批准者的理解在宪法实践中的决定性作用,并没有区分发现宪法含义与赋予其法律效果这两种截然不同的活动。对于

---

① See Lawrence B. Solum, *The Interpretation - Construction Distinction*, Constitutional Commentary, Vol. 27, Issue 1, 2010, pp. 95 - 118.

② See Raoul Berger, *Government by Judiciary: The Transformation of the Fourteenth Amendment*, Liberty Fund Inc, 1997, 2d ed., pp. 116 - 131.

③ See Robert H. Bork, *The Tempting of America: The Political Seduction of the Law*, Free Press, 1997, pp. 180 - 185.

④ See H. Jefferson Powell, *Rules for Originalists*, Virginia Law Review, Vol. 73, Issue 4, 1987, pp. 659 - 700.

⑤ See David Sosa, *The Unintentional Fallacy*, California Law Review, Vol. 86, Issue 4, 1998, pp. 919 - 938.

旧原旨主义者来说,制宪者的意图 = 宪法条款的含义 = 宪法条款的适用,宪法实施过程被压缩为一种挖掘制宪者意图或批准者理解的历史探究活动。

从旧原旨主义到新原旨主义的转变部分因为一些原旨主义者逐渐注意到宪法实施过程的可分割性。加里·劳森早在 1997 年就指责所有的宪法理论家都没有区分解释理论与裁判理论,"解释理论允许我们确定宪法的真实含义,如果有的话,裁决理论允许我们确定宪法含义应当在特定判决中扮演何种角色"①,解释宪法和适用宪法是两种不同的事业。解释理论与裁决理论相互结合促成了宪法的实施,宪法解释与解释理论对应,宪法阐释则与裁决理论呼应。在宪法实施过程二元论语境下,原旨主义退守为一种宪法解释理论,但并不仅仅局限于此,其必须阐明宪法文本含义在宪法阐释中的地位。由此,新原旨主义始终坚持固定命题和约束原则,首先通过宪法解释获取具有一定抽象度且独立于制宪者意图的原初公共含义,其次通过宪法阐释纳入当下价值考量,这在很大程度上缓解了死人之手问题——我们只是受到制宪者的指引,而非统治②。

(四)原旨主义从排他性理论到包容性理论

旧原旨主义者通常认为原旨主义是唯一或首要正当的宪法解释路径③,从而强化了原旨主义对于司法能动主义的反制作用。自马歇尔大法官通过马伯里诉麦迪逊案确定联邦最高法院的宪法解释权以来,司法审查的民主正当性在于法官所作的正是宪法所要求的。原旨主义巩固了这种基本立场,要求法官根据制宪者意图或批准者理解来中立地解释宪法,通过对制宪者负责,实现其民主有责性④。因为这种排他性特征,旧原旨主义树敌良多,也因为其无法解释不同时代截然不同的宪法实践,遭受严重抨击。在此背景下,一些温和的原旨主义者⑤在坚持宪法实施过程一元论的同时,开始拒绝基于制宪者具体意图的原旨主义,主张宪法解释应当与制宪者的抽象意图相一致⑥,不同语境中的宪法解释只要符合制宪者的抽象意图,就仍然符合原旨主义理论,仍然具有民主正当性。

新原旨主义继承了这种通过提升宪法含义抽象度来促进原旨主义包容性的方法,

---

① Gary Lawson, *On Reading Recipes ... and Constitutions*, Georgetown Law Journal, Vol. 85, Issue 6, 1997, pp. 1823 – 1836.

② See Thomas B. Colby, *The Sacrifice of the New Originalism*, Georgetown Law Journal, Vol. 99, Issue 3, 2011, pp. 713 – 778.

③ See Mitchell N. Berman, Kevin Toh, *On What Distinguishes New Originalism from Old: A Jurisprudential Take*, Fordham Law Review, Vol. 82, Issue 2, 2013, pp. 545 – 576.

④ See Dennis J. Goldford, *The American Constitution and the Debate over Originalism*, Cambridge University Press 2005, p. 125.

⑤ 参见[美]戴维·施特劳斯:《活的宪法》,毕洪海译,中国政法大学出版社 2012 年版,第 22 页。

⑥ See Erwin Chemerinsky, *The Supreme Court 1988 Term – Foreword: The Vanishing Constitution*, Harvard Law Review, Vol. 103, Issue 1, 1989, pp. 43 – 104

但却以改头换面的形式呈现——区分宪法解释与宪法阐释。宪法解释注重事实探究,以理性人的理解代替制宪者的意图,从而更具抽象性;宪法阐释虽强调宪法含义在裁判中的重要作用,但并不排斥甚至非常强调多元论证模式。对于非原旨主义者来说,新原旨主义因之更具包容性,且比温和原旨主义更具吸引力。费伦指出原旨主义与非原旨主义尽管分歧重重,但却往往达至相同的结果,原因在于这些"宪法理论或宪法解释理论常常是关于宪法含义的理论,但隐含地承认宪法含义与实施性教义之间存在差异的可能性"①。因而,当新原旨主义公开宣称宪法含义与实施性教义之间的差异,承认宪法变迁的正当性时,其不自觉地削弱了保守主义色彩,悄然穿上了自由主义的外衣,诸如巴尔金、巴尼特这些曾经自诩为非原旨主义者的学者也迫不及待地跳上了新原旨主义的花车。

(五)原旨主义与非原旨主义从对峙到对话

在美国宪法解释论争中,原旨主义与活的宪法理论总是被刻画为针锋相对、不共戴天。在浓厚的政治意识形态背景下,一方坚决追求含义的原初性,一方始终强调含义与时俱进,论战如此极端化以至于两个阵营都无法认可彼此的立场。原旨主义是一种勇于面对抨击、不断进化的理论②。零敲碎打的路径与综合的路径虽均未帮助原旨主义摆脱描述性命题与规范性命题的挤压,但却隐含地承认了活的宪法理论所提出的抨击的现实性。作为新修辞,宪法阐释帮助原旨主义重新直面这种现实性。从司法领域到政治领域、从静态到动态、从排他到包容、从一元到二元,在既有基础上,宪法阐释极大地拓宽了原旨主义的理论腹地。与旧原旨主义相比,新原旨主义由批判沃伦法院转向基于宪法实践的自我建构,更加精致且更具综合性和实证性③;针对活的宪法理论的抨击,新原旨主义在坚持忠于宪法的同时,克服了过去、现在与未来的适用隔阂;相对于活的宪法理论本身,新原旨主义,尤其是活的原旨主义理论,在保证理论自洽的同时,经由矫正而将活的宪法理论收于麾下。原旨主义者如索勒姆直接断言"我们现在都是原旨主义者"④;一部分非原旨主义者也不无遗憾地指出"原旨主义似乎获胜"⑤。

原旨主义者首先使用了宪法阐释概念,但从最宽泛的意义上来说,解释与阐释之分并不必然与原旨主义相关。解释旨在发现文本的语义含义,这里的语义含义可能是

---

① Richard H. Fallon, Jr., *Judicially Manageable Standards and Constitutional Meaning*, Harvard Law Review, Vol. 119, Issue 5, 2006, pp. 1275 - 1334.

② See Thomas B. Colby & Peter J. Smith, *Living Originalism*, Duke Law Journal, Vol. 59, Issue 2, 2009, pp. 239 - 308.

③ See Jamal Greene, *Selling Originalism*, Georgetown Law Journal, Vol. 97, Issue 3, 2009, pp. 657 - 722.

④ Lawrence B. Solum and Robert W. Bennett, *Constitutional Originalism: A Debate*, Ithaca: Cornell University Press, 2011, p. 3.

⑤ Ethan J. Leib, *The Perpetual Anxiety of Living Constitutionalism*, Constitutional Commentary, Vol. 24, Issue 2, 2007, pp. 353 - 370.

原初语义含义,也可能是当下的语义含义;阐释意在确定文本适用时的法律内容,这里的法律内容或许也并不受文本语义含义的约束,而与其他论证模式相比,文本可能也不具有更重要的地位。因此,解释与阐释之分并不会影响活的宪法理论的自洽性,反而为原旨主义与活的宪法理论进入彼此的视野提供了管道。原旨主义与活的宪法之间的论争至此更少敌意,由隔空对战回归到同一的宪法实施场域,两者之间的根本分歧被构造为如何理解宪法解释与宪法阐释以及两者之间的关系。“通过将宪法含义问题从理论的云山雾罩中(原旨主义与非原旨主义)拉回司法实践的更坚实基础(解释与阐释),我们终于开始关注联邦宪法在美国规制并型塑真实的政治生活的面向。”①

关于原初性与当下性、宪法文本地位的根本分歧仍然存在,但宪法阐释为原旨主义与活的宪法理论之间的论争提供了共同的话语体系。在宪法解释与宪法阐释搭建的平台上,原旨主义直面活的宪法理论抨击的现实性,甚至把它内化为原旨主义自身的理论特性。一方面,经由宪法解释获致的原初公共含义具有一定的抽象度,在其射程范围内,宪法阐释运用多元论证模式解决宪法争议,既能保证原初性,又能保证宪法文本的根本地位。另一方面,活的宪法理论根植于“宪法作为活的有机体,能够回应环境而不断成长”的理念,活的宪法理论实际上为一种从内部视角出发描述宪法体制变迁的过程理论,其本质上就是一种宪法阐释理论②。巴尔金认为,宪法文本确定了一个基本的政治框架,其所包含的原则、标准、规则及沉默构成了宪法解释与宪法阐释的起点与终点,原则、标准及沉默构成了宪法阐释发生的主要场域,在其忠于宪法文本并促进实践中的宪法(constitution - in - practice)与时俱进的意义上,宪法解释与宪法阐释之区隔将原旨主义与活的宪法理论熔铸为一枚硬币的两面:两者并非截然对立,而是立场兼容③。

宪法阐释是原旨主义者弥合规范性命题与描述性命题之间裂隙的又一次尝试。与零敲碎打的路径相比,宪法阐释并没有破坏原旨主义的体系性;与综合的路径相比,宪法阐释使得原旨主义更能包容现代宪法秩序。通过将原旨主义从理论拉回现实,关注宪法实施的过程,宪法阐释重构了理论论争的平台,原旨主义与活的宪法理论可以更少敌意,更多对话。通过将宪法阐释的结果框定在文本原初语义含义的范围内并允许宪法阐释运用多种论证模式,原旨主义有力回击了适用问题且保证了自洽性。惠廷顿指出,阐释能够弥合法律要求与宪法情感之间的缝隙,保障宪法权威,也有助于将宪法理论转化为宪法实践,促进宪法的具体实施④。

---

① Laura A. Cisneros, *The Constitutional Interpretation/Constitution Distinction: A Useful Fiction*, Constitutional Commentary, Vol. 27, Issue 1,2010, pp. 71 -94.

② 参见[美]杰克·M. 巴尔金:《活的原旨主义》,刘连泰、刘玉姿译,厦门大学出版社2015年版,第207页。

③ 参见[美]杰克·M. 巴尔金:《活的原旨主义》,刘连泰、刘玉姿译,厦门大学出版社2015年版,第3页。

④ See Keith E. Whittington, *Constitutional Construction: Divided Powers and Constitutional Meaning*, Harvard University Press,1999,p. 8.

六、余论:宪法阐释的未竟之业及启示

宪法阐释理论重塑了宪法解释概念,传统意义上的宪法解释概念被一分为二,即宪法解释与宪法阐释,或者更明晰地,借用巴尔金的术语,“确定型解释”(interpretation - as - ascertainment)与“阐释型解释”(interpretation - as - construction)①。原旨主义的具体运作表现为:首先,通过宪法解释确定宪法文本的原初语义含义,框定宪法适用的可能性范围;其次,通过宪法阐释在这种可能性范围中作出选择。尽管在宪法解释的约束下展开,但宪法阐释可以运用多元论证模式,从而能够将过去、现在与未来的诸般因素纳入考量,最终确定宪法条款在当下的适用。宪法解释的约束旨在保证宪法阐释能够忠于过去(原初语义含义),多元论证模式则为宪法阐释开放了聚焦当下、面向未来的通道。宪法阐释理论区分了含义与适用、宪法本身与宪法法律或宪法教义,制宪者的意图或批准者的理解(即适用)只是阐明宪法原初含义的资源,而非命令,适用问题不攻自破。死人之手问题则被简化为一部制定于1787年的宪法为何能够对1787年世代之后的美国人民具有约束力,即宪法文本本身的跨世代约束力问题。这里可以借用巴尔金的宪法阐释理论加以论证②。在宪法阐释区域,政治部门、司法机构、人民纷纷出场,这些个人或组织因为共同信仰这部宪法、这项宪法事业而联结在一起,作为一个集合性主体,共同构成存在于过去、现在与未来的“我们人民”。“我们人民”以一种时刻在场的姿态生活于宪法之下,随着时间的推移和环境的变化,通过发表意见、展开论争、说服他人、参与社会运动等来推动宪法变迁,但作为过去、现在和未来共同致力于的自治事业,宪法文本所确立的基本框架始终屹立不倒。无论是糟糕的宪法适用,还是良善的宪法适用,“我们人民”始终秉持一种乐观主义的态度,相信宪法所描绘的自由平等愿景终将得到救赎。通过宪法阐释概念,并将“我们人民”作为宪法阐释的主体,借助“信仰”、“救赎”等宗教修辞,巴尔金最终基本弥合了描述性命题与规范性命题之间的裂隙。正是立足于宪法阐释与宪法解释的这种关系,1787年宪法才具有了跨越世代的正当性。

原旨主义的变迁,尤其是宪法阐释理论的生成,提供了理解我国宪法学方法论论争的新视角。我国宪法学研究同样面临适用问题,且在规范宪法学(宪法教义学)与政治宪法学论争中,这尤其被视为规范宪法学的短板。这里的适用问题可以更恰当地表述为,规范宪法学如何在坚守宪法规范的前提下解释宪法变迁。对这一问题的回应部

① 参见[美]杰克·M. 巴尔金:《活的原旨主义》,刘连泰、刘玉姿译,厦门大学出版社2015年版,第4页。

② 参见[美]杰克·M. 巴尔金:《活的原旨主义》,刘连泰、刘玉姿译,厦门大学出版社2015年版,第6-10页;See also Jack M. Balkin, Constitutional Redemption, Harvard University Press, 2011.

分使得国内宪法教义学发生了与原旨主义相类似的转型。国内学者尝将原旨主义与宪法教义学作类比,称前者为一种“类释义学”①。在旧原旨主义与传统宪法教义学的维度,尽管都寻求对宪法文本的解释与适用,但两者仍有很大差异。首先,旧原旨主义只是提供了一种实现司法克制的法律理论,并不关注具体的司法裁判;其次,也因此,旧原旨主义缺乏教义体系化的考量,所谓“实用主义例外”是其不得不正视的现实。面对非原旨主义的质疑,通过引入宪法阐释概念,新原旨主义登场。面对社科法学的质疑,国内宪法教义学近年来也开始反思和转型,尤其是李忠夏教授基于社会系统论的视角主张中国宪法教义学的时代回应②。基于社会系统论视角构筑的宪法教义学与围绕宪法解释与宪法阐释关系构筑的新原旨主义更为相似。粗略看来,首先,前者主要将宪法适用分为“确定宪法概念的‘可能性之边界’”与在可能性范围内“论证最优之决定”两个阶段③,正与后者对宪法解释与宪法阐释的区分相对应,“论证最优之决定”与宪法阐释的核心都是价值判断,都具有规范性。其次,前者引入“宪法变迁”作为宪法规范解释的“基础性结构”,“在一个基础性结构之下实现从过去到未来的视域转换,这一基础性结构依照其抽象程度、特殊方向及内容与相应社会系统的重要结构相适应”④,这种功能就后者而言,则主要通过宪法阐释实现——宪法阐释区域提供了法律系统与政治系统互动的空间,宪法阐释理论本质上是一种从内部视角出发描述宪法变迁的过程理论。再次,前者对“可能性之边界”的坚守与后者对宪法解释约束力的坚守相同,仍然强调宪法文本的核心地位——不是使宪法适应时代,而是通过解释和阐释将时代纳入宪法规训的范围内。当然,两者之前仍有差异,最突出的是,宪法阐释理论时刻面对的是一部跨越两百余年的宪法,因而在其理论展开中蕴含了宏大的、背景性的叙事观念——它必须讲一个能使所有人信仰这部宪法、忠于这部宪法的故事;而就基于社会系统论的宪法教义学而言,无论如何反思,其对于逻辑融贯的法律体系的追求如故⑤。

宪法阐释理论有助于解决规范宪法学面临的适用问题,而且规范宪法学本身也已经蕴含了解决适用问题的因子。规范宪法学并非概念法学,区别于法律实证主义完全排除价值考量或完全以历史、社会事实为背景考量的研究方法,其认为“宪法与社会必需进入一种‘共同栖息’的关系。在这种情形之下,宪法的规范驾驭者政治过程;相反,

---

① 参见张翔:《宪法释义学:原理·技术·实践》,法律出版社2013年版,第11页。

② 参见李忠夏:《中国宪法教义学的时代回应:方法综合与交叉学科的可能性》,载《社会科学文摘》2012年第2期。

③ 参见李忠夏:《宪法教义学反思:一个社会系统论的视角》,载《法学研究》2015年第6期。

④ 李忠夏:《宪法教义学反思:一个社会系统论的视角》,载《法学研究》2015年第6期。

⑤ 参见李忠夏:《宪法教义学反思:一个社会系统论的视角》,载《法学研究》2015年第6期。

权力的运作也能适应和服从宪法规范”[①]。规范宪法学一方面主张以宪法规范为核心,并指出宪法规范要致力于生成“规范宪法”;另一方面主张规范宪法应以一定的价值体系为基准,即立宪主义。既然“规范宪法”是一种理想状态,那么作为其核心的立宪主义必然具有愿景性,其与其他宪法规范一道确定了宪法实施的基本框架。实践中的宪法很可能存在各种各样的价值判断。变迁的社会意味着价值的变迁,这些实践中的价值判断就带有不同时代和环境的烙印。因为价值判断是规范宪法学的重要组成部分,那么问题关键在于框定价值判断发生的空间,避免突破宪法规范所确立的基本框架。这里就可以引入宪法阐释概念。首先,将宪法实施过程分割为宪法解释与宪法阐释两个阶段,明确价值判断只发生于第二个阶段,且受制于宪法解释,即宪法规范本身;其次,建构基于中国宪法语境的宪法阐释区域,描绘宪法阐释主体自身及相互之间如何致力于自己所支持的价值观念,如何通过阐释活动将宪法政治转化为宪法法律,推动实践中的宪法的变迁。宪法变迁,变迁的不是宪法规范,尤其是那些确立基本治理框架的根本规范,而是实践中的宪法。

宪法阐释是当代原旨主义理论的重要修辞之一,不仅增强了原旨主义理论对现代宪法法律的解释力,而且将原旨主义与活的宪法理论的论争拉回共同的话语体系中[②],其对于美国论争文化以及宪法解释理论的发展意义非凡,对于我国宪法学方法论论争也有启示意义。宪法阐释理论有助于弥合描述性命题与规范性命题之间的裂隙,但就其内部而言,仍然只不过是一个建立在四项基本共识基础上的理论家族。虽有万般好处,宪法阐释毕竟初长成,并非完美。理论之间的作用是相互的。原旨主义借助宪法阐释修辞吸收了活的宪法理论,活的宪法理论在一定程度上也淡化了原旨主义的概念硬度。在广泛的阐释区域,原旨主义与活的宪法理论之间的分歧更多地体现于宪法文本的地位,然而新原旨主义者虽然明确了宪法解释活动对宪法阐释活动的约束作用,但至今并未系统地厘定约束原则的基本要求。在索勒姆关于约束原则的模糊论述中,宪法文本似乎只须比其他因素具有更大的分量[③]。这种最低限度的约束是否能够保证原旨主义的理论特性,值得怀疑。此外,一如旧原旨主义不关注具体的司法裁判,当前形成的宪法阐释理论并没有具体言明在特定案件中如何展开阐释活动,很大程度上仅仅具有一种宏观解释力。宪法阐释概念的提出虽然部分解决了原旨主义所面临的难题,但这也只是第一步,原旨主义者还必须进一步充实宪法阐释理论,并着力解决由此带来的新问题。

---

① 林来梵:《从宪法规范到规范宪法:规范宪法学的一种前言》,法律出版社2001年版,第265页。

② 参见[美]基思·E. 惠廷顿:《宪法解释:文本含义,原初意图与司法审查》,杜强强、刘国、柳建龙译,中国人民大学出版社2009年版,第10页。

③ See Ethan J. Ranis, *Loose Constraints: The Bare Minimum for Solum's Originalism*, Texas Law Review, Vol. 93, Issue 3, 2015, pp. 765 – 788.

就业歧视的司法审查方法*

饶志静**

摘　要：经过多年实践，法院对于就业歧视案件已形成较为稳定的分析框架。在程序上按照劳动关系成立前后，区分为侵权争议和劳动争议两种程序，为受歧视者提供救济之门。实体上则运用侵权理论、劳动保护理论和缔约过失理论，初步建立就业歧视的审查框架。但这种多元的途径，导致各自在适用对象、举证责任、责任承担、歧视认定与合法抗辩等方面皆有不同之处。根据我国的具体情况，未来可采取两步走方法逐步解决：短期内全部纳入劳动争议，长期则应建立单独的反歧视救济模式。

关键词：就业歧视；侵权诉讼；劳动诉讼；审查基准

为解决劳动力市场秩序乱象，给劳动者创造公平就业的环境，2008 年施行的《就业促进法》第 3 条规定“劳动者依法享有平等就业和自主择业的权利。劳动者不因民族、种族、性别、宗教信仰等不同而受歧视”，以开放式列举划定了禁止歧视形态的基本边界。同时第 62 条特别规定：“违反本法规定，实施就业歧视的，劳动者可以向人民法院提起诉讼。”这为劳动者保障免于歧视提供了制度依据，开启了法定权利向现实权利转化的进程。但必须看到的是《就业促进法》并没有确定就业歧视的具体程序规则，同时对就业歧视的含义、认定标准、证明责任也未作出任何规定。在法律未提供明确答案而歧视案件不断涌现的情况下，法院如何处理歧视问题就成为值得关注的议题。

但从现有研究观之，其基本上是照搬国外经验，对就业歧视进行理论性阐释，宏观地提出解决歧视的方法，缺乏结合我国的反歧视实践情况提出的具体化、构建性设

* 基金项目：本文系 2011 年度教育部青年项目“雇主不当劳动行为认定基准与救济机制研究”（项目编号：11YJC820099）和 2012 国家社科青年项目“企业并购雇员权益保障法律机制研究”（项目编号：12CFX089）成果。

** 饶志静，男，江西东乡人，华东政法大学讲师，法学博士，华东政法大学法学博士后研究人员，研究方向为劳动法、法律方法。

想①。而在案例研究方面,大多数是实务界对个案的分析,欠缺对于法院判决的全面性考察②。有鉴于此,本文拟全面整理分析法院对于就业歧视的相关判决③(见表1),尝试归纳法律见解,探究现实与学说、社会现象与司法现实差距,指出差距背后的意义及政策空间。

一、就业歧视案件的救济规则:两个阶段两种模式

由于我国未澄清就业歧视(或平等就业权)纠纷性质,导致各级法院对于该问题存在不同思路。不过从实践操作来看,在规制混乱的背后,还是可发现其处理的潜在脉络。法院倾向于区分就业歧视是发生在劳动关系成立之前抑或之后,对之为不同的处理(见表1)。劳动关系建立之前,纳入民事争议模式(最主要为侵权之诉),而劳动关系建立之后,则纳入劳动争议之诉。

表1 我国就业歧视的救济模式

<table>
<tr><th>适用情况</th><th>救济模式</th><th colspan="2">救济方式</th><th>适用法律</th><th>举证责任</th><th>责任承担方式</th></tr>
<tr><td rowspan="6">求职过程中到正式用工之前</td><td rowspan="4">直接诉讼</td><td rowspan="4">侵权诉讼</td><td>一般人格权(9件)</td><td rowspan="4">《侵权责任法》《就业促进法》</td><td rowspan="4">谁主张,谁举证</td><td rowspan="4">侵权损害赔偿</td></tr>
<tr><td>人格权(5件)</td></tr>
<tr><td>隐私权(2件)</td></tr>
<tr><td>名誉权(1件)</td></tr>
<tr><td>侵权诉讼</td><td colspan="2">平等就业权诉讼(1件)</td><td>《就业促进法》</td><td>谁主张,谁举证</td><td>侵权损害赔偿</td></tr>
<tr><td>先仲裁再诉讼</td><td colspan="2">劳动争议之诉(2件)</td><td>《劳动法》《劳动合同法》</td><td>特定情况举证倒置</td><td>劳动违约责任</td></tr>
<tr><td rowspan="3">劳动关系存续期间</td><td rowspan="3">先仲裁再诉讼</td><td rowspan="3">劳动争议之诉</td><td>解除合同争议(19件)</td><td rowspan="3">《劳动法》《劳动合同法》</td><td rowspan="3">特定情况举证倒置</td><td rowspan="3">劳动违约责任</td></tr>
<tr><td>差另待遇争议(9件)</td></tr>
<tr><td>调岗争议(5件)</td></tr>
</table>

① 参见喻术红:《反就业歧视法律问题之比较研究》,载《中国法学》2005年第1期;李薇薇:《平等原则在反歧视法中的适用和发展——兼谈我国的反歧视立法》,载《政法论坛》2009年第1期。

② 参见周伟:《从身高到基因:中国反歧视的法律发展》,载《清华法学》2012年第2期;李成:《平等权的司法保护》,载《华东政法大学学报》2013年第4期。

③ 在案例时间上,主要是限于2008年《就业促进法》颁布之后在劳动领域内的歧视案件,选取范围限定能在公开渠道获得的案例,没有进入司法程序的事件不纳入研究视野。本文以"歧视"加上"劳动"为关键词,通过"北大法宝"进行搜索,删除不相关案件,总共获得48件案件。

（一）劳动关系建立之前（求职阶段）：就业歧视的民事争议诉讼

求职为劳雇双方以建立劳动关系为目的，通过招募、应征、面试等活动而进行磋商劳动契约的阶段。在此阶段，歧视通常表现为用人单位设置歧视性限制条件，以及在录用过程中以歧视性理由拒绝录用。

从法院受理情况看，除极个别案件（2件）纳入劳动争议外，主流处理模式为民事诉讼下的侵权之诉。如此安排的理据，关键在于现行法律制度安排的束缚。按照法律规定，劳动关系建立才纳入劳动争议受案范围，适用劳动法规。我国《劳动法》第2条规定：用人单位和与之形成劳动关系的劳动者，适用该法。《劳动合同法》第2条同样明确以双方建立劳动关系为前提，并详细说明双方在订立、履行、变更、解除或者终止劳动合同，适用该法。按照该条，"订立"似乎可涵盖求职阶段。但"订立"在劳动法上有其特定含义，通常指劳动者和用人单位经过相互选择和平等协调，就劳动合同条款达成协议，从而确立劳动关系和明确相互权利义务的法律行为①。从上述定义可看出，劳动合同订立是一种法律行为，主要包括合同当事人确定及合同内容确定两个方面。而在单位招聘过程中，合同主体身份是否适格双方尚处在考察、被考察确认过程中，劳动合同主体及劳动合同权利义务内容在此阶段均不明确，尚未进入法律层面的订立劳动合同阶段。

1. 占据主导的侵权之讼

此种模式在司法实践中最为常见。这主要是基于以下两点：首先就业歧视行为符合侵权行为的一般特征。侵权行为是行为人侵害他人的财产或者人身权益，依法应当承担民事责任的行为。而就业歧视乃是侵犯《劳动法》和《就业促进法》第3条规定的劳动者平等就业权。"平等就业权利的内容包含财产和人身的权益内容。就业不仅可以使劳动者获得工资收入、社会保险待遇等财产利益，而且可以提高劳动者的工作技能、帮助就业者融入社会、实现就业者自身价值。"②其次根据《就业促进法》第68条规定："违反本法规定，侵害劳动者合法权益，造成财产损失或者其它损害的，依法承担民事责任。"可见该条也倾向于将就业歧视纳入侵权行为来处理。不过由于我国法律上并没有明确将侵犯平等就业权作为侵权事由，从而法院呈现一般人格权纠纷、人格权纠纷、隐私权纠纷、名誉权纠纷等多元和混乱的具体定性。

2. 昙花一现的侵害平等就业权之诉

以平等就业纠纷直接作为案由的极为少见，仅有一件，且受到法院人士的批评③。其理由在于平等就业权之诉，并不是法律规定的明确案由。"案由是民事案件名称的

---

① 王全兴：《劳动法》（第3版），法律出版社2009年版，第147页。

② 谢增毅：《就业平等权受害人的实体法律救济》，载《社会科学战线》2016年第7期。

③ 参见余某诉名幸电子（广州南沙）有限公司平等就业纠纷案（2008）南法民一初字第180号。

重要组成部分,反映案件所涉及的民事法律关系的性质,是将诉讼争议所包含的法律关系进行的概括,是人民法院进行民事案件管理的重要手段。”[①]根据《最高人民法院关于实施〈民事案件案由规定〉的通知》(法发〔2000〕26号)的规定,在《民事案件案由规定》并没有规定某一案由情况下,法官并没有擅自增加新案由的权限。是故此种处理模式昙花一现,此后不复存在。

3.零星呈现的劳动争议之诉

实践中少部分(2件)求职阶段的歧视亦被法院纳入劳动争议。但这种处理方式,实施歧视一方往往主张双方不存在劳动关系,要求法院驳回。在这种情况下,法院多出一个论证环节——证明当事人双方存在劳动关系。按《劳动合同法》第7条,用人单位自用工之日起与劳动者建立劳动关系。法院一般从法律和事实两个层面对“用工”进行扩张解释,达到纳入劳动争议范畴解决的目的。从法律层面,看双方是否已经签订了具有劳动合同性质协议。即使是意向书,但如协议已经具备劳动合同应当具备的各项条款(如工作待遇、工作岗位等),对双方就具有约束力。从事实层面,看劳动力是否已经置于用人单位的控制状态之下。如果劳工按照用人单位的指示进行了体检及培训,就构成“用工”关系[②]。

(二)劳动关系建立之后:就业歧视的劳动争议程序

劳动争议主要是基于劳动关系和劳动合同产生的争议,发生在劳动合同订立或劳动关系产生之时或之后。由于此时劳雇双方已经确定劳动关系,但同时劳动争议又未有就业歧视争议这一案由,当劳动者主张用人单位在工作时间、劳动报酬、经济补偿金或者解雇等方面违反法律规定,受到歧视待遇时,法院一律按照劳动者受到歧视的具体内容纳入相对应的劳动争议中。如在一案件中,劳动者主张用人单位知悉其是乙肝病毒携带者后,强迫其离职,严重侵害平等就业权,构成就业歧视。法院对此回避直接判断歧视的难题,将其转化为劳动争议案件,认为本案的实质争议焦点为双方解除劳动合同的原因。到底是用人单位单方解除劳动合同,还是劳动者自行提出离职申请而解除劳动合同[③]。当歧视定性为劳动争议时,此时劳动者必须先向劳动仲裁委员会申请仲裁。在仲裁不予受理或对仲裁不服的情况下,方可向人民法院提起诉讼。

不过值得注意的是,劳动关系建立之后的就业歧视可能存在劳动争议的请求权与侵权纠纷的侵权行为损害赔偿请求权竞合。在请求权竞合的情形下,法院可以按照当事人自主选择行使的请求权,根据当事人诉争的法律关系的性质,确定相应的案由。当劳动者选择劳动诉讼时,此时即便提出用人单位侵犯其平等就业权,要求精神损害抚

① 《最高人民法院关于印发修改后的〈民事案件案由规定〉的通知》(法〔2011〕42号)。

② 钟心可与微密科技(宜兴)有限公司劳动争议纠纷案(2010)锡民终字第1174号。

③ 参见陈小伟诉国信期货有限责任公司杭州营业部劳动争议案(2012)杭江民初字第2154号。

慰金、道歉等诉讼请求，法院也会以属于侵权法律关系，不属于劳动争议范畴，不予处理①。当劳动者坚持选择以一般人格权纠纷为案由提起诉讼，法院出于尊重劳动者的意愿，也会选择以侵权理论解决。不过现实中出现此类情况并不多见，仅有一件案件②。

（三）小结：救济模式的差别

经过多年司法实践，法院对于就业歧视案件从过去的不予受理，到现在逐步接受，在既有法律框架内逐步确立了较为清晰的处理机制。尤其是2015年我国法院从传统的立案审查制变为立案登记制后③，被学者广泛批评的"立案难"问题得到有效缓解。

值得注意的是，由于法院按照劳动建立前后，建立了侵权为主的民事诉讼和劳动诉讼模式，但这两种模式在本质上还是存在一定差异。一是适用法律依据不同。主张侵权之诉，其适用法律是《侵权责任法》《就业促进法》；而劳动争议之诉，其适用法律是《劳动合同法》《就业促进法》。二是主张权利的程序不同。主张侵权之诉，不需要经过仲裁前置程序，但只能适用一般的民事举证责任中"谁主张，谁举证"分担规则，劳动者举证负担相对较重。而劳动争议之诉，需经过仲裁前置程序，但劳动者举证负担相对较轻。根据《最高人民法院关于民事诉讼证据的若干规定》第6条在因用人单位作出开除、除名、辞退、解除劳动合同、减少劳动报酬、计算劳动者工作年限等领域中发生的就业歧视案件中，举证责任可全数由用人单位负担。而在劳动合同订立、变更、履行、终止，培训，晋升，调配等方面发生的就业歧视行为，劳动者仍然负有举证责任。三是救济的法律后果不同。主张侵权之诉，赔偿范围包括精神损害赔偿、误工费、体检费、赔礼道歉等。这些责任方式可以单独适用，也可以合并适用。法院通常结合侵权行为、损害后果等因素进行综合判断。而劳动争议之诉则可以主张劳动法律责任，包括恢复劳动关系、经济补偿金、赔偿金、工资差额等，但不包括精神损害赔偿。

正是由于二者在规范功能上的差异，实务中常见劳动者提起诉讼后，法院以案件实质属于侵权案件或者劳动争议案件裁定不予受理，这给劳动者提供救济带来一定的困难，也增加了劳动者的诉讼成本。此外部分法院也不是严格按照当前主流方式处理歧视，存在交叉和混乱的情况，这亦给劳动者采取何种救济带来一定的困扰。

二、就业歧视案件的实体审查基准：三种判断路径并存

案由一旦确定，必将导致法律适用上的差异。从而，不同的诉讼救济方式在司法实务中呈现截然不同的实体审查基准。此外，实体审查过程中，也有部分法院运用缔

① 王荣诉西安伟志物业管理有限责任公司劳动争议案（2015）西中民高终字第00492号。

② 参见李琦诉北京中网在线广告有限公司人格权纠纷案（2014）一中民终字第05698号。

③ 参见《最高人民法院关于人民法院登记立案若干问题的规定》（法释〔2015〕8号）。

约过失责任来解决招募阶段的歧视问题[①],从而形成以下三种具体判断方法。

(一)侵权模式下的审查基准:套用侵权责任法的五步法

理论上民事侵权责任应具备四个构成要件:损害事实的客观存在;损害行为的违法性;违法行为与损害事实之间的因果关系;行为人的过错[②]。当就业歧视被定性为平等就业权侵害时,大部分法院套用侵权法一般规则适用于就业歧视认定,认为构成歧视必须满足上述要件。不过尽管我国《民法通则》和《侵权责任法》详细列举多种受保护的民事权益,但不包含平等就业权,故法院通常须先论证侵害平等就业权是否属于侵权,从而形成以下五个步骤:

1. 平等就业权是否为侵权法保护的对象

从实践观之,当劳动者主张人格权,或更具体的人格权利诉求时,法院倾向认为不构成。如人格权纠纷中,法院认为歧视涉及就业权利问题,该项权利不在《民法通则》保护的人格权之列[③]。在名誉侵权纠纷中,法院亦认为用人单位没有因劳动者有乙肝而存在侮辱、诽谤或者歧视性语言,故不构成名誉侵权[④]。同样在隐私权纠纷中,法院认为体检不合格而拒绝录用,其行为虽是就业歧视,但不属对隐私权的侵犯。其更详细解释道:"体检,即自然人身体健康状况检查,是一种医疗行为,无论是医院实施的体检行为,还是有关单位需要了某个自然人的身体健康状况要求或安排其体检的行为,其行为本身与隐私权的保护或侵犯隐私权行为之间没有任何关联。"[⑤]

而对平等就业权是否属于一般人格权,法院通常保持较开放态度[⑥]。这主要在于根据《最高人民法院关于确定民事侵权精神损害赔偿责任若干问题的解释》(2001年)第1条:自然人因人格尊严权遭受非法侵害的,可以向人民法院起诉请求精神损害赔偿,人民法院应当依法受理。而一般人格权是指法律采用高度概括的方式赋予公民和法人享有的具有权利集合性特点的人格权,是关于人的存在价值及尊严的权利[⑦]。简言之,一般人格权保护背后的价值理念即在于对人格尊严的维护。当就业歧视以牺牲个人的尊严为代价时,劳动者当然可以此为由提起诉讼。

---

① 大多数学者认为缔约过失责任已成为歧视救济当中独立案由,但事实上其只是在实体审查部分出现。这或许主要在于汪洪:《歧视乙肝病毒携带者的法律责任》(载《人民司法·案例》2011年,第20期)一文提及案例的误导。查阅该文所涉案例的完整判决书可发现其只是简单将其定性为劳动争议。参见肖某某诉环某某公司劳动争议案(2010)深中法(民)六终字第1032号。

② 参见张新宝:《侵权责任构成要件研究》,法律出版社2007年版,第11-12页。

③ 参见高一乘诉四川长虹电子控股集团有限公司人格权纠纷案(2016)川民终329号。

④ 参见邢栋锋诉西安煤航信息产业有限公司名誉权纠纷案(2012)碑民二初字第01098号。

⑤ 郭亮诉常德市伟星置业有限公司隐私权纠纷案(2012)常民四终字第167号。

⑥ 参见周某诉广西金桂浆纸业有限公司一般人格权纠纷案(2008)钦南民初字第312号。

⑦ 参见王泽鉴:《民法总则》,中国政法大学出版社2011年版,第126页。

2. 平等就业权是否受到损害

损害指歧视行为导致了不平等的结果。主要表现为“损害求职者就业机会的均等,妨碍求职者就业权的实现”①。对于损害,法院采客观标准,认为损害必须是客观存在的,而不能是当事人主观臆想。如在一案件中,劳动者主张由于乙肝信息资料而导致受公司歧视,法院对此予以否认评价,认为“上诉人有关其损害后果的主张,与客观事实不符,且缺乏相应证据加以证明。公司对上诉人体检情况的掌握,并不必然导致对其社会评价的降低,现上诉人仍与公司保持劳动关系,续约与否和升职影响系上诉人对将来事实的设想,并非本案损害事实的客观存在。周遭人群对上诉人的态度,即使上诉人无法通过提供直接证据加以证明,本院仍无法根据在案事实及证据,依据日常经验法则作出上诉人就此遭受歧视的判断”②。

3. 是否实施了侵害平等就业权的违法性行为

即用人单位是否对于法律禁止的事由采取了区别、排斥、限制等手段或措施。由于《民法通则》和《侵权责任法》没有关于平等就业权的规定,法院此时应用《劳动法》或者《就业促进法》的规定,从而此部分与下文劳动诉讼中的就业歧视处理模式颇为相似。如在因疾病歧视而提起的人格权纠纷案件,法院运用《就业促进法》第26条,认为用人单位招用人员、职业中介机构从事职业中介活动,应向劳动者提供平等的就业机会和公平的就业条件,不得实施就业歧视。由于劳动者体检结果并非传染病和职业病,并不影响应聘职位,用人单位救济绝其入职,侵犯劳动者平等就业权,应当承担相应民事责任③。

4. 实施违法性行为时主观上是否存在过错

根据过错责任原则,原则上只有加害人主观上具有过错时,始负侵权的损害赔偿责任。对于过错法院通常亦采较为严格态度。如在一案件中法院认为:“一般侵权行为要求侵权人主观上是故意,本案中被告用人单位设定的个性化条件是在与原告接触之前事先在相关网站上公开发布,侵权人实施侵权行为主观上是否有故意应以行为作出时来判断,本案用人单位在公布招聘个性化条件时,原告尚未出现,被告在时间上无法对原告一般人格权形成侵权的主观故意,不存在过错。”④

5. 违法性行为与平等就业权受损之间是否存在因果关系

即歧视行为和劳动者的损害之间存在直接因果关联性。如在一案中,法院认为当事人提供的录音资料,无论从谈话内容还是谈话方式上看,均客观上反映要不是因为

① 梁海媚诉广东惠食佳经济发展有限公司、广州市越秀区名豪轩鱼翅海鲜大酒楼人格权纠纷案(2016)粤01民终10790号。

② 姚某某诉上海健维普亚门诊部有限公司一般人格权纠纷案(2008)沪一中民一民终字第4405号。

③ 参见王建阳诉煤炭总医院人格权纠纷案(2015)朝民初字第34164号。

④ 宁某某诉某信用社一般人格权纠纷案(2014)安民初字第331号。

当事人是乙肝患者,用人单位就不会解除劳动关系的事实①。而在另一类似的乙肝歧视案件中,法院则认为由于用人单位存在招用其他乙肝患者的事实,说明该劳动者的体检结果并未成为其不能获职的根本原因②。

(二)劳动诉讼模式下的审查基准:逐渐成型的三步法

在劳动诉讼模式,由于劳动法规对于用人单位的自主权设定了较为严格的限制,法院通常按照既有规定处理,较为欠缺对于用人单位各项措施背后是否存在歧视的判断。不过在少部分妥善对待歧视问题的案件中,法院大致围绕三个问题进行论证:首先,这种歧视类型是否在法律所禁止的范围之列?其次,是否符合歧视的构成要件。即歧视是否存在?如果真实存在,是否有区别对待或不合理差别?最后,该歧视行为是否有合理的排除条件。

1. 是否属于法定的禁用事由

我国《就业促进法》规定不因民族、种族、性别(包括婚姻和生育)、宗教信仰、残疾、农村劳动者(户籍)、传染病病原携带等七大类事由受歧视。法院通常严格按照法律列举的事由进行审查。一般而言如果争讼歧视行为存在于法定禁用事由之列,则劳动者最终获胜可能性较大。以性别歧视案件为例,在一案件中单位规定"入职前女员工有服务不满36个月不孕育的承诺,未履行承诺者则违约,按本人辞职处理",法院即直接认为限制劳动者生育的条款与法律相悖③。

但《就业促进法》第3条与《劳动法》第12条最大不同在于通过"等"字将原有的封闭式列举模式改为开放式列举模式。由此带来的问题是,"等"字之外是否也应该为保护对象?从现有法院判决来看,呈现两极分化现象。部分法院认为《就业促进法》第3条仅是开放式列举,其他与列举歧视形态类似的情况也可处理。如在一案件中,劳动者持有准驾车型为A1的驾驶证,依法可驾驶大型客车至60周岁。但用人单位在其招聘信息中要求大客车司机年龄为18周岁至45周岁。法院最终认为企业这一做法明显剥夺并损害了年龄在45周岁至60周岁并持有A1驾驶证这一类群体的平等就业机会④。但大部分法院采取排斥态度。如在一案件中,劳动者认为"等"字自然就包括两劳释放人员(即接受过劳改或劳教的人员),用人单位在招聘简章中要求求职者无案底,而拒绝雇用属于歧视。从法理角度而言,用人单位不考虑劳动者实际工作能力,以及特质与工作关联性,直接将某些特定群体排除在外,应属于典型的直接歧视情况。但法院却认为行为并未违反法律规定,企业有自主用工的权利,有权根据工作需要招

① 参见谌某某诉某汽车公司人格权纠纷案(2011)深宝法民一初字第2828号。

② 参见郦某诉上海某某金融服务有限公司一般人格权纠纷案(2013)虹民一民初字第3074号。

③ 参见沈阳奥吉娜药业有限公司与张美玉申请撤销劳动仲裁裁决纠纷民事裁定书(2016)辽01民特53号。

④ 参见陈国祥诉广州市运输有限公司增城分公司人格权纠纷案(2016)粤0183民初901号。

聘员工①。

2. 是否符合就业歧视的构成要件

在实践中通常存在直接歧视和混合歧视两类案件，对于前者由于《就业促进法》第3条有明确规定，法院通常较为积极处理，而后者无法律明确指引，法院较欠缺反歧视的敏感度。

直接歧视是直接基于法律禁止事由而为恣意的差别待遇。其包含两个要件：同等条件下的比较和不同等的对待（或较差的对待）。如在一案件中法院认为烹饪学校招聘的文案策划岗位，无论男性或者女性在同等条件下均可以胜任，但用人单位直接以需招录男性为由，拒绝应聘女性求职者，侵犯了女性平等就业的权利，对女性实施了就业歧视②。

混合歧视（mixed motive discrimination）即用人单位在作成某项有关雇用或劳动关系的决定时，同时含有合法与不合法动机的案件。合法动机例如员工本身工作效率、态度及其他确实影响工作表现的因素，不合法动机则是将与工作要素无关的因素列入考虑。相较于直接歧视类型，法院目前所处理的歧视案件大多属混合歧视类型。实务中解雇③、调岗④、同工同酬案件⑤三类最为常见。要判断这类型的差别待遇是否构成歧视，通常比直接类型来得复杂。在先进国家，判断时主要看基于法律禁止歧视事由是否为导致劳动者受到较差待遇的动机性要素（motivating part）或实质性原因（substantial factor）⑥。但我国法院处理时，通常避免直接认定是否存在歧视的难题，皆由用人单位所持的所谓合法理由为切入点，由用人单位举证其行为符合法律规定，一旦用人单位举证失败，法院即可判决用人单位的行为违法，无须再论证用人单位是否有歧视意图。仅有少部分案件会去特别关注用人单位合法理由的背后是否潜藏歧视的意图。

3. 歧视行为是否存在合理抗辩

违法的差别待遇方为歧视，接下来争点即在于：得以直接通往构成歧视的结论，还是可能为合法的差别待遇？通常而言，当存在以下情况时，则用人单位可避免歧视的指摘。

（1）劳动者自身过错。按照《劳动合同法》第8条：用人单位享有知情权，有权了

---

① 参见严冰诉鸿富锦精密工业（武汉）有限公司侵权责任案（2016）鄂01民终1397号。

② 参见郭晶诉杭州市西湖区东方烹饪职业技能培训学校一般人格权案（2015）浙杭民终字第101号。

③ 参见中国人寿保险股份有限公司濮阳分公司诉李恩强劳动争议纠纷案（2014）华法民初字第2531号。

④ 参见易小立诉南京创倍希电子有限公司劳动争议纠纷案（2012）秦民初字第1076号。

⑤ 参见蔡述鹏与广州沃尔玛百货有限公司劳动合同纠纷上诉案（2011）穗中法民一终字第3174号。

⑥ See Dianne Avery. *Employment Discrimination Law: Cases and Materials on Equality in the Workplace*（8th Edition），West Thomson Reuters，2010，p. 152.

解劳动者与劳动合同直接相关的基本情况。当劳动者存在刻意隐瞒时,用人单位可以按照《劳动合同法》第26条第1款第1项,以劳动者存在欺诈为由解除合同。如在一案件中,劳动者主张由于公司存在歧视农民工的做法,所以才会在求职时使用假身份证。对此法院认为用人单位了解应聘人员基本信息,乃是筛选出符合本单位招聘条件人员的基本途径之一。当事人提供虚假信息,违反了缔结劳动合同的诚实信用原则,故公司解雇行为合法①。

(2)公共安全的考量。此项排除理由,主要集中于传染性疾病案件中。《就业促进法》第30条规定:经医学鉴定传染病病原携带者在治愈前或者排除传染嫌疑前,不得从事法律、行政法规和国务院卫生行政部门规定禁止从事的易使传染病扩散的工作。换言之,当劳动者从事易使传染病扩散的工作影响到公共安全时,用人单位可以拒绝招用或者辞退,反之则无权。部分法院运用此条,认为携带乙肝表面抗原的保洁员②和汽车维修岗位③,不属于禁止从事的易使乙肝扩散的工作。

(3)法定的正当理由。即用人单位举证证明其采取的措施是基于法律明定的正当理由,而不是基于其他歧视性因素。这个合理抗辩理由主要集中在混合歧视案件。以生育歧视为例,按《劳动合同法》的规定(第42条第4款),女职工在孕期、产期、哺乳期内,用人单位通常不得解除劳动合同。但如女职工又具备《劳动合同法》第39条规定的劳动者本身存在过错的情况,即使处在"三期"阶段,用人单位依然可以行使单方解除权利④。

(4)岗位的内在要求。岗位的内在要求即用人单位设定的要求是完成工作必要、客观和适度的。这个概念类似于美国歧视法中的真实职业资格(bona fide occupational qualification,简称BFOQ)⑤。该条款在法律层面上最初主要针对性别歧视,如《就业促进法》第27条:除国家规定的不适合妇女的工种或者岗位外,用人单位不得以性别为由拒绝录用妇女或者提高对妇女的录用标准。但部分地方立法和司法实践尝试将其作为一个普遍适用的规则而加以运用。其具体情况是:

第一职位要件:即要求必须是劳动岗位相关的。如法院认为"婚否并非劳动者所从事的职位的实质性要件,与双方劳动关系的建立与履行并无关联关系,劳动者是否已婚并不会对公司正常经营造成影响"⑥。第二资格要件:即个人能力必须达到工作需

① 参见刘某某诉某某包装技术有限公司工伤保险待遇纠纷案(2012)奉民三民初字第915号。

② 参见上海某清洗系统工程有限公司诉肖某某劳动合同纠纷案(2010)金民三民初字第1563号。

③ 参见谌某某诉某汽车公司人格权纠纷案(2011)深宝法民一初字第2828号。

④ 参见广州瀚阳工程咨询有限公司诉谢鑫劳动争议案(2011)穗中法民一终字第4892号。

⑤ 参见郑津津:《美国就业歧视法制之研究——兼论我国相关法制应有之发展》,载《台大法学论丛》第32卷第4期。

⑥ 深圳市奇迹通讯有限公司与李晶劳动争议案(2014)三中民终字第02380号。

要的标准。如在一案件中，法院认为用人单位以“广州方言沟通不通畅”为由，解除劳动关系，不构成语言歧视。其主要理由即在于该销售岗位要求必须对广州方言熟悉，否则会导致沟通不通畅，影响了正常的工作①。第三排除适用某些特定情况下可排除适用，主要包括三种情况。首先是不适合特定群体的工种或者岗位。如《女职工劳动保护特别规定》(2012)附录中明确矿山井下作业和劳动强度过高的作业为女职工禁忌劳动范围。当然在此不可以基于对特定群体的偏见任意扩大，如邮件投递工作不让女性职员担任②。其次为国家统一规定实行职业资格和就业准入制度的③。当某项个工作需要具备特定的教育、技能或专业条件方可胜任时，用人单位得以该特定的教育、技能或专业条件作为雇用条件。最后特殊性质单位的特殊要求。如公安机关依法管理社会治安，又依法侦查刑事案件，为保持队伍的纯洁性和忠诚度，将“无尚未查清的违法犯罪嫌疑”作为招录条件不属于就业歧视④。

(三)缔约过失责任在就业歧视认定中的运用:类推适用

部分法院认为对于用人单位在劳动合同缔约过程中的歧视行为，在法律未明确规定情况下，可类推适用《合同法》第42条缔约过失责任，从而达到保护劳动者的目的⑤。类推适用，即将法律于某案例类型(法律事实)所明订的法律效果，转移适用用于法律未设规定的案例类型(法律事实)之上。即相类似者，应为相同的处理之平等原则⑥。

缔约过失责任是指“缔约人或其缔约磋商辅助人故意或过失违反先合同义务，给对方造成信赖利益或固有利益的损失时应依法承担的民事责任”⑦。主要包括四个要件:(1)缔约一方存在违反先合同义务的行为;(2)违反先合同义务方具有过错;(3)相对方的信赖利益受有损害;(4)违反先合同义务与损害之间存在相当因果关系⑧。通常而言，《合同法》并不调整属于社会法范畴的劳动合同，但法院认为缔约过失责任背后所蕴含的诚信、公平、信赖保护等价值理念在劳动合同中仍然适用。“有利于规范用人单位在劳动合同缔约过程中的相应行为，以更完善保护劳动者的合法权益，在劳动合同的缔约阶段实现对强资本、弱劳工关系的矫正和平衡，协调和稳定劳动关系。”⑨

此种逻辑论证，最早见于高铁明诉北京比德创展通讯技术有限公司劳动合同纠纷

① 参见沈如龙诉广东绿由环保科技股份有限公司劳动争议案(2011)穗中法民一终字第4942号。

② 邓亚娟等与北京手挽手劳务派遣有限责任公司一般人格权纠纷案(2016)京03民终195号。

③ 参见《内蒙古自治区就业促进条例》(2011年)第16条。

④ 参见杨旭达二审民事裁定书(2014)新民管终字第73号。

⑤ 《合同法》第42条:当事人在订立合同过程中有下列情形之一，给对方造成损失的，应当承担损害赔偿责任:(1)假借订立合同，恶意进行磋商;(2)故意隐瞒与订立合同有关的重要事实或者提供虚假情况;(3)有其他违背诚实信用原则的行为。

⑥ 参见杨仁寿:《法学方法论》，中国政法大学出版社2004年版，第194页。

⑦ 马俊驹、余延满:《民法原论》(第3版)，法律出版社2007年版，第539页。

⑧ 韩世远:《合同法总论》，法律出版社2004版，第151页。

⑨ 俞里江:《论劳动合同的缔约过失责任——以劳动者保护为视角》，载《法学杂志》2009年第10期。

案中。在该案件,高铁明通过面试,并就工作待遇、工作岗位达成了一致意见。但比德公司以高铁明体检结果为乙肝“小三阳”拒绝与其签订劳动合同。法院认为在双方就建立劳动合同关系相互磋商的过程中,高铁明有理由对比德公司将与其签订劳动合同形成合理信赖。但比德公司违反诚信协商的先合同义务,拒绝录用当事人,违反了平等就业原则,应赔偿基于信赖利益的损失,包括积极损害(包括缔约或准备履行所产生的费用)与丧失订约机会的损失①。

(四)小结:各种审查模式的局限性

在侵权模式下,劳动者常主张就业歧视损害平等就业权,唯该项权利在侵权法上并不存在,并不能成为其主张的请求权基础。故当前法院对于就业歧视主要依照侵害一般或具体人格权来处理。但问题是,用人单位的差别待遇是否可评价为不法歧视,进而构成人格权侵害,具有高度不确定性。倘若法院宽泛地认定何谓侵权,则劳动者获胜可能性较高,反之严格按照侵权的“五标准”进行审查,尤其是要求劳动者证明用人单位存在过错的情况下,则劳动者通常获胜几率较低。

而对于劳动诉讼领域的歧视案件,遵循的乃是劳动保护模式,法院通常直接找到法律上对于用人单位行为的规制条款(如关于解雇、调岗等规定),较为欠缺反歧视的考量。许多案件中劳动者主张用人单位存在歧视或差别待遇行为,但要么在争议焦点整理过程中排除外,要么因证据不足而未成为讨论重心,从而未完全显现于判决理由中。

缔约过失理论的类推适用,虽获得不少赞誉,认为法院鉴于侵权之讼劳动者获胜困难,为保障劳动者权益充分发挥了司法能动。但这种模式只能处理劳动关系成立之前的歧视,适用于求职者有足够充分的理由相信将与招聘单位建立劳动关系,从而享有期待利益的情况。比如求职者与招聘单位已就劳动合同的主要内容(工作岗位、劳动时间、待遇等)达成一致。此外近年来沿袭此种方式的案件并不常见。这主要在于两方面的原因:一方面此种模式实质上是类推适用合同缔约过失的理论去解决歧视问题,但在形式(案由)上仍定位为(一般)人格侵权②或劳动争议纠纷。从方法论角度而言,类推适用应该分为三个阶段:(1)肯定法无明文系法律漏洞;(2)探求立法理由;(3)依同一法律理由类推解释(类推适用)③。但在实务中,法院往往忽视第一个环节,欠缺对于为何要适用合同缔约过失的缺乏必要的论证和说明。从而导致诉讼当事人质疑:案由是人格权(或劳动争议)纠纷,法院依据合同法的相关规定判决违反民事诉

① 高铁明诉北京比德创展通讯技术有限公司劳动合同纠纷案(2008)朝民初字第06688号。

② 如李强强与樱花卫厨(中国)股份有限公司一般人格权纠纷案(2015)苏中民终字第06412号。

③ 参见林诚二:《类推适用劳动基准法第五九条之法理基础》,载《月旦法学杂志》2007年第144期。

讼的处分权原则①。另外一方面，随着实践发展，通过侵权模式来解决求职阶段的歧视问题逐渐广为法院接受，这也导致其不再愿意运用相对存在争议的解决手段。

三、司法审查基准背后的逻辑：形式平等观下的艰难平衡

之所以出现如此多元的解决方法，部分原因在于司法界对就业歧视的理论基础和法律保障相对陌生，还处于初步探索的阶段。而根源还在于法律本身对于就业歧视保护边界的圈定对于司法的制度性束缚。

（一）就业歧视保护边界：平等就业和择优录用

就业歧视本质上为劳动者的平等就业权与用人单位的用人自主权的权衡问题。在我国劳资双方各自的权利均是法律明确规定，在法律条文中平行布局。《就业促进法》第 3 条劳动者依法享有平等就业和自主择业的权利。同时第 8 条亦规定：用人单位依法享有自主用人的权利。但这“两权”往往存在一定的冲突，此时如何对二者作出恰当的界分，通常颇有难度。如果一味强调用人单位的用人自主权，则可能以牺牲劳动者利益为代价。反之，平等就业权的规定漫无边际，则可能使用人单位动辄得咎，对整体劳动秩序反而不利。

为维护平等就业权，又尽量减少对用人自主权的限制，实现“两权协调”，我国采取了将平等机会和择优录用联系起来的解决思路。即保证同等资质的求职者有参与竞争工作岗位的权利和机会，同时赋予用人单位选择“完美受雇人”②。这点明显体现在《就业促进法》第 26 条，其规定“用人单位招用人员、职业中介机构从事职业中介活动，应当向劳动者提供平等的就业机会和公平的就业条件，不得实施就业歧视”。换言之，用人单位依法享有自主用人的权利，但同时也应当向劳动者提供平等、公平的就业机会。

这种“平等机会和择优录用”的立法理念对司法如何判断就业歧视产生了强烈影响。这种逻辑在李金仁诉江西日报社人格尊严权纠纷案中得以完整体现。法院认为“平等就业权是指任何公民都平等地享有就业的权利和资格，不因民族、种族、性别、年龄、文化、宗教信仰、经济能力等而受到限制；在应聘某一职位时，任何公民都需平等的参与竞争，任何人不得享有特权，也不得对任何人予以歧视；平等不等于同等，平等是指对于符合要求、符合特殊岗位条件的人，应给予他们平等的机会，而不是不论条件如

① 即在诉讼中，提出什么样的诉讼请求由当事人自主决定。法院不能超出当事人提出的请求事项进行裁判。参见刘学在：《民事诉讼辩论原则研究》，武汉大学出版社 2007 年版，第 66 页。

② 参见阎天：《重思中国反就业歧视法的当代兴起》，载《中外法学》2012 年第 3 期。

何都同等对待。特殊岗位根据岗位需要有特殊的要求,企业享有自主经营权"[①]。

(二)协调方法的局限性:形式平等观

平等就业和择优录用从其本质上仍然是相同的人受到相同的对待的形式平等观,这导致法院无论采取何种审查方式,都面临以下难题和困境:

1. 由于平等就业强调机会平等,特别是招用和录用阶段的平等对待,因此司法机关在处理歧视问题时,关注的焦点始终在于规范用人单位的招录阶段,从而无法像反歧视立法发达国家将劳动关系作为连贯和动态的过程,使反歧视的范围涵盖招募、雇用、升迁、劳动条件、培训、调职、退休与解雇等多个环节。

2. 法院并不去质疑资格设定本身的合理性。通常只要不是法律明确禁止的事由,法院并不会去判断用人单位限制求职者的资格是否与工作有关联性的,是否是基于工作性质及员工工作能力或此类相关因素进行选择,而会认为是用人单位行使自主权,进行择优的表现。如在一案件,湖南省农村信用社以劳动者身高没有达到本单位制定的不得低于157厘米为由,要求劳动者退出竞聘。法院即认为:只要用人单位列明的招聘限制条件不违反法律强制性和禁止性规定,则有权设定个性化条件,身高作为优化员工队伍结构要素之一有其合理性[②]。

3. 无法解决混合歧视和间接歧视。混合歧视乃是将公开的歧视通过所谓正当理由加以包裹,从而变得隐蔽。间接歧视是指一个表面上中立的条文、要件或作法,将使得某些特定人群产生特别不利的结果,除非该条文、要件或作法能客观地被证明系有一合法的目的,并且为达成该目的之手段是适当和必要的[③]。由于形式平等观潜在逻辑是只要用人单位设立的条件是中立的,或者有某些正当理由,就不存在歧视,使得这两种歧视形态一直在法律中未规定。但问题是,一个看似中立或客观的理由,在某些情况下,却将使一类人完全被排除之外,处于不利地位,从而导致实质不平等。

4. 无法解决制度性歧视。制度性歧视是指由于国家正式规则的认可或者公权力主体的推行,使一定社会群体持续遭受普遍的、规范化的不合理对待[④]。形式平等只注意法律之前的平等,并不在乎法律的内容为何,只是要求司法者与行政机关在适用法律时,依照法律所给定的平等标准来判断,即使法律本身的标准明显有歧视,也不违反平等的要求。如在一案件中,当事人质疑《陕西省失业保险条例实施办法》对于农民工失业保险补助存在歧视性规定。但法院予以否认,认为"虽然农民合同工同样受《中华人民共和国劳动法》及《中华人民共和国劳动合同法》的调整,但是农民工与没有任何

---

① 李金仁诉江西日报社人格尊严权纠纷案(2006)东(民)初字第71号。

② 宁某某诉某信用社一般人格权纠纷案(2014)安民初字第331号。

③ Jens Kirchner, *Key Aspects of German Employment and Labour Law*, Springer, 2010, p. 103.

④ 参见任喜荣:《制度性歧视与平等权利保障机构的功能——以农民权利保障为视角》,载《当代法学》2007年第2期。

生产资料的城镇劳动者毕竟有所区别，基于农民工的双重身份的考虑，在社会保险领域，允许农民工与城镇职工有一定的差别”①。

5. 导致裁判宽严不一。由于对平等就业权与企业用工自主权两者权利权重差异的认识，法官徘徊于平等和自主之间，使得平等原则和契约自由间的界线相当模糊，遇有个案争议，极容易落入过度限制契约自由或过度容忍歧视行为的两难处境。如同样是填写员工信息时隐瞒婚姻事实，在一案件中法院通过对于企业用工自主权的解释正当化企业的解雇行为②。而在另一案例中，法院则坚持用人单位对已婚女性采取差别对待违反平等用工的原则③。

四、结论：从殊途走向统一

从上文分析可见，《就业促进法》仅简单规定用人单位实施就业歧视的，劳动者可向人民法院提起诉讼。不过，在司法中，法院已经形成较为稳定的判断框架。在程序上，基于就业歧视是发生在劳动关系成立之后抑或之前，区分为侵权诉讼和劳动争议诉讼两种程序，为受歧视者提供救济之门。实体上反歧视诉讼司法审查技术开始规范化，初步建立了就业歧视的审查框架。但这多元的途径，导致不论是在适用对象、举证责任、歧视认定、用人单位合法抗辩与处理机制上皆有不同之处。这种不足实际上给劳动者的诉讼维权带来了极大的不便和困扰，从而使其获得周全的救济有时相当困难。

从短期来看，应该将招募阶段的侵权之诉全部纳入劳动诉讼中解决。毋庸讳言，就业歧视符合侵权的法律要件，各国对此也多采肯定做法。就我国目前而言，从法律救济来看，也仅在侵权模式下劳动者可以获得精神损害赔偿（虽承担数额较少）。但问题是，侵权模式下劳动者举证责任要求相当高，不仅要提供受到歧视的初步证据，而且还必须对用人单位提供的证据进行反驳，从而使得事实上获得救济的实际效果不彰。而纳入劳动诉讼范畴，一方面可以改变目前“双轨制”给劳动者带来的救济困扰，使举证责任的困难问题部分缓解；另外一方面，也不存在严重的制度障碍，完全可以“用工”进行扩张解释，将其涵盖招募阶段。根据市场化劳动用工的基本流程，劳动力市场的双向选择是劳资双方订立劳动合同与用工的重要前提。因此，把人力资源市场中的招工与求职过程中所发生的争议纳入劳动争议范畴，在逻辑上应无障碍④。

---

① 鱼某某诉陕西天士力植物药业有限责任公司劳动争议案（2013）商中（民）一终字第00034号。

② 蔡某诉上海某公司劳动合同纠纷案（2011）沪一中民三民终字第511号。

③ 参见陈海云与鹤山高合塑料制品有限公司劳动争议纠纷上诉案（2010）穗中法民一终字第4208号。

④ 参见李雄、吴晓静：《我国反就业歧视法律规控研究》，载《河北法学》2010年第12期。

从长期来看,则应从劳动诉讼中剥离出来,建立反歧视诉讼模式。反歧视逻辑和劳动救济模式毕竟不同。反歧视所要防堵的,是对特定社会群体的一种负面的,或者根深蒂固的不当评价。而这种特定社会群体所挥之不去的负面意涵,将相当程度地影响当事人的普遍发展,造成可能的身心伤害,进一步恶化其平等与自由的行使,这是整体法律秩序所不能容忍的,也正是处理歧视的真正目的。由于反歧视审查有其独特的基本分析框架(平等乃是以比较为前提的概念,必须择定一比较标准),体系和内容越来越庞杂,各国大多脱离劳动法而独立变成一种诉讼形态。未来我国应该在相关立法中对于就业歧视的种类、定义、类型、雇主的合法抗辩、举证责任、雇主责任、救济的方式与程序、罚则等一并规范。如此,方能以最有效率的方式来规范所有的就业歧视问题。

治疗性克隆立法的合宪性分析*

——以加拿大立法为素材

孟凡壮**

摘　要:治疗性克隆立法涉及公民的表达自由、胚胎生命等重要宪法价值,需要接受宪法规范的限制和约束。加拿大通过治疗性克隆立法,禁止科研人员从事治疗性克隆研究,对公民的表达自由构成限制。但通过规范分析发现,这一限制没有超出加拿大宪法确认的对公民基本权利限制需“依照法律”和“正当合理”的规范要求,具有目的正当性,能够通过宪法上比例原则的审查,具有合宪性基础。加拿大立法禁止治疗性克隆的合宪性分析对于我国应当如何通过宪法规范检讨和调试治疗性克隆相关立法具有重要的启示。

关键词:治疗性克隆立法;表达自由;胚胎生命;比例原则;合宪性分析

在生物医学技术上,治疗性克隆是以治疗为目的,借助细胞核置换技术产生胚胎,再从胚胎中提取胚胎干细胞,并通过技术引导胚胎干细胞发育成人类需要的器官或组织的生物技术的总体。治疗性克隆技术在医疗方面具有广阔的运用前景,给人类克服诸多疑难疾病带来希望。比如,阿尔茨海默氏症、帕金森氏症等历来难以克服的疾病有望通过治疗性克隆技术得到缓解。尤其在当前诸多病人需要的人体器官极度短缺的情形下,治疗性克隆技术通过对胚胎干细胞的引导,能够使其发育成人体所需要的器官。此外,与传统的器官移植相比,通过治疗性克隆技术产生的器官还具有不排异的优势。但同时不可忽视的是,治疗性克隆需要克隆人类胚胎,并从胚胎中提取干细胞,这一过程会不可避免地造成胚胎的损毁。科研人员在治疗性克隆研究过程中损毁人类胚胎,对宪法保护的胚胎生命构成侵害。由此,是否应当在立法上允许治疗性克隆便成为一个重要的宪法问题。

---

* 基金项目:本文系教育部哲学社会科学研究重大课题“中国的立法体制研究”(项目编号:15JZD006)的阶段性成果。

** 孟凡壮,男,山东日照人,法学博士,华东师范大学法学院讲师,研究方向为宪法学、法律方法论。

对于特定国家的实证法秩序而言,立法者必须在“允许”与“禁止”治疗性克隆研究的立法方向上作出抉择。从世界各国的立法实践来看,多数国家在功利主义驱使之下允许治疗性克隆,只有少数几个国家通过立法明确禁止治疗性克隆。其中,2004年加拿大《人工辅助生殖及相关研究法》对治疗性克隆的立法禁止是比较有代表性的。因此,通过分析加拿大治疗性克隆立法与宪法的关系问题,就对于审视和检讨我国相关立法的合宪性问题具有重要的启示和借鉴意义。

一、加拿大治疗性克隆的立法规制

在加拿大,对于人工辅助生殖技术的立法规制经历了漫长地探索过程。早在1993年,应对新型辅助生殖技术的皇家委员会就曾对辅助生殖技术作过一些具体的规制建议。1996年,加拿大政府提出一项辅助生殖技术规制法案,但由于1997年的联邦选举而胎死腹中。2001年加拿大政府发布了一项立法辅助生殖技术立法建议稿,2002年加拿大政府提出人工辅助生殖及相关研究法案。2004年3月29日,加拿大议会通过《人工辅助生殖及相关研究法》,对人工辅助生殖技术领域相关医疗与科研活动进行体系性的立法规制。该法第3条对人工辅助生殖法的相关概念进行了界定,规定:“胚胎”是指受精或产生后处于发展阶段的56天内的人类有机体,其中暂停发展的时间排除在外,包括任何被用于产生人类的任何有机体中提取的细胞。“克隆体”是指通过操纵人类的生殖物质产生的胚胎或试体外胚胎,这些胚胎由单一人类个体、胎儿或胚胎(无论活的或死去的)中获取的双倍染色体组成。“人的生殖物质”是指精子、卵子或其他人的细胞或人的基因,上述物质的一部分也囊括在内。“体外胚胎”是指存在于人体外的胚胎。第5条规定:“任何人不得故意:(a)运用任何技术生产克隆体或将克隆体转移到人体、非人类生命体或人工装置之中。……(c)基于产生人类个体为目的,通过从胚胎、胎儿提取的一个细胞或细胞的一部分创造胚胎,或将此类胚胎转移到人体内。”第60条规定:“任何人违反本法第5条至第7条或违反第9条构成犯罪,并且依公诉程序定罪,可被判50万美元以下罚金或被判处10年以下有期徒刑,或并罚;依简易程序定罪,可被判处25万美元以下罚金或被判处4年以下有期徒刑,或并罚。”[①]由此可见,在加拿大科研人员从事胚胎克隆或克隆胚胎的转移都会构成犯罪。

加拿大通过上述立法对治疗性克隆的严格规制,对科研人员受宪法保护的表达自由构成限制,这一限制的合宪性需要接受检讨。根据加拿大宪法第2条第(b)款的规定,加拿大最高法院认定公权力是否涉嫌侵犯公民的表达自由需要审查三项内容:第

① *Government of Canada*, *Justice Laws Website*, at http://laws - lois. justice. gc. ca/PDF/A - 13.4. pdf(last visited March 16, 2015.)

一，公民实施的该行为是否是表达行为；第二，该行为是否是暴力行为；第三，该行为是否受到了政府行为的限制。具体到科研人员从事治疗性克隆研究而言，要判断立法是否对该研究行为构成过度限制，需要逐一分析上述三项内容。其中，由于胚胎在加拿大宪法上不具有人的主体地位，因此治疗性克隆显然不属于暴力行为①。由此，问题的关键在于治疗性克隆研究是否属于表达自由。

二、治疗性克隆与表达自由的保护范围

（一）治疗性克隆研究作为一种"表达"行为

一般而言，表达行为是指行为人通过实施一定的行为传寄信息的活动。通常而言，人们的日常行为都能够传达一定的信息。但宪法上的表达自由并不会保护所有的行为。倘若行为人没有传达信息的意图，显然不受表达自由的保护。在 Irwin Toy 案中，法院指出："尽管多数人类行为结合了表达性与物理性因素，有些人类行为是纯粹物理性的，没有传达或试图传达信息。人们的某些日常行为，如停车，很难确定其具有表达的内容。如果将此类行为纳入保护范围，当事人需要证明该行为是为了传寄信息。例如，作为公开抗议的一部分，一个未婚的人可以将车停在专门为已婚政府雇员保留的区域，以表达对有限资源分配方式的不满与愤怒。如果可以说明其行为确实具有表达性内容，其可以在这个层面纳入被保护的范围，宪法第 2 条第（b）款可以适用。"②

那么，治疗性克隆研究是否在传达信息呢？对此，存在一种强有力的观点认为治疗性克隆属于一种表达行为，在表达自由的保护范围内。

第一，从比较法上，科学研究作为一种表达受宪法保护的观点在民主社会并不鲜见。在美国，诸多学者主张科研人员从事科学研究受到美国宪法第一修正案确认的言论自由的保护。学者 John Robertson 指出，第一修正案对于科学研究的保护强度与其他言论保护相同，这留给研究者在研究选题和研究方法上广阔的自主性③。Melissa Cantrell 指出："国内判例法和国际先例都支持科研人员的研究自由。至少在美国，立法完全禁止科学研究将面临宪法上的挑战。"④在加拿大，有的法官也支持科学研究受

① 在 Borowski v. A. G. 案中，上诉法院认为胎儿并不在宪法第 7 条的"任何人"的范围之内，也不在第 15 条的"个人"的范围之内，Borowski v. A. G. (Can.) (1987)，39 D. L. R. (4th) 731。

② Irwin Toy v. Quebec，[1989] 1 S. C. R. 927.

③ John A. Robertson，*The Scientist's Right to Research：A Constitutional Analysis*51 S. Cal. L. Rev（1978），p1204.

④ Melissa K. Cantrell，*International Response to Dolly：Will Scientific Freedom Get Sheared?*（1998）13 J. L. & Health 69，p. 102.

表达自由的保护,比如,在R. v. Keegstra案件中,法官McLachlin指出,表达自由的重要目的之一便是保护科学中追逐真理与创新而获得的利益①。在另外一个案件中,该法官指出表达自由的价值包括医学研究②。基于此,科学研究能够促进表达自由保护的核心价值,在表达自由的保护范围内。

第二,从法规范上,最高法院对于宪法第2条第(b)款中的"表达(expression)"进行了宽泛的界定,包括任何非暴力地"传达或试图传达信息"的行为③。由此,如果治疗性克隆是非暴力的、具有交流性,其便符合宪法上的"表达"。最高法院通过判例确立了表达自由的核心价值,即获取真理、民主参与和自我实现,科学研究与实验当然包含上述价值。科学的目标在于追逐自然真理,获取关于世界的知识。作为现代科学的首要的方法,科学实验与上述目标的达成密不可分。科学实验也与个人自我发展与价值的实现具有不可分割的联系④。

第三,从研究本质上,克隆研究具有交流性。其一,科学实验本身是在向实验人员和他人传寄信息。如果相关实验过程对于传达信息而言是必不可少的,可以认为克隆研究具有交流性的。在确定表达行为的过程中,加拿大最高法院已经确认某行为是否具有交流性取决于行为当事人的意图⑤。从事克隆研究的科研人员,其实验目的不仅仅在于获取一个毫无信息的物理结果,而是为了获取关于物理世界的信息。这些信息包括该研究是否会有预期结果产生,研究成果会产生何种效用等。这些实验与程序是科学研究过程的一部分,包括科学假定的作出和通过实验确定假定的有效性。在科学界,物理实验与程序是首要的交流方式,其目的在于向科学研究人员和其他人传寄信息。因此,尽管有些行为并不是为了传寄信息,但真正的科学实验必然传寄信息。其二,研究人员对于实验方法的选择也在传寄信息。研究者可以通过选择研究主题、从事相关研究表达信念或政治观点:"如果某个研究人员试图通过特定的政治过程或实验传寄信息,该研究者对于实验的选择也传寄了信息,正如报告人选择的语言、舞蹈者选择的舞蹈类型、艺术家选择的艺术形式一样⑥。Cantrell指出:研究成为一种象征性言论,如同学生佩戴黑色臂章和反战活动者烧掉应征卡一样。当研究人员从事治疗性克隆,其可以用来传寄此种信息:这对于治疗特殊的疑难疾病,如糖尿病、瘫痪,至关重要。研究人员选择在治疗性克隆上花费时间,是因为其坚信这是治疗特殊疾病的最有

① R. v. Keegstra, [1990] 3 S. C. R. 697.

② R. v. Sharpe, [2001] 1 S. C. R. 45.

③ Irwin Toy v. Quebec, [1989] 1 S. C. R. 927.

④ Billingsley&Caulfield, *The Regulation of Science and the Charter of Rights: Would a Ban on Non – Reproductive Human Cloning Unjustifiably Violate Freedom of Expression?* 29 Queen's L. J. (2004), p. 662.

⑤ Irwin Toy v. Quebec, [1989] 1 S. C. R. 927.

⑥ Billingsley & Caulfield, *The Regulation of Science and the Charter of Rights: Would a Ban on Non – Reproductive Human Cloning Unjustifiably Violate Freedom of Expression?* 29 Queen's L. J. (2004), pp. 663 – 666.

希望的方法①。

(二)立法禁止治疗性克隆对表达自由构成限制

从法理上看,民主社会中的表达自由所具有的意义是显而易见的,它反映了现代社会人们在该权利领域的一般立场,从而可以称之为一般法理,这就如同欧洲人权法院在 Handyside 案件判决中所说的一样:"表达自由构成民主社会的根基之一,构成社会进步和每个人发展的基本条件之一。这是多元、容忍和思想开放的要求,没有这些就没有'民主社会'。这意味着,在这一方面加置的所有'形式'、'条件'、'限制'或'刑罚',都必须与所追求的合法目的适成比例。"②加拿大联邦最高法院在 IrwinToy 案中指出:"如果政府的目的在于通过禁止表达一些特定信息的方式对表达内容加以限制,则构成对表达自由的限制。如果政府的目的在于限制某些形式的表达,以控制他人接受信息的途径或控制某人传寄信息的能力,也构成了对表达自由的限制。"③如果治疗性克隆是宪法上的"表达"行为,对其予以立法禁止显然对表达自由构成限制。

三、基于合宪性的解释及其展开分析

立法禁止治疗性克隆对表达自由构成限制,接下来需要进一步分析立法的这一限制是否超越了宪法界限,对科研人员的表达自由构成过度限制。

(一)基本权利限制的规范要求

加拿大宪法在第 1 条明确了立法限制基本权利的界限。宪法第 1 条规定:"加拿大权利与自由宪章保障的权利与自由,只有在自由与民主社会中能说明正当理由并基于法律的合理规定才可被限制。"据此,对公民基本权利和自由限制的宪法规范性要求至少有二点:第一,对基本权利和自由的限制必须依照法律规定;第二,对基本权利和自由的限制必须是正当合理的。加拿大最高法院在 R. v. Oakes 案中进一步确立了分析宪法第 1 条的指导性框架④。同时法院也强调不能过于公式化⑤。对于第 1 条的分析应当更加灵活并且要关注相关背景,尽量在个人权利与共同体利益之间寻求合理的平衡。宪法第 1 条规定的根据法律,要求该法律必须能够充分被公众所理解;法律必须明确,能够为适用法律者提供明确指引。对此,加拿大人工辅助生殖及相关研究法

---

① Billingsley & Caulfield, *The Regulation of Science and the Charter of Rights: Would a Ban on Non - Reproductive Human Cloning Unjustifiably Violate Freedom of Expression*? 29 Queen's L. J. (2004), P. 665.

② 参见张志铭:《欧洲人权法院判例法中的表达自由》,载张志铭:《法律解释学》,中国人民大学出版社 2015 年版,第 232 页。

③ Irwin Toy v. Quebec, [1989] 1 S. C. R. 927.

④ R. v. Oakes, [1986] 1 S. C. R. 103.

⑤ Edmonton Journal v. Alberta (A. G.), [1989] 2 S. C. R. 1326.

的相关规定符合这一要求。而该法是否正当合理需要进一步分析。

禁止治疗性克隆是否具有正当性,首先需要审视立法限制基本权利的界限。在R. v. Oakes案中,最高法院首席大法官Dickson指出:“在自由民主社会中确定限制能够合理明确地被证立,需要满足两个核心标准:第一,对宪法自由与权利附加限制的手段所服务的目标必须足够重要,确实超越了宪法保护权利和自由的重要性。在目标被确认为足够重要前,应确定其至少应当与自由民主社会紧迫而实质的忧虑相关联。第二,目的的足够重要性被确定后,涉及宪法第1条的当事方必须证明其所选择的手段具有能够合理明确地被证立,这就涉及比例原则的审查。比例原则审查有三项重要组成部分:其一,采用的手段必须谨慎选择以达到相关目的。不可专断、不公或基于不合理的考虑因素。简言之,手段与目标之间具有合理的相关性;其二,所采用的手段,满足了第一项要求的与目标之间具有合理的相关性,还应当对相关权利或自由损害尽可能小;其三,限制宪法权利与自由所采用的手段所带来的影响与被确认为‘足够重要’的目的之间要均衡。”[①]由此可见,加拿大最高法院确立的审查立法合乎宪法第1条的两项标准为:第一,确定立法目的是否“足够重要”,是否“与自由民主社会紧迫而实质的忧虑相关联”;第二,第一项标准符合以后,还要进入比例原则的审查,即学界通常所称的适当性原则、必要性原则和均衡原则。

(二)立法对基本权利限制的目的正当性

对于立法禁止治疗性克隆的目的是否“足够重要”涉及历史解释,需要追溯立法历史,即立法起草过程中有关档案材料、议会的会议报告等。1993年“皇家委员会关于新的生殖技术”中指出:“下列行为与加拿大人和本委员会秉持的基本价值激烈冲突,并且会潜在地损害个人与社会利益,因此,应当由联邦政府通过刑事制裁的威慑予以禁止。这些行为包括体外培育人类的受精卵与胚胎研究、克隆、动物与人的杂交、将受精卵转移到其他物种体内,或使得人类胎儿中获取的卵子受精或成熟化。”[②]1996年加拿大卫生部新生殖技术白皮书指出:“新的立法的主要目的如下:第一,在辅助生殖以及其他医疗程序和研究中,保护加拿大民众使用繁殖材料的健康和安全;第二,确保对于人体外的人类繁殖材料的适当对待;第三,保护所有人尤其妇女和孩子的尊严与安全。”[③]在2001年标题为《人类辅助生殖:构建家庭》的报告中,健康常设委员会在第5条“立法禁止”第1款的“基于生育和治疗目的的克隆”中指出:“委员会强烈感觉到克隆人对于产生的孩子,无论在人身、心理或社会方面都具有潜在不利影响,对此,有充

① R. v. Oakes, [1986] 1 S. C. R. 103.

② Canada, *Royal Commission on New Reproductive Technologies*, *Proceed with Care*: *Final Report of the Royal Commission on New Reproductive Technologies*, vol. 2 (Ottawa: Communications Group, 1993) p. 1022.

③ Health Canada, *New Reproductive and Genetic Technologies*: *Setting Boundaries*, *Enhancing Health*, Gov doc: H21-127/1996E (Ottawa: 1996) p. 25.

分理由予以禁止;并且,治疗性克隆也应当予以禁止,因为治疗性克隆是不安全的,胚胎干细胞研究会导致胚胎的商品化。"[①]通过上述立法的历史资料,可以将禁止治疗性克隆的目标归纳为:保护人的健康、安全和尊严,阻止胚胎的商品化。据此可以判断禁止治疗性克隆的目标反映了"迫切而实质"的忧虑,在目的上"足够重要"。

(三)比例原则审查

此外,还需要分析立法禁止治疗性克隆是否符合比例原则的基本要求。

第一,适当性原则审查方面,从立法采用的手段与达到目的的关系来看,立法禁止治疗性克隆,阻止科研人员通过克隆方法生产或破坏胚胎,能够确保对克隆人的禁止。这一立法禁止的意图在于阻止一项无论在安全性和道德性方面都难以被接受的行为,显然与立法保护的目的"保护人们的健康、安全和尊严,阻止胚胎的商品化"之间具有适当的关联,并不是"专断的、不公平的或基于不合理的考虑"。因此,立法可以通过适当性原则的审查。

第二,必要性原则审查方面,最高法院指出:完全禁止一种行为与部分禁止该行为相比较而言,更加难以证明禁止的正当性。完全禁止只能在最小损害的分析层面才能获得宪法上的正当性,即政府能够证明只有完全禁止才可能达成目的。因此完全禁止是对权利的全然入侵,其正当性论证相对困难[②]。但对于达成"保护人们的健康、安全和尊严,阻止胚胎的商品化"的立法目的,完全禁止治疗性克隆是唯一的选择。如果允许治疗性克隆,必然意味着对胚胎的故意破坏,也必然会导致克隆人技术的进一步成熟与发展,这对于人们的健康和安全是巨大的威胁。此外,禁止治疗性克隆对于表达自由的限制不是全面的,只是潜在禁止某类研究人员信息的表达,研究人员仍然可通过言论直接传寄信息。除了治疗性克隆之外,其他的技术也能被发展出来作为达到相同结果的替代性研究方案,禁止治疗性克隆只是禁止研究或科学表达的一种可能的路径而已。对于研究者来说,确实存在其他的认识干细胞潜在治疗作用的路径。比如,运用成人的胚胎干细胞以及体外受精剩余的胚胎提取的干细胞进行研究是可行的替代方式。这个研究的替代性方案可能比运用克隆胚胎干细胞获得的治疗结果更具优势[③]。在2001年标题为《人类辅助生殖:构建家庭》的报告中,健康常设委员会针对胚胎研究指出:"尽管胚胎干细胞的研究提供了可能,但其他的如脐带血和成年的干细胞更合适、更容易并且存在更少的道德异议。"[④]

---

① *Standing Committee on Health*, *Assisted Human Reproduction*: *Building Families*, at http://www.parl.gc.ca/content/hoc/Committee/371/HEAL/Reports/RP1032041/healrp02/healrp02 - e.pdf(last visited March 16, 2015.)

② RJR - MacDonald Inc. v. Canada (Attorney General), [1995] 3 S.C.R. 199.

③ Francoise Baylis & Jocelyn Downie, *An Embryonic Debate*, LiteraryReview of Canada (2005), pp. 11 - 13.

④ *Standing Committee on Health*, *Assisted Human Reproduction*: *Building Families*, at http://www.parl.gc.ca/content/hoc/Committee/371/HEAL/Reports/RP1032041/healrp02/healrp02 - e.pdf(last visited March 16, 2015.)

对于器官移植来说,从克隆胚胎中提取的干细胞相对来说更具优势,因为胚胎干细胞具有全能性,有发育成诸多不同器官和组织的潜力①。成人干细胞没有全能性,其只能成为来源性器官组织。如血的干细胞只能成为不同类型的血细胞,不能成为神经或肌肉细胞。但研究表明,成人干细胞也能够成为其他组织类型的细胞②。有些类型的成人干细胞也是全能的,进一步的研究表明成人干细胞可能具有更强的可塑性。这使得成人干细胞能够成为一种可替代性研究路径。随着时间与研究的推进,人类将知道是否在不同类干细胞移植方面存在排异的风险,即使存在此类问题,也不能断定治疗性克隆是唯一的解决方案。比如,可以建立大型的干细胞库以提供给病人免疫兼容的细胞;也可以通过基因疗法改善胚胎干细胞使其能够成为所有病人"通用型"细胞。这些在法律与道德上可行的方式都可以用来解决免疫问题。并且,运用成人干细胞也能解决免疫问题③。此外,还有主张认为从克隆胚胎中提取干细胞获得的器官与从其他胚胎中提取干细胞获得的器官相比,具有不排斥本体的优势。这样一来就不用担心免疫的排斥问题。但并没有证据表明从其他胚胎获取的干细胞产生的组织会产生免疫排斥的问题,相反,有些研究结果表明运用他人胚胎干细胞的移植并没有免疫排斥的反应。有项测试人胚胎干细胞的免疫反应的研究表明向免疫力健全的小白鼠体内注射其他胚胎干细胞并没有引起免疫排斥反应。同样,此类细胞被置于人的具有免疫细胞的血液中,也没有发现免疫排斥反应④。

对于上述替代性思考模式,加拿大最高法院通过判例确认只在涉及如下问题时才予以考虑:法律为了保护脆弱群体;法律依赖于复杂的社会科学证据;法律需要协调利益冲突群体;法律涉及对稀缺资源的分配⑤。加拿大治疗性克隆立法与上述事项存在密切关联。比如,治疗性克隆立法需要对克隆技术的社会影响及其存在的风险进行评估,这需要社会科学数据;立法需要协调治疗性克隆技术涉及的受益方与受害方之间的利益冲突。由此,加拿大治疗性克隆立法在权衡利弊后转向了替代性方案,其主要依据在于"应当利用现有的人胚胎获取对干细胞的理解"⑥。此外,立法根据当时对治疗性克隆技术的了解与加拿大民众的价值观念,对治疗性克隆予以禁止,但没有予以

① U. S., *National Institutes of Health*, *Stern Cell Basics*, at http://stemcells. nih. gov/info/basics/. (last visited March 16, 2015.)

② Diane S. Krause et al., Multi – organ, multi – lineage engraftment by a single bonemarrow – derived stem cell (2001) 105 Cell 365, pp. 369 – 377.

③ Jocelyn Downie, Jennifer Llewellyn, & Françoise Baylis, *A Constitutional Defence of the Federal Ban on Human Cloning for Research Purposes*, 31 Queen's L. J. 353(2005), pp. 378 – 379.

④ Li Li et al., *Human Embryonic Stem Cells Possess Immune – Privileged Properties*, 22 Stem Cells 448. (2004), pp. 448 – 456.

⑤ Irwin Toy v. Quebec, [1989] 1 S. C. R. 927.

⑥ Health Canada, *Proposals for Legislation Governing Assisted HumanReproduction*: *Executive Summary* (Ottawa: May 2001).

永久性禁止,而是设置了修改条款。这表明,立法同时重视对治疗性克隆认知的变化与相关科学发展情况,可对禁止的规制方式适时予以调整。由此,立法能够通过最小损害原则的审查。

第三,在均衡性原则审查方面,均衡原则要求审视为达成立法目的是否付出了过高代价。立法禁止治疗性克隆没有完全剥夺科研人员的表达自由,只是限制该自由的某一表达方式,科研人员完全可以通过其他方式行使该权利。况且治疗性克隆研究还会带来一系列问题:其一,治疗性克隆会为克隆人的诞生提供协助,导致对于克隆人的禁止难以实现。治疗性克隆与生殖性克隆运用的技术是相同的。提升治疗性克隆的技术能力实际上也就推进了克隆人的研究。其二,治疗性克隆会对卵子提供者产生人身与心理伤害。治疗性克隆需要将 DNA 植入去核卵子,这一过程需要从年轻、健康的妇女身上获取大量的人类卵子。加拿大 2004 年 2 月获取的第一个干细胞系使用了 242 个卵子,涉及 16 位妇女。2005 年 5 月获取的 11 个干细胞系使用了 185 个卵子,涉及 18 位妇女。平均每个干细胞系需要十几个卵子。即使将来技术改善,一个干细胞系仅需要一个卵子,但由于需要治疗的病人增多,需要的卵子数量必然也会增多。而卵子提取会对妇女的人身与心理产生巨大伤害,比如,对卵巢的过度刺激可能会导致妇女不孕不育,甚至死亡。卵子的价格大约 4000 美元一个,不孕不育的妇女借助体外受精治疗的前提可能会涉及被强迫捐赠或低价卖出卵子以供研究之用。其三,治疗性克隆研究资金的机会成本很大。治疗性克隆研究会占用大量资金,消耗研究人员的时间与精力,这些资金和资源的消耗会产生机会成本。同时,医疗体系的稳定性也极有可能会受到冲击,因为治疗性克隆中,每个病人的治疗都需要个性化的干细胞系,而干细胞系的培养费用非常昂贵,这要么会致使加拿大医疗体系破产,要么会推出新的私人医疗体系。后者必然会致使治疗只向能付得起费用的人开放①。

四、延伸性思考及其对我国的启示

与加拿大立法明确禁止治疗性克隆不同,我国在立法上允许科研人员从事治疗性克隆研究。2003 年 12 月,我国科技部、卫生部发布的《人胚胎干细胞研究伦理指导原则》允许进行治疗性克隆研究,同时对这一研究作出限制,规定进行人胚胎干细胞研究,必须遵守以下行为规范:利用体外受精、体细胞核移植、单性复制技术或遗传修饰获得的囊胚,其体外培养期限自受精或核移植开始不得超过 14 天;不得将前款中获得的已用于研究的人囊胚植入人或任何其他动物的生殖系统;不得将人的生殖细胞与其

① Jocelyn Downie, Jennifer Llewellyn, & Fran? oise Baylis, *A Constitutional Defence of the Federal Ban on Human Cloning for Research Purposes*, 31 Queen's L. J. 353(2005), pp. 380 - 383.

他物种的生殖细胞结合。对照加拿大治疗性克隆立法与宪法关系的分析,我国上述立法也需要接受宪法的审视和检讨。

(一)治疗性克隆应当由全国人大或常委会制定法律加以规制

由于治疗性克隆立法涉及生命权、人的尊严和科研自由等重要的基本权利,立法内容涉及对违法行为的刑罚和行政处罚,根据基本权利限制的法律保留原则,应当由议会通过法律予以规制。所谓法律保留原则,是指对基本权利的限制只能由立法机关的法律作出①。法律保留原则是各国宪法普遍确立的一项基本原则。比如,在德国,尽管基本法没有明确规定法律保留原则,但可以从基本法第 20 条第 3 款的法治国原则和基本权利的保护条款中推导出来②。在我国,根据宪法第 2 条确立的人民主权原则和宪法第 62 条授予全国人大对刑事、民事等基本法律的制定权和修改权等规定,都可推出法律保留原则是一项重要的宪法原则③。我国宪法上的法律保留原则在《中华人民共和国立法法》第 8 条和第 9 条中得以具体化。从世界各国治疗性克隆立法的相关情况来看,包括加拿大在内的各国往往通过议会或国会立法加以规制,而我国仅仅通过科技部、卫生部发布的部门规章加以限制,立法层级过低,立法的民主性和科学性都难以保证,有违背法律保留原则的嫌疑。

(二)治疗性克隆立法应当妥当处理冲突的宪法价值

中国允许从事治疗性克隆研究主要基于其在治疗疾病、增进人类健康方面具有广阔的前景。2005 年 3 月,第 59 界联合国大会批准《联合国关于人的克隆宣言》时,中国投反对票。在法律委员会表决中,担任中国代表的苏伟在接受采访解释中国投反对票的原因时表示,中国在这一问题上的立场一贯是:生殖性克隆人违反人类繁衍的自然法则,损害人类作为自然的人的尊严,引起严重的道德、伦理、社会和法律问题。中国政府积极支持制定一项国际公约,禁止生殖性克隆人。但是,治疗性克隆研究与生殖性克隆有着本质的不同,治疗性克隆对于挽救人类生命,增进人类身体健康有广阔前景和深厚潜力,如把握得当,可以造福人类。中方反对将两个性质不同的问题混为一谈。治疗性克隆和生殖性克隆是可以区分的,而在这次通过的联大宣言中却没有将这两种克隆区分开,表述非常含糊不清,提到的禁止范围可能会被误解为也涵盖治疗性

---

① 张翔:《基本权利限制问题的思考框架》,载《法学家》2008 年第 1 期。

② 德国《基本法》第 20 条第 3 款规定:"立法权应受宪法限制,行政权与司法权应受立法权与法律的限制。"吴万得:《论德国法律保留原则的要义》,载《政法论坛》(中国政法大学学报)2000 年第 4 期。

③ 由人民主权原则逻辑性推导出人民代表大会制度是中国行使民主权利的根本政治制度,人民代表大会构成国家政治体制的核心,是人民当家作主的最基本形式,因此作为民主的起点和归宿的公民基本权利,自然只能由人民代表按照人民的意志予以保障或限制。秦前红:《论我国宪法关于公民基本权利的限制规定》,载《河南省政法管理干部学院学报》2005 年第 2 期。

克隆研究，这是中方所不能接受的[1]。可见，我国允许治疗性克隆主要基于“挽救人类生命，增进人类身体健康”的目的考量。

尽管治疗性克隆具有治疗疾病、增进人类健康的功利价值，但同时不可忽视的是，这一研究本身会损毁大量人类胚胎，与宪法保护的胚胎的生命价值相冲突。因此，有必要从胚胎生命的宪法保护的视角重新审视我国治疗性克隆立法的合宪性。在各国宪法上，胚胎的地位存在一定的差异，主要分为三类：其一，胚胎为人或类似于人。胚胎为人或类似于人是指胚胎具有人或接近于人的主体地位。从胚胎接近于人的主体地位的视角出发，胚胎在宪法的生命权和人的尊严的保护范围内，任何涉及损害胚胎生命的克隆人技术研究都应当被禁止。第二，胚胎为特殊物。胚胎为特殊物是指胚胎不是人，也不是物，是介于人和物之间的特殊物。立法者在落实胚胎保护义务的过程中可以进行必要的利益衡量。第三，胚胎为物。胚胎为物是指胚胎只是一团细胞，没有任何道德地位。根据此种观点，包括克隆胚胎在内的早期人类胚胎不过是一团细胞组织而已[2]。在我国，胚胎属于受宪法保护的特殊物，这可以从宪法第 24 条修正案确认的“国家尊重和保障人权”及宪法第 38 条规定的“人格尊严不受侵犯”等条款中推导出来。据此，立法者在治疗性克隆等相关涉及胚胎生命的立法过程中，应当重视保护胚胎生命的宪法价值。

（三）治疗性克隆立法应当为治疗性克隆研究确立严格的界限

在功利主义的驱使之下，科学研究自由往往具有一种无限扩张的趋势。科研自由尽管是公民的一项基本权利，但科研自由不是绝对的，科学技术上能做的，不一定都应该做[3]。随着现代科技的发展，科学技术带来的负面效应日益显露，片面强调对科研自由的保护可能对宪法价值带来灾难性的危害。因此，对科研自由加以限制具有必要性。我国宪法第 51 条规定：“中华人民共和国公民在行使自由和权利的时候，不得损害国家的、社会的、集体的利益和其他公民的合法的自由和权利。”这一规定意味着尽管科研人员有从事科学研究的自由，但其研究要符合人类社会基本的伦理要求，不能破坏正常的社会秩序，更不能侵犯生命权价值。通过对加拿大法的上述分析发现，允许治疗性克隆可能会助长生殖性克隆研究。美国在联合国的立场认为，如果允许治疗性克隆，可能会导致滑坡效应，从而助长生殖性克隆的实现。这种担忧不无道理。德国教育和科研部部长布尔曼女士在德国柏林举行的以“生物医学研究和生殖中的克隆技术”为主题的研讨会上指出：目前对克隆技术不同的科研方法和目标的定义还不是

---

① 马宁：《联大通过关于人的克隆宣言，中国代表解释投反对票原因》，载《北京青年报》2005 年 3 月 10 日，第 A1 版；上官丕亮、孟凡壮：《克隆人立法的宪法规制》，载《北方法学》2013 年第 3 期。

② John A. Robertson, In the Beginning: *The Legal Status of Early Embryos*, Va. L. Rev 437, 1990.

③ 张乃根、［法］米雷埃·德尔玛斯－玛尔蒂主编：《克隆人：法律与社会》，复旦大学出版社 2002 年版，第 75 页。

很明确,生殖性克隆研究与医疗性克隆研究之间的暧昧关系难以界定,恐怕才是专家们最为头疼的问题。以医治疾患为目的而对人类胚胎进行克隆和以生殖为目的而使克隆胚胎最终成为一个降临人世的生命,两者之间隔着的不过是一张薄薄的纸而已①。

因此,即使基于"挽救人类生命,增进人类身体健康"的立法目的,允许治疗性克隆研究,也要对其加以严格限制。对此,可借鉴英国的经验。英国1990年通过的《人类受精与胚胎法》允许治疗性克隆的同时,对治疗性克隆进行严格的程序限制。该法规定,未经许可从事治疗性克隆构成犯罪,可处10年以下有期徒刑,单处或并处罚金。相比而言,我国对于治疗性克隆研究缺乏严格的程序限制和刑罚规制。

① 潘治:《特别关注:克隆研究能走多远?》,载《科技日报》2003年5月19日。

《法律方法》稿约

本刊是由山东省人文社会科学重点研究基地——山东大学法律方法论研究中心主办，山东大学(威海)法学院、华东政法大学科学研究院编辑出版，陈金钊、谢晖教授主持的定期连续出版物。自2002年创办以来，已推出多卷。2007年，本刊入选CSSCI集刊，并继续入选近年来CSSCI集刊。作为我国法律方法论研究的一方重要阵地，本刊诚挚欢迎海内外理论与实务界人士惠赐稿件。

一、栏目设置

本刊近几卷逐渐形成一些相对固定的栏目，如法律方法理论、部门法方法论、裁判方法论、方法史论、青年论坛、书评、综述等。当然，也会根据当期稿件情况，相应设置一定的主题研讨栏目。

二、来稿要求

1. 本刊属于专业研究集刊，只刊登法律方法方面的稿件，故不符合本刊主旨的作品无法采用。

2. 来稿须是未曾在任何别的专著、文集、网络上出版、发表或挂出，否则本刊无法采用。

3. 来稿如是译作，需要提供原版外文(书面或电子版均可)，已获得版权的证明。

4. 来稿请将电子版发到本刊编辑部邮箱 falvfangfa@163.com 即可，不需邮寄纸质稿件。

本刊对来稿以学术价值与质量为采稿标准。请把联系方式(地址、邮编、电话、电子信箱等)注明在来稿首页上，不要放在论文末尾，以便联系。发电子邮件投稿时，主题一栏请注明作者、文章全名；附件WORD名称也应包括作者、文章全名。

5. 本刊属于集刊，出版周期相对较长。来稿一经采用即通知作者，出版后寄样刊。

6. 为方便作者，来稿的注释体例采用页下注释，注释符用"1、2、3……"即可，每页重新记序数。正文中注释符的位置，应统一放在引用语句标点之后。

每个注释即便是与前面一样，也要书写完整，不可出现"同前注……"、"同上"。

7. 来稿需要加上中文摘要、关键词(无需英文)。作者简介包括：工作(学习)单位、职称、学历和研究方向等。欢迎来稿注明基金项目。

附:注释的书写格式

(1)期刊论文

武树臣:《论判例在我国法制建设中的地位》,载《法学》1986 年第 6 期。

匡爱民、严杨:《论我国案例指导制度的构建》,载《中央民族大学学报》(哲社版)2009 年第 6 期。

(2)文集论文

郑成良:《法律思维是一种职业的思考方式》,载葛洪义主编:《法律思维与法律方法》(第 1 辑),中国政法大学出版社 2002 年版。

郑永流:《法学方法抑或法律方法?》,载郑永流主编:《法哲学与法社会学论丛》(6),中国政法大学出版社 2003 年版。

(3)专著

王泽鉴:《民法总则》,中国政法大学出版社 2001 年版,第 71 -72 页。

(4)译著

[美]E. 博登海默:《法理学:法律哲学与法律方法》,邓正来译,中国政法大学出版社 1999 年版,第 414 -415 页。

(5)教材

张文显主编:《法理学》(第 3 版),法律出版社 2007 年版,第 75 页。

(6)网络论文

张青波:《〈论题学与法学〉要义》,载 http://www. law - thinker. com/show. asp? id =3560(最后访问日期:2007 -3 -1)。

(7)报纸

葛洪义:《法律论证的"度":一个制度问题》,载《人民法院报》2005 年 7 月 4 日第 5 版。

(8)学位论文

任青松:《法律传播效果若干问题探析》,广西师范大学 2012 年硕士论文。

(9)外文作品的引用

Paul Van Den Hoven, The Dilemma of Normativity: How to Interpret a Rational Reconstruction? *Argumentation* 11: 411 -417, 1997.

Matti Ilmari Niemi, *Phronesis and Forensics*, in *Ratio Juris*, Vol. 13 No. 4 september 2000(392 -404).

Aleksander Peczenik, *On Law and Reason*, Dordrecht; Boston: Kluwer Academic Publishers, 1989, p. 23.

Zenon Bankowski et al(eds.), *Informatics and the Foundations of Legal Reasoning*, Kluwer Academic Publishers, 1995, pp. 12 -15.

图书在版编目（CIP）数据

法律方法．第21卷 / 陈金钊，谢晖主编．-- 济南 ：山东人民出版社，2017.5

ISBN 978-7-209-10800-3

Ⅰ．①法… Ⅱ．①陈… ②谢… Ⅲ．①法律－文集Ⅳ．①D9-53

中国版本图书馆CIP数据核字(2017)第103201号

法律方法（第21卷）

陈金钊　谢　晖　主编

主管部门　山东出版传媒股份有限公司
出版发行　山东人民出版社
社　　址　济南市胜利大街39号
邮　　编　250001
电　　话　总编室（0531）82098914
　　　　　市场部（0531）82098027
网　　址　http://www.sd-book.com.cn
印　　装　日照报业印刷有限公司
经　　销　新华书店

规　　格　16开（180mm×255mm）
印　　张　29.25
字　　数　550千字
版　　次　2017年5月第1版
印　　次　2017年5月第1次
印　　数　1-1000
ISBN 978-7-209-10800-3
定　　价　68.00元